Baedeker

Allianz (ll) Reiseführer

Ägypten

www.baedeker.com

Verlag Karl Baedeker

TOP-REISEZIELE ★★

Allerorten künden Tempelruinen, Pyramiden und Kulturschätze von der einzigartigen Vergangenheit, und auch landschaftlich hat Ägypten viel zu bieten. Hier finden Sie die Highlights eines Landes, das an sich schon ein Highlight ist.

17 ✶✶ Philae
»Perle Ägyptens« hat man die Insel einst genannt. Bevor sie im Nil versank, wurde das Isisheiligtum auf die Nachbarinsel Agilkia versetzt. ► **Seite 456**

18 ✶✶ Abu Simbel
Ganz im Süden des Landes liegen die großartigen Felsentempel, die vor den Fluten des Nasser-Stausees gerettet wurden. ► **Seite 235**

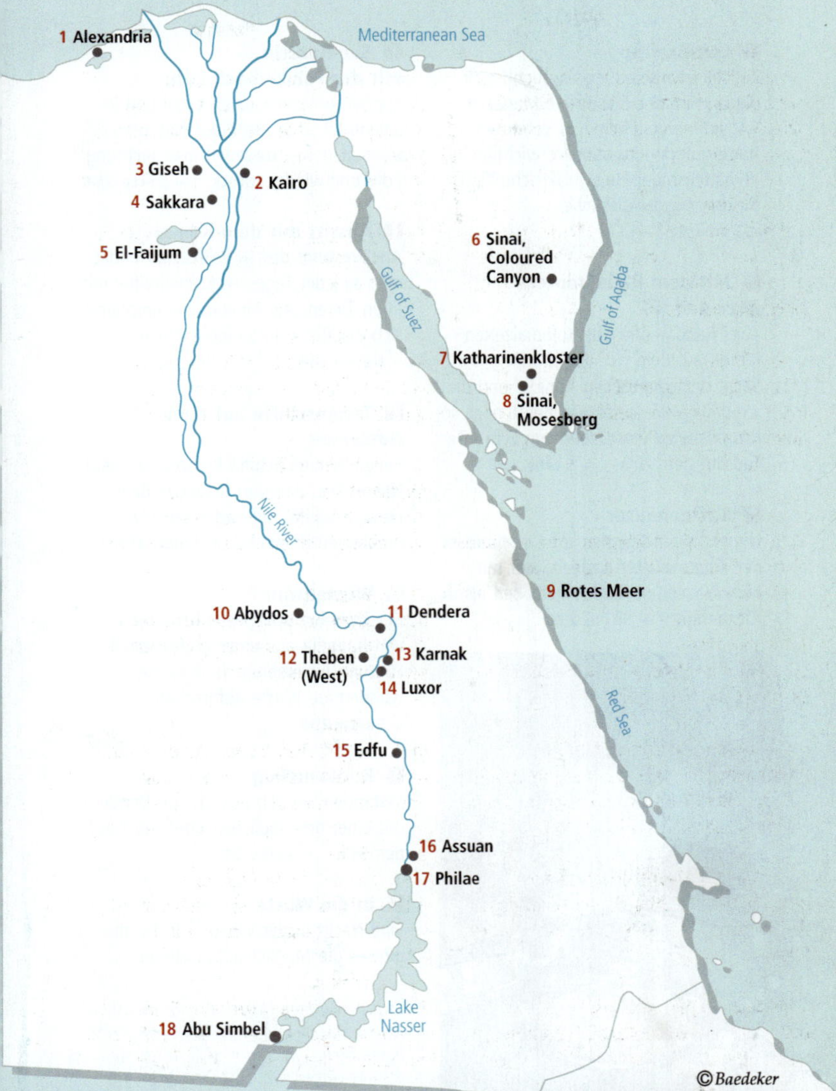

DIE BESTEN BAEDEKER-TIPPS

Von allen Baedeker-Tipps in diesem Buch haben wir hier die interessantesten für Sie zusammengestellt! Erleben und genießen Sie Ägypten von seiner schönsten Seite.

! Lektüretipp

Zur Reisevorbereitung empfiehlt sich die Lektüre des Sympathie-Magazins »Ägypten verstehen«. Es vermittelt Hintergrundinformationen, wichtige Verhaltensregeln und praktische Tipps für den Ägyptenbesucher.
► **Seite 174**

! Mit dem Raddampfer über den Nil

Zwei Raddampfer aus Kolonialzeiten fahren auf dem Nil: die »Karim«, einst Yacht der ägyptischen Könige, und die »Sudan« – hier reist man heute noch so luxuriös wie Peter Ustinov im Film »Der Tod auf dem Nil«. ► **Seite 199**

! Kaffeehäuser

Nirgendwo in Ägypten kann man besser den Charme alter Kaffeehäuser mit hervorragendem Kaffee genießen als in Alexandria. ► **Seite 270**

! Segelpartie mit der Feluke nach Edfu

Speisen mit der kleinen Crew und in Schlafsäcken an Bord des Nilseglers übernachten – so segelt man Richtung Edfu und wieder zurück. ► **Seite 286**

! Ausritt mit dem Kamel

Am Westufer des Nil in Assuan findet man zu jeder Tageszeit Kameltreiber mit ihren Tieren. Als Ausflugsziel empfiehlt sich der Ritt zum Simeons-Kloster.
► **Seite 288**

! Traumschiffe auf dem Nassersee

Einige wenige Schiffe kreuzen auf dem Nasser-See, darunter luxuriöse Belle-Époque-Schiffe mit gediegen-stilvoll möblierten Kabinen. ► **Seite 295**

! Wüstentour

Mit Kamelen oder Jeeps kann man von Baharija aus unter professioneller Führung für mehrere Tage in die wunderbare Wüste aufbrechen.
► **Seite 298**

! Bootsausflug

Verbinden Sie den Besuch von Dendera mit einer beschaulichen Bootsfahrt auf dem Nil. ► **Seite 307**

! In die Wüste

Eine Nacht in der Wüste – in Farafra gibt es die Möglichkeit zu diesem

Sich verwöhnen lassen, die ägyptische Küche kosten und dabei die Landschaft betrachten – wo kann man das besser als auf einem Kreuzfahrtschiff?

Um ungetrübtes Badevergnügen am Roten Meer genießen zu können, sollte man sich an die ausgewiesenen Strände halten.

besonderen Ausflug. Sonnenunter- und -aufgang werden in dieser bizarren Umgebung zu einem unvergesslichen Erlebnis. ▸ **Seite 336**

! Freier Blick

Vom Panorama Point, südwestlich der Mykerinos-Pyramide gelegen, genießt man den besten Blick auf alle drei Pyramiden von Giseh. ▸ **Seite 342**

! Auf dem Kanal

Lassen Sie sich bei einer einstündigen Rundfahrt auf dem Sueskanal von den mächtigen Tankern und Frachtschiffen beeindrucken. ▸ **Seite 344**

! Sufi-Tänzer

Im Kulturzentrum des Ghurija Komplexes drehen sich Mittwoch und Samstag ab 21.00 Uhr Derwische in atemberaubendem Tempo um ihre eigene Achse.
▸ **Seite 373**

! Nil-Segeln auf einer Dahabeya

Dahabeya heißt »goldenes Boot« – weil die pharonischen Herrscher mit vergoldeten Schiffen auf dem Nil fuhren. Das königliche Reisegefühl kann man bei einem Törn auf der »Dongola« von Luxor aus nachempfinden. ▸ **Seite 435**

! Tauchen in Dahab

Das kilometerlange Saumriff entlang der Küste vor Dahab ist mit seinen 30 Tauchplätzen und über 40 Tauchbasen Ziel für Taucher aller Erfahrungsstufen.
▸ **Seite 511**

! Archäologie aktuell

Wer sich mit dem Tal der Könige beschäftigen will, dem sei diese Seite empfohlen: www.thebanmappingproject.com
▸ **Seite 552**

Stöbern und Feilschen
Auf den Basaren, wie hier in Safaga, warten die Händler auf Kunden.
► Seite 186

HINTERGRUND

PRAKTISCHE INFORMATIONEN

Fassadendetails
Schön verzierte Wohnhäuser entdeckt man z. B. in El-Minija, einem Ziel auf der klassischen Nilreise.
▸ **Seite 211**

TOUREN

Kulturschätze
Blick über die Tempelanlage von Karnak
▸ **Seite 391**

REISEZIELE VON A bis Z

Preiskategorien

► **Hotels**
Luxus: über 150 €
Komfortabel: 70 – 150 €
Günstig: unter 70 €
Für eine Übernachtung im Doppelzimmer

► **Restaurants**
Fein & teuer: über 20 €
Erschwinglich: 8 – 20 €
Preiswert: unter 8 €
Für ein Hauptgericht

Einer der schönsten Ausflüge auf dem Sinai führt in den Coloured Canyon. Mit seinen rötlichen Sandsteinzeichnungen erinnert er an amerikanische Canyonlandschaften. →

Hintergrund

DAS REICH DER PHARAONEN, GÖTTER UND HIEROGLYPHEN, LAND UND LEUTE, KUNST UND KULTUR – HIER FINDEN SIE ALLES WISSENSWERTE ÜBER ÄGYPTEN KURZ UND PRÄGNANT BESCHRIEBEN.

GESCHENK DES NILS

Giseh, das Tal der Könige, Luxor und Karnak, Tutanchamun, Ramses und Kleopatra – Orte und Namen, die sofort vor dem geistigen Auge erscheinen, wenn von Ägypten die Rede ist. Bekannt, ja berühmt ist das Land der Pharaonen immer noch zuallererst für seine Kunstschätze.

Die Zeugnisse einer einzigartigen Vergangenheit versetzen jeden, der ihnen gegenübersteht, in ehrfürchtiges Staunen – seien es nun die aus riesigen Steinblöcken aufgeschichteten Pyramiden, die Hunderte von Metern in den Fels führenden, reich ausgestatteten Gräber oder die mächtigen Tempel, die zu Ehren der altägyptischen Gottheiten und zum Ruhm ihrer Bauherren errichtet wurden. Nicht zu vergessen: In Ägypten erwarten den interessierten Besucher einige der großartigsten Museen der Welt. Dieses Werturteil mag nicht immer für die etwas rückständige Präsentation gelten, mit Sicherheit aber für die Exponate, die man im Ägyptischen Museum, im Islamischen Museum oder dem nun in jeder Hinsicht wundervollen Nubischen Museum von Assuan bestaunen kann.

Weltwunder *Über der Metropole Kairo erheben sich die Pyramiden von Giseh.*

Über den Nil

Die meisten Baudenkmäler liegen am Nil, der dem ansonsten von Trockenheit geplagten Land einen fruchtbaren Streifen abtrotzt. Was liegt also näher, als sich den Ruinenstätten mit dem Schiff zu nähern? In gemächlichem Tempo, fast wie in Zeitlupe, gleiten die schwimmenden Hotels, über 300 an der Zahl, den Strom hinauf, während Landschaften, Dörfer, Zuckerrohrfelder und am Ufer spielende Kinder wie in einem Film vorübergleiten. Schemenhaft am Horizont, manchmal auch ganz nah am Ufer, die Wüste, die den größten Teil des Landes ausmacht. Die Nilschifffahrt beschränkt sich heute, flussab- wie flussaufwärts, auf den Abschnitt zwischen Luxor und Assuan. Waren vor etlichen Jahren noch einige veritable Seelenverkäufer auf dem Nil unterwegs, so präsentiert sich die ägyptische Nil-Flotte heute als moderne Schifffahrt. Viele der alten »Pötte« wurden aufwändig renoviert oder gleich durch neue Schiffe ersetzt.

Lebensspender Nil

Ohne ihn wäre das Land eine einzige Wüste: Immer prägte der Fluss das sagenumwobene Land der Pharaonen und machte Leben und Kultur an seinen Ufern erst möglich.

Kinder des Landes

Ägypten ist ein junges Land, mehr als ein Drittel der Menschen sind unter 15 Jahren. Besonders abseits der großen Städte gelten viele Kinder immer noch als Segen.

»Feuerozean«

... nannten die alten Ägypter die Libysche Wüste. Für deren Gelb- und Ockernuancen, in denen sich Düne an Düne schmiegt, kennen die Beduinen über 500 verschiedene Worte.

Großartige Architektur
Persische Kielbogen, Nischen und Zinnen schmücken die Fassade der El-Ashar-Moschee in Kairo, und über Jahrhunderte bemühten sich die Großen des Landes, den ehrwürdigen Bau zu pflegen und zu erhalten.

Einzigartige Kulturschätze
In den Museen sind Schätze von Weltrang zu bestaunen. Das Ägyptische Museum in Kairo mit seinen Funden ägyptischer und griechisch-römischer Altertümer ist die größte und bedeutendste Sammlung dieser Art überhaupt.

In die Einsamkeit der Berge
Seit Jahrhunderten haben sich Einsiedler und Mönche ins Gebirge des Sinai zurückgezogen, um dort Stille und Askese zu suchen. Heute ziehen die berühmten Klöster vor der grandiosen Bergkulisse Scharen von Pilgern an.

Von der Wüste bis zum Meer

Wer die Faszination dieser ungewöhnlichen, in vielerlei Hinsicht extremen Landschaft entdecken möchte, muss heute kein Abenteurer mehr sein, sondern kann neben einer Fahrt auf dem Nil zwischen unterschiedlichen Wüstentouren wählen. Wie Inseln liegen in der Westlichen Wüste, diesem Meer aus Sand, Felsen und Geröll, die Oasen Farafra, Dachla, Baharija, Kharga und Siwa. Aufgrund ihrer jahrhundertelangen Abgeschiedenheit ist das Leben hier noch stark von Traditionen geprägt, mehr als in jeder anderen Region taucht der Besucher unwillkürlich ein in eine andere Zeit und eine fremde Welt. Aber auch hier stehen die Zeichen auf Wandel. Große Anbieter von Pauschalreisen haben die Oasen entdeckt. Bequem kann man sie im klimatisierten Bus erreichen. Es ist nur eine Frage der Zeit, wann die Bewohner an Touristen so gewöhnt sind wie jahrhundertelang an die Abgeschiedenheit ohne Strom und fließend Wasser.

Gärten des Meeres
Die bunte Welt der Korallenriffe ist im Roten Meer zu entdecken.

Ganz anderen Urlaub erlebt man im Osten Ägyptens, an den Küsten des Roten Meeres und im Golf von Aqaba. Sharm el-Sheikh und Hurghada, zwei Orte, die man vor 35 Jahren auf der touristischen Landkarte mit der Lupe suchen musste, sind heute aus keinem Reisekatalog mehr wegzudenken. Ihre Markenzeichen: endlos lange Sandstrände, türkisblaues, das ganze Jahr über mindestens 20 °C warmes Wasser und Korallenriffe, von deren Schönheit Taucher und Schnorchler ins Schwärmen geraten. Dieser Badetourismus, früher allenfalls Verlängerung eines Kultururlaubes, heute Hauptmotiv für das Gros der Ägyptenreisen, ist zu einer der wichtigsten Einnahmequellen des Landes geworden. Taba Heights auf dem Sinai, Marsa Alam, Berenice, das sind die neuen Touristen-Orte am Roten Meer. Nicht genug: Allmählich wird auch die Mittelmeerküste erschlossen, die bisher fast ausschließlich dem heimischen Tourismus vorbehalten war. Zwischen El-Alamein, rund 100 km westlich von Alexandria, bis nach Marsa Matruh haben inzwischen eine Reihe von 4- und 5-Sterne-Resorts eröffnet.

Das größte Erlebnis des Landes sind aber die Ägypter selbst. In der Mehrheit sind sie sehr arm, sehen sich aber dennoch, so sagt es eine internationale Erhebung aus dem Jahr 2005, als drittglücklichstes Volk der Erde – und das lassen sie den Gast nur zu gerne spüren.

Fakten

Welche Pflanzen und Tiere bevölkern die Wüstenregionen und das Niltal? Welche Religionen werden in Ägypten ausgeübt? Wie wird das Land regiert und was sind wichtige Einnahmequellen für die Wirtschaft? Hier erfahren Sie mehr zu Land und Leuten.

Natur und Umwelt

Lage und Ausdehnung

Ägypten erstreckt sich in der Nordostecke des afrikanischen Kontinents. Im Norden wird es vom Mittelmeer begrenzt, im Westen stößt es an Libyen, im Süden an den Sudan und im Osten an das Rote Meer. Die östlich anschließende Sinai-Halbinsel, die von Israel 1967 im Sechstagekrieg annektiert wurde, erhielt Ägypten durch Beschluss des ägyptisch-israelischen Friedensvertrags von 1979 schrittweise bis 1982 zurück. Allerdings wurde der Gazastreifen ausgeklammert.
Mit einer Fläche von ca. 1 Mio. km² ist Ägypten rund dreimal so groß wie Deutschland, allerdings wird bislang nur ein recht kleiner Teil (ca. 6 %) der Landesfläche kultiviert. Der Rest ist Wüste. Der fruchtbare Streifen, Lebensraum von über 95 % der Bevölkerung Ägyptens, erstreckt sich zu beiden Seiten des Nils.

Name

Die alten Ägypter nannten ihr Land nach der dunklen Farbe des Nilschlammes Kemit (Kemt, Kemi = schwarzes Land) im Gegensatz zur Wüste, die sie als »rotes Land« bezeichneten. Der deutsche Landesname Ägypten geht auf das altgriechische Aigyptos (= dunkel) zurück.

Erdgeschichte

Die Oberflächenformen und Landschaften Ägyptens haben sich im Wesentlichen in den vergangenen 20 000 Jahren herausgebildet. Globale Klimaveränderungen, Vorstöße und Rückzüge von Inlandeismassen auf der Nordhalbkugel hinterließen auch in Nordafrika ihre Spuren. Temperatur- und Niederschlagsschwankungen korrespondierten mit Meeresspiegelschwankungen. Relativ feuchte und relativ trockene Perioden wechselten sich ab. Die Verlagerung des mediterranen Klimagürtels nach Süden während der Eiszeiten bewirkte, dass dort, wo sich heute Wüsten ausbreiten, üppige Vegetation gedieh und wasserreiche Flüsse flossen. Überschüssiges Wasser wurde als Grundwasser gespeichert, das heute noch in einigen fossilen Wasserkissen unter den Oasen erhalten ist. Vor wenigen Tausend Jahren setzte die Verlagerung des mediterranen Klimagürtels nach Norden ein: In Nordafrika wurde es immer trockener, die Wasserstände großer Flüsse wie des Nils sanken, Wasserläufe und Seen trockneten aus; es entstanden Trockentäler, Salzsümpfe und Salzpfannen. Eine neue Phase der **Wüstenbildung** setzte ein, die bis heute nicht zum Stillstand gekommen ist. Der Wind blies und bläst das in früheren regenreicheren Zeiten ausgewaschene feinkörnige Material aus und weht es zu Dünenfeldern und Sandseen zusammen. Mit fortschreitender Trockenheit waren und sind Mensch und Tier gezwungen, sich in niederschlagsreichere Gegenden bzw. in die Stromoase des Nils zurückzuziehen.

← *Auf dem Kamelmarkt in Darau bei Kom Ombo. Vor allem in Wüstengebieten ist das Kamel immer noch das wichtigste Lasttier.*

Niltal

Ägypten als »Geschenk des Nils«

Ägypten wurde bereits im Altertum von dem griechischen Geschichtsschreiber **Herodot** als »Geschenk des Nils« bezeichnet. Denn der bedeutendste Strom Afrikas, der sich durch die Wüstenlandschaft der nordöstlichen Sahara schlängelt, hat das eigentliche Ägypten geschaffen. Diese wenige Hundert Meter bis maximal 30 km breite und sehr fruchtbare **Stromoase** ist seit Jahrtausenden besiedelt. Die Bewässerung der Felder erfolgte seit Jahrhunderten durch periodisch auftretende Fluten, die den Strom über seine Ufer treten ließen. Dabei wurde fruchtbarer Nilschlamm als natürlicher Dünger über die Felder verteilt. Seit der Fertigstellung des neuen Assuan-Hochdammes kann die Bewässerung der Felder das ganze Jahr über reguliert werden. Was es heute jedoch nicht mehr gibt, ist die natürliche Düngung durch Überschwemmung. Damit geht eine zunehmende Versalzung der Böden einher, und das Wasserangebot hat sich örtlich in erheblichem Maße verringert.

Quell- und Nebenflüsse des Nils

Mit 6671 km ist der Nil der längste Strom Afrikas. Seinen Anfang nimmt er im Herzen des Kontinents. Sein mündungsfernster Quellfluss, der Kagera, entspringt in Burundi und ergießt sich in Uganda in den Viktoriasee. Der nördliche Ausfluss des Sees ist der Viktorianil, der nach 389 km den Albertsee durchfließt und sich danach als Bergnil (Bahr el-Gebel) ein felsiges Bett durch die Ostafrikanische Gebirgsschwelle gräbt. Danach weitet er sich im riesigen Sumpfgebiet des Sudd, das heute Teil des Sudans ist. Weiterhin nimmt er die Nebenflüsse Bahr el-Ghasal und Bahr el-Sarafa sowie den wasserreichen Sobat auf, dem er später als **Weißer Nil** (el-Nil el-Abjad) einen wesentlichen Teil seiner Fülle verdankt. Auf der Höhe der sudanesischen Hauptstadt Khartum vereint sich der Weiße Nil mit dem aus dem Hochland von Äthiopien (Tanasee) herbeiströmenden **Blauen Nil** (Bahr el-Asrak). Unterhalb von Khartum nimmt der Nil nur noch den Atbara auf, bevor er durch den Wüstengürtel zum Mittelmeer weiterfließt.

? WUSSTEN SIE SCHON ...?

- ... dass der Nil nach dem Amazonas der längste Fluss der Erde ist?

Stromoase

In der etwa bei Assuan beginnenden Stromoase des Nils, die sich als grünes Band durch eine gelblich-graubraune Wüstenlandschaft schlängelt, hat sich schon vor über 5000 Jahren ein Staatswesen mit hoch stehender Kultur entwickeln können, an die noch zahlreiche Pyramiden, Felsengräber und Tempelruinen erinnern. Heute ist das ganze Niltal unterhalb von Assuan einschließlich des Nildeltas eine einzige, dicht bebaute Oase, in der sich 98% der Bevölkerung des Landes zusammendrängen. Westlich des heutigen Niltals sind Reste eines älteren Niltals erhalten. Dazu gehört auch die Senke der Oase El-Faijum, die heute landwirtschaftlich ebenfalls intensiv genutzt wird.

Zuckerrohrfelder vor dem Hintergrund karger Bergketten: Das Niltal ist die fruchtbarste Region Ägyptens.

Tektonische Störungslinie

Der Nil folgt einer tektonischen Störungslinie am Rand der östlichen Sahara. Hier bricht das Land in Stufen bzw. in Steilhängen 100 bis 140 m tief ab. In seinem Tal hat der Nil Serien von Schotterterrassen aufgeschüttet und höchst fruchtbares, dunkles **Schwemmland** abgelagert, das im Durchschnitt 10 m mächtig ist. Im südlichen Ägypten, wo der Nil den Nubischen Sandstein durchbricht, ist sein Tal nur 2–5 km breit; unterhalb von Assuan, wo Kalkschichten der Tertiärzeit anstehen, hat der Strom ein 10–25 km breites Tal ausgeräumt.

Katarakte

Im Raum Assuan hat sich der Nil ins Grundgebirge eingegraben, wodurch insgesamt sechs Katarakte (Wasserfälle und Stromschnellen) entstanden. Mehrere von diesen sind inzwischen in den Fluten von Stauseen versunken.

Delta

Unterhalb von Kairo mündet der Nil in einem fächerförmigen Delta ins östliche Mittelmeer. Der Strom teilt sich in mehrere Mündungsflüsse auf, die das riesige Nildelta geschaffen haben. Im Altertum waren es noch sieben Flussarme, die ins Mittelmeer einmündeten. Heute sind es nur noch zwei, der Raschid (Rosetta) und der Dumjat (Damietta). Das Land zwischen den beiden Nil-Mündungsarmen gehört zu den fruchtbarsten und intensivst genutzten Gebieten der Erde.

Hohe Verdunstung

Auf seinem weiten Weg durch den Osten Afrikas verliert der Nil mehr als die Hälfte seines Wassers durch Verdunstung, vor allem in den Sümpfen des Sudd und im riesigen **Nasser-Stausee**. Doch die mitgeführte Wassermenge reicht aus, um das praktisch niederschlagsfreie untere Niltal in eine blühende Oase zu verwandeln.

Nilhochwasser Bis zum Beginn des 20. Jh.s überschwemmte der Nil fast mit der Regelmäßigkeit eines Uhrwerks das Land an seinem Unterlauf und sorgte so für natürliche **Bewässerung und Düngung**. Blieben die Hochwasserfluten jedoch aus, hatte die Bevölkerung unter Dürrekatastrophen zu leiden. Die höchsten Flutwellen wälzten sich in der Vergangenheit zwischen Juni und September in Richtung Mittelmeer, wenn der Blaue Nil und der Atbara aufgrund von starken Niederschlägen im Hochland von Äthiopien anschwollen und beträchtliche Mengen Erde, Sand und Schutt mitschleppten. In der übrigen Zeit konnten auch im Weißen Nil Flutwellen entstehen, wenn in seinem Einzugsgebiet übermäßige Niederschläge auf die Erde prasselten.

Staudämme Um den Launen der Natur nicht mehr völlig ausgeliefert zu sein, dachte man schon in historischer Zeit über Regulierungen nach. Doch erst Ende des 19. Jh.s war man technisch so weit, dem Nil bei Assuan ein zunächst bescheidenes Korsett anlegen zu können. Hier wurde 1912 der **Assuan-Staudamm** mit einem Wasserkraftwerk fertig gestellt. Mehr als ein halbes Jahrhundert später forcierte der ägyptische Präsident Nasser den Bau des **Assuan-Hochdammes**, der den mittlerweile über 500 km langen Nasser-See aufstaut. Nilabwärts folgen je ein Schleusendamm bei Esna und Nag Hammadi sowie bei Assijut. Ca. 25 km nördlich von Kairo baute man bereits Mitte des 19. Jh.s ein Deltawehr. Weiter stromabwärts entstand in den späten 1930er-Jahren das Muhammad-Ali-Wehr. Ferner wurden die Nilmündungsarme Raschid und Dumjat durch Wehre reguliert. Aus den Stauseen und Reservoiren wird das Nilwasser heute mit Hilfe moderner Pumpwerke, zum Teil aber auch noch mit altertümlichen Göpelwerken, Hebebrunnen und archimedischen Schrauben (Wasserschnecken) in ein mehr als 20 000 km langes Kanalnetz befördert, über das man die Felder bewässert.

Westliche Wüste (Libysche Wüste)

Teil der östlichen Sahara Als weithin gleichförmige Hochfläche, in die mehrere Oasen eingebettet sind, stellt sich die Wüstenlandschaft westlich des Nils dar. Sie liegt im Durchschnitt 300 m ü. d. M. und ist Teil der östlichen Sahara, in der Sandstein- und Kalkschichten mehr oder weniger horizontal lagern. Weite Stein- und Geröllfelder, nackte Hügel und Tafelberge prägen das Landschaftsbild ebenso wie trockene Niederungen, die von bis zu 60 m hohen Sanddünenketten durchzogen sind.

Oasen Ab und zu bietet das Grün einer Oase Abwechslung. Dies gilt besonders für die Senken von Baharija, Farafra, Dachla und Kharga. Auch im Norden der Westlichen Wüste verläuft eine lange und schmale Niederung mit einigen Oasen, deren bekannteste die ca. 40 km² große Oase Siwa ist. Zu dieser Zone gehört auch die Kattara-Senke, die sich weiter östlich bis 133 m unter den Meeresspiegel eintieft. In den Oasen dringt Wasser an die Erdoberfläche. Dieses zeigt das Vorhandensein riesiger **Grundwasserseen** im Untergrund anzeigt. Dabei handelt es sich um sog. fossile Wässer, die sich während längst vergangenen Regenzeiten vor etlichen Tausend Jahren ansammelten. Diese Grundwasser-Ressourcen sind jedoch sehr begrenzt und werden im derzeit herrschenden Trockenklima nicht ergänzt. An manchen Stellen hat die übermäßige Wasserentnahme bereits Quellen versiegen und Brunnen austrocknen lassen. Seit dem Altertum haben die Oasen, artesischen Brunnen und Wasserstellen Bedeutung als Rastplätze für Karawanen.

Weiße Wüste

Zwischen den beiden Oasen Farafra und Baharija breitet sich die sog. Weiße Wüste (Sahara el-Bejda) aus, die zu den **schönsten Naturwundern Afrikas** gehört. Wind und Regen haben aus dem fossilienreichen, weiß im Sonnenlicht leuchtenden Kalkstein vielgestaltige Formen herauserodiert. Es gibt Felsen, die wie riesige Pilze in der Wüste stehen, mächtige Felsburgen und vielerlei sonstige bizarre Skulpturen. Besonders eindrucksvoll erscheint die Weiße Wüste im Licht der Abend- und Morgensonne bzw. bei Vollmond.

Gilf Kebir, Abu Ras Plateau, Gebel Uweinat

Landschaftlich und kulturgeschichtlich hochinteressant ist die Südwestecke Ägyptens mit dem nach Westen sehr abrupt abfallenden Plateau des Gilf Kebir, dessen höchste Erhebung 1082 m erreicht. Nordwestlich schließt das von tiefen Wadis zerschnittene Abu Ras Plateau an, wo auch das durch seine **Felszeichnungen** bekannt gewordene Wadi Surah zu finden ist. Südlich vom Abu Ras Plateau sind die beiden markanten Felsen Peter und Paul eine wichtige Orientierungshilfe für Wüstenfahrer. Ganz in der Südwestecke, wo sich die Staatsgrenzen von Ägypten, Libyen und Sudan treffen, er-

Die bizarren Kalksteinfelsen geben der Weißen Wüste ihren Namen.

hebt sich der 1900 m hohe Gebirgsstock Gebel Uweinat. Hier hat man inzwischen über zwei Dutzend Höhlen und Felsüberhänge mit Felszeichnungen entdeckt, die belegen, dass in diesem heute extrem siedlungsfeindlichen Gebiet vor etlichen Tausend Jahren durchaus Menschen gelebt haben.

Großes Sandmeer Nördlich von Gilf Kebir und dem Abu Ras Plateau breitet sich das Große Sandmeer aus, also jener Teil der Westlichen Wüste, in dem sich riesige Felder mit bis zu 100 m hohen Sanddünen ausbreiten. Diese Dünen befinden sich in steter Bewegung, ihr feiner, goldgelber bis dunkelbrauner Sand wird vom Wind ständig weiterverfrachtet. Über den Dünenkämmen sieht man oft Schleier aus Sand und Staub, die sich gelegentlich und bei entsprechender Wetterlage zu großen **Sandstürmen** entwickeln können.

Cyreneika Nördlich der Oase Siwa bzw. nordwestlich der Kattara-Senke erheben sich die markanten Kalksteinflächen des Libyschen Plateaus bzw. der Cyreneika, die bis an die Mittelmeerküste heranreichen. Auch hier ist es ziemlich unwirtlich.

Mittelmeerküste Nur am schmalen Küstensaum entlang des Mittelmeeres herrschen klimatische Bedingungen, die eine immergrüne, strauchige Vegetation hochkommen lassen.

Östliche Wüste (Arabische Wüste)

Wadis und schroffe Gebirge Östlich des Niltals erstrecken sich die Arabische bzw. Nubische Wüste. Die Landschaft steigt allmählich bis zu 2187 m ü. d. M. (Gebel Shayib el-Banat) an und fällt dann steil nach Osten ab. Dieses Gebiet zwischen dem Niltal und dem Roten Meer wurde in den letzten 70 Mio. Jahren stark angehoben und von den Kräften der Erosion abgetragen. Während in der Nähe des Nils der Nubische Sandstein, die Gesteinsschichten der Oberen Kreide und der Nummulitenkalk noch fast horizontal lagern, ist das Deckgebirge weiter östlich abgetragen. Das kristalline Grundgebirge liegt hier frei und ist von tiefen Tälern (Wadis) durchschnitten. Seine höheren Partien erhalten im Gegensatz zum Umland ein paar Niederschläge, so dass zumindest eine Steppenvegetation gedeiht, die die Lebensgrundlage für einige nomadisierende Viehzüchter bildet. Bereits im Altertum durchzogen mehrere **Karawanenstraßen** die Östliche Wüste. Sie folgten in der Regel den Wadis. Heute verbindet eine Hand voll Straßen das Niltal mit den Touristenzentren am Roten Meer.

Halbinsel Sinai

Brücke zwischen Afrika und Asien Jenseits des Golfes von Sues schiebt sich die gebirgige und wüstenhafte Halbinsel Sinai als Brücke zwischen den beiden Erdteilen Afrika und Asien ins Rote Meer hinein. Ihren Nordteil nimmt ein welliges

Tiefe Wadis graben sich durch die Gebirgslandschaft des südlichen Sinai. Die fruchtbaren Oasen werden landwirtschaftlich genutzt.

Tafelland aus Kalk- und Sandsteinschichten ein, das von Norden nach Süden an Höhe zunimmt. Es erreicht im Gebel el-Tih Höhen um 1200 m. Diese Landschaft wird durch das stark verästelte Tälergewirr des Wadi el-Arisch zerschnitten. Den Südteil der Halbinsel bildet das stark zerklüftete Sinai-Gebirge, dessen höchste Erhebungen der 2642 m hohe Katharinenberg (Gebel Katerin; höchster Berg Ägyptens), der 2285 m hohe Mosesberg (Gebel Musa) und der 2057 m hohe Serbal sind. Die höheren Berglagen erhalten vor allem in den Wintermonaten einige Niederschläge (auch Schnee), weshalb man hier oben auch eine spärliche Vegetation antrifft. Der Küstensaum der Halbinsel Sinai bietet sich vor allem im Bereich des Sinai-Massivs sehr schroff und zerklüftet dar. Nur im Norden gibt es ein paar flache Ebenen. Auf dem Gebel Musa soll Moses die Zehn Gebote empfangen haben. Aus diesem Grund wird die Halbinsel Sinai auch als **»Heilige Wüste«** bezeichnet.

Rotes Meer

Grabenbruch

Das Rote Meer, ein Nebenmeer des Indischen Ozeans, füllt einen Graben, der bereits in der Kreidezeit einzubrechen begann. Die Öffnung des Meeres erfolgte vor 30 bis 20 Mio. Jahren, als die Afrikanische und die Arabische Platte auseinander drifteten. Nach einem vorübergehenden Stillstand setzte vor zirka 5 Mio. Jahren ein neuerliches Auseinanderdriften der beiden Platten ein, das immer noch anhält und eine allmähliche Vergrößerung des Roten Meeres bewirkt. Von Geologen wird der Grabenbruch des Roten Meeres als Fortsetzung des Ostafrikanischen Grabensystems gesehen.

Temperatur, Salzgehalt

Die Oberfläche des Roten Meeres erreicht im Sommer über 30 °C und auch im Winter angenehme 20–25 °C. Das Randmeer des Indischen Ozeans wartet mit einem relativ hohen Salzgehalt auf, der im Norden bei 4,1 % liegt. Dieser ist nicht nur auf eine starke Verdunstung, sondern auch auf **heiße Solequellen** zurückzuführen, die aus dem bis zu 2920 m tiefen Meeresboden austreten.

? WUSSTEN SIE SCHON ...?

- ... woher das Rote Meer seinen Namen hat? Eine bestimmte Algenart färbt die Oberfläche des ansonsten tiefblau leuchtenden Meeres hin und wieder rot.

Die zu Ägypten gehörende **Westküste** des Roten Meeres wird von einer emporgehobenen Gebirgsschwelle gebildet, die vom Hochland von Äthiopien nordwärts zieht. Eine besondere Attraktion, die heute viele tauchbegeisterte Touristen anzieht, sind die **Korallenriffe**, die fast an allen Küstenabschnitten des Roten Meeres zu finden sind (► Baedeker Special S. 474). Diese Ökotope zeichnen sich durch eine Artenvielfalt aus, die ihresgleichen sucht. Nach einem Masterplan der Kairoer Regierung soll fast die gesamte Küste des Roten Meeres für den Bade-, Surf- und Tauchtourismus erschlossen werden. Es locken herrliche Strände und wunderbare Reviere.

Golf von Sues

Den Nordzipfel des Roten Meeres bildet der schmale Golf von Sues, der in Gestalt des 1869 eröffneten Sueskanals eine künstliche Verbindung mit dem Mittelmeer hat.

Klima

Wüstenklima

In Ägypten herrscht ein heißes Wüstenklima. Seine entscheidenden Merkmale – Hitze und Trockenheit – ergeben sich aus der Lage des Landes inmitten des großen Trockengürtels, der sich beiderseits des nördlichen Wendekreises von der afrikanischen Westküste bis nach Innerasien zieht. Charakteristisch für die ariden, d. h. trockenen Gebiete ist die Tatsache, dass die Verdunstung größer ist als die Niederschlagsmenge. **Extremer Mangel an Wasser** prägt Landschaftshaushalt und Landschaftsbild: Flüsse fehlen, Salz reichert sich in Hohlformen an, Böden verkrusten, mechanische Verwitterung und vom Wind geschaffene Landschaftselemente wie Steinpflaster oder Dünen herrschen vor. Vegetation in größerer Ausdehnung und Landwirtschaft sind nur dort möglich, wo es Wasserzufuhr aus feuchteren Klimazonen gibt. Dies leistet der Nil, der große Wassermassen aus den feuchten Tropen durch die Wüste zum Mittelmeer führt und eine lang gestreckte, schmale Flussoase bildet. Im Norden des Landes macht sich der Einfluss des Mittelmeeres bemerkbar. Während hier im Winter Niederschläge fallen, gibt es im mittleren und südlichen Ägypten praktisch keinen Regen. Noch weiter südlich, im angrenzenden Sudan, beginnt die Zone zunehmender sommerlicher Niederschläge mit tropischem Zenitalregen.

Pflanzen

Leben im Wüstengürtel

Ägypten nimmt den östlichsten Teil des nordafrikanischen Wüstengürtels ein, der zu den heißesten und trockensten Gebieten der Erde zählt. Entsprechend sind über 90 % des Staatsgebietes entweder von dürreresistenter Wüstenvegetation bedeckt oder gänzlich ohne Bewuchs. Allein in dem fruchtbaren, von den Wassern des äthiopischen Hochlandes gespeisten Niltal, in den Oasen, die von artesisch aufsteigenden Quellen leben, sowie in Abschnitten der sporadisch wasserführenden Flussläufe (Wadis) können das ganze Jahr über Pflanzen gedeihen.

Westliche Wüste

Vorherrschend in der Westlichen Wüste sind **Büsche und Sträucher**. Zum Landesinneren hin verliert der Bewuchs zunehmend an Dichte, je nach Bodenbeschaffenheit treten Beifußgewächse oder Kapernsträucher in den Vordergrund. In Einsenkungen, in denen salziges Grundwasser zutage tritt (Salzpfannen), oder in salzwasserhaltigen Endseen oder Endsümpfen von Wadis kann sich eine salzbeständige Vegetation halten: Gänsefußgewächse, Korbblütler, Tamarisken, Rohrkolbengewächse, Binsen und Zypergras. In den von Süßwasserquellen gespeisten Oasen findet man viele unserer heimischen Pflanzenarten. Im Allgemeinen jedoch sind alle bewohnten Oasen so sehr von Menschenhand verändert, dass ihre ursprüngliche Flora nur noch in entlegenen Winkeln oder als Wildkraut erkennbar ist. Prägend für das Landschaftsbild der Oasen ist die **Dattelpalme**, eine der ältesten Kulturpflanzen in Ägypten. Um Tümpel und Weiher stehen Schilf und Kolbenrohr. In den Wadis kann sich das ganze Jahr hindurch Buschwerk aus Akazien und Kapernsträuchern halten.

Typische Oasenfrucht: Dattel

Der steppenartige Küstensaum entlang dem Mittelmeer setzt sich östlich vom Nildelta und auch entlang der **Sinai-Halbinsel** fort. Daran schließt südlich bzw. südöstlich ein äußerst lebensfeindlicher Gürtel von Sand- und Kieswüste (Serir) an. In diesen Gebieten ist ganzjähriger Pflanzenwuchs nur in Wadis möglich. Nach Niederschlägen kommt jedoch zuweilen ein **Blütenteppich** von überraschender Artenvielfalt zum Vorschein. In den Gebirgsregionen der **Östlichen Wüste** wie auch im Sinaimassiv sind die Wasserverhältnisse etwas günstiger als in den Serir-Ebenen. Die Wolken werden von den auf mehr als 2000 m ansteigenden Gebirgszügen aufgehalten und können sich abregnen. Schauer sind hier etwas häufiger als in der flachen Sand- und Geröllwüste. Überdies hält das wasserundurchlässige

Auch an der Sinai-Küste nördlich von Sharm el-Sheikh gedeihen salztolerante Mangroven.

Gestein, aus dem die Wüstengebirge der Region größtenteils aufgebaut sind, die Feuchtigkeit relativ lange. So finden sich in den Wadis des Hochgebirges das ganze Jahr über **Akazien** sowie **Tamarisken** und andere Trockensträucher. In manchen Wadis, besonders auf der Sinaihalbinsel, dringt Grundwasser bis an die Taloberfläche empor. Hier existieren Oasen mit Ackerbau.

Die **Niloase** hat durch Jahrtausende währende Kulturmaßnahmen ihr endemisches Pflanzenkleid weitgehend verloren. Die einheimischen Pflanzenarten sind hier, soweit sie nicht als Nutzpflanzen angebaut werden, nur noch sporadisch anzutreffen. Der Lotos, einst Wahrzeichen des ägyptischen Königtums, ist heute nur noch in Parks zu finden. Verschwunden sind schon seit dem Mittelalter die in altägyptischen Darstellungen immer wieder erscheinenden, früher sehr weit verbreiteten Papyrussümpfe und -haine. Nur im Wadi Natrun kann man heute noch wild wachsenden Papyrus und Riesenrohrkolben finden.

Tiere

Wüstengebiete

Wegen der geringen Nahrungsreserven bleibt die Tierwelt in den Wüstengebieten Ägyptens auf kleinere und genügsamere Arten beschränkt. Aber auch diese finden ihren Lebensraum nicht in der Vollwüste, sondern in den Wüstenrandzonen, Halbwüsten und Gebieten von steppenartigem Charakter. Hier leben **Säugetiere** wie die Dorcasgazelle und die zierliche Dünengazelle, ferner der Wüstenfuchs, die Streifenhyäne, der Schakal, Wüstenmäuse und Gundi-Nagetiere. Die **Reptilien** sind vertreten durch mehrere Eidechsenarten, Chamäleons, Wüstenwarane sowie zahlreiche, oft giftige **Schlangen** wie die Hornviper, die Speikobra, die Uräusschlange (die heilige Schlange der Pharaonen) und verschiedene andere. Die Trockengebiete sind auch Lebensraum für mehr als **150 Vogelarten**, darunter z. B. der Wüstensperling und die Kragentrappe. Darüber hinaus rasten Zugvögel in großer Zahl in den Oasen und feuchten Niederungen während ihrer Reise nach Süden. Hierbei sind ihnen die Myriaden an Insekten – Mücken, Schmetterlinge und Libellen – eine willkommene Nahrungsquelle.

Niltal, Oase Faijum und Nildelta

Artenreicher ist die Tierwelt im Niltal, in der großen Oase Faijum und im Nildelta. Aus der Antike haben sich viele Darstellungen erhalten, die den **Fischreichtum** des Nils belegen. Seit dem Bau des Assuan-Hochdammes sind die Fischbestände allerdings stark zurückgegangen, da der natürliche Schlamm als Nahrungsquelle merklich abgenommen hat. Das Rohrdickicht der Flussufer bewohnt der Ichneumon oder **Afrikanische Mungo**, der von den alten Ägyptern hoch verehrte Schlangenbezwinger. An **Reptilien** finden sich Geckos, Agamen, Nilwarane, mehrere Eidechsenarten, Schlangen und die Ägyptische Landschildkröte. Frösche bevölkern die Flussränder, Kanäle und Deltaseen. In den Feuchtgebieten des Nildeltas leben Scharen von Insekten – u. a. auch Moskitos, die Überträger von Malaria und der Ägyptischen Augenkrankheit –, zahllose Wildgänse, Flamingos, Wasserhühner, Reiher, Storchenvögel, Blässhühner und viele andere **Vögel**. Auf den Uferbäumen sitzen Schwärme von Kuhreihern. Geier, Milane und Falken ziehen ihre Kreise am Himmel. Überall verbreitet sind Sperling, Fink, Rabe, Kiebitz, Wachtel, Lerche, Schnepfe, Perlhuhn, Honigsauger und Flughuhn sowie die Taube, die in den markanten Taubentürmen als Haustier gehalten wird. Der von den alten Ägyptern verehrte **Ibis** ist heute selten geworden, und der Strauß, der früher wegen seiner besonders schönen Federn gehalten wurde, ist nur mehr in Farmen zur Fleischproduktion zu finden.

Last- und Haustiere

Esel, Maultier und Dromedar sind noch immer von den Fellachen als Last- und Reittiere hoch geschätzt. Als Arbeitstier wie auch als Milch- und Fleischlieferant werden Rind und Wasserbüffel gehalten. Schaf und Ziege sind die wichtigsten Haustiere der Beduinen, Schweine, die man in der islamischen Bevölkerung als unrein ablehnt, halten nur die christlichen Kopten.

Ein wachsamer Wüstenagame

Viele Tierarten, die in antiken Darstellungen noch auftauchen, sind heute durch die Eingriffe des Menschen nicht mehr existent. Das **Nilpferd** etwa, im Altertum sogar z. T. als göttlich verehrt, wurde wegen der großen Verwüstungen, die es immer wieder in den Feldern anrichtete, aber auch wegen seiner Zähne aus dem begehrten Elfenbein und seiner Haut erbittert verfolgt und schließlich ausgerottet. Verschwunden sind auch der Löwe, außerdem vermutlich das Mähnenschaf und der Spießbock, der in vielen altägyptischen Darstellungen erscheint. Ebenso erging es dem **Krokodil**, das im Altertum sehr verbreitet war und heute zumindest aus dem Unterlauf des Nils gänzlich verschwunden ist. Neuerdings haben sich allerdings im Nasser-See Krokodile wieder angesiedelt. Leoparden sollen vereinzelt noch auf der Sinai-Halbinsel vorkommen; Luchs und Wildkatze haben sich in die unwegsamen Gebirge der Östlichen Wüste zurückgezogen.

Bevölkerung · Politik · Wirtschaft

Großes Land – kleiner Siedlungsraum Wirft man einen Blick auf die Landkarte, so könnte man glauben, dass die derzeit über 81 Mio. Ägypter genug Platz zum Leben haben müssten. Schließlich ist das Land der Pharaonen fast **drei Mal so groß wie Deutschland**, wo derzeit fast ebensoviele Menschen wohnen. In Ägypten ergibt sich eine rechnerische Bevölkerungsdichte von ca. 82 Einw./km². In Deutschland sind es rund 230 Einw./km². Doch da über 90% Ägyptens Wüste sind, drängen sich die meisten Ägypter auf einer Fläche, die nur etwas größer ist als die des Freistaates Bayern. Als wahrer Moloch zeigt sich der Ballungsraum um die Hauptstadt Kairo, wo man 18 Mio. Einwohner gezählt hat. In der Hafenstadt Alexandria leben schätzungsweise 5 Mio. Einwohner, in Port Said und Sues über eine halbe Million. Mittlerweile lebt weit über die Hälfte der Bevölkerung in städtischen Agglomerationen.

Landflucht Das untere Niltal und das Nildelta gehören zu den am dichtesten besiedelten Gebieten der Erde. In Groß-Kairo gibt es Stadtviertel, in denen sich über 120 000 Menschen auf einem Quadratkilometer Land drängen, und dies auch noch in höchst baufälligen Behausungen. Der Grund für diese Misere ist die anhaltende Landflucht und das fehlende Bauland. Weil man kostbares Ackerland nicht als Bauland missbrauchen will und die relativ teuren Neubauwohnungen in den modernen Trabantenstädten nur für eine gut verdienende Minderheit erschwinglich sind, kommt es in Kairo, Alexandria und anderen Städten zu extremen **Bevölkerungskonzentrationen** in den Vierteln, in denen die weniger Begüterten leben. Im Gegensatz zu vielen anderen Entwicklungsländern breiten sich Elendsquartiere in Ägypten nicht an den Stadträndern aus, sondern sind direkt in den Zentren zu finden. Der Grund für diese Entwicklung liegt auf der Hand: Angesichts einer Bevölkerungsdichte von mehr als 1600 Einw./km² im bewohnbaren Siedlungs- und Kulturland ist es verständlich, dass nicht alle Einwohner Arbeit in der Landwirtschaft bzw. im ländlichen Raum finden können. Andererseits ist die Industrialisierung nicht so weit fortgeschritten, dass sie Millionen von Arbeitssuchenden versorgen könnte.

Hohe Geburtenrate Bei einem jährlichen Bevölkerungswachstum von 1,68% und einer Geburtenrate von 3 Kindern pro Frau ist eine Entspannung der Situation derzeit noch nicht in Sicht. Die Säuglingssterblichkeit ist – obwohl in den letzten Jahrzehnten große Fortschritte gemacht wurden – allerdings noch sehr hoch: Von 1000 lebend Geborenen sterben 29 (zum Vergleich in der Bundesrepublik Deutschland: 4,8 je 1000 lebend Geborene). Bemerkenswert ist, dass die städtische Bevölkerung mit einer Rate von 2,38% wesentlich stärker wächst als die Landbevölkerung, deren Wachstumsrate in den 1990er-Jahren auf 1,55% zurückgegangen ist.

Migranten

Angesichts des starken Bevölkerungsdrucks wandern alljährlich viele Ägypterinnen und Ägypter zumindest vorübergehend zum Arbeiten in die reichen Erdölförderländer am Persischen Golf ab. Besonders betrifft dies die akademische Elite, u. a. viele Ärzte und Ingenieure. Die Zahl der in Ägypten ausgebildeten, aber im Ausland lebenden bzw. arbeitenden Ägypter liegt nach unterschiedlichen Erhebungen zwischen 3 und 10 Millionen.

Sozialstruktur

Die Sozialstruktur Ägyptens ist gekennzeichnet durch sehr **krasse Unterschiede** zwischen einer dünnen, reichen Oberschicht, einem kleinen, zunehmend bescheidener lebenden Mittelstand und der großen Masse an praktisch Mittellosen, die in armen Verhältnissen leben. 17 % aller Männer über 15 Jahren und 41 % aller Frauen über 15 Jahren können weder lesen noch schreiben. Die sozialen Konflikte, die durch Landflucht, Wohnungsnot, Armut, Arbeitslosigkeit, Korruption, Kriminalität und Gewaltbereitschaft heraufbeschworen wurden, haben extremen religiösen und politischen Gruppierungen starken Zulauf gebracht.

Sprachen

Amts- und Umgangssprache ist in Ägypten das Arabische (►Praktische Informationen, Sprache). In Kreisen der Oberschicht und des Mittelstands sind gute Kenntnisse des Englischen und auch des Französischen die Regel. Das aus dem Altägyptischen hervorgegangene Koptische hat sich nur als liturgische Sprache erhalten. Verbreitet in einigen kleinen Gebieten Oberägyptens sind auch noch das Nubische sowie verschiedene Berberdialekte.

Ägypten ist ein junges Land: Rund 31 Prozent der Menschen sind unter 15 Jahre, weitere 50 Prozent sind zwischen 15 und 45 Jahre alt.

Bevölkerungsgruppen

Fellachen Etwa drei Viertel der ägyptischen Bevölkerung sehen sich als Nachkommen einer alteingesessenen ländlich-bäuerlichen Bevölkerung, die mit dem Begriff Fellachen zusammengefasst wird. Die Fellachen betrachten sich als geradlinige Nachfahren der pharaonischen Ägypter. Weit mehr als die Städter gelten sie als strenge Bewahrer der Traditionen, vor allem was den familiären Zusammenhalt sowie die Beibehaltung altbewährter Anbaumethoden und Wirtschaftsweisen betrifft. Die Fellachen, die auch heute noch das gesamte ägyptische Volk mit Getreide, Gemüse, Obst usw. versorgen, bewirtschaften in der Mehrzahl kleine Felder. Sie leben meist in großen Dörfern, für die einfache Lehmhäuser typisch sind.

Zahlen und Fakten Ägypten

Lage
- von 31° 05' bis 22° nördlicher Breite
- von 25° 02' bis 34° 56' östlicher Länge

Fläche
- 1 001 450 km², davon 6% dicht besiedeltes Kulturland, der Rest ist Wüste

Bevölkerung
- über 81 Mio.
- Bevölkerungsdichte
  ganzes Land: 82 Einw./km²
  Niltal und -delta: 1500 Einw./km²
  Raum Kairo: 41 000 Einw./km²
- Größte Städte: Kairo (18 Mio.), Alexandria (5 Mio.), Assuan (0,5 Mio.), Sues (0,7 Mio.).

Sprache
- Arabisch

Religion
- ca. 84% Muslime (davon 98 % Sunniten, 2 % Schiiten)
- ca. 16% Christen (davon 90 % koptisch-orthodox, 5 % koptisch-katholisch) einige Juden

Staat und Verwaltung
- Präsidialrepublik
- Staatspräsident Mohamed Hosni Mubarak (seit 1981)
- Parlament mit zwei Kammern: Volksversammlung und Schura-Rat
- 29 Gouvernorate

Wirtschaft
- Bruttoinlandsprodukt 162 Mrd. US$
- Pro-Kopf-Einkommen 2450 US$
- Landwirtschaft 14% (jedoch ein Drittel der Beschäftigten), Industrie 36 %, Dienstleistungen ca. 50%

Daneben bilden Beduinen, Berber, Nubier und Sudanesen kleinere Minderheiten, gefolgt von Syrern, Beja, Griechen, Armeniern, Italienern und Franzosen. Ägypter mit dunklerer Hautfarbe sind zumeist Nachfahren von Sklaven, die im 19. Jh. aus dem Sudan an den Unterlauf des Nils geholt wurden. **Minderheiten**

Einige Zehntausend Ägypter sind Beduinen, d. h. Abkömmlinge der arabisch-stämmigen Nomaden, die als Züchter von Kamelen, Dromedaren, Schafen und Ziegen in den Wüstengebieten leben. Die Beduinen, die meist in größeren, von einem Scheich angeführten Familienverbänden leben, gelten als besonders stolz; auf die kleinbäuerlichen Fellachen sahen sie in der Vergangenheit meist herab. Daran hat sich inzwischen allerdings einiges geändert, denn viele Beduinen sind in den letzten Jahrzehnten sesshaft geworden. Sie arbeiten nun auch auf den Ölfeldern, in den Bergwerken und in der Tourismusbranche als Fremdenführer sowie Veranstalter von Kamelritten und Jeep-Ausflügen. Besonders hoch ist ihr Bevölkerungsanteil auf der Halbinsel Sinai: Hier behalten noch einige Zehntausend Beduinen ihre traditionelle Lebensweise bei und ziehen mit Wollzelten und Windschirmen von Wasserstelle zu Wasserstelle. Damit stellen sie sich gegen die Integrationsversuche der Regierung, die eigens für sie Siedlungen gebaut hat. ◄ Beduinen

In der Wüstenlandschaft des Sinai leben noch einige Zehntausend Beduinen.

Ganz im Süden Ägyptens, im Grenzgebiet zum Sudan, hat sich die Bevölkerung über die Jahrtausende mit den schwarzafrikanischen Nachbarn vermischt. So entstand das hamitische Volk der Nubier mit eigener Sprache und eigenen Traditionen. Weite Gebiete ihres ursprünglichen Siedlungsgebietes sind heute vom Nasser-Stausee überflutet. Viele Nubier wurden deshalb in den Raum Kom Ombo umgesiedelt oder haben sich in den großen Städten Unterägyptens niedergelassen, wo sie meist im Dienstleistungsgewerbe tätig sind. Sie haben eine dunklere Hautfarbe und eine für die übrigen Ägypter schwer verständliche Sprache. Rund um Assuan leben noch einige Zehntausend Nubier. Hier kann man noch ihre Traditionen und Bräuche kennen lernen. ◄ Nubier

Kleine hamitische Minderheiten bilden die Berber, die vornehmlich in den Oasen der Westlichen Wüste (bes. Oase Siwa) leben, und die hamitischen Bischarin, die hauptsächlich in den landwirtschaftlich nutzbaren Regionen im Südosten Ägyptens zu Hause sind. ◄ Berber und Bischarin

Seit dem Altertum sind in Ägypten Juden ansässig. Doch ihre Zahl ist nach dem Zweiten Weltkrieg durch Auswanderung stark zurückgegangen. Noch 1947 zählte man mehr als 60 000 Juden. Die kriege- ◄ Juden rischen Auseinandersetzungen mit dem Nachbarland Israel haben bewirkt, dass heute nur noch wenige Hundert Juden ägyptische Staatsbürger sind.

Kopten ►

Eine ganz besondere Gruppe innerhalb der ägyptischen Bevölkerung bilden die Kopten (►Baedeker Special S. 45). Sie zeichnen sich vor allem durch ihre Religion aus, das koptische Christentum. Ethnisch sind sie am ehesten mit den Nachfahren der pharaonischen Ägypter verwandt; zumindest sind in ihrer liturgischen Sprache Elemente aus alter Zeit erhalten geblieben. Als der Islam in Ägypten die Oberhand gewann, wurden die Kopten isoliert oder in Nischen abgedrängt. Im Laufe der Jahrhunderte wurden viele von ihnen finanziell sehr erfolgreiche und daher von der islamischen Bevölkerung vielfach beneidete Handwerker, Kaufleute und Bankiers; bis heute bestimmen die Kopten das ägyptische Finanzwesen.

Siedlungsformen

Siedlungsdruck in den Städten

Aufgrund des starken Bevölkerungswachstums herrscht vor allem am Unterlauf des Nils ein enormer Siedlungsdruck. Da man nicht unnötig kostbares Ackerland vergeuden will, ist der Siedlungsraum äußerst knapp bemessen. Besonders rar und teuer ist der Wohnraum in den Städten, vor allem in Kairo und Alexandria. Die ärmeren Bevölkerungsschichten drängen sich in den hoffnungslos überfüllten Stadtzentren in oft notdürftigen Behausungen. Nicht selten stürzen einfachst konstruierte mehrstöckige Wohnhäuser wegen erheblicher Baumängel ein. Nur vorübergehende Entspannung bringen die neu-

Mit dem Eselskarren frühmorgens in die Großstadt: In Kairo finden die meisten Ägypter Arbeit.

en Trabantensiedlungen, die vor allem an den Peripherien der Großstädte aus dem Boden gestampft werden: Die hier errichteten Neubauwohnungen können sich allerdings nur Besserverdienende leisten. In den neuen Siedlungen östlich und westlich von Kairo leben heute bereits 2,5 Mio. Menschen.

Kairo – eine Stadt der Kontraste

Die Kontraste im Siedlungsbau sind in der ägyptischen Hauptstadt Kairo besonders augenfällig. Hier stehen erdbraune, oft mehrgeschossige Lehmziegel-Wohnhäuser und mittelalterliche Moscheen neben modernen Hochhäusern und extravaganten Glaspalästen. Mehrspurige Autobahnen, auf denen qualmende Busse und Lkws sowie chromblitzende BMWs und Mercedes ebenso unterwegs sind wie kleine, langsame Eselgespanne, enden oft vor einem Gewirr enger Gässchen und Basare. Zwar ist man in Kairo stolz darauf, die erste U-Bahn Afrikas gebaut zu haben, doch hält ihr Ausbau kaum Schritt mit dem enormen Wachstum der Großstadt, deren Siedlungsränder inzwischen schon ganz dicht an die Pyramiden von Giseh herangerückt sind (►Baedeker Special S. 381).

Lehmbauten auf dem Land

Während die Städte aus allen Nähten platzen, erinnert das Leben auf dem Land stellenweise noch an **pharaonische Zeiten**. Entlang des Nils und in den Oasen wird das Land zumeist noch mit einfachsten Werkzeugen, Ochsengespannen und Eselkarren bewirtschaftet. Die Fellachen leben in Dörfern, die vielfach nur aus einfachen Lehmbauten bestehen; in größeren Siedlungen stehen auch vier bis fünf Stockwerke hohe, erdfarbene Lehmziegelhäuser. Infrastrukturelle Einrichtungen wie Trinkwasser- und Stromversorgung sind in vielen Ortschaften nur teilweise vorhanden.

Leben in der Wüste

In der Wüste sieht man hauptsächlich mobile Behausungen, wozu nicht nur die Zelte und Windschirme der Beduinen gehören, sondern auch die modernen Wohncontainer und Mobilheime der in der Erdölindustrie und im Bergbau Beschäftigten. Vereinzelt sieht man feste Neubauten, darunter auch Schulgebäude.

Bildung

Schulbildung

In Ägypten besteht – zumindest laut Gesetz – seit 1923 die allgemeine Schulpflicht vom sechsten bis zum zwölften Lebensjahr; doch stehen besonders auf dem Land nicht genügend Schulen zur Verfügung, um die steigende Zahl der Schüler aufzunehmen. Die **Analphabetenrate** beträgt etwas weniger als 30%. Schulgeldfreiheit besteht für den Besuch der sechsjährigen Grundschule und der ebenfalls sechsjährigen Sekundarschule.

Hochschulen

Die meisten Hochschulen und Universitäten gibt es in Kairo, darunter die **älteste Universität der Welt**, die islamische El-Ashar-Universität von 972, die seit 1952 geistlich-theologisches Weltzentrum für den modernen Islam ist. Weitere Hochschulen findet man in Alexandria, Assijut, Heluan, Ismailija, Mansura, El-Minija, Schibin el-Kom, Tanta und Zagazig. Da an den Hochschulen des Landes mehr Akademiker ausgebildet werden, als der Arbeitsmarkt aufnehmen kann, sind die Aussichten für Hochschulabgänger nicht sehr rosig.

Staat und Gesellschaft

Staatsform und Staatsname

Ägypten wurde als Königreich im Jahre 1922 unabhängig und ist seit 1953 Republik. Hauptstadt und Regierungssitz ist Kairo (El-Kahira). Eine politische Episode blieb die mit Syrien gebildete Vereinigte Arabische Republik (VAR), die nur von 1958 bis 1961 Bestand hatte. Der amtliche Staatsname lautet Arabische Republik Ägypten, arabisch Dschumhurija Misr el-Arabija.

Das **Staatswappen** zeigt den goldenen Saladin-Adler mit Brustschild (darauf die Flaggenfarben rot-weiß-schwarz) und arabischem Schriftband des Staatsnamens unten in den Vogelfängen. Die **Nationalflagge**, die in ihrer heutigen Form erstmals 1972 gehisst wurde, geht auf die nach Abschaffung der Monarchie 1952 eingeführte arabische Befreiungsflagge zurück und trägt – waagerecht von oben nach unten rot-weiß-schwarz – im Mittelstreifen den goldenen Saladin-Adler.

Regierung

Gemäß der Verfassung von 1971 ist Ägypten eine Präsidialrepublik mit einem Staatspräsidenten als Staatsoberhaupt. Der **Staatspräsident**, zugleich Oberbefehlshaber der Streitkräfte, wird von der Nationalversammlung ernannt und durch Volksentscheid für sechs Jahre bestätigt; eine Wiederwahl ist möglich. Er ernennt die Mitglieder im **Kabinett** (mit einem Ministerpräsidenten an der Spitze). Er besitzt ein umfassendes Initiativ- und Prüfungsrecht für Gesetze und kann Nationale Sonderräte einsetzen. Seit 1981 hat Mohamed Hosni Mubarak das Amt des Staatspräsidenten inne.

Parlament

Die mindestens 350 (z. Z. 454) Abgeordneten zur **Nationalversammlung** (Rat des Volkes) werden in allgemeinen Wahlen auf fünf Jahre direkt gewählt, zehn Abgeordnete vom Staatspräsidenten ernannt. Als zweite Kammer fungiert der **Schura-Rat**, ein beratendes Organ, dessen Mitglieder zu einem Drittel vom Staatspräsidenten ernannt werden.

An die Stelle des bis 1980 bestehenden Einparteiensystems (Arabische Sozialistische Union) ist ein Mehrparteiensystem getreten. Bei den letzten Wahlen zur Nationalversammlung im Jahr 2005 errang die von Staatspräsident Mohamed Hosni Mubarak geführte National Democratic Party (NDP) rund 71% der Stimmen bzw. 316 Parlamentssitze. Die Kandidaten der Muslimbruderschaft bekamen 88 Sitze. Die Wahl selbst wurde nur zum Teil von unabhängigen Beobachtern kontrolliert. Vor etlichen Wahllokalen kam es zu gewalttätigen Auseinandersetzungen.

Ägypten · Misr Orientierung

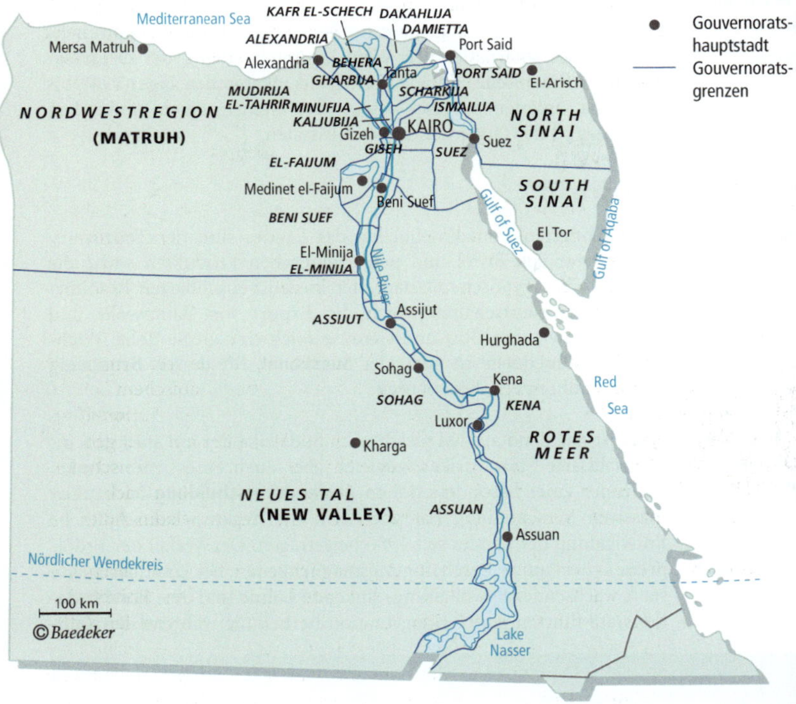

Verwaltung

Verwaltungstechnisch ist Ägypten in 29 Gouvernorate (Muhafsa) gegliedert. Sie werden jeweils von einem Gouverneur verwaltet, dem ein direkt gewählter Repräsentativrat zur Seite steht.

Rechtswesen

Grundlage des bürgerlichen Rechtes ist das seit dem Jahre 1949 gültige Zivilgesetzbuch, in dem zahlreiche Elemente der französischen und der schweizerischen Gesetzgebung zu finden sind. Weiterentwicklungen der althergebrachten religiösen Normen und Gesetze (**Schari'a**) spielen im Personen- und Familienrecht eine große Rolle; eine geistliche Gerichtsbarkeit gibt es jedoch seit 1956 nicht mehr. Im Alltag erweist sich Ägyptens Justiz als ein schwerfälliger, korrupter Apparat. Einfachste Verfahren können sich über Jahre und nicht nur in Ausnahmefällen sogar über Jahrzehnte hinziehen. Schlimmer noch: Gekaufte und bestellte Urteile, Gefälligkeitsverdikte, gehören in allen Instanzen zum Alltag, was u. a. an der strukturellen Abhängigkeit und der schlechten Bezahlung der völlig überlasteten Richterschaft liegt.

Mitgliedschaften in internationalen Organisationen

Ägypten ist u. a. Mitglied der Vereinten Nationen (UN) und verschiedener UN-Sonderorganisationen, der Weltgesundheitsorganisation (WHO), des Allgemeinen Zoll- und Handelsabkommens (GATT), des Internationalen Währungsfonds (IMF), der Organisation für Afrikanische Einheit (OAU), der Arabischen Liga (1980 bis 1989 war Ägypten ausgeschlossen), des Gemeinsamen Arabischen Marktes und der Organisation der Nilstaaten.

Wirtschaft

Einnahmequellen

Die wichtigsten Einnahmequellen des Landes sind der Tourismus, der Verkauf von Erdöl und petrochemischen Produkten sowie die Gehälter, die ägyptische Gastarbeiter in den benachbarten Erdölförderländern erwirtschaften. Auch der Export von Baumwolle und Textilien sowie von Obst und Gemüse spielt eine große Rolle. Wichtige Einnahmequelle ist auch der **Sueskanal**, für dessen Benutzung hohe Gebühren erhoben werden.

Hoch industrialisiert und trotzdem arm

Zwar ist das Land am Nil gleich nach Südafrika der am stärksten industrialisierte Staat Afrikas, zugleich aber auch eines jener Länder, das unter einer besonders hohen **Auslandsverschuldung** leidet. Zur massiven Verschuldung hat vor allem die negative wirtschaftliche Entwicklung des Landes seit 1986 beigetragen. Der Verfall der Erdölpreise, rückläufige Beschäftigungsmöglichkeiten bei einer weiterhin stark wachsenden Bevölkerung, sinkende Löhne und eine hohe Inflationsrate führten eine Krisensituation herbei, die während des **Golf-**

Verkehrsweg Nummer eins: Auf dem Nil werden viele Güter transportiert, so auch das frisch geschnittene Zuckerrohr.

krieges 1990 einen Höhepunkt erreichte. Nach dem Einmarsch irakischer Truppen in Kuwait mussten ca. 700 000 ägyptische Gastarbeiter in ihr Heimatland zurückkehren, was dort neben vielen anderen Problemen zu einer starken Zunahme der Arbeitslosenquote führte.

◄ Hilfe vom IWF

1991 unterzeichnete die ägyptische Regierung einen Vertrag mit dem Internationalen Währungsfond (IWF), in dem sich das hoch verschuldete Land zu einschneidenden Maßnahmen verpflichtete. U. a. wurde der Wechselkurs freigegeben, eine Umsatzsteuer eingeführt und die staatliche Subventionierung von Gütern und Dienstleistungen drastisch gekürzt. Dies führte in der Folge zu einem enormen Anstieg der Lebenshaltungskosten und zu einer Verteuerung der Importe. Die wirtschaftliche Lage aller Bevölkerungsschichten verschlechterte sich, und die Unzufriedenheit wuchs. Immerhin bekam Ägypten einen beträchtlichen Teil seiner Auslandsschulden erlassen.

◄ Wachsendes Pro-Kopf-Einkommen

Die vom IWF verordneten Maßnahmen bewirkten in den 1990er-Jahren aber auch ein kontinuierliches Wachstum des Bruttoinlandsproduktes (BIP). Etwas mehr als die Hälfte des BIP erbringt heute der vom **Tourismus** dominierte Dienstleistungssektor. Knapp ein Drittel kommt von der Industrie und lediglich ein gutes Siebtel von der Landwirtschaft, in der aber mehr als ein Drittel der Bevölkerung beschäftigt ist. Auch das jährliche Pro-Kopf-Einkommen stieg in den 1990er-Jahren auf das Doppelte (von ca. 700 US$ auf über 1370 US$), 2009 lag es bei 2450 US$.

◄ Inflation

Die Inflationsrate konnte binnen eines Jahrzehnts von 20% auf unter 4% heruntergedrückt werden, ist in den letzten Jahren allerdings wieder gestiegen. 2008 erreichte sie fast 12 %. Infolge der globalen **Finanz- und Wirtschaftskrise** schnellte die Inflationsrate Ende 2008 gar auf 18 % hoch. Die Krise beeinträchtigt bis zur Stunde das Wirtschaftswachstum des Landes sehr, bremst den privaten Konsum und natürlich auch den Export. Auch die Tourismusbranche wurde von der Krise empfindlich getroffen.

Arbeitsmarkt

Von den über 81 Mio. Einwohnern Ägyptens sind derzeit knapp 25 Mio. als Erwerbstätige von der amtlichen Statistik erfasst, darunter über 6 Mio. Frauen. Die **Arbeitslosenrate** wird offiziell mit 10,5% angegeben. Über zwei Drittel der registrierten Arbeitslosen sind unter 25 Jahre alt. Eine hohe verdeckte Arbeitslosigkeit ist unverkennbar. Viele Ägypterinnen und Ägypter sind gezwungen, neben ihrem Hauptberuf noch Nebenjobs anzunehmen. Wer keine Arbeit findet, geht ins Ausland, vor allem in die reichen **Erdölstaaten** auf der Arabischen Halbinsel. Die meisten Arbeitsplätze in Ägypten werden von den sehr zahlreichen Staatsbetrieben bereitgehalten. Das monatliche Durchschnittseinkommen eines mittleren ägyptischen Beamten liegt bei umgerechnet knapp 100 Euro. In der Privatwirtschaft liegen die Einkommen zwar teilweise höher, dafür herrscht hier ein enormer Konkurrenzkampf um die insgesamt gesehen immer noch sehr wenigen neuen Arbeitsplätze. Für jährlich 900 000 neue Jobsuchende gibt es pro Jahr nur 250 000 neue Arbeitsplätze.

Landwirtschaft Etwa ein Drittel der Bevölkerung arbeitet in der Landwirtschaft, allerdings hat diese nur einen Anteil von 14% am Bruttoinlandsprodukt. Die wichtigsten landwirtschaftlichen Produkte, die teilweise auch in den Export gelangen, sind Baumwolle, Reis, Weizen, Zuckerrohr, Mais, Hirse, Tomaten, Kartoffeln, Zwiebeln sowie diverse andere Gemüse- und Obstsorten. Nur rund 4% der Staatsfläche können landwirtschaftlich bzw. gartenbaulich genutzt werden. In erster Linie sind dies das Niltal, das Nildelta und die Oasen, in denen heute oft noch nach alter Tradition bewässert und zwei- bis dreimal im Jahr geerntet wird. In den letzten Jahrzehnten konnten durch aufwendige Bewässerungssysteme und Kanalbauten neue landwirtschaftliche Nutzflächen gewonnen werden, auf denen auch moderne Maschinen zum Einsatz kommen.

Zu den wichtigen Produkten der ägyptischen Landwirtschaft gehört die **Baumwolle**, die hier erst 1821 eingeführt wurde. Sie gedeiht in der hervorragenden langfaserigen Mako-Qualität. In der Kampagne 2008/2009 wurden rund 125 000 t geerntet.

Bodenschätze Ägypten ist nicht arm an Bodenschätzen. Doch in vielen Fällen hat sich der Abbau wegen ihrer verkehrsungünstigen Lage bis heute kaum gelohnt. Für die ägyptische Industrie bzw. für den Export bedeutsame Ressourcen sind die Eisenerz-Vorkommen im Gebiet um Assuan und bei der Oase Baharija, die Manganerze auf der Halbinsel Sinai sowie die Chrom- und Zinnvorkommen an der Küste des Roten Meeres im Gebiet von Mersa Alam bzw. Bur Safaga. Enorme Mengen Phosphat und Gips werden entlang der Küste des Roten Meeres (bes. bei Hurghada und Mersa Alam), im Süden der Sinai-Halbinsel, im Gebiet um Esna sowie bei den Oasen Dachla und Kharga gefördert. Des Weiteren werden verschiedene Buntmetalle, Titanerz, Schwefel, Salz und Kaolin abgebaut.

Erdöl und Erdgas ► Die bei weitem wichtigsten Bodenschätze sind **Erdöl und Erdgas**. Die ergiebigsten Erdölfelder befinden sich im Westen der Sinai-Halbinsel bei Abu Rodeis, im Golf von Sues, im Raum Hurghada, in der Libyschen Wüste südlich von El-Alamein sowie in der Kattara-Senke. Die noch förderbaren Erdölreserven werden derzeit auf 4,2 Mrd. Barrel geschätzt. Die Tagesförderung lag 2008 bei rund 700 000 Barrel, etwa 7% der Förderung Saudi-Arabiens. Auf 2,1 Billionen m^3 werden die Erdgasreserven veranschlagt, die größtenteils südlich der Erdölfelder von El-Alamein sowie im Nildelta ausgebeutet werden können. Das Land gehört zu den größten Erdgaslieferanten der Welt. Auf der Halbinsel Sinai gibt es noch geringe Steinkohlevorkommen. Ein Großteil der fossilen Brennstoffe wird allerdings im Land selbst verbraucht, etwa bei der Energiegewinnung und bei der Düngemittelproduktion.

Energie Die Energieversorgung basiert in Ägypten hauptsächlich auf heimischem Erdgas und Erdöl sowie auf der **Wasserkraft des Nils**. Die beiden Wasserkraftwerke am alten und neuen Staudamm bei Assuan können etwa ein Fünftel des ägyptischen Strombedarfs decken, sofern der Wasserspiegel des riesigen Nilstausees nicht zu tief absinkt. Eine wichtige Rolle bei der Stromerzeugung spielen nach wie vor Dieselgeneratoren, die in großer Zahl und nicht nur in ländlichen Gebieten installiert sind. Seit einigen Jahren werden auch hochmoderne Windkraftanlagen und Solarzellen eingesetzt.

Industrie

Etwa **ein Drittel des Bruttoinlandsproduktes** wird von der Industrie erwirtschaftet. In diesem Sektor ist etwa ein Sechstel der Erwerbstätigen beschäftigt. Trotz Privatisierung sind viele Großbetriebe nach wie vor in staatlicher Hand. Die traditionsreichsten Industriezweige sind die Textil- sowie die Nahrungs- und Genussmittelindustrie. Beide können auf heimische Rohstoffe zurückgreifen. Dies gilt auch für die petrochemische und die Düngemittelindustrie, die heute neben der Eisen- und Stahlindustrie sowie der Bauindustrie zu den tragenden Säulen der ägyptischen Wirtschaft zählen. Stark in den Vordergrund getreten sind in den letzten Jahren die chemisch-pharmazeutische Industrie, die Elektroindustrie sowie der Maschinen- und Fahrzeugbau, zumeist angeregt durch ausländische Investitionen. So wurde beispielsweise 1997 im Raum Kairo ein BMW-Werk eröffnet, von dem aus der gesamte arabische Raum beliefert wird.

In Theben hat der Abbau von Alabaster Tradition. In den Werkstätten werden Gefäße und Kleinplastiken hergestellt.

Eine starke Stellung nimmt das produzierende Kleingewerbe ein. Hierbei handelt es sich um **Kleinstunternehmen** mit wenigen Beschäftigten, die zumeist aus dem familiären Umfeld rekrutiert werden und ihre beruflichen Kenntnisse direkt am Arbeitsplatz erwerben. Ihr Kapital erhalten diese Betriebe meist nicht von den Banken, sondern von privaten Geldgebern und Entwicklungshilfeorganisationen. Es ist sehr schwer festzustellen, wie viele Menschen in diesem Wirtschaftsbereich beschäftigt sind. Allein in sechs ausgewählten Kairoer Stadtteilen hat man vor wenigen Jahren über 2400 solcher Werkstätten gezählt, in denen Backwaren und sonstige Nahrungsmittel, Textilien, Lederwaren, Möbel, kunsthandwerkliche Gegenstände, Teppiche, Aluminiumgefäße usw. produziert werden. Die Zahl der hier Arbeitenden wechselt ständig. Generell ist jedoch festzustellen, dass der **Anteil der Frauen** in den letzten Jahren enorm gestiegen ist. Im produzierenden Kleingewerbe ist auch **Kinderarbeit** gang und gäbe. Daran haben auch Verschärfungen der Arbeitsgesetze bislang nicht viel geändert.

Dienstleistungen Der mit Abstand wichtigste Wirtschaftszweig ist der Dienstleistungssektor, der auch die Beamten (1 auf 12 Bürger) umfasst. Nach neueren Schätzungen sind im tertiären Sektor mehr als die Hälfte aller Erwerbstätigen beschäftigt, die etwa die Hälfte des Bruttoinlandsproduktes erwirtschaften. Neben staatlichen Institutionen, Banken, Versicherungen und Handelsunternehmen tritt hier vor allem das Fremdenverkehrsgewerbe hervor.

Tourismus ► Der Tourismus ist inzwischen zum Wirtschaftsfaktor Nummer eins geworden. Im Jahr 2008 kamen 12,3 Mio. ausländische Besucher ins Land am Nil, davon etwa 1,2 Mio. Deutsche. Damit bilden die Deutschen nach den Briten die zweitgrößte Besuchergruppe. Im selben Jahr nahm Ägypten rund 11,6 Mrd. US$ durch den Tourismus ein. Das waren über ein Fünftel aller Einnahmen des Landes in fremder Währung. Die Regierung hofft, im Jahr 2012 mindestens 14 Mio. Touristen begrüßen zu können. Sie sollen über 12 Mrd. US$ ins Land bringen. Der Fremdenverkehr erwirtschaftet so viel Geld für die Staatskasse wie alle Exporte zusammen (Erdöl und Erdgas ausgenommen). Untersuchungen haben ergeben, dass inzwischen jeder sechste Arbeitsplatz direkt oder indirekt vom Tourismus abhängig ist. Durch die Zuwächse in der Branche sollen bis 2012 über 1 Mio. neue Arbeitsplätze geschaffen werden.

Im Naturreservat Ras Mohamed steigen Schnorchler über die Felsen ins Meer.

Außenhandel

In den letzten Jahren wurden doppelt bis dreimal so viele Güter importiert wie exportiert. So erreichte das Handelsbilanzdefizit 2008 einen Rekordstand von 23,5 Mrd. US$. Importiert werden vor allem Maschinen, Fahrzeuge, Industrieausrüstungen, Konsumgüter, Nahrungsmittel, Düngemittel und Produkte aus Holz. Die wichtigsten Lieferländer sind die USA, Deutschland und Italien. Ausgeführt werden Erdöl, petrochemische Produkte, Baumwollerzeugnisse, Textilien sowie diverse industrielle Vorprodukte. Die meisten ägyptischen Waren nehmen die USA, die Länder der Europäischen Union sowie Japan ab. Seit kurzer Zeit tritt Ägypten auch als Exporteur hochwertiger Automobile und einiger anderer High-Tech-Produkte auf.

Verkehr

Schifffahrt

Das ägyptische Verkehrswesen ist gut ausgebaut. Ein wichtiger Devisenbringer ist der Sueskanal, der das Mittelmeer mit dem Roten Meer verbindet. Die 190 km lange und 18 m tiefe Wasserstraße kann zwar von Seeschiffen befahren werden, aber nicht von Riesentankern. Die wichtigsten Häfen sind Alexandria sowie die beiden Sueskanalhäfen Port Said und Sues. Eine wichtige Rolle spielt nach wie vor die Binnenschifffahrt auf dem Nil und einigen Kanälen. Die ägyptischen Binnenwasserwege haben eine Gesamtlänge von rund 3300 km.

Eisenbahn

Seit 1852 gibt es in Ägypten eine Eisenbahn. Derzeit werden 7700 Streckenkilometer unterhalten. Allerdings sind nur die S-Bahn-Linien von Kairo nach Heliopolis und Heluan elektrifiziert. Komfortable Schlafwagenzüge verkehren zwischen Alexandria und Assuan.

◄ Metro

Angesichts chaotischer Verkehrsverhältnisse hat man sich in Kairo und Alexandria zum Aufbau eines Metro-Liniennetzes entschlossen. Die ersten beiden Kairoer U-Bahn-Linien sind bereits in Betrieb, eine weitere befindet sich im Bau und eine vierte im Planungsstadium. Und in Alexandria werden die Planungen vorangetrieben.

Straßenverkehr

In den städtischen Ballungszentren herrscht eine ständige Verkehrsdichte wie in europäischen Großstädten zu Stoßzeiten. Dementsprechend wird auch das Straßennetz immer weiter ausgebaut. Mittlerweile gibt es ein Fernstraßennetz, das über 64 000 km umfasst; 50 000 km sind asphaltiert. Seit 1980 unterquert ein Straßentunnel den Sueskanal, so dass man problemlos aus dem ägyptischen Kernraum auf die Halbinsel Sinai gelangen kann.

Luftverkehr

Immer mehr an Bedeutung gewinnt der Luftverkehr. Dazu hat vor allem der steigende Touristenstrom beigetragen. In ganz Ägypten gibt es rund 100 Flugplätze. Die wichtigsten internationalen Flughäfen sind Kairo, Alexandria und Luxor. Von Urlauberjets werden auch Hurghada, Marsa Alam am Roten Meer und Sharm el-Sheikh, Taba auf der Halbinsel Sinai angeflogen. Ein nur mehr geringer Teil des Lufttransports wird von der Fluggesellschaft Egypt Air abgewickelt.

Religion

Islam als Staatsreligion Ca. 90 % aller Ägypter bekennen sich zum **Islam**, die allermeisten davon zu seiner sunnitischen Ausprägung. Die Schari'a ist die wesentliche Quelle der ägyptischen Gesetzgebung. Die restlichen 10 % der Ägypter sind koptische Christen, orthodoxe Christen, Katholiken, Protestanten, Baha'i und (wenige) Juden.

Islam

Entstehung Der Islam ist die jüngste der großen monotheistischen Weltreligionen. Die Zahl ihrer Anhänger weltweit wird auf 1,5 Milliarden Menschen geschätzt. Er wurde zuerst von **Mohammed Ibn Abdallah** (570–632), später Prophet Mohammed genannt, einem Kaufmann aus Mekka, gepredigt. Seine weiten Reisen mit Handelskarawanen wie auch sein tiefes religiöses Interesse ermöglichten ihm die Kenntnis der Religionen seiner näheren und weiteren Umgebung. So enthält die von ihm entwickelte Lehre Gedanken des Judentums, des Christentums, der persischen Religion, aber auch der Religionen der verschiedenen arabischen Stämme.

Sunniten Der Islam kennt zwei große Richtungen, die der Sunniten und die der Schiiten. Die Sunniten stützen sich in ihrer Glaubenslehre neben dem Koran auf die **Sunna** (deutsch: Gewohnheiten), das heißt auf die überlieferten Erfahrungen und Aussagen Mohammeds. Im Gegensatz zu den Schiiten erkennen sie auch die gewählten Nachfolger des Propheten, die nicht leiblich von ihm abstammen, als rechtmäßige Leiter der Gemeinde an.

Schiiten Die Schiiten sind die religiösen Nachfolger des 4. Kalifen Ali, eines Vetters und Schwiegersohns des Propheten Mohammed. Die Abspaltung der Schiiten war eine Folge des Streits über die Frage, wer die rechtmäßigen Nachfolger Mohammeds bei der Leitung der Gemeinde seien. Ali vertrat die Auffassung, dass nur leibliche Verwandte des Propheten dessen Nachfolge antreten könnten, und er betrachtete sich selbst als den ersten rechtmäßigen Nachfolger Mohammeds. Die von Ali direkt abstammenden Führer, die sog. Imame, werden von den Schiiten, die die Sunna als Glaubensgrundlage ablehnen, als Heilige verehrt.

Islamische Zeitrechnung Das islamische Jahr folgt dem Mondkalender, dessen Jahr nur 354 Tage zählt. Die Zeitrechnung des islamischen Kalenders beginnt mit dem Jahr 622 n. Chr., dem Jahr der Flucht des Propheten Mohammed aus Mekka, Hedschra oder Hidschra genannt. Das ist das Jahr 1 des islamischen Kalenders. Die Jahre des gregorianischen Kalenders können nicht mit denen des islamischen Kalenders korreliert werden, da dieser nicht die Sonne, sondern den **Mond** als Bezugsbasis

Das Gebet in der Moschee ist eine der religiösen Pflichten der Muslime.

hat. Die Monate des islamischen Kalenders haben also je nach Mondaufgang 29 bzw. 30 Tage und das islamische Jahr (Hidschrajahr bzw. Higri genannt) mithin nur 354 bzw. 355 Tage, also zehn bis elf Tage weniger als ein gregorianisches Jahr. So entsprechen 34 Mondjahre 33 Sonnenjahren oder 100 Higri etwa 97 gregorianischen Jahren.

Koran und Sunna

Der Koran, die heilige Schrift des Islam, enthält in seinen 114 Suren oder Abschnitten die Offenbarungen des einzigen Gottes an seinen Propheten Mohammed. Die vom dritten Kalifen Osman in einer Sammlung zusammengefassten Offenbarungen in arabischer Sprache werden bis heute allgemein als die authentische Koranfassung anerkannt. Die **114 Suren** sind nicht chronologisch, sondern der Länge nach geordnet und in **Versform** gehalten. Auf die Eröffnungssure, die Fatiha, folgt die längste Sure mit 286 Versen. Die kürzeste Sure hat nur drei Verse. Der Koran enthält die grundlegenden Glaubenslehren, die Gesetze für das Leben in der Gesellschaft sowie die ethischen Lehren des Islam, aber auch Berichte über frühere Propheten, die Schöpfungsgeschichte und das Jenseits. Ergänzt wird der Koran durch die Sunna, eine Sammlung der Taten und Aussagen des Propheten Mohammed.

Als dritte, gleichwohl schwächste Glaubensgrundlage gelten die sog. Hadithe, d. h. die Überlieferungen über die Lehren und das Handeln des Propheten. Diese **Hadith-Sammlungen** stellen somit zugleich wertvolle genealogische Studien und zeitgeschichtliche Quellen dar. Als die vorbildlichsten Werke gelten hierbei die Hadith-Sammlungen von Bukhari und Muslim aus dem 9. Jahrhundert. In Bukharis Buch werden von einer halben Million Erzählungen nur 4000 als authentisch aufgeführt. In einem Hadith heißt es: »Ich habe euch zwei Dinge hinterlassen. Wenn ihr ihnen folgt, werdet ihr nie irren. Es sind der Koran und die Sunna.«

Die fünf Säulen des Islam Aus dem Koran und der Sunna leiten sich die fünf Säulen des Islam ab, d. h. die wichtigsten Glaubensvorschriften und **Pflichten eines Muslimen**: Glaubensbekenntnis (Schahada), Gebet (Salah), Almosengabe (Sakat), Fasten (Saum) und Pilgerreise nach Mekka (Hadsch).

Glaubensbekenntnis ► Das Glaubensbekenntnis wird von den Gläubigen fünfmal täglich wiederholt. Es ist auch Bestandteil des Gebetsrufes, den der Muezzin vom Minarett verkündet: »Allahu Akbar – Gott ist groß! Ich bezeuge, dass es keinen Gott gibt außer Gott. Ich bezeuge, dass Muhammad der Prophet Gottes ist. Kommt zum Gebet. Kommt zum Heil! Gott ist groß, es gibt keinen Gott außer Gott.» Vor dem Morgengebet fügt der Muezzin noch hinzu: »Das Gebet ist besser als der Schlaf.«

Gebet ► Das Pflichtgebet verrichtet der Gläubige ebenfalls fünfmal täglich in arabischer Sprache in der Moschee oder auf einem besonders dafür hergerichteten Platz, z. B. auf einem Gebetsteppich, wobei der Betende sich in einem festgelegten Ritual gen Mekka verneigt. Zur Vorbereitung des Gebets gehört die rituelle Reinigung von Gesicht, Mund, Händen und Füßen. Zum Gebet werden die Schuhe ausgezogen, auch außerhalb der Moschee.

Almosengabe ► Das drittwichtigste Gebot des Islam ist die Almosengabe. Schon Mohammed hatte sie angeordnet und in Medina eine Almosensteuer eingeführt. Lange Zeit war sie die einzige Steuer der Muslime.

Fasten ► Das einmonatige Fasten im neunten Monat des islamischen Kalenders (Ramadan) wird durch die zweite Sure des Korans vorgeschrieben. Das Fasten bezieht sich auf alle menschlichen Genüsse, nicht nur auf das Essen und Trinken, und es dauert vom Morgengrauen bis zum Sonnenuntergang. Kinder, alte und kranke Menschen sowie Reisende und Schwerarbeiter sind von der Vorschrift befreit.

Hadsch ► Auf die vorislamische, altarabische Verehrung eines schwarzen Meteoriten geht das Gebot der Pilgerfahrt nach Mekka zurück. Der Stein befindet sich im Innenhof der Großen Moschee von Mekka im heiligen Schrein, der Kaaba. Die Hadsch sollte jeder erwachsene Moslem mindestens einmal in seinem Leben möglichst im 12. Monat des islamischen Jahres absolvieren, sofern er die Mittel dazu hat.

Dschihad Die im Koran enthaltene Institution des Dschihad wird oft **missverständlich** mit »heiliger Krieg« übersetzt. Die Forderung des Dschihad lässt sich am besten mit der Pflicht, sich auf dem Wege Gottes zu bemühen, wiedergeben. Es sollte zuerst nach innen gerichtet sein, also die Umsetzung der religiösen Gebote im Lebenswandel des Einzelnen zum Ziel haben. Es soll aber auch nach außen gerichtet sein und dem Kampf gegen den Unglauben und das Übel in der Welt dienen. Zum Dschihad im Sinne eines heiligen Krieges, also der Durchsetzung des islamischen Glaubens in einem Gebiet, kann nur der rechtmäßige religiöse Führer der Gemeinschaft auffordern. Allerdings wird der Aufruf heute oft durch obskure weltliche Führer wie beispielsweise Osama bin Laden benützt, um der Durchsetzung machtpolitischer Interessen religiöse Legitimation zu verleihen und die Gläubigen hinter sich zu scharen; ein Frevel nach der reinen Lehre.

Koptisches Handkreuz

AUF DEN SPUREN DER CHRISTEN

Sechs bis zehn Prozent der mehrheitlich muslimischen ägyptischen Bevölkerung gehören der alten koptisch-orthodoxen Kirche an. Die christlichen Nachkommen der alten Ägypter bilden mit zirka elf Millionen Gläubigen die größte christliche Gemeinschaft in der arabischen Welt.

Vier U-Bahn-Stationen südlich vom Tahrir-Platz, dem hektischen Knotenpunkt der modernen Metropole Kairo, unmittelbar an der Station Mari Girgis (St. Georg) liegt Misr al-Qadima – **»Alt Kairo«**. Dort, innerhalb der Überreste der römischen Festung Babylon, einige Meter unter dem Straßenniveau und bedrängt vom steigenden Grundwasser, befindet sich das »koptische Kairo«.

Die meisten ausländischen Besucher begegnen hier zum ersten Mal den Spuren ägyptischen Christentums: Das **Koptische Museum** birgt die weltweit größte Sammlung koptischer Kunst; die »Hängende« Marien-Kirche (al-Muallaqa) ist ein Glanzstück christlicher Architektur; die Kirchen der heiligen Barbara und des Sergius gehören zu den ältesten Kirchen der Stadt, ihre Gründung geht in das 5. Jh. zurück. Bis ins späte Mittelalter gehörte ein Besuch in der Krypta der Sergius-Kirche zu jeder ordentlichen **Pilgerfahrt** ins Heilige Land. Hier soll sich der Überlieferung zufolge die Heilige Familie auf ihrer Flucht nach Ägypten aufgehalten haben.

Das »koptische Kairo«, umgeben von **Friedhöfen** verschiedenster christlicher Konfessionsgruppen, ist ein vergleichsweise idyllischer Ort, der dem Besucher einen Eindruck von den Lebenswelten vermittelt, die einem Urchristentum verpflichtet sind.

Christliche Enklaven

Weitere sehenswerte, durch Mauern abgeschlossene christliche Viertel mit Kirchen, deren Geschichte in die Frühzeit zurückreicht, sind über das Stadtgebiet verstreut, so z. B. in der Harat al-Rum, der **»Christengasse«**, in der islamischen Altstadt. Enklaven wie diese sind Überreste mittelalterlicher

Kopten beim Gebet in der kleinen Kapelle St. Georg

Stadtordnung und Zeugen einstiger konfessioneller Separation. Zu Beginn des 19. Jh.s brach dann die traditionelle Ordnung der ägyptischen Städte auf, die bisher auf **religiöser Trennung** und konfessioneller Arbeitsteilung beruhte. Im Zuge der Modernisierung des Landes wurden die Kopten 1856 durch Abschaffung der Kopfsteuer für Nichtmuslime den muslimischen Ägyptern rechtlich gleichgestellt. Die **Emanzipation** der Kopten erreichte ihren Höhepunkt in den 1920er- und 1930er-Jahren, als zahlreiche Kopten in führender Position an der Nationalbewegung beteiligt waren.

Heute lebt etwa ein Viertel aller Kopten in Kairo, Tür an Tür mit ihren muslimischen Landsleuten. Weder Sprache noch Lebensgewohnheiten unterscheiden sich merklich von der ihrer Nachbarn. Sie arbeiten in unterschiedlichsten **Berufen**, wobei sie in privat-wirtschaftlichen Unternehmen überproportional, in der öffentlichen Verwaltung kaum vertreten sind.

Besonders große koptische Gemeinden finden sich in Oberägypten: In den Provinzen Assijut, El-Minya, Kena und Sohag liegt der koptische Bevölkerungsanteil zwischen 20 und 40%, kaum ein Dorf oder eine Stadt, deren Bild nicht von einer oder mehreren Kirchen geprägt ist.

Geschichtlicher Hintergrund

Der Begriff Kopt(en) leitet sich von Aigyptos (griech. für Ägypten) ab. Die Araber nannten das Land Misr und seine Bewohner Qibt. Als die arabischen Muslime im Jahre 641 Ägypten eroberten, war das Land bereits vollständig christianisiert. Im Laufe der folgenden Jahrhunderte konvertierte die Mehrheit der Kopten zum Islam. Parallel dazu verengte sich die Bedeutung des Wortes Kopte zu einer Bezeichnung für die einheimischen Christen.

Im 11. Jh. wurden die christlichen Kopten zu einer **Minderheit** im eigenen Land, bis zum 14. Jh. sank ihr Bevölkerungsanteil auf das heutige Niveau. Die koptische **Sprache** wurde vollständig durch die arabische verdrängt – heute wird koptisch nur noch in der Liturgie verwendet.

Die ägyptischen Kopten gehören in ihrer überwiegenden Mehrheit der

Bei einer koptischen Taufe trägt der Täufling ein festliches Kleid und eine mitraähnliche Kopfbedeckung.

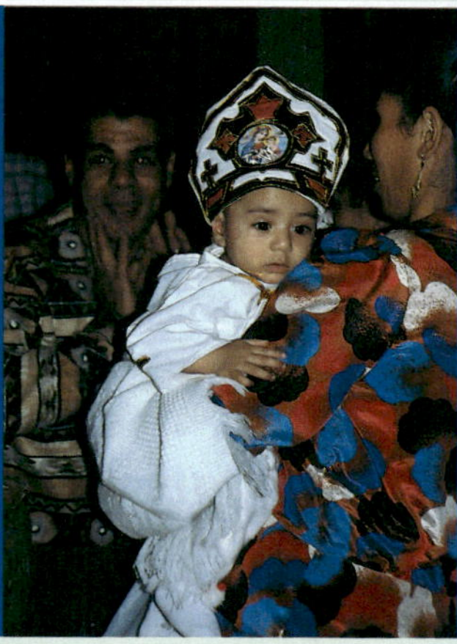

koptisch-orthodoxen Kirche des Patriarchats von Alexandria an. Die koptische Kirche zählt zu den **alt-orientalischen Kirchen**, die sich mit den Nationalkirchen der Syrer, Armenier und Äthiopier nach dem Konzil von Chalcedon im Jahre 451 aufgrund kirchenpolitischer Streitigkeiten von der römischen Reichskirche getrennt haben.

Durch westliche Missionsbemühungen, die in der Regel nur bei einheimischen Christen erfolgreich waren, entstanden im 19. Jh. die mit Rom unierte katholisch-koptische und verschiedene protestantisch-koptische Kirchen.

Das geistliche Oberhaupt der ägyptischen orthodoxen Kopten ist **Papst Shenouda III.** (geb. 3. 8. 1923), der 117. Nachfolger des Evangelisten Markus, der das Christentum zu Beginn unserer Zeitrechnung nach Ägypten gebracht haben soll. Seit dem 6. Jh. tragen die Patriarchen der Kopten diesen Ehrentitel. Papst Shenouda III. ist eine charismatische Persönlichkeit mit großem Einfluss. Wo immer er auftritt, versammeln sich zahlreiche Gläubige.

Jüngste Entwicklung

Seit den 1960er-Jahren erlebt die koptische Kirche eine beispiellose **Renaissance**. Anders als in Europa sind die Kirchen Ägyptens voll, sind religiöse Überzeugungen und die Bindung der Kopten zu ihrer Kirche unerschüttert. Das **Mönchtum**, das im 4. Jh. in Ägypten entstand und sich von dort nach Europa verbreitet hatte, steht heute wieder in voller Blüte. Die antiken Klöster im Wadi Natrun oder im Niltal haben enormen Zulauf und sind zu spirituellen Zentren der Kopten geworden.

In dem Maß, in dem die politische, wirtschaftliche und soziale Krise des Landes in den vergangenen Jahrzehnten kontinuierlich wuchs, entwickelte sich die Kirche für die Kopten in Ägypten zu einer Art **Ersatzgesellschaft**, denn durch die politische und kulturelle Islamisierung des Landes werden sie wieder in eine Minderheitenposition gedrückt. Die Diskriminierung der Kopten ist ein Symptom der Krise Ägyptens, und deren Überwindung wird eine der großen Herausforderungen der Zukunft sein.

Christliche Ordensgemeinschaft: koptische Mönche im Pauluskloster

Koptisches Christentum

Geschichte Die koptischen Christen führen ihre Tradition auf den **Evangelisten Markus** zurück, den der hl. Petrus im Jahre 64 mit der Missionierung Ägyptens beauftragt haben soll. Eine koptische Kirche hat sich jedoch erst etwa im 5. Jh. herausgebildet. Alexandria, die Gelehrtenstadt des Altertums, wurde Sitz eines der fünf Patriarchen, welche die Christenheit jahrhundertelang leiteten. Die auf dem byzantinischen Konzil von Chalkedon (451) erfolgte Verurteilung des Monophysitismus – jener Denkrichtung, nach welcher Jesus Christus nicht zwei Naturen (eine göttliche und eine menschliche) vereint, sondern nur eine besitzt (nämlich die des Fleisch gewordenen Gotteswortes) – wollten die Kopten nicht anerkennen und gingen ihren eigenen Weg; hinzu kam ihr Widerstand gegen den zunehmenden kulturellen Einfluss des Hellenismus. Nach der Eroberung Ägyptens durch die islamischen Araber verlor die koptische Kirche viele Mitglieder; seit dem 16. Jh. gehört ihr nur noch ca. ein Zehntel der Bevölkerung an.

? WUSSTEN SIE SCHON ...?

- ... dass sich die Kopten neben den Armeniern und den Syrern zu den ältesten Christengemeinschaften zählen?

In Ägypten hat die **koptisch-orthodoxe Kirche**, die christliche Nationalkirche des Landes, heute etwa 11 Millionen Mitglieder; weltweit sind es ca. 15 Millionen. Als geistliches Oberhaupt fungiert ein Patriarch, dessen offizieller Titel »Papst (Baba) von Alexandria und Patriarch des Stuhles von St. Markus« lautet. Erst im 19. Jh. kam es zur Annäherung der koptisch-orthodoxen und der römisch-katholischen Kirche, die im Jahre 1895 zur Errichtung des unierten Patriarchates von Alexandria führte. Seit 1954 ist die Koptische Orthodoxe Kirche von Ägypten Mitglied des Ökumenischen Rates der Kirchen.

Koptisches Christentum *Orientierung*

Geschichte

Wie entwickelte sich das Land zur Zeit der Pharaonen? Welche kulturellen Einflüsse brachten Römer und Griechen? Wann wurde Ägypten britische Kolonie? Welche Politik verfolgten die Präsidenten der Arabischen Republik? Hier lesen Sie das Wichtigste aus mehreren tausend Jahren Geschichte.

Geschichtsschreibung im alten Ägypten

Keine feste Zeitrechnung

Die alten Ägypter besaßen wie alle Völker des Altertums keine feste Zeitrechnung. Sie bestimmten die Ereignisse meist nach den Herrscherjahren der jeweiligen Könige. Die Priester führten große Herrscherlisten, von denen mehrere z. T. bruchstückhaft erhalten sind, z. B. die Königsliste von Abydos, die 76 Königsnamen von Menes bis Sethos I. umfasst, oder die Karnak-Tafel, die 32 Könige von Menes bis Thutmosis III. nennt, usw. Auf derartigen Verzeichnissen beruhen insbesondere die Listen und geschichtlichen Aufzeichnungen des altägyptischen Historikers **Manetho** aus Sebennytos (jetzt Samannud), der um 300 v. Chr. als Priester in Heliopolis lebte und im Auftrag von Ptolemaios II. die Geschichtsbücher »Ägyptische Denkwürdigkeiten« verfasste. Da Manetho als Priester leichten Zugang zu allen in den Tempeln verwahrten Schriften und Urkunden fand, können seine Angaben als sehr verlässlich angesehen werden. Leider sind seine Werke selbst verloren gegangen, sie leben jedoch weiter in den Schriften von **Flavius Josephus** (37/38 bis um 100 n. Chr.), Iulius Africanus (um 200 n. Chr.) und Eusebius (um 340 n. Chr.), die seine Werke noch sechs Jahrhunderte nach Manethos Tod zur Grundlage ihrer eigenen Geschichtsschreibung machten.

Dynastien

Es war Manetho, der die ägyptischen Herrscher von dem ältesten König Menes bis zu Alexander dem Großen auf 30 Dynastien verteilte. Sie entsprechen im Großen und Ganzen den Herrscherhäusern, die nacheinander und bisweilen auch nebeneinander das Land regierten. Diese Einteilung ist auch heute noch allgemein wissenschaftlich anerkannt. Daneben fasst man der besseren Übersichtlichkeit halber mehrere Dynastien zu größeren Gruppen zusammen, die man als »Zeiten« oder »Reiche« bezeichnet. Manche Forscher fassen einige frühe Könige zur »nullten Dynastie« zusammen. Genaue Jahreszahlen lassen sich wegen der Lückenhaftigkeit der Quellen für die Dynastien bis auf Psammetich I. meist nicht angeben. So können die Zeitangaben vor dem zweiten Jahrtausend v. Chr. bisweilen um mehrere Jahrzehnte oder sogar Jahrhunderte schwanken.

Vorgeschichte

60 000–3000 v. Chr.

Über die Vorgeschichte Ägyptens ist nur wenig bekannt. Funde von Steinwerkzeugen in Geröllschichten bei Luxor belegen, dass das Niltal bereits um 60 000 v. Chr. von Jägern und Sammlern durchzogen wurde. Auch in der Westlichen Wüste finden sich Spuren menschlicher Existenz, die darauf schließen lassen, dass sich im Laufe der

← *Mit Schirmen schützen sich Touristen am Sphinx vor der Sonne.*

Jahrtausende das Klima in Nordafrika verändert hat. In der **Jungsteinzeit** (um etwa 7000 v. Chr.) gehen die Menschen im Niltal zu sesshafter Lebensweise in Dörfern über. Fischfang, Ackerbau und Viehzucht dienen ihnen als Lebensgrundlage. Entlang des Nils entstehen Siedlungen unterschiedlicher Entwicklungsstufen. Durch Wanderungsbewegungen bildet sich bis zum Ende der Vorzeit eine einheitliche Kultur im Niltal heraus, eine **Agrargesellschaft** auf Basis von Subsistenzwirtschaft. Aus späteren schriftlichen Überlieferungen geht hervor, dass sich aus einer Vielzahl an Fürstentümern nach und nach zwei große Königreiche herausbilden.

Die Zeit der Pharaonen

3000–2665 v. Chr.	Legendäre Reichsgründung, Thinidenzeit
2665–2155 v. Chr.	Altes Reich, Pyramidenbau in Sakkara und Giseh
2155–2130 v. Chr.	Erste Zwischenzeit, Nord- und Südreich
2130–1650 v. Chr.	Mittleres Reich, Reichseinheit unter thebanischer Führung
1650–1555 v. Chr.	Zweite Zwischenzeit, Herrschaft der Hyksos
1555–1080 v. Chr.	Neues Reich, Blüte der Pharaonenzeit, Ägypten ist Großmacht. Tempelbauten in Theben, Gräber im Tal der Könige
1365–1347 v. Chr.	Sonnenkönig Amenophis IV. (Echnaton)
um 1250 v. Chr.	König Ramses II.
1080–715 v. Chr.	Dritte Zwischenzeit, Teilung des Reiches, Militärdiktaturen
715–332 v. Chr.	Spätzeit, Fremdherrschaften

Frühgeschichte: 1.–2. Dynastie (3000–2665 v. Chr.)

Vereinigung von Unter- und Oberägypten

Die frühdynastische Epoche beginnt mit der legendären Reichsgründung unter König Menes. Er vereinigt Unterägypten (Deltagebiet) und Oberägypten (Niltal von Kairo bis Assuan). Die **Doppelkrone**, bestehend aus der roten Krone Unterägyptens und der weißen Krone Oberägyptens, wird zum Symbol der Reichseinheit. Die Herrscher der beiden ersten Dynastien residieren im oberägyptischen Thinis (Abydos). Man nennt daher die Phase der Reichskonsolidierung auch Thinidenzeit.

Aufstieg zur Hochkultur

Der Aufstieg Ägyptens zur Hochkultur beruht auf einer rasanten Entwicklung von Wirtschaft, Technik, Schrifttum und Wissenschaft. Die Nilschwemmen zwingen Ägypten zur zentralistischen Organisation des Gemeinwesens. Unter staatlicher Ägide wird die Bewässerungslandwirtschaft ausgebaut. Beamte sind für die Verteilung des Wassers an die Bauern zuständig und erheben nach Feldgröße Steuern. Neben der Einführung des 365-Tage-Kalenders zählt vor allem die **Literatur** zu den kulturellen Errungenschaften der Thinidenzeit. Die überlieferten Texte können als eine Vorform philosophischer Schriften gelten. Die geistigen Zentren Ägyptens (Abydos, Buto und Sais) strahlen weit über die Landesgrenzen hinaus.

Altes Reich: 3.–6. Dynastie (2665–2155 v. Chr.)

Erste Blütezeit

Das Alte Reich ist die erste Blütephase des pharaonischen Ägyptens, die administrativen, technischen und kulturellen Leistungen zeugen vom hohen Stand der Entwicklung. **Djoser**, König der 3. Dynastie, verlegt die Residenz nach Memphis (etwa 20 km südlich des heutigen Kairo) und gliedert das Reich in Verwaltungseinheiten. So entsteht ein bürokratisches Staatswesen, das während der 5. Dynastie seine vollste Ausprägung erreicht. Die herrschende Elite ist eine wohlhabende Beamtenschicht, die vom König mit tributfreien erblichen Lehen für ihre Dienste entlohnt wird. Die Nekropole von Giseh mit zahlreichen Beamtengräbern unterschiedlicher Ausstattung spiegelt die Organisation des Staatsapparats wider.

Königskartuschen der 5. Dynastie

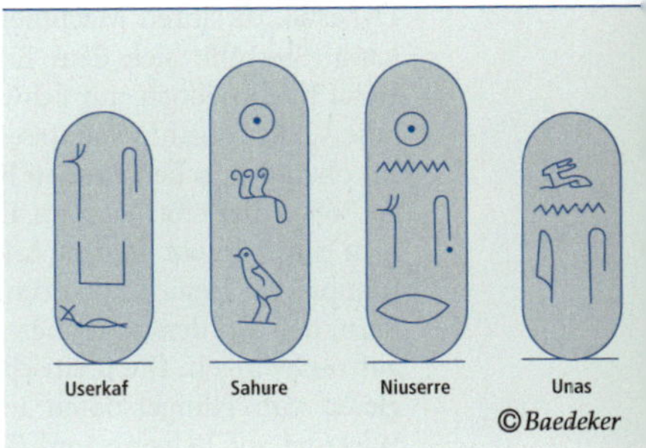

Das Alte Reich ist eine Epoche des monumentalen Pyramidenbaus. Djoser lässt unter seinem genialen Baumeister **Imhotep**, den die Griechen 2000 Jahre später unter dem Namen Imuthes als Heiligen verehren, die markante sechsstufige Pyramide von Sakkara errichten. Aus dieser Zeit stammen auch die ältesten Mastabas (Grabbauten). Unter den Herrschern der 4. Dynastie erlebt der Pyramidenbau seine Hochphase: **Snofru** erbaut die Pyramide von Meidum und zwei weitere in Dahshur; am Rande des fruchtbaren Niltals entsteht auf dem Hochplateau von **Giseh** der ausgedehnte Pyramidenbezirk mit den drei großen Pyramiden der Könige Cheops, Chephren und Mykerinos. Große Teile der Bevölkerung werden zum Pyramidenbau zwangsverpflichtet.

Sonnenkult

Das Alte Reich entfaltet sich auch in religiöser Hinsicht. Der Sonnenglaube setzt sich durch, und der **Sonnengott Re** wird als Reichsgott verehrt. Der König definiert sich nun nicht mehr über den Schöpfungsglauben, sondern als Sohn des Re; er herrscht als Stellvertreter des Sonnengottes. Der Sonnenkult findet seine bauliche Umsetzung in Sonnenheiligtümern mit aufgemauerten Obelisken als zentralem Element, wie beispielsweise in Abu Gurob.

Expansion des Reiches

Das Reich expandiert: Nubien wird ägyptische Kolonie. Auf den Sinai, in die Westliche Wüste sowie in das Gebiet des heutigen Äthiopiens werden Expeditionen unternommen. Die Handelsbeziehungen weiten sich im Norden bis nach Kleinasien aus. Gegen Ende des Alten Reiches verselbstständigt sich allerdings der **aufgeblähte Staatsapparat**. Die höheren Beamten in Mittel- und Oberägypten bauen zunehmend eigene Herrschaftszentren auf. Sie nutzen ihre Position zur Selbstprivilegierung auf Kosten der Zentralgewalt und der unteren Bevölkerungsschichten. Die Reichsregierung in Memphis verliert an Macht. Schließlich erschüttern Versorgungsengpässe und Unruhen das gesellschaftliche Leben. Das Alte Reich zerbricht schließlich an den Autonomiebestrebungen der Provinzen und an bürgerkriegsähnlichen Zuständen.

Erste Zwischenzeit: 7.–11. Dynastie (2155–2130 v. Chr.)

Politische Wirren

Nach dem Untergang des Alten Reiches zerfällt Ägypten in zwei große Herrschaftsgebiete und zahlreiche lokale Fürstentümer; verschiedene Könige regieren nebeneinander. In Unterägypten etabliert sich in der alten Hauptstadt **Memphis** eine aus Herakleopolis stammende Dynastie, die ihren Machtbereich nilaufwärts bis Assijut ausdehnen kann. Sie fühlt sich dem Erbe des Alten Reiches verpflichtet. Das Delta bleibt jedoch nur schwer kontrollierbar, da vermutlich asiatische Völker dorthin vorstoßen und die Nordgrenze bedrohen.

Im oberägyptischen **Theben** herrscht eine Dynastie, die eine expansive Politik betreibt. Das am Ende des Alten Reiches abgefallene Nubien wird erneut besetzt und kolonisiert. Da Unterägypten durch Kämpfe im Delta militärisch geschwächt ist, gelingt es den Thebanern, den Norden zu erobern und sich zu Herren von ganz Ägypten aufzuschwingen. Die politischen Wirren der Ersten Zwischenzeit, begleitet von Hungersnöten und Bürgerkriegen, bleiben nicht ohne Wirkung auf Religion und Geistesleben. So erleben Totenkulte eine Renaissance, und Fragen nach der gerechten Ordnung bestimmen die literarische Aufarbeitung dieser unruhigen Zeit.

Mittleres Reich: 11.–14. Dynastie (2130–1650 v. Chr.)

Einheitsstaat unter Mentuhotep II.

Nach der militärischen Eroberung Unterägyptens durch Theben vereinigt Mentuhotep II. die Landesteile und etabliert ein Königreich in der Tradition des Alten Reiches. Es entsteht ein dezentraler Einheitsstaat mit der Hauptstadt Memphis. Religiöses Zentrum bleibt Theben, wo die **Amun-Verehrung** einen Aufschwung erlebt. Die Regionen Ägyptens erhalten Autonomie- und Mitbestimmungsrechte; so gelingt es, ein stabiles Staatsgebilde aufzubauen. Durch die Friedenszeit wird der Handel wiederbelebt, intensive Wirtschaftsbeziehungen zu den phönizischen Hafenstädten der Levante werden aufgebaut.

In der Oase El-Faijum wird das Wasser noch wie vor Jahrtausenden geschöpft.

Infolge der wirtschaftlichen Konsolidierung des Reiches bildet sich eine neue soziale Schicht heraus; Kaufleute und Handwerker formieren ein selbstbewusstes **Bürgertum**, das sich neben der Beamtenschaft zur staatstragenden Klasse entwickelt.

Aufschwung und Destabilisierung

Große Leistungen werden in der **Wasserwirtschaft** erbracht: Deichbauten und Kanalsysteme zeugen von einer neuen technischen Epoche. So wird das Fajium entwässert, urbar gemacht und besiedelt. Zeitweise verlagert sich sogar die Residenz in die neu erschlossenen Gebiete (Hauptstadt Ititowi). Außerdem wird vom Delta aus das Wadi Tumilat gebaut, ein schiffbarer Kanal in Richtung des heutigen Sueskanals. Die Herrscher der 12. Dynastie beleben den Pyramidenbau. So entstehen **neue Grabkomplexe** in Lischt, Dahshur, El-Lahun und Hauara. Infolge ständig wechselnder Könige während der 13. und 14. Dynastie wird das Reich destabilisiert. Nachbarvölker nutzen die Krise und dringen trotz starker Grenzbefestigungen weit in das pharaonische Territorium vor. Die aus Asien stammenden Hyksos beginnen, Teile Ägyptens zu kontrollieren.

Zweite Zwischenzeit: 15.–17. Dynastie (1650–1555 v. Chr.)

Herrschaft der Hyksos

Für 100 Jahre übernehmen die Hyksos (»Fürsten der Fremdländer«) die Macht in Ägypten und stellen die Könige. Unklar ist, ob sie als eindringende Streitmacht Ägypten erobert oder als Söldner der Armee den Staatsapparat nach und nach unterwandert haben. Fest steht, dass sie aufgrund militärischer Überlegenheit die Herrschaft an sich brachten. Die Hyksos führen **Pferde und Streitwagen** in Ägypten ein. Das Reich wird vom Delta aus regiert, mit der Hauptstadt Auaris (beim heutigen Kantir) entsteht hier ein neues Herrschaftszentrum. In den südlichen Landesteilen setzen die Hyksos-Könige thebanische Notabeln zur Administration ein.

Vertreibung der Hyksos

Während der 17. Dynastie erheben sich die Vasallen in Theben unter Kamoses gegen die Fremdherrscher. Seinem Bruder **Ahmose** gelingt es, Auaris einzunehmen und die Hyksos zu vertreiben. Damit ist der Weg für eine eigenständige Entwicklung Ägyptens geebnet.

Neues Reich: 18.–20. Dynastie (1555–1080 v. Chr.)

Entwicklung zur Weltmacht

Durch den erfolgreichen Kampf gegen die Hyksos entsteht ein Nationalbewusstsein, das als treibende Kraft einer bis dahin beispiellosen Entfaltung Ägyptens fungiert. Unter Führung Thebens steigt das Pharaonenreich zur Weltmacht auf – eine Entwicklung, die sich schon deutlich unter den Königen der 18. Dynastie abzeichnet.

Eroberungszüge

Amenophis I. eröffnet die Zeit der Feldzüge gegen die Nachbarn. Sein Nachfolger **Tutmosis I.** erobert im Süden Nubien und stößt im Norden bis Syrien vor. Unter **Tutmosis III.** erreicht das Reich schließlich seine größte territoriale Ausdehnung. Die Herrschaft der Pharaonen erstreckt sich nun vom Euphrat bis in den Sudan.

Thronfolgestreitigkeiten

Der erfolgreichen Außenpolitik stehen allerdings kurzzeitige innenpolitische Wirren gegenüber. Die Streitigkeiten um die legitime Erbfolge erfahren ihren Höhepunkt unter **Königin Hatschepsut**. Nach dem Tod ihres Gatten Tutmosis II. übernimmt sie treuhänderisch für ihren noch minderjährigen Stiefsohn Tutmosis III. die Regierungsgeschäfte, reißt jedoch die Macht an sich und setzt sich selbst als Königin ein. Erst nach ihrem Tod kann Tutmosis III. den Thron besteigen. Seine Eroberungspolitik ermöglicht dem Reich eine ungeahnte Prachtentfaltung. Kriegsbeute und Tributzahlungen der besetzten Gebiete füllen die Staatskasse und fließen in die Metropole Theben. Der Tempelbezirk von Karnak wird ausgebaut, Wissenschaft und Künste werden gefördert. Die wirtschaftliche und kulturelle Dyna-

Königskartuschen der 18. Dynastie

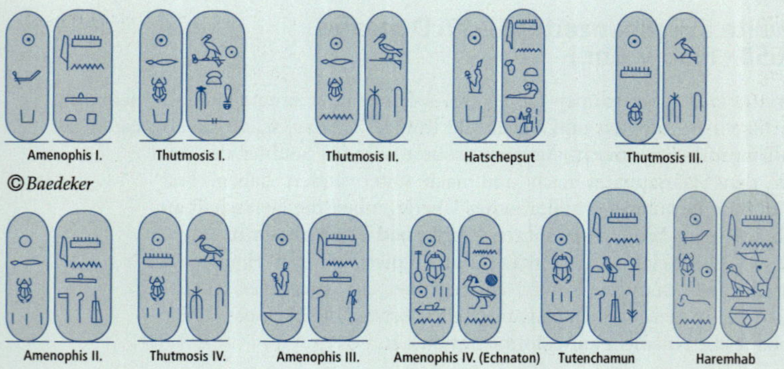

mik führt unter Amenophis III. zu Spannungen zwischen König und Militär auf der einen und konservativer Amun-Priesterschaft auf der anderen Seite. Streitigkeiten um Macht und Einfluss im Staat werden unter dem Deckmantel religiöser Meinungsverschiedenheiten ausgetragen.

Amarna-Zeit

Um 1340 v. Chr. kommt es zum offenen Bruch zwischen dem König und der thebanischen Priesterschaft. So setzt sich **Amenophis IV. (Echnaton)** an die Spitze einer revolutionären Bewegung, die für einige Jahrzehnte einen tiefgreifenden Wandel der politischen, religiösen und kulturellen Verhältnisse herbeiführt. Umsturzartig werden Amun und die anderen Götter, deren Namen getilgt und deren Bilder zerstört werden, durch den alleinigen Gott Aton ersetzt. Durch die neue monotheistische Staatsreligion verliert die Amun-Priesterschaft ihren Einfluss. Der König ändert seinen Namen in Echnaton und erbaut in Tell el-Amarna in Mittelägypten eine neue Residenz. Ein neuer Kunststil etabliert sich, der gegenüber der alten Tradition künstlerische Freiräume zulässt, der so genannte Amarna-Stil.
Die Amarna-Zeit dauert allerdings nur etwa 40 Jahre und endet nach der Regentschaft von Echnatons Sohn **Tutanchamun**, der zu den alten Verhältnissen zurückkehren muss. Echnaton gelang es nicht, die neuen Lehren bei der staatstragenden Beamtenschaft zu verwurzeln. Mit General **Haremhab**, der unter Tutanchamun ein hohes Amt inne hatte, besteigt der letzte Pharao der 18. Dynastie um 1319 v. Chr. den Thron. Die Dynastie stürzt schließlich über die andauernden Kampfhandlungen in Syrien mit den Hethitern, die von Anatolien aus nach Süden expandieren.

? WUSSTEN SIE SCHON ...?

- ... dass die Mutter von Tutanchamun nicht Nofretete, die Gemahlin seines Vaters Echnatons war, sondern eine Schwester seines Vaters? Dies hat im Februar 2010 ein Forscherteam um den Tübinger Humangenetiker Dr. Carsten Pusch herausgefunden. Ihre Mumie ist unter Ägyptologen als »Younger Lady« aus dem Grab KV 35 aus dem Tal der Könige bekannt.

Ramessidenzeit

Ramses I. begründet die Ramessidenzeit der 19. und 20. Dynastie. Durch die Militarisierung von Staat und Gesellschaft können die innenpolitischen Verhältnisse nach der Amarna-Zeit rasch konsolidiert werden. **Sethos I.** und **Ramses II.** setzen die Kämpfe gegen die Hethiter fort. Nach der unentschiedenen Schlacht bei Kadesch/Syrien 1285 v. Chr. schließen die beiden Parteien Frieden und teilen Syrien und Palästina unter sich auf.
Der Friedensschluss mündet in eine Zeit wirtschaftlicher Prosperität. Im östlichen Mittelmeerraum entsteht ein Netz von Handelsrouten zu Lande und zu Wasser. Aus Syrien werden Sklaven, Holz, Kupfer, Getreide, Rinder und Wein importiert. Im Gegenzug exportiert Ägypten Glas, Keramik und Papyrus. Aus dem Süden (Sudan, Äthiopien) gelangen Elfenbein, Gold, Ebenholz und Sklaven ins Land.

Königskartuschen der 19. Dynastie

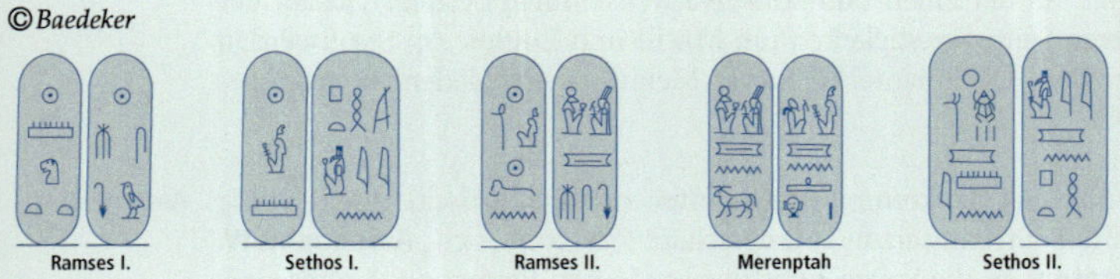

Zusammenbruch des Reiches

Nach Ramses II. gerät das Reich bald in eine tiefe Krise. Bauboom und Kriege haben das Staatsbudget überfordert. Der Staat kann seinen Aufgaben kaum noch nachkommen, zusätzlich beeinträchtigen Intrigen, Korruption und Morde am Königshof die Regierungsgeschäfte. Syrien und Nubien müssen aufgegeben werden. Die Amun-Priesterschaft übernimmt zeitweise die Herrschaft. Die Schwäche der Zentralgewalt in Theben führt dazu, dass überall im Reich Fürstentümer entstehen, die um die Vormachtstellung wetteifern. Am Ende der 20. Dynastie putscht das Militär und etabliert eine Diktatur, die Oberägypten in einen Bürgerkrieg stürzt. Unterägyten koppelt sich politisch ab. Das Neue Reich ist zerbrochen.

Dritte Zwischenzeit: 21.–24. Dynastie (1080–715 v. Chr.)

Zwei Reiche

In Ägypten entstehen zwei neue Reiche. Von der im östlichen Delta gelegenen Hauptstadt Tanis beherrscht die 21. Dynastie (**Taniden**) den Norden Ägyptens. Im Süden gründet die Amun-Priesterschaft einen Gottesstaat. Über Heiratsverbindungen können sich das tanitische Königshaus und die **thebanischen Priesterkönige** politisch arrangieren. Außenpolitisch ist das Zweckbündnis jedoch nicht in der Lage, die Abspaltung der ausländischen Besitzungen Nubien, Syrien und Palästina zu verhindern. Dem drohenden Machtverlust kommt das Militär zuvor. Kommandeure reißen überall die Macht an sich. Libysche Söldner errichten in Bubatis ihre Hauptstadt und kontrollieren das östliche Delta. Äthiopische Söldner etablieren im westlichen Delta ein eigenes Königreich. Ägypten zerfällt in kleine Herrschaftsgebiete rivalisierender Machthaber.

Spätzeit: 24.–30. Dynastie (715–332 v. Chr.)

Fremdherrschaft

Die Spätzeit ist gekennzeichnet durch verschiedene Fremdherrschaften. Aus dem Sudan fallen die Kuschiten ein und nehmen den Pharaonenthron in Besitz. Sie werden von den über das Delta eindringenden Assyrern vertrieben. Kurzzeitig gelingt es dem Stadtgouverneur von Sais, die assyrische Oberhoheit abzuschütteln und eine einheimische Dynastie (**Saiten**) zu gründen. Ägypten erlebt eine kurze kulturelle und wirtschaftliche Blütephase. Das Land am Nil ist aber längst nicht mehr in der Lage, sich den weltpolitischen Veränderungen entgegenzustellen. Die **Perser** steigen zur Vormacht im Vorderen Orient auf und besetzen 525 Ägypten für fast 100 Jahre.

Zerfall

Während der letzten Dynastien wetteifern ein letztes Mal Kleinkönige um die Vorherrschaft im maroden Pharaonenreich. Bürgerkriegsähnliche Zustände zeugen vom Zerfall der Ordnung, Tempel werden geplündert, Felder verwüstet. Im Jahre 332 v. Chr. erreicht Alexander der Große den Nil, übernimmt kampflos Ägypten und begründet die griechische Herrschaft. Das pharaonische Ägypten hört auf zu existieren.

Unter Griechen und Römern

Griechische Zeit (332–30 v. Chr.)

332 v. Chr.	Alexander der Große erobert Ägypten.
332–30 v. Chr.	Herrschaft der Ptolemäer
51–30 v. Chr.	Königin Kleopatra VII.

Verschmelzung mit der griechischen Kultur

Alexander der Große wird König von Ägypten und gründet Alexandria, das zur Kulturmetropole der hellenistischen Welt aufsteigt. Nach Alexanders Tod im Jahre 323 übernehmen die Generäle seiner Armee sein Großreich.
Ägypten fällt an **Ptolemäus I. Soter**, der sich 305 von der thebanischen Priesterschaft als König bestätigen lässt. Unter den Ptolemäern entsteht ein blühendes Königreich. Sie pflegen die Tradition und Religion der alten Pharaonen, bringen aber auch ihre eigene griechische Kultur nach Ägypten. Durch die Verschmelzung beider Kulturen entsteht eine dynamische Gesellschaft, in der sich Kunst, Architektur und Wissenschaft neu entfalten. Die letzten großen Tempelbauten Ägyptens entstehen in Edfu, Philae, Dendera und Kom Ombo. **Alexandria** wird mit seiner legendären Bibliothek zum Zentrum der Wissenschaft der damaligen Welt. Die Verbindung der gewachsenen administrativen Ordnung Ägyptens mit griechischer Staatsphilosophie macht Ägypten zum modernsten Staatswesen im Vorderen Orient.

Ptolemäer

Die ersten drei Ptolemäer regieren im Geiste Alexanders und vergrößern das Reich. Unter **Ptolemäus III.** Euergetes steht das Ptolemäer-Reich auf dem Höhepunkt seiner Macht und umfasst sogar Teile des Seleukiden-Reiches. Blutiger Familienzwist um den Thron ist schuld daran, dass das Ptolemäer-Reich zugrunde geht. Bruder- und Gattenmorde führen zu anarchischen Zuständen.

Kleopatra

Die letzte Herrscherin des Ptolemäergeschlechts, **Kleopatra VII.**, sieht sich mit einem expandierenden Römischen Reich konfrontiert. Um die Eigenständigkeit Ägyptens zu wahren, geht sie eine Liaison mit Julius Caesar ein. Nach dessen Tod im Jahre 44 gelingt es ihr, Marcus Antonius, der den östlichen Teil des römischen Weltreichs beherrscht, in ihren Bann zu ziehen. Die **geniale Machthaberin** hofft, ein eigenständiges ägyptisches Großreich aufbauen zu können. Der römische Senat erklärt Marcus Antonius allerdings zum Staatsfeind und lässt ihn durch Octavian, den späteren Kaiser Augustus, bekämpfen. In der Schlacht von Actium 31 v. Chr. siegt Octavian, Marcus Antonius sucht den Freitod. Auch Kleopatra nimmt sich, angeblich mit einer Giftschlange, das Leben. Ägypten fällt an das Römische Reich.

Römische Zeit (31 v. Chr.–395 n. Chr.)

31 v. Chr.	Ägypten wird Provinz des Römischen Reiches.
45–200 n. Chr.	Vordringen des Christentums
249–313 n. Chr.	Christenverfolgung unter Decius und Diokletian
391 n. Chr.	Das Christentum wird zur Staatsreligion.

Römische Provinz

Das Land am Nil wird römische Provinz und von einem **Präfekten** verwaltet. Die neuen Herren lassen das altägyptische und griechische Erbe weitgehend unberührt. Es entsteht eine Gesellschaft, die aus zahlreichen, scharf voneinander abgegrenzten sozialen Gruppen wie Bauern, Priesterschaft, Griechen, Juden und Römern besteht. Die Kaiser in Rom lassen sich als Pharaonen verehren, übernehmen die ägyptischen Kulte und bauen an den Tempeln weiter. Die römische Besatzungsmacht beutet Ägypten als Kornkammer aus und rekrutiert in großem Umfang Soldaten für die Armee.

Aufkommendes Christentum

Nach der koptischen Überlieferung bringt der Apostel Markus im Jahre 61 den christlichen Glauben nach Ägypten. Da die Priesterschaft korrumpiert ist und die alten Götter ihre Glaubwürdigkeit verloren haben, gewinnt er rasch an Zulauf. Alexandria wird zum Zentrum der christlichen Bewegung. Rom sieht seine Autorität gefährdet und geht gewaltsam gegen die Anhänger des neuen Glaubens vor. Unter Kaiser Decius und Diokletian finden die blutigsten **Christenverfolgungen** statt. Im Jahr 313 wird das Christentum von Kaiser Konstantin zwar legalisiert, die christliche Gemeinde Ägyptens bleibt jedoch weiterhin in Bedrängnis. Auch der neuen Gesamtkirche ist die ägyptische Kirche ein Dorn im Auge, weil sie eine eigene, der Gesamtkirche widersprechende religiöse Position hinsichtlich der Wesensart Jesu Christi vertritt.

Ende des Römischen Reiches

Unter Theodosius I. dem Großen wird das Christentum 391 zur **Staatsreligion** im Römischen Reich, das sich indessen bereits in ei-

Erbe der römischen Vergangenheit: der Trajanskiosk in Philae

nem Auflösungsprozess befindet. Rom und die neue Hauptstadt Byzanz (seit 330) driften politisch, wirtschaftlich und kulturell auseinander. Mit der Reichsteilung 395 hört das alte Römische Reich de facto auf zu existieren. Ägypten fällt dem Byzantinischen Reich zu.

Byzantinische Zeit (395–639)

395–639	Ägypten unter byzantinischer Herrschaft
395	Reichsteilung, Ägypten fällt dem Oströmischen Reich zu.
451	Konzil von Chalcedon, Trennung der ägyptischen Kirche von der Reichskirche

Kultureller Wandel

Mit der Ausbreitung des Christentums findet ein tief greifender kultureller Wandel in Ägypten statt. Die ägyptische Kirche schafft eine **neue Schrift und Sprache**. Mönchstum und Klosterkultur erleben ihre Blütezeit. Die altägyptische Religion verschwindet, so wird in Philae der letzte Isis-Kult eingestellt. Die Patriarchen von Alexandria liefern sich weiter heftige theologische Auseinandersetzungen mit der Reichskirche in Byzanz. Auf dem **Konzil von Chalcedon** 451 kommt es zum Bruch der beiden Kirchen. Die Reichskirche setzt sich durch, und die ägyptische Kirche spaltet sich ab. Damit ist die koptische Kirche begründet, die bis heute ihre Eigenständigkeit bewahrt hat.

Islamische Eroberung Ägyptens

Nach dem Tode Kaiser Justinians 565 ist das Byzantinische Reich geschwächt. Die Perser fallen im Jahre 619 in Ägypten ein. Auf der arabischen Halbinsel entsteht mit dem **Islam** ein neuer Glaube, dessen Anhänger auf Expansion setzen. Mit der islamischen Eroberung Ägyptens 639 durch Amr Ibn al-As endet das Zeitalter der Antike, Ägypten ist an einem neuen Wendepunkt angelangt.

Kalifen, Mamelucken, Osmanen

Ägypten als Provinz des Kalifenreiches (639–969)

661–750	Ägypten als Teil des Omaijaden-Reiches (Damaskus)
750–935	Ägypten als Teil des Abbassiden-Reiches (Bagdad)
868–905	Dynastie der Tuluniden (Kairo)
935–969	Dynastie der Ichschididen (Kairo)

Islamisierung unter den Omaijaden

Ägypten fällt als Provinz an die Omaijaden, die als Kalifen von Damaskus seit 661 das Islamische Reich anführen. Das Militärlager **Fustat** (das heutige Alt-Kairo) wird zur neuen Residenz der Statthalter. Anders als in früheren Epochen wird Ägypten nun kulturell assimiliert. Die islamischen Machthaber treiben die Arabisierung und die Islamisierung des Niltals voran. Koptisch wird durch Arabisch, das zunächst nur als Verwaltungssprache dient, mehr und mehr verdrängt. Die koptischen Christen dürfen zwar ihren Glauben weiterhin ausüben, sind jedoch mit einer hohen Kopfsteuer belegt. Der Staatsdienst bleibt Muslimen vorbehalten.

Die 1284 begonnene Moschee des Sultans Barkuk in Kairo ist ein schönes Beispiel für die so genannte Mamelucken-Architektur in Ägypten.

Unter den Abbasiden, die 750 das Erbe der Omaijaden übernehmen und von Bagdad aus das Kalifenreich regieren, werden die Kopten zeitweise blutig verfolgt. Wirtschaftliche und politische Diskriminierung führen zu Massenübertritten zum Islam. Im 9. Jh. ist die Mehrzahl der Ägypter muslimisch. Die Abbasidenzeit ist gekennzeichnet durch **Willkürherrschaft** und zahlreiche Aufstände. Sie wird kurz unterbrochen, als sich der türkisch-stämmige Statthalter Ahmed Ibn-Tulun für unabhängig erklärt. Unter der Dynastie der Tuluniden (868–905) erlebt Ägypten eine kurze Blütezeit, von der noch heute die Ibn-Tulun-Moschee zeugt. Die Abbasiden verlieren 935 endgültig Ägypten an ihren Statthalter Mohammed al-Ichschid. Er etabliert die kurzlebige Dynastie der Ichschididen, die das Land ausplündert, abwirtschaftet und in politisches Chaos stürzt. **Abbasidenzeit**

Ägypten unter selbstständigen Herrschern (969–1517)

969	Gründung von Al-Qahira (Kairo) als Residenzstadt
969–1171	Herrschaft der Fatimiden
1171–1249	Herrschaft der Aijubiden, Bau der Zitadelle
1138–1193	Sultan Saladin (Salah ed-Din)
1250–1517	Herrschaft der Mamelucken
1291	Sieg über die Kreuzfahrer

Fatimiden

Die über Nordafrika einfallenden ismailitischen Fatimiden nutzen die Krise, bringen den Thron an sich und begründen ein **schiitisches Großreich** im westlichen Teil der islamischen Welt. Unter den ersten der insgesamt 13 fatimidischen Kalifen steigt Ägypten zum politischen und kulturellen Zentrum auf. Nördlich der bisherigen Hauptstadt Fustat gründen die Fatimiden 969 ihre Hauptstadt Kairo (Al-Qahira = Die Siegreiche) und bauen sie zur Metropole aus. Die heutige Altstadt von Kairo mit ihren imposanten Stadtmauern und prächtigen Stadttoren geht auf diese Stadtgründung zurück.

◄ Kulturelle Blüte

Unter den Kalifen al-Muizz (953–975) und al-Aziz (975–996) prosperiert das junge Reich. Verwaltungs- und Wirtschaftsreformen konsolidieren die neue Ordnung. Fernhandel, Handwerk und Landwirtschaft erfahren einen Aufschwung. Mit der Gründung der Al-Azhar-Moschee und deren Universität wird ein neues Kapitel der Bildungsgeschichte aufgeschlagen. Die Anfangsphase der Fatimidenherrschaft steht auch im Zeichen religiöser Toleranz gegenüber den sunnitischen Glaubensbrüdern, Christen und Juden. Außenpolitisch expandieren die Fatimiden und dehnen ihren Machtbereich nach Palästina, Syrien und auf die arabische Halbinsel aus.

◄ Niedergang des Fatimidenreichs

Ende des 10. Jh.s beginnt der Niedergang des Fatimidischen Reiches. **Kalif al-Hakim** (996–1021), religiöser Fanatiker und launenhafter Despot, beginnt eine Schreckensherrschaft: Er erklärt sich zur göttlichen Inkarnation und ordnet die Verfolgung religiöser Minderheiten an. In blinder Zerstörungswut lässt er nicht nur in Ägypten, sondern auch in Jerusalem Kirchen niederbrennen. Al-Hakim liefert damit den religiösen Eiferern in Europa den Vorwand für die Kreuzzüge. Die letzten Kalifen der Fatimiden sind durch Machtkämpfe so geschwächt, dass de facto das Militär regiert. Ägypten löst sich in Kämpfen rivalisierender Söldnertruppen auf. Syrien muss an die Seldschuken abgetreten werden. Jerusalem fällt 1099 an die Kreuzfahrer, die Ägypten 1167 vergeblich angreifen.

Kreuzzüge ► In den Wirren der Kreuzzüge kann sich **Sultan Saladin** (Salah ed-Din) durch zahlreiche Siege an die Spitze des Kalifenreiches setzen. Nach seinem Tod zerfällt sein Reich aber rasch in kriegerischen Auseinandersetzungen. Die Kreuzfahrer dringen wiederholt in Ägypten ein und können nur mühsam zurückgeschlagen werden. Elitetruppen verselbstständigen sich und kämpfen um die Vormachtstellung.

? WUSSTEN SIE SCHON ...?

- ... dass der legendäre Sultan Saladin, dessen Name »Rechtschaffenheit des Glaubens« bedeutet, die Dynastie der Aijubiden begründete und in Kairo die Zitadelle errichten ließ?

Turkstämmige Militärsklaven, die seit dem 12. Jh. als Leibgarde der Aijubiden dienen, setzen sich 1250 an die Spitze des Staates und be-

Mamelucken gründen die Herrschaft der Mamelucken (Mamluk = weißer Sklave). Die bahritischen Mamelucken – so genannt, weil sie ihre Kaserne am Nil (bahr = Fluss) auf der Insel Roda hatten – bringen Syrien, Zypern, Nubien und den Hedschas mit Mekka und Medina unter ihre Oberhoheit. Sie besiegen 1260 die nach Vorderasien vorstoßenden Mongolen und vertreiben 1291 die Kreuzfahrer von ihren letzten Besitzungen in Palästina. Die **militärischen Erfolge** beruhen auf einer strikt hierarchischen Organisation der Armee und der Einfuhr von Militärsklaven, denen nach der militärischen Ausbildung formal die Freiheit geschenkt wird. Staatswirtschaft, Fernhandel und Protektionismus bilden die ökonomischen Grundlagen des Reichs. Von der Prosperität profitieren auch Kunst und Kultur. In Kairo herrscht rege Bautätigkeit (Stadtbefestigung, Mausoleen). Die Schönschreibkunst (Kalligraphie) erfährt ihre Glanzzeit.

Anarchie und Krise ► Durch einen Staatsstreich bringen sich 1382 die aus dem Kaukasus stammenden tscherkessischen Mamelucken an die Macht. Sie vermögen aber nicht, an das Erbe ihrer Vorgänger anzuknüpfen. Im Mameluckenreich herrschen zeitweilig anarchische Zustände, die durch Erbfolgestreitigkeiten entfesselt werden. Religiöse Minderheiten werden diskrimiert; so müssen sich Juden und Christen einer Kleiderordnung unterwerfen. Staatliche Misswirtschaft, Kriege und die Verlagerung der Welthandelsströme stürzen das Mameluckenreich in eine tiefe Krise. Die **Osmanen unter Selim I.** können daher ohne nennenswerten Widerstand über Syrien und Palästina nach Ägypten vorstoßen und im Jahr 1517 den letzten Mameluckenherrscher absetzen.

Kairo ist nicht nur Hauptstadt Ägyptens, sondern auch kulturelles und politisches Zentrum der arabischen Welt. Blick von der Zitadelle auf die Sultan-Hassan- und die Rifai-Moschee.

Osmanische Zeit (1517–1805)

1517–1805	Ägypten als Provinz des Osmanischen Reiches (Istanbul)
1798–1801	Expedition Napoleon Bonapartes, Beginn europäischer Einflussnahme
1./2. 8. 1798	Seeschlacht bei Abukir

Osmanische Provinz

Ägypten wird zur Provinz des Osmanischen Reiches und von einem **Pascha** (= Statthalter) verwaltet. Die Osmanen haben an Ägypten lediglich ein finanzielles Interesse und bürden dem Land hohe Steuerlasten auf, um die Staatskasse zu füllen. Die Mamelucken behalten unter osmanischer Oberhoheit ihre Stellung in Administration und Armee. Sie können unter Führung ihrer Beys (= Fürsten), die als hochrangige Militärs und Bezirksverwalter formal dem osmanischen Pascha unterstehen, ihre Macht wiederherstellen und reißen Ende des 18. Jh.s kurzzeitig die Herrschaft an sich. Es gelingt ihnen aber nicht, stabile politische Verhältnisse im Land zu schaffen. Ägypten befindet sich durch die Ausbeutung der Osmanen und die europäische Wirtschaftskonkurrenz in einer tiefen Rezession, die sich in zahlreichen Hungerrevolten manifestiert.

Spielball der europäischen Großmächte

Im 18. Jh. wird Ägypten zum Spielball des Hegemonialstrebens der europäischen Großmächte. **Napoleon Bonaparte** besetzt 1798 Ägypten mit dem Ziel, die britische Vormachtstellung im Mittelmeer zu brechen und Großbritannien den Weg nach Indien zu versperren. Das proklamierte französische Protektorat Ägypten ist aber nur von kurzer Dauer. **Admiral Nelson** versenkt 1798 bei Abukir die französische Flotte und schneidet dem Expeditionsheer den Nachschub ab. Schließlich unterliegen die Franzosen 1801 einer osmanisch-britischen Streitmacht und müssen Ägypten räumen. Die »ägyptische Expedition« Napoleons bleibt nicht ohne Wirkung. Die Staatsverwaltung wird nach europäischem Muster reformiert. Zahlreiche französische Wissenschaftler widmen sich der Geschichte Ägyptens und geben der Erforschung der Altertümer wichtige Impulse.

19. und 20. Jahrhundert

Mohammed Ali und seine Nachfolger (1805–1882)

1805–1848	Mohammed Ali Pascha
1859–1869	Bau des Sueskanals
1879–1882	Orabi-Aufstand gegen die britische Fremdherrschaft

Alleinherrscher In den Kriegen gegen die Franzosen profiliert sich Mohammed Ali, ein aus Makedonien stammender General der osmanischen Armee. Er nutzt die Kriegswirren, bemächtigt sich der Zitadelle in Kairo und ruft sich 1805 zum Pascha aus. Mit Hilfe der verbliebenen mameluckischen Streitkräfte besiegt er 1807 die Engländer. In einem Massaker lässt er seine mameluckischen Weggefährten 1811 liquidieren und steigt zum Alleinherrscher Ägyptens auf.

Reformen ► Mohammed Ali gilt als **Begründer des modernen Ägypten**, mit tief greifenden Reformen des Staatswesens, des Militärs und der Wirtschaft läutet er eine neue Epoche ein. Unter seiner Regie entsteht ein zentralistisches Staatswesen, getragen von einer nach europäischem Vorbild ausgerüsteten und organisierten Armee. Die Wirtschaft wird verstaatlicht und mit Hilfe französischer Berater modernisiert. Die Einführung und der extensive Anbau von Baumwolle sowie der Aufbau einer verarbeitenden Industrie dienen als Motor einer exportorientierten Entwicklungspolitik.

Außenpolitik ► Außenpolitisch setzt Mohammed Ali auf Expansion. Seine Truppen bringen den Hedschas (Mekka und Medina) unter ägyptische Kontrolle und dringen weit in den Sudan vor. Siege über die osmanische Flotte im Jahre 1827 und das osmanische Heer 1839 machen Ägypten faktisch unabhängig. Mohammed Ali arrangiert sich mit dem Sultan in Istanbul und unterstellt sich symbolisch dem Osmanischen Reich. Dafür erhält er die erbliche Herrschaft für seine Familie über Ägypten. Bis zur Revolution 1952 stehen seine Nachkommen nominell an der Spitze des ägyptischen Staates.

Unter Mohammeds Nachfolgern

Als **Khedive** (= Herren) führen Mohammed Alis Nachfolger die Modernisierungspolitik fort, geraten aber zunehmend in den Strudel des europäischen Imperialismus. Auf militärischen Druck Großbritanniens muss Abbas I. den Freihandel zulassen und ruiniert damit die junge ägyptische Industrie. Europäisches Kapital und europäische Massenwaren überschwemmen das Land. Ambitionierte Entwicklungsprojekte unter Leitung europäischer Konsortien, wie der Bau der Eisenbahn oder des Sueskanals, treiben Ägypten in eine immer höhere Staatsverschuldung. Um die Kosten für den Aufbau der Infrastruktur zahlen zu können, nehmen die Khedive hochverzinsliche Kredite bei europäischen Regierungen und Banken auf. Die Einweihung des Sueskanals 1869 besiegelt den Staatsbankrott. Zur Schuldentilgung überschreibt Ismail I. die ägyptischen Anteile am Kanal an Großbritannien. Gleichzeitig muss sich Ägypten eine anglo-französische Finanzverwaltung aufzwingen lassen. Das Land am Nil wird damit zur britischen und französischen Halbkolonie.

Orabi-Aufstand

Gegen den erdrückenden Einfluss Europas sowie die Misswirtschaft des Khediven und seiner Klientel aus der turkstämmigen Oberschicht revoltieren 1879 Teile der ägyptischen Armee unter Führung von Kriegsminister Ahmad Orabi. Der von einer breiten Bevölkerung getragene Orabi-Aufstand unter der Parole »Ägypten den Ägyptern« wird erst 1882 von einem britischen Heer niedergeschlagen. Großbritannien nimmt den Volksaufstand zum Anlass, Ägypten militärisch zu besetzen und fortan politisch zu kontrollieren.

Unter britischer Vorherrschaft (1882–1922)

Strategische und wirtschaftliche Ziele

Großbritannien verfolgt mit der Besetzung strategische und wirtschaftliche Ziele. Die Vorherrschaft in Ägypten sichert den Weg nach Indien und Zentralafrika. Das fruchtbare Nildelta fungiert als Baumwollplantage für die britische Textilindustrie. Das bevölkerungsreiche Land ist außerdem ein lukrativer Absatzmarkt für die aufstrebende englische Industrie. Wenngleich die politischen und administrativen Strukturen fortbestehen und die Khedive nominell an der Spitze des Staates bleiben, so liegt die eigentliche Macht in Händen des britischen Generalkonsuls (Lord Cromer).

Ägypten wird Protektorat

Mit Beginn des Ersten Weltkriegs 1914 richtet Großbritannien in Ägypten ein Protektorat ein und verhängt damit das Kriegsrecht, um sein Empire vor dem mit Deutschland verbündeten Osmanischen Reich besser schützen zu können. Damit wird das Land am Nil de facto zur **britischen Kolonie** unter Führung eines Hochkommissars. Um die Trennung vom Osmanischen Reich deutlich zu machen, nehmen die Khedive den Sultantitel an.

Unabhängigkeitsbewegung

Gegen die britische Vorherrschaft formiert sich seit der Jahrhundertwende eine national-liberale Unabhängigkeitsbewegung, getragen vom städtischen und ländlichen Mittelstand. Unter Führung von Saad Zaghlul fordert die Opposition die Unabhängigkeit von Großbritannien. An der Gestaltung der Nachkriegsordnung auf der Versailler Friedenskonferenz 1918 darf die ägyptische Delegation (= wafd) nicht teilnehmen. Daraufhin gründet die Unabhängigkeitsbewegung die **Wafd-Partei**, die zur treibenden politischen Kraft Ägyptens aufsteigt. Aus Protest gegen die anhaltende britische Okkupation kommt es überall im Land zu Aufständen, Streiks und Gewaltausbrüchen, die das gesellschaftliche und wirtschaftliche Leben lahm legen. Großbritannien ist gezwungen, dem Druck nachzugeben und Ägypten 1922 formell in die Unabhängigkeit zu entlassen. Allerdings behalten sich die Briten die Sicherung ihrer Interessen und die Verteidigung Ägyptens vor.

Königreich Ägypten (1922–1952)

1923	Erste Parlamentswahlen
1936	Anglo-ägyptischer Vertrag
1942	Schlacht von El-Alamein
1952	Putsch der »Freien Offiziere« unter General Naguib und Oberst Nasser
1953	Ausrufung der Republik, Agrarreform

Konstitutionelle Monarchie

Ägypten wird eine konstitutionelle Monarchie nach britischem Vorbild. Sultan Ahmad Fuad besteigt als **König Fuad I.** den Thron. Aus den ersten Parlamentswahlen im Jahr 1923 geht die Wafd-Partei als Siegerin hervor und prägt für die kommenden Jahrzehnte das politische Geschehen. Häufige Auseinandersetzungen zwischen dem national gesinnten Parlament und dem probritischen König sowie zwischen den einzelnen Parlamentsparteien bringen das politische System in den 1930er- und 1940er-Jahren zunehmend in Misskredit. Nur im Kampf um die volle Souveränität können sich die Kontrahenten kurzzeitig einigen und die Neubestimmung der Beziehungen zum Britischen Empire erwirken.

Anglo-ägyptischer Vertrag

Der anglo-ägyptische Vertrag 1936 spezifiziert die Rechte Londons. Großbritannien verzichtet auf die aus der Zeit des Khediven Ismail stammenden Kontrollrechte über die ägyptische Finanz- und Wirtschaftspolitik, zieht seine Truppen an den Sueskanal zurück und behält die Hoheit über den Kanal. Ägypten geht dafür eine Reihe von Bündnisverpflichtungen ein, die das Land während des Zweiten Weltkrieges quasi wieder zum britischen Protektorat machen. So wird es neben Malta und Gibraltar zur wichtigsten britischen Militärbastion im Mittelmeer. Unter Führung von Generalfeldmarschall **Erwin Rommel** dringt die deutsche Wehrmacht 1942 bis El-Alamein vor, wird aber von britischen Truppen geschlagen.

Gläubige Muslime beim Gebet in der Moschee. Nach den Vorstellungen der radikalen islamistischen Kräfte soll der Islam alle Bereiche des Lebens kontrollieren.

STREITER FÜR DEN GLAUBEN

Die Islamisierung der ägyptischen Gesellschaft war ihr Ziel, Gewalt ihr Mittel. Mit Anschlägen auf Touristen torpedierten radikal-islamistische Freischärler eine der Haupteinnahme- und -devisenquellen des ägyptischen Staates, um diesen zur Reform der Gesellschaft auf Basis des islamischen Rechts zu zwingen. Die Regierung zeigte daraufhin Gesprächsbereitschaft, und mit dem offiziellen Waffenstillstand vom Frühling 1999 signalierte die größte militante Gruppe eine Abkehr von ihrer bisherigen Strategie.

Hagg Sada wacht seit über dreißig Jahren über Ägyptens Pyramiden. Für Anschläge militanter Islamisten auf die Besucher hat der alte Mann nur ein nachdenkliches Kopfschütteln übrig. »Möget ihr, so Gott will, in Sicherheit und Frieden euren Einzug nach Ägypten halten«, zitiert er die 12. Koransure. Für ihn stehen Attacken auf Touristen in absolutem Widerspruch zum Islam und zur **arabischen Gastfreundschaft**. »Wenn einer mein Haus betritt, dann muss ich ihn bevorzugt behandeln« – das sei es, so Sada, was der Islam lehre.

So wie Sada denken die meisten Ägypter. Als die Anschläge auf Touristen Anfang der 1990er-Jahre begannen, waren die Attacken selbst unter radikalen Islamisten umstritten. Der kleinen Minderheit, die dahinterstand, ging es ohnehin nie um Touristen oder deren »unmoralisches Verhalten«. Vielmehr waren Attentate die **einfachste Möglichkeit**, den Staat an seiner verwundbarsten Stelle zu treffen – den lebensnotwendigen Einnahmen aus dem Tourismus. Diese Methode griffen terroristische Einzeltäter und unorganiserte Splittergruppen auf, die in jüngerer Zeit für die Anschläge auf das Taba Hilton (2004), auf Hotels in Sharm el-Sheikh (Sommer 2005) oder in Dahab (April 2006) verantwortlich waren.

Doch so einfach die Strategie war und ist, so sehr wurde sie auch zum Grund dafür, warum die militanten Islamisten heute im vollkommenen gesellschaftlichen und politischen Aus stehen. In einem Land, in dem schätzungsweise **jeder sechste Arbeitsplatz** vom Tourismus abhängt, fanden ihre Taten wenig Anhänger. Die größte der militanten Gruppen, die gama'a islamiya (Islamische Vereinigung) zog daraus Konsequenzen: Im Frühjahr 1999 rief sie offiziell einen **Waffenstillstand** aus. Manche der ehemaligen Mitglieder wendeten sich gar wieder der Politik zu und versuchten sich als Gründer von islamischen Parteien. Als »fiqh al-waqiya«, als eine Art islamischen Pragmatismus, bezeichnet einer von ihnen den Schritt aus dem Untergrund heraus und hin zur politischen Arbeit.

Islam als Lösung?

Damit schließt sich womöglich in Ägypten der Kreis islamistischer Bewegung wieder. In den 1920er-Jahren waren die **Muslimbrüder** das erste Mal mit dem Slogan »Islam huwa al hall« (Islam ist die Lösung) angetreten. Hinter den vier Worten verbarg sich sowohl das Unbehagen über das Gegebene und die Hoffnung auf eine neue Utopie, als auch Stolz auf das Eigene und Trotz gegenüber dem Anderen. Im Islam sollte die Lösung für alle Lebensbereiche liegen, dem privaten und dem öffentlichen zugleich. Der Staat sollte »islamisch« werden, das heißt, das Rechtssystem auf Grundlage des islamischen Rechts, der **Schari'a**, reformiert werden. Durch die Aufhebung der Trennung zwischen Politik und Religion glaubte man, den Staat wieder auf den richtigen Weg bringen zu können.

Mal Partner, mal Feinde der Politik

Als einflussreiche **Oppositionsgruppe** im Land wurden die Muslimbrüder zunächst als Partner in der ägyptischen Nationalbewegung gegen den britischen Kolonialismus benötigt, nach Ausrufung der Republik 1953 vom damaligen Präsidenten Nasser jedoch inhaftiert. Man warf ihnen vor, sich mit ihrem Konservativismus gegen die Sache des arabischen Nationalismus verschworen zu haben. Nach Nassers Tod setzte dessen Nachfolger Anwar Al-Sadat die Islamisten wieder auf freien Fuß. Sie waren für

Großes Freitagsgebet vor der Hussein-Moschee

ihn ein hervorragendes Instrument, seinen Widersachern den Garaus zu machen. Die lange Gefängniserfahrung hatte jedoch viele Islamisten **radikalisiert**. Während die moderateren Muslimbrüder weiter die Gesellschaft im Sinne einer Durchdringung des Islam reformieren wollten, setzte der radikalere Flügel auf Gewalt. Für die militanten Islamisten galt es, eine »ungläubige und ignorante ägyptische Gesellschaft« mit allen Mitteln zu bekämpfen. Ihr früherer Mentor wurde ihr **prominentestes Opfer**: Sadat starb am 6. Oktober 1981 durch islamistische Attentäter.

Religion mit vielen Facetten

Seitdem sind die Islamisten aus der politischen Landschaft Ägyptens nicht mehr wegzudenken. Während sich der radikale Teil in einen **Kleinkrieg** mit der Regierung verstrickte, versuchte der moderate Teil weiterhin, in der Semi-Legalität Politik zu machen und sich im Parlament und in Berufsverbänden zu etablieren. Auch wenn der Staat die militanten Islamisten mit allen Mitteln bekämpft und ihren moderateren Flügel aus dem politischen System auszuschließen versucht – die Islamisten haben in der politischen Landschaft **Spuren** hinterlassen. In der Politik des heutigen Ägypten ist der Islam ein **wichtiges Referenzsystem** – allerdings eines mit vielen Gesichtern und Fraktionen. Die vielen Interpretationen islamischer Quellen machen es möglich, unterschiedliche, bisweilen sogar gegensätzliche Standpunkte mit ein und derselben Quelle zu untermauern. Vom Dorfscheich, der in der Provinz gegen die teuflischen Auswirkungen des Internet predigt, über den islamischen Software-Unternehmer, vom »Fernseh-Scheich«, der erklärt, dass Frauen ihren Männern untertan sein müssen, bis hin zur islamistischen Politologin, die durch eine Neuinterpretation der islamischen Quellen die Familie demokratisieren will – sie alle berufen sich auf *eine* Religion, den Islam.

Dass die gewalttätige Komponente dieser eigentlich friedlichen Religion heute wieder so dominant im Vordergrund steht, ist das furchtbare Werk der wahllos mordenden Al Qaida, die anfängliche Sympathien in Arabien längst wieder verspielt hat.

Krise und soziale Spannungen

Nach dem Zweiten Weltkrieg gerät Ägypten in eine tiefe wirtschaftliche und auch politische Krise. Massenarbeitslosigkeit, Verelendung der Klein- und Mittelbauern und extreme Verteilungsunterschiede zugunsten der Grund besitzenden städtischen Oberschicht führen zu großen sozialen Spannungen, die sich immer häufiger in gewaltsamen Aufständen entladen. Neu formierte politische Kräfte, wie die im Jahr 1928 gegründeten Muslimbrüder und linke Gruppierungen, gewinnen an Einfluss. Die Wafd-Partei, die durch zahlreiche Korruptionsskandale erschüttert ist, diskreditiert sich bei den Massen als Klientelpartei von Kapital und Großgrundbesitz. **König Faruk** (1936–1952) wird für die katastrophalen sozialen Verhältnisse und den Niedergang des parlamentarischen Systems verantwortlich gemacht.

Putsch 1952 ►

Als die ägyptische Armee im **Palästinakrieg** im Jahr 1948 gegen Israel eine demütigende Niederlage erleidet, büßt die Monarchie endgültig ihre Legitimation ein. In der Nacht zum 23. Juli 1952 reißt eine Gruppe junger Offiziere unter Führung von General Mohammed Naguib und Oberst Gamal Abd el-Nasser in einem unblutigen Putsch die Macht an sich. König Faruk muss abdanken und das Land verlassen. Historisch betrachtet, endet damit eine seit der persischen Invasion im Jahr 525 v. Chr. andauernde Phase von Fremdherrschaften über Ägypten. Die »Bauernsöhne des Nils« nehmen ihre Geschicke in ihre eigenen Hände.

Aus der Bewegung der »Freien Offiziere« entsteht nach dem Umsturz ein Revolutionsrat unter Führung General Naguibs. Er wird zum Ministerpräsidenten und nach **Ausrufung der Republik** im Juli 1953 zum Staatspräsidenten ernannt. Der Revolutionsrat lässt alle Parteien verbieten und gibt Ägypten eine neue, auf die Militärmachthaber zugeschnittene Verfassung.

Arabische Republik Ägypten (ab 1953)

Präsident Gamal Abd el-Nasser

1956	Sues-Krieg mit England, Frankreich, Israel
1958–1961	Vereinigte Arabische Republik mit Syrien und Jemen
1960	Baubeginn des Assuan-Hochdamms
1967	Sechs-Tage-Krieg mit Israel, Verlust des Sinai
1970	Tod Nassers, Präsident Sadat

Nasser wird Staatspräsident

Im Jahre 1954 setzt sich der eigentliche Machthaber, Oberst Gamal Abd el-Nasser, an die Spitze der Revolutionsbewegung und wird 1956 Staatspräsident. Nach der politischen Revolution erfolgt die soziale Revolution. Das Militärregime führt eine Bodenreform zuguns-

Kriegsschauplatz Wüste: Deutsche Soldaten bei El-Alamein 1942

ten der Masse der landlosen und verarmten Bauern durch und bricht damit die Macht der königstreuen Großgrundbesitzer. Mit dem Aufbau einer Eisen- und Stahlindustrie beginnt ein **industrielles Entwicklungsprogramm**, dessen Kernstück der Bau des Assuan-Hochdamms ist. Enorme Investitionen fließen in die soziale Infrastruktur wie Schulen, Universitäten und Krankenhäuser.

Außenpolitisch kann Nasser 1954 den endgültigen Abzug der britischen Armee vom Sueskanal durchsetzen. Die guten Beziehungen Ägyptens zu den kommunistischen Staaten und die selbstbewusste Politik Nassers in der Bewegung der »Blockfreien Staaten« sind dem Westen ein Dorn im Auge. Als die USA und die westlich dominierte Weltbank die Finanzhilfe streichen, verstaatlicht Nasser den Sueskanal, um die kostenintensiven Entwicklungsprojekte finanzieren zu können. In einem letzten kolonialen Aufbäumen intervenieren Frankreich und England unter Mithilfe Israels militärisch. Sie besetzen den Sueskanal und Teile des Sinai. Auf Druck der USA und der Sowjetunion müssen sie sich aber zurückziehen. Trotz der militärischen Niederlage kann Nasser einen ungeheuren politischen Erfolg verbuchen. Er steigt zum charismatischen panarabischen Führer auf und erwirkt 1958 den Zusammenschluss von Ägypten, Syrien und Yemen zur **Vereinigten Arabischen Republik**, die aber 1961 bereits wieder zerbricht.

◄ Arabischer Sozialismus

Das Krisenjahr 1961 mündet in eine neue Phase revolutionärer Entwicklung. Der Nationalkongress der Volkskräfte, der die aufgelöste Nationalversammlung ersetzt, verkündet den »Arabischen Sozialismus«, der die Gesellschaft weiter umgestalten soll. Das Militärregime gründet die Einheitspartei Arabische Sozialistische Union (ASU), die ihm fortan als politische Organisation dient. Mit umfangreichen Verstaatlichungen hofft Nasser, die wirtschaftliche Entwicklung in Schwung bringen zu können. Dennoch lässt die Anziehungskraft des **Nasserismus**, so die Bezeichnung für die Politik Nassers, deutlich nach. Wirtschaftliche und finanzielle Schwierigkeiten führen in immer größere Abhängigkeit von der UdSSR.

◄ Sechs-Tage-Krieg

Die Eskalation des Nahost-Konflikts mündet in die katastrophale Niederlage gegen Israel im **Sechs-Tage-Krieg** 1967. Staatspräsident Nasser provoziert mit kriegstreiberischen Reden und der Sperrung der Wasserstraße von Tiran einen präventiven Rundumschlag Israels, der zum Verlust der Halbinsel Sinai führt. Teile der Gesellschaft, insbesondere die Studentenschaft, fordern mehr Demokratie. Innerhalb des revolutionären Kaders der ASU formieren sich linke Gruppierungen, die an der radikalsozialistischen Umgestaltung des politischen Systems arbeiten.

Präsident Anwar el-Sadat

1971	Fertigstellung des Assuan-Hochdamms
1973	Oktober-Krieg mit Israel
1977	Friedensmission Sadats nach Jerusalem
1978	Friedensvertrag von Camp David zwischen Ägypten und Israel
1981	Ermordung Sadats, neuer Präsident Mubarak

Sadat Nach dem überraschenden Tod Nassers 1970 übernimmt Vizepräsident Anwar el-Sadat, Mitglied der Freien Offiziere, das Präsidentenamt. In der so genannten **Korrektiv-Revolution** bricht er mit der Politik Nassers und schaltet seine innenpolitischen Widersacher, die eine kollektive Staatsführung befürworten, aus.

Außenpolitik ► Sadat betreibt eine kluge Außenpolitik zwischen den Supermächten. Nachdem er umfangreiche Militärhilfe von der UdSSR bekommen hat, wendet er sich den USA zu. Völlig überraschend greift die ägyptische Armee im Oktober 1973 die israelischen Stellungen am Sueskanal an und erobert Teile der Kanalzone. Wenngleich der **Oktober-Krieg** mit einem militärischen Patt endet, so kann sich Sadat dennoch als Sieger profilieren und den Mythos der unschlagbaren israelischen Armee brechen. Dies eröffnet ihm außenpolitischen Spielraum, den er zum Frieden mit Israel nutzt. Im November 1977 reist er in einer spektakulären Aktion nach Jerusalem und bietet Frieden an. Unter amerikanischer Vermittlung legen die beiden Konfliktparteien im **Friedensvertrag von Camp David**, für den Sadat den Friedensnobelpreis erhält, ihre Streitigkeiten bei. Ägypten erhält sukzessive den Sinai zurück. Wegen dieses Separatfriedens wird Ägypten aus der arabischen Staatengemeinschaft ausgestoßen. Dafür steigt Ägypten zum wichtigsten Partner der USA in der Region auf und erhält umfangreiche Militär- und Finanzhilfe.

Frieden mit Israel ►

Innenpolitik ► Innenpolitisch leitet Sadat den **Übergang zum Mehrparteiensystem** ein. 1976 finden die ersten halbwegs freien Parlamentswahlen statt. Das politische System wird von Sadats Nationaldemokratischer Partei (NDP) dominiert, aus der stets die Regierung hervorgeht. Die Opposition kann sich aufgrund zahlreicher Beschränkungen nicht entfalten. Außerdem spielt Sadat die oppositionellen Kräfte geschickt gegeneinander aus. Als Gegengewicht gegen die nasseristischen und linken Gruppierungen werden islamische Gemeinschaften gefördert und die Muslimbrüderschaft geduldet. Nach Streiks und Demonstrationen endet im Jahr 1981 vorerst die demokratische Entwicklung mit einer Verhaftungswelle von Oppositionellen.

Wirtschaftliche Liberalisierung ► Wirtschaftspolitisch vollzieht Sadat eine Kurskorrektur. Er wendet sich vom nasseristischen Modell der Staatswirtschaft ab und setzt auf eine Liberalisierungspolitik, um ausländische Investitionen anzulocken. Die »Infitah« (= Öffnung) führt zu einem kurzfristigen Import- und Investitionsboom, von dem aber nur eine sehr dünne Bevölkerungsschicht profitieren kann. Die Ziele der Öffnungspolitik können nicht erreicht werden, da Spekulantentum, hohe Inflation und auf schnelle Gewinne ausgerichtete Investitionen ein anhaltendes Wirtschaftswachstum verhindern. Stattdessen verschärft sich die soziale Ungleichheit. Wenige Neureiche stehen einer Masse verarmender Städter gegenüber. Als 1981 der Brotpreis erhöht wird, entlädt sich die Spannung in bürgerkriegsähnlichen Zuständen.

Präsident Hosni Mubarak

1982	Rückgabe des Sinai durch Israel
1997	Folgenschwere Terroranschläge auf Touristen
2002	Die neue Bibliothek in Alexandria wird eröffnet.
2004/2005	Verschärfung der Sicherheitsmaßnahmen nach Anschlägen in Taba, Kairo und Sharm El-Sheikh
2005	Erstmals finden Präsidentschaftswahlen mit mehreren Kandidaten statt. Hosni Mubarak wird wiedergewählt.
2008/2009	Steigende Getreidepreise, Versorgungsengpässe und Auswirkungen der Weltwirtschaftskrise führen zu Protesten.
2009	US-Präsident Obama setzt sich in Kairo für bessere Beziehungen zwischen Amerika und der islamischen Welt ein.

Mubarak wird Nachfolger von Sadat

Die Krise gipfelt in der **Ermordung Sadats** am 6. Oktober 1981 durch eine Gruppe extremistischer Islamisten, die für den Friedensschluss mit Israel Rache nimmt. Sein Nachfolger Hosni Mubarak kann die innenpolitische Lage einigermaßen entspannen. Er leitet einen langsamen **Demokratisierungsprozess** ein. Politische Gefangene werden freigelassen, die Muslimbrüder und andere Oppositionsgruppen dürfen wieder aktiv, jedoch in einem eng umgrenzten Rahmen. Die Partei Mubaraks, die NDP, bleibt die führende Organisation im kontrollierten Mehrparteiensystem Ägyptens. Traditionelle Loyalitäten und die Förderung der öffentlichen Wohlfahrt sichern ihr über zwei Drittel der Parlamentssitze.

◄ Außenpolitik

Mubarak pflegt mit Israel, das 1982 den Sinai räumt, einen **»kalten Frieden«** und setzt sich für die Rückgabe der von Israel besetzten Gebiete an die Palästinenser ein. 1989 wird Ägypten wieder in die Arabische Liga aufgenommen, die im selben Jahr ihren Sitz von Tunis nach Kairo zurückverlegt. In der nahöstlichen Krisenregion macht sich Ägypten als Partner des Westens unentbehrlich. Im **Zweiten Golfkrieg** 1990/1991 beteiligen sich ägyptische Truppen an der »Befreiung« von Kuwait. Ägypten kann seine Vormachtstellung in der arabischen Welt ausbauen und wird zum Vermittler im Friedensprozess zwischen Israel und seinen arabischen Nachbarn. Mit der zweiten Intifada und Arafats Tod 2004 verliert Ägyptens Mittlerrolle jedoch an Bedeutung.

Wirtschaftsprobleme ►

Wirtschaftlich gelingt es Hosni Mubarak nur bedingt, das Land zu stabilisieren. Um die Kontrolle über die Wirtschaft zu wahren, bleiben die Schlüsselindustrien in Staatsbesitz. Dennoch verarmt die Bevölkerung zunehmend aufgrund rasch steigender Preise. Ende der 1980er-Jahre revoltiert die Bereitschaftspolizei in Kairo. In den Industriestädten brechen Streiks aus. Wie krisenanfällig die ägyptische Wirtschaft ist, zeigt der Zweite Golfkrieg (1990/1991). Die Rückkehr unzähliger Gastarbeiter aus Kuwait und die Zerrüttung der regionalen Wirtschaftsbeziehungen trifft Ägypten hart. Trotz Schaffung vieler neuer Arbeitsplätzen wird es immer problematischer, jungen Menschen eine berufliche und soziale Perspektive zu eröffnen. Spätestens 2005 zeigt sich, dass der dramatische **Verfall der Währung** nicht nur vorübergehend sein würde, sondern auch zu einem dramatischen Kaufkraftverlust führt. Die bis dato relativ wohlhabende sog. Mittelschicht verarmt zusehends – eine innenpolitische Zeitbombe.

Terroranschläge ►

1992/1993 nehmen islamistische Extremisten, die ihre Anhänger vorwiegend aus der jungen perspektivlosen Generation rekrutieren, den Kampf gegen die Staatsmacht auf. Zahlreiche Terroranschläge erschüttern das Land. Einen Höhepunkt erreicht diese Entwicklung 1997, als die Islamisten gezielt auf Touristen Anschläge verüben: In Kairo sterben im September 10 Touristen bei einem Anschlag auf einen Reisebus, wenig später, im November, richten Islamisten ein noch grausameres Blutbad in Luxor an, bei dem 58 Touristen und vier Ägypter den Tod finden. Die Weltöffentlichkeit ist schockiert, der Tourismus im Land bricht zusammen. Die Regierung nimmt den Kampf gegen die Untergrundorganisationen auf. Es kommt zu zahlreichen Verhaftungen und Verurteilungen. In einem Massenprozess zu Beginn des Jahres 1999 werden die Verantwortlichen zu hohen Strafen verurteilt. Die Führung der Dschamaa al-Islamija erklärt im März desselben Jahres, auf bewaffnete Aktionen zu verzichten. Bei kleineren Anschlägen 2004 (Autobombe am Taba Hilton) und 2005 (Bomben im Kairoer Basar und in Scharm El Sheikh) scheinen die Täter nicht wie früher im Auftrag bestimmter Organisationen zu handeln. Vielmehr scheint sich in Einzeltaten die Wut über Amerikas Krieg im Irak und dessen Besetzung zu manifestieren. Medien spekulieren über Verbindungen zu Osama bin Ladens Al Qaida.

Kundgebung für Hosni Mubarak vor den Präsidentschaftswahlen 1999

Präsidentschafts- und Parlamentswahlen

Am 26. 9. 1999 wird Staatspräsident Hosni Mubarak mit rund 93% der Stimmen in seinem Amt bestätigt. Von 24 Mio. stimmberechtigten Ägyptern geben 17,5 Mio. eine Ja- und 1,2 Mio. eine Nein-Stimme ab. Zum ersten Mal seit seiner Machtübernahme 1981 liegt damit ein Präsidentschaftsvotum unter der 95 %-Marke. Unter Mubaraks Vorgänger Anwar el-Sadat hatte die Zahl der Ja-Stimmen zu allen präsidialen Vorlagen in der Regel bei über 99% gelegen. Bei den Parlamentswahlen im Herbst 2000 gewinnen Mubarak und die NDP rund 85% der Wählerstimmen.
Zu den Präsidentschaftswahlen 2005 werden erstmals mehrere Kanditaten zugelassen. Eine Verfassungsreform setzt die Anforderungen für eine Kandidatur aber so hoch an, dass neben dem Amtsinhaber keiner eine echte Chance hat. Gewählt wird Hosni Mubarak. Bei dieser Wahl wird ebenso von massiven Manipulationen berichtet wie bei den Parlamentswahlen im November 2005.

Ägypten im 21. Jh.

Zu Beginn des 21. Jh.s präsentiert sich Ägypten als an Einfluss verlierende arabische Führungsmacht im Nahen Osten. Für den Westen ist Ägypten jedoch nach wie vor der wichtigste Partner an der Schnittstelle zwischen Europa, Asien und Afrika. Das Land am Nil ist jedoch hochgradig vom Ausland abhängig, so etwa von den 8 Mrd. US$, die Arbeitsemigranten jährlich nach Hause schicken, von ausländischen Investionen und auch von den Touristen, deren Zahl 2007 trotz vorangegangener Bombenanschläge die 11-Mio.-Marke überschritten hat.

Folgen der aktuellen Weltwirtschaftskrise

Bereits 2008 hat Ägypten unter den Vorläufern der aktuellen Weltwirtschaftskrise zu leiden. Steigende Getreidepreise und **Versorgungsengpässe** führen zu heftigen Protesten. Ägyptens Wirtschaft schrumpft, die **globale Rezession** lässt auch die Geldzuflüsse der Arbeitsemigranten sowie ausländische Investitionen sinken. Im Herbst 2009 eskalieren Streiks vor allem in den Textilfabriken, die infolge von Absatzproblemen Lohnauszahlungen einstellen. Auch Arbeiter in anderen Betrieben, Angestellte im öffentlichen Dienst und Lehrer demonstrieren und streiken. Immer deutlicher wird, dass von der neoliberal geprägten Wirtschaftspolitik der Mubarak-Regierung nur die oberste Schicht der ägyptischen Gesellschaft profitiert. Über 40 % der Bevölkerung müssen derzeit mit weniger als 2 US$ Verdienst am Tag auskommen.

Obama-Visite

Im Juni 2009 kündigt US-Präsident Obama in Kairo einen **Neustart der Beziehungen** zwischen Amerika und der islamischen Welt an.

Ägyptische Vermittlungsbemühungen

Ägypten versucht 2009/2010 im Konflikt zwischen Israel und den Palästinensern sowie im Streit zwischen der palästinensischen Autonomiebehörde und rivalisierenden Gruppierungen zu vermitteln. Ägyptische Erfolge bei der Problembewältigung im südlichen Nachbarland Sudan bzw. in der Region Darfur lassen auf sich warten.

Glauben im alten Ägypten

Welche Götter bevölkern die ägyptische Mythologie? Welche Vorstellungen prägten das Leben der Menschen zur Zeit der Pharaonen? Wie beeinflusste die Religion den Alltag im alten Ägypten?

Götter, Welt und Totenreich

Vielschichtiges Religionssystem

Die Ägypter haben kein geschlossenes religiöses System ausgebildet, ihr Glauben war vielmehr ein Miteinander verschiedenster religiöser Vorstellungen. Volksreligion und Priesterweisheit, Altüberliefertes und Neugewonnenes verschmolzen nicht zu einer Einheit. Die komplizierte Religion, wie sie aus den Texten der späteren Zeit deutlich wird, hat in der Urzeit noch nicht bestanden.

Lokalgottheiten

Das Land war ursprünglich in Stadt- und Dorfbezirke gegliedert, von denen jeder seine eigene **Schutzgottheit** hatte. Von diesen Lokalgottheiten kennt man viele, ohne jedoch immer ihre ursprüngliche Heimat sicher angeben zu können: den Gott Horus, der in Behdet, der alten Hauptstadt Unterägyptens, verehrt wurde, Atum, den Gott von Heliopolis, Thot, den Lokalgott von Hermopolis, Mont, den Gott von Theben, Chnum, den Schirmherrn von Herwer (bei Beni Hassan), die Götter Ptah von Memphis, Herischef von Herakleopolis, Sobek (Suchos), dessen Hauptkultstätte wohl im Faijum lag, und andere.
Häufig erscheinen auch **Göttinnen** als Lokalgottheiten, wie etwa die in Saïs verehrte Neith oder die Göttin Hathor von Dendera. Vielfach wurden diese Lokalgottheiten mit Beinamen gerufen, die eine ihrer Eigenschaften priesen oder der Sagengeschichte entnommen waren: So hieß z. B. die Löwengöttin, die in der Gegend von Memphis ihren Kult hatte, Sechmet (die Mächtige); der in Assijut in Gestalt eines Wolfs verehrte Gott wird Upuauet (der Pfadöffner) genannt, wohl weil sein Bild, an der Spitze der Truppen getragen, den Weg ins feindliche Land öffnete; der Lokalgott von This hieß Enhuret (der die Ferne holt), weil er nach einer uralten Sage eine mit ihm zusammen verehrte Löwengöttin aus der Fremde geholt haben soll. Wieder andere Lokalgottheiten wurden einfach nach der Stadt, wo sie heimisch waren, benannt; so heißt die Katzengöttin der Deltastadt Bubastis Bastet (die von Bast), die Göttin von Nechab Nechbejet (die von Nechab).

Darstellung der Gottheiten

Fetische und Symbole

Die Vorstellungen, die man sich von den Gottheiten machte, erinnern an afrikanische Fetische. So wurde in Busiris (Djedu) und in Mendes (Djedet) ein Pfeiler (Djed) verehrt, den man später mit Osiris und Re in Verbindung brachte. Der Göttin Hathor wurde auch in Gestalt einer Sykomore (Maulbeerbaum) gedacht, dem Gott Nefertem als Lotosblume; die Göttin Neith von Saïs wurde als Schild mit zwei kreuzweise aufgenagelten Pfeilen verehrt.

← Göttin Nut auf einem Fresko im Grab Ramses' VI. im Tal der Könige. Als Mutter des Sonnengottes war sie im Totenkult eng mit dem Mythos der Auferstehung verbunden.

Tiergestalt

Vor allem war der Glaube verbreitet, dass die Gottheit sich in Gestalt von Tieren zeige: Kühen, Stieren, Widdern, Ziegen, Krokodilen, Katzen, Löwen, Fröschen, Fischarten, Ibissen, Falken, Geiern und anderen mehr. So verehrte man den Gott Chnum als Widder, Horus als Falke, Thot als Ibis, Sobek als Krokodil, die Göttin Nechbejet als Geier, die Göttin von Bubastis als Katze, Hathor von Dendera als Kuh und die Ortsgöttin von Buto als Schlange. Der **Skarabäus** stand für »den aus der Erde Entstandenen«, den Urgott Chepre bzw. den Sonnengott Re.

Heilige Tiere

Sonnengott Re in Gestalt eines Skarabäus

Neben den als Tieren verehrten Gottheiten wurden schon in sehr früher Zeit noch besondere heilige Tiere verehrt, die an gewissen Abzeichen zu erkennen waren. Sie wurden im Tempel gepflegt und nach ihrem Tode mit allen Ehren bestattet, dann trat ein neues Tier an die Stelle des verstorbenen. Am bekanntesten ist der in Memphis verehrte Stier Apis; er war schwarz mit weißen Flecken, an der Stirn hatte er ein weißes Dreieck, an der rechten Seite das Bild einer Mondsichel. Ähnlich wurden in Heliopolis ein hellfarbiger Stier (Mnevis), in Hermonthis und Medamut der Stier Buchis, in Heliopolis auch der Vogel Phönix als heilig verehrt. Man brachte sie mit den Ortsgottheiten in Verbindung und hielt z. B. den Apis für den »Diener des Ptah«, den Buchis für den Mont, den Phönix für die »Seele des Sonnengottes«. Später ging man in der Tierverehrung noch weiter; nicht nur diese Tiere wurden für heilig gehalten, sondern auch die Tierarten, in denen die Ortsgottheiten verehrt wurden. Man hielt Exemplare davon im Tempel der Stadt, die von den Pilgern als eine Art Votivgabe für den jeweiligen Gott erstanden werden konnten. Sie wurden mumifiziert und auf besonderen Friedhöfen feierlich bestattet. Dieser späteren Zeit gehören die Katzengräber von Bubastis und Beni Hassan, die Krokodilgräber von Kom Ombo, die Ibisgräber von Aschmunein, die Widdergräber von Elephantine u. a. an. Es war wohl auch dieser Tierkult, der den Griechen in Ägypten auffiel und als etwas ganz Wunderbares erschien, denn Ansätze dazu finden sich bei verschiedenen orientalischen Völkern und auch bei den Griechen und Römern (Löwe der Kybele, Eule der Athene, Adler des Zeus).

Götter in Menschengestalt

Zu Beginn der geschichtlichen Zeit fingen die Ägypter an, sich die Gottheiten auch in menschlicher Gestalt vorzustellen. Da erschien der Gott mit menschlichem Antlitz und menschlichen Gliedern in der Kleidung, die die Ägypter damals auch trugen. Auf dem Haupt hatte er, wie Fürsten, einen Helm oder eine Krone und, wie die Herrscher der Urzeit, hinten am Schurz einen Tierschwanz. Als Zeichen seiner Macht führte er Zepter und Kommandostab. Auch die als Tiere aufgefassten Gottheiten erhielten jetzt menschliche Formen: Dem als Mensch dargestellten Gott wurde der Kopf des Tieres aufgesetzt, in dem er sich offenbarte. So wurde z. B. Sobek als Mensch mit Krokodilkopf, Chnum als Mensch mit Widderkopf, Thot mit Ibiskopf, Horus mit Falkenkopf dargestellt. Die verschiedenen Kuhgöttinnen bekamen auf den menschlichen Kopf Kuhhörner gesetzt, über das Haupt der Geiergöttin Mut breitete sich ein Geier; der Neith von Saïs wurde das Haupt mit dem Pfeilbündel geschmückt, in dem man sie verehrte. Die ägyptischen Künstler haben diesen Übergang vom Tierkopf in den menschlichen Körper (im Relief wie bei Statuen) mit großer Geschicklichkeit dargestellt.

Weltgottheiten

Neben die Ortsgottheiten, deren Wirkungskreis auf einen bestimmten Distrikt beschränkt war, treten schon in frühester Zeit die Weltgottheiten, die in der Regel vom ganzen Volk anerkannt wurden. Zu ihnen zählt z. B. die als männliches Wesen aufgefasste Erde Geb, der weiblich gedachte Himmel Nut, der Luftraum Schu, die Himmelsfeuchtigkeit Tefnut, die Sonne Re, die bei den Ägyptern wie bei den Griechen männlich war, der Vegetationsgott Osiris, der Nil Hapi und der Ozean Nun. Unter den Sternen traten besonders Orion und der als Frau gedachte Sirius, die Sothis, hervor. Sie äußerten sich nur in der Natur und wurden deshalb auch nicht an eine bestimmte Kultstätte gebannt, sondern waren überall zu Hause. Doch schon früh traten diese kosmischen Mächte zu den Ortsgöttern in Beziehung und flossen vielfach mit ihnen zusammen. Man gab den großen Göttern des Himmels menschliche Gestalt und räumte ihnen Verehrungsplätze ein; so fanden der Sonnengott Re durch seine Verbindung mit Atum in Heliopolis, sowie das Götterpaar Schu und Tefnut als löwenköpfige Gottheiten in Leontopolis eine Kultheimat.

Wesensmerkmale der Götter

Schon in früher Zeit hatte man begonnen, sich genauere Vorstellungen von vielen Göttern zu machen, indem man bestimmte Eigenarten ihres Wesens besonders hervorkehrte. So war z. B. der falkenköpfige Lokalgott Mont von Hermonthis ein Kriegsgott; der Gott Min von Koptos, wo die vom Roten Meer durch die Gebirge führende Wüstenstraße ins Niltal mündete, wurde zum Schutzherrn der Wüstenreisenden, dann auch zu einem Gott der Fruchtbarkeit und Ernte und daher von den Griechen dem Pan gleichgesetzt; Ptah von Memphis galt als Patron der Künstler, Metallarbeiter und Schmiede; die mächtige Sechmet von Memphis war eine schreckliche Kriegsgöttin, welche die Feinde vernichtete, während man die Hathor von Dendera, mehr die heitere Seite ihres Wesens betonend, als eine Göttin der Liebe und Freude verehrte. Viele lokale Gottheiten wurden mit den kosmischen Mächten, namentlich mit Mond und Sonne, in Verbindung gebracht. So galt Thot von Hermopolis als Mondgott, der die Zeiten und die weltliche Ordnung geschaffen hat; er war der Erfinder der Hieroglyphenschrift und wurde deshalb als Schutzpatron der Schreiber und Gelehrten verehrt. Vor allem aber wurde Horus zu einem mit der Sonne ver-

Gott Bes (Statue in Dendera)

Abbildung einer Göttertriade in Kom Ombo

bundenen Himmelsgott und erhielt den Namen Re-Harachte, d. h. Horus der Horizontbewohner. Die Kuhgöttin Hathor wurde zu einer Himmelsgöttin. In diesen besonderen Eigenschaften haben viele Ortsgötter im ganzen Land Verehrung gefunden.

Schließlich gab es noch zahlreiche **niedere Götter**, Dämonen und Geister, die dem Menschen bei bestimmten Gelegenheiten nützen oder schaden konnten und die man darum günstig zu stimmen suchte. Zu ihnen zählen z. B. die Geburtsgöttinnen, welche die Geburt beschleunigen oder hemmen konnten, der Gott Bes, der als Beschützer des ehelichen Gemaches und der Gebärenden galt, die Geburtshelferkröte Heket oder verschiedene Erntegöttinnen. Später hat man auch besonders angesehene Menschen nach ihrem Tode als Heilige verehrt und als Götter betrachtet, so etwa den Baumeister des Königs Djoser, Imhotep von Memphis, oder den Weisen Amenhotep, Sohn des Hapu.

Götterfamilien

Wie der Mensch, so hatte auch der Gott häufig eine Gemahlin und einen Sohn, die dann zu dritt (**Triade**) im Tempel wohnten und verehrt wurden; derartige Götterfamilien sind z. B. Ptah, seine Göttin Sechmet und ihr Sohn Nefertem; Osiris, Isis und Horus. Die Theologen der uralten Stadt Heliopolis (On) stellten sogar eine Neunheit (Enneas) von Göttern zusammen, mit Atum, dem Schutzgott der Stadt, an der Spitze. Ihm ließen sie die vier Gottheiten Schu, seine Gemahlin Tefnut, Geb und Nut folgen, die mit der Entstehung der Welt in Verbindung gebracht werden, dann Osiris mit seiner Gattin Isis sowie Seth, den alten Schutzgott Oberägyptens und sagenhaften Widersacher des Osiris mit seiner Gemahlin Nephthys.

Tugenden und Leidenschaften der Götter

Auch mit menschlichen Tugenden und Leidenschaften waren die Götter ausgestattet, und zahlreich waren die Erzählungen von ihren Taten und Schicksalen.

Sage des Osiris ►

Leider sind die meisten dieser Göttersagen verloren gegangen; von den wenigen erhaltenen ist die bekannteste und auch im Altertum am meisten verbreitete die vom Schicksal des Osiris: Dieser herrschte viele Jahre als König über Ägypten und beglückte seine Untertanen. Aber sein böser Bruder Seth stellte ihm nach; er veranlasste ihn, sich bei einem Gastmahl in eine kunstvolle Lade zu legen, schloss diese mit seinen 72 Mitverschworenen und setzte sie auf den Nil, der sie ins Meer führte. Die Wogen spülten die Lade endlich bei dem phönikischen Ort Byblos an Land. Unterdessen irrte Isis, seine Schwestergemahlin, ängstlich in der Welt umher, um die Lade zu suchen. Nachdem sie sie endlich gefunden hatte, zog sie mit ihr nach Ägypten und beweinte den verstorbenen Gemahl in der Einsamkeit. Dann verbarg sie den Sarg, um nach Buto zu gehen, wo ihr Sohn Horus erzogen wurde. Während ihrer Abwesenheit fand Seth auf der Eberjagd den Leichnam des verhassten Bruders, zerstückelte ihn in 14 Teile und verstreute sie. Aber Isis suchte die einzelnen Glieder, und wenn sie eines gefunden hatte, begrub sie es. Einer späteren Sage zufolge sammelte Isis die verstreuten Teile des Leichnams ihres Gemahls ein, der daraufhin vorübergehend zu neuem Leben erwachte, um seinen Sohn Horus zu zeugen. Nachdem Horus erwachsen war, zog er aus, um den Tod des Vaters an dem Mörder zu rächen. Es kam zu einem furchtbaren Kampf, in dem Horus Sieger blieb. Nach anderen Berichten wurden die Streiter durch Thot getrennt und teilten das Land unter sich, so dass Horus den Süden und Seth den Norden erhielt. Osiris aber wurde von Horus durch Zauberformeln zu neuem Leben erweckt und herrschte nun im Westland weiter als König der Toten.

? WUSSTEN SIE SCHON ...?

- ... warum man in Ägypten so viele Osiris-Gräber findet? In der Sage des Osiris heißt es, dass Osiris' böser Bruder Seth dessen Leichnam in Einzelteile zerstückelte und sie verstreute. Isis, die Schwestergemahlin des Osiris, suchte die einzelnen Glieder; und wenn sie eines fand, begrub sie es und errichtete darüber ein Grabmal.

►Altägyptisches Pantheon S. 90

Vorstellungen vom Weltall

Mythos

Die Vorstellungen vom Weltall, insbesondere vom Himmel und den Gestirnen, sind in die Form des Mythos gekleidet. Dabei war das Weltbild bestimmt von den geografischen Kenntnissen jener Zeit.

Erde

Die Erde stellte man sich als lang gestreckte ovale Fläche vor, die vom Ozean umgeben war. In ihrer ganzen Länge wurde sie von einem breiten Strom, dem Nil, durchflutet, der im Süden aus dem Ozean strömte oder bei den Katarakten von Assuan aus zwei Quelllöchern entsprang. Ringsherum erhoben sich hohe Gebirge; auf vier Bergen ruhte der Himmel, den man sich als eine ebene Platte dachte, von der die Sterne wie Lampen herabhingen.
Eine andere Vorstellung war die, dass der Himmel wie die Erde gestaltet war, von einem Fluss durchströmt und von zahlreichen Kanälen durchschnitten; unter der Erde lag außerdem ein Gegenhimmel, die Duat (Dat), der genau wie der Himmel beschaffen und nach späterer Auffassung als ein **Jenseitsland** von den Verstorbenen bevölkert war. Nachdem die Kuhgöttin Hathor eine Himmelsgöttin geworden

war, stellte man sich den Himmel auch als eine Kuh vor, zwischen deren Hörnern die Sonne saß und die Welt erleuchtete; oder die Sonne fuhr auf der Kuh wie auf einem Himmelsozean in einer Barke bei Tage spazieren, während die Sterne auf ihrem Leib angebracht waren; der Luftgott Schu stand unter der Himmelskuh und stützte sie mit seinen Armen.

Sonne und Mond Überaus mannigfaltig waren die Ansichten, die man sich in den verschiedenen Priesterschulen des Landes über die Hauptgestirne des Himmels, Sonne und Mond, machte.

Eine uralte Vorstellung war die, dass Sonne und Mond die Augen des großen Gottes waren, der die Welt erschaffen hatte. Dieser große Gott war aber niemand anderes als der Sonnengott Re selbst, woraus dann die widersprüchliche Ansicht entstand, dass die Verkörperung der Sonne (Re) als Auge die Sonne habe. Nachdem Horus Sonnengott geworden war, galten Sonne und Mond auch als Augen des Horus. Überhaupt spielte das **Sonnenauge** in der ägyptischen Mythologie eine große Rolle. Man machte aus ihm eine selbstständige Göttin, die aus dem Sonnengott hervorgegangen war. Mit diesem Sonnenauge identifizierte man die unterägyptische Schlangengöttin Uto, dann auch andere Göttinnen, z. B. die löwenköpfige Tefnut und die Kuhgöttin Hathor. Das Sonnenauge wurde auch als Giftschlange (Uräusschlange) aufgefasst, die sich an der Stirn des Sonnengottes aufbäumt und Feuer gegen seine Widersacher speit. Daher trug später der ägyptische König eine solche Schlange als Diadem oder als Schmuck seiner Krone.

Eine andere Auffassung von der Sonne war die, dass der Sonnengott Re wie ein ägyptischer Schiffer in einer **Barke** am Tag auf dem Himmelsgewässer fuhr, um am Abend mit einer anderen Barke in die Unterwelt einzugehen und dort seine Fahrt fortzusetzen. Da der Sonnengott Re-Harachte ein Falke war, sah man auch die Sonne als einen Falken an, der mit buntem Gefieder am Himmel schwebt, oder sie war wie Horus ein kräftiger junger Held, der mit den feindlichen Mächten der Finsternis einen beständigen Kampf zu bestehen hatte. Auch als einen Skarabäus (Pillendreher) stellte man sich die Sonne vor; wie dieser ein kleines Kügelchen, in das er sein Ei gelegt hat, vor sich herrollt, so schiebe auch der Sonnengott in Skarabäusgestalt das runde Sonnengestirn vor sich her.

Urozean Nun Die Welt, die Götter und die Menschen existierten nicht von Anfang an, sondern wurden erst erschaffen. Nach der am weitesten verbreiteten Anschauung lagen in dem Urozean Nun der Erdgott Geb und die Himmelsgöttin Nut in inniger Vereinigung, bis sie der Luftgott Schu voneinander trennte und die Himmelsgöttin in seinen Armen in die Höhe hob. Der Sonnengott Re ist aus dem Nun hervorgegangen, oder er ist ein Kind des Geb und der Nut, das täglich neu geboren wird. Im Widerspruch dazu steht die Vorstellung, wonach Re selbst der Weltschöpfer sei.

Zeichnung des Totengottes Osiris im Grab Sennedjems im Tal der Könige

Politische Aspekte der Religion

Wandlung

Im Laufe der Geschichte hat die ägyptische Religion verschiedene Wandlungen durchgemacht. Mehrere Götter konnten durch den Aufstieg von Fürstengeschlechtern oder Städten, die ihnen besonders ergeben waren, oder durch theologische Spekulationen bzw. Sagenbildung begünstigt zeitweilig eine beherrschende Stellung im ägyptischen Pantheon erlangen.

Reichsbildungen

Als sich in frühester Zeit in Ober- und Unterägypten zwei selbstständige Reiche gebildet hatten, wurden die Lokalheiligen der beiden Hauptstädte, Seth von Ombos und Horus von Behdet, zu Schutzpatronen der beiden Staaten. Als dann ein ägyptisches Gesamtreich, vermutlich mit der Hauptstadt Heliopolis, gegründet wurde, blieb Horus alleiniger Königsgott und galt seitdem als Schutzherr der Pharaonen und Reichsgott. In der letzten Periode der vorgeschichtlichen Zeit zerfiel Ägypten abermals in zwei Reiche mit den Hauptstädten Nechab-Nechen und Buto, deren Schutzgottheiten die Geiergöttin Nechbejet und die Schlangengöttin Uto waren; diese wurden dadurch Reichsgöttinnen von Ober- und Unterägypten. In ähnlicher Weise wurde seit dem Ende des Alten Reichs der Gott der Hauptstadt Memphis, Ptah, zu einem Hauptgott Ägyptens.

Stadt On (Heliopolis)

Eine wichtige Rolle spielte in der ägyptischen Religionsgeschichte die Stadt On (Heliopolis), seit uralter Zeit das **religiöse Zentrum Ägyptens**. In ihrem Tempel wurden die Krönungszeremonien des Herrschers vollzogen, hier schrieb der Sage nach die Göttin Seschet die Jahre des Königs in die Blätter des heiligen Baumes. In On stand auch die obeliskenförmige Steinsäule Benben, Lieblingssitz des Sonnengottes. Der eigentliche Schutzgott der Stadt war freilich Atum.

Ihn stellten die Priester von On dem Sonnengott gleich und behaupteten, dass er nur eine andere Form, ein anderer Name des Re-Harachte sei. Diese Lehre fand große Verbreitung im Lande, und man fing an, auch andere lokale Götter mit Re zu identifizieren und ihnen das Abzeichen des Re, die Sonnenscheibe, an der sich die giftige Königsschlange (Uräus) windet, zu geben. So wurden z. B. der Krokodilgott Sobek und Amun, der Gott von Karnak, zu Sonnengöttern.
Diese Vermischung der lokalen Götter mit Re, die im Mittleren Reich bereits im Gange war, nahm im Neuen Reich große Ausmaße an und rief in der ägyptischen Religion große Verwirrung hervor. Zwar bemühte man sich, die verschiedenen Formen des Re auseinander zu halten, indem man z. B. den Sonnengott Harachte als Morgensonne und den zum Sonnengott gewordenen Atum als Abendsonne auffasste, aber zu einer durchgreifenden Systematisierung kam es niemals. In ähnlicher Weise fasste man auch die weiblichen Lokalgottheiten wieder zusammen, vor allem wenn sie ähnlichen Charakter hatten. So wurde die Himmelsgöttin Hathor der Isis, die Katzengöttin Bastet den Löwengöttinnen Sechmet und Pechet gleichgestellt und Sechmet der Geiergöttin Mut.

Umwälzungen im Neuen Reich

Eine neue Phase der Entwicklung der ägyptischen Religion trat ein, als sich der Mittelpunkt des Staates seit Beginn des Neuen Reichs nach Süden verschob. Bereits die Könige der 12. Dynastie nannten sich zum Teil Amenemhet (Amun ist an der Spitze), nach dem im Alten Reich kaum bekannten Gott Amun von Karnak, der, mit dem Sonnengott identifiziert, zum Amun-Re geworden war. Er trat am Anfang des Neuen Reichs, als an Stelle von Memphis Theben Hauptstadt geworden war, an die Spitze des ägyptischen Pantheons. In seinem Namen führten die thebanischen Könige Kriege gegen Nubien und Asien, in den eroberten Ländern wurden ihm Heiligtümer erbaut, und der Löwenanteil der Beute fiel seinen Tempeln zu, namentlich den thebanischen. Amun wurde in der 18. Dynastie der ägyptische Nationalgott und der Gegenspieler des alten Reichsgottes Horus (Re-Harachte). Die Priester von Heliopolis sahen aber dieser Schwächung ihres Einflusses nicht ruhig zu, sondern ergriffen die erste Gelegenheit, um Amun zu stürzen und dem Sonnengott die verlorene Stellung wiederzugeben. Als Amenophis IV. an die Macht kam, wurde der Sonnengott von Heliopolis (Re-Harachte) in einer besonderen Form zum Hauptgott erklärt und an seiner Stelle bald darauf das Sonnengestirn (Aton) selbst als alleinige Gottheit eingeführt.
Zu dieser Umwälzung trug wohl auch das Bestreben des Königs bei, der Verwirrung in der ägyptischen Religion ein Ende zu bereiten und an Stelle der zahlreichen Götter, die in der Theorie längst mit dem Sonnengott verschmolzen waren, auch in der Praxis einen einzigen Sonnengott einzusetzen. Die Bilder und Namen des Amun und seiner Mitgötter wurden überall zerstört. Bald nach dem Tod des Königs gewann unter der Regierung des Tutanchamun die Amunpartei wieder die Oberhand, und der alte Glaube wurde wieder hergestellt.

Erstarrung im Überlieferten

In späterer Zeit erstarrte der lebendige Glaube mehr und mehr. Ängstlich klammerte man sich an die alten Überlieferungen, und der Aberglaube, dass Amulette und Zaubersprüche allein Schutz gegen allerlei böse Einflüsse gewähren, trat in den Vordergrund. Neue religiöse Gedanken findet man schwerlich in den zahllosen Texten, welche die Tempelwände, Gräber und Särge dieser Epoche bedecken. Immerhin hatten einzelne ägyptische Götter, wie Isis, Harpokrates und der in der Ptolemäerzeit in Ägypten eingeführte Sarapis, noch Kraft genug, um in das griechische und römische Pantheon einzudringen und im römischen Kaiserreich bis nach Germanien hinein eine große Zahl von Anhängern zu finden. Erst mit dem **Christentum** verschwanden die ägyptischen Glaubensvorstellungen nach und nach.

Schicksal des Menschen nach dem Tode

Weiterleben im Jenseits

Auch in den Ansichten vom Leben nach dem Tod entwickelten die Ägypter keine einheitliche Auffassung. Allgemein wurzelte im Volk der Glaube, dass das Leben des Menschen mit dem Tod nicht zu Ende sei, dass er vielmehr wie auf Erden weiterlebe, wenn ihm die Voraussetzungen für sein Dasein gewährt werden.

? WUSSTEN SIE SCHON ...?

- Die alten Ägypter glaubten, dass beim Tod die Seele als Vogel den Körper verlässt, um in der Welt umherzufliegen, dass sie aber nach Belieben zurückkehren könne. Freilich nur unter der Bedingung, dass der Körper erhalten bleibt und nicht der Verwesung anheimfällt. Um dies zu ermöglichen, verwendete man auf die gute Erhaltung des Körpers größte Mühe.

Vor allem schien es deshalb notwendig, den Körper sehr sorgfältig beizusetzen und ihn damit vor der Zerstörung zu bewahren. Nach dem Vorbild seiner irdischen Wohnung wurde dem **Toten ein Haus** gebaut, in dem er sich aufhalten konnte und das er, wie man annahm, bei Tage beliebig verlassen durfte. Statuen, die in einem besonderen Raum aufgestellt waren, vertraten die Stelle des Hausherrn, seiner Familie und seiner Dienerschaft.

Opfergaben zum Unterhalt der Toten

Zum Unterhalt des Verstorbenen wurden Opfergaben dargebracht, und fromme Stiftungen sorgten dafür, dass er auch in Zukunft vor Hunger und Durst bewahrt blieb. Zudem bildete man auf den Wänden des Grabes oder Sarges allerlei Opfergaben (Nahrungsmittel, Gebrauchsgegenstände u. a.) in dem Glauben ab, dass ein Zauber den dargestellten Dingen die Kraft gebe, dem Toten statt der wirklichen Gegenstände zu dienen. Auch Schmuck, Kleidungsstücke u. a. wurden ihm ins Grab mitgegeben oder dort abgebildet. Die Beschäftigungen, denen er im Leben nachgegangen, die Lustbarkeiten, an denen er teilgenommen, und die Ehren, die er genossen hatte, warteten auf ihn auch im Jenseits, und damit er ihrer teilhaftig wurde, stellte man auch sie an den Wänden dar, so dass sie uns heute eine Lebens-

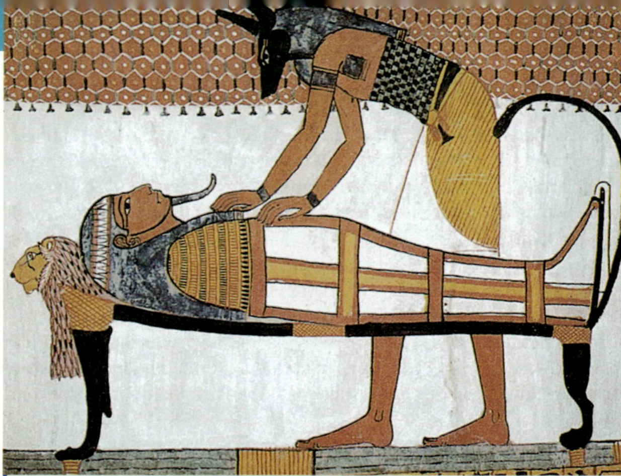

Einbalsamierung des Toten: Darstellung im Grab des Sennutem in Theben

schilderung der Verstorbenen liefern. In älterer Zeit war es nur den Vornehmen vergönnt, sich eigene Grabbauten zu errichten. Die nicht dem Königshof Angehörenden mussten sich mit einfacheren Gräbern begnügen. Später errichteten sich auch die mittleren Schichten des Volkes, soweit ihnen die Mittel dazu zur Verfügung standen, ihre »ewigen Häuser«.

Totengötter

Die Toten standen unter dem Schutz ihrer heimischen Götter, die für die Bestattung und die Sicherheit im Grab sorgten. Daneben gab es noch einen besonderen, in vielen Städten angesehenen Totengott, Chontamenti, »den ersten der Bewohner des Westreichs«, d. h. der Toten, den man sich in Gestalt eines Hundes vorstellte.

Osiris, der Herr der Toten

Später traten alle diese Gottheiten zugunsten des Osiris in den Hintergrund. Dieser alte Vegetationsgott wurde durch den weit verbreiteten Mythos, der sich an ihn knüpfte, allmählich für ganz Ägypten der Herr der Toten. **Abydos** wurde seine Hauptkultstätte.

Der Tod, den Osiris der Sage nach erlitten hatte, wurde jedem Menschen zuteil, aber wie Osiris zu neuem Leben erstanden war, so konnte auch der Mensch ein neues Leben beginnen, wenn für ihn nur dieselben Formeln von einem getreuen Sohn gesprochen würden; er kam dann zu Osiris, ja er wurde eins mit dem getöteten Gott, er wurde selbst Osiris. Von magischen Formeln und Zaubersprüchen, die rezitiert wurden und deren Kenntnis dem Toten vertraut sein musste, hing der Eintritt in das Reich des Osiris ab. Außerdem war auch ein tugendhaftes Leben auf Erden erforderlich. Darum musste er sich vor Osiris einem Gericht unterwerfen und vor 42 Richtern bekennen, dass er von schweren Sünden frei sei. Erst wenn dies geschehen und das Herz von Thot auf der Waage der Gerechtigkeit gewogen war, durfte er in das Jenseits einziehen.

Reich der Toten

Über den Aufenthaltsort der seligen Toten dachte man verschieden. Meist waren es der Westen, das Gebirge und die Wüste, wo die Sonne unterging. Oder sie lebten in den himmlischen Gefilden, einem fruchtbaren Gelände, wo sie wie auf Erden pflügten und ernteten und wo das Getreide sieben Ellen hoch wuchs. Da die Arbeit im Jenseits dem Toten vielfach zu schwer war, legte man ihm seit dem Mittleren Reich Figürchen (sog. Uschebti) ins Grab, die ihm helfen sollten; durch eine aufgeschriebene Zauberformel wurden sie zum Leben erweckt und standen ihm bei der Feldarbeit bei.
Eine andere Lehre versuchte die verschiedenen Anschauungen vom Jenseits zu vereinigen und verlegte die Wohnstätten der Toten in die Unterwelt, die Duat (Dat). Die zwölf Teile der Unterwelt entsprachen den zwölf Stunden der Nacht und waren nach einer bestimmten Anschauung durch große Tore voneinander getrennt.

Menschliche Seele

Neben diesen Anschauungen stand der Glaube, dass der Mensch außer dem Körper eine Seele (Ba) hat, die nach dem Tod weiterlebt. Man dachte sie sich ursprünglich in Vogelgestalt, in späterer Zeit war die Seele ein Vogel mit Menschenkopf.

Schutzgeist Ka

Eine gewisse Rolle spielte im ägyptischen Glauben auch der Schutzgeist Ka. Er galt als Personifikation der Lebenskraft und dadurch als eine Art Schutzgeist, der zusammen mit dem Menschen geboren wurde und ihm durchs Leben folgte. Auch nach dem Tod seines Schützlings starb der Ka nicht, sondern lebte weiter, um dem Verstorbenen noch im Jenseits Lebenskraft zu spenden.

Bestattung der Toten

In ältester Zeit wurden die Toten in kauernder Stellung, mit angezogenen Knien, auf der linken Seite liegend beigesetzt. Im Alten Reich begann man unter dem Einfluss der Osirislehre – zuerst bei den Königen –, sie ausgestreckt ins Grab zu betten.

Einbalsamierung der Leichname und der Eingeweide

Zugleich suchte man durch Einbalsamierung die Leichen vor Verwesung zu schützen. Sie wurden mit Salzlösungen und Asphalt behandelt und in Leinenbinden und Tücher gewickelt. Noch sorgfältiger wurde die Balsamierung in späterer Zeit. Zuerst wurde das Gehirn durch die Nasenlöcher mittels eines eisernen Hakens herausgezogen, dann wurde die Bauchhöhle mit einem Steinmesser geöffnet und die Eingeweide entfernt (Herodot II, 86), die man in vier Krügen, den sogenannten Kanopen, beisetzte. Letzteren gab man später Deckel mit den Köpfen der vier Horuskinder, die die Eingeweide beschützten. Auch das Herz wurde aus dem Körper genommen und durch einen steinernen Skarabäus ersetzt, den man auf die Brust des Toten unter die Binden legte.
Laut den Berichten des Geschichtsschreibers Herodot gab es in späterer Zeit drei unterschiedlich aufwendige Arten der Balsamierung. Es gelang, die Leichen so gut zu konservieren, dass viele Mumien noch heute erkennbare Gesichtszüge besitzen.

Altägyptisches Pantheon (Auswahl)

Aker In Leontopolis verehrtes chthonisches (in der Erde lebendes und wirkendes) Götterpaar, das Ein- und Ausgang der Unterwelt bewacht. Es wurde mit der Morgen- und der Abendbarke verbunden. Darstellung: zwei sich den Rücken zukehrende Löwen.

Amun »Der Verborgene«: ursprünglich ein Windgott der Nilschiffer. Seit der 11. Dynastie als Schöpfergott Hauptgottheit von Theben und als Amun-Re zum Sonnengott erhoben. Seit dem Neuen Reich als ägyptische Nationalgottheit verehrt, wurde er durch Echnaton vorübergehend vertrieben und durch Aton ersetzt. In Hermopolis galt er mit seinem weiblichen Gegenstück Amaunet, der Göttin der frischen Nordwinde, als Gott der Luft und des Unsichtbaren. In ptolemäischer Zeit mit dem griechischen Zeus gleichgesetzt, erfuhr er besonders in der Oase Siwa als Ammon hohe Verehrung. Darstellung: Menschengestaltig mit doppelter Federkrone als Symbol seiner Macht über Luft und Licht; gelegentlich auch als Widder oder Gans. In der Verschmelzung mit Min von Koptos z. T. auch ithyphallisch (mit aufragendem Glied). Heiliges Tier: Widder.

Anubis Uralter Totengott, Lokalgott von Kaïs und Schutzgott des 12., 17. und 18. oberägyptischen Gaues. Nach späterer Vorstellung ein Bruder des Osiris oder von Osiris und Nephthys heimlich gezeugt, von seinen Eltern ausgesetzt und von Isis aufgezogen. Anubis wies den Verstorbenen den Weg ins Jenseits. Von den Griechen wurde er dem Hermes gleichgestellt und Hermanubis genannt, andernorts in Ägypten mit Horus und Thot verbunden. Sein Hauptkultort war Kynopolis. Darstellung: als Hund bzw. schakal- oder hundsköpfig. Heiliges Tier: Hund oder Schakal.

Anuket Göttin des Kataraktgebietes und Gefährtin des Chnum. Die Kultstätte befindet sich auf der Insel Sehel. Darstellung: weiße Krone mit zwei Gazellenhörnern.

Amun

Amun-Re

Anubis

Apis

Heiliger Stier von Memphis, als Sohn des Ptah, nach anderer Vorstellung des Atum oder des Osiris, göttlich verehrt und mit Osiris zu Osir-Hapi (Osorapis; griech. Sarapis), dem Beherrscher der Unterwelt, verschmolzen. Die Auffindung eines mit den nötigen Attributen versehenen Stieres wurde in ganz Ägypten mit Freudenfesten gefeiert. Die verstorbenen Apis-Stiere wurden mumifiziert und im Serapeum von Sakkara mit großem Pomp beigesetzt. Darstellung: geschmückter schwarzer Stier mit dreieckigem Stirnzeichen und Sonnenscheibe zwischen den Hörnern.

Aton

Das Sonnengestirn als alleinige weltumfassende Gottheit und Lebenskraft, die sich überall in der Natur zeigt. Der Aton-Kult, die erste monotheistische Lehre, wurde durch Echnaton zur Staatsreligion erhoben und der bis dahin in Ägypten vorherrschende Vielgötterkult fanatisch bekämpft. In der Glaubenslehre von Aton finden sich noch heute erstaunlich moderne Vorstellungen. Darstellung: Sonnenscheibe mit Strahlenhänden.

Atum

Als Schöpfer und Herr der Welt Hauptgott der heliopolitanischen Neunheit und Ortsgott von Pithom. In Selbstzeugung schuf er das Götterpaar Schu (Luft) und Tefnut (Tau, Feuchtigkeit). Mit Re verbunden wurde er in der Erscheinung der untergehenden Sonne verehrt. Darstellung: Doppelkrone, Zepter und Lebensschleife, gelegentlich als Schlange.

Bastet

Hauptgöttin von Bubastis, Göttin der Freude und Liebe, für die dort alljährlich rauschende Feste gefeiert wurden. Schon früh wurde sie mit Hathor, Isis, Mut, Neith, Pachet, Sechmet und Tefnut in Verbindung gebracht. Darstellung: Katze, katzenköpfig mit Löwen- oder Katzenkopf auf dem Brustschild, an der Rechten ein Korb, in der Linken das Sistrum. Heiliges Tier: Katze.

Bes

Um 1500 v. Chr. aus dem Lande Punt (Somaliküste) eingeführter Volksgott, Beschützer des Ehegemachs und der Gebärenden, Vertreiber böser Geister und giftiger Schlangen. Sein Bild erscheint regelmä-

Apis

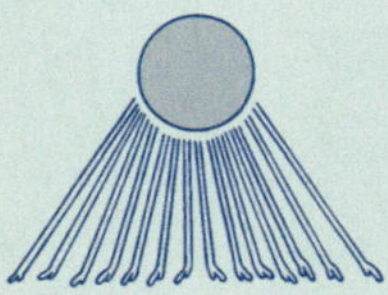

Aton

Atum

ßig in den Mammisi der großen Tempel. Darstellung: grotesker hockender Zwerg, manchmal mit Federkrone, Katzenfell und herausgestreckter Zunge, bisweilen fratzenhaft lachend.

Chepre »Der Entstehende«: der Skarabäus (Pillendreherkäfer) als Verkörperung des Re in seiner Erscheinungsform als Morgensonne. Seit dem Mittleren Reich fanden Skarabäen aus Stein oder Keramik, mit dem Namenszug auf der Unterseite, überall in Ägypten Verwendung als Siegel oder Glück bringendes Amulett. Darstellung: Skarabäus.

Chnum Uralter Schöpfergott, Beschützer des Gebietes um den Ersten Katarakt, wo man in der Frühzeit die Nilquelle wähnte. Als Erzeuger der Leben spendenden Nilfluten hatte er sein Haupttheiligtum auf der Insel Elephantine. Als Schöpfergott formte er die Menschen auf einer Töpferscheibe. Darstellung: widderköpfig mit doppelt gedrehten Hörnern oder als Töpfer an der Töpferscheibe. Heiliges Tier: Widder.

Chons »Der Wanderer«: Mond- und Zeitgott, gemeinsam mit seinen Göttereltern Amun und Mut zur Triade von Theben gehörend. Chons wurde im Volk als großer Ratgeber und Helfer bei Krankheiten verehrt. Die Griechen setzten ihn dem Herakles gleich. Sein Haupttempel befand sich in Karnak. Darstellung: falkenköpfig, oft mit Mondsichel und Mondscheibe auf dem Haupt; gelegentlich auch als Kind mit Seitenlocke und in Mumiengestalt. Heiliges Tier: Falke.

Chontamenti »Der Erste der Westlichen«: hundeartiger Gott des Totenreiches, der besonders in Abydos Verehrung fand.

Epet (Opet) »Der Harem«: volkstümliche Geburtsgöttin und als Mutter des Osiris besonders in Theben verehrt. Darstellung: ein mit Pflanzen und Blumen bemaltes Nilpferd.

Geb Erdgott und göttlicher Richter, Gemahl der Himmelsgöttin Nut und Vater von Isis, Osiris, Nephthys und Seth. Im Jenseits leitet er die ersten Schritte des Toten.

Hapi Nilgott und Erscheinungsform des Nils.

Harachte »Horus vom Horizont«: Erscheinungsform des Sonnengottes Re in Vereinigung mit Horus, deren beider Zeichen er trägt. Als Re-Harachte war er Staatsgott im Neuen Reich. Außer in Heliopolis wurde er, auch in Verbindung mit anderen Gottheiten (z. B. Re-Harachte-Atum, Re-Harachte-Amun u. a.), an vielen anderen Orten hoch verehrt. Darstellung: falkenköpfig, mit der Sonnenscheibe auf dem Haupt. Heiliges Tier: Falke.

Harendotes »Horus, der seinen Vater Osiris beschützt«: Form des Horus. Sein Heiligtum befand sich in Philae.

Harischef Lokalgottheit von Herakleopolis und Staatsgott während der Ersten Zwischenzeit. Mit Re, Osiris und Amun eng verbunden und von den Griechen dem Herakles gleichgestellt. Seine Kultstätte befand sich in Herakleopolis Magna. Heiliges Tier: Widder.

Harmachis »Horus im Horizont«: Vereinigung von Re und Horus als Sinnbild der den Tod überwindenden Kraft der Sonne. Name des Sphinx in Giseh.

Haroëris Der ältere Horus. Die Hauptkultstätte liegt in Kom Ombo. Darstellung: falkenköpfig.

Harpokrates »Horus, das Kind«: in der Spätzeit viel verehrte Kindform des Falkengottes Horus, von den Griechen als Gott des Schweigens aufgefasst. Darstellung: Seitenlocke und Finger am Mund.

Harsiësis Horus als Kind und Sohn der Isis. Darstellung: Seitenlocke und Finger am Mund.

Hathor Himmelsgöttin, Göttin der Freude, des Tanzes und der Liebe, später mit Isis und der griechischen Aphrodite gleichgesetzt. In Theben dem Osiris an die Seite gestellt, wurde sie zur Schützerin der Totenstadt. Auf dem Sinai als »Herrin der Türkise« verehrt. Haupttempel

Chons Geb Harachte Harendotes

in Dendera; große Hathorheiligtümer ferner in Abu Simbel, Sarabit el-Chadem (Sinai), Aphroditopolis, Aphroditespolis u. a. Darstellung: als Kuh, auch als Menschengestalt mit Kuhhörnern, Kuhohren oder Kuhkopf, später auch mit der Sonnenscheibe zwischen den Hörnern. Als Symbole sind ihr Sistrum und Menit beigegeben.

Heket Göttin der Geburt. Darstellung: Geburtshelferkröte.

Horus Allgemein als Sonnengott verehrt und früheste Staatsgottheit Ägyptens, gehört zur heliopolitanischen Neunheit. Er galt meist als Sohn des Osiris und der Isis, bisweilen auch als Sohn des Re und Bruder des Seth. Der Pharao verstand sich als Fleisch gewordener Horus und war daher legitimer Nachfolger des Osiris; auf diese Verbindung weisen die seit der Frühzeit gebräuchlichen Horusnamen der Könige hin. Als Kind trug Horus den Namen Harsiësis oder Harpokrates, als Älterer den Namen Haroëris. Seine vier Kinder (Amset, Duemutef, Hapi, Kebehsenuef), Sinnbilder der vier Himmelsrichtungen, galten als Beschützer der Eingeweide der Toten. Darstellung: in der Frühzeit als Falke, später falkenköpfig, z. T. mit Doppelkrone, in Edfu als geflügelte Sonne. Heiliges Tier: Falke.

Ihi Als jugendlicher Sohn der Hathor von Dendera und Gott des Musizierens und des Tanzes wurde er im alten Ägypten der aufgehenden Morgensonne gleichgesetzt. Darstellung: mit Sistrum.

Imhotep »Der große Weise«, Hohepriester von Heliopolis, Ratgeber des Königs Djoser, vermutlich Erbauer von dessen Grabanlage in Sakkara und Schutzherr der Baumeister. In der Spätzeit als Arzt und Wunderheiler verehrt, von den Griechen dem Asklepios gleichgesetzt.

Isis Seit der Spätzeit sehr volkstümliche und den antiken Göttinnen Demeter, Inno und Hekate gleichgestellte, auch von den Griechen und Römern hoch verehrte Göttin, Schwestergemahlin des Osiris und Mutter des Horus. Sie galt als Sinnbild der Muttergottheit. An den Sargwänden dargestellt, gab sie den Toten Schutz und Lebenskraft.

Hathor Horus Isis Maat

Ihren größten Tempel besaß sie in Philae, wo sie noch bis weit in die christliche Zeit hinein verehrt wurde; weitere Kultstätten in Behbet el-Higara (Iseum), Koptos u. a. Darstellung: stehend mit Kuhhörnern und Sonnenscheibe auf dem Haupt, oder sitzend, das Horuskind (Harsiësis bzw. Harpokrates) stillend.

Maat

Tochter des Re, d. h. der göttlichen Weltordnung, Göttin der Wahrheit und Gerechtigkeit. Beim Totengericht wird das Herz des Verstorbenen gegen die Feder der Maat aufgewogen. Darstellung: sitzend, mit Straußenfeder auf dem Haupt.

Mandulis

Nubische Gebietsgottheit, vermutlich dem Sonnengott Horus vergleichbar.

Min

Wohl ein uralter Fruchtbarkeitsgott. Als Schutzgott von Koptos, von wo die Karawanen in die Arabische Wüste ausgingen, auch als Gott der Wüstenreisenden verehrt. Später als Erntegott mit Amun vereint, wurde er von den Griechen dem Pan gleichgesetzt. Darstellung: schwarze, ithyphallische Mumiengestalt, auf der Kappe zwei Federn und Band, in der rechten, erhobenen Hand die Geißel.

Mnevis

Der heilige Stier von Heliopolis.

Mont

Schon früh in der Umgebung von Theben (Medamut, Hermonthis, Karnak u. a.) verehrter Kriegsgott, in der 11. Dynastie Beschützer der Königsfamilie. Er wird vielfach mit dem Buchis-Stier in Verbindung gebracht. Darstellung: falkenköpfig, mit Sonnenscheibe, Doppeluräus und Doppelfederkrone auf dem Haupt. Heiliges Tier: Buchis-Stier.

Mut

Mut wurde schon früh als Geiergöttin verehrt. Als Gattin des Amun von Theben und Mutter des Chons gehörte sie zur Triade von Theben. Ihre Inkarnation war die Königin, die darum auch gelegentlich eine Geierhaube trug. Ihr Hauptheiligtum war in Karnak. Darstellung: löwenköpfig, mit Geierhaube oder Krone (weiße oder Doppelkrone).

Min Month Mut Neith

Nechbet Göttin von El-Kab-Nechab, Schutzgöttin von Oberägypten. Im Neuen Reich als Geburtsgöttin verehrt. Von den Griechen gleichgesetzt mit der Eileithyia, da sie bei der Geburt eine Rolle spielte. Darstellung: geiergestaltig oder mit dem Balg eines Geiers. Heiliges Tier: Geier.

Nefertem »Das vollkommen Schöne«: Als Sohn des Ptah von Memphis und der Sechmet zur memphitischen Triade gehörend. Sonnenkind und Spender der Wohlgerüche. Darstellung: Lotosblüte auf dem Haupt; z. T. mit zwei Federn oder als Kind auf einer Lotosblüte sitzend.

Neith Stadtgöttin von Saïs, Schöpferin allen Lebens und Mutter der Sonne. Später Göttin des Kriegs und der Jagd; eng mit Osiris und Sobek verbunden. Gemeinsam mit Isis, Nephthys und Selket wacht sie an der Bahre des Osiris. Die Griechen setzten sie der Athene gleich. Heiligtümer u. a. in Saïs, Esna, Memphis und im Faijum. Darstellung: auf dem Haupt die rote Krone Unterägyptens oder zwei gekreuzte Pfeile, Papyrusstab und Bogen, gelegentlich auch ein Schild als Kopfschmuck oder in der Hand.

Nephthys Schwester von Osiris, Isis und Seth sowie dessen Gemahlin und Mutter des Anubis. Gemeinsam mit Isis beweint sie den toten Osiris an dessen Bahre. Darstellung: Frauengestalt, mit der Hieroglyphe »Herrin des Hauses« auf dem Haupt, Papyrusstab und Lebenszeichen in der Hand.

Nut Himmelsgöttin, Gemahlin des Geb und Mutter von Osiris, Isis, Nephthys und Seth, nach anderer Auffassung Mutter des Sonnengottes Re. Im Totenkult war sie mit dem Mythos der Auferstehung eng verbunden. Darstellung: lang gestreckte, von dem Gott Schu getragene Frauengestalt, damit sie nicht auf Geb fällt; verschlingt abends die Sonne, um sie am Morgen neu zu gebären.

Osiris Sohn des Erdengottes Geb und der Himmelsgöttin Nut, Bruder von Isis, Nephthys und Seth. Ursprünglich ein Vegetationsgott, der in Bu-

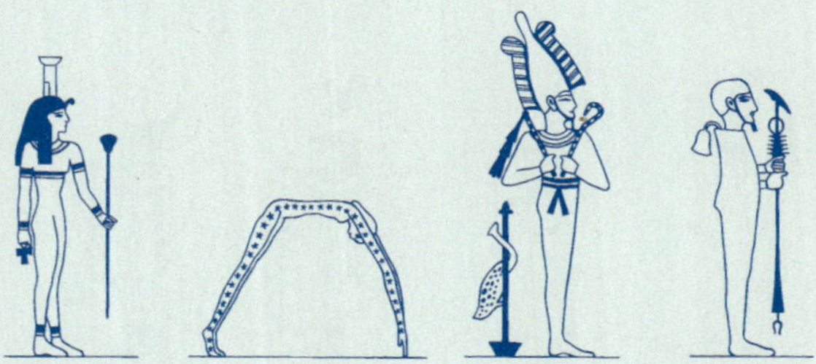

Nephthys Nut Osiris Ptah

siris (Nildelta) mit dem dort verehrten Gott Anedjti identifiziert wurde. Schon früh wurde Osiris durch den Mythos als Überwinder des Todes verehrt und dem Totengott von Abydos, dem »Herrn der Westlichen«, gleichgesetzt. Grab in Abydos. Darstellung: mumiengestaltig, in den Händen Geißel und Zepter, auf dem Haupt die weiße Krone Oberägyptens mit Doppelfeder, Djed-Pfeiler als Beigabe.

Ptah

Mit Sechmet und Nefertem zur memphitischen Triade gehörender ägyptischer Reichsgott, gilt als Schutzherr der Künstler und Handwerker. Ursprünglich ein Schöpfergott, verschmolz er bald schon mit den Nekropolengöttern Soker und Osiris zu Ptah-Soker-Osiris, der mit dem Apis-Stier verbunden war. Die Griechen setzten ihn dem Hephaistos gleich. Heiligtümer standen u. a. in Theben, Abydos und Nubien. Darstellung: mumiengestaltig mit enger Kappe, Bart und Zepter.

Ptah-Tatenen

Ptah-Tatenen ist die Verbindung des Ptah mit der memphitischen Gottheit Tatenen (das erhabene Land), dem personifizierten Urhügel, der den Urfluten entstieg.

Re

Urgott, Sonnengott und als Atum an der Spitze der heliopolitanischen Neunheit. Schon früh wurde er mit Harachte zu Re-Harachte verschmolzen. Nach altägyptischer Vorstellung fuhr er in seiner Barke über den Himmel, auf dem er des Morgens als frischer Jüngling Chepre erschien, sich mittags als reifer Mann Re zeigte und abends als greiser Atum verschwand. Nachts durchfuhr er in Widdergestalt die Unterwelt. In der Sonnenbarke des Re erhoffen sich die Toten neues Leben. In Verbindung mit Re haben viele andere Lokalgötter eine Aufwertung gesucht und teilweise auch erfahren (z. B. Amun-Re, Sobek-Re, Chnum-Re). Re als Urgott dürfte auch gedanklicher Ausgangspunkt für die monotheistische Aton-Lehre gewesen sein. Im Zentrum des Re-Kultes standen Sonnenheiligtümer und Obelisken. Auf ihren mit Elektron, einer glänzenden Gold-Silber-Legierung, verkleideten Spitze konnte sich die aufgehende Sonne mit ihren ersten Strahlen niederlassen.

Sachmet Schu Selket Seschet

Sachmet Sachmet ist die Gemahlin des Ptah und die Mutter des Nefertem, sie gehört zur memphitischen Triade. Sie wird als Kriegsgöttin und als zorniges Auge des Sonnengottes Re verehrt, den sie mit todbringendem Eifer verteidigt. Sie bringt Hungersnöte und Seuchen über die Feinde des Re. Darstellung: löwenköpfig.

Sarapis (Serapis) Unter den Ptolemäern in Ägypten eingeführte fremde Gottheit, die mit dem altägyptischen Osiris-Apis, dem gestorbenen Apis-Stier, gleichgesetzt wurde.

Satet (Satis) Schutzgöttin der Kataraktgebiete, in Esna, Philae, Elephantine und auf der Insel Sehel verehrt. Darstellung: mit Federkrone.

Schu Luftgott und Herrscher über die vier Winde sowie Himmelsträger. Mit seiner Schwester Tefnut (Tau, Feuchtigkeit) wurde er in Leontopolis dem löwengestaltigen Götterpaar Aker gleichgesetzt. Darstellung: Löwe.

Selket Unterägyptische Göttin, Behüterin der Lebenden und der Toten, Beschützerin der Kanopen. Gemeinsam mit Neith, Isis und Nephthys wacht sie an der Bahre des Osiris. Darstellung: Frauengestalt mit dem Skorpion auf dem Haupt, gelegentlich auch als Skorpion.

Seschat Göttin der Schrift und der Schreiber. Darstellung: Frauengestalt mit Schreibzeug (Binsen, Palette, Farbenbeutel).

Seth Gott von Ombos (bei Nakada) und in vorgeschichtlicher Zeit Schutzgott von Oberägypten, der auch Kultstätten in Tanis und Auaris hatte. Als Sohn des Geb und der Nut gehörte er zur heliopolitanischen Neunheit. Er war der Gemahl seiner Schwester Nephthys. Der Mythos machte ihn zum Bösewicht, der seinen Bruder Osiris ermordete. Nach anderer Auffassung war er der Bruder und Gegner des Horus. Seit der 22. Dynastie war er aus dem ägyptischen Pantheon verstoßen und galt als Gott des Unreinen, des Chaos, des Sturmes und des Krieges, der mit dem griechischen Typhon verglichen wurde. Dar-

stellung: mit dem Kopf eines in der Forschung meist als Erdferkel angesehenen Tieres (dessen Schnauze rüsselartig vorgeschoben ist).

Sobek

Krokodilgott Sobek wurde namentlich im Faijum, in Ombos (Kom Ombo), Gebelen und Esna verehrt. Seit dem Mittleren Reich oft mit Horus oder Re verbunden. Darstellung: krokodilköpfig oder als Krokodil. Heiliges Tier: Krokodil.

Sokar

In der Umgebung von Memphis verehrter Totengott, Herr über den Eingang zur Unterwelt. Sein Fest wurde von Prozessionen der Sokar-Barke begleitet. In späterer Zeit vielfach mit Ptah und Osiris verbunden. Darstellung: falkenköpfig.

Sothis

Der göttlich verehrte Stern Sirius, Göttin des Wassers und Reinigerin der Toten. Sein Wiedererscheinen am Himmel (Sirius ist in Ägypten nicht das ganze Jahr über zu sehen) zeigte den alten Ägyptern den Beginn der Nilschwelle an, eine überaus wichtige Zeit für die Landwirtschaft.

Tefnut

Göttin des Taues und der Feuchtigkeit, Schwester und Gemahlin des Luftgottes Schu und gemeinsam mit diesem in Leontopolis dem Löwenpaar Aker gleichgesetzt. Darstellung: Löwe.

Thot

Mondgott, Gott der Zeit, des Maßes, später auch der Mathematik, der Schriftgelehrtheit und der Wissenschaften, Erfinder der Schrift. Er wurde von den Griechen dem Hermes gleichgesetzt und war Stadtgott von Hermopolis Parva und Hermopolis Magna. Den Sonnengott Re begleitet er auf seiner Tagesfahrt; er ist Beschützer des Osiris und notiert beim Totengericht alle Taten des Verstorbenen. Darstellung: als Ibis oder Pavian, ferner mit Ibiskopf und Mondsichel sowie Mondscheibe als Kopfschmuck, in den Händen das Schreibzeug. Heilige Tiere: Pavian und Ibis.

Toëris (Taueret)

»Die Große«: Nilpferdgöttin, eine Form der Epet. Sie ist Beschützerin der Schwangeren, Gebärenden und Wöchnerinnen. Darstellung: aufrecht stehendes, trächtiges Nilpferd mit menschlichen Brüsten und Armen sowie Sa-Schleife.

Upuauet

»Der Öffner der Wege«: Stadtgott von Assijut, begleitet Re auf seiner Fahrt durch die Unterwelt. Er wurde auch als Totengott verehrt und entsprach dem memphitischen Anubis. Darstellung: stehender Wolf oder liegender Hund.

Uto

Uto war die Stadtgöttin von Buto im Delta und Schutzgöttin von Unterägypten, ihre Insignien sind Papyruspflanze und Uräusschlange. Sie entsprach der oberägyptischen Göttin Nechbet. Darstellung: löwenköpfig mit roter Krone, u. a. Heilige Tiere: Schlange, Ichneumon (Mungo) und Spitzmaus.

Kunst und Kultur

Wer erforschte und entzifferte die Hieroglyphen? Wie entwickelten sich einfache Gräber zu Pyramiden? Welche Stilelemente findet man in der islamischen oder der koptischen Architektur vor? Erfahren Sie mehr über die großartigen Bauwerke und Kunstschätze des Landes.

Hieroglyphen

Als Hieroglyphen (griech. heilige Einmeißelungen) bezeichnet man die **bildhaften Schriftzeichen** insbesondere der alten Ägypter. Die ägyptischen Hieroglyphen waren vermutlich Vorbild für die hethitischen und die kretischen; auch die älteste Stufe der babylonischen Keilschrift war hieroglyphisch. Ferner sind hieroglyphische Schriftsysteme aus dem Tal des Indus, aus China (Moso-Schrift), von der Osterinsel und aus Mittelamerika (Maya-Schrift) bekannt. **Definition**

Nachdem in der Neuzeit wiederholt Versuche unternommen worden waren, u. a. durch den Jesuiten Athanasius Kircher (1602–1680), die eigentümliche Bilderschrift der alten Ägypter zu entziffern, gelang es zu Beginn des 19. Jh.s nach Vorarbeiten des französischen Orientalisten Antoine Isaac Silvestre de Sacy (1758–1838), des schwedischen Ägyptologen Johann David Åkerblad (1763–1819) und des britischen Physikers Thomas Young (1773–1829) dem Franzosen **Jean-François Champollion** (► Berühmte Persönlichkeiten), durch Vergleichen von Königsnamen das gesuchte Alphabet zu finden und die Grundzüge des altägyptischen Schriftsystems zu entwirren. Champollion hat seine Entdeckung später so erfolgreich weiter ausgearbeitet, dass man ihn mit Recht als den Entzifferer der ägyptischen Hieroglyphen bezeichnen darf. **Erforschung**

Den Anlass zur Entzifferung der Hieroglyphen bot eine 1799 von einem französischen Offizier bei Erdarbeiten am Fort St. Julien von Rosette (► Rosetta; ca. 70 km östlich von Alexandria) gefundene Basalttafel, der **Stein von Rosette** mit dreisprachiger Inschrift. Er wurde nach der Niederlage der Franzosen durch die Briten 1801 nach London gebracht und befindet sich heute im Britischen Museum. **Entzifferung**

Auf dem Stein von Rosetta sind drei Schriftbänder eingraviert, eines in altägyptischer Hieroglyphenschrift (oben), eines in der Volkssprache der späteren Zeit, d. h. in demotischer Schrift (Mitte), und eines in griechischer Schrift. Bei den beiden oberen Schriftbändern handelt es sich um Übersetzungen des zuunterst stehenden griechischen Textes, der einen Beschluss der ägyptischen Priester zu Ehren von König Ptolemaios V. Epiphanes von 196 v. Chr. verkündet. Den ersten Schritt zur Entzifferung bildete die Erkenntnis, dass die wiederholt vorkommenden, von einem Oval (**Kartusche**) umschlossenen Zeichengruppen Namen von Königen sind und in dieser Inschrift den Namen Ptolemaios darstellen. **Stein von Rosetta**

Nachdem durch Champollion und seine Nachfolger die Lautwerte einer großen Zahl von Hieroglyphen festgestellt worden waren, ist es **Deutung**

← *Die großartig verzierte 55 m hohe Kuppel der Alabaster-Moschee*

durch die Kenntnis des Koptischen, der jüngsten Form der altägyptischen Sprache, möglich geworden, die Inschriften nicht nur zu lesen, sondern sie auch inhaltlich zu verstehen.

Hieroglyphen *Orientierung*

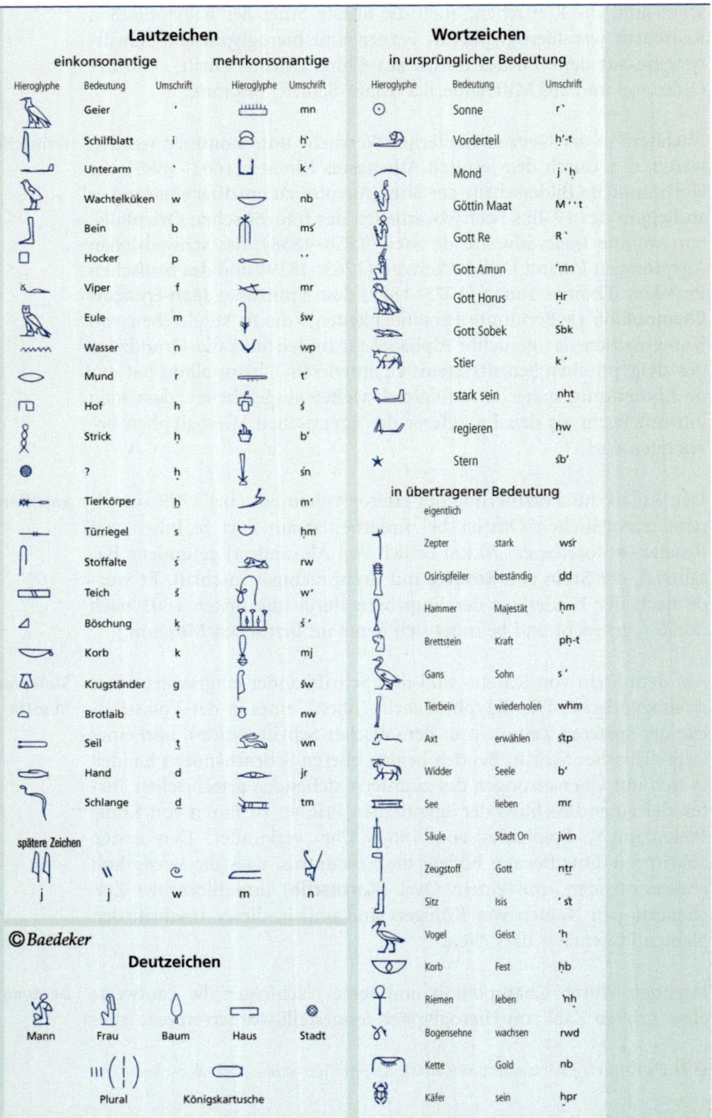

Der Ägyptologe Heinrich Karl Brugsch (1827–1894) erschloss das volle Verständnis des Demotischen und wies auch zuerst darauf hin, dass die altägyptische Schrift, ähnlich wie die semitischen Schriften (Hebräisch, Arabisch), nur die Konsonanten der Wörter zum Ausdruck bringt, während die als unwesentlich angesehenen Vokale nicht geschrieben werden. Hieraus ergeben sich bis heute Unsicherheiten in der Aussprache.

Bilderschrift

Entwicklung aus Bildzeichen

Die altägyptische Schrift ist eine Bilderschrift, in der man ursprünglich zur Schreibung eines konkreten Gegenstandes sein Bild setzte (Ideogramm). Auch abstrakte Begriffe sowie Zeitwörter ließen sich auf diese Weise schreiben, indem man Bilder von Gegenständen wählte, die an den auszudrückenden Begriff erinnern. So schrieb man beispielsweise das Verb »herrschen« mit dem Bild eines Königszepters, den Namen »Oberägypten« mit der Binse, der Wappenpflanze Oberägyptens, oder das Zeitwort »schreiben« mit der Darstellung eines Schreibgerätes. Einen großen Fortschritt in der Schrift bedeutete es, als man anfing, Wörter, für die man keine Zeichen besaß, durch Bilder anderer Gegenstände auszudrücken, die zwar eine unterschiedliche Bedeutung, aber den **gleichen Lautwert** hatten. So schrieb man z. B. prj (= herausgehen) mit dem Bild des Hauses, weil »Haus« pr heißt; s (= Sohn) mit der Gans s; tp (= erster) mit dem Zeichen für Dolch tp. Diese phonetische Übertragung vollzog sich um so leichter, als es sich dabei nur um das Konsonantengerüst handelte, an dem die Bedeutung des Wortes haftet.

Lautzeichen

Viele dieser Zeichen sind allmählich auf so viele Wörter übertragen worden, dass sie ihre ursprüngliche Wortbedeutung ganz eingebüßt haben und sich zu reinen mehrkonsonantigen Lautzeichen entwickelten.

Wortzeichen

Aus einlautigen Wortzeichen sind auf diese Weise Buchstaben geworden. Wie die mehrkonsonantigen Zeichen sind auch die Buchstaben ausschließlich Konsonantenzeichen; erst später hat man gelegentlich einzelne Konsonanten zum Ausdruck von Vokalen benutzt.
Die phonetischen Zeichen wurden zur Schreibung ganzer Wörter zusammengestellt und zur Schreibung grammatischer Elemente (Endungen, Suffixe) benutzt, dann aber auch bei der häufigen Vieldeutigkeit der Wortzeichen gebraucht, um die Aussprache des betreffenden Zeichens anzudeuten.

Deutzeichen

Neben den Wort- und Lautzeichen gibt es noch eine besondere Klasse von Hieroglyphen, die Deutzeichen (Determinative), die hinter ein Wort gesetzt werden, um seinen ungefähren Sinn anzudeuten. Von diesen Deutzeichen, die das Lesen der Inschriften erleichtern, hat die spätere ägyptische Schrift reichlich Gebrauch gemacht. In den älteren Schriftdenkmälern wird deutlich, dass die Entwicklung der Hieroglyphenschrift abgeschlossen ist: Wortzeichen, Lautzeichen und Deutzeichen werden nebeneinander gebraucht.

Fortentwickelte Schriften

Hieroglyphische Inschriften In der Regel wird die Hieroglyphenschrift von rechts nach links geschrieben, und zwar z. T. in senkrechten, z. T. in waagerechten Zeilen; nur ausnahmsweise schreibt man auch von links nach rechts. Es liegt auf der Hand, dass sich die Form der Hieroglyphen ebenso wie die Orthografie der Wörter im Laufe der Jahrtausende, in denen die Schrift in Gebrauch war, beträchtlich gewandelt hat. Bei einem Besuch in Ägypten wird man sehr bald die einfachen großen Zeichen der Inschriften des Alten Reichs, die eleganten Zeichen der 18. Dynastie (z. B. im Tempel von Deir el-Bahari) und die kleinen, eng zusammengedrängten Hieroglyphen der ptolemäischen Inschriften unterscheiden lernen.

Hieroglyphische Buchschrift Bedient man sich nicht des Meißels, sondern der Rohrfeder, d. h. schreibt man auf Papyrus, Kalksteinstücke, Topfscherben oder Holztafeln, so nehmen die Zeichen einfachere, meist rundere Formen an. Es entsteht eine hieroglyphische Buchschrift, die sich hauptsächlich in **sakralen Handschriften** findet.

Hieratische Schrift Indem man nun diese Buchschrift beim täglichen Gebrauch noch mehr abkürzte und die einzelnen Zeichen beim Schnellschreiben oft miteinander verband, entwickelte sich eine **Schreibschrift**, die gemeinhin mit dem Namen hieratische Schrift bezeichnet wird. In dieser sind fast alle Arten literarischer Arbeiten überliefert.

Demotische Schrift In späterer Zeit bildete sich aus dem Hieratischen durch weitere Abkürzungen und Buchstabenverbindungen eine neue Kursivschrift, die demotische Schrift, die gewohnte Schrift der Kanzleien der griechisch-römischen Zeit, in der Briefe, Verträge, Rechnungen usw. abgefasst wurden. Die Griechen nannten diese Schrift auch epistolografische Schrift (**Briefschrift**).

Über die Grenzen Ägyptens hinaus ist der Gebrauch der Hieroglyphenschrift vor allem nach Nubien gelangt, wo sie in den von den Pharaonen erbauten Tempeln verwendet wurde. Auch nachdem sich das nubische Reich von Ägypten unabhängig gemacht hatte, blieb dort die ägyptische Hieroglyphenschrift in Gebrauch. Wie früher wurde sie aber zunächst lediglich zur Schreibung des Ägyptischen benutzt; erst später verwendete man sie auch zum schriftlichen Ausdruck der einheimischen Sprache.

Meroitische Schrift Dabei hat die Hieroglyphenschrift mannigfaltige Umgestaltungen erfahren, so dass aus ihr die meroitische Schrift, entstanden ist. Man kann sie heute zwar lesen, doch nicht deuten.

Kunst im alten Ägypten

Baukunst

Entwicklung

Von ägyptischen Bauwerken der vorgeschichtlichen Zeit oder der ersten Dynastien ist sehr wenig erhalten im Vergleich zu dem, was aus der Periode des Alten Reichs bis in die Zeiten der griechisch-römischen Herrschaft übrig geblieben ist. Es sind meist Gräber, einfache und auch größere, die aus Lehm oder ungebrannten Nilschlammziegeln gebaut waren. Dasselbe Material wurde auch für Häuser und Tempel verwendet. Runde Palmstämme dienten allgemein zum Stützen der Decken, vielfach auch zur Bedachung der Räume, die häufig mit Tonnengewölben überdeckt waren.
Erst am Anfang des Alten Reichs ging man bei der Anlage von Gräbern und Tempeln zur **Steinarchitektur** über, doch ist daneben zu allen Zeiten der Ziegelbau die charakteristische Bauform Ägyptens geblieben. Die wesentlichen Elemente der ägyptischen Architektur, z. B. die Hohlkehle und der Rundstab, haben im primitiven Hüttenbau ihren Ursprung und sind über den Lehmbau in die Steinarchitektur übergegangen; auch die Form der runden Säule stammt von den hölzernen Stützen des Ziegelbaus. Dagegen ist der viereckige Pfeiler erst durch die Steinarchitektur geschaffen worden.

Im 19. Jh. entdeckten europäische Forscher die Denkmäler Ägyptens, u. a. den Esna-Tempel. Der Künstler David Roberts hielt seine Eindrücke in Gemälden und Zeichnungen fest.

Pfeiler und Säulen

Urformen Der viereckige Pfeiler kommt zuerst in den Gräbern des Alten Reichs vor. Er besitzt weder Fuß- noch Deckenplatte. Seine Seitenflächen sind oft mit Bildern oder Inschriften, die Vorderseiten mit ornamentalen Schmuck verziert: So finden sich vorspringende Papyri oder Lilienstengel auf Pfeilern Thutmosis' III. in Karnak, ein Sistrum (Klapperinstrument der Frauen) mit dem Kopf der Hathor in Abu Simbel.

Kannelierte Pfeiler Durch Abschlagen der Kanten machte man den Pfeiler acht- und sechzehneckig und höhlte dann für die Licht- und Schattenwirkung die schmalen Seiten aus, d. h. man kannelierte den Pfeiler. Zuoberst wurde ein Stück des vierseitigen Pfeilers als Übergang zur Decke übrig gelassen; das Ganze ruhte auf einer runden Basis.

Protodorische Säulen Sechzehnkantige, kannelierte Pfeiler, die man auch als protodorische Säulen bezeichnet, finden sich in Gräbern des Mittleren Reichs (in Beni Hassan, Assuan) sowie in Tempeln der Zeit Thutmosis' III. (Karnak, Deir el-Bahari). Sie erinnern an die dorischen Säulen der Griechen: In beiden findet sich die straffe Kannelierung und die Verjüngung des Schafts; dagegen unterscheidet sich die protodorische durch das Fehlen des Echinus, eines wesentlichen Bestandteiles des dorischen Kapitells. Der Hauptunterschied liegt darin, dass die ägyptische Säule eine Basis hat, die der dorischen fehlt. Häufig sind die Vorderseiten der ägyptischen Säule nicht kanneliert, sondern flach gehalten und zur Aufnahme von Inschriften bestimmt.

Säulengrundformen Neben dem eckigen Pfeiler und der ihm verwandten protodorischen Säule kommt in der ägyptischen Steinarchitektur seit Beginn der 5. Dynastie die runde Säule vor. Ihre einfachste Form ist die zweigliedrige Säule, die die uralten Palmenstützen nachahmt und sich zuerst im Totentempel des Sahure in Abusir findet. Sie besteht aus einer runden, niedrigen Basis und einem walzenförmigen Schaft mit einem Inschriftenstreifen an der Vorderseite.

Pflanzensäulen Gewöhnlich ist aber die Säule dreigliedrig, d. h. sie ist noch von einem **Kapitell** bekrönt, das eine viereckige Deckplatte (Abakus) trägt, auf der die Architravbalken und die Deckenplatten ruhen. Schon im Alten Reich hat man den Säulen mit Vorliebe die Form von Pflanzen gegeben. Zwei Pflanzen wurden bei der Gestaltung der Säulen bevorzugt: eine Lotosart und der Papyrus.

Lotosbündelsäulen Säulen, die ein Bündel von Lotosstengeln mit meist geschlossenen Blüten darstellen, finden sich im Alten Reich (Mastaba des Ptahschepses in Abusir) und im Mittleren Reich (in einem Grab von Beni Hassan), während sie im Neuen Reich ganz verschwunden zu sein scheinen. Beispiele von Bündelsäulen mit offenem Kapitell finden sich in den Reliefs der Gräber des Alten und Mittleren Reichs.

Altägyptische Säulen und Kapitelle

Papyrussäulen

Weit zahlreicher sind die Papyrussäulen, die von den Lotossäulen stark abweichen. Während bei den letzteren der Stängel einen runden Querschnitt hat, ist beim Papyrus der Stängel dreikantig, am unteren Ende deutlich eingeschnürt und mit lanzettenförmigen Blättern eingefasst, die bei den Lotossäulen fehlen. Auch in den Kapitellen unterscheiden sich beide Säulenarten voneinander: Während bei den Nymphäen die Kelchblätter bis zum oberen Rand der Blüte reichen, sind die um die Dolde des Papyrus stehenden Blätter wesentlich kürzer. Die einfache Papyrussäule mit geschlossenem Kapitell ist nicht mehr erhalten.

Bündelsäulen Häufiger ist die Papyrusbündelsäule derselben Art. Sie besteht gewöhnlich aus acht Stängeln, die oben durch Bänder zusammengehalten werden; zwischen den Bändern stecken kleinere Bündel von je drei Stängeln, gleichfalls mit Bändern zusammengebunden. Gegen Ende der 18. Dynastie werden die Papyrusbündelsäulen wesentlich verändert: Um den Schaft mit Inschriften und Bildern bedecken zu können, gibt man alle Unregelmäßigkeiten auf und glättet ihn vollständig; genauso wird auch das Kapitell abgerundet und zu einem abgestumpften Kegel umgestaltet, bei dem nur noch die Ornamentierung an die Bündelform erinnert. Die Papyrussäulen mit offenem Kapitell, bei denen schwer ein Unterschied zwischen einfachen und Bündelsäulen zu machen ist, kommen in den meisten Tempeln des Neuen Reichs vor, meist als Träger der höheren Mittelschiffe. Sie haben nur einen abgerundeten Schaft, der mit Inschriften und Reliefs verziert ist.

Die Kapitelle der Hathor- bzw. Sistrumsäulen zeigen auf vier Seiten die Bildnisse der kuhköpfigen Göttin Hathor.

Von anderen, weniger häufigen Gattungen der Pflanzensäulen verdienen noch die **Palmensäulen** Erwähnung; hier ist der Schaft rund und trägt als Kapitell ein Büschel Palmzweige, die durch Bänder zusammen gehalten werden und die sich etwas nach außen biegen. Die ältesten und schönsten Palmensäulen finden sich im Totentempel des Sahure in Abusir. Die Basis, auf der sich die Säule erhebt, fehlt in späterer Zeit häufig.

In der Ptolemäerzeit haben die verhältnismäßig einfachen Pflanzenkapitelle der älteren Zeit eine reiche, mannigfaltige Ausgestaltung erfahren und sind zu wahren Bündeln aus verschiedenen Pflanzen (meist Papyrus, Zyperngras und Lilien) geworden, die in lebhaften Farben bemalt wurden.

Hathorsäulen (Sistrumsäulen) Neben den Pflanzensäulen kommen noch andere Säulengattungen vor: Die so genannte Hathorsäule oder Sistrumsäule, das Symbol der Göttin Hathor, hat einen runden Schaft, der auf vier Seiten vom Kopf der Hathor (mit Kuhohren) bekrönt wird, über dem noch ein tempelartiges Sistrum sitzt. Sie ist zweifellos die Nachahmung eines Sistrums mit seinem Griff und findet sich ausschließlich in Tempeln weiblicher Gottheiten, besonders häufig in der Ptolemäerzeit (z. B. in Dendera).

Zeltstangensäule Merkwürdig ist auch die Zeltstangensäule, die eine altertümliche Form der Zeltstangen nachahmt. Sie findet sich im Festtempel Thutmosis' III. in Karnak, wo ihr Kapitell zu einer abwärts gekehrten Blüte umgestaltet ist.

Profanbauten

Frühe Häuser

Von den altägyptischen Profanbauten ist verhältnismäßig wenig erhalten geblieben. Zwar ist die Zahl der Stadtruinen ziemlich groß, doch ruhen die Trümmer der älteren Häuser meist unter denen der folgenden Epochen und sind deshalb sehr schwer zu untersuchen. Reste älterer Häuser sind nur in Ausnahmefällen unmittelbar überkommen: beim Taltempel der Mykerinos-Pyramide, in El-Lahun und besonders in Tell el-Amarna. Sie überliefern zusammen mit den auf den Denkmälern erhaltenen Abbildungen sowie den Opfertafeln in Form von Häusern einige Kenntnisse vom Bau und von der Einrichtung ägyptischer Privathäuser.

Wohnhäuser

Das Haus des kleinen Bauern oder Arbeiters war ebenso einfach wie heutzutage: ein offener Hof, in dem sich die Familie bei Tage und im Sommer auch nachts aufhielt, daneben ein paar halbdunkle Schlafräume und Ställe für das Vieh. Eine Treppe führte vom Hof auf das flache Dach, wo sich vielfach noch kleinere Gemächer befanden.
Auch in den Häusern der wohlhabenderen Ägypter des Mittleren Reichs bildete der Hof den Mittelpunkt; auf seiner Rückseite erhob sich auf einer Terrasse eine von leichten Säulen getragene, meist nach Norden sich öffnende Vorhalle, die Schutz gegen die Sonnenstrahlen gewährte. Von hier führte eine Tür in einen breiten Saal, dessen Decke auf Säulen ruhte. Auf diesen folgte eine tiefe, gleichfalls von Säulen getragene Halle, die als Speisezimmer gedient haben könnte. Dahinter lagen weitere Gemächer (Schlafräume) für den Hausherrn und die erwachsenen Söhne. An die erwähnten vier Haupträume des Hauses (Hof, Vorhalle, breiter Saal, tiefe Halle) schlossen sich die Frauengemächer (der Harem), dessen Mittelpunkt gleichfalls ein offener Hof bildete, und die Gemächer für die Sklaven, Vorratsräume, Küche und Ställe an.

Paläste

Der Aufbau des ägyptischen Wohnhauses ist wohl zu allen Zeiten im Wesentlichen derselbe geblieben, und auch in den Königspalästen (z. B. in Tell el-Amarna; Medinet Habu) finden sich die Haupträume in derselben Reihenfolge wieder. Die Häuser der 18. Dynastie, die in Tell el-Amarna freigelegt worden sind, zeigen einen von dem geschilderten etwas abweichenden Grundriss.

Baumaterialien

Die Mauern sämtlicher Profanbauten waren aus ungebrannten Ziegeln von Nilschlamm aufgeführt; die Decken bestanden aus Holzbalken, die mit Stroh oder Binsen bedeckt und innen und außen mit Nilschlamm verputzt wurden. Die Säulen waren entweder aus Stein oder aus Holz und in den Palästen mit farbigen Steinen oder Glasflüssen ausgelegt. Auch im Inneren spielte die **Farbe** eine große Rolle: Die Wände weißte man ab und verzierte sie mit bunten Matten oder Malereien, und selbst die Fußböden waren oft mit farbigem Estrich bedeckt.

Festungsanlagen Festungsanlagen haben sich in großer Zahl erhalten, darunter jene von El-Kab und die befestigte Stadt El-Lahun (Kahun), die wohl beide dem Mittleren Reich zuzuweisen sind. Genannt seien hier auch die inzwischen im Nasser-See versunkenen, zuvor jedoch noch eingehend untersuchten nubischen Burgen Kuban, Kasr Ibrim und Aniba sowie jene sehr zahlreichen Festungen auf sudanesischem Gebiet, südlich von Wadi Halfa (Buhen, Kor u. a.), die den Landweg zwischen den Katarakten sicherten.

Speicher Da die Steuern in Naturalien erhoben und die Gehälter ebenso gezahlt wurden, waren große Speicheranlagen, in denen die Abgaben aufbewahrt wurden, sowohl für den Staat als auch für die Tempel erforderlich. Reste derartiger Vorratshäuser finden sich u. a. noch beim Ramesseum in Theben-West.

Tempel

Entwicklung des Tempels vor dem Neuen Reich Wohl in keinem anderen Land hat sich auf kleinem Raum eine vergleichbare Anzahl von Tempeln aus dem Altertum erhalten wie in Ägypten. Allerdings gehören die meisten von ihnen dem Neuen Reich und der Ptolemäerzeit an. Im Gegensatz zu den Profanbauten wurde beim Tempelbau im Wesentlichen Stein verwendet.

Altes Reich ► Von den Heiligtümern des Alten Reichs ist, abgesehen von den Kulttempeln bei den Pyramiden, nur ein Beispiel einer besonderen Gattung bewahrt: das **Sonnenheiligtum von Abu Gurob**, das der König Niuserre errichtete. Es bestand aus einem großen, von überdachten Gängen abgeschlossenen Hof, in dem nur wenige Gebäude standen und in dessen Hintergrund sich ein gewaltiger Obelisk erhob. Die Wände der Gänge und einiger anderer Räume waren mit schönen Reliefs bedeckt, die Festlichkeiten, Jagden oder das Leben in der Natur darstellten.

Tempel des Amenophis III. in Luxor

◄ Mittleres Reich

Fast noch weniger als von den Tempeln des Alten Reichs ist von den Heiligtümern des Mittleren Reichs erhalten geblieben. Von den großen Tempelbauten in Luxor und Karnak, in Koptos, Abydos, Medinet el-Faijum, in Heliopolis, Bubastis und Tanis, die an Größe die der späteren Zeit zum Teil übertroffen haben, finden sich nur geringe Reste. Sie alle sind wohl in den unruhigen Zeiten der Hyksosherrschaft verfallen und in der 18. Dynastie durch Neubauten ersetzt worden, bei denen dann die noch brauchbaren Werkstücke der älteren Gebäude nach Möglichkeit zur Verwendung kamen. In ihrer Anlage scheinen sie den späteren Heiligtümern genau entsprochen zu haben, und viele Tempel der späteren Zeit sind wohl nach dem Plan der älteren errichtet worden. Auch ihre Ausstattung glich genau jener der späteren Heiligtümer.

Erste Grundform des Tempels

So verschieden voneinander die Tempel des Neuen Reichs auf den ersten Blick zu sein scheinen, so lassen sie sich doch alle auf zwei gemeinsame Grundformen zurückführen. Eine Grundform, die wohl nur zufällig an den griechischen **Peripteros**, den mit einem Säulengang umgebenen Tempel, erinnert, erfreute sich unter Thutmosis III. und seinen Nachfolgern (18. Dyn.) besonderer Beliebtheit: Auf einem gemauerten Unterbau, zu dem vorn eine Treppe hinaufführte, erhob sich die rechteckige, an den beiden Schmalseiten mit Türen versehene **Cella** (das Allerheiligste), in der die heilige Barke mit dem Bild des Gottes stand. Sie war auf allen vier Seiten von einem Gang umgeben, dessen Dach von viereckigen, durch Schranken verbundenen Pfeilern getragen wurde. Bisweilen schlossen sich an diesen Hauptbau nach hinten noch mehrere kleinere Nebengemächer an, die gleichfalls Kultzwecken dienten.
Derartige Peripteros-Anlagen sind die kleinen Tempel von Thutmosis III. in Karnak und Medinet Habu (► Theben), der Südtempel von Buhen (nach Khartum versetzt) sowie ein heute verschwundenes Heiligtum Amenophis' III. auf Elephantine. Merkwürdigerweise trat diese in der Folgezeit aus der Mode gekommene Form des Peripteros, wenn auch mit manchen Abweichungen, in der Ptolemäerzeit wieder auf, und zwar in den so genannten Geburtshäusern (**Mammisi**), die z. B. in Dendera, Edfu und Philae neben den großen Heiligtümern standen und der Verehrung der mütterlichen Gottheit (Isis, Hathor) und ihres Kindes geweiht waren. Auch bei ihnen wurden die Kulträume mit einer Säulenhalle umgeben, deren Decke hier von den mit Hathorköpfen oder auch Besfiguren bekrönten Sistrumsäulen getragen wurde.

Zweite Grundform des Tempels

Die zweite Grundform des ägyptischen Tempels des Neuen Reichs liegt am klarsten in den kleinen Heiligtümern vor, die Ramses III. den Göttern Chons und Amun in Karnak erbaute: Den Zugang bildeten zwei große Tortürme, so genannte **Pylonen**, zwischen denen das Eingangstor lag. Ihre schräg geneigten Wände sind von Rundstäben eingefasst und boten Platz für Reliefs. Wirkten die Türme schon durch ihre Masse, so verstärkte sich der monumentale Eindruck noch durch die (seit dem Mittleren Reich) vor ihnen aufgestellten **Obelisken** sowie Kolossalstatuen und die hoch aufragenden Flaggenmasten, die in flachen Nischen der Türme mit riesigen Klammern festgehalten wurden. Durch das Pylonentor gelangte man in einen weiten, offenen Hof mit überdachten Hallen rechts und links. In seiner Mitte stand der große Opferaltar, um den sich das Volk bei den Festen versammelte.

An den Hof schloss sich das eigentliche Tempelhaus an. Es stand auf einer mäßig hohen Terrasse, zu der vom Hof eine oder mehrere Freitreppen emporführten. Oben gelangte man zunächst in eine von Säulen getragene Vorhalle (**Pronaos**). Ihre vordere Säulenreihe war mit Schranken verbunden, die das Tempelhaus vom Hof abschlossen. Dahinter lag ein die ganze Breite des Baues einnehmender Säulensaal (**Hypostylos**). Seit der 19. Dynastie war er bei den größeren Tempeln, so z. B. beim Ramesseum in Theben oder beim Chons-Tempel in Karnak, als mehrschiffige Basilika angelegt, deren Mittelschiffe beträchtlich höher waren als die Seitenschiffe.

Die Decke der Mittelschiffe wurde von vier Säulenreihen getragen, von denen die beiden mittleren aus hohen Papyrussäulen mit offenem Kapitell, die beiden seitlichen aus niedrigeren mit geschlossenem Kapitell bestanden. Zum Ausgleich des Höhenunterschieds ruhten auf den niedrigen Säulen Pfeilerstellungen, zwischen denen Fenster angebracht waren. Hinter dem Säulensaal lag ein relativ schmaler, tiefer Raum, das **Allerheiligste** (Barkenkammer). In ihm bewahrte man gewöhnlich in einer Barke das Götterbild auf, das von Priestern bei Prozessionen umhergetragen wurde. Nur der König oder sein Stellvertreter, der Oberpriester, durfte das Allerheiligste betreten und »den Gott schauen«. War der Tempel wie das Heiligtum Ramses' III. in Karnak einer Dreiheit von Göttern geweiht, so lagen neben dem Allerheiligsten des Hauptgottes (Amun) noch die Kapellen der Nebengottheiten (Mut und Chons). Größere und kleinere Kammern, für Kultzwecke und für die Aufbewahrung des Tempelgeräts gedacht, umgaben das Allerheiligste. Treppen führten zu verschiedenen Räumen, die Wächtern und Tempeldienern als Wohnung dienten oder für Zeremonien benutzt wurden.

Tempel = Haus des Gottes

Diese Grundform des ägyptischen Tempels, die sich in den meisten größeren Heiligtümern des Neuen Reichs wiederfindet und sich bis in die Ptolemäerzeit erhielt, entspricht der Grundform des älteren ägyptischen Hauses oder Palasts. Der offene Hof des Hauses, der jedem Besucher zugänglich war, findet seine Entsprechung im großen Tempelhof, dann folgte die Vorhalle. Der breiten Halle entsprach der Säulensaal des Tempels und dem tiefen Gemach, in dem sich der Hausherr aufhielt, das Allerheiligste, der Wohnsitz des Gottes. Und wie sich an diese Gemächer im Hause Kammern und Zimmer zu

Das Ruinengelände von Dendera im Abendlicht →

verschiedenster Benutzung anlehnten, schloss sich an das Allerheiligste des Tempels eine Reihe kleinerer Gemächer und Magazine an. Damit stellte der Tempel wirklich das dar, als was ihn die Ägypter bezeichneten – das »Haus des Gottes«.
Bei vielen Tempeln wurde der Säulensaal von dem Allerheiligsten noch durch einen oder mehrere kleinere Säle getrennt. Häufig folgten auch dem Allerheiligsten noch Säle und Kammern; nicht selten waren vor dem Säulensaal statt eines Hofes zwei Höfe mit Säulengängen angeordnet. Welchen Zwecken alle diese Räume gedient haben, lässt sich meist schwer bestimmen. Wenn die Tempel (z. B. der von Luxor oder der große Amuntempel von Karnak) häufig eine weit kompliziertere Form als die eben beschriebene zeigen, so liegt dies daran, dass sie nicht nach einem einheitlichen Plan erbaut worden sind, sondern verschiedenen Bauherren ihre Entstehung verdanken.
Weitere Abweichungen von der geschilderten Tempelform ergaben sich zuweilen durch die Beschaffenheit des Bodens. Im unteren Nubien rücken die Sandsteinfelsen so nahe an das Nilufer heran, dass die Tempel entweder teilweise oder ganz dem Felsen abgewonnen, die notwendigen Räume ausgehöhlt werden mussten. Bei dem heute bedauerlicherweise im Nasser-See versunkenen Tempel von Gerf Husen z. B. war der Hof frei vorgebaut, und nur der Säulensaal und das Allerheiligste waren aus dem Felsen gehauen. Der größere Tempel von Abu Simbel ist ein reiner Felsbau. In Abydos wurde der Teil des Tempels, der die Nebenräume (Schlachthof u. a.) enthielt, in rechtem Winkel an den Hauptbau angefügt, so dass das Ganze jetzt die Form eines L zeigt.

Libysche Epoche und Spätzeit

Während an kleineren Tempelbauten der libyschen Epoche und der Spätzeit kein Mangel herrscht, ist von den großen Tempeln außer dem in der Perserzeit erbauten Tempel von Hibis (in der Oase Kharga) fast nichts erhalten geblieben. Die Könige dieser Zeiten residierten fast alle im Nildelta (Bubastis, Saïs) und haben deshalb den Norden bei der Errichtung ihrer Denkmäler bevorzugt. Hier wurden die Heiligtümer aus Kalksteinblöcken errichtet, und diese sind im Mittelalter und in der Neuzeit in die Kalköfen gewandert oder, da das steinarme Delta wenig Baumaterial lieferte, zum Bau neuer Gebäude benutzt worden, so dass meist nur die nicht leicht wieder zu verwendenden Werkstücke aus Granit übrig blieben. Erst die Ptolemäer haben ihre Aufmerksamkeit wieder dem Süden zugewandt und den Göttern des Landes hier, meist an Stelle älterer verfallener Tempel, zahlreiche große Heiligtümer errichten lassen. Alle diese Gotteshäuser sind nach einem Schema erbaut, das nur wenig von den älteren Anlagen abweicht (vgl. die Tempel von Edfu und Ramesseum).
Nur in zwei wesentlichen Punkten unterscheiden sich die meisten von den älteren Tempeln: Der Säulensaal ist nicht mehr basilikal (mit erhöhten Mittelschiffen) gehalten, sondern bildet eine große, einheitliche Halle; ferner wird das für die Barke bestimmte Allerheiligste auf drei Seiten von Korridoren umgeben, zu denen sich kleine-

re Kammern öffnen. Durch diese Neuerung, die sich übrigens zuerst im Chons-Tempel von Karnak nachweisen lässt, wird in dem Tempelhaus eine ringsum abgeschlossene Kapelle gebildet. Vielfach wurden ältere Tempel nach diesem Schema verändert und in die älteren Räume eine besondere Barkenkammer eingebaut (z. B. im Luxortempel und im großen Tempel von Karnak). Von den Nebenräumen, die auch in dieser Zeit zahlreich vorhanden sind, ist besonders ein kleiner, an der rechten Seite gelegener Opferhof und ein an ihm liegender zierlicher Kiosk (Edfu) zu erwähnen, die sich aber auch schon in älteren Tempeln nachweisen lassen.

Tempelschmuck

Von alters her wurden in den ägyptischen Tempeln alle glatten Flächen, Pylonen, Innenwände, Säulenschäfte sowie Decken mit Bildern und Aufschriften geschmückt. Die Außenmauern, die Pylonen und die Wände der Höfe, also diejenigen Teile des Tempels, die den Augen des einfachen Volkes preisgegeben waren, verherrlichten vornehmlich die Großtaten des Königs oder wichtige Ereignisse seiner Regierung, u. a. Kriegszüge und große Festlichkeiten; hier sollten die Bilder den Beschauern die Macht und Herrlichkeit des Pharaos stets von neuem vor Augen führen. Die übrigen Bilder des Tempels waren dagegen hauptsächlich der Darstellung der heiligen Handlungen gewidmet, die hier vollzogen wurden. Immer wieder erschien der König, der ja der Theorie nach allein mit den Göttern Kontakt aufnehmen durfte, brachte ihnen seine Gaben dar und empfing von ihrer Gnade die Segnungen des irdischen Lebens. In der Spätzeit und namentlich unter den Ptolemäern wichen auch auf den Außenwänden und den Mauern des Hofes die profanen Bilder religiösen Szenen; man sah nicht mehr die Kämpfe und Triumphzüge des Herrschers, sondern Opferszenen und heilige Zeremonien. Nur auf dem Pylonen erschien noch die uralte, typische Gestalt des Pharaos, der vor dem Gott die Feinde erschlägt.

? WUSSTEN SIE SCHON ...?

- ... dass ein Tempel als Abbild der Welt im Kleinen galt? Die Decke entsprach dem Himmel und ist daher mit Sternen auf blauem Grund ausgeschmückt, der Fußboden stellt die Erde dar, auf dem Sockel der Wände sprießen also Blumen oder schreiten die Repräsentanten der Gaue und Landschaften, des Flusses und der Kanäle, um ihre Erzeugnisse als Opfergaben darzubringen.

Daneben galt der Tempel, wie jedes architektonische Gebilde (Haus, Grab), als ein **Abbild der Welt** im Kleinen. Nicht selten, besonders in den Tempeln der Ptolemäerzeit, war die Decke mit astronomischen Darstellungen geschmückt; es erscheinen die Götter und Genien der Monate und Tage, die Planeten, verschiedene Sternbilder und die Himmelsgöttin selbst, auf deren Leib die Sonnenbarke einherfährt. Und wie Ägypten der alten Überlieferung nach in zwei Landeshälften (Südland und Nordland) zerfiel, so dachte man sich auch die im Tempel repräsentierte Erde in zwei Hälften geteilt, eine südliche und eine nördliche. Auf der einen erschienen die Vertreter des Nordens,

Das Grab des Adeligen Sarenput II. in Assuan: Auf dem Wandbild ist der Verstorbene an einem Tisch sitzend dargestellt.

auf der anderen die des Südens, und selbst in der Darstellung der religiösen Zeremonien auf den Wandflächen lässt sich diese Zweiteilung vielfach noch verfolgen.

Die gesamte Tempelanlage war von einer mächtigen Ziegelmauer umgeben, zu deren Portal (gewöhnlich dem Pylonen) eine Allee von Sphingen oder, wie in Theben, von liegenden Widdern führte. Innerhalb der Mauer lagen noch die Wohnungen für Priester, Speicher, Ställe u. a., so dass das eigentliche Tempelhaus sich ähnlich wie eine Moschee inmitten eines großen Häusergewirrs befand.

Von den einfachen Gräbern zu den Pyramiden

Platzwahl Bei dem hohen Wert, den der Ackerboden in Ägypten besaß, legte man von alters her die Gräber nicht im Schwemmland, sondern auf dem höher gelegenen Wüstengebiet an, das auch noch den Vorteil bot, dass es von den Überschwemmungen des Flusses nicht erreicht wurde und so zur Erhaltung des Leichnams günstiger war.

Zu allen Zeiten hatte das ägyptische Grab einen doppelten Zweck zu erfüllen: Es sollte dem Toten eine sichere Ruhestätte und den Hinterbliebenen einen Platz bieten, an dem sie sich an bestimmten Tagen versammeln und dem Toten ihre Gaben darbringen konnten. So bestand es aus zwei Teilen: das eigentliche unterirdisch angelegte Grab und den oberirdischen Kultplatz.

Älteste Formen Die ältesten Gräber waren meist einfache Gruben, in denen man die Leichen in Hockstellung beisetzte; häufig wurden sie mit Ziegeln ausgemauert und mit Balken gedeckt. Größere Gruben teilte man durch Zwischenmauern in Kammern ein. Über dem Grab schüttete man einen Steinhaufen auf oder errichtete aus Nilschlammziegeln einen Hügel, an dessen Ostseite man einen Grabstein stellte; davor wurde ein kleiner Hof angelegt, der als Kultplatz diente und in dem die für den Toten bestimmten Gaben niedergelegt wurden.

Mastabas des alten Reichs

Aus dieser ältesten Form der ägyptischen Grabanlage haben sich die so genannten Mastabas entwickelt, wie die Gräber der Vornehmen des Alten Reichs bezeichnet werden. Sie bestehen aus einem rechteckigen, aus Ziegeln oder Kalksteinblöcken aufgeführten Oberbau mit geböschten Seiten. Ein 3–30 m tiefer, senkrechter Schacht oder eine Treppe führte hinab zu der Grabkammer, in der der Leichnam häufig in einem Sarg aus Holz oder Stein ruhte. An der Ostseite des Oberbaus lag der Kultplatz, ein jetzt meist verschwundener Hof mit einer flachen Nische, der so genannten **Scheintür**, die zugleich die Stelle bezeichnete, an der man sich den Eingang in das Grab und das Totenreich dachte. Vor ihr legten die Hinterbliebenen Speisen, Getränke und andere Gaben für den Toten auf einen flachen Tisch, die Opfertafel, nieder oder sprachen ihre Gebete für den Verstorbenen.
Seit dem Ende der 3. Dynastie wurde vor der Nische vielfach eine Kapelle gebaut oder im Mauerwerk der Mastaba eine richtige Kultkammer angelegt, an deren Westwand nun die Scheintür verlegt wurde. Die 5. Dynastie vergrößerte die Innenräume und fügte der Kultkammer weitere Gemächer hinzu.

Ausdehnung, Ausstattung

Welche Ausdehnung dadurch die Gräber gewannen, zeigt am besten die Mastaba des Mereruka in Sakkara, welche, genau wie die großen Wohnhäuser, eine Reihe von Kammern für den Herrn, daneben eine Abteilung für die Frau, hinten Gemächer für den Sohn sowie eine Anzahl von Vorratsräumen enthält. Die Innenwände wurden mit Inschriften und Reliefs ausgeschmückt, die den Verstorbenen bei seinen Lieblingsbeschäftigungen, auf der Jagd und beim Fischfang, sowie den Arbeiten auf seinen Gütern oder die Tätigkeit der für ihn schaffenden Handwerker darstellten. Alles, was hier aus dem Leben des Verstorbenen dargestellt ist, sollte ihm auch im Jenseits weiter zuteil werden. Die Stelle des Verstorbenen und seiner Familienmitglieder vertraten Statuen, die in einem oder mehreren besonderen Räumen, dem **Serdab** (Keller), aufgestellt waren, der in dem massiven Gemäuer ausgespart, z. T. auch besonders angebaut war und nur eine kleine Luke enthielt, die von außen Luft und Licht zuführte. Aus solchen Serdabs stammen die meisten Statuen des Alten Reichs, die sich heute im Ägyptischen Museum von Kairo befinden.

Königsgräber

Wie die Straßen einer Stadt um den Palast des Fürsten, so gruppierten sich die reihenweise geordneten Mastabas um das Grabmal des Königs. In ältester Zeit ist auch dieses eine große, aus Ziegeln errichtete Mastaba gewesen, in deren Innerem oder auch unter deren Massiv Gemächer zur Aufnahme der Leiche des Königs, seiner Angehörigen und der verschiedenen Beigaben angelegt waren.

Stufenmastabas Später wurde die Königsmastaba vergrößert, indem man sie erhöhte und mit mehreren umeinander gelegten Mänteln umgab, die nach außen immer niedriger wurden. So entstand eine Stufenmastaba, wie sie in der **Stufenpyramide** von Sakkara und der Pyramide von Meidum noch erhalten ist. Erst zu Beginn der 4. Dynastie entstand aus der Stufenmastaba die Form der glatten Pyramide und bestand so bis zum Anfang der 18. Dynastie.

Pyramiden

Älteste Pyramide Eine Pyramide ist ein spitz zulaufendes Bauwerk auf quadratischem Grundriss, das von der 3. bis zur 17. Dynastie sowie später von den Kuschiten (25. Dynastie) als Königsgrabmal angelegt wurde. Die älteste Pyramide ist die des Snofru bei **Dahshur**. Unter deren Steinmasse lag nur ein schräg in den Felsen getriebener Schacht, der zu einem durch Fallsteine geschlossenen Korridor und zur Sargkammer führte. Wo sich, wie z. B. bei den großen Pyramiden von Giseh oder bei der Stufenpyramide von Sakkara, im Inneren mehrere Gänge und Kammern finden, verdanken diese ihre Entstehung erst einer Änderung des ursprünglichen Bauplans oder späteren Umbauten. Die Innenräume der Pyramiden, vor allem die Sargkammern, die nach der Beisetzung unzugänglich waren, sind in alter Zeit fast ganz schmucklos; erst seit dem Ende der 5. Dynastie begann man auf die Wände religiöse Texte zu schreiben.

Totentempel Als Kultraum legte man an Stelle der Nische oder der Kammer, in der bei den Mastabas die Totenopfer dargebracht wurden, auf der Ostseite der Pyramide einen besonderen Tempel an, der aus einem öffentlichen und einem unzugänglichen Teil bestand. Im Mittelpunkt des Ersteren lag ein großer offener Hof mit Umgängen, an den sich fünf Kammern für die Statuen des verstorbenen Königs anschlossen, während der Hauptraum des nicht öffentlichen Bereichs das Allerheiligste mit der Scheintür war. Zu dem auf dem Wüstenplateau gelegenen Totentempel gehörte schließlich ein monumentaler Torbau am Rande des Fruchtlandes, der sich auf einer Kaianlage erhob und mit jenem durch einen langen, gedeckten Aufweg verbunden war.

Ausstattung Während die Wände der Pyramidentempel der 3. und 4. Dynastie noch kahl waren, wurden die der Tempel von **Abusir** vielfach mit Reliefs bedeckt, die z. T. dieselben Motive darstellten (der König als Greif über Fremdvölker triumphierend, die Beute der besiegten Völker, Kriegszüge u. a. m.) wie die Heiligtümer der Götter.

Beispiele Von den Totentempeln des Alten Reichs sind der Tempel des Djoser bei der Stufenpyramide von Sakkara, der vermutlich unvollendete Tempel bei der Pyramide von Meidum, die Tempel des Chephren und Mykerinos bei den Pyramiden von Giseh und die des Sahure, Neferirkare und Niuserre in Abusir am besten erhalten.

Dem Mittleren Reich gehören die Totentempel bei den Pyramiden von Lischt, Dahshur, El-Lahun und Hauara an. Die meisten sind stark beschädigt, z. B. der Tempel Amenemhets III., das so genannte Labyrinth, andere noch nicht genügend ausgegraben. Am besten erhalten ist der Totentempel des Königs Mentuhotep II. (11. Dyn.) in Deir el-Bahari, der aber in seiner eigentümlichen terrassenförmigen Anlage nicht als typisch gelten kann. In späterer Zeit ist die Pyramide als Form des Königsgrabes von den Königen von Napata und Merod wieder aufgenommen worden.
Eine in ihrer Art bisher einzigartige Anlage ist der im heiligen Bezirk des Grabdenkmals des Djoser bei der Stufenpyramide von Sakkara befindliche Festtempel, der wohl der Feier des Regierungsjubiläums des Königs gewidmet war und in dessen großer Halle zum ersten Mal in der Architektur die **Form der Basilika** mit erhöhtem Mittelschiff auftaucht.

Grabanlagen der Vornehmen aus dem Mittleren Reich

Schon seit dem Ende der 11. Dynastie zogen viele Vornehme und Beamte es vor, ihr Grab nicht mehr zu Füßen der Königspyramide anzulegen, sondern sich in ihrer eigenen Heimat bestatten zu lassen. Wie auf dem Königsfriedhof erbaute man sich auch in der Provinz auf dem Wüstenboden kleine **Mastabas** oder errichtete kleine **Ziegelpyramiden**, die sich auf einem rechteckigen oder quadratischen Unterbau erhoben. Die Sargkammer wurde im Mauerwerk ausgespart oder unterirdisch angelegt; an der Außenseite stellte man einen Grabstein in Form einer Scheintür oder einer oben abgerundeten Tafel auf, vor dem die Hinterbliebenen ihre Gebete verrichteten oder ihre Opfer darbrachten. Oft legte man die Gräber im Abhang der Wüstenberge an. Die einfacheren bestanden nur aus einer Kammer mit Scheintürnische; mehrfach versuchte man auch, im Felsen die Innenräume der Mastabas nachzuahmen. Gewöhnlich ging man aber von dem Gedanken aus, dass das Grab das Haus des Toten sei, in dem die vier Haupträume des altägyptischen Wohnhauses enthalten sein mussten. Demzufolge lag noch unter freiem Himmel ein meist von einer Ziegelmauer eingefasster Vorplatz, der gewöhnlich mit einer kleinen, schon aus dem Felsen gehauenen und von zwei Säulen oder Pfeilern getragenen Halle abschloss. Ihm folgte ein größerer Saal mit Säulen oder Pfeilern, und hinter diesem lag eine kleine Kammer oder Nische, in der – ebenfalls aus dem Felsen herausgearbeitet – die Statue des Toten stand, häufig auch die seiner Gattin, und die den Serdab der alten Mastabas ersetzte.

Erstes monumentales Bauwerk aus Stein: die Stufenpyramide des Djoser in Sakkara

Am deutlichsten lässt sich diese Anlage bei den Felsengräbern von Beni Hassan und Assuan verfolgen. Die Wände der Innenräume sind mit Inschriften und Bildern bedeckt, deren Motive zwar vielgestaltiger sind als früher, die aber ebenso wie die älteren dem Toten den Genuss des Dargestellten vermitteln sollten. Vom Saal führte ein Schacht zu der schmucklosen Sargkammer.

Königsgräber des Neuen Reichs

Die Gräber des Neuen Reichs stimmen in ihrer Gesamtanlage mit denen des späten Alten und Mittleren Reichs überein. Auch in dieser Zeit gibt es noch, je nach dem Untergrund, auf dem sie anzulegen waren, freistehende Grabbauten (Mastabas und Pyramidengräber) und **Felsengräber**. Doch ist von den ersteren nur wenig erhalten geblieben.

Seit dem Anfang der 18. Dynastie hörten auch die Könige auf, sich Pyramiden als letzte Ruhestätte zu errichten, und legten ihre Totengrüfte in den Abhängen eines einsamen Gebirgstales auf dem thebanischen Westufer an. Diese Königsgräber des Neuen Reichs bestanden aus langen Korridoren und Sälen, die mit religiösen Bildern und Texten ausgeschmückt waren. Sie waren wie die Gänge der Pyramiden lediglich zur Aufnahme des Sarges bestimmt, während der Felsen selbst die Stelle des Mauerwerks vertrat, das sich über der Gruft erhob. Da für Grabtempel im Gebirge kein Raum war, erbaute man sie, meist in großem Maßstab, in der Ebene, in der sich ihre Trümmer bis heute erhalten haben.

Wie die Vornehmen des Mittleren Reichs die Pyramiden der Könige vielfach für ihre eigenen Grabbauten nachgeahmt haben, so nahmen sich die Großen der Spätzeit, wenigstens in Theben, die Grüfte der Pharaonen des Neuen Reichs zum Muster. Als ein Gewirr von Gängen und Sälen, deren Wände nichts als religiöse Texte und Darstellungen schmücken, zeigen sie sich im thebanischen Asasif.

? WUSSTEN SIE SCHON ...?

- ... dass das Grab gewöhnlich als Haus der Toten angesehen wurde und daher die vier Haupträume eines altägyptischen Wohnhauses enthalten musste? Dazu gehören der offene Hof, die Vorhalle, der breite Säulensaal und das schmale, tiefe Speisezimmer.

Von den Königsgräbern der letzten einheimischen Dynastien, die bei den großen Residenzen des Deltas lagen, sind bis jetzt nur die von Tanis, nahe der Ortschaft San el-Hagar, gefunden und eingehend untersucht worden. Sie sind in Nachahmung von Felsengräbern früherer Zeit künstlich im lockeren Erdreich des Deltas angelegt und mit einer mächtigen Steinauskleidung versehen, für die das Material von weither herangeschafft werden musste.

Gräber der niederen Stände

Von den Gräbern der niederen Stände, die die der Vornehmen natürlich zahlenmäßig weit übertrafen, findet sich außer den Gruben, welche die Leichen bargen, und den Grabsteinen nichts mehr. Sie waren, wie Abbildungen zeigen, im Neuen Reich vielfach in der Form kleiner Ziegelpyramiden angelegt und haben der Zeit meist nicht widerstanden. Vielfach ließen sich die ärmeren Bewohner in Massengräbern bestatten, die von Unternehmern angelegt und in verfallene Tempel eingebaut waren oder sich in langen Gängen unter der Erde hinzogen. In ihnen wurden die Leichen in einfachen Särgen, oft auch nur auf ein Brett oder eine Matte aus Palmenrippen gelegt und mit einfachen Beigaben, die der Tote im Jenseits benutzen sollte, beigesetzt. Doch wurden auch diese Massengräber meist vom Wüstensand verweht und ihre Spur ist verloren.

Relief und Malerei

Darstellungsweise

Da erst die Griechen um 500 v. Chr. den Übergang von der »vorstelligen« zur perspektivischen Kunst vollzogen, weicht die ägyptische Kunst von unseren Sehgewohnheiten ab. Nichts wird so dargestellt, wie man es von einem Punkt aus sieht, sondern das Bild wird aus den **einzelnen, unverkürzten Teilen** aufgebaut. Gegenstände, Personen und Tiere, die sich in der Blickrichtung des Beschauers hintereinander befinden, werden gern in Reihen neben- oder übereinander angeordnet; Gegenstände, die auf einem Tisch liegen, werden wie auf ihm stehend gezeichnet. Meist erscheinen die Körper ohne Deckung und Überschneidung nebeneinander. Die Hauptperson einer Handlung lässt man an Größe die anderen Figuren überragen; so erscheint z. B. in den Schlachtenbildern der auf seinem Wagen dahinstürmende König wesentlich größer als die übrigen Personen.

Zeichenkunst

Im Mittelpunkt der ägyptischen Zeichenkunst steht die menschliche Figur, die sich aus **verschiedenen Ansichten des Körpers** zusammensetzt. Der Kopf erscheint von der Seite, das Auge dagegen von vorn. Die Schultern werden unverkürzt in ganzer Breite von vorn, Brust, Leib, Beine und Füße wieder von der Seite gezeigt. Neben dieser Grundform bildet sich allmählich auch die reine Profildarstellung heraus, die gelegentlich schon in der 5. Dynastie, mit vollkommener Sicherheit aber erst in der zweiten Hälfte der 18. Dynastie gehandhabt wird. Zu dieser Zeit hat die ägyptische Zeichenkunst ihren Höhepunkt erreicht. In Schech Abd el-Kurna und in Tell el-Amarna wird man am besten Gelegenheit finden, die Werke dieser Blütezeit zu bewundern.

Typenschatz

Von alters her hat die ägyptische Zeichenkunst eine Menge von Vorlagen besessen, die man immer wiederholte, wobei man sie freilich allmählich etwas umbildete. Doch wuchs im Laufe der Jahrhunderte der alte Typenschatz auch durch das Hinzutreten neuer Motive. So lieferte z. B. das Alte Reich viele Szenen aus dem Leben auf den großen Landgütern, die oft eine feine Naturbeobachtung zeigen. In der 5. Dynastie treten auf den Reliefs der Totentempel Bilder kriegerischer Ereignisse in den Kreis der Darstellungen ein, im Mittleren Reich Szenen des Lebens am Hofe der Gaufürsten und verschiedene neue Begräbnisbilder.

Besonders aber wuchs dieser Vorrat seit der 18. Dynastie, als durch die politischen Beziehungen zu Vorderasien Ägypten zur Weltmacht geworden war und sich der Gesichtskreis der Künstler mehr und mehr erweiterte. Unter Amenophis IV. wurde sogar das private Leben der königlichen Familie und des Hofes, dessen Wiedergabe früher niemand gewagt hätte, vorübergehend in den Bereich der Kunst einbezogen. Unter der 19. Dynastie und unter Ramses III. erwuchsen den Künstlern neue Aufgaben, als es galt, die kriegerischen Taten der Könige zu verherrlichen und **gewaltige Schlachtdarstellungen** zu entwerfen, zu denen sich Ansätze schon in der 18. Dynastie (in den Reliefs am Wagen Thutmosis' IV. im Ägyptischen Museum von Kairo) finden.
In Szenen wie den hier genannten konnte sich die Erfindungskraft der Künstler frei entfalten. Dagegen hielt man mit einer gewissen Starrheit an den alten Vorlagen fest, wenn es sich um die Wiedergabe zeremonieller Szenen handelte, z. B. des Verkehrs des Königs mit den Göttern (Gebet, Opfer), gewisser Feste, des Opferwesens mit dem Schlachten der Opfertiere und anderem mehr. Am Ende des Neuen Reichs schrumpfte der Vorrat an Motiven wieder zusammen.

Flachrelief und versenktes Relief

Die Ägypter kannten das Flachrelief, die älteste und zu allen Zeiten gebräuchlichste Form, die, stets verhältnismäßig dünn, von ihnen zu besonderer Feinheit ausgebildet wurde, und das versenkte Relief, bei dem die die Figuren umgebende Fläche nicht weggemeißelt wird. Diese für Ägypten eigentümliche Form tritt bereits in der 4. Dynastie

Wie endlose Muster überziehen die Reliefs die hohen Mauern des Tempel-Pylonen in Karnak.

auf und gilt stets als ein billiger Ersatz für das Flachrelief. Doch haben die Künstler des Neuen Reichs oft gerade unter Benutzung seiner Eigentümlichkeiten besondere Wirkungen erzielt.

Blütezeit

Die Blütezeit des ägyptischen Reliefs fällt in die 5. Dynastie; die großartigen technischen und künstlerischen Leistungen dieser Zeit zeigen am besten die Mastabas des Ti und des Ptahhotep in Sakkara sowie die Reliefs aus den Totentempeln der Könige der 5. Dynastie.
In der 6. Dynastie und im Mittleren Reich steht die Ausführung der Reliefs nicht mehr auf der alten Höhe, der erst die Werke der 18. Dynastie (z. B. in den Tempeln von Luxor und Deir el-Bahari sowie in einigen Gräbern von Schech Abd el-Kurna) wieder nahekommen. Von da an setzt ein Verfall ein, wenn auch unter Sethos I. noch in der weichen, anmutigen Durchführung der Reliefs (z. B. in den Tempeln von Kurna und in Abydos) Vortreffliches geleistet wurde. Die allzu große Anspannung der künstlerischen Kraft, die zur Ausschmückung der zahlreichen Tempelbauten nicht ausreichte, verführte unter Ramses II. meist zu roher, flüchtiger Arbeit.
Die saïtische Zeit nahm sich auch auf dem Gebiet der Plastik die Arbeiten des Alten Reichs zum Vorbild, ohne deren künstlerische Qualität ganz zu erreichen. Immerhin ist an den Reliefs dieser Periode die feine, saubere Ausarbeitung, eine zierliche Eleganz und eine angenehme Weichheit der Formen hervorzuheben.
Unter den Ptolemäern folgte man zunächst noch dem Vorbild der saïtischen Künstler. Aber allmählich ging das feine Gefühl für die Verteilung von leerem und geschmücktem Raum verloren, und die Tempelwände wurden mit Reihen von Reliefs überladen.
Alle Reliefs waren **bemalt**, doch ist bei vielen die Farbe verloren gegangen. Wo wegen der Kosten oder des schlechten Steinmaterials die Malerei an die Stelle des Reliefs tritt (z. B. in den Wandbildern der Gräber der 18. Dynastie in Schech Abd el-Kurna), ist sie naturgemäß denselben stilistischen Gesetzen unterworfen wie das Relief.

Vollplastik

Gewöhnung

Die von der unsrigen abweichende vorgriechische Art der Naturwiedergabe mit starken Abweichungen vom Seheindruck bestimmt auch die Rundbildnerei, vor allem die Statuen und Figuren von Menschen und Tieren. Im Gegensatz zu den griechischen »richtungsfreien« Statuen sind die von der **»geradaufsichtigen« Vorstellung** beherrschten ägyptischen »richtungsgerade«. Sie stellen dem Betrachter einen unverdrehten Rumpf entgegen, bei dem keine Schulter vorgenommen ist, und lassen seitliche Wendungen des Kopfes nur im rechten Winkel zu. Dabei fügen sich die Glieder des Körpers in Ebenen, die rechtwinklig zum Rumpf stehen. Nur selten kommen bei Rundbildern richtungsfreie Figuren vor.
Personen, bei denen eine gewisse Würde zum Ausdruck gebracht werden soll, werden in ruhiger Haltung stehend, auf einem Sessel sit-

zend oder mit untergeschlagenen Beinen auf dem Boden hockend dargestellt und oft zu Familiengruppen vereinigt. Dagegen werden Darstellungen von Dienern, deren Statuen man dem Toten ins Grab mitgab, in ihren Tätigkeiten innerhalb gewisser Grenzen mannigfaltig bewegt wiedergegeben.

Älteste Zeit Bereits in der ältesten Zeit gibt es primitive Figuren von Menschen und Tieren, die meist aus Knochen oder Elfenbein geschnitzt sind und von denen namentlich die Tierfiguren schon einen großen Grad von Vollendung zeigen. Die Statuen, die vom Ende der 2. Dynastie und dem Anfang vom Alten Reich stammen, zeigen bereits alle Vorzüge der ägyptischen Bildhauerkunst, wenn sie auch noch nicht frei von einer gewissen Unbeholfenheit sind, die sich oft aus der schwierigen Bearbeitung des Materials (Granit, metamorpher Schiefer, gelegentlich auch Kalkstein) erklärt. Es sind meist Sitzbilder von mäßiger Größe und gedrungenem Gliederbau; die rechte Hand ruht auf der Brust, die linke auf dem Oberschenkel. Wo sie Inschriften tragen, sind diese gewöhnlich in Relief ausgeführt. Aber bereits diese Bildwerke, zu deren besten die Königsstatuen des Chasechem und des Djoser zählen, zeigen ein Streben des Künstlers, die **Gesichtszüge** möglichst porträtähnlich zu gestalten.

4. und 5. Dynastie In der 4. und 5. Dynastie erreichte die statuarische Kunst einen **Höhepunkt**. Die Werke dieser Zeit, die sich im Ägyptischen Museum von Kairo befinden, wurden meist aus Kalkstein oder Holz gearbeitet. Das Hauptgewicht lag auf der genauen Wiedergabe des Gesichts, während der übrige Körper, vor allem Hände und Füße, konventionell gestaltet waren. Eine große Wirkung wussten die Künstler ihren Statuen vielfach dadurch zu verleihen, dass sie ihnen Augen aus schwarzem und weißem Quarz einsetzten und darin die Pupille durch einen hölzernen oder kupfernen Nagel wiedergaben.

Mittleres Reich Nach einer Zeit des Verfalls erhob sich im Mittleren Reich die Bildhauerkunst zu einer neuen Blüte. Was sie an Meisterwerken geschaffen hat, zeigen z. B. die schöne Statue Amenemhets III. in Kairo und die Statuen und Sphingen, die man früher den Hyksos zugeschrieben hat, die in Wahrheit aber gleichfalls König Amenemhet III. oder andere Herrscher vom Ende der 12. Dynastie darstellen. Sie zeichnen sich durch eine bemerkenswerte Vertiefung des Ausdrucks aus und sind von einem ergreifenden **Ernst** erfüllt. Daneben stehen freilich auch hier weniger bedeutende Schöpfungen, wie z. B. die schematischen Statuen Sesostris' I. aus Lischt mit ihren leeren Gesichtern.

Neues Reich Die Statuen des Neuen Reichs, die in verhältnismäßig großer Zahl erhalten geblieben sind, stehen in auffallendem Gegensatz zu denen des Mittleren Reichs. An die Stelle des melancholischen Ernstes, den jene zeigen, ist meist eine gewisse stille und anmutige **Heiterkeit** getreten. Zu Werken von unvergleichlicher Lebenswahrheit, die sich den besten der älteren Zeit anreihen lassen, gehören die Statue Thutmosis' III., die Bildnisköpfe der Königin Nofretete, der Königskopf des Haremhab, die Statue des Gottes Chons und der Kopf der Göttin Mut im Ägyptischen Museum von Kairo sowie andere Stücke in europäischen Museen. Häufig haben die Künstler zugunsten einer allgemeinen Schönheit auf genaue Durcharbeitung des Porträts verzichtet und viel Mühe auf die Behandlung der damals modischen weiten Gewänder, der Haartracht und des Schmucks verwendet. Auch neue Motive sind in dieser Zeit geschaffen worden, u. a. die Figur des in sein weites Gewand gehüllten, auf dem Boden hockenden Mannes.

Naturalismus war nicht das Ziel: monumentale Standfigur in Karnak

Seit der 20. Dynastie verfiel die Kunst mehr und mehr, bis sie unter der **kuschitischen Herrschaft** durch Anlehnung an Vorbilder des Alten und Mittleren, gelegentlich auch des Neuen Reichs wieder belebt wurde. So kam sie zu einer Nachblüte, die man auch als ägyptische Renaissance bezeichnet hat. Viele dieser Neuschöpfungen kommen ihren alten Vorbildern so nahe, dass selbst dem geübten Blick die Unterscheidung schwer fällt.
Daneben kommt während der Kuschitenherrschaft (25. Dynastie, 728–656 v. Chr.) eine Richtung auf, die über das bloße Nachahmen hinaus im gewissenhaften Studium des Bildnisses Meisterwerke schafft, wie den Kopf des alternden Mannes und die Statue des Mentemhet, der unter dem kuschitischen Herrscher Taharka oberägyptischer Statthalter war.
Der gleichen Schule entstammen die vielleicht um mehrere Jahrhunderte jüngeren kahlen Priesterköpfe, in denen, bei Übergehung des Nebensächlichen, das Charakteristische selbst im Schädelbau meisterhaft wiedergegeben wurde.

Griechisch-ägyptische Mischkunst

Lassen sich in den Werken dieser nach naturgetreuer Widergabe strebenden und doch streng stilisierenden Kunst keinerlei griechische Einflüsse erkennen, so nehmen Einwirkungen der griechischen Kunst in der Bildnerei seit der Ptolemäerherrschaft mehr und mehr zu. Neben rein griechischen Schöpfungen (besonders in Alexandria) und ägyptischen Skulpturen, deren Verfertiger am alten Stil festzuhalten versuchen, treten eigentümliche Werke einer griechisch-ägyptischen Mischkunst, in denen die griechisch gestaltete Figur mit ägyptischer Kleidung, Frisur und Schmuck versehen ist oder (z. B. im Petosiris-Grab) die Figur ägyptischen gleicht, denen nur äußerlich griechische Kleidung angezogen ist.

Kunsthandwerk

Vollendete Leistungen brachte das altägyptische Kunsthandwerk hervor, sei es nun in der Tischlerei, der Glastechnik oder in der Herstellung farbiger Fayencen. Auch die Goldschmiede und Metallbearbeiter übten ihr Handwerk auf hohem Niveau aus. Virtuos beherrschten sie verschiedene Techniken, so das **Tauschieren** oder das **Emaillieren**. Gesteigert wurde die Ausdruckskraft ihrer Arbeiten noch durch eingelegte farbige Steine oder Fayencen.

Islamische Architektur

Ursprung und Entfaltung

In Ägypten beginnt die islamische Baukunst erst im 8./9. Jh. mit dem Nilmesser und der Ibn-Tulun-Moschee in Kairo. Ägypten war in der Baukunst weit zurückgeblieben, da es als eroberte Provinz über Jahrhunderte durch habsüchtige Gouverneure ausgebeutet wurde. Das wurde erst Mitte des 9. Jh.s anders, als **Ahmed Ibn Tulun**, der aus Samarra kam und baukünstlerische Traditionen von dort mitbrachte, sich zum unabhängigen Herrscher über Ägypten machte. Seine Moschee in Kairo ist eine fremde, mesopotamische Schöpfung auf ägyptischem Boden. Die Legende, dass sie von einem christlichen Baumeister erbaut worden sei, wurde zweifellos nur deshalb erfunden, um die in Ägypten neue Verwendung von Pfeilern an Stelle von Säulen zu erklären. Alle Grundformen der in Samarra gefundenen Ornamente finden sich hier wieder, gemeinsam mit den frühesten Beispielen geometrischer Ornamente in der islamischen Kunst (die unteren Bogenflächen an der Südwestseite des Hofes). Der ganze Bau ist aus Backsteinen errichtet, durchweg wird der leicht gestelzte Spitzbogen verwendet.

Zeit der Fatimiden (969–1171)

Kairo

Die Zeit der Fatimiden begann 969 mit der Eroberung Ägyptens durch Gohar, den Feldherrn des fatimidischen Kalifen El-Muizz. Aus diesem Jahr datiert die Gründung von Kairo (El-Kahira) im Norden des alten Fustat und von El-Katai, der Stadt des Ibn Tulun.

Kairo war zunächst ein befestigter, 1100 m^2 großer Bezirk mit zwei Palästen für den Kalifen, einem größeren im Osten, einem kleineren im Westen, mit Regierungsgebäuden, Quartieren für die Besatzung, einem Schatzhaus, einer Münze, Bibliothek, Mausoleum, Arsenal und anderen Einrichtungen. Bis zum Sturz der Fatimiden (1171) durfte außer Besatzungssoldaten und höchsten Staatsbeamten niemand die Stadt betreten. Von der ersten Umwallung und den alten Bauten ist heute nichts mehr erhalten; nur einige geschnitzte hölzerne Friese aus dem kleinen Palast der Fatimiden finden sich im Kairoer Museum für Islamische Kunst.

El-Ashar-Moschee

Gohar ließ 970–971 die El-Ashar-Moschee errichten. In ihr sind an Stelle von Pfeilern Säulen verwendet worden. Trotz starker Veränderungen kann man noch heute erkennen, dass die ursprüngliche Gebetshalle fünf, die Seitenhallen drei Schiffe hatten. Auffallend ist eine Art Mittelschiff, das vom Hof (**Sahn**) zur Gebetsnische (**Iihrâb**, läuft und die Arkaden unterbricht. Diese eigentümliche Form der Anlage scheint von dem letzten Omaijaden Abd el-Rahman nach Westen gebracht worden zu sein (Mezquita im südspanischen Córdoba). Sie findet sich ferner in der Großen Moschee von Kairouan (Tunesien), der Hauptstadt der Fatimiden. Dann kam sie wohl wieder ostwärts über Nordafrika nach Ägypten.

El-Hakim-Moschee

In der Kairoer El-Ashar-Moschee waren wahrscheinlich auch die beiden Ecken an der Rückseite des Sanktuariums mit Kuppeln bedeckt, genau wie in der 990–1012 erbauten El-Hakim-Moschee. Diese lässt besonders gut die **fremden Einflüsse** erkennen, unter denen sie entstanden ist. Ihr fast quadratischer Grundriss, ihre zahlreichen Türen, die fünf Schiffe des Sanktuariums, die Pfeiler und kleinen Entlastungsbogen über ihnen sind mesopotamische Eigentümlichkeiten; das Querschiff und die (jetzt zugemauerten) Eingänge in der Mitte der Nordost- und Südostseite stammen aus Syrien. Das festungsähnliche Aussehen, das die zwei großen Vorsprünge mit den Minaretten hervorrufen, ist eine mesopotamische Besonderheit, charakteristisch für die Moscheen von Bagdad, Samarra und für die Große Moschee von Bostam im Norden des Iran.

? WUSSTEN SIE SCHON …?

- … dass die El-Ashar-Moschee in Kairo die erste Moschee in Ägypten mit einem Mittelschiff ist? In Syrien kommt diese Form bereits in der 705–715 erbauten Großen Moschee in Damaskus vor.

Da Kairo im Laufe eines Jh.s über die ursprüngliche Umwallung des Gohar hinausgewachsen war, wurde die Stadt um 1090 von Badr el-Gamali neu befestigt. Von dieser neuen Anlage sind noch drei gut erhaltene **Tore**, Bab el-Nasir, Bab el-Futuh und Bab Suweila, sowie etwa 300 m der mit viereckigen Türmen besetzten Stadtmauer vorhanden. Jedes dieser Tore hat ein besonderes Gepräge; ausgeführt wurden sie von verschiedenen Baumeistern, drei armenischen Flüchtlingen aus Edessa (Urfa), das 1086 in die Hände der seldschukischen Türken gefallen war. Diese Tore, Stadtmauer und Türme sind baugeschichtlich wichtig, da sie zu den wenigen noch vorhandenen Beispielen islamischer Festungsbaukunst aus der Zeit vor den Kreuzzügen gehören. Das Bab el-Nasir wird durch zwei vorspringende Pecherker (Maschikulis) verteidigt, wie sie sich in Europa erst Ende des 12. Jh.s finden. Der Durchgang des Bab el-Futuh und des Bab Suweila ist von einer flachen Kuppel aus Haustein bedeckt, die auf sphärischen Gewölbezwickeln (Pendentifs) ruht, das früheste Beispiel dieser Form in Ägypten. Jeder Zug in der Bauweise dieser Befestigungen, die von Byzanz beeinflusst waren, lässt sich auch in Nordsyrien nachweisen.

Innenhof und Minarett der Ibn-Tulun-Moschee in Kairo, der ältesten in ihrer ursprünglichen Anlage erhaltenen Moschee des Landes

Charakteristisch für die Baukunst der Fatimiden ist die Verwendung von **Ornamenten**, die durch die Mannigfaltigkeit ihrer Zeichnung bestechen. Sie bestehen allein aus Schmuckschrift und Arabesken von hoher Vollendung, zuweilen in geometrischem Rahmenwerk. Rein geometrische Ornamente spielen in dieser Zeit eine ganz untergeordnete Rolle, und auch das berühmte verschlungene Sternmuster, das in späteren Zeiten zehn, zwölf oder noch mehr Spitzen hatte, findet sich nur in seiner einfachsten Form, dem achtspitzigen Stern. Im Gegensatz zur Tulunidenzeit, in der mesopotamische Einflüsse vorherrschen, zeigen sich in der Kunst der Fatimiden syrische Einwirkungen, die später unter den Aijubiden und frühen Mamelucken noch stärker hervortreten. In der Schmuckschrift dagegen erscheinen persische und nordmesopotamische Einflüsse. Manche eigentümlichen Formen, wie die Verflechtung der Schäfte der Buchstaben, finden sich in jenen Ländern schon ein Jahrhundert früher als in Ägypten. Eine erschöpfende Beurteilung dieser Frage ist angesichts der Spärlichkeit gleichzeitiger Denkmäler außerhalb Ägyptens noch nicht möglich. Diese Tatsache allein erhöht in ganz besonderem Maße die Bedeutung der Reihe großartiger fatimidischer Bauten, die in Kairo erhalten sind.

Zeit der Aijubiden

Kairo: Saladin baut Stadtmauern und Zitadelle

Die Zeit der Aijubiden (1171–1250) beginnt mit den militärischen Anlagen Saladins, der einen großen Teil der heutigen Mauern Kairos und die stadtbeherrschende Zitadelle errichtete. Leider ist keines seiner sakralen Bauwerke in Ägypten erhalten geblieben.

Abweichend von den Fatimiden, die viereckige Türme bevorzugten, verwendete Saladin stets halbrunde, etwa 6,50 m breite Türme, mit je drei Schießscharten für Bogenschützen nach vorn und nach den

Seiten. Seine Mauern an der Zitadelle haben innen einen durchlaufenden, 90 cm breiten Wehrgang, der seinen Stadtmauern fehlt, außer an der Ostmauer, wo ein kurzer gedeckter Gang sich an jeden Turm anschließt.

Neuerung im Festungsbau

Die bemerkenswerteste Neuerung, die Saladin im Festungsbau einführte, war der **im rechten Winkel abbiegende Torweg**, der die Stoßkraft stürmender Abteilungen aufhalten sollte. Etwas Derartiges war schon im alten Ägypten bekannt, dagegen wussten Babylon, Rom, Byzanz und der frühe Islam anscheinend nichts davon. Das Bab el-Mudarrag in der Zitadelle, hinter dem erst von Muhammad (Mehmed) Ali angelegten Bab el-Gedid, ist das älteste datierte Beispiel im Mittleren Orient (1184). Ein anderes Beispiel aus derselben Zeit ist das 1923 von Creswell ausgegrabene Bab el-Karafa an der entgegengesetzten Seite der Zitadelle. Saladins Bruder El-Adil verstärkte die Zitadelle an einigen Stellen durch große viereckige Türme, an anderen durch den Ausbau der halbrunden Türme zu runden und Verdreifachung ihres Durchmessers; Beispiele hierfür sind die zwei großen nach der Abbasija zu gelegenen Türme.

Bauschmuck

Neben diesen militärischen und sakralen Bauleistungen hat die Aijubidenzeit auch noch ihre Bedeutung durch die zunehmende Verwendung von Haustein, die Einführung von Marmorbelag für die Gebetsnischen (z. B. in der Moschee des Sultans El-Salih Aijub), durch fast übertrieben zierliche Stuckornamente, durch die erste Verwendung von Glas in Verbindung mit Gitterwerk aus Stuck (Grabbau der abbasidischen Kalifen) und durch die beginnende Entwicklung des Stalaktitenpendentifs.

Zeit der bahritischen Mamelucken

Moscheenbau

Die Zeit der bahritischen Mamelucken (1250–1382) sah einen bedeutsamen Fortschritt in der Anlage der Moscheen: Die kleine Kuppel, die z. B. in der El-Hakim-Moschee den Raum vor der Gebetsnische bedeckt, wurde durch eine große Holzkuppel ersetzt, die neun (3 x 3) Joche überspannt und den Gebetsraum beherrscht, z. B. in den Moscheen Baibars' I. (in der Abbasija; 1269), Mohammed el-Nasirs (auf der Zitadelle; 1318–1335), El-Mardanis (1340) und anderen. Auch die **Dreizahl** und die Anordnung der Türen wurde damals aus Syrien übernommen. Ebenso führte Baibars I. aus Syrien das mit Stalaktiten geschmückte Portal ein, das von nun an ein besonderes Kennzeichen für die Baukunst Ägyptens wurde.

Sultan-Hassan-Moschee

Das größte Werk dieser Zeit ist die Kairoer Sultan-Hassan-Moschee (1363) mit ihren **riesigen Abmessungen**: Bei einer Länge von 150 m ist ihre größte Breite 68 m; sie bedeckt eine Fläche von fast 8000 m². Wenn man am Eingang des großen Hofes steht und ihre mächtigen Ausmaße betrachtet, ihre reiche, aber zurückhaltende Ausschmückung, die Erhabenheit und Einfachheit ihrer Linien, die Höhe und Breite ihrer großen Wölbungen und die reichen Stalaktitenbalkone des Minaretts an der Südwestecke, dann muss man zugeben, dass die Sultan-Hassan-Moschee eines der großen Bauwerke Ägyptens ist. Unter der folgenden Dynastie errichtete man in Ägypten reichere und zierlichere Bauten, doch als Ausdruck von Macht und Majestät findet diese Moschee kaum ihresgleichen.

Medresen auf kreuzförmigem Grundriss

Zu den bemerkenswertesten Neuerungen dieser Periode gehört auch die Verwendung des kreuzförmigen Grundrisses für die islamischen Lehranstalten (**Medresen**). Zum Schmuck der Fassaden wird gestreiftes (Ablak) Mauerwerk eingeführt; die Stuckornamente erreichen ihre letzte Entwicklung, um dann allmählich zu verschwinden, während die prächtige Verkleidung der unteren Wandflächen mit vielfarbigem Marmor aufkommt.

Zeit der tscherkessischen Mamelucken

Bauschmuck

Der bisherigen Entwicklung folgte die Architektur der tscherkessischen Mamelucken (1391–1517). Die reiche Stuckdekoration, die gegen Ende der vorangegangenen Periode verschwunden war, wurde nicht sofort ersetzt. Zunächst blieb die Steinfläche glatt, und man begnügte sich mit Marmorverkleidung als wichtigster Verzierung. Erst

Aus der Zeit der bahritischen Mamelucken stammt die herrlich ausgestattete Sultan-Hassan-Moschee in Kairo.

als man um 1440 eine größere plastische Fertigkeit in dem neuen Steinmaterial erworben hatte, wurde die kunstvoll geschnittene oder gemeißelte Ausschmückung der Oberflächen in Stein wieder ein häufig vorkommendes Element.

Stalaktitenpendentif

Diese Periode führte auch die Stalaktitenpendentifs zur letzten Entwicklung. Die Nischen wurden nach syrischer Art in einen dreieckigen Rahmen gesetzt, jedoch war im Gegensatz zu den syrischen Pendentifs jede Reihe gekrümmt angelegt, anstatt die Ecke in einer geraden Linie abzuschneiden. Die Zahl der Reihen hatte sich zudem auf sieben bis neun vermehrt, sogar dreizehn kommen vor.

Kuppelbau

Der Kuppelbau erreichte seinen Höhepunkt; die Kuppeln dieser Zeit waren stets aus Stein und unerreicht an Leichtigkeit, Schönheit des Umrisses und Reichtum der Ausschmückung. Ein glänzendes Beispiel bietet die Barkuk-Moschee auf dem Friedhof der sog. Kalifengräber. Gegen Ende dieser Periode wurde auch die Anlage der Moscheen umgestaltet und durch Bauten ersetzt, die bisher nur für Medresen verwendet worden waren.

Zeit der türkischen Herrschaft

Rückschlag

Die türkische Eroberung (1517) brachte für Kairo zunächst einen schweren Rückgang aller gewerblichen Tätigkeit: Eine große Zahl von Handwerkern wurde nach Konstantinopel geschickt, manche Gewerbe sollen sogar ganz eingegangen sein. Vielfach hat man die türkische Periode geringschätzig beurteilt, nicht ganz zu Recht; denn es ist wohl weniger ein Rückgang in der künstlerischen Leistung zu verzeichnen als vielmehr ein verminderter Aufwand für großartige Bauten. Die kleinen Moscheen Sidi Sarija in der Zitadelle, Sinan Pascha in Bulak und Malika Safija rechtfertigen diese Ansicht. Erst der zunehmende **europäische Einfluss** hat dem freien Ausdruck der islamischen Baukunst den letzten vernichtenden Schlag versetzt, aber in Ägypten glücklicherweise später als andernorts. Diese verhängnisvolle Einwirkung, deren Eintreten in Istanbul die um 1753 vollendete Nuru-Osmanije-Moschee, in Damaskus ein barocker Brunnen von 1798 bezeugen, scheint Ägypten erst nach 1820 erreicht zu haben.

Moscheen und Medresen

Medresen

Die religiösen, dogmatischen, rituellen, sozialen und moralischen Vorschriften des Islam haben sich in vier Hauptriten ausgebildet, die von den Imamen Abu Hanifa, Malik Ibn Anas, El-Schafii und Ahmed Ibn Hanbal begründet worden sind. Für den Unterricht in diesen Riten, zugleich auch für die Ausbildung des großen Beamtenkörpers der seldschukischen Verwaltung, wurden von den Seldschukensultanen im 9. Jh. die **Medresen**, eine Art theologischer höherer Lehranstalten, eingerichtet. Zwischen den verschiedenen Riten bestand keine Feindschaft, und bisweilen brachte man mehr als einen Ritus in dem gleichen Gebäude unter. Diese Einrichtung führte Nur el-Din zunächst in Syrien ein, nach dem Sturz der fatimidischen Dynastie übertrug sie Saladin nach Ägypten, um durch orthodoxe Lehranstalten die schiitische Ketzerei der Fatimiden zu bekämpfen und den Sieg der sunnitischen Reaktion zu sichern. Die Form, in welcher die Medrese in Ägypten nach der Mitte des 13. Jh.s gebaut wurde, war folgende: Ein viereckiger Mittelhof wird an den Seiten von vier offenen Hallen (**Liwan**) begrenzt, welche die Arme eines Kreuzes bilden. Das Ganze liegt in einem Rechteck, dessen Ecken Nebenbauten, wie das große Portal, die Treppe zum Dach, Hallen, Zellen für die Professoren u. a. einnehmen.

Das Vorherrschen dieser Grundform ließ die Auffassung entstehen, die ägyptischen Medresen seien stets für alle vier Riten gebaut. Der Umstand, dass die Einrichtung aus Syrien übernommen war, gab Anlass zu der Theorie, dass auch die kreuzförmige Anlage aus Syrien stamme. Beide Auffassungen sind falsch. In Syrien sind nicht weniger als acht Medresen vorhanden, die vor 1270 gebaut sind, aber keine von ihnen hat einen kreuzförmigen Grundriss oder vier große Liwane, dagegen hat in Ägypten Sultan Baibars I. schon 1263 eine kreuzförmige Medrese erbaut. Man darf deshalb mit Recht annehmen, dass der kreuzförmige Grundriss für die Medrese zuerst in Ägypten angewendet worden ist.

Moscheen

Die wichtigsten Bauwerke der islamischen Kunst sind die Moscheen. Zwei Grundformen sind zu unterscheiden: Dschami, die Moschee für das Gemeindegebet am Freitag, und Masdschid, der Gebetsplatz, dazu kommt noch die Sawija, die kleine Kapelle.

Die älteste Form der Gemeindemoschee in Ägypten ist mesopotamischen Ursprungs (z. B. Ibn Tulun). Um einen fast quadratischen Hof (**Sahn**) liegen vier flach gedeckte Säulenhallen (**Riwak**). Der Hauptriwak, in Richtung Mekka, hat gewöhnlich fünf (Ibn Tulun, El-Ashar, El-Hakim) oder sechs Schiffe (Baibars I.), die anderen Hallen nur zwei (Ibn Tulun) oder drei (El-Ashar, El-Hakim).

Bauentwicklung ►

Welchen Nachteil Moscheen mit Arkadenhallen im Inneren bei der Predigt boten, kann man sich vorstellen, wenn man z. B. in der Moschee des Ibn Tulun auf die Kanzel steigt und sich hier klarmacht, wie wenig von der Gemeinde wegen der die Übersicht behindernden Pfeiler der Arkaden zu sehen sein würde.

Dagegen wurde in der Medrese der Blick auf die Versammelten nicht versperrt. Es ist deshalb nicht überraschend, dass der Grundriss der Medrese allmählich den älteren Plan der Moschee verdrängte und für diese Bauten bisweilen schon im 14. Jh. (Moschee des Emirs El-Malak, 1319; Moschee des Aslam el-Silahdar, 1345), häufig im 15. Jh. verwendet wurde: Moschee des Gamal el-Din el-Ustadar (1408), Moschee des Gani Bek (1427), Moschee des Gohar el-Lala (1430), Moschee des Kidschmas el-Ishaki (1481) u. a. Im letzten Jahrhundert der Mameluckenperiode wurde der Hof erheblich verkleinert.

Nach der türkischen Eroberung 1517 entstand durch den Einfluss des byzantinisch-osmanischen Stils ein Sanktuarium, das von einer großen Kuppel überwölbt war; davor befand sich ein Hof, den mit kleinen Kuppeln bedeckte Arkaden umgaben (z. B. El-Malika Safija).

◄ Äußeres der Moscheen

Das Äußere der Moscheen war anfangs sehr schlicht, die Umfassungsmauern von vielen einfachen Türöffnungen durchbrochen und mit Zinnen versehen. Später wurde durch den Einfluss Syriens (z. B. Große Moschee in Damaskus) die Zahl der Türen auf drei (z. B. Baibars I., 1269; El-Nasir Mohammed, 1318–1335; El-Mardani, 1340) beschränkt. Die Wände zerteilte man nun in schmale Felder, in denen die Fenster, meist ganz klein, angebracht wurden. Besondere Betonung erfuhren die Eingänge. Sie bestanden gewöhnlich aus einer tiefen, mit Stalaktiten überwölbten Eingangsnische; im Hintergrund befand sich der eigentliche Türeingang. Die Tür bedeckten oft Bronzeplättchen in kunstvollen geometrischen Mustern. Die Schwelle war nicht selten ein altägyptischen Monumenten entnommener Granitblock, häufig mit noch sichtbaren Hieroglyphen.

◄ Moscheenhof

Im Moscheenhof (Sahn) stand gewöhnlich ein Brunnen (**Fisuja**) oder Wasserbecken, der für rituelle Waschungen vor dem Gebet benutzt werden konnte. Bei älteren Anlagen, wie z. B. der Ibn Tulun Moschee, gab es dafür einen Waschbereich in den Außenbezirken.

◄ Innenraum

Im Sanktuarium befinden sich im Hintergrund: die Gebetsnische (**Mihrâb**), die Kanzel (**Minbar**), die **Dikka**, eine von Säulen getragene Plattform, auf der die Muballighin, die Gehilfen des Imam, die Kniebeugungen u. a. wiederholen (sie sind der ganzen Gemeinde sichtbar, so dass diese im Takt die Bewegungen nachahmen kann) sowie die von der Decke herabhängenden Lampen und Laternen (Tannur, großer Kronleuchter). Die meisten alten Kronleuchter aus Bronze und die mit Email geschmückten Glaslampen aus den Moscheen Kairos befinden sich jetzt im Museum für Islamische Kunst.

◄ Minarette

Minarette fehlten den ältesten Moscheen noch, der **Ruf zum Gebet** erfolgte vom Dach her. Das erste Minarett der Ibn-Tulun-Moschee war anscheinend spiralförmig und dem der Großen Moschee in Samarra nachgebildet. Im 11. Jh. finden wir einen schlanken, quadrati-

Minarettformen

Sidi Oqba Kairouan | Hammouda Pacha Tunis | Malwija Samarra | Selimiye Edirne | Almohaden Tunis | Ibn Tulun Kairo

schen Schaft, der von einem kleinen, kuppelbekrönten Kiosk überragt wird (El-Gijuschi, 1085). Dieser kleine Kiosk wird mit der Zeit immer kunstvoller ausgestaltet, seine Haube wird kanneliert und sein unterer Teil so in die Länge gezogen, dass das Minarett schließlich drei Stockwerke hat, das unterste viereckig, das mittlere achteckig und das oberste rund (Sangar-el-Gauli-Moschee, 1303). In der Zeit nach 1340 setzte sich die vorherrschende Form aus einem achteckigen Schaft und einem kleinen, kuppelbekrönten Kiosk zusammen (El-Mardani-Moschee, 1340; Schechun-Moschee, 1355).

Mausoleen

Anlage Die Mausoleen der Sultane und Emire wurden in den meisten Fällen den von ihnen gegründeten Moscheen oder Medresen angegliedert. Der eigentliche unterirdische Grabraum war ohne Schmuck. Das Gesicht des in weißes Baumwollzeug eingewickelten Toten wurde nach Mekka gerichtet. In dem Raum über der Gruft stand ein Kenotaph (Tarkiba aus Stein, Tibut aus Holz).

Kuppelbau ► Die frühesten islamischen Kuppeln in Ägypten (El-Hakim-Moschee, El-Gijuschi-Moschee) ruhen auf Nischen, die von Halbkuppeln gebildet werden (sphärische Nischen) und in den Ecken des Quadrats unter der Kuppel angebracht sind. Dadurch wird das Viereck in ein Achteck verwandelt, auf das man eine Kuppel setzen kann. Von diesem Plan wich man zuerst dadurch ab, dass man das Achteck nicht durch eine Halbkuppelnische bildete, sondern durch drei Nischen mit einer vierten darüber (Mausoleum des Gafari und der Saijida Atika, um 1125). Der nächste Schritt bestand darin, den freien Raum zu beiden Seiten der oberen Nische links und rechts mit je einer Nische auszufüllen und so ein Pendentif von zwei Querreihen zu je drei Nischen herstellte (Grabbau der abbasidischen Kalifen, 1242–1243). Ein weiterer Schritt zeigt sich im Mausoleum des Sultans El-Salih Aijub (1250), das eine verhältnismäßig große Kuppel hat. Hier ahnte man wohl, dass ein allmählicher Übergang notwendig war. Das frühere Verfahren wurde wiederholt; ebenso wie man die sphärische Nische nach der Ecke niedriger und schmaler werden ließ, so läuft hier ein Pendentif, dem im Mausoleum der abbasidischen Kalifen nachgebildet, sich verjüngend in die Ecke aus, und darüber wird eine Reihe von vier Nischen angebracht.
Der nächste Schritt brachte dann die Ausführung des Pendentifs in vier Nischenreihen (z. B. Mausoleum des Baibars el-Gaschenkir, 1306–1309). Fünf Reihen erscheinen erst in dem Mausoleum des Emirs Sarghatmisch im Jahr 1356.

Paläste und Wohnhäuser

Paläste Von den alten Palästen sind mehrere erhalten, aber keiner aus der Zeit vor der Mitte des 14. Jahrhunderts. Das Erdgeschoss bestand aus massivem Mauerwerk und war überwölbt; die Zimmerdecken des

Obergeschosses bestanden fast stets aus bemaltem und vergoldetem Holz, zuweilen in schöner **Kassettierung**, wie in dem Palast des Emirs Beschtak (1341). Vorspringende Erker waren eine charakteristische Eigentümlichkeit.

◄ Aufteilung

Wohnhäuser hatten selten mehr als zwei Stockwerke. Im Erdgeschoss sind die für die Männer bestimmten Räume, der **Salamlik**, im Obergeschoss die Zimmer für die Frauen und die Familie, der **Harim**. Bedauerlicherweise sind seit dem Ende des 19. Jh.s fast alle derartigen Wohnhäuser verschwunden, so dass die Straßen in Kairo ihr altertümliches Gepräge weitgehend verloren haben. Im Allgemeinen liegen die Haupträume nach Norden (Richtung des vorherrschenden Windes) und sind dem Hof zugewandt. Zur Straße hinaus gehen nur wenige, hoch angebrachte Fenster. Der Eingang von der Straße in den Hof ist im rechten Winkel gebrochen, um die Vorübergehenden am Einblick zu hindern. Der Eingang zum Harim liegt in einem zweiten Hof oder auf der abgelegenen Seite des ersten Hofes. Die Empfangsräume des Hausherrn, die Kammern für die Diener, Küche u. a. liegen am ersten Hof.

◄ Haupträume (Salamlik)

Die Haupträume, gewöhnlich die einzigen mit Ausschmückung, sind: die Mandara, der Empfangsraum für männliche Besucher, mit der Chasna (Privatgemach), der eine oder zwei Stufen über dem Hofniveau erhabene Tachtabosch und der Makad, eine Veranda in einem Halbgeschoss. Alle diese Räume und ein mit Marmor gepflasterter Hof gehören zum Salamlik.

◄ Kaa

Im oberen Stock liegt die der Mandara ähnliche Kaa, der Gesellschaftsraum der Familie. In einigen Ausnahmefällen ist die Kaa im Erdgeschoss. Die Kaa ist ein langer schmaler Raum und besteht aus drei Teilen, die in Form und Höhe der Decken unterschiedlich sind.

◄ Durkaa

Der Fußboden des quadratischen mittleren Teils, der Durkaa, liegt eine Stufe tiefer als die Liwane auf beiden Seiten. Diese sind nicht immer von gleicher Breite; in diesem Fall gilt der breitere als Ehrenseite. Die Decke der Durkaa hat gewöhnlich die Form einer Holzkuppel oder Laterne, die mit bunten Glasfenstern, den so genannten **Kamarijen** (Kamrija, Kimriia), versehen ist. Sie bestehen aus Gipsplatten und stellen in ihren durchbrochenen, an der Außenseite mit buntem Glas geschlossenen Mustern Blumenvasen, geometrische Figuren u.ä. dar. Der Boden der Durkaa ist meist mit Marmor ausgelegt, häufig befindet sich in der Mitte ein Becken mit Springbrunnen. Auf der einen Seite verläuft über einer zierlichen offenen Arkade die Suffa, ein marmorner Sims zum Abstellen von Kaffeetassen.

Bogenformen

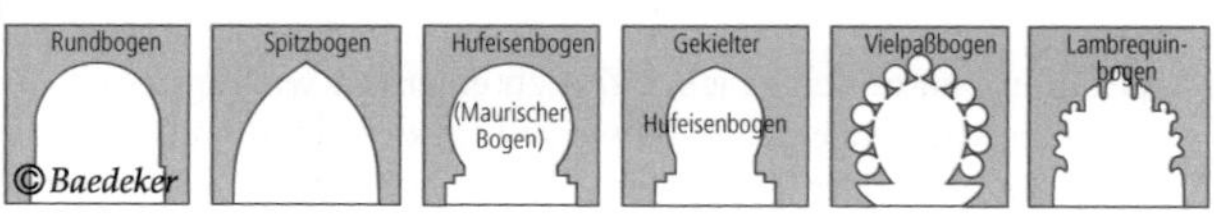

Liwane ► Die Wände der Liwane sind zwei bis drei Meter hoch mit Marmor verkleidet. Darüber befindet sich bisweilen ein Sims für Metallgefäße, Porzellan, Vasen o. ä.; weiter oben ist die Wand gewöhnlich mit einem einfachen Gipsverputz versehen. Die bemalten und vergoldeten Holzdecken der Liwane ruhen auf einer tiefen Hohlkehle mit gleichem Schmuck. Licht und Luft finden Zutritt von einer der Schmalseiten, mit Maschrabijen im unteren und Kamarijen im oberen Teil der Wand.

Bäder und Wikalas

Hammam Die öffentlichen Bäder (Hammam) sind äußerlich meist ganz einfach. Ein schönes kleines Portal hat das Bad des Emirs Beschtak in der Kairoer Scharia Suk el-Silah.

Karawansereien Die Wikalas (Karawansereien) sind häufig sehr große Gebäude von mehreren Stockwerken, die um einen Mittelhof gruppiert sind. Das Erdgeschoss enthält an der Außenseite nach der Straße hin offene Läden. Darüber liegen Wohnzimmer für durchreisende Kaufleute oder ständige Mieter. Ein monumentaler Torweg in der Mitte der Fassade führt in den Hof, den Lagerräume für Waren umgeben. Darüber sind Wohnungen, die häufig von den umlaufenden Außengalerien oder Balkonen zugänglich sind. Wikalas wurden auch als Geldanlage benutzt: Wohltäter, die einer Moschee oder Medrese eine Stiftung zuwenden wollten, bauten häufig solche Gebäude als eine Vereinigung von Lager- und Mietshäusern, deren Einkünfte von Kuratoren verwaltet wurden. Eine derartige Einrichtung heißt Wakf.

Koptische Kunst

Die Geschichte der christlichen Kunst in Ägypten lässt sich in zwei Abschnitte unterteilen, die gänzlich verschiedene Merkmale zeigen: Der erste reicht vom frühen 4. Jh. bis zur arabisch-islamischen Eroberung (640–642), der zweite schließt zeitlich an und erstreckt sich bis in die frühe Neuzeit.

Vom 4. Jh. bis zur arabisch-islamischen Eroberung

Byzantinische Einflüsse Während der ersten Epoche war Ägypten auch in künstlerischer Hinsicht eine Provinz des Byzantinischen Reichs; enge Beziehungen zwischen dem Niltal und der Hauptstadt wie zwischen Ägypten und anderen Provinzen, besonders Syrien, zeigen sich deutlich.

Alexandria Alexandria hatte sich in jener Zeit zu einer der wichtigsten Städte im östlichen Mittelmeergebiet entwickelt, in der Handel und kulturelles Leben blühten. Der Hafen war Umschlagplatz für Waren aus dem ganzen Orient und Treffpunkt von Kaufleuten selbst aus entlegensten Regionen. So wurde die Stadt zum Tor für Einflüsse asiatischer Kunst und Kultur, die sich bald über ganz Ägypten ausbreiteten. Die Oberschicht war hellenisiert, und obgleich die Bevölkerung an alten Traditionen festhielt, zeigt die Kunst jener Zeit, wie sehr die gebildete Klasse dominierte. Durch die Wechselwirkung zwischen heimischen und von außen herangetragenen Stilen entstand eine bedeutende lokale Kunst.

Katakomben, Mausoleen

Die ältesten bekannten Zeugnisse christlicher Kunst sind Gräber, so die Katakomben von Alexandria (in der Nähe der Pompejussäule) und die Mausoleen der Nekropole von Kharga.

Grabbasiliken

Die Gräber des Friedhofes von Oxyrhynchos (El-Bahnasa) zeigen den vollendeten Typus kleiner Grabbasiliken. Über dem Grab des hl. Menas im Mareotis-Bezirk errichtete Kaiser Arkadios (345–408) eine große Basilika mit Querhaus, die als **erstes sicher datierbares christliches Baudenkmal in Ägypten** gilt. Um das Jahr 430 ließ der byzantinische Fürst Kaisarios die große Basilika des Klosters Deir el-Abjad erbauen, dem der koptische Heilige Schenu angehörte. Das Charakteristikum dieser Basilika ist der aus drei Apsiden in Kreuzform gebildete Altarraum, dessen architektonisches Prinzip in Deir el-Achmar und in der Basilika beim Tempel von Dendera nachgeahmt wurde. Diese großen Säulenbasiliken mit ihren zahlreichen verzierten Nischen und ursprünglich die gesamten Wandflächen bedeckenden Fresken sind die bedeutendsten Zeugnisse der ersten Periode christlicher Architektur in Ägypten.

Die Kirchen des Jeremiasklosters in Sakkara und des Apolloniusklosters in Bauit sind kleiner und wurden etwas später errichtet. Sie waren reich an dekorativen Skulpturen, deren beste Fragmente sich heute im Ägyptischen Museum von Kairo befinden. Dieser **Kirchentypus** verrät eine größere Nähe zu den Basiliken Syriens. Die Kirche von Deir Abu Hennis ist ein weiteres bedeutendes Baudenkmal, wurde aber im Mittelalter durch Erneuerungen und Veränderungen stark verfälscht.

In Oberägypten entdeckten die Gelehrten, die an der Ägyptischen Expedition Napoleons teilnahmen, bei Armant eine große Basilika mit je einer Apsis an beiden Enden.

Bemalte Kuppel in der Kirche des Paulusklosters

Zwar ist dieses Gebäude inzwischen verschwunden, aber die erhalten gebliebene »Basilika der Bäder« (Nordbasilika) in Abu Menas und eine Kirchenruine in Marsa Matruh sind vom gleichen Typus.
Die interessantesten Beispiele für diese Art der Veränderung der frühen Kirchen durch die Eremiten finden sich in einigen Gräbern von Beni Hassan, Meir und El-Schech Said sowie im Grab des Penehse in Tell el-Amarna und in den Gräbern von Schech Abd el-Kurna (Nr. 84, 95 und 97) in Theben-West. Mehrere dieser Gräber enthalten sehr aufschlussreiche christliche Inschriften und Fresken. Um die Einsiedeleien entwickelten sich allmählich kleine Klöster, denen die Felsengräber als Kirchen dienten. Auf dem freien Platz vor dem Eingang befanden sich Zellen, Lagerräume und ein Fluchtturm. Eines der besten Beispiele für eine solche Anlage ist das Epiphaniaskloster in Schech Abd el-Kurna.

Kirchen in altägyptischen Tempeln

Als den Christen die Gräber der Pharaonenzeit nicht mehr genügten, wandten sie sich auch den alten Tempeln zu und richteten deren Vorhallen zu Kirchen her, so z. B. in Dendera, Edfu, Esna und Philae. Als man in neuerer Zeit die Tempel freilegte, wurden fast immer die Reste der christlichen Zubauten beseitigt. An anderen Orten wählte man einen Tempelinnenraum als Andachtstätte, etwa in Karnak, wo die Kirche den gesamten großen Festtempel Thutmosis' III. einnahm, an dessen Säulen sich noch die Spuren von Fresken befinden, die koptische Heilige darstellten. Eine dritte Möglichkeit war, die Kirche in einem Tempelhof einzurichten, wie es im Zweiten Hof des Tempels von Medinet Habu geschah (um 1920 abgerissen). In Oberägypten zerstörten die Christen nur selten die alten Tempel. Nur die Reliefs wurden gelegentlich beschädigt, meist aber einfach mit einer dicken, schützenden Kalkputzschicht zugedeckt.

Bauausführung, Reliefs

Die Bauwerke der ersten Epoche christlicher Kunst wurden in aller Regel mit großer Sorgfalt ausgeführt; die fein bearbeiteten Säulen aus Assuangranit trugen Reliefs mit Kreuzen und anderen Symbolen, bisweilen auch Inschriften der Stifter. Die Wände waren aus geschickt behauenem Stein, die Dächer bestanden aus Holz, die Apsiden waren von Halbkuppeln überwölbt.
Groß war der Reichtum an dekorativen **Bildhauerarbeiten** mit Blattwerk, Blumen und ineinander verflochtenen Mustern, manchmal auch mit geometrischem Dekor. Die mittelägyptische Bildhauerschule, deren Zentrum sich vermutlich in Achnas (Ichnasija el-Madina), dem alten Herakleopolis, befand, brachte große Kompositionen hervor, die sich um menschliche Figuren gruppierten und in einem Hochrelief ausgeführt waren, dessen Tiefe und Struktur geradezu barocke Licht- und Schattenwirkungen erzielten. Obwohl die Grundelemente von Kapitell, Architrav und Pilaster dem syrischen oder byzantinischen Kulturraum entstammen, zeigt ihr Dekor einen eigenständigen Charakter, dessen Reichtum an Formen und Motiven von keiner anderen Architektur des christlichen Orients erreicht wurde.

Malerei

Malereien und Fresken bedeckten Wände, Säulenschäfte und Kapitelle der christlichen Kirchen. Leider ist von diesen Werken nur ein ganz geringer Teil erhalten geblieben, aber auch die Reste gestatten es, die Geschichte jener Zeit zu erkennen. Wie die alexandrinische Kunst, in der sie ihre Wurzeln hat, zeigt auch diese Kunst ein Höchstmaß an Realistik der Darstellung.

◄ Faijum-Porträts

Die so genannten Faijum-Porträts (heute im Ägyptischen Museum von Kairo) sind glänzende Beispiele einer Tradition, die auch auf das Kunstschaffen der Christen überging, wo sie sich in den Fresken von Sakkara und Bauit (heute ebenfalls im Ägyptischen Museum von Kairo) manifestierte. In diese alexandrinische Tradition mischten sich deutlich orientalische Einflüsse.

◄ Friese

Der Hellenismus zeigt sich anhaltend in der dekorativen Kunst. Auf den Sockelplatten finden sich Malereien, die Marmorinkrustationen nachahmen, sowie Friese mit Kreisen und Rhomben, in denen Blumen, Früchte, Körbe und Vögel, auch Porträts, Genreszenen und Symbolfiguren dargestellt sind. Über den Sockelplatten ziehen sich breite Friese mit Figuren von Propheten und Heiligen, Mönchen, Engeln und der Heiligen Jungfrau hin. In den die Apsiden überwölbenden Konchen erscheint häufig Christus auf einem Wagen mit den apokalyptischen Tieren. Den gleichen Stil findet man bei den berühmten Miniaturen der **»Christlichen Topografie«** (um 547–549 von Kosmas Indikopleustes von Alexandria geschaffen), die das bei den Alexandrinern beliebte Pittoreske mit einer eher der asiatischen Ästhetik gemäßen Monumentalität vermischen.

Vom 7. Jahrhundert bis zur frühen Neuzeit

Verarmung der Kirche

Die Eroberung Ägyptens durch die Araber hatte große Auswirkungen auf die weitere Entwicklung der christlichen Kunst. Die Tatsache, dass das Christentum nun nicht mehr Staatsreligion war, brachte eine wachsende Verarmung der Kirche mit sich, so dass größere Bauvorhaben nicht mehr verwirklicht werden konnten.

Veränderte Bautechniken

Die Bautechniken änderten sich: Wo früher beispielsweise Hausteine verwendet worden waren, errichtete man nun sogar tragende Konstruktionen aus Backstein oder ungebrannten Ziegeln; außerdem ließ der Mangel an Material für Holzdächer Gewölbe an ihre Stelle treten. All dies brachte Änderungen im Grundriss der Kirchen mit sich; der basilikale Typus wurde (außer in Alt-Kairo) praktisch gänzlich aufgegeben.

Die bedeutendsten Zeugnisse im Norden Ägyptens sind die **Klöster im Wadi Natrun**. Besonders interes-

? WUSSTEN SIE SCHON …?

- … dass die zahlreichen Eremiten der frühesten Zeit, die in der ägyptischen Wüste lebten, oftmals Gräber aus der Pharaonenzeit als abgeschiedene Wohnstätten wählten?
  Sie verwandelten die Grabanlagen durch Anfügung langer, als Apsiden dienender Nischen in Kirchen.

sant ist das zu Beginn des 9. Jh.s wieder aufgebaute Syrerkloster **Deir el-Surijan**. Seine große Kirche ist eine mehrschiffige Säulenbasilika mit Tonnengewölbe; der Chor steht wie ein Querschiff, und das Sanktuarium wird von drei quadratischen Räumen gebildet. Die hervorragenden Stuckaturen mesopotamischen Stils, die den mittleren Raum schmücken, haben eine starke Ähnlichkeit mit jenen des Dritten Stils von Samarra (Mesopotamien); ausgeführt wurden sie vermutlich zur Zeit des Abtes Moses von Nisibis (Nisibin, 10. Jh.). Bedeutend sind zwei Holztüren mit Elfenbeinintarsien (914 bzw. 927). In der kleinen Marienkirche des gleichen Klosters wird die Form der Gotteshäuser von Tur Ab din (ungefähr 40 km nordöstlich von Nisibin) wieder aufgegriffen. Die Gebäude der Klöster Deir Amba Bschoi und Deir Abu Makar sind älter als Deir el-Surijan, während Deir Amba Baramus im 14. Jh. fast zur Gänze neu errichtet wurde.

Kellia-Areal

Rund 50 km nordwestlich vom Wadi Natrun liegt das Areal von Kellia (von lat. cella = Zelle), das 1964 beim Bau von Bewässerungsanlagen entdeckt und teilweise freigelegt wurde. In den Trümmern eines Klosters aus dem 7. Jh. sind bemerkenswerte Fresken erhalten. In der Umgebung befanden sich etwa 700 Einsiedeleien.

Klöster in Oberägypten

In Oberägypten zeigt eine andere Gruppe von Gebäuden den mesopotamischen Einfluss noch deutlicher. Die Kirche im Kloster des hl. Simeon bei Assuan besaß ein Schiff, das von zwei auf Kreuzrippen ruhenden Kuppeln gedeckt war, und weitere von Tonnengewölben überdachte Schiffe – zwei Elemente von einwandfrei asiatischem Ursprung. Auch der Grundriss der Kirche weist in diese Richtung; ein vergleichbares Gebäude steht in Amida (heute Diyarbakır) in Südostanatolien. Das **Simeonskloster** ist das besterhaltene Beispiel einer derartigen Anlage in Ägypten. Ähnlich ist die Kirche des Märtyrerklosters Deir el-Schuhada bei Esna gestaltet.

Weiterhin sind die Klöster zwischen Nakada und Kamula zu nennen, auch wenn sie keineswegs alle aus der gleichen Zeit stammen; selbst innerhalb einer bestimmten Klosteranlage gibt es Baukörper aus verschiedenen Epochen. Am bedeutendsten sind die Kirchen von El-Adra und Mari Girgis in Deir el-Magma; letztere zeigt ein System paralleler Gewölbe auf transversalen Bögen, was auf ein Vorbild aus dem sassanidischen Persien hindeutet.

Ein neuer Kirchentyp

Im Verlauf des 12. Jh.s entwickelte sich in Ägypten ein neuer Kirchentypus, der bald im ganzen Land verbreitet war. Der Grundriss war rechteckig; im Inneren grenzten Säulen oder Pfeiler quadratische, von jeweils einer Kuppel überwölbte Raumteile ab. Die Kuppeln können sehr zahlreich sein; so besitzt z. B. die Kirche von Amba Pachom bei El-Medamut deren neunundzwanzig. Besonders wichtig unter den Kirchen dieses Typs ist diejenige von Deir el-Maharrak, wo sich nach der koptischen Legende Jesus auf der Flucht nach Ägypten aufgehalten haben soll.

Dem Wüstenklima angepasst: das Bschoikloster im Wadi Natrun

Kirchen von Alt-Kairo

Einer anderen Bautradition entstammen die Kirchen von Alt-Kairo. Sie sind mittelalterliche Neubauten von Kirchen der vorarabischen Zeit, aus der die allgemeine Form des Grundrisses ebenso übernommen wurde wie eine Anzahl von Bauelementen, z. B. Säulen, Basen und Kapitelle, desgleichen die hölzerne Dachkonstruktion. Die Art der Holzarbeiten zeigt deutlich den westlichen Einfluss, der durch die Kreuzzüge, aber auch auf den Handelswegen zwischen Ägypten und den italienischen Seerepubliken ins Land gekommen war.

Niedergang der bildenden Künste

Die bildenden Künste erlebten in dieser zweiten Epoche einen völligen Niedergang. Steinskulpturen verschwanden nach dem 8. Jh. fast gänzlich. Zwar wurden noch einige wenige Steinplatten mit rohen Flechtmustern und sehr einfach gearbeitete Kapitelle gefunden, aber mit dem 11. Jh. erlosch die Steinmetzkunst.

Die Malerei jener zweiten Epoche hat in den Klöstern Deir el-Surijan und Deir Abu Makar einige Beispiele hinterlassen, ferner im Weißen Kloster von Sohag und im Simeonskloster bei Assuan. So interessant diese Fresken in ikonografischer Hinsicht sind, zeigen sie doch erhebliche Fremdeinflüsse, namentlich aus Armenien.

Dekorative Techniken brachten nur die **Holzschnitzerei und Intarsienarbeiten** hervor. Die Ikonostase der Kirche Abu Sarga in Alt-Kairo hat sechs geschnitzte Paneele aus dem 11. Jh.; diese sind zusammen mit denen der Kirche von El-Moallaka (heute im Britischen Museum von London) die besten Arbeiten ihrer Art. Im übrigen brillierten die koptischen Kunsthandwerker mit geometrisch-polygonalen Arbeiten, in denen sich deutlich arabischer Einfluss zeigt.

Mit dem 14. Jh. verschwand die eigenständige koptische Kunst; keines ihrer Charakteristika reichte fortan aus, sie von der arabisch-islamischen Kunst zu unterscheiden.

Berühmte Persönlichkeiten

Von Königen, Geschichtsschreibern, Frauenrechtlerinnen, einem berühmten Schauspieler und einem Literaten, der den Nobelpreis gewann – und weiteren Männern und Frauen, die durch Geburt, Wirken oder Tod mit Ägypten verbunden sind und weltweite Bedeutung erlangt haben.

Alexander der Große (356–323 v. Chr.)

Feldherr und König

Alexandria, die zweitgrößte Stadt Ägyptens, erinnert an den Feldherrn, der als Sohn des makedonischen Königs Philipp II. im griechischen Pella geboren wurde. Nach der Ermordung seines Vaters (338 n. Chr.) sicherte er sich den Königsthron und begann wenige Jahre später als oberster Feldherr der Griechen den »panhellenischen Rachefeldzug« gegen die Perser. Durch seinen Sieg über den persischen Großkönig Dareios III. im November 333 v. Chr. bei Issos war der Weg frei nach Ägypten, wo Alexander 331 v. Chr. die Stadt Alexandria gründete. Im gleichen Jahr zog er zum Orakel des Zeus Amun in der Oase Siwa und ließ sich dort von den Priestern seine göttliche Abstammung und den Herrschaftsanspruch über Ägypten bestätigen – der Grundstein für die ihm folgende **Herrscherdynastie der Ptolemäer** war gelegt. Doch das war dem rastlosen Feldherrn noch nicht genug – er zog mit seinem Heer weiter nach Babylonien, Persien und Indien, wo ihn das erschöpfte Heer zur Umkehr zwang. Der Rückweg führt ihn auch nach Babylon, wo er bei den Vorbereitungen eines Feldzuges gegen Arabien an Malaria starb.

Jean-François Champollion (1790–1832)

Ägyptologe

Einen Tag vor Weihnachten, am 23. Dezember 1790, wurde im französischen Figeac bei Aurillac Jean-François Champollion geboren. Er gilt als Begründer der modernen Ägyptologie. Nach ausgedehnten Reisen durch Ägypten gelang ihm anhand des »Steines von Rosetta«, einer Gesetzestafel in griechischer, demotischer und altägyptischer Schrift, die Entzifferung der ägyptischen Hieroglyphen. Dadurch erst wurden präzise Einblicke in die altägyptische Kultur möglich. Sein Schriftsystem »Précis du système hiéroglyphique« aus dem Jahr 1824 ist bis heute im Wesentlichen bestätigt. Im Jahr 1831 wurde für Champollion der **erste Lehrstuhl für Ägyptologie** am Collège de France in Paris eingerichtet. Champollion verstarb 1832 in Paris.

Faruk I. (1920–1965)

König von Ägypten

König Faruk I. von Ägypten wurde am 11. Februar 1920 in Kairo geboren. Im Jahre 1936 folgte er seinem Vater, König Fuad, auf den Thron. 1951 nahm er den Titel »König Ägyptens und des Sudans« an. Faruks von Korruption sowie Skandalen begleiteter Führungsstil und auch seine pro-britische Haltung führten zur Entstehung einer rasch wachsende Opposition. Im Jahre 1952 wurde Faruk vom »Komitee der Freien Offiziere« zur Abdankung gezwungen. Er ging zunächst ins Exil nach Monaco, später nach Italien. Er verstarb am 18. März 1965 in Rom.

← Der ägyptische Schauspieler und Oscarpreisträger Omar Sharif in seiner berühmtesten Rolle als »Doktor Schiwago« mit Geraldine Chaplin

Herodot (ca. 490 bis ca. 425 v. Chr.)

Geschichtsschreiber

Cicero bezeichnete ihn als **»Vater der Geschichtsschreibung«**: Gemeint war Herodot, der in Halikarnassos, dem heutigen Bodrum (Türkei), geboren wurde. Seine Heimat musste er wegen der Beteiligung am Aufruhr gegen den Tyrannen Lygdamis verlassen. Zahlreiche große Reisen führten ihn u. a. nach Ägypten und Afrika, nach Mesopotamien, an die Schwarzmeerküste und nach Italien. Später lebte er hoch angesehen in Athen und zog 444 v. Chr. in die neu gegründete athenische Kolonie Thurioi in Unteritalien. Herodots geografisches Werk ist sowohl eine kritische Betrachtung der von ihm bereisten Länder wie auch eine politische Berichterstattung. Durch die vielfach belegte Zuverlässigkeit seiner Berichte entwarf er nicht nur ein eindrucksvolles Bild von Kleinasien und Griechenland, sondern lieferte darüber hinaus wertvolle ethnologische und geografische Informationen zu Vorderasien und Afrika.

Taha Hussein (1889–1973)

Schriftsteller

Der in frühester Kindheit erblindete Schriftsteller Taha Hussein wird in der gesamten arabischsprachigen Welt als »Doyen der arabischen Literatur« und liberaler Vordenker verehrt. Hussein kam aus einfachen Verhältnissen; er wurde als siebtes von 13 Kindern in einem Dorf in Oberägypten geboren. Seine Studien begann er an der islamischen El-Ashar-Universität, von der er 1908 auf die neu gegründete Universität Kairo wechselte. Dort studierte er Geschichte und Literatur und legte 1914 mit einer Schrift über den blinden mittelalterlichen Dichter al-Maari die **erste Doktorarbeit des Landes** vor. 1914 bis 1919 setzte Hussein seine Ausbildung in Frankreich fort. Dort lernte er seine Frau Suzanne kennen. Mit einem Doktortitel der Sorbonne kehrte er 1919 nach Ägypten zurück und lehrte als Literaturwissenschaftler an der Universität Kairo. Nach einer öffentlichen Kontroverse um sein Buch zur vorislamischen Poesie wurde Hussein 1927 vorübergehend suspendiert. Der streitbare Humanist engagierte sich als Journalist, Schriftsteller – er schrieb mehr als 40 Bücher – und Bildungspolitiker. Als Bildungsminister (1950–1952) setzte Hussein die allgemeine und kostenlose Schulpflicht durch. 1962 wurde er Präsident der Akademie für Arabische Sprache. Seine auch in deutscher Übersetzung vorliegende Autobiografie ist ein Klassiker.

Kleopatra VII.

►Baedeker Special S. 271

Umm Kulthum (1904–1975)

Sängerin

Wenn in den 1950er- und 1960er-Jahren Umm Kulthums Konzerte Anfang jedes Monats live übertragen wurden, waren die Straßen von

Casablanca bis Bagdad leer gefegt. Und die **»Stimme Ägyptens«** ist auch noch Jahrzehnte nach ihrem Tod die populärste Sängerin der arabischen Welt. Ihre Karriere begann sie als Junge verkleidet – öffentliche Auftritte von Mädchen galten als nicht tugendhaft – mit Auftritten auf Hochzeiten und anderen Festlichkeiten, wo sie religiöse Hymnen und Koranverse vortrug. 1923 zog sie nach Kairo, wo ihre klare und eindringliche Stimme immer mehr Bewunderer anzog und sie von namhaften Dichtern mit Liedern versorgt wurde. Ihre Konzerte, bei denen sie ihre Zuhörer spielend zum Lachen oder Weinen bringen konnte, erhielten bald einen Kultcharakter. Mit der Verbreitung von Schallplatten und später Cassetten, des Rundfunks und des Films wurden ihre melancholischen Liebeslieder in jeden Winkel des Landes getragen.

Mohammed Ali (1769–1849)

Statthalter von Ägypten

Der als Begründer des modernen Ägyptens verehrte Mohammed Ali kam 1798 als Hauptmann eines Albanerkorps nach Ägypten. Mit Geschick verstand er es, seine Stellung zwischen Türken und Mamelucken zu festigen. Von der Hohen Pforte in Konstantinopel 1805 als Pascha (Statthalter) bestätigt, schwang er sich zum Herrscher über Ägypten auf. Im Jahre 1831 überwarf er sich mit der Pforte und besetzte Syrien. Die Großmächte zwangen ihn schließlich 1841, sich mit der erblichen Herrschaft über Ägypten unter osmanischer Oberhoheit zu begnügen. Innenpolitisch brachte Mohammed Ali **zahlreiche Reformen** auf den Weg. Drückende Steuern, Monopole und die Enteignung des gesamten Grundeigentums verschafften ihm die Mittel für großzügige, von französischen Fachleuten unterstützte Straßen- und Kanalbaumaßnahmen sowie für den Aufbau einer modernen Industrie. Zudem schuf er ein schlagkräftiges Heer. Mohammed Ali starb geistig verwirrt 1849 in Alexandria.

Gamal Abd el-Nasser (1918–1970)

Politiker

Der ägyptische Politiker und Staatsmann Gamal Abd el-Nasser (Nasir) wurde 1918 in Beni Mor geboren. Als Gründungsmitglied des »Komitees der Freien Offiziere« war er 1952 maßgeblich am Sturz von König Faruk beteiligt. Nachdem er bereits 1954 vom Rat der Revolution zum Staatspräsidenten gewählt worden war, ließ er sich 1956 vom Volk im Amt bestätigen. Durch die Verstaatlichung des Sueskanals (1956) gewann er großen Einfluss in der arabischen Welt, insbesondere im Kampf gegen Israel. Mit dem politischen Zusammenschluss von Ägypten und Syrien führte er 1958 die Vereinigte Arabische Republik (VAR) herbei, deren Präsident er wurde. Mit der Sperrung des Golfes von Aqaba für israelische Schiffe löste er 1967 den Sechs-Tage-Krieg aus. Nasser suchte die wirtschaftliche und soziale Situation seines Landes durch einen

»arabischen Sozialismus« zu verbessern. Für seine ehrgeizigen Großprojekte, z. B. den Bau des Assuan-Hochdammes, konnte er internationale Unterstützung gewinnen. Für viele Ägypter verkörpert er die gute alte Zeit, als Ägypten ein wohlhabendes Land war.

Ramses II. (1290–1224 v. Chr.)

Pharao Ramses II. gilt als der berühmteste unter den ägyptischen Pharaonen. Während seiner 67-jährigen Regierungszeit setzte er die Kriege seines Vaters, Sethos I., gegen die Hethiter fort und beendete sie nach der Schlacht bei Kadesch (1285 v. Chr.) durch einen in Hieroglyphen und Keilschrift erhaltenen Bündnisvertrag, den ältesten bekannten Friedensvertrag zweier Völker. Der Vertrag legte fest, dass das eigentliche Palästina in ägyptischem Besitz bleiben, das nördliche Syrien hingegen dem Hethiterreich tributpflichtig gemacht werden sollte. Durch seine spätere Ehe mit der Tochter des Hethiterkönigs Hattusili III. versuchte Ramses, dieses Bündnis zu festigen. Ramses II. ging nicht nur als Herrscher, sondern vor allem als **Bauherr** in die Geschichte Ägyptens ein. An seine Herrschaft erinnern die gewaltigen Tempelanlagen von Luxor und Abu Simbel, das Ramesseum sowie zahllose andere Monumentalbauten in Ägypten und Nubien.

Kritisch, streitbar und mutig: die Autorin Nawal Saadawi

Nawal Saadawi (geb. 1931)

Die streitbare **Feministin** und Autorin wurde 1931 in einem Dorf im Nildelta geboren. Nach ihrem Medizin- und Psychologiestudium in Kairo arbeitete sie in verschiedenen Positionen im Gesundheitsministerium. In ihren Artikeln, Büchern und im Rahmen der von ihr begründeten **»Vereinigung Arabischer Frauen«** thematisiert sie in beispielloser Offenheit Psychologie und Sexualität ägyptischer Frauen. Saadawi geht mit ihrer Kritik an den herrschenden Geschlechterverhältnissen weiter als ihre Vorkämpferinnen und verbindet Feminismus mit einer Kritik an den politischen, sozialen und wirtschaftlichen Verhältnissen. Aufgrund ihrer Schriften wurde sie 1972 entlassen und erhielt Berufsverbot. In den 70er- und 80er-Jahren wurde sie wiederholt wegen ihrer als unmoralisch eingestuften Romane inhaftiert. Die Bücher Saadawis waren lange Jahre verboten und mussten im Ausland verlegt werden. Wie so oft bewirkten Zensur, Drohungen und Repressalien genau das Gegenteil von dem, was sie eigentlich bezwecken sollten, denn sie machten Saadawi im In- und Ausland berühmt und zu einer der meistgelesenen ägyptischen Autorinnen.

Mohammed Anwar el-Sadat (1918–1981)

Ebenso wie Gamal Abd el-Nasser begann Sadat seine **politische Karriere** als Gründungsmitglied der »Vereinigung der Freien Offiziere«, die 1952 König Faruk zur Abdankung zwang. Im Jahr 1970, nach dem Tode von Nasser, wurde er zum Präsidenten von Ägypten gewählt. Sadat versuchte, die wirtschaftlichen Schwierigkeiten seines Landes durch eine Annäherung an den Westen zu überwinden. Die im Jom-Kippur-Krieg (1973) gegen Israel erzielten militärischen Vorteile nutzte er zu **Friedensverhandlungen**. Den Abschluss fanden diese Verhandlungen 1979 in den Vereinbarungen von Camp David, in denen die schrittweise Rückgabe der im Sechs-Tage-Krieg (1967) von Israel besetzten ägyptischen Gebiete beschlossen wurde. Mohammed Anwar el-Sadat fiel am 6. Oktober 1981 während einer Militärparade in Kairo einem Mordanschlag zum Opfer.

Hoda Schaarawi (1879–1947)

Frauenrechtlerin

Als Hoda Schaarawi, die Pionierin der ägyptischen Frauenbewegung, in Alexandria 1923 (nach ihrer Rückkehr von einer internationalen Frauenkonferenz in Rom) demonstrativ ihren Schleier ablegte, schockierte sie die ägyptische Öffentlichkeit. Schaarawi, die einer wohlhabenden und einflußreichen Familie entstammte, wuchs im Harem ihres früh verstorbenen Vaters auf und wurde im Alter von 13 Jahren mit ihrem 30 Jahre älteren Cousin verheiratet. Als Dame der Oberschicht engagierte sie sich zunächst im karitativen Bereich und in der Frauenbildung. Während der Revolution von 1919 – ihr Mann war mit Saad Zaghlul nach Malta deportiert worden – führte Hoda Shaarawi die Frauendemonstrationen gegen die englische Besatzung an. 1923, ein Jahr nach dem Tod ihres Mannes, begründete sie die erste ägyptische Frauenvereinigung, die **Ägyptische Feministische Union**, die sie bis zu ihrem Tod 1947 führte. Wie die meisten ägyptischen Feministinnen ihrer Generation verband Hoda Shaarawi das Eintreten für die Rechte der Frau mit der Frage der nationalen Befreiung.

Omar Sharif (geb. 1932)

Schauspieler Eigentlich sollte Omar Sharif, der mit bürgerlichem Namen Maechel Shalhoub heißt, das florierende väterliche Importunternehmen in Kairo übernehmen. Doch der Sohn interessierte sich weit mehr für die Schauspielerei als für den Holzhandel, und so ließ ihn der Vater dann doch die Königliche Dramatische Akademie in London besuchen. Seinen ersten Film drehte er im Alter von 21 Jahren (»The Blazing Sun«). Der internationale Durchbruch kam aber erst 1962 mit David Leans Monumentalstreifen **»Lawrence von Arabien«**. Für seine Rolle als Scheich Sherif Ali erntete der gut aussehende Ägypter einen Oscar – und hatte von diesem Zeitpunkt an nicht nur in seiner Heimat unzählige weibliche Fans. Weltberühmt wurde er mit der amerikanischen Romanverfilmung **»Doktor Schiwago«**, in der er neben Julie Christie den Titelhelden verkörperte. Nach der gescheiterten Ehe mit Fatin Hamama, einer der größten Schauspielerinnen Arabiens, seiner einzigen großen Liebe, wie er später immer beteuerte, verlor Sharif die Bodenhaftung, suchte Trost im Whisky und beim Bridge (er gehört zu den weltbesten Spielern), verspielte als Nomade im internationalen Jetset ein Vermögen in Casinos. Während er in Ägypten immer zur ersten Schauspielergarde zählte, schaffte er sein internationales Comeback erst 2003 mit der Bestseller-Verfilmung »Monsieur Ibrahim und die Blumen des Koran«.

Rifaat Tahtawi (1801–1873)

Reformer Am 15. Oktober 1801, am gleichen Tag als Napoleons Truppen nach dreijähriger Besatzung Ägypten verließen, wurde Rifaat Tahtawi in der oberägyptischen Kleinstadt Tahta geboren. Tahtawi, der in Ägypten als **Wegbereiter der Aufklärung** gilt, durchlief über die örtliche Koranschule und die islamische al-Ashar-Universität in Kairo eine traditionelle Ausbildung zum Religionsgelehrten. Als Seelsorger einer der ersten Bildungsmissionen wurde er von 1826 bis 1831 nach Frankreich entsandt. In Paris beschäftigte sich Tahtawi intensiv mit französischer Literatur und den zeitgenössischen europäischen Ideen. Im Jahr seiner Rückkehr nach Ägypten erschien sein einflussreichstes Buch, eine Beschreibung der französischen Gesellschaft und Politik. Auf verschiedenen hohen Positionen im Bildungsbereich und mit seinen Schriften legte Tahtawi die Fundamente der Modernisierung Ägyptens. Er wirkte in der Überzeugung, dass die Entwicklung des Landes nur über Ausbildung und Erziehung – auch der Frauen – erreicht werden könne. Seine interessanten Beobachtungen zur europäischen Gesellschaft kann man auch auf Deutsch nachlesen: »Ein Muslim entdeckt Europa. Die Reise eines Ägypters im 19. Jahrhundert nach Paris«, München 1988.

Nagib Machfus, einer der großen alten Männer der ägyptischen Literatur, 1998 ausgezeichnet mit dem Literatur-Nobelpreis

GESCHICHTEN VOM NIL

Mit der Verleihung des Nobelpreises für Literatur an den Schriftsteller Nagib Machfus im Jahre 1988 hat das Interesse an der ägyptischen Gegenwartsliteratur auch im deutschsprachigen Raum zugenommen. Mit Machfus – er starb am 30. August 2006 – erhielt der erste Schriftsteller arabischer Sprache diese höchste literarische Auszeichnung.

Man hat ihn den **»Balzac Ägyptens«** genannt, ihn mit Dickens, Dostojewski, Proust, Tolstoi und Thomas Mann verglichen oder schlicht als den »Vater des ägyptischen Romans« bezeichnet. Nagib Machfus selbst sah sich in der Tradition zweier Zivilisationen, der Kultur der **Pharaonenzeit** und der der **islamischen Zivilisation**: »Es war mir bestimmt, dass ich im Schoß dieser beiden Zivilisationen geboren wurde, dass ich von beiden Seiten die Muttermilch einsog und mich an den Schätzen ihrer Literaturen und Künste nährte. Aber auch vom Zaubertrank ihrer reichen Kultur habe ich getrunken.« Auch wenn Nachfus vor allem als **typisch arabischer Erzähler** gilt, der tief in der Kultur und Geschichte seines Landes verwurzelt war, gehört das mehr als 30 Romane sowie viele Kurzgeschichten und Novellen umfassende Lebenswerk des fast erblindeten Autors spätestens seit der Würdigung durch das schwedische Nobelpreiskomitee zur Weltliteratur.

Leben und Werk

Nagib Machfus wurde am 11. Dezember 1911 als jüngstes von sieben Kindern in Gamalija, einem der ältesten Viertel Kairos, geboren. Nach dem Abschluss seines Studiums der **Philosophie** an der Universität Kairo 1935 entschied er sich gegen eine Karriere im Wissenschaftsbetrieb. Von 1934 bis zu seiner Pensionierung im Jahr 1971 arbeitete er in verschiedenen Einrichtungen der **Verwaltung**, was ihm das Schreiben ermöglichte.

Die Welt seiner Romane sind vor allem die Gassen der Kairoer Altstadt, wo er aufgewachsen war: »Die Gasse –

das ist meine eigene Geschichte.« Machfus hat viele Elemente der volkstümlichen Erzählkunst in seine Romane einfließen lassen. Durch seine einfache, präzise und lebendige Sprache hat er wie kein anderer die Entwicklung der ägyptischen Gesellschaft im 20. Jh. beschrieben. Sein Hauptwerk ist die **Kairoer Trilogie** aus den Jahren 1957/1958, das epische Gemälde einer Kairoer Kaufmannsfamilie zwischen den beiden Weltkriegen. Darin entwickelt Machfus auf fast 1800 Seiten nicht nur ein dichtes Geflecht familiärer und personeller Beziehungen, sondern beschreibt auch den Prozess der **Modernisierung einer Gesellschaft**, »die offenbar selbst nicht begreift, was sich, hinter dem Rücken der Individuen (und über ihre Köpfe hinweg), vollzieht«.

Nagib Machfus war aber nicht nur der literarische **Chronist** der Nilmetropole. Durch die Wahl und Behandlung der Themen vermochte er zu zeigen, »dass die Bedürfnisse, Konflikte, Sehnsüchte der Menschen in Kairo die aller Menschen sind. Nirgends wird das deutlicher als in seinem Roman »Die Kinder unseres Viertels«, der erstmals 1959 als **Fortsetzungsroman** in der Tageszeitung al-Ahram erschien. Dieser Aktionsroman mit Mord und Totschlag beschreibt die Geschichte der großen Religionsgründungen Judentum, Christentum und Islam als gescheiterte Versuche, Elend und Ungerechtigkeit in der Welt zu überwinden. Hoffnung erwächst demgegenüber aus einer Wissenschaft, die ihre Unabhängigkeit bewahrt und die göttlichen Normen respektiert. Diese

»Ob ein Mensch klug ist,
erkennt man an seinen Antworten.
Ob ein Mensch weise ist,
erkennt man an seinen Fragen.« *Nagib Machfus*

Taha Hussein, blind seit seiner Kindheit, war einer der bedeutendsten und einflussreichsten arabischen Schriftsteller des 20. Jahrhunderts.

faszinierende Geschichte der Menschheit seit der Vertreibung aus dem Paradies erregte den **Widerspruch** fundamentalistischer Kreise und trug dazu bei, dass bis heute keine Buchausgabe in Ägypten veröffentlicht werden konnte.

Als engagierter Schriftsteller setzte sich Nagib Machfus zeitlebens für **humanistische Grundwerte**, für Aufklärung, Toleranz und Demokratie sowie eine friedliche Lösung des Nahostkonfliktes ein. Nach Mordaufrufen militanter Islamisten wurde Machfus 1994 vor seiner Haustür niedergestochen. An den Folgen dieser Verletzungen litt er bis zu seinem Tod im Jahr 2006. Dennoch ließ er sich von seiner besonnenen Art, für Freiheit, Demokratie und Gerechtigkeit zu kämpfen, nicht abbringen.

Spiegel der ägyptischen Gesellschaft

Nagib Machfus gehört zusammen mit dem Aufklärer **Taha Hussein**, dem Dramatiker **Taufik al-Hakki** und dem Novellisten **Yahya Hakki** zu den großen alten Männern der ägyptischen Literatur. Doch spätestens seit den 1970er-Jahren haben jüngere Autorinnen und Autoren auf sich aufmerksam gemacht. Die Themen sind so vielfältig wie die ägyptische Gesellschaft. Zu ihnen gehören historische und gesellschaftskritische Romane ebenso wie Geschichten über die Lebenserfahrungen und Hoffnungen arabischer Frauen. Eine gute Autorin ist beispielsweise **Alifa Rifaat** (1930 bis 1996), deren Erzählungen vor allem um die miteinander verbundenen Grundthemen Sexualität und Tod kreisen. Das erfolgreichste belletristische Werk der letzten Jahre ist »Der Jakubijân-Bau« des preisgekrönten Autors **Alaa al-Aswani** (geb. 1957). Der 2002 (auf deutsch 2007) erschienene Roman schildert das Leben der Bewohner eines Kairoer Innenstadthauses – Pseudo-Aristokraten und Intellektuelle in den Etagenwohnungen, Habenichtse und Tagelöhner in Verschlägen auf dem Dach. Korruption, Elend, Bigotterie und staatliche Repressalien – keine Tragödie im Ägypten von heute wird ausgespart. Eine ideale Lektüre für Reisende, die wissen wollen, wie es um die ägyptische Gesellschaft bestellt ist

Praktische Informationen

WANN IST DIE BESTE REISEZEIT? WELCHE PAPIERE BRAUCHT MAN IN ÄGYPTEN? WIE VERHÄLT MAN SICH IN EINEM ARABISCHEN LAND RICHTIG? WO SIND DIE SCHÖNSTEN BASARE? LESEN SIE ES NACH – AM BESTEN SCHON VOR DER REISE.

Anreise · Reiseplanung

Mit dem Flugzeug

Von allen großen Flughäfen Mitteleuropas gibt es **täglich Direktflüge** nach Ägypten. Die Flugzeit für die Strecke Frankfurt am Main – Kairo beträgt etwa 4 Stunden. Linienfluggesellschaften fliegen vor allem nach Kairo, etliche auch nach Luxor (meist mit Zwischenlandung in Kairo) und Alexandria. Luxor sowie die Badeorte am Roten Meer (Sharm el-Sheikh, Hurghada, Taba und Marsa Alam) werden z. T. mehrmals wöchentlich von EGYPTAIR und anderen namhaften Fluggesellschaften (u.a. Air Berlin, Condor, Tuifly) bedient.

Internationale und nationale Flughäfen ►

Der wichtigste internationale Flughafen in Ägypten ist der **Cairo International Airport** (CAI). Weitere internationale Flughäfen gibt es in Alexandria, Luxor, Assuan (von hier kann man nach Abu Simbel weiterfliegen), Hurghada, Sharm el-Sheikh und Marsa Alam. Die meisten Besucher aus dem Ausland kommen über Kairo, Alexandria oder Sharm el-Sheikh. Die übrigen Flughäfen werden vor allem von Chartermaschinen und Pauschalreiseveranstaltern angeflogen.

Fluggesellschaften ►

Die Fluggesellschaft **EGYPTAIR** – sie ist Mitglied der von der Deutschen Lufthansa geführten Star Alliance – bedient in erster Linie internationale Routen. Inlandflüge werden zu allermeist von den beiden Fluggesellschaften **EGYPTAIR Express** und **Air Sinai** durchgeführt. Darüber hinaus verkehren, je nach Saison unterschiedlich häufig alle großen Flug-, Billig- und Chartergesellschaften wie Lufthansa, Austrian Airlines, Swiss, Air France/KLM, Air Berlin, Condor und Tuifly.

Rückflugbestätigung ►

Bei einigen Fluggesellschaften muss der Rückflug bis zu 72 Stunden vor dem Abflugtermin bestätigt werden (per Telefon; Hinweise auf dem Ticket beachten).

Mit dem Schiff

Teilnehmer einer Mittelmeerkreuzfahrt steuern zumeist Alexandria, manchmal auch Port Said und Sues an. Ausführliche Informationen erhält man in jedem guten Reisebüro. Auch Frachtschiffe, die zwischen Hamburg, Bremerhaven, Rotterdam, Antwerpen, Marseille, Genua, Neapel und den ägyptischen Häfen Alexandria, Damietta, Port Said und Sues pendeln, nehmen Passagiere mit.

Mit dem Auto

Die Anreise mit dem Fahrzeug auf dem Landweg (über Spanien/Nordafrika bzw. Türkei/Syrien/Libanon/Israel) ist zwar möglich, aber aus politischen und Zeitgründen nicht zu empfehlen. An den Grenzübergängen werden Straßenbenutzungsgebühren erhoben. Der Abschluss einer für Ägypten geltenden **Kfz-Versicherung** ist vorgeschrieben. Der Führerschein des Heimatlandes wird zwar anerkannt, dennoch sollte man den **internationalen Führerschein** im Gepäck haben. Grundsätzlich kann man davon ausgehen, dass ägyptische Grenz- und Zollbehörden bei der Einfuhr von Personenkraftwagen nicht einheitlich vorgehen und Gebühren in unterschiedlicher Höhe erheben. Weitere Informationen gibt es bei den Automobilklubs.

WICHTIGE ADRESSEN ANREISE

EGYPT AIR

Im Internet
www.egyptair.com

In Deutschland
Am Hauptbahnhof 12
60329 Frankfurt/Main
Tel. (069) 27 30 03-0

Schwanthalerstr. 17
80336 München
Tel. (089) 54 58 82 13

In Österreich
Opernring 1/R/4. Stock
1010 Wien
Tel. (01) 5 87 45 32 11

In der Schweiz
2, rue de Berne
1201 Genève
Tel. (0 22) 7 31 51 71

In Ägypten
National Call Center
Tel. 09 00-700 00 (Festnetz)
Tel. 1717 (Mobilnetze)
Fax (02) 26 96 42 29 (weltweit)
callcenter@egyptair.com

Cairo International Airport
Terminal 3 (Abflughalle)
Tel. (02) 26966798

Hauptbüro Talaat Harb
Sharia Talaat Harb 9
Tel. (02) 23 92 76 64

Cairo Sheraton Hotel
Galaa Square
Tel. (02) 33 36 20 20

FLUGHAFEN KAIRO

Cairo International Airport
Tel. (02) 22 65 50 00
www.cairo-airport.com

WEITERE AIRLINES

Deutsche Lufthansa
Tel. 01805 805 805 (D)
Tel. 0810 10 25 80 80 (A)
Tel. 0900 900 922 (CH)
Tel. (02) 1 93 80 (Ägypten)
www.lufthansa.com

Austrian Airlines
Tel. 01803 000 523 (D)
Tel. (05) 17 66 10 00 (A)
Tel. (044) 286 80 88 (CH)
Tel. (02) 27 35 27 77 (Ägypten)
www.aua.com

Swiss
Tel. 01803 000 337 (D)
Tel. 0810 810 840 (A)
Tel. 0848 700 700 (CH)
Tel. (02) 1 93 80 (Ägypten)
www.swiss.com

Air Berlin/LTU/Fly Niki
Tel. 01805 737 800 (D)
Tel. 0820 737 800 (A)
Tel. 0848 737 800 (CH)
Tel. +49 (30) 410 21 59 03 (Int.)
www.airberlin.com

Lauda Air
Tel. +43 (0) 820 320 321 (Int.)
www.laudaair.com

Tuifly
Tel. 01805 757 510 (D)
Tel. 0820 820 033 (A)
Tel. 0848 000 271 (CH)
Tel. +44 870 60 60 519 (Int.)
www.tuifly.com

Condor
Tel. 01805 767 757 (D)
Tel. 0810 96 90 22 (A)
Tel. 0848 10 10 22 (CH)
Tel. +49 (0) 1805 767 757 (Int.)
www.condor.com

REISEVERANSTALTER

Neben Reise-Riesen wie TUI, DER, ITS zeichnen sich kleinere Anbieter durch guten Service aus:

► **OFT-Reisen**
Tel. (0 71 56) 16 11 15
www.oft-reisen.de
Einer der ältesten Ägypten-Reiseveranstalter auf dem deutschen Markt mit breitem Angebot, gutem Service, hervorragendem Preis-Leistungsverhältnis. Große Palette an Kombinationsmöglichkeiten durch Baukastensystem.

► **Studiosus Reisen**
Tel. (089) 500 600
www.studiosus.com
Große Auswahl (Studienreisen, Städtereisen, Single-Reisen) sowie Routen zu Land oder mit dem Schiff. Auch Bade-Verlängerungen werden organisiert. Qualitativ hochwertige Reisen mit kompetenten Reiseleitern.

Reisedokumente

Reisepass Zur Einreise nach Ägypten ist ein Reisepass erforderlich, der mindestens drei Monate über das Datum der Einreise hinaus gültig ist. Kinder bis 16 Jahre müssen mit Bild im Reisedokument der Eltern eingetragen sein oder einen amtlichen Kinderausweis vorlegen. Bei Einreise mit dem Personalausweis müssen zwei Passbilder mitgebracht werden – die Visumpflicht bleibt bestehen.

Visum Die ägyptischen Behörden verlangen von jedem Besucher ein Visum. Dieses muss man vor der Abreise bei einem ägyptischen Konsulat beantragen, wenn man auf dem Landweg einreist. Wer per Schiff oder Flugzeug in Ägypten ankommt, erhält das Visum ohne Probleme bei der Einreise am Flug- oder Seehafen. Das **Touristenvisum** gilt 30 Tage und kann meist problemlos verlängert werden. Die Ausstellung eines Visums kostet derzeit ca. 15 Euro. Die meisten Reiseveranstalter haben die Visagebühren bereits in ihre Preiskalkulationen eingearbeitet.

Sinai-Visum ► Wer von Israel (Eilat) bzw. Jordanien (Aqaba) kommend über Taba nach Ägypten einreist, bekommt nur ein kostenloses Sinai-Visum ausgestellt, das maximal 14 Tage lang gilt. Es berechtigt allerdings nur zum Besuch des **Ostsinai**, d. h. für das Gebiet im Dreieck Taba – Katharinenkloster – Sharm el-Sheikh. Sollte man noch mehr vom Land sehen wollen, benötigt man ein Visum für ganz Ägypten.

Wiedereinreise aus Israel ► Wer von Ägypten aus einen Ausflug nach Israel plant, benötigt für die Wiedereinreise nach Ägypten ein sog. Re-entry-Visum, das von den ägyptischen Behörden kostenpflichtig ausgestellt wird.

Fahrzeugpapiere Wer mit dem eigenen Fahrzeug nach Ägypten einreisen will, hat eine ganze Litanei von Regelungen und Vorschriften zu beachten, die sich außerdem ständig ändern. In solchen Fällen sollte man sich rechtzeitig bei einem ägyptischen Konsulat bzw. bei seinem Automobilklub informieren.

Kranken-versicherung

Da es kein Abkommen der gesetzlichen Krankenversicherungen mit Ägypten gibt, werden entstandene Kosten nicht ersetzt. Es empfiehlt sich daher, eine Auslandskrankenversicherung mit Krankenrücktransport abzuschließen.

Vor Reiseantritt: Impfungen

Von offizieller Seite sind bei der Einreise nach Ägypten keine Impfungen erforderlich – es sei denn, man hat sich bis zu fünf Tage vor der Einreise in Choleragebieten oder bis zu sechs Tage vorher in Gelbfiebergebieten aufgehalten. Die Gefahr, an Malaria zu erkranken, ist sehr gering und auf die Oase Faijum begrenzt (Mai bis Okt.). Alle anderen Gebiete sind malariafrei. Empfohlen werden Impfungen gegen Tetanus (Wundstarrkrampf) und Polio (Kinderlähmung) sowie gegen Hepatitis B und Meningitis.

Zollbestimmungen

Einreise-bestimmungen

Mitgeführte Devisen sind ab einem Betrag von 5000 US$ zu deklarieren. Die Ein- und Ausfuhr von Landeswährung ist auf 5000 £E begrenzt. Reisegepäck für den persönlichen Bedarf bzw. persönliche Gebrauchsgegenstände dürfen zollfrei eingeführt werden. Persönlicher Schmuck sowie andere wertvolle Gegenstände (z. B. Kameras, elektronische Geräte, Tauchausrüstungen) müssen deklariert und in den Pass eingetragen werden. Es sollte darauf geachtet werden, dass diese Eintragungen bei der Ausreise wieder gelöscht werden!
Folgende Artikel kann man **zollfrei** einführen: 1 l alkoholische Getränke, 500 g Kaffee, 100 g Tee, 50 g Parfüm, 0,25 l Eau de Toilette sowie wahlweise 200 Zigaretten, 100 Zigarillos, 50 Zigarren oder 250 g Tabak. Zollfrei sind ferner Geschenke und Waren im Gesamtwert von 100 US$. Einfuhr und Besitz von Drogen werden mit drakonischen Strafen geahndet.

Ausreise-bestimmungen

Die Ausfuhr von Antiquitäten ist generell verboten. In Ausnahmefällen werden Genehmigungen erteilt. Ganz untersagt ist die Ausfuhr von antiken Gold- und Silberarbeiten. Wer einen Orientteppich ausführen will, muss eine Genehmigung einholen. Die Nichtbeachtung von Ausfuhrverboten wird mit sehr hohen Geldstrafen geahndet.

Wiedereinreise in die EU

Zollfrei sind alle bereits nach Ägypten mitgenommenen persönlichen Gebrauchsgegenstände, 200 Zigaretten oder 100 Zigarrillos oder 50 Zigarren 250 g Tabak, 1 l Spirituosen mit mehr als 22 Vol.-% Alkohol oder 2 l Spirituosen unter 22 Vol.-% Alkohol oder 2 l Schaumwein, ferner 2 l Wein, 500 g Kaffee oder 200 g Kaffeeextrakt (Pulverkaffee), 100 g Tee oder 40 g Teeextrakt, 50 g Parfüm und 0,25 l Toilettenwasser. Tabakwaren und alkoholische Getränke dürfen nur von Personen über 17 Jahren, Kaffee nur von Personen über 15 Jahren eingeführt werden. Andere Waren und Geschenke sind bis zu einem Warenwert von insgesamt 430 Euro (Erwachsene) bzw. 175 Euro (Kinder unter 15 Jahren) zollfrei.

Wiedereinreise in die Schweiz Zollfrei ist die Einfuhr von 250 g Kaffee, 100 g Tee, 200 Zigaretten oder 50 Zigarren oder 250 g Tabak, 2 l Wein oder andere Getränke mit mehr als 15 Vol.-% Alkoholgehalt sowie 1 l Spirituosen mit mehr als 15 Vol.-% Alkoholgehalt. Souvenirs dürfen in die Schweiz bis zu einem Wert von 300 CHF mitgenommen werden.

Auskunft

Touristinfo In allen touristisch bedeutsamen Orten gibt es Informationsstellen. Das Personal ist zwar sehr bemüht, meist stehen aber keine aktuellen Unterlagen wie Fahrpläne, Stadtpläne und Hotelverzeichnisse zur Verfügung. Die Öffnungszeiten werden von den einzelnen Büros sehr flexibel gehandhabt.

Touristenpolizei Posten der Touristenpolizei sind an allen wichtigen Orten zu finden. Sie erteilen Auskünfte und geben Fremden Hilfestellung in Notfällen. Man erkennt sie an ihrer weißen Armbinde mit der Aufschrift **»Tourist Police«**. Die meisten sprechen etwas Englisch. Im Notfall ist die Touristenpolizei landesweit über Tel. 126 zu erreichen.

WICHTIGE ADRESSEN

ÄGYPTISCHES FREMDENVERKEHRSAMT

► **Im Internet**
www.egypt.travel
info.de@egypt.travel

► **Zentrale in Kairo**
Misr Travel Tower
Midan Abbassia
Tel. (02) 285 45 09
Fax (02) 285 43 63

► **In Deutschland**
Kaiserstraße 66
60329 Frankfurt a. M.
Tel. (069) 25 21 53
Fax (069) 23 98 76
E-Mail: info.de@egypt.travel

► **In Österreich**
Elisabethstr. 4
(Opernringhof)
1010 Wien
Tel. (01) 5 87 66 33
Fax (01) 5 87 66 34

► **In der Schweiz**
Stampfenbachstr. 42
8006 Zürich
Tel. (044) 350 20 40
Fax (044) 350 20 42

DIPLOMATISCHE VERTRETUNGEN IN ÄGYPTEN

► **Botschaft der Bundesrepublik Deutschland**
2, Sharia Berlin (Ecke Sharia Hassan Sabri), Kairo, Zamalek
Tel. (02) 27 28 2000,
www.kairo.diplo.de

► **Deutsches Honorarkonsulat**
9 Sh. El Fawatem, Bab Sharki
Alexandria
Tel. (03) 4 86 75 03

▸ **Deutsches Honorarkonsulat**
365, El Gabal El Shamali
Hurghada
Tel. (065) 3 44 36 05
Fax (065) 3 44 36 05

▸ **Botschaft der Republik Österreich**
5 Sh. Wissa Wassef/Ecke
Sharia el-Nil, Er-Riyad Tower
Giza, Kairo
Tel. (02) 35 70 29 75
www.austriaegypt.org

▸ **Botschaft der Schweizerischen Eidgenossenschaft**
10 Sharia Abd
el-Khalik Sarwat, Kairo
Tel. (02) 25 75 82 84
www.eda.admin.ch/cairo

ÄGYPTISCHE VERTRETUNGEN IN DEUTSCHLAND

▸ **Botschaft der Arabischen Republik Ägypten**
Stauffenbergstraße 6–7
10785 Berlin
Tel. (030) 4 77 54 70
Fax (030) 4 77 10 49
www.egyptian-embassy.de

Konsularabteilung
Tel. (030) 47 90 18 80

▸ **Ägyptisches Generalkonsulate**
Eysseneckstraße 34
60322 Frankfurt am Main
Tel. (069) 95 51 34-0
Fax (069) 5 97 21 31

Mittelweg 131
20148 Hamburg
Tel. (040) 413 32 60
Fax (040) 41 33 26 19

ÄGYPTISCHE VERTRETUNG IN ÖSTERREICH

▸ **Botschaft der Arabischen Republik Ägypten**
Hohe Warte 554
1190 Wien
Tel. (01) 3 70 81 08 60
Fax (01) 3 70 81 08 69
www.egyptembassyvienna.at

ÄGYPTISCHE VERTRETUNGEN IN DER SCHWEIZ

▸ **Botschaft der Arabischen Republik Ägypten**
Elfenauweg 61
3006 Bern
Tel. (031) 3 52 80 12
Fax (031) 3 52 06 25

▸ **Ägyptisches Konsulat**
47, Route de Florissant
1206 Genève
Tel. (022) 3 47 63 79
Fax (022) 3 46 05 71

INTERNETADRESSEN

▸ **www.sis.gov.eg**
Offizielle Homepage des Landes mit umfassenden Informationen der Regierung zu Geschichte, Politik, Kultur, Tourismus usw. (in Englisch).

▸ **www.egypt.travel**
Offizielle Homepage des ägyptischen Tourismusministeriums (in Deutsch).

▸ **www.aegypten-online.de**
Deutsche Infos zu Geschichte, Kultur, virtuelle Tour durch das Land.

▸ **www.heissinger-aegypten.de**
Übersichtlich gestaltete private Homepage mit Infos zu den wichtigsten Reisezielen und nützlichen Tipps.

Am Strand von Hurghada

Badeurlaub

Rotes Meer Sonnenanbeter und Wasserratten kommen an Ägyptens Küsten voll auf ihre Kosten. Die langen, feinsandigen Strände auf dem Sinai und an der Westküste des Roten Meeres waren vor zehn Jahren noch ein Geheimtipp, heute boomt hier der Tourismus. Einsamkeit ist allenfalls noch an der Westküste des Sinai und südlich von Hurghada, dem größten Badezentrum am Roten Meer, zu finden. Doch auch damit ist es so gut wie vorbei, denn die Regionen zwischen Safaga, Kosseir und Marsa Alam werden mehr und mehr erschlossen. Die Küste nördlich von Hurghada ist landschaftlich sehr reizvoll.

Die meisten Hotels und Ferienanlagen liegen direkt am Meer oder nur wenige Meter entfernt und unterhalten eigene, gepflegte Strände mit Liegestühlen, Handtuchverleih und Sonnenschirmen. Schatten ist an den meisten Stränden Mangelware, denn es gibt nur selten Palmen oder Tamarisken. Ob man es mag oder nicht – oft findet an den Hotelstränden auch (lautstarke) Animation statt. Frauen, die sich »oben ohne« sonnen, sieht man zwar hin und wieder, allerdings entspricht dieses Verhalten in keiner Weise den Gepflogenheiten in einem islamischen Land.

Mittelmeer Die Strände am Mittelmeer werden im Sommer fast ausschließlich von Ägyptern besucht. Touristinnen sollten sich deshalb, bevor sie sich im Badeanzug an den Strand legen, vergewissern, ob dies nicht

allzu große Aufmerksamkeit erregt, da Ägypterinnen an öffentlichen Stränden normalerweise nur vollständig angezogen ins Wasser gehen. Im Zweifelsfall sind die nicht öffentlichen Strände der Hotelanlagen, die Nicht-Gäste gegen eine Gebühr benutzen dürfen, vorzuziehen.
Schwerpunkte des Badetourismus am Mittelmeer sind Alexandria mit den angrenzenden Orten, Marsa Matruh und El-Arisch. Die schönsten, ruhigsten und saubersten Strände von Alexandria befinden sich am Stadtrand, im Osten Montazah und Maamura, im Westen Agami. Westlich von Alexandria bis nach Marsa Matruh entstanden zahlreiche Feriensiedlungen. Wo man früher unberührte Strände finden konnte, trifft man heute im Sommer auf zahlreiche Badegäste. Die Küste bei Marsa Matruh wird auch **»Riviera Ägyptens«** genannt. Je weiter man nach Westen, in Richtung libysche Grenze fährt, desto mehr unberührte, einsame Buchten mit Sandstrand und weißen Kalkfelsen findet man noch vor. Allerdings sind oft die schönsten Abschnitte vom Militär kontrolliert und deshalb nicht zugänglich. Bekannt, aber nicht mehr sehr populär sind auch die Strände von El-Arisch, wo Dattelpalmenhaine zum Teil bis an den Strand heranreichen und willkommenen Schatten spenden.

Wasserqualität

Das Wasser im Roten Meer ist an den Küstenabschnitten, an denen sich Hotels angesiedelt haben, in der Regel sehr sauber. Angenehm ist auch die Wassertemperatur, die beispielsweise im Raum Hurghada im Sommer bis auf 28 °C steigen kann und im Winter nie unter 22 °C sinkt – wichtige Voraussetzung für die herrliche Unterwasserflora und -fauna, für die das Rote Meer weltbekannt ist.

Mit Behinderung unterwegs

Reiseratgeber für Behinderte

Ein Nachschlagewerk mit behindertengeeigneten Unterkünften erscheint im FMG-Verlag (Hotel- und Reiseratgeber »Handicapped-Reisen Ausland«, FMG-Verlag, Nordkanalstr. 52, 20097 Hamburg Tel. 040/54 80 78 77, E-Mail: fmg@fmg-verlag.de).

INFORMATIONEN FÜR BEHINDERTE

DEUTSCHLAND

- **BSK-Reise-Service**
  Bundesverband Selbsthilfe
  Körperbehinderter e.V.
  Altkrautheimer Straße 20
  D-74238 Krautheim
  Tel. (0 62 94) 42 81 - 0
  www.bsk-ev.org

- **Bundesarbeitsgemeinschaft der Clubs Behinderter und ihrer Freunde e.V.**
  Langenmarckweg 21
  D-51465 Bergisch Gladbach
  Tel. (0 22 02) 9 89 98 11
  www.bagcbf.de

ÖSTERREICH

▸ **Verband aller Körperbehinderten Österreichs**
Schottenfeldgasse 29
A-1070 Wien
Tel. (01) 9 14 55 62

SCHWEIZ

▸ **Mobility International Schweiz**
Froburgstrasse 4, CH-4600 Olten
Infos: Tel. (0 62) 2 06 88 35
www.mis-ch.ch
Procap Reisen
Tel. (0 62) 2 06 88 30
www.procap.ch

Elektrizität

Stromspannung Im Allgemeinen führt das elektrische Stromnetz in Ägypten 220 Volt, gelegentlich noch 110/115 Volt Wechselspannung. Elektrische Geräte sind vor Inbetriebnahme auf die örtliche Stromspannung einzustellen (man erkundige sich vor Ort). Wer dringend auf ein elektrisches Gerät angewiesen ist, sollte verschiedene Adapter bzw. ein Reise-Adapterset mitnehmen, weil Steckdosen mit unterschiedlichen Normen vorzufinden sind.

Notbeleuchtung Da die Stromversorgung gelegentlich unregelmäßig ist, empfiehlt es sich, eine **Taschenlampe** (frische Batterien nicht vergessen!) im Gepäck zu haben. Sie ist im Übrigen auch sehr hilfreich bei der Besichtigung von Fresken und Wandreliefs in den Gräbern, Tempeln oder Pyramiden.

Essen und Trinken

Restaurants und Cafés Die Ägypter essen meist erst spät am Abend, aber ausgiebig. Es ist keine Seltenheit, um 22.00 Uhr auszugehen und das Mahl bis nach Mitternacht auszudehnen. Neben den teilweise hervorragenden Spezialitätenrestaurants der internationalen Hotels gibt es vor allem in den großen Städten eine Vielzahl an unabhängigen Restaurants, die einheimische und internationale Gerichte servieren. Fisch- und Meeresfrüchte-Liebhaber werden vor allem in Alexandria und am Roten Meer auf ihre Kosten kommen. Vor Feiertagen und Donnerstags empfiehlt sich bei gut besuchten Restaurants eine **Reservierung**, da auch die Ägypter an diesen Tagen gerne zum Essen ausgehen.

i Preiskategorien

- Fein & teuer: über 20 €
- Erschwinglich: 8 – 20 €
- Preiswert: unter 8 € für ein Hauptgericht

Restaurants ▸Reiseziele von A bis Z

In den Touristenorten am Roten Meer buchen die meisten Gäste Halbpension und essen im Hotel. Die dortigen Restaurants bieten abends – auch für Gäste, die nicht im Hotel logieren – in der Regel Büffets mit wechselnden Schwerpunkten an (orientalisch, Fischgerichte, italienisch etc.).

Die **ägyptische Küche** ist eine Mischung aus türkischen und arabischen Elementen mit lokalen Eigenheiten. Sie weist nicht die Raffinesse der libanesischen Küche auf, ist aber schmackhaft und vielfältig. In den meisten großen Hotels werden internationale Speisen geboten, hin und wieder finden sich auf den Büffets auch ägyptische Vorspeisen und vor allem eine reiche Auswahl an Nachspeisen.

Der Fisch aus dem Mittelmeer wird frisch zubereitet.

Auf dem Speiseplan der meisten Ägypter sind Fleischgerichte in der Regel nur an Feiertagen anzutreffen. Hauptnahrungsmittel sind Brot und Gemüse. Das **Nationalgericht** ist Foul, gekochte weiße Bohnen, die mit Zitrone, Öl, Knoblauch und diversen Gewürzen verfeinert werden. Auf den Straßen fallen die großen, bauchigen Messinggefäße ins Auge, in denen das so genannte »Brot der Armen« gekocht wird. Foul bekommt man in unzähligen Variationen, und es wird zu jeder Tageszeit gegessen – als sättigendes Frühstück ebenso wie als Imbiss zwischendurch oder als Hauptmahlzeit, mit Ei und/oder **Tamiya**, den würzigen Gemüsefrikadellen aus Bohnenbrei, Lauch und Kräutern.

Sehr schmackhaft und äußerst beliebt ist auch **Koschari**, eine Mischung aus Reis, gebratenen Nudeln, Linsen und Kichererbsen, die mit gerösteten Zwiebeln und mehr oder weniger scharfer Tomatensauce bekrönt wird. In den Wintermonaten werden Süßkartoffeln (Batata) direkt von kleinen Grillwagen, die überall in den Straßen zu finden sind, angeboten.

Vorspeisen

Ob Mittag- oder Abendessen, jede Mahlzeit beginnt mit einer Vielzahl an Vorspeisen (Mezze), die in kleinen Schälchen serviert werden. Fladenbrot (Aisch baladi) oder Tamiya tunkt man in Baba ghannoug (Auberginenpüree), Tahina (Sesamcreme mit Knoblauch) und Hommus (Kichererbsenbrei mit Sesampaste) und kostet nebenbei mit würzigem Reis gefüllte Gemüse wie Zucchinis, Auberginen (machschi) und Weinblätter (Wara ainab), die sowohl warm als auch kalt serviert werden. Mit **Tabbulah**, einer erfrischenden Mischung aus Tomaten, Bulgur, Zwiebeln, Zitronensaft, Öl und Petersilie, bringt man den Vitaminhaushalt in Schwung. Schafskäse mit Toma-

◄ weiter auf S. 166

Das Fishawi-Café in Kairo – eine Institution unter den Kaffeehäusern der Hauptstadt …

DAS ÖFFENTLICHE WOHNZIMMER

Das Kaffeehaus stellt in Ägypten einen festen Bestandteil des Alltags dar: Hier trifft man sich mit Freunden und Bekannten, trinkt Tee oder Kaffee, raucht Wasserpfeife, nimmt Anteil am Leben anderer, debattiert und tauscht sich aus oder spielt – kurzum, es ist das Wohnzimmer außerhalb der eigenen vier Wände.

Leise blubbern die Wasserpfeifen, die Teetassen klappern und gedämpfte Gespräche dringen an die Ohren der Vorbeieilenden. Hier im Kaffeehaus geht alles gemächlich vor sich. Entspannt sitzen die fast ausschließlich **männlichen** Kaffeehausbesucher bereits seit dem Vormittag neben ihren Wasserpfeifen, nippen an ihrem Tee oder Mokka, studieren die Zeitungen, tauschen mit Freunden die Neuigkeiten aus oder spielen ein Brettspiel. Frauen sieht man in den meisten Kaffeehäusern eher selten, bis auf wenige Ausnahmen z. B. im traditionsreichen Literatencafé »Fishawi« in Kairo.

Das Café als Institution

Das Café ist mit dem jeweiligen **Stadtviertel** verwurzelt und hat meist einen festen Kreis an **Stammkunden**. Es gibt auch Cafés, in denen sich bestimmte Bevölkerungs- oder Berufsgruppen treffen: Das kann von der Herkunft aus einer bestimmten Provinz des Landes über politische Gruppierungen bis hin zu kriminellen Vereinigungen gehen. Die Ausstattung der Kaffeehäuser ist in der Regel eher **spartanisch**. Man sitzt an kleinen Tischen in einem meist mit Kacheln, Messing, Holz und Spiegeln ausgestatteten Raum mit Terrasse oder Innenhof, wo man im Schatten auch große Hitze gut aushalten kann. An der Theke mit Sarabantina, einer Art Samowar, werden für die Kaffeehausgäste Wasserpfeifen, Zeitungen und Brettspiele bereitgehalten.

Schwarzes Gold

Das arabische Wort **»qahwa«** bezeichnet sowohl das Getränk Kaffee als auch den Ort, an dem man diesen einnimmt, das Café. Ursprünglich stammt die Zubereitung des Kaffees, wie man sie heute in vielen arabischen Ländern vorfindet, aus der Türkei. Die gemahlenen Bohnen werden mit Zucker – oft auch einer Prise Kardamom oder Zimt – und Wasser aufgekocht und mit Satz serviert. Im 16. Jh., während die osmanischen Sultane über Ägypten herrschten, gelangte der Kaffee türkischer »Mach-

... die auch von Frauen besucht wird.

art« in das Land am Nil und erfreute sich als Aufputschmittel – auch bei den langen und anstrengenden religiösen Handlungen – bald großer Beliebtheit. Kairo wurde zum **Hauptumschlagplatz für Kaffee** in der arabischen Welt.

Süß und belebend – Tee mit viel Zucker

Noch häufiger als Kaffee wird jedoch in den Cafés Tee getrunken. Obwohl er erst im 19. Jh. in Ägypten eingeführt wurde, verdrängte er schnell den Kaffee. Da er, ähnlich wie dieser, anregend wirken soll, trinkt man ihn besonders stark. Um dem Getränk zusätzlich Geschmack zu verleihen, wird der Tee immer **extrem gesüßt**. Hervorragend erfrischend ist Schwarztee mit Minze, der in seiner Wirkung andere Getränke des Cafés wie Limonade, »Shwibs« oder »Kukula« um Längen schlägt.

Qualmen und quasseln

Der Genuss der **Wasserpfeife**, der »shisha«, gehört ebenso zum ägyptischen Café wie das Gespräch. Eine ansehnliche Kollektion von Wasserpfeifen wird meist hinter der Theke aufbewahrt, der Stammgast hat oft seine privaten Mundstücke. Das Rauchen der Wasserpfeife hat im Unterschied zu den ebenfalls berühmten ägyptischen Zigaretten eine meditativ-enspannende Dimension. Den heißen Rauch des Tabaks, der im schalenförmigen Kopf der Wasserpfeife entzündet wird, zieht man durch den mit Wasser gefüllten Bauch in den Mund, wobei er auf eine angenehme Temperatur abkühlt und **sehr mild** schmeckt. Das Wasser filtert den größten Teil der unangenehmen Stoffe aus dem Rauch und blubbert beruhigend. Geraucht wir meist eine mit dem Zuckernebenprodukt Melasse vergärte, klebrige Tabakmischung (ma'assil) oder ein trockener loser Tabak (tumbak); köstlich ist **Tabak mit Apfelgeschmack**. Das Rauchen von Haschisch, für das vor allem Kairo bis vor wenigen Jahren noch legendär war, ist mittlerweile verboten – natürlich blüht die illegale Szene, aber als Tourist sollt man sich tunlichst davor hüten.

Bis heute sind die Cafés **Umschlagplätze für Nachrichten**, politische Kommentare und Tratschgeschichten. Besondere Bedeutung hatten früher die Geschichtenerzähler, die Epen oder orientalische Geschichten rezitierten. Heute haben Fernsehgeräte auch in ägyptische Cafés Einzug gehalten. Das Fernsehprogramm wird jedoch nur bei Fußballübertragungen dem persönlichen Gespräch vorgezogen. Sonst läuft das Fernsehen eher als Hintergrundberieselung – stets etwas zu laut.

ten (Gibna-bejda), marinierte Karotten, Rettich, Zwiebeln und Oliven gehören ebenfalls zu der reichhaltigen Palette der Vorspeisen, die alleine schon eine ganze Mahlzeit ausmachen können. Zwischen Vorspeise und Hauptgericht kann durchaus noch eine Suppe gereicht werden. Ein Klassiker ist die ägyptische Linsensuppe (Shorbet ads), die mit Kreuzkümmel, Koriander und Zitrone abgeschmeckt wird und unwiderstehlich ist.

Hauptgerichte Die Hauptgerichte haben alle eine Grundlage aus Fleisch oder Fisch. Kofta (am Spieß gegrilltes Hammelhackfleisch) und Schisch kebab (gegrillte Hammel-, Rind-, Huhn- oder Leberstückchen mit Zwiebeln und Tomaten) werden besonders gerne gegessen. Als Delikatesse gelten Täubchen (Hamam machschi) mit würziger Füllung, die bei keinem Festessen fehlen dürfen. Eine Besonderheit der ägyptischen Küche ist optisch zwar nicht sehr ansprechend, gilt aber als Delikatesse: **Mulucheia**, eine Art Eintopf aus spinatähnlichem Gemüse, Reis, Fleisch und Knoblauch in würziger Brühe.

Nachspeisen Zum Abschluss einer Mahlzeit dürfen Süßspeisen nicht fehlen. Verführerisch duftend lässt »Alis Mutter« (Umm Ali), heiß servierter Blätterteig mit Rosinen, Nüssen und Zimt mit Milch und Sahne überbacken, das Kalorienzählen vergessen. Auch das »Brot des Palastes« (Aisch es-seraia), in Zuckersirup getränkte Honigfladen mit Sahne, trägt seinen Namen durchaus zu Recht. Unwiderstehlich für Leckermäuler sind knusprige Zuckernudeln (Kunafa), Basbusa (saftiger Zuckerkuchen), Baklawa (Gebäck aus Nüssen, Honig und Sirup) oder feiner Milchreis mit Rosenöl und Nüssen (Mahalabeia). Je nach Jahreszeit stehen auch Datteln, Feigen, Bananen, Mangos, Guaven, Melonen oder Trauben als leichte und weniger süße Nachspeisen zur Auswahl.

? WUSSTEN SIE SCHON ...?

- ... dass der Pro-Kopf-Verbrauch an Zucker in Ägypten dreimal so hoch ist wie in Deutschland?

Getränke In Ägypten wird zum Essen meist Tafelwasser bzw. Mineralwasser gereicht, Hotels und viele Restaurants bieten auch Bier und Wein an. Gönnen Sie sich zur Verdauung ein Glas Tee (Schai), vielleicht mit frischer Minze (Bi nana), oder ein Tässchen Mokka (Ahwa), der in kleinen Kännchen mit einer Prise Kardamom aufgekocht wird. Probieren sollte man auch **Karkadeh**, Hibiskusblütentee, der sowohl als kaltes Erfrischungsgetränk als auch warm köstlich schmeckt.

Der an Straßenständen häufig angebotene, gesüßte Tamarindensaft (Tamarhindi), eine bräunlich-schwarze Flüssigkeit, ist gewöhnungsbedürftig. Wesentlich besser schmeckt der mit Hilfe von Walzenpressen gewonnene Saft aus Zuckerrohr, der gar nicht so süß ist, wie man vielleicht annehmen mag.

Leitungswasser, Mineralwasser ▸ Leitungswasser eignet sich in den allermeisten Fällen nicht als Trinkwasser. Oftmals ist es mit Keimen aller Art verunreinigt. Weniger bedenklich ist Mineralwasser. Man sollte jedoch darauf achten, dass die Flaschenverschlüsse unbeschädigt sind. Im Restaurant lasse man die original etikettierte Flasche erst am Tisch öffnen.

◂ Fruchtsäfte

Gute Durstlöscher sind Fruchtsäfte (aus Orangen, Limonen, Guaven und Mangos), die man je nach Saison frisch gepresst oder das ganze Jahr über konserviert angeboten bekommt.

◂ Alkoholische Getränke, Bier

Obwohl der Koran vom Genuss von Alkohol abrät (liberale Auslegung), werden alkoholische Getränke hergestellt und angeboten. Bierbrauen und Weinanbau haben in Ägypten eine über 4500 Jahre lange Tradition. Das einheimische Bier (»Sakkara«, »Stella Local«, »Stella Export«, »Meister«) ist leicht und schmeckt recht gut. Es ist eine gute Alternative zu den oftmals sehr teuren Importbieren.

◂ Wein

Die ägyptischen Weine sind meist einfache Tafelweine von schwankender Qualität und verhältnismäßig teuer. Die staatlichen Weingüter im Nildelta werden nach und nach privatisiert, was sich in Zukunft möglicherweise positiv auswirkt. Die bekanntesten Weißweine, der trockene »Gianaclis« und der halbtrockene »Cru des Ptolemées«, konkurrieren mit »Rubis d'Égypte«, einem trockenen Rosé und »Obelisk« und »Pharaons«, zwei trockenen Rotweinen.

Feiertage, Feste und Events

Wöchentlicher Ruhetag

Gesetzlicher Ruhetag ist der Freitag. An diesem Tag sind Büros, Ämter, Banken und die meisten Geschäfte geschlossen. Einige Geschäfte sind nur während des Freitagsgebetes, von 11.00 bis ca. 14.00 Uhr, geschlossen. Die Behörden sind auch samstags geschlossen. Viele internationale Firmen und natürlich koptische Geschäfte schließen hingegen sonntags, dem christlichen Ruhetag.

FEIERTAGE UND FESTE

GESETZLICHE FEIERTAGE

1. Januar: Neujahr (dennoch viele Geschäfte geöffnet)
22. Februar: Tag der Einheit
25. April: Befreiung des Sinai
1. Mai: Tag der Arbeit
23. Juli: Jahrestag der Revolution von 1952, Sturz des Königs Faruk
6. Oktober: Tag der Streitkräfte (Oktoberkrieg 1973)
24. Oktober: Suestag
23. Dezember: Tag des Sieges, Einzug in Port Said 1956

ISLAMISCHE FEIERTAGE

Die religiösen Feiertage im Islam richten sich nach dem Mondkalender, weshalb ihnen kein festes Datum nach gregorianischem Kalender zugewiesen werden kann. Alle Datumsangaben für die islamischen Feste sind deshalb nur ungefähre Richtwerte.

▸ **Ramadan** **(▸S. 170)**

Tagsüber ist das öffentliche Leben dann stark eingeschränkt. Ämter,

Ein »raks sharqui« (Bauchtanz) wird vorgeführt.

Geschäfte und Museen haben verkürzte Öffnungszeiten, Restaurants sind oft erst abends geöffnet.

KOPTISCHE FEIERTAGE

7. Januar: Weihnachten
April: Ostern (wird erst nach dem 5. April, dem Frühlingsanfang der Ostkirche, meist ca. 1 Woche später als im westlichen Festkalender, gefeiert)

JANUAR

▶ **Buchmesse in Kairo**
Zweitgrößte Buchmesse (nach der Frankfurter Buchmesse).

MÄRZ/APRIL

▶ **Landesweit: Sham el-Nessim**
In der Zeit um das koptische Osterfest wird in Ägypten das Frühlingsfest Sham el-Nessim (dt. = Duft des Westwindes) gefeiert, dessen Ursprünge in die pharaonische Zeit zurückreichen.

MAI

▶ **Landesweit: Damyanah**
Die Kopten feiern zu Ehren ihres Heiligen Damyanah ein großes religiöses Fest.

AUGUST/SEPTEMBER

▶ **Ismailija: Internationales Folklore-Festival**
Folkloregruppen aus der ganzen Welt führen eine Woche lang bunte Shows mit Tänzen und Liedern auf.

SEPTEMBER

▶ **Kairo: Experimentelles Theater-Festival**
Zehn Tage lang gastieren Theatergruppen aus aller Herren Länder. Für viele ägyptische Theaterfreunde ist dieses Festival das »Highlight« des Jahres.

OKTOBER

▶ **Oase Siwa: Vollmond- oder Friedensfest**
Höhepunkt im jährlichen Festkalender der Oase ist ein drei Tage dauerndes farbenprächtiges Friedensfest, dessen Tradition ins 13. Jh. zurückreicht.

▶ **Wadi El-Gemal: Characters of Egypt**
Farbenprächtiges Festival, bei dem Angehörige von Nomaden- und Beduinenstämmen sowie Bauern aus ganz Ägypten Jahrhunderte alte Festtagsbräuche im Naturpark Wadi El-Gemal präsentieren. Infos unter: www.charactersofegypt.com

NOVEMBER/DEZEMBER

▶ **Kairo: Internationales Filmfestival**
In ausgewählten Kinos der Stadt werden zwei Wochen lang neue internationale Filme mit verschie-

denen Schwerpunkten gezeigt. Das Festival ist ungemein beliebt – vielleicht auch deswegen, weil die meisten Filme unzensiert und daher in Liebesszenen freizügiger als in Ägypten sonst üblich sind.

DEZEMBER

► **El-Gouna Marathon**
Die Laufstrecke führt durch exotische Gärten, Lagunenlandschaften und Wüstenabschnitte. Informationen findet man unter: www.elgouna-marathon.com

MULIDS

Beliebte religiöse Feste sind die sog. Mulids, die aus Anlass des Geburts- oder Todestages eines verehrten Heiligen begangen werden. Dabei wird beileibe nicht nur gebetet, sondern vor allem ausgelassen gefeiert. Solche Feste gibt es sowohl für Kopten als auch Muslime. Manchmal finden sich sogar Anhänger beider Religionen auf einem Fest zusammen, wenn der Heilige von allen Gläubigen verehrt wird. Berühmte Mulids sind:

► **Landesweit: Mulid el-Nabi**
Am 12. Rabi el-Awal (15. Februar 2011, 4. Februar 2012) wird der Geburtstag des Propheten feierlich begangen. An diesem Tag gibt es überall die für diesen Termin speziell hergestellten Süßigkeiten.

► **Kairo: Mulid Hussein**
Wenige Wochen später (ab ca. 28. März 2011, ab ca. 19. März 2012) herrscht rund um die Moscheen Saidna Hussein und Sayida Zeinab festlicher Betrieb. Höhepunkte sind festliche Umzüge und atemberaubende Vorführungen tanzender Derwische.

► **Tanta: Mulid Ahmed Badawi**
Anfang Oktober wird in der im Nildelta gelegenen Stadt Tanta ein Mulid zu Ehren des Mystikers Ahmed Badawi gefeiert.

Umzug der Männer beim traditionellen Vollmondfest in der Oase Siwa

► **Luxor: Mulid Abul Haggag**
Am 14. Shabaan (etwa 15 Juli 2011, etwa 4. Juli 2012) wird am oberen Nil ein großes Fest im Stil der Pharaonenzeit begangen. Im Rahmen einer Prozession wird ein Boot durch die Straßen von Luxor getragen.

ISLAMISCHE FESTE

► **Ramadan**
Im Fastenmonat Ramadan (unverbindliche Termine: zirka 1. bis 29. August 2011, ca. 20. Juli bis 18. August 2012) muss jeder gute Muslim von Sonnenaufgang bis Sonnenuntergang fasten. Tagsüber geht es dann sehr gemächlich zu. Dafür feiert man in der Nacht umso ausgelassener.

► **Eid el-Fitr**
Das Ende des Fastenmonats Ramadan wird mit dem dreitägigen Fest Eid el-Fitr (Fastenbrechen; ab etwa 30. August 2011, ab etwa 19. August 2012) begangen.

► **Eid el-Adha**
Im Monat der Pilgerfahrt nach Mekka begeht man das fünftägige Opferfest Eid el-Adha (»Hammelfest«; ab etwa 16. November 2010, ab etwa 6. November 2011, ab etwa 26. Oktober 2012).

► **Awil Sanna Hijreya**
Ausgelassen gefeiert wird das islamische Neujahrsfest Awil Sanaa Hijreya (etwa 7. Dezember 2010, etwa 26. November 2011, etwa 15. November 2012).

Geld

Währung Währungseinheit ist das ägyptische Pfund (£E) zu 100 Piaster (PT). Gebräuchlich sind Banknoten zu 25 und 50 Piaster sowie zu 1, 5, 10, 20, 50, 100 und 200 Pfund. Münzen im Wert von 1, 2, 5, 10, 25 und 50 Piaster sind kaum mehr im Umlauf.

Ein- und Ausfuhr von Devisen Ägyptische Pfund darf man bis zu einer Höhe von 5000 £E ein- oder ausführen. Die Ein- und Ausfuhr ausländischer Währungen ist uneingeschränkt möglich. Mit hohen Geldbeträgen in der Tasche zu reisen, ist allerdings (nicht nur in Ägypten) nicht sehr zu empfehlen. Will man die Landeswährung zurücktauschen, muss man die Deklarationsbescheinigung mit den eingetragenen Umtauschsummen vorlegen. An den Flughäfen gibt es zum Rücktausch meist keinerlei Devisen bei den Banken.

Der **Wechselkurs** der ägyptischen Währung wird in kurzen Abständen neu festgesetzt. Wie generell in Ländern mit schwacher Währung ist es auch in Ägypten vorteilhaft,

i Wechselkurse

- 1 EGP (£E) = 0,13 EUR (€)
  1 EUR (€) = 7,18 EGP (£E)
  1 EGP (£E) = 0,19 CHF (sfr)
  1 CHF (sfr) = 4,90 EGP (£E)

(Info: www.oanda.com/convert/classic)

erst im Land selbst Geld umzutauschen. Der Umtausch ist nur bei Banken und autorisierten Wechselstellen gestattet. In allen größeren Hotel kann man ebenfalls problemlos und z. T. rund um die Uhr Geld wechseln. Die **Umtauschquittungen** sollte man aufbewahren: Sie werden bei einem eventuellem Rücktausch vor der Ausreise verlangt.

◄ Banken

Die Banken sind meist Mo. bis Do. 8.30–15.30 Uhr, So. 10.00–12.00 Uhr geöffnet. Geschlossen: Fr., Sa. und an offiziellen Feiertagen.

◄ Geldautomaten

Geldautomaten (engl. ATM) sind überall in reicher Zahl vorhanden, v. a. bei der Misr Bank. Man kann an ihnen mit den gängigen Kreditkarten (Visa Card, Mastercard, American Express, Maestro-Karte) und persönlicher Geheimzahl (PIN-Code) Bargeld abheben.

Wechselgeld

Man sollte stets kleine Geldscheine oder Münzen (am besten 1-£E-Münzen, auch 1-€-Münzen) griffbereit haben, um im Bedarfsfall Trinkgeld geben zu können. Manchmal kann schon das Wechseln einer 20-£E-Note Probleme bereiten.

Kreditkarten

In den großen Städten und Touristenzentren kann man bereits viele Waren und Dienstleistungen mit Kreditkarte bezahlen. Sie werden in fast allen Hotels, vielen Restaurants und Geschäften sowie von den internationalen Mietwagenfirmen akzeptiert. Am gebräuchlichsten ist die Visa Card, gefolgt von American Express und Diners Club.

◄ Verlust

Bei Verlust von Kreditkarten kann man den **Sperr-Notruf** unter der **Tel. 00 49/116 116** erreichen. Er gilt auch für Handys und weitere sperrbare Medien.

Reiseschecks

Wer nicht nur mit Bargeld und/oder Kreditkarten reisen möchte, kann zusätzlich Reiseschecks mitnehmen, die in Banken umgetauscht werden (Reisepass mitnehmen!). Allerdings ist dies oft ein zeitraubendes »Verfahren« und außerdem nur zu empfehlen, wenn man sich in Touristenzentren aufhält. In allen anderen Regionen ist das Einlösen von Reiseschecks kaum möglich.

Gesundheit

Impfschutz

► Anreise (S. 157)

Allgemeine Vorsichtsmaßnahmen

Sieht man von Durchfall ab, dann ist das Risiko, krank zu werden, in Ägypten nicht größer als in Mitteleuropa – sofern man sich auf touristischen Pfaden bewegt und ein paar Regeln einhält. Zwischen Mai und Oktober wird es am Roten Meer und in den Wüstengebieten sehr heiß. Unentbehrlich ist ein **Sonnenschutz** (Kopfbedeckung, Sonnenbrille, Sonnencreme mit hohem Lichtschutzfaktor). Auch beim Schnorcheln besteht Sonnenbrandgefahr! Um Wasserverlust des Körpers auszugleichen, sollte man viel Flüssigkeit zu sich nehmen.

KRANKENHÄUSER (AUSWAHL)

KAIRO

▸ **Anglo-American Hospital**
Straße am Cairo Tower, Zamalek
Tel. (02) 27 35 61 62/64

▸ **As-Salam International Hospital**
Corniche el-Nil, Maadi
Tel. (02) 25 24 02 50 oder 25 24 00 77

▸ **As-Salam International Hospital**
3, Sharia Syria, Mohandesein
Tel. (02) 33 02 90 91/92/93/94/95 oder 33 03 47 80

▸ **Shalaan Surgic Center**
10, Sharia Abd el-Hamid Lutfi, Mohandessin, Tel. (02) 37 60 31 26, 37 60 51 80

▸ **Kids Hospital**
24, Sharia el Forat, Mohandesein
Tel. (02) 37 49 50 30

ASSUAN

▸ **German Hospital**
Corniche en-Nil
Tel. (0 97) 2 31 71 76

HURGHADA

▸ **El Gouna Hospital**
Tel. (0 65) 3 58 00 11/12/16

SHARM EL-SHEIKH

▸ **International Hospital**
Tel. (0 69) 3 66 16 24

Trinkwasser Vorsicht ist beim Trinkwasser geboten: Das oft stark gechlorte Wasser, das in ägyptischen Wasserleitungen fließt, eignet sich nur in wenigen Fällen als Trinkwasser. Stattdessen sollte man auf Tafel- bzw. Mineralwasser zurückgreifen, das es in verschlossenen Flaschen abgefüllt zu kaufen gibt. Beim Genuss von ungeschälten Früchten, grünem Salat oder nicht einwandfreiem Wasser sowie von Speiseeis und Lebensmitteln, die an Verkaufsständen angeboten werden, kann man sich leicht eine unangenehme Magen-Darm-Infektion holen. Herkömmliche Kohlepräparate sind meist wirkungslos; entsprechende Medikamente besorge man entweder schon vor Reiseantritt oder vertraue auf die Erfahrung ägyptischer Apotheker.

Bilharziose In Ägypten ist die Bilharziose (Hakenwurmkrankheit) verbreitet. Man sollte deshalb nicht in stehendem oder langsam fließendem Süßwasser baden, da in diesen Gewässern der Hakenwurm lebt.

West-Nil-Fieber Stechmücken können das West-Nil-Virus auf Menschen übertragen und schwere Erkrankungen wie Hirnhautentzündungen auslösen.

Schlangenbisse, Skorpionstiche, etc. Bei Wanderungen – vor allem in der Wüste – sollte man auf giftige Schlangen, Skorpione und andere Lebewesen achten, deren Bisse bzw. Stiche böse Folgen haben können. Sie sind oft unter der warmen Sandoberfläche, unter Steinen und Büschen verborgen. Festes und geschlossenes Schuhwerk sowie lange Hosen sind angeraten. Ebenso ist größte Vorsicht beim Schnorcheln und Tauchen im Roten Meer geboten, wo die Berührung mit giftigen Fischen (u. a. Muränen) zu erheblichen Gesundheitsbeeinträchtigungen führen können.

Medizinische Versorgung

Die medizinische Versorgung ist in den großen Städten und Touristenzentren wie z. B. Hurghada passabel. Dort findet man auch englisch oder deutsch sprechende Ärzte. Bei Bedarf wendet man sich am besten an das Hotel, das einen Arzt bestellen wird. Auch die Deutsche Botschaft in Kairo, Tel. (02) 27 28 2000, hat Adressen.

◄ Behandlungskosten

Alle Behandlungskosten müssen in Ägypten direkt erstattet werden. Krankenhäuser erwarten zudem oft eine Vorauszahlung oder Garantie der Zahlungsfähigkeit. Lassen Sie sich für alle Kosten Belege ausstellen, die Sie ihrer Versicherung einreichen können.

◄ Krankenhäuser

Die Behandlung in staatlichen Krankenhäusern ist relativ günstig. Man darf jedoch nicht mit europäischem Standard rechnen. Krankenschwestern sind Mangelware, weshalb es nicht unüblich ist, dass einige ihrer Aufgaben von Familienangehörigen übernommen werden. Auch in Krankenhäusern ist es üblich, Trinkgelder an das Pflegepersonal zu bezahlen – der Service wird dann aufmerksamer! Bessere Versorgung bieten Privatkliniken, die jedoch wesentlich teurer sind. Auch die Botschaften geben Empfehlungen für Krankenhäuser.

Apotheken

Ägypten verfügt über ein dichtes Netz an Apotheken. Die Angestellten sind meist sehr gut ausgebildet, so dass man sich bei leichteren Beschwerden auf deren Diagnose verlassen kann. Die Präparate haben meist eine andere Bezeichnung als in Europa und sind wesentlich günstiger. Wenden Sie sich im Bedarfsfall an die Hotelrezeption.

Knigge

Verhaltenstipps

Als Gast in einem islamischen Urlaubsland kommt man mit einer anderen Kultur, mit anderen Sitten in Berührung – man muss die Fettnäpfchen, in die man als Urlauber treten kann, kennen, um sie zu vermeiden. Wobei gleich vorweg gesagt sei: Die Ägypter sind sehr tolerant, schätzen aber die Beachtung ihrer alltäglichen Spielregeln.
Ägypten ist als sehr gastfreundliches Land bekannt. Obwohl es unter den arabischen Staaten zu den westlich Orientierten gehört, prägt der Islam auch heute noch das öffentliche Leben weitgehend. Die meisten Ägypterinnen und Ägypter leben im Vergleich zu ihren Gästen aus Mitteleuropa nach strengeren konservativen Regeln, die in der Religion und Tradition begründet sind. Durch Anpassung an die Gepflogenheiten des Landes kann und sollte man als Gast seine Achtung vor diesen Traditionen zeigen – man wird mit größerem Respekt und offener Freundlichkeit belohnt!

Allgemeine Lebenseinstellung

Mag es die Hitze sein oder die jahrhundertelange Steuerung durch die Obrigkeit – es gibt einige Erklärungsversuche. Doch sind es drei Buchstaben, die nachvollziehbar machen können, was einem Gast in Ägypten an allgemeiner Nonchalance widerfährt: **IBM**. Das Kürzel steht für insha'allah, bukra und malesh. **»Insha'allah«** heißt »so Gott will«. Der Ägypter wird kaum etwas beginnen, ohne »insha'allah« zu sagen; viele Taxifahrer tun dies sogar vor dem Abbiegen. Denn alles liegt in Allahs Hand. Leider ist »insha'allah« auch eine vorweggenommene Allerweltsentschuldigung für mögliche Verspätungen, Pleiten, Pech und Pannen. **»Bukra«** heißt übersetzt »morgen«, bedeutet im Alltag »morgen vielleicht, vielleicht auch übermorgen oder nächste Woche oder nie«. Selten bedeutet es wirklich morgen. **»Malesh«** heißt »macht nichts, kann man nicht ändern«. Ein wenig von dieser Haltung anzunehmen, erleichtert den Ägyptenaufenthalt.

! *Baedeker* TIPP

Lektüretipp

Zur Reisevorbereitung empfiehlt sich die Lektüre des vom Studienkreis für Tourismus und Entwicklung herausgegebenen Sympathie-Magazins »Ägypten verstehen«. Es berichtet nicht nur über das Alltagsleben, sondern vermittelt Hintergrundinformationen, Verhaltensregeln und praktische Tipps für den Ägyptenbesucher. Infos: Studienkreis für Tourismus und Entwicklung, Kapellenweg 3, D-82541 Ammerland, Tel. 0 81 77/17 83, www.sympathiemagazin.de

Wer auf eigene Faust in Ägypten unterwegs ist, der wird rasch erleben, dass einfachste Dinge ewig dauern können oder gar nicht klappen. Dabei beteuert man Ihnen vielmals, Himmel und Hölle in Bewegung gesetzt zu haben. Unterstrichen wird diese Versicherung mit der beliebten Geste: mit dem Zeigefinger erst auf das rechte, dann auf das linke Auge zu deuten, dazu »min aneya« (übersetzt: von meinen Augen) zu sagen. Diese Geste verbindet Entschuldigung und Ergebenheitsbezeugung. Reagieren Sie gelassen. Man hat Ihnen möglicherweise etwas zugesagt, das von vornherein unrealisierbar war. Aber man wollte Sie, den Gast, nicht durch ein Nein brüskieren. Keine Sorge: Sie lernen rasch zu unterscheiden, wann ein Ja auch wirklich »ja« oder doch nur »vielleicht« oder gar »nein« bedeutet.

Verhalten in der Öffentlichkeit

Kleiderordnung

Dezente Kleidung gehört in jedes Reisegepäck. Wer durch islamische Altstädte bummeln, in Souks und Basaren stöbern will, der tut sich – vor allem als Frau – einen Gefallen, wenn die Kleidung weder hauteng und tief ausgeschnitten noch durchsichtig und aufreizend ist. Was in den großen Badeorten an lockerer Kleidung gang und gäbe ist, das kann im übrigen Ägypten zu unschönen Belästigungen, auch zu offener Empörung führen. Für den Besuch von Moscheen, Kirchen und Klöstern sollten Männer keine kurzen Hosen tragen, die in Ägypten ohnehin verpönt sind. Frauen sollten darauf achten, dass ein Rock übers Knie reicht, Schultern und Oberarme bedeckt sind.

◄ An Pool & Strand

An vielen öffentlichen Stränden, wie an der Corniche von Alexandria, baden Ägypterinnen komplett bekleidet, von der Schulter bis zu den Füßen. Es wäre vermessen, sich hier mit Badeanzug oder Bikini an den Strand zu legen oder zu baden; dafür gibt es überall private Strände. In den großen Hotels der Badeorte ist die Unsitte eingerissen, **»oben ohne«** zu baden. Tun Sie es nicht, auch wenn die Bademeister und Kellner den Anblick sichtlich genießen mögen. »Oben ohne« zu baden ist in Ägypten verboten. Es kompromittiert Hotelangestellte und schürt unnötig Vorurteile über promiskuitive westliche Ausländer.

Moscheebesuche

Egal wie klein eine Moschee ist, es gilt die oben beschriebene dezente **Kleiderordnung**. Dazu müssen vor dem Betreten immer die Schuhe ausgezogen werden. Obwohl nicht ausdrücklich untersagt, sollte man die Gebetszeiten eher meiden. Wer dennoch bei einem Gebet dabei sein möchte, sollte Betenden nicht zu nahe treten, vor allem nicht den Raum vor ihnen durchqueren; der Kontakt der Gläubigen zu Gott würde so gestört, die Verbindung nach Mekka unterbrochen. Moscheen sind mehr als reine Gebetshäuser. Man darf sich dort zum Ausruhen setzen, auch wenn man nicht betet.

Mann & Frau

Auch für allein reisende Frauen ist Ägypten ein sicheres Land. Trotzdem kann es Probleme mit einheimischen Männern geben, für die allein reisende Frauen ein Exotikum darstellen. Dazu lassen allerlei Klischees westliche Frauen als allzeit bereite Gespielinnen und Freiwild für jedermann erscheinen. Eine allein reisende Frau kann einiges dazu beitragen, um Männer in gebührendem Abstand zu halten. Dezente Kleidung hilft. Im Gespräch vermeide man langen Blickkontakt, der häufig als herausforderndes Fixieren missgedeutet wird. Zu vermeiden ist auch jede kumpelhafte Gestik. Der kleinste Körperkontakt wird häufig falsch aufgefasst, und seien es nur ein freundschaftliches Schulterklopfen. Als Frau sollten Sie generell darauf verzichten, per Anhalter zu fahren oder gar irgendwo abseits alleine zu campen. Mit Schwierigkeiten ist in Hotels, auch in kleinen, in der Regel nicht zu rechnen. Männliche Touristen müssen wiederum wissen, dass Verabredungen mit Ägypterinnen nicht ohne weiteres möglich sind. Die Familien achten sehr darauf, dass der Ruf der Töchter nicht durch Rendezvous mit Fremden geschädigt wird. Tabu sind Zärtlichkeiten in der Öffentlichkeit.

Alkohol

Alkohol, dessen Konsum der Islam den Gläubigen verbietet, gibt es in so gut wie allen größeren Hotels und Restaurants mit entsprechender Lizenz. Dort kann man auch ungestört trinken. Tabu ist es, sich mit Alkohol in der Öffentlichkeit, z. B. auf der Straße, zu zeigen oder diesen dort gar zu trinken. In den Orten des Bade-Tourismus, wie Sharm el-Sheikh und Hurghada, wird sich aber, anders als etwa im Niltal, niemand daran stören, wenn auf einer Café-Terrasse an der Straße Alkohol serviert wird.

Ramadan Während des Fastenmonats ist mit noch mehr Verzögerungen und Pannen als gewöhnlich zu rechnen. Auf der Straße zu essen, zu trinken oder zu rauchen, verbietet sich aus Respekt gegenüber den Fastenden. In Hotels, vielen Restaurants und Cafés kann man wie gewohnt konsumieren. Vor allem wenn der Ramadan in die heißen Sommermonate fällt, wird das Nervenkostüm vieler Ägypter sehr dünn.

Fotografieren Man vermeidet unnötigen Ärger, wenn man im Zweifelsfall fragt, ob man ein Foto von Menschen, beispielsweise auf der Straße oder dem Markt, machen darf. Meist genügt ein Fingerzeig auf die Kamera, ein fragender Blick, ein Lächeln. Ein Bakschisch ist eher zu verweigern. Beim Ablichten verschleierter Frauen sollte man besonders zurückhaltend sein. Es wird auch nur ungern gesehen, wenn Armut fotografiert wird. Generell **verboten** ist das Fotografieren militärischer Anlagen, Häfen, Brücken, Bahnhöfe und Flugplätze.

Betteln Armut ist für den Islam keine Schande, sondern gottgegebenes Schicksal. Bettler werden nicht verachtet, im Gegenteil: Es ist die Pflicht jedes Gläubigen, entsprechend seinen Möglichkeiten den Armen zu helfen. Das Almosengeben erfordert Fingerspitzengefühl, zumal man als ausländischer Gast oft nicht einschätzen kann, inwieweit die Person, die um Geld bittet, tatsächlich bedürftig ist. In keinem Fall sollte man wahllos Geld, Kugelschreiber, Süßigkeiten und andere Kleinigkeiten an Kinder verteilen.

Ägypten privat

Begrüßung und Konversation Der Handschlag ist zur Begrüßung üblich. Unter Männer werden auch Wangenküsse und Umarmungen ausgetauscht. Die gegenseitige Begrüßung geschieht für europäische Verhältnisse außerordentlich wortreich. Das Thema des Gesprächs, insbesondere eines Tischgesprächs, ist natürlich frei. Über Politik wird aber nicht gerne geredet. Geradezu (über)empfindlich reagiert der ägyptische Gesprächspartner, wenn man zu erklären versucht, warum im Land alles schief gehe und der Westen alles viel besser mache. Beim Thema Religion vermeide man es, sich als Atheist zu outen. An gar keinen Gotte zu glauben ist eine Haltung, die in Ägypten selten verstanden wird. Gerne spricht man über die Familie.

Einladung Man nimmt nur mehrmals ausgesprochene Einladungen an. Sonst ist sie nicht ernst gemeint. Als Faustregel kann gelten: Dreimal wird angeboten, dreimal abgelehnt – beim vierten Mal gilt die Einladung. Sollten Sie die Einladung einer offensichtlich armen Familie akzeptieren, dann bringen Sie ein **Geschenk** mit, das sich wieder zu Geld machen lässt. Oder drücken Sie den Kindern der Familie Geld in die Hand. Blumen sind als Mitbringsel bei weitem nicht so beliebt wie eine Torte oder ein großer Teller mit Süßigkeiten, von dem man mehr hat als den Anblick des Verwelkens. Mit der linken Hand zu essen oder zu trinken, wird in Ägypten eher toleriert als in Arabien. Man sollte aber so sitzen, dass die Fußsohlen nicht auf eine andere Person zeigen.

Geschenke

In Ägypten gehört es sich, sofern man sich nicht sehr gut kennt, ein Geschenk nicht sofort und in Anwesenheit des Schenkenden auszupacken. Man erledigt das später. Denn Enttäuschung über ein Präsent zu zeigen, wäre sehr unhöflich. Andererseits wird man Sie als Beschenkten drängen, Ihr Päckchen sofort zu öffnen. Als Gast dürfen Sie das tun – und müssen in jedem Fall große Begeisterung zeigen.

Aberglaube

Ägypter und Araber sind sehr abergläubisch, durch alle Bildungsschichten hinweg. Am meisten wird der böse Blick des Neides gefürchtet. Vor ihm schützen sich viele mit einem türkisblauen Amulett oder einem Schmucksteinauge. Als Medaillon um den Hals getragen bricht es den bösen Blick und wirft ihn zurück. Unfreiwilliger Absender eines solchen Blickes können Sie schon werden, wenn Sie ein Kind oder bspw. eine Wohnung überschwänglich loben, da es als Ausdruck der Missgunst verstanden werden könnte. Die Kunst des zurückhaltenden Komplimentes ist gefragt, wobei man einen Tee oder ein Mahl ohne Angst über den grünen Klee loben darf. Unglück bringt es dagegen wiederum, eine kinderreiche Familie zum Scherz durchzuzählen oder ein Messer mit der Schneide nach oben abzulegen – beides ruft nach Volksglauben die Dschinne, die bösen Geister.

Literaturempfehlungen

Sachbücher

Frank **Bliss**: Oasenleben. Politischer Arbeitskreis Schulen, 2006.
Der Hamburger Ethnologe und profunde Kenner der ägyptischen Gegenwart befasst sich ausführlich mit den Lebensverhältnissen in den Oasen Bahriya und Farafra seit den Anfängen der Besiedelung bis in die jüngere Vergangenheit.

Renate **Germer**: Mumien. Patmos, 2005.
Die Ägyptologin und Naturwissenschaftlerin informiert höchst anschaulich über die Technik der Mumifizierung und den neuesten Stand der Mumienforschung.

Michael **Haase**: Eine Stätte für die Ewigkeit. Der Pyramidenkomplex des Cheops aus baulicher, architektonischer und kulturhistorischer Sicht. Zabern, 2004.
Auf dem neuesten Stand der wissenschaftlichen Forschungen stellt der Autor, studierter Mathematiker und Astrophysiker, den Grabkomplex des Cheops dar.

Erik **Hornung**: Grundzüge der ägyptischen Geschichte. Primus, 2005.
Verständlicher und gut lesbarer Überblick über die dreitausendjährige Geschichte Altägyptens: historische Ereignisse, Religion, Kultur und Wirtschaft sowie die Beziehungen zu benachbarten Gebieten.

Peter **Janosi**: Die Pyramiden. Mythos und Archäologie. C.H. Beck, 2004.
Der Band fasst knapp und informativ aktuelle Erkenntnisse über die Pyramiden, ihre Errichtung und Erforschung zusammen.

Volker **Perthes**: Geheime Gärten. Goldmann, 2005.
Klug und faktenreich: Geschichte und Zukunft Ägyptens und des Nahen Ostens.

Regine **Schulz**/Matthias **Seidel**: Ägypten – Die Welt der Pharaonen. Könemann in der Tandem Verlags-GmbH, 2004.
Der umfangreiche und schön gestaltete Band beleuchtet das Leben im alten Ägypten: Alltagsleben, Schrift und Sprache werden ebenso entfaltet wie Religion und Staatswesen, Architektur und Künste.

Karl-Theodor **Zauzich**: Hieroglyphen ohne Geheimnis. Zabern, 2000.
Ein liebevoll gestaltetes Buch, das dem Laien einen Einblick in das altägyptische Schriftsystem gibt.

Romane, Erzählungen ägyptischer Autoren

Salwa **Bakr**: Der goldene Wagen fährt nicht zum Himmel. Lenos, 1997.
Der erste ins Deutsche übersetzte Roman der engagierten Autorin. Mit viel Wärme und Humor schildert sie die Lebensgeschichten von Frauen der unterschiedlichsten sozialen Schichten, die sich im Gefängnis treffen.

Nawal **Saadawi**: Tschador – Frauen im Islam. Edition Con, 1991.
Die Bücher der sehr sozialkritischen und für die Rechte der Frauen eintretenden Ärztin und Schriftstellerin sind in Ägypten teilweise auf den Index gesetzt worden. Die Autorin beleuchtet die Rolle der Frau unter verschiedenen Gesichtspunkten und prangert deren religiöse und politische Unterdrückung an.

Nawal **Saadawi**: Gott stirbt am Nil. dtv, 1994.
In einem kleinen Dorf am Nil muss die einfache Bäuerin Zakeya erleben, wie ihre Familie mutwillig durch Unterdrückung und brutalen Machtmissbrauch zerstört wird. Sie verliert daher den Glauben an Gott und nimmt Rache.

Taha **Hussein**: Jugendjahre in Kairo. Edition Orient, 1986.
Der autobiographische Roman des in Ägypten berühmten Schriftstellers schildert feinfühlig und mit leiser Ironie die Geschichte eines armen Studenten, der vom Land kommend mit der großen Stadt konfrontiert wird.

Nagib **Machfus**: Die Midaq-Gasse. Unionsverlag, 2002.
Eines der bekanntesten Bücher des Literaturnobelpreisträgers schildert mit viel Liebe zum Detail das tägliche Leben in einer Gasse der Altstadt Kairos.

Jehan **Sadat**: Ich bin eine Frau aus Ägypten. Heyne, 1996.
Die spannend geschriebene Autobiographie der Gattin des ermordeten Präsidenten erzählt von ihrem Leben als Ehefrau, Mutter, gläubigen Patriotin und Kämpferin für die Rechte der Frauen.

Romane, Erzählungen ausländischer Autoren

Agatha **Christie**: Tod auf dem Nil. Fischer, 2005.
Der spannende Krimi ist eine besonders passende Lektüre für eine Nilkreuzfahrt in Oberägypten!

Lawrence **Durrell**: Das Alexandria-Quartett, bestehend aus den Bänden Justine, Balthazar, Mountolive und Clea. Rowohlt, 1998.
Durrells Werk, mit dem er Weltruhm erlangte, ist ein Kaleidoskop der schillernden Gesellschaft Alexandrias, deren Angehörige in Leidenschaften und Intrigen verstrickt sind.

Barbara **Frischmuth**: Vergiss Ägypten. Aufbau, 2009.
Die bekannte österreichisches Schriftstellerin und Übersetzerin befasst sich mit der ungeheuren Vielfalt von Lebensentwürfen, die man im Land am Nil entedecken kann.

Christian **Jacq**: Ramses. 5 Bände, rororo, 2005.
Der wohl berühmteste Roman über den herausragenden Pharao.

Thomas **Mann**: Joseph und seine Brüder – Joseph in Ägypten. Fischer, 2004.
Thomas Manns Adaption der biblischen Josephsgeschichte – ein faszinierendes Werk der Weltliteratur.

Albert **Uderzo**, Rene **Goscinny**: Asterix und Kleopatra. Ehapa, 2002.
Der Comic verbindet geschickt Allgemeinwissen über Ägypten mit einer lustigen Geschichte, lüftet nebenbei das Geheimnis der Sphinx und spielt auch zeichnerisch mit dem ägyptischen Erbe.

Mika **Waltari**: Sinuhe der Ägypter. Lübbe, 2005.
Der Klassiker der Historienromane über das alte Ägypten. Erzählt wird das bewegte Schicksal eines Mannes während einer Zeit politischer Wirren vor fast 4000 Jahren. Als Quelle diente dem finnischen Autor ein altägyptischer Papyrus.

! *Baedeker* TIPP

Schöne Reiselektüre!

Pharao Cheops und der Magier – Altägyptische Märchen und Erzählungen. Manesse, 2003. Karlheinz Schüssler, Professor für Koptologie, hat Originaltexte aus dem Hieroglyphischen, Demotischen und Altgriechischen wortgetreu und gut lesbar übersetzt.

Barbara **Wood**: Das Paradies. Fischer, 2005.
Ein einfühlsamer und fesselnder Roman über die unterschiedlichen Lebenswege dreier Frauen von der Zeit des letzten ägyptischen Königs Faruk bis heute.

Maße und Gewichte

In Ägypten wird bei Maßen und Gewichten wie in Europa mit den Werten des metrischen Systems gerechnet. Die Temperaturmessung erfolgt ebenfalls anhand der Celsius-Skala.

Medien

Rundfunk Der Sender European Radio Cairo (557 AM und 95 FM) bringt tgl. 18.00 Uhr Nachrichten in deutscher Sprache. Ferner kann man in Ägypten das Rundfunkprogramm der Deutschen Welle empfangen.

Fernsehen Der ägyptische Fernsehsender Channel 2 strahlt täglich von 11.00 bis 2.00 Uhr früh viele Produktionen in deutscher, englischer und französischer Sprache aus. Der Sender Nile TV wendet sich mit seinem Programm schwerpunktmäßig an Touristen. In vielen Hotels kann man Satellitenprogramme von SAT 1 und RTL empfangen.

Arabische Zeitungen Die bekannteste und älteste ägyptische Tageszeitung ist »Al-Ahram«, die wie die Al-Goumhourija eine konservative und regierungskonforme Berichterstattung bietet. Progressiver erscheinen die Blätter der »Akhbar al-Yom«-Gruppe und die ägyptische Ausgabe von »Al-Hayat«. Darüber hinaus gibt es zahlreiche von den einzelnen politischen Parteien herausgegebene Tages- und Wochenzeitungen.

Englisch- und französischsprachige Zeitungen Täglich erscheint die regierungsnahe, englischsprachige »Egyptian Gazette« (www.algomhuria.net.eg/gazette) und ihr französisches Pendant »Le Progrès égyptien«. Gute Informationen und Analysen bieten die Wochenzeitungen »Al-Ahram Weekly« (http://weekly.ahram.org.eg). Zudem bietet die »Al-Ahram« einen guten Überblick über kulturelle Veranstaltungen. Beste englischsprachige ägyptische Tageszeitung ist die »The Daily News Egypt« (www.thedailynewsegypt.com). Monatlich informiert das Hochglanzjournal »Egypt Today« (www.egypttoday.com) über Kunst, Kultur und Veranstaltungen; Tipps zu Restaurants und Bars/Cafés runden das Ganze ab.
Die internationalen Zeitschriften und Zeitungen erhält man meist in den großen Hotels, aber auch Zeitschriftenhändler auf der Straße, z. B. in der Sharia 26th of July in Zamalek (Kairo), führen eine breite Palette an internationalen Blättern.

Internet-Cafés

Auch in Ägypten sprießen die Internet-Cafés wie Pilze aus dem Boden, vor allem natürlich in den größeren Städten und in den Touristenorten. In dem kleinen Dorf Dahab beispielsweise, dem Treffpunkt der Traveller-Szene auf dem Sinai, gibt es mindestens ein Dutzend – vermutlich sind es bei Erscheinen des Buches bereits doppelt so viele. In Kairo, Alexandria und Sharm el-Sheikh liegt die Benutzungsgebühr zwischen 2 und 10 £E pro Stunde. In den Touristenorten am Roten Meer, in Oberägypten sowie generell in Hotels muss man mit weitaus höheren Gebühren rechnen (bis zu 45 £E pro Stunde).

Drahtlos ins Netz

Überall im Land gibt es **W-LAN-Hotspots** für den drahllosen Internetzugang – in Kairo in sehr vielen Cafés und Restaurants, in Alexandria, Sharm El-Sheikh und Hurghada in einigen sowie in Dahab und anderen Orten gelegentlich. Die Uferpromenade von Luxor sowie fast der gesamte Ort El-Gouna sind kostenpflichtige W-LAN-Zonen.

Notrufe

ALLGEMEINE NOTRUFE

- **Notarzt**
  Tel. 123
- **Polizei**
  Tel. 122
- **Verkehrspolizei**
  Tel. 128
- **Feuerwehr**
  Tel. 125

NOTRUFZENTRALEN/ RETTUNGSDIENSTE

- **ACE-Notrufzentrale Stuttgart**
  Tel. 00 49 1802 34 35 36
- **ADAC-Notrufzentrale München**
  Tel. 00 49 89 22 22 22
- **Austrian Air Ambulance**
  Tel. 00 43 1 40 1 44
- **Schweizerische Rettungsflugwacht Zürich**
  Tel. 00 41 333 333 333

Öffnungszeiten

Ladengeschäfte

Im Winter tgl. außer So. bzw. Fr. u. feiertags 10.00–21.00 Uhr, im Sommer tgl. außer So. bzw. Fr. u. feiertags 9.00–22.00 Uhr. Viele Geschäfte halten Mittagspause von 12.00 bis 14.00 bzw. 15.00 Uhr.

Koptische Händler haben oft auch freitags, muslimische dafür sonntags geöffnet. In Kairo haben einige Supermärkte täglich 24 Stunden geöffnet.

Basare Die großen Basare, darunter der Khan el-Khalili in Kairo, sind tgl. außer So. und Fr. (teilweise geöffnet) 10.00–21.00 Uhr geöffnet.

Tankstellen Vielfach täglich rund um die Uhr geöffnet.

Banken So. bis Do. 8.30–14.00 Uhr. Geschlossen: Fr., Sa. u. feiertags.

Büros Sa. bis Do. 8.30–17.00 Uhr. Geschlossen: Fr. u. feiertags, z. T. Sa.

Behörden Sa. bis Do. 9.00–15.00 Uhr. Geschlossen: Fr. u. feiertags.

Museen ►Reiseziele von A bis Z

Post · Telekommunikation

Post Briefe nach Europa sind mit 2,50 £E freizumachen. Die Zustellung von Briefen oder Postkarten nach Europa kann bis zu 14 Tage dauern. Postwertzeichen erhält man in Postämtern, Souvenirläden oder an den Hotelrezeptionen. Postämter (»Bosta«) sind an einem runden Signet mit weißer Taube erkenntlich. Öffnungszeiten: werktags (außer Fr.) 8.30–15.00 Uhr.

Postämter ►

Telefonieren Das ägyptische Telefonnetz wird von der staatlichen Telecom Egypt betrieben, die in allen größeren Orten Geschäftsstellen unterhält. Hier kann man telefonieren, telegrafieren oder ein Fax absenden. Außerdem kann man hier Telefonkarten erwerben, mit denen man die modernen orangefarbenen Selbstwähltelefone benutzen kann. Die Geschäftsstellen sind meist täglich 7.00–22.00 Uhr geöffnet.
In letzter Zeit sind auch viele private Telefongesellschaften aktiv geworden, darunter auch die international operierenden Firmen Vodafone und Sprint.
Von den orangefarbenen Selbstwähltelefonen der staatlichen Telefongesellschaft TT sowie von den in den meisten Hotels installierten Direktwahl-Telefonapparaten sind **Ferngespräche** problemlos möglich. Wo moderne Geräte noch nicht vorhanden sind, hilft der Operator (Vermittlungsstelle). Telefonate ins europäische Ausland sind verhältnismäßig teuer. Ein 5-Minuten-Gespräch nach Deutschland kostet an einem öffentlichen Fernsprecher knapp 20 £E.

i Vorwahlnummern

- Nach Deutschland: 00 49
- Nach Österreich: 00 43
- In die Schweiz: 00 41
- Nach Ägypten: 00 20

Von Hoteltelefonen aus geführte Ferngespräche sind in den meisten Fällen wesentlich teurer.

◄ Mobil telefonieren

Roaming mit dem heimischen Handy funktioniert fast im ganzen Land. Vorsicht: ankommende und abgehende Gespräche sind sehr teuer. Billiger telefoniert man mit **Prepaid-Karten** für Touristen mit einer kürzeren Geltungsdauer. Man erhält sie bei den Mobilfunkgesellschaften Vodafone, MobiNil und Etisalat.

◄ Ägyptische Telefonnummern

Ägypten ist in Telefonbezirke mit zwei- bzw. dreistelligen Vorwahlnummern eingeteilt. Dann folgt eine 6- bis 8-stellige Rufnummer.

Preise · Vergünstigungen

Bakschisch

Trinkgeld (Bakschisch) hat wie in allen islamischen Staaten eine lange Tradition und spielt angesichts der sehr niedrigen Löhne und Gehälter auch heute noch eine wesentliche Rolle. Zudem ist der Gläubige durch den Koran verpflichtet, Bedürftige zu unterstützen (►Hintergrund, Religion), daher geben auch Einheimische für geleistete Dienste stets ein Trinkgeld. Grundsätzlich gilt, dass ein Bakschisch nur begründet, d. h. für Hilfeleistungen oder Dienste, gewährt wird, dann aber in jedem Fall. Im Hotel und Restaurant gibt man 10–15% des Rechnungsbetrages, Gepäckträger erhalten mindestens 1 £E pro Gepäckstück. Auch Bus- und Taxifahrer erwarten ein Bakschisch.

WAS KOSTET WIE VIEL?

Einfache Mahlzeit
ab 30 £E

3-Gang-Menü
ab 50 £E

Glas Mineralwasser
ab 15 £E

Doppelzimmer
ab 80 £E

U-Bahn-Fahrt in Kairo
ab 1 £E

Reisezeit

Wüstenklima

Trockenes Wüstenklima bestimmt das Wetter in großen Teilen Ägyptens. Kennzeichnend dafür sind milde Winter und heiße Sommer. Das Nildelta und die Mittelmeerküste gehören noch zur mediterranen Klimazone mit reichlich Winterregen. Südlich von Kairo fällt nahezu kein Niederschlag, wobei in den letzten Jahren auch hier das Wetter oft ungewöhnliche Kapriolen schlug: Überschwemmungen in Luxor und starke Regenfälle in Assuan!

Mittelmeerküste, Nildelta

Das Klimadiagramm von Alexandria bezieht sich auf den schmalen steppenhaften Wüstenstreifen, der als Übergangszone vom mediterranen zum Wüstenklima regelmäßige, geringe Winterregen empfängt. Die durchschnittlich 190 mm Niederschlag fallen zwischen Oktober und April und konzentrieren sich auf wenige Tage. Die Luftfeuchtigkeit ist mit 60–70% recht hoch (dies entspricht den sommerlichen Werten von Freiburg im Breisgau); sie geht einher mit durchweg nördlichen, also vom Mittelmeer wehenden Winden.
Eine Besonderheit des Frühjahrs ist der **Chamsin**, ein heißer, trockener Wüstenwind aus südlichen Richtungen. Ausgelöst wird er durch Tiefdruckgebiete, die längs der Mittelmeerküste nach Osten ziehen. Die mitgeführten Staubmassen können sich zu dicken, gelben Staubwolken verdichten. Die Temperaturschwankungen von 10 °C bzw. 14 °C sind – bedingt durch die Lage am Meer – gering.

Nördliches Wüstengebiet

Die Klimastation Kairo steht für das Wüstenklima des nördlichen Ägypten. Hier regnet es nur noch durchschnittlich 24 mm im Jahr. Die meisten **Regenschauer** gibt es zwischen Dezember und Februar. Die Luftfeuchtigkeit liegt nur noch bei 50%, von April bis Juni sogar deutlich unter 40%. Entsprechend hoch ist die monatliche Sonnenscheindauer: 236 Stunden im Winter und 390 Stunden im Sommer. Im Winter sinken die Temperaturen nachts bis auf 10 °C, die mittäglichen Höchstwerte liegen bei 20 °C. Im Sommer steigt das Thermometer am Tag im Durchschnitt bis auf 35 °C, während es nachts auf 22 °C abkühlt.

Südliches Wüstengebiet

Die Klimastation Assuan ist repräsentativ für das **extreme Wüstenklima** im mittleren und südlichen Landesteil. Im Durchschnitt regnet es hier einen Millimeter pro Jahr, in manchen Jahren auch zwei bis drei, selten sogar sechs Millimeter. In vielen Jahren fällt dafür aber kein einziger messbarer Tropfen. Die Luftfeuchtigkeit bleibt stets unter 60%; in den Frühjahrsmonaten liegt sie bei 30% und darunter. Durch die Entfernung von der Küste sind die Temperaturschwankungen größer als weiter im Norden. Besonders extrem sind sie an der Bodenoberfläche, wo bei mittäglicher Einstrahlung ohne weiteres Temperaturen von über 60 °C erreicht werden. Während es im Sommer bis zu 50 °C warm werden kann, fällt im Winter das Thermometer gelegentlich sogar unter den Gefrierpunkt.

Küste des Roten Meeres

Ein extrem trockenes, sehr warmes bis heißes Wüstenklima herrscht auch am Roten Meer, wie man an den Daten der Klimastation Hurghada ablesen kann. Elf Monate sind praktisch **niederschlagsfrei**. Lediglich im Juni ist mit ein paar Regentropfen zu rechnen. Trotzdem ist der Juni auch der Monat mit den meisten Sonnenstunden (14 pro Tag). Das Meer sorgt jedoch dafür, dass die Temperaturunterschiede nicht so krass ausfallen wie in den Wüstenstrichen des Binnenlandes. Die durchschnittlichen Nachttemperaturen sinken in den Wintermonaten nicht unter 10 °C und im Sommer kaum unter 23 °C. Die durchschnittlichen Tagestemperaturen liegen das ganze Jahr über bei 21 °C. Heiß und gelegentlich auch schwül ist es von Juni bis September, wenn die durchschnittlichen Tagestemperaturen über die 25 °C-Marke ansteigen. Sehr heiß und drückend schwül ist es im August, wenn die Tagesdurchschnittstemperatur 33 °C kaum unterschreitet.

Für Besichtigungen ist die angenehmste Reisezeit zwischen Oktober und April. Die Temperaturen liegen dann zwischen 20 und 35 °C. Aufgrund der sehr niedrigen Luftfeuchtigkeit sind die höheren Temperaturen recht gut zu ertragen. Im Dezember und Januar können die Temperaturen nachts unter 10 °C fallen, im Sinai sogar noch darunter. Außerdem fällt hier oben nicht selten **Schnee**.

Reisezeit
◄ Winter

Mit Temperaturen von über 40 °C sind die Sommermonate nur sehr hitzebeständigen Naturen zu empfehlen. Allerdings herrscht dann weitaus weniger Andrang. Dies gilt jedoch nicht für die Badeorte am Mittelmeer, allen voran Alexandria, wo nun Hochsaison ist.

◄ Sommer

Ägypten Vier regionaltypische Klimastationen

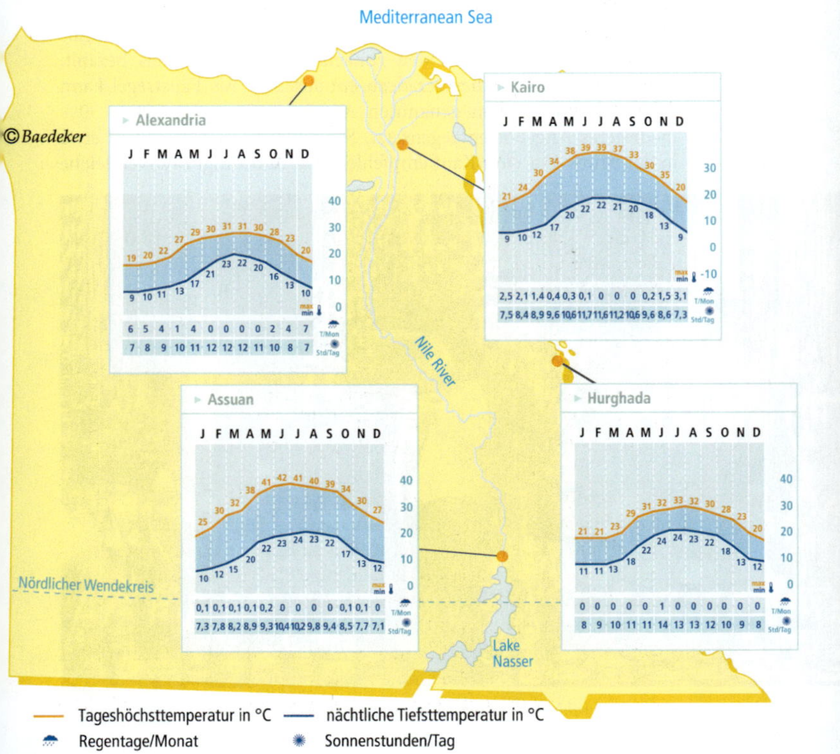

Kleidung Sommerliche atmungsaktive Kleidung möglichst aus Naturfasern (Baumwolle) reicht fast das ganze Jahr über aus. Lediglich im Winter sowie in den Hochlagen des Sinai und nachts in der Wüste empfiehlt sich die Mitnahme eines dicken Pullovers. Wärmende Kleidungsstücke sind oftmals auch in klimatisierten Räumen vonnöten. Das Schuhwerk sollte robust, flach und geschlossen sein.

Shopping

Basare, Märkte, Souks Eine reiche Warenauswahl findet man auf Basaren und Märkten sowie in den Souks. Hier ist das Einkaufen ein Erlebnis. Angeboten werden vor allem Lederwaren, Schuhe, Teppiche, Gewürze und Parfüms. Auch die Galabijas genannten langen und leichten Baumwollgewänder, die viele Ägypter tragen, ferner Vasen, Metallteller, Perlmuttschatullen, Figuren aus Alabaster, Papyrus oder Skarabäen kann man auf den Basaren erstehen. Der größte und interessanteste Basar Ägyptens, der Khan El-Khalili, befindet sich in der umtriebigen Altstadt von Kairo. Für Einkäufe sollte man sich viel Zeit nehmen; denn in Ägypten gehört das Handeln (**Feilschen**) nicht nur auf dem Basar, sondern auch in den meisten Ladengeschäften zur sozialen Kommunikation; wer anstandslos den zunächst geforderten Preis bezahlt, wird damit den Händler geradezu enttäuschen. Als Faustregel kann gelten, dass man dem genannten Anfangspreis ein um etwa 50% niedrigeres Angebot entgegensetzt. Schließlich einigt man sich etwa in der Mitte. Vor dem Kauf empfehlen sich unbedingt Preisvergleiche

Die Auswahl an Wasserpfeifen ist im Kairoer Basar Khan el-Khalili riesengroß.

bei etwaigen Konkurrenten. Als Tourist bekommt man von ägyptischen Händlern garantiert überhöhte Ausgangspreise genannt, es sei denn, man hat einen Einheimischen an seiner Seite.
Bei relativ kleinen Preisen sollte man das Handeln unterlassen, denn in solchen Fällen ist meist die untere »Schmerzgrenze« des Händlers erreicht. Außerhalb von Basaren und Märkten sowie in Geschäften, in denen die Waren mit Preisen ausgezeichnet sind, ist das Handeln eher unüblich. Man sollte aber nicht vergessen, dass die meisten Güter wegen der minimalen Arbeitslöhne in Ägypten ohnehin preiswert sind, und von Reisenden aus wohlhabenden Ländern zu Recht erwartet wird, dass sie den Preis nicht aufs Äußerste drücken.

i Die besten Einkaufsadressen

- Khan el Khalili, der schönste und bekannteste Basar in Kairo
- Berühmt für Antiquitäten: Attarin Street in Alexandria
- Alles aus Alabaster: in den Dörfern um Theben
- Die besten Gewürze: auf dem Basar in Assuan
- Schöner Silberschmuck: bei den Beduinen in der Oase Siwa

Nicht nur für Feinschmecker und Profiköche sind die Basare Ägyptens ein Paradies: Egal, ob getrocknet, gemahlen oder im Naturzustand – an exotischen **Gewürzen** ist hier fast alles zu haben, was man für eine abwechslungsreiche Küche benötigt, von Kardamom über Kreuzkümmel und Pfeffer in allen Farben bis zu Ingwer und Chili. Ergänzt wird das Angebot durch unzählige Teesorten (sehr lecker: Minze) und oft auch durch unterschiedliche Nusssorten.

Gold und Silber

Gold- und Silberschmuck erfreut sich als Souvenir besonderer Beliebtheit – besonders, da die Juwelierläden ihre Ware zu relativ günstigen Preisen anbieten. Es versteht sich von selbst, dass man beim Kauf teurer Stücke auf die Seriösität des Händlers achten sollte. Zu beachten ist, dass man Gold in Ägypten nach Gewicht handelt. Der Gold- bzw. der Silbergehalt wird durch arabische Punzzeichen ausgewiesen.

Bildteppiche

Besonders reizvoll sind die Bildteppiche, die in dem **Dorf Harrania**, südwestlich von Kairo, hergestellt werden. Hervorgegangen ist dieses Handwerk aus einem sozialen Experiment des Kunstwissenschaftlers Ramses Wissa Wassef, der so die Kreativität von Fellachenkindern fördern wollte. Die Bildteppiche entstehen ohne Verwendung von festen Vorlagen und zeigen Motive aus der Landschaft am Nil, aus dem dörflichen Alltag sowie Pflanzen und Tiere. Jeder Teppich ist ein unverwechselbares Einzelstück.

Antiquitäten

Vorsicht ist bei Antiquitäten geboten, die in den meisten Fällen gut gemachte **Fälschungen** sind. Echte alte Stücke werden nur sehr selten in den Geschäften angeboten, und die für die Ausfuhr unerlässliche amtliche Erlaubnis ist praktisch nicht zu bekommen. Keine Probleme gibt es mit den Kopien, die u. a. im Ägyptischen Museum in Kairo angeboten werden.

Kunsthandwerk Als Reisemitbringsel sehr beliebt sind Kupfer- und Messingarbeiten, die oftmals fein ziseliert oder durchbrochen sind. Wertvolle ältere Werkstücke sind leicht daran zu erkennen, dass sie nur mit relativ einfachen Mustern versehen sind, während neuere Modelle oft ziemlich überladen sind. Auf fast allen Basaren werden Vasen und andere Objekte aus Alabaster angeboten, vor allem natürlich in Luxor und Umgebung, wo der Rohstoff reichlich vorhanden ist. Hübsche Reisemitbringsel sind auch nach alter Überlieferung hergestellte und handbemalte **Papyri**. Es gibt sie nicht nur in teuren Hotel-Boutiquen, sondern viel preisgünstiger auch auf Märkten und Basaren. Echter Papyrus – aus Zyperngras hergestellt – ist sehr teuer, wesentlich billiger ist Papyrus aus Bananenblättern.

Sicherheit

Kriminalität Die Gefahr, Opfer eines Diebstahls oder Raubüberfalls zu werden, ist relativ gering. Dies ist um so erstaunlicher, wenn man bedenkt, dass viele Einheimische hart um ihre Existenz kämpfen müssen. Kleinkriminalität findet man – wie überall auf der Welt – am ehesten in den Touristenzentren. **Leichtsinnige Touristen** bieten hier nicht selten Gelegenheit zur illegalen Bereicherung – zum Beispiel, indem sie teuren Schmuck und unnötig viel Bargeld mit sich herumtragen oder Wertsachen unbeaufsichtigt am Strand liegen lassen, anstatt sie im Hotelsafe aufzubewahren.

Unsichere Gebiete Seit den Angriffen islamistischer Extremisten in den letzten Jahren, denen Einheimische und ausländische Touristen zum Opfer fielen, sind die **Sicherheitsvorkehrungen** verschärft worden. Die ägyptische Regierung unternimmt viel, um die Sicherheit der Gäste zu gewährleisten. An allen Sehenswürdigkeiten sind Polizisten stationiert. Wäh-

WICHTIGE ADRESSEN

▸ **Deutschland**
Auswärtiges Amt, Bürgerservice
D-11013 Berlin
Tel. + 49 (0) 3018 17-0
(24-Stunden-Service)
Tel. + 49 (0) 3018 17-2000
www.auswaertiges-amt.de

▸ **Österreich**
Bundesministerium für europäische und internationale Angelegenheiten
Minoritenplatz 8, A-1014 Wien
Tel. + 43 50 11 50 44 11
www.bmeia.gv.at/aussenministerium/buergerservice

▸ **Schweiz**
Eidgenössisches Departement für auswärtige Angelegenheiten (EDA)
Bundesgasse 32, CH-3003 Bern
Tel. + 41 (0) 31 323 84 84
Tel. + 41 (0) 31 322 24 39
www.eda.admin.ch

rend Ausländer bei Fahrten zwischen Luxor und Assuan nicht mehr von der Polizei begleitet werden, sind Polizeikonvois in Gegenden weiter südlich noch üblich. Besichtigungspunkte im unruhigen Mittelägypten sind für Ausländer nur unter erschwerten Bedingungen oder gar nicht zu erreichen. Schwierig ist die Situation um Minija, Mallawi, Assijut, Sohag und Kena jeweils beiderseits des Nils.
Im September 2008 wurden im südwestlichen Grenzgebiet Touristen (auch Deutsche) von Kriminellen in den Sudan entführt. Die Gruppe befand sich auf einer Sahara-Safari. Renommierte Veranstalter haben sich inzwischen auf solche Risiken eingestellt. Vorsicht geboten ist auch an einigen Küstenabschnitten des Roten Meeres, am Mittelmeer-Küstenstreifen westlich von El-Alamein sowie entlang der Grenzen zum Sudan und zu Libyen. Dort ist eine Gefährdung durch unzureichend gekennzeichnete **Minenfelder** nicht auszuschließen.

Reisehinweise der Außenministerien

Touristen aus Deutschland, Österreich und der Schweiz sollten vor einer Reise nach Ägypten aktuelle Hinweise der Außenministerien ihrer Heimatländer abrufen (▶Info-Kasten S. 188).

Sprache

Allgemeines

Offizielle Landessprache ist Arabisch. Englisch ist die meistgesprochene Fremdsprache. Die nubische Bevölkerung in Oberägypten spricht teils noch Nubisch, eine in viele Dialekte gegliederte Sprache, und in der Oase Siwa sind Berberdialekte noch gebräuchlich.
Die arabische Sprache unterscheidet sich von den indoeuropäischen Sprachen. Dies gilt sowohl für die grammatikalische Struktur als auch für die Schrift, die von rechts nach links verläuft und im Wesentlichen das sinngebende Konsonantengerüst der Wörter darstellt. Da sich die Dialekte des Arabischen vorwiegend durch Änderungen im Vokalbestand unterscheiden, ist eine solche Konsonantenschrift wesentlich universeller verwendbar als eine phonetisch voll ausgebildete Lautschrift. Die 28 Lautzeichen der arabischen Schrift können je nach der Stellung als An-, In- oder Auslaut bzw. isoliert ihre Gestalt stark verändern, was das Erlernen sehr erschwert. Eine allgemein gültige Transkription besteht bis jetzt noch nicht, denn es gibt im Arabischen Laute ohne Entsprechung im lateinischen Alphabet.

Aussprache

Alle arabischen Wörter sind mit einer einfachen Aussprache (mittlere Spalte) versehen. Folgende Zeichen sind Sonderzeichen:
th wie das stimmlose engl. »th« in thing.
dh wie das stimmhafte »th« in the.
ā, ū, ī werden lang ausgesprochen wie in Hahn, Huhn, Miete.
' ist ein stimmhafter Kehllaut, klingt wie ein gepresstes »a«.
gh ist ein ungerolltes Zäpfchen-r wie in hochdeutsch »waren«.

SPRACHFÜHRER ARABISCH

Auf einen Blick

Ja	na'am	نعم
Nein	la/kalla	كلا/لا
Bitte / Danke	'afwan / shukran	عفوا / شكرا
Entschuldigung	'udhran	عذرا
Wie bitte?	na'am?	نعم؟
Guten Tag	as-salamu 'alaikum	السلام عليكم!
Guten Abend!	masā' l-chair	مساء الخير!
Hallo / Grüß Dich!	marhaban	مرحبا!
Auf Wiedersehen	ila l-liqā' / ma'a s-slama	إلى القاء / مع السلامة!
Können Sie	hal tastai' musa'adati	هل تستطيع مساعدتي
mir bitte helfen?	min fadlika	من فضلك؟
Ich möchte ...	urīd	أريد ...
Wie viel kostet es?	mādha jukallif	ماذا يكلف؟
Wie viel Uhr ist es?	kam is-sa'a	كم الساعة؟

Plätze

Busbahnhof	markaz intilaq otobisat	مركز إنطلاق أوتوبيسات
Flughafen	matar	مطار
Damentoilette	mirhad as-sayidāt	مرحاض السيدات
Herrentoilette	mirhad irridjāl	مرحاض للرجال
Postamt	maktab al-barīd	مكتب البريد
Taxi	udjra / taksi	أجرة / تكسي
Tourist Information	marakiz ista'lamat assiyaha	مركز إستعلمات السياحة
Platz	sāhat	ساحة
Straße	shari'	شارع
Markt	sūq	سوق
Restaurant	mat'am	مطعم
Hotel	funduq	فندق
Burg / Festung	qal'at	قلعة
Palast	qasr	قصر
Tal	wadī	وادي
Moschee	djami'	جامع
Museum	mathaf	متحف
Kloster	deir	دير
Berg	djabal	جبل
Freitagsmoschee	djami'	جامع

Unterwegs

links / rechts	jasāran / jaminjan	يسارا / يمينا
geradeaus	ila l-amām	إلى الأمام
nah / weit	qarib / ba'īd	قريب / بعيد

Bitte, wo ist ...?	min fadlak aina	من فضلك أين
Wie weit ist das?	kam il masāfa	كم المسافة
Ich möchte ... Liter	urid ... litran	أريد ... لترا
Normalbenzin.	min al-banżin al-'ādī	من البنزين العادي
Super.	min al-banżin al-mumtaż	من البنزين الممتاز
Diesel.	min id-dīżil	من الديزل
Voll tanken, bitte.	imla il-khażżan min	
	fadlika	إملأ الخزان من فضلك
Ich habe eine Panne.	ta'atalat sayyarati	تعطلت سيارتي
Würden Sie mein Auto		
zur nächsten Tankstelle	hal tastati' sahb sayyarati	هل تستطيع سحب سيارتي
abschleppen?	ila aqrab warsha	إلى أقرب ورشة؟
Wo ist hier die nächste		
Werkstatt?	'aina tudjad aqrab warsha	أين توجد أقرب ورشة؟
Hilfe!	al-nadjda	النجدة
Rufen Sie bitte schnell ...	utlub (*f* -bi) bi sur'a	أطلب بسرعة
	min fadlak (*f* -ik) ...	من فضلك ...
... einen Krankenwagen.	sayyarat is'āf	سيارة إسعاف
... die Polizei.	ash-shurta	الشرطة
Es war meine /	ana / anta (*f* ti) l-masul	أنا / أنت المسؤل
Ihre Schuld.	(*f* -a) 'an wuqu' hadha	عن وقوع هذا الحادث
	l-hadith	

Arzt

Können Sie mir einen	hal tastati' an tushir	هل تستطيع أن تشير
guten Arzt empfehlen?	li bi tabib?	بطبيب
Ich habe hier Schmerzen.	ash'uru bi-ālām huna	أشعر بألام هنا

Bank

Wo ist hier	aiyna yudjad masraf	
eine Bank?	huna?	أين يوجد مصرف هنا؟
Ich möchte	urīd an uhauwil	أريد أن أحول
... Euro	... min al-yuro	من اليورو
... Schweizer Franken	... min al frank as-swisri	من الفرنك السويسري
in ... wechseln.	ila ...	إلى

Übernachtung

Können Sie mir bitte	hal yumkinuka an	
... empfehlen	turshidni ila ...	هل يمكنك أن ترشدني إلى
... ein gutes Hotel	ila funduq djayid	إلى فندق جيد؟
... eine Pension	nuzul / bansiyon	نزول / بنسيون

Haben Sie noch Zimmer frei?	hal ladaykum ghurfa?	هل لديكم غرفة ...
ein Einzelzimmer	ghurfa li-schakhs wahid	غرفة لشخص واحد
ein Zweibettzimmer	ghurfa li-shakhsain	غرفة لشخصين
mit Bad	fiha hammam	فيها حمام
für eine Nacht	li-layla wahida	لليلة واحدة
für eine Woche	li-usbu'	لأسبوع
Was kostet das Zimmer mit ...	kam tukallif al-ghurfa?	كم تكلف الغرفة
... Frühstück	ma' l-futur	مع الفطور؟
... Halbpension	ma' wadjbatein	مع وجبتين؟

Essen und Trinken

Wo gibt es hier	aina yudjad huna	هل يوجد هنا
ein gutes Restaurant?	mat'am djayied	مطعم جيد؟
ein günstiges Restaurant?	mat'am mu'tadil	مطعم معتدل
Gibt es hier eine Teestube?	hal tudjad huna maqha	هل توجد هنا مقهى؟
Reservieren Sie uns bitte für heute Abend einen Tisch für vier Personen.	ihdjiz lana min fadlika tāwila li araba'a ashkāhs hadha l-masā	إحجز لنا من فضلك طاولة لأربعة أشخاص هذا المساء
Auf Ihr Wohl!	fī sahatak (*f -ik*)	في صحتك
Bezahlen, bitte.	al-hisāb min fadlak	الحساب من فضلك
Hat es geschmeckt?	hal kana at-ta'ām djayied	هل كان الطعام جيد
Das Essen war ausgezeichnet.	kana it-ta'ām mumtāż	كان الطعام ممتازا

Frühstück

Fladenbrot	raghif	رغيف
Brot	khubż	خبز
Toast	tost / kubz muqammar	توست / خبز مقمر
weich gekochtes Ei	baida nisf masluqa	بيضة نصف مسلوقة
hart gekochtes Ei	baida maslūqa	بيضة مسلوقة
Spiegeleier	baid maqli	بيض مقلي
Butter	żubda	زبدة
Käse	djubn	جبن
Schafskäse	djubn min laban il-ghanam	جبن من لبن الغنم
Ziegenkäse	djubn min laban il-ma'iż	جبن من لبن الماعز
Weichkäse	djubn tarriī	جبن طري
Wurst	sudjuq	سجق
Honig	'asal	عسل
Marmelade	murabba	مربى
Jogurt	laban żabadi	لبن زبادي
Omelett	'udjdja	عجة

Imbiss

Falafil	falāfil	فلافل
Leber-Sandwich	sandawish kibda	سندويش كبدة
Kabab	kabāb	كباب
Würste	naqniq	نقنق

Hauptmahlzeit

Meze (verschiedene Vorspeisen)	mażża munawa'a	مزة منوعة
gegrillte Garnelen	djambari mashwi	جمبري مشوي
Fleischbraten	lahm muhammar	لحم محمر
gegrilltes Fleisch	lahm mashwi	لحم مشوي
gegrillter Fisch	samak mashwi	سمك مشوي
Hackfleischbällchen	kifta	كفتى
gebackenes Hähnchen	dadjadj fi-l-furn	دجاج في الفرن
Nudelauflauf	ma'karuna fi-l-furn	مغكرونة في الفرن
Reis	rużż	رز
Kartoffeln	batāta	بطاطا
Nudeln	ma'karuna	مغكرونة
Gemüsesuppe	shurbar khudar	شوربة خضر
Fischsuppe	shurbat samak	شوربة سمك
grüner Salat	salata khadra	سلطة خضرة
Tomatensalat	Salata Tamātim	سلطة طماطم

Obst und Süßspeisen

Orangen	burtuqāl	برتقال
Äpfel	tuffāh	تفاح
Birnen	idjās	إجاص
Granatäpfel	rummān	رمان
Feigen	tīn	تين
Kaktusfeigen	tīn shauki	تين شوكي
Pfirsiche	khaukh / durraq	خوخ / دراق
Aprikosen	mishmish	مشمش
Mango	mango	مقنو
frische Datteln	balah	بلح
getrocknete Datteln	tamr	تمر
Trauben	'inab	عنب
Melonen	battikh	بطيخ
Quitten	sfardjal	سفرجل
Bananen	mawz	موز
Baklawa	baqlāwa	بقلاوة
Keks-Feingebäck	ka'k	كعك

Getränke

Tee mit Milch / mit Zitrone	shai bi-l-halīb / bil-l-laimūn	شاي بالحليب / باللليمون
schwarzer Kaffee	qahwa bila halīb	قهوة بلا حليب
Kaffee mit Milch	qahwa bil halīb	قهوة بالحليب
arabischer Kaffee	qahwa 'arabiya	قهوة عربية
mit Kardamom	bi-l-hāl	بالحال
kalte / warme Milch	halīb barid / sākhin	حليب بارد / ساخن
Limonade	laymoūnada	ليمونادة
Mineralwasser	ma madaniya	ماء معدنية
Orangensaft	'asīr burtuqāl	عصير برتقال
Karottensaft	'asīr djassar	عصير جزر
Mangosaft	'asīr Mangha	عصير منخة
Wein	khamr / nabīdh	نبيذ
Roséwein	nabīdh rose	نبيذ روزيه
Weißwein	nabīdh abiyad	نبيذ أبيض
Bier	bīra	بيرة

Zahlen

0	sifr	٠	صفر
1	wāhid	١	واحد
2	ithnain	٢	إثنين
3	thlātha	٣	ثلاثة
4	arba'a	٤	أربعة
5	khamsa	٥	خمسة
6	sitta	٦	ستة
7	saba'a	٧	سبعة
8	thamāniya	٨	ثمانية
9	tis'a	٩	تسعة
10	'ashara	١٠	عشرة
11	ahada 'ashara	١١	أحد عشر
12	ithnā 'ashara	١٢	إثنا عشر
13	thalāthata 'ashara	١٣	ثلاثة عشر
14	arba'ata 'ashara	١٤	أربغة عشر
15	khamsata 'ashara	١٥	خمسة عشر
16	sittata 'ashara	١٦	ستة عشر
17	sab'ata 'ashara	١٧	سبعة عشر
18	thamāniyata 'ashara	١٨	ثمانية عشر
19	tis'ata 'ashara	١٩	تسعة عشر
20	'ishrūn	٢٠	عشرون
30	thalāthūn	٣٠	ثلاثون
40	arba'ūn	٤٠	أربعون
50	khamsūn	٥٠	خمسون
60	sittūn	٦٠	ستون
70	sab'ūn	٧٠	سبعون
80	thamānūn	٨٠	ثمانون

90	tis'ūn	٩٠	تسعون
100	miyya	١٠٠	مئة
1000	alf	١٠٠٠	ألف
10 000	'asharat alāf	١٠٠٠٠	عشرة الاف

Übernachten

Hotels

Da die Zahl ausländischer Besucher Ägyptens seit längerem kontinuierlich angestiegen ist, wurde die touristische Infrastruktur innerhalb der letzten Jahre enorm ausgebaut. Besondere Aufmerksamkeit wird dabei den Tauch- und Badezentren am Roten Meer zuteil – allein in Hurghada gibt es mittlerweile über 200 Hotels. Im Jahr 2008 verfügte Ägypten über mehr als 225 000 Hotelbetten in rund 1500 kategorisierten Hotels bzw. auf Nilschiffen. Dennoch kommt es in der **Hochsaison**, vor allem in der Zeit um Weihnachten und Ostern, immer wieder zu Überbuchungen. Wachsende Zahl

i Preiskategorien

- Luxus: ab 150 €
- Komfortabel: 70 – 150 €
- Günstig: unter 70 €

Doppelzimmer pro Nacht ohne Frühstück

Hotels und Pensionen ►Reiseziele von A bis Z

Die ägyptischen Hotels sind offiziell in fünf Kategorien eingeteilt (ein bis fünf Sterne). Annährend **internationalen Standard** bieten die Vier- und Fünf-Sterne-Hotels, wohingegen man bei den Mittelklassehotels mit drei oder weniger Sternen zum Teil deutliche Abstriche hinnehmen muss.

Obwohl die Preise alljährlich amtlich festgesetzt werden, kann man in der Nebensaison durchaus günstigere Konditionen aushandeln. Auf den Zimmerpreis können mehr als 20% Steuern und Servicegebühren aufgeschlagen werden. Man sollte deshalb nachfragen, ob diese im Preis enthalten sind. In den drei oberen Preiskategorien müssen die Preise in US-Dollar oder Euro angegeben werden, wobei die Rechnung durchaus in ägyptischen Pfund beglichen werden kann, wenn offizielle Umtauschbelege vorgelegt werden können. Preiskategorien

Jugendherbergen

In Ägypten gibt es z. Z. ein gutes Dutzend Jugendherbergen. Voraussetzung für die Benutzung ist ein gültiger Jugendherbergsausweis des Heimatlandes. Die Aufenthaltsdauer je Jugendherberge beträgt drei Allgemeines

JUGENDHERBERGSWERKE

AUSKUNFT

▸ **In Deutschland**
Deutsches Jugendherbergswerk
Bismarckstraße 8, 32756 Detmold
Tel. (0 52 31) 740 10
www.jugendherberge.de

▸ **In Österreich**
Österreichisches Jugendherbergswerk
Helferstorfer Straße 4, 1010 Wien
Tel. (01) 5 33 18 33
www.jungehotels.at

▸ **In der Schweiz**
Schweizer Jugendherbergen
Schaffhauserstrasse 14
8042 Zürich
Tel. (044) 360 14 14
www.youthhostel.ch

▸ **In Ägypten**
Egyptian Youth Hostels
Association, 1 El-Ibrahimy Street
Kairo – Garden City
Tel. (02) 23 54 05 27
www.egyptyha.com

Nächte; eine Verlängerung ist möglich, falls die Betten nicht für neu angekommene Gäste benötigt werden. Eine obere Altersgrenze für Jugendherbergsbenutzer besteht nicht.
Häufig befinden sich die Jugendherbergen jedoch weit entfernt vom Zentrum in nicht sehr ansprechenden Gegenden. Auch die **Qualität** der einzelnen Häuser ist sehr unterschiedlich. Für ein paar Euro mehr kann man oft in einfachen Pensionen besser unterkommen.

Camping und Caravaning

Allgemeines Camping ist in Ägypten nicht gern gesehen. Wer dennoch unbedingt im eigenen Zelt oder Campingbus übernachten möchte, sollte in jedem Fall einen Campingplatz ansteuern – von »wildem« Campen muss dringend abgeraten werden. **Offizielle Campingplätze** gibt es z. B. westlich von Alexandria an der Mittelmeerküste, bei den Pyramiden von Giseh, in der Oase Faijum, in Assijut (beim YMCA), in Luxor (YMCA-Campingplatz), bei Assuan (südlich der Stadt), am Roten Meer (u. a. bei Port Safaga) sowie auf der Sinai-Halbinsel (in den Küstenorten und beim Katharinen-Kloster).

Urlaub aktiv

König Fußball Auch in Ägypten ist Fußball die Sportart, die die meisten Zuschauer anzieht. Die ägyptische Nationalmannschaft zählt zu den spielstärksten auf dem afrikanischen Kontinent. Einige Nationalspieler verdienen ihr Geld in europäischen Ligen. Andere Zuschauersportarten sind Handball, Cricket und Polo.

Aktivsport

Bis vor wenigen Jahren galt Ägypten als Kulturreiseland par excellence – fast ohne jedes Angebot für den sportlich aktiven Urlauber. Dies hat sich innerhalb weniger Jahre grundlegend verändert. An erster Stelle steht natürlich der **Wassersport** am Roten Meer und am Mittelmeer. Tauchschulen schießen wie Pilze aus dem Boden, und fast alle Hotelanlagen verfügen auch über Surfbrettverleih, eigene Tennisplätze und Fitness Centers. Auch kann man an etlichen Orten **Golf** spielen. Bei Wandern, Trekking, Climbing, Canyoning oder Mountainbiking sind die Angebote vor Ort und somit die Möglichkeiten für Individualreisende noch sehr begrenzt, wenngleich vor allem die Hochgebirgslandschaft des Sinai für einige dieser Sportarten hervorragende Bedingungen bietet.

Baden und Schwimmen

Schöne ► Badestrände findet man am Mittelmeer und am Roten Meer. Um Verletzungen vorzubeugen, sollte man unbedingt **Badeschuhe** tragen. Viele Hotelanlagen verfügen über Swimming Pools oder Badelandschaften, deren Wasser normalerweise sauber, aber auch (stark) gechlort ist. Wegen der Gefahr einer Bilharziose-Ansteckung wird vom Baden in Binnengewässern (Flüssen, Quellteichen, Stauseen usw.) unbedingt abgeraten.

Golf

Der Golfsport kommt auch in Ägypten in Mode. Rund ein Dutzend Golfplätze gibt es bereits, u. a. in Kairo (Gezira Sporting Club; Mena House Hotel), Luxor (Royal Valley Golf Course), bei Hurghada (Cascade; El Gouna; Soma Bay) und in Sharm el-Sheikh (Hotel Mövenpick Jolie Ville). Die meisten sind Luxushotels angeschlossen; eine befristete Mitgliedschaft ist leicht zu bekommen.

Surfen, Segeln

An den meisten Strandabschnitten des Roten Meeres, vor allem an den Hotelstränden, kann man Surfbretter und Segelboote mieten.

Tauchen und Schnorcheln

Tauchen

Dass das Rote Meer ein Taucherparadies ist, hat sich mittlerweile auch in Nicht-Taucherkreisen herumgesprochen. Die wichtigsten Tauchzentren liegen bei Aïn Suchna und Hurghada sowie bei Sharm el-Sheikh (Ras-Mohamed-Nationalpark). Routinierte Taucher buchen entweder **Bootsafaris** – und haben den Vorteil, auch weiter entfernt gelegene Tauchplätze anfahren zu können – oder unternehmen Tagestouren, die alle Tauchbasen anbieten. Wer das Abgleiten in die Tiefe lernen will, findet am Roten Meer ideale Bedingungen, da fast alle Basen auch **Tauchkurse** anbieten (z. B. Padi oder CMAS zu ca. 255 Euro pro Woche). Ausrüstungsgegenstände wie Pressluftflasche, Lungenautomat, Tauchkomputer, Tarierweste, Neoprenanzug (mindestens 3 mm), Bleigürtel etc. gibt es vor Ort bei den Tauchbasen zu leihen.

Die größte Gefahr beim Tauchen ist die Selbstüberschätzung, häufigste Unfallursache zu tiefes und zu langes Tauchen. Wer ein paar **Grundregeln** beachtet, kann die Gefahren stark eingrenzen: Die Rifffische sind meist recht neugierig, einige sogar zutraulich. Man sollte sich aber hüten, sie anzufassen oder zu füttern (obwohl letzteres allerdings häufiger vorkommt). Einige – z. B. Muränen – können zuschnappen. Um sich, das Riff und die dort lebenden Tiere zu schützen, sollte man absolut nichts berühren, keine Muscheln oder Korallenstücke aus dem Meer sammeln und nicht über das Riff laufen (Motto: »take only pictures, leave only bubbles« – »mache nur Unterwasserfotos, hinterlasse nichts als Luftblasen«).

Ein Erlebnis: Ritt über die Wellen mit dem Banana Boat

Beste Reisezeit ist von Anfang Mai bis Ende Oktober. Noch größer ist das Tauch- oder Schnorchelvergnügen mit einem Bestimmungsbuch, z. B. mit Dieter Eichlers Buch über »Tropische Meerestiere« aus dem BLV-Verlag.

Man muss im Roten Meer nicht gleich in große Tiefen hinabtauchen, um Fische und andere Meerestiere zu Gesicht zu bekommen. Auch beim **Schnorcheln** bekommt man schon einen im wahrsten Sinn des Wortes schillernden Eindruck von der Unterwasserwelt. Die so genannte **Abc-Ausrüstung** – Schnorchel, Maske und Flossen – sollte man deshalb in jedem Fall zu einem Urlaub am Roten Meer mitnehmen. Am einfachsten ist das Schnorcheln an den Hausriffen, doch die meisten Riffe liegen nicht direkt an der Küste, sondern müssen mit Booten angefahren werden.

Verkehr

Schiffsverkehr

Nilkreuzfahrten

Zu den schönsten Reiseerlebnissen gehört eine mehrtägige Kreuzfahrt auf dem Nil. Es sind knapp 300 unterschiedlich ausgestattete Hotelschiffe auf den Spuren der Pharaonen unterwegs. Zwar sind Nilschiffe hinsichtlich ihres Raumangebots nicht mit den großen Musikdampfern auf dem Mittelmeer zu vergleichen. Auch wird auf einem Nildampfer selten ein Kapitänsdinner oder eine rauschende

Ballnacht geboten. Dafür gibt es auf vielen Nilschiffen einen »5 o' clock tea«, eine Galabija-Party oder sogar eine abendliche Bauchtanz-Vorführung. Während man sich an Bord verwöhnen lässt, gleitet die Landschaft vorüber. Unterwegs werden etliche Uferorte angelaufen, von denen aus **Landausflüge** zu den nahe gelegenen Sehenswürdigkeiten unternommen werden. Die meisten Kreuzfahrten beginnen in Assuan oder Luxor und dauern drei oder vier Tage. Zum **klassischen Besichtigungsprogramm** gehören u. a. Assuan, Kom Ombo, Edfu, Esna sowie das Tal der Könige und der Hatschepsut-Tempel in Theben. Bei einer Sieben-Tage-Tour werden meist auch noch Dendera und Abydos besichtigt. Die klassische Nilreise ist in den Touren beschrieben (►S. 211). Wer sich für eine Nilreise auf den Spuren der Pharaonen interessiert, wendet sich am besten an sein heimisches Reisebüro. Man kann Nilkreuzfahrten auch in Ägypten buchen, die interessantesten Angebote gibt es in Kairo, Assuan und Luxor.

Eine Schiffsreise auf dem Nil ist trotz aller Annehmlichkeiten auch mit einigen Risiken verbunden. Gelegentlich zwingt ein zu geringer Wasserstand oder dringend notwendige Reparaturen zu Programmänderungen. Ferner ist an Brücken und Schleusen mit technisch bedingten längeren Wartezeiten zu rechnen. Manche Schiffskapitäne holen Verzögerungen durch Nachtfahrten auf, so dass man relativ wenig von der Landschaft sieht.

! *Baedeker* TIPP

Mit dem Raddampfer über den Nil

Zwei Raddampfer aus Kolonialzeiten fahren auf dem Nil: die »Karim« war einst Yacht der ägyptischen Könige, später der Staatspräsidenten. Seit 1991 darf jedermann damit über den Nil schippern. Das schönste Schiff auf dem Fluss ist die »Sudan« mit Speisesaal, Bibliothek, Bar und Sonnendeck. Nach längerer Auszeit und umfassendem Umbau 1994 nahm sie wieder Fahrt auf. Hier reist man heute noch so luxuriös wie Peter Ustinov im Film »Der Tod auf dem Nil« – der wurde nämlich auf der Sudan gedreht.

Nilfahrt mit einer Feluke

Zwischen Assuan und Luxor verkehren auch einige recht spartanisch eingerichtete Feluken, auf denen bis zu 15 Passagiere Platz finden. An Bord dieser traditionellen Segelboote wird landesübliche Kost zubereitet, geschlafen wird im Schlafsack an Deck.

Nasser-See

Auf dem Nasser-See (Sadd el-Ali) ganz im Süden des Landes verkehren mehrere luxuriöse Kreuzfahrtschiffe **zwischen Assuan und Abu Simbel**. Eine solche Fahrt dauert vier bis fünf Tage und ermöglicht den Besuch der vor den Fluten des aufgestauten Nils geretteten altägyptischen Tempel und Gräber von Kalabscha, Amada, Kasr Ibrahim und Abu Simbel. Genauere Auskünfte erhält man im Reisebüro.

Rotes Meer

Einige Reiseveranstalter bieten ab Sues, Hurghada und Sharm el-Sheikh Schiffsausflüge bzw. Kreuzfahrten auf dem Roten Meer an. Nicht selten bekommen die Mitreisenden unterwegs Gelegenheit zum Schwimmen, Schnorcheln und Tauchen.

Eisenbahn

Allgemeines Generell sind alle Züge auch für Touristen zugelassen. Diese Situation kann sich jedoch, abhängig von der Sicherheitslage, täglich ändern. Die Personenzüge sind sehr spartanisch eingerichtet und oft überfüllt. Fahrkarten sind auch in den Zügen selbst erhältlich. Über die aktuellen **Fahrzeiten der Expresszüge** informiert die Bahnauskunft (weitere Informationen: www.egyptianrailways.com oder Thomas Cook Overseas Timetable).

Niedrige Fahrpreise ► Das Niveau der Eisenbahnfahrpreise liegt im Vergleich zu europäischen Verhältnissen sehr niedrig. Wegen des großen Andrangs wird zu einer sehr frühzeitigen Platzreservierung geraten.

ENR Das ägyptische Eisenbahnnetz – das älteste Afrikas (1856 Eröffnung der Strecke Alexandria – Kairo, 1898 Kairo – Luxor) – untersteht dem staatlichen Unternehmen Egyptian National Railways (ENR), hat eine Gesamtstreckenlänge von rund 5100 km und erstreckt sich ganz überwiegend im Delta und im Niltal. Mit Ausnahme der Metrolinien in Kairo sind alle Strecken dieselbetrieben. Der bedeutendste Eisenbahnknotenpunkt des Landes ist Kairo.

Wagons Lits Egypte Auf der Strecke Kairo – Assuan verkehrt ein **luxuriöser Schlafwagenzug** der privaten Eisenbahngesellschaft Compagnie Internationale des Wagons Lits Egypte. Die Züge verlassen Kairo bzw. Assuan um 19.00 Uhr und erreichen ihr Ziel am nächsten Morgen um 9.00 Uhr. Auskunft gibt jedes gute Reisebüro und ABELA, Tel. (202) 25 74 94 74, 25 74 92 74, Fax 25 74 90 74, www.sleepingtrains.com.

Stadtbahnen

Alexandria Zwei Verkehrsgesellschaften bedienen ein relativ engmaschiges **Straßenbahn**-Liniennetz. Wichtigster Knotenpunkt ist die Haltestelle Raml im Zentrum der Stadt. Nach Osten fahren blaue, nach Westen gelbe Straßenbahnen. Eine **Stadtbahn** verbindet Alexandria mit der östlichen Vorstadt Abukir. Weitere Linien sind geplant.

Kairo Kairos ganzer Stolz ist die Metro, die auf zwei Strecken Heliopolis mit Heluan sowie Shobra mit Gizeh/Al Mounib verbindet, teils als Untergrundbahn. Die Züge fahren ab 5.30 Uhr in kurzen Abständen. Weitere Strecken (u. a. eine Ost-West-Strecke) sind in Planung bzw. schon im Bau. Die Metro-Stationen sind durch ein großes rotes »M« gekennzeichnet. Auf der Nord-Süd-Achse gibt es 30 Stationen.

Die wichtigsten sind: **Mubarak Station, Ramses-Platz**: Übergang zum Hauptbahnhof sowie zum Hauptbusbahnhof, von wo die Autobusse nach Oberägypten und in die Oasen abfahren.

Sadat Station, Tahrir-Platz: Zugang zum Ägyptischen Museum, zur Amerikanischen Universität, zum Nile Hilton sowie zu den Niederlassungen zahlreicher Fluggesellschaften.

Mar Girgis, Alt-Kairo: Zugang zum Koptischen Museum, zu einigen koptischen Kirchen sowie zu den römischen Befestigungsresten.
Ferner gibt es in Kairo einige Straßenbahnlinien (Tram). Allein der Stadtbezirk Heliopolis wird von sechs Tram-Linien erschlossen.

Bus

Dichtes Busliniennetz

Niltal und Nildelta sind durch ein engmaschiges Busliniennetz erschlossen. Busse verkehren auf allen Hauptverkehrsstraßen. Auch die großen Oasen in der Westlichen Wüste sowie die Küstenorte am Golf von Sues und am Roten Meer werden von Überlandbussen mehrerer Gesellschaften bedient. Die Busse, von denen nur ein Teil mit Klimaanlagen ausgerüstet ist, sind **oft überfüllt**.

Pünktlichkeit

Was die Pünktlichkeit der Linienbusse betrifft, wird den Fahrgästen sehr viel Toleranz abverlangt. Es kann passieren, dass ein Bus schon eine halbe Stunde vor der offiziellen Zeit losfährt. Andererseits warten manche Busfahrer so lange, bis ihr Fahrzeug voll besetzt ist, was auch mal Stunden dauern kann.

WICHTIGE INFOS VERKEHR

SCHIFF

- **Fähren auf dem Roten Meer**
  Hurghada–Sharm el-Sheikh, Sinai (Schnellfähre, tgl.)
  Nuweiba–Aqaba, Jordanien (Fähre, tgl.)
  Sharm el-Sheikh–Aqaba, Jordanien (Fähre, 2x wöchentlich)
  Safaga–Jeddah, Saudi-Arabien (Fähre, 2x wöchentlich)
  Sues–Jeddah, Saudi-Arabien (Fähre, 2x wöchentlich)

BAHN

- **Bahnauskunft**
  Tel. (02) 5 75 35 55 (Kairo)
  www.egyptrail.gov.eg

- **Haupteisenbahnstrecken**
  Kairo–Alexandria (208 km; Reisezeit: 2 Std.)
  Kairo–Ismailija (159 km; Reisezeit: 2–3 Std.)
  Kairo–Sues (140 km; Reisezeit: 3 Std.)
  Kairo–Port Said (232 km; Reisezeit: 4 Std.)
  Kairo–Marsa Matruh (311 km; Reisezeit: 8 Std., 15. Juni bis 15. September)
  Kairo–Luxor (671 km; Reisezeit: 9–11 Std.)
  Kairo–Assuan-Hochdamm (898 km; Reisezeit: 15 Std.)

BUS

Folgende Busgesellschaften sind einigermaßen zuverlässig:

- **Strecke Kairo–Alexandria**
  Federal Arab Transport Line, Super Jet, West Delta Bus Company.
  Abfahrt: Busparkplatz hinter dem Nile Hilton Hotel.

- **Strecke Kairo–Luxor–Assuan**
  Upper Egyptian Bus Company
  4, Sharia Yussef Abbas
  Abfahrt ab Midan Ahmed Helmi
  Auskunft: Tel. (02) 22 60 92 98

Stadtverkehr Kairo

In der ägyptischen Hauptstadt gibt es ein außerordentlich engmaschiges Liniennetz, auf dem Hunderte von rot-weißen bzw. blau-weißen und ständig überfüllten Bussen unterwegs sind. Für Touristen interessant sind folgende Linien:
066: Nile Hilton–Midan Tahrir–Khan el-Khalili
072: Nile Hilton–Midan Tahrir–Citadel
400: Flughafen–Stadtzentrum
800: Muhama'a/Midan Tahrir–Pyramiden von Giseh
900: Muhama'a/Midan Tahrir–Pyramiden von Giseh
Komfortabler, aber auch etwas teurer sind die orange-weißen Busse, in denen keine Fahrgäste stehen dürfen. Für Touristen zu empfehlen:
24: Midan Tahrir–Ramses-Statue–Abbassiyah–Roxi
27: Midan Tahrir–Ramses-Statue–Abbassiyah–Flughafen
82: Midan Tahrir–Pyramiden von Giseh

Überlandbusse »Superjet«

Von Kairo und Alexandria fahren klimatisierte und mit allem Komfort ausgestattete Pullman-Busse (Superjet) in alle touristisch einigermaßen bedeutsamen Orte Ägyptens. Sitzplätze sollte man spätestens zwei Tage vor Abfahrt reservieren. Daneben gibt es eine große Flotte von Überlandbussen, die über keine Klimaanlagen verfügen. Mit diesen fährt man dann etwas billiger.

Taxi

Fahrpreise

Für Fahrten innerhalb von Ortschaften und Städten, aber auch für Tagesausflüge bieten sich Taxis als unkompliziertes Fortbewegungsmittel an. Die meisten Taxis verfügen zwar über Taxameter, doch diese werden so gut wie nie eingeschaltet. Es empfiehlt sich daher, den **Fahrpreis vorher auszuhandeln**. Informationen über angemessene Preise sind entweder in den Hotels ausgeschrieben oder können bei der Rezeption nachgefragt werden. Taxis, die vor dem Hotel warten, sind zwar teurer als die anderen, dafür sprechen die Fahrer meist ein wenig Englisch. Bei Tagestouren ist es empfehlenswert, ganz genau anzugeben, was man alles sehen und wie lange man unterwegs sein möchte.

Üppig ausgestattet: Taxi-Cockpit in Kairo

Für die **Fahrt vom Flughafen** ins Zentrum von Kairo gilt ein Preis von etwa 40 – 80 £E. Man sollte bei den Preisverhandlungen klarstellen, dass man die ungefähren Preise kennt. In Kairo verkehren neben alten schwarzen auch klimatisierte gelbe und weiße Taxis.

Sammeltaxis sind eine sehr preisgünstige und stark verbreitete Möglichkeit, um von Ort zu Ort zu gelangen. Rudimentäre Arabisch-Kenntnisse sind dabei hilfreich. Allerdings ist es in einigen Gegenden Sammeltaxifahrern nicht mehr erlaubt, Ausländer mitzunehmen, u. a. in der Gegend zwischen Hurghada und Marsa Alam (Grund sind wohl einige Unfälle, bei denen Ausländer verletzt oder getötet wurden). Es gibt die etwas komfortableren Mini-Busse, die hauptsächlich in den Städten und Badeorten zu finden sind, und die vor allem auf dem Land üblichen »Service Taxis«, einfache Pick-ups mit zwei Sitzbänken, die auch Güter und Tiere transportieren. Eilig darf man es nicht haben, denn Mini-Busse und Service Taxis fahren erst ab, wenn sie voll besetzt sind. Es gibt **keine festgelegten Haltestellen** – gestoppt wird überall dort, wo ein Fahrgast ein- oder aussteigen möchte.

Straßenverkehr

Allgemeines

Der Straßenverkehr ist vor allem in den größeren Städten sehr chaotisch. Ständige Fahrbahnwechsel und Staus in den städtischen Zentren machen das Fahren nicht gerade zum Vergnügen. Verkehrsvorschriften werden kaum beachtet. Da Hinweisschilder arabisch beschriftet sind, ist die Orientierung oft ein zusätzliches Problem.

Straßennetz und Straßenzustand

Das ägyptische Straßennetz ist nur im dicht besiedelten Nildelta, zwischen der Mittelmeerküste und der Hauptstadt Kairo, verhältnismäßig dicht. Die meisten touristisch interessanten Strecken sind asphaltiert. Dagegen können Wüstenpisten, meist festgefahrene und häufig sehr unebene Sand- und Schotterpisten, nur mit geländegängigen Fahrzeugen benutzt werden. Gelegentlich machen kurze, aber heftige Niederschläge einzelne Wüstenpisten unpassierbar. Besonders abends und nachts kann es auf ägyptischen Straßen gefährlich werden. Viele Fahrzeuge sind ohne Licht oder nur schlecht beleuchtet unterwegs. Immer wieder kommt es zu schlimmen Unfällen. Außerhalb von Kairo befindet sich das Unfallrettungswesen noch in der Aufbauphase. Für einige autobahnähnlich ausgebaute Straßen werden unterschiedlich hohe Benutzungsgebühren erhoben.

Verkehrsvorschriften

In Ägypten besteht Rechtsverkehr. Die zulässigen Höchstgeschwindigkeiten für Kraftfahrzeuge betragen innerhalb geschlossener Ortschaften 60 km/h, mit Anhänger 30 km/h, außerhalb geschlossener Ortschaften 100 km/h, mit Anhänger 50 km/h. Strenge Radarkontrollen sind an der Tagesordnung.

Benzin

Benzin ist vergleichsweise günstig in Ägypten: Derzeit kostet der Liter ca. 2 £E. Erhältlich sind Normalbenzin (80 Oktan), Super (96 Oktan) und Diesel.

Pannenhilfe

Auf den großen Verbindungsstraßen im Nildelta unterhält der Automobile et Touring Club d'Égypte (ATCE) einen Straßenhilfsdienst.

◄ Reifenpannen

Es gibt viele kleine Werkstätten, in denen Autoreifen kurzfristig repariert oder neue Reifen montiert werden können.

Überlandfahrten Wer eine individuelle Überlandfahrt plant, sollte sich zuvor im Hotel nach Straßenzustand und Reisebedingungen erkundigen. In vielen Gebieten sind Überlandfahrten nur in einem von Sicherheitskräften abgeschirmten Konvoi möglich.

Wüstenfahrten Wüstenfahrten müssen in aller Regel bei den Sicherheitskräften, d. h. bei Polizei oder Militär, angemeldet werden und sollten nur nach guter Vorbereitung mit robusten und technisch einwandfreien Fahrzeugen unternommen werden. Die Mitnahme von Bordwerkzeug, einem zweiten Ersatzrad, genügend Treibstoff und Trinkwasser ist unerlässlich.

Man fahre grundsätzlich in Gruppen von zwei oder mehr Fahrzeugen, am besten in Begleitung eines ortskundigen Einheimischen. Auf keinen Fall sollten markierte Strecken verlassen werden. Von Nachtfahrten ist aus Sicherheitsgründen abzuraten. Bei größeren Reisevorhaben bzw. Wüstensafaris ist es oft sinnvoller, sich einer organisierten Tour anzuschließen.

Mietwagen

Allgemeines Wer es sich tatsächlich zutraut, in dem Verkehrsgewühl aus Eselskarren, Kamelen, Fahrrädern, wild hupenden Autos und Bussen vorwärts zu kommen, kann sich in Kairo, Alexandria, Hurghada, Sharm el-Sheikh, Taba und einigen anderen viel besuchten Touristenorten ein Auto mieten. Falls man Überlandfahrten plant, sollte man sich zuvor erkundigen, welche Strecken ohne Schwierigkeiten (► Sicher-

WICHTIGE ADRESSEN FÜR AUTOFAHRER

AUTOMOBILE ET TOURING CLUB D'ÉGYPTE

► **ATCE Kairo**
Tel. (02) 25 76 81 75
www.atce-egypt.org

► **ATCE Alexandria**
Tel. (03) 540 53 01

MIETWAGEN-RESERVIERUNG

► **Avis**
Tel. (0 18 05) 21 77 02 (D)
Tel. (01) 7 00 73 27 00 (Wien)
Tel. (044) 8 00 77 33 (Zürich)
Tel. (02) 22 65 24 29 (Kairo)
www.avis.com

► **Europcar**
Tel. (0 18 05) 80 00 (D)
Tel. (01) 7 00 73 26 99 (Wien)
Tel. 2 55 56 56 (CH)
Tel. (02) 22 67 24 39 (Kairo)
www.europcar.com

► **Hertz**
Tel. (0 18 05) 333535 (D)
Tel. (01) 79532 (Wien)
Tel. (044) 6545367 (Zürich)
Tel. (02) 35391380 (Kairo)
www.hertz.com

► **Holiday Autos**
Tel. (0 18 05) 17 91 91 (D)
Tel. (01) 2929234 (Wien)
www.holidayautos.de

heit) befahrbar sind; einige Strecken können nur in Polizeikonvois befahren werden. Bei der Fahrzeugübergabe sollte unbedingt der Zustand von Reifen, Ersatzrad und Bremsanlagen überprüft werden. Selbst bei den ägyptischen Vertretungen international renommierter Mietwagenfirmen besteht das Risiko, dass Fahrzeuge erhebliche technische Mängel aufweisen.

Mindestalter, Führerschein

Wer in Ägypten einen Mietwagen fahren will, muss grundsätzlich mindestens 25 Jahre alt sein. Ausländer müssen ihren nationalen Führerschein sowie einen Internationalen Führerschein und ihren Reisepass vorlegen.

Versicherungen, Kaution

Wer ein Fahrzeug mietet, sollte stets auch eine Vollkaskoversicherung (meist schon im Mietpreis inbegriffen), eine Haftpflichtversicherung, eine Diebstahlversicherung und eine Insassen-Unfallversicherung abschließen. Die ägyptischen Autovermieter verlangen eine sehr hohe Kaution. Das Deposit sollte möglichst mit Kreditkarte gesichert werden, da die Rückerstattung von Bar-Deposits immer in Landeswährung erfolgt.

Spartipps

Am besten fährt man, wenn man den Mietwagen bereits vor der Abreise im Reisebüro bzw. Mietwagen-Unternehmen bucht. Zuhause bekommt man günstige Pauschalpreise geboten, die eine Mietpreisgarantie, einen umfassenden Versicherungsschutz, lokale Steuern und unbegrenzte Kilometer umfassen. Wer vor Ort ein Fahrzeug mietet, hat oftmals mit hohen Zuschlägen zu rechnen.

Zeit

Drei Kalender

In Ägypten sind drei Kalendersysteme in Gebrauch: Der **gregorianische Kalender** gilt für Termine des Staates, der Verwaltung und des Handels. Der **islamische Kalender** (► Hintergrund, Religion) bestimmt den Zeitpunkt muslimischer Feiertage und Feste sowie der Familienfeste gläubiger Muslime. Schließlich gibt es noch den **koptischen Kalender**, der auf dem julianischen basiert und nur für das religiöse Leben der koptischen Christen eine Rolle spielt. Im profanen Bereich wird ebenfalls der gregorianische Kalender angewendet. Das Jahr des koptischen Kalenders beginnt jeweils am 11./12. September, die Jahreszählung setzt mit dem Jahr 284 n. Chr. ein, dem Beginn der Regierungszeit Kaiser Diokletians, in der die grausamsten Christenverfolgungen in Ägypten stattfanden.

In Ägypten gilt die Osteuropäische Zeit (OEZ = MEZ + 1 Std.). In den Sommermonaten wird die Uhr um eine Stunde vorgestellt, jedoch zu anderen Terminen als die europäische Sommerzeit.

Touren

DIE HIGHLIGHTS AUF EINER KLASSISCHEN NILREISE ERLEBEN, ZU FUSS DEN MOSESBERG AUF DEM SINAI BESTEIGEN ODER MIT DEM JEEP DIE WEISSE WÜSTE ERKUNDEN – HIER FINDEN SIE TOUREN, DIE SIE IN DIE SCHÖNSTEN ECKEN DES LANDES FÜHREN.

TOUREN DURCH ÄGYPTEN

... die zu dem biblischen Berg führen, auf dem Moses die Zehn Gebote empfing, oder zu Agatha Christies ägyptischem Lieblingshotel. Dazu Tipps vorab, wie man Ägypten, seine Monumente, seine Strände am besten erleben kann.

iro ist Dreh- und Angelpunkt des
ndes und Start vieler Touren.

Sonne, Strand
und mehr: an
den Küsten des
Roten Meeres

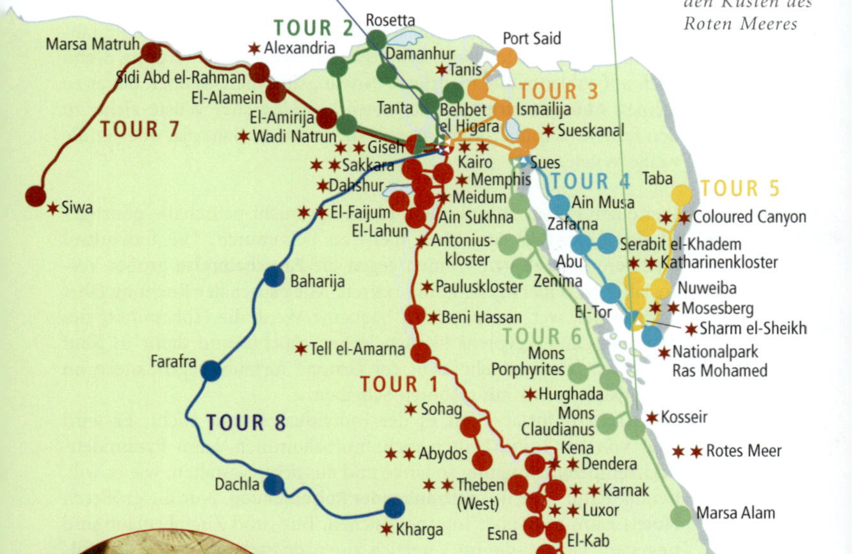

Ganz im Süden des Landes beeindruckt
der Große Ramses-Tempel von Abu
Simbel mit mächtigen Pfeilerfiguren.

Unterwegs in Ägypten

Kultur-, Bade- und Abenteuerurlaub

Ägypten ist ein Rundreiseland, verlangt umso mehr Mobilität, je mehr man sehen, erleben will. Koffer aus-, einpacken, vom Hotel in den Bus, vom Bus aufs Nilschiff, dann wieder ins Hotel – Aktivität ist verlangt! **»Egypt has it all«**, lautet ein Werbeslogan der ägyptischen Tourismusmanager. Das ist schön gedichtet und obendrein wahr. Der klassische Ägypten-Urlaub, der bei den Pyramiden beginnt und in Abu Simbel endet, befriedigt die meisten Touristen heutzutage nicht mehr.

Wer das Tal der Könige und Karnak gesehen hat, der hängt inzwischen fast ausnahmslos eine Woche entspannenden Badeurlaub am Roten Meer an. Man braucht die Entspannung eben auch. Genau genommen ist es sogar so, dass ein wachsender Anteil an Touristen zuerst den Strandurlaub und als Ergänzung dazu den Besuch pharaonischer Monumente bucht. Eine ebenfalls wachsende Gruppe, wenn auch auf zahlenmäßig niedrigem Niveau, sind die Urlauber, die es zu kleinen **Abenteuertrips** in die Westliche (Libysche) Wüste zieht, zu den fernen, bezaubernden Oasen, wie Siwa und Baharija, oder in die weiße Wüste.

Pauschal- oder Individualurlaub?

Wer einen reinen Strandurlaub plant, der bucht pauschal – günstiger ist der Aufenthalt am Meer nicht zu bekommen. Die individuell buchbaren Hotelraten können gegen die **Pauschalpreise** großer Veranstalter in keiner Weise konkurrieren. Mit pauschaler Buchung fährt auch besser, wer auf möglichst bequeme Weise die Höhepunkte des pharaonischen Ägyptens kennen lernen möchte und dafür in Kauf nimmt, sich weitestgehend in der Gruppe fortzubewegen, meist im klimatisierten Bus mit getönten Scheiben.

Ganz so komfortabel hat es der Individualreisende nicht. Er wird zwar von Land und Leuten mehr mitbekommen, kann Pyramiden- und Tempelbesichtigung so lange und ausgiebig gestalten, wie er will, bezahlt dafür aber mit **zeitraubender Reiseplanung**. Nur die größeren Hotels kann man über Internet buchen. Bus- und Zugfahrpläne sind ungenau; Tickets, die im Vergleich zu europäischen Preisen spottbillig sind, muss man Tage vorher vor Ort besorgen.

Mit dem Auto unterwegs

Auch mit dem Auto gibt es speziell ägyptische Schwierigkeiten. Verkehr und ägyptische Autofahrer sind, einmal grob verallgemeinert, irgendwo zwischen gemeingefährlich und chaotisch. Von Überlandfahrten bei Nacht ist absolut abzuraten, und zum Schutz der Touristen sind aus Sicherheitsgründen viele Strecken – z. B. die Route von Assuan nach Abu Simbel – nur in einem Polizeikonvoi zu bestimmten vor Ort zu erfragenden Zeiten befahrbar. Das mag abschreckend klingen, soll es aber nicht sein, eher ein Appell an die Geduld! Zum Lohn lernt man ein bezauberndes Land, ein überaus freundliches Volk kennen.

Palmenhain am Meer südlich von Dahab auf dem Sinai

Wo und wie lange im Lande bleiben?

Der Pauschalreisende hat es leicht. Reiseveranstalter bieten fertig geschnürte **Rundreisepakete** (Nilkreuzfahrt, Kairo, Badeurlaub) mit einer Dauer von meist 14 bis 16 Übernachtungen. Hier ist garantiert, dass man in der knappen Zeit keines der Highlights Ägyptens verpasst. Für rasende Reisende gibt es sogar 10-Tage-Rundreisen. Auch die einwöchige Nilkreuzfahrt zwischen Luxor und Assuan ist eine äußerst beliebte Option. Für Individualurlauber kann man als **Faustregel** angeben: Für Kairo sollte man je nach Interesse 3 bis 6 Tage einplanen, westliches Nildelta 2 Tage, Alexandria und Umgebung 2 bis 4 Tage, Mittelmeerküste und Oase Siwa 3 bis 6 Tage, Luxor 3 bis 6 Tage, Assuan und Abu Simbel 3 bis 5 Tage, Sinairundreise 4 bis 6 Tage, Tour durch die Oasen der Westlichen Wüste 5 bis 10 Tage – glücklich also, wer drei bis vier Wochen Zeit für eine Ägyptenreise auf eigene Faust aufbringen kann.

Tour 1 Klassische Nilreise

Start J 5

Tourlänge: ca. 1000 km **Tourdauer:** mind. 2 Wochen

Für Ägyptenfans ist die klassische Nilreise ein Traum, den man sich wenigstens einmal im Leben gönnt. Um die großen Bauwerke der Pharaonen zu sehen, nimmt man eine beschwerliche Reise in Kauf. Immer mehr tun das sogar im Sommer, wenn es von Kairo bis Abu Simbel wirklich heiß ist. Der Lohn: An den Monumenten drängen sich weniger Interessierte als in den klassischen Reisemonaten.

Die klassische Nilreise von Kairo über Luxor nach Assuan bzw. umgekehrt kann mit dem Auto, mit der Bahn oder mit dem Schiff durchgeführt werden. Wenn man beabsichtigt, Assijut, Sohag, Achmim, Beni Hassan und Mallawi per Auto zu besuchen, ist zu beach-

Minarett der Er-Rifai-Moschee

»Light & Sound« – Am Abend wird der Tempel von Karnak zum besonderen Erlebnis.

An der Anlegestelle für Kreuzfahrtschiffe in Luxor

Eine Klasse für sich: Im Old Cataract Hotel saß schon Agatha Christie auf der Terrasse, blickte auf den Nil und sann über Mordfälle nach.

ten, dass Teile Mittelägyptens aufgrund immer wieder auftretender Unruhen als unsicheres Terrain für ausländische Besucher gelten. Diese Reiseziele sind deshalb nur unter erschwerten Bedingungen, teilweise gar nicht erreichbar.

Die ägyptische Hauptstadt ❶ ✱✱ **Kairo** ist für viele Touristen das Tor zum Land am Nil. Mit ihren zahllosen Sehenswürdigkeiten und ihrem besonderen Flair erfordert sie einen mindestens dreitägigen Aufenthalt. Einen weiteren Tag sollte man für die Besichtigung der nahen Pyramiden von ❷ ✱✱ **Giseh** einplanen.

Von Kairo geht es dann nilaufwärts nach Badraschein, von wo aus Abstecher ins frühere Heilbad Heluan, in die Ruinenfelder der alten Hauptstadt ❸ ✱ **Memphis** sowie zu den Pyramiden und Gräberfeldern von ❹ ✱✱ **Sakkara** lohnen. Weiter stromaufwärts ist Masghuna ein guter Ausgangspunkt für eine Besichtigung der Pyramiden von ❺ ✱ **Dahshur**. Etwa 30 km nilaufwärts kommt man nach El-Matanija, von wo es nicht weit zu den Pyramiden und Mastabas von ✱ **Lischt** ist. Ca. 20 km weiter, bei El-Rikka, bietet sich ein kurzer Abstecher zur Pyramide von ❻ ✱ **Meidum** an.

Nach 34 km erreicht man Beni Suef, von wo eine Hauptstraße nordwestwärts zur Pyramide von ❼ **El-Lahun** und weiter in die Großoase ❽ ✱✱ **El-Faijum** führt. Von Beni Suef geht es nilaufwärts weiter (Sicherheitslage und Weiterfahrmöglichkeit vorher prüfen!) via Biba mit seiner weithin als Landmarke sichtbaren koptischen Kirche und El-Faschn, in dessen Nähe sich die Ruinen der griechischen Stadt Ankyronpolis befinden, nach Maghagha, einem zentralen Ort mit Zuckerfabrik. Wenig später kommt man nach Beni Masar. Ca. 15 km westlich kann man die Trümmer der antiken Stadt Oxyrhynchos besichtigen, die sich nach Einführung des Christentums zu einer bedeutenden Mönchsstadt entwickelte.
Knapp 20 km weiter stromaufwärts erreicht man die große Nilinsel **El-Sirija** mit einer sehenswerten Hathor-Kapelle. Hinter der Stadt Samalut ist der steile und aussichtsreiche Gebel el-Ter mit seinem koptischen Kloster eine wichtige Landmarke. In der Höhle unter der Kirche soll die Heilige Familie auf der Flucht gerastet haben.

25 km nilaufwärts gelangt man in die Gouvernoratshauptstadt El-Minija. Ca. 20 km weiter flussaufwärts kann man die Felsengräber von ❾ ✱ **Beni Hassan** erkunden. Wenig später folgen die Ruinen der alten Kultstätte Hermopolis Magna. In der näheren Umgebung von **Mallawi** sollte man den Grabtempel des Petosiris sowie die Ruinenfelder von Echnatons Hauptstadt ❿ ✱ **Tell el-Amarna** anschauen. Über Deirut, wo der Ibrahimija-Kanal abzweigt, geht es weiter nilaufwärts nach Nasali Ganub, in dessen Nähe die Nekropole von Kussai zu finden ist. Außerdem liegt südwestlich von Nasali Ganub das koptische Kloster Deir el-Maharrak am Wüstenrand.

Knapp 50 km südlich erreicht man die oberägyptische Großstadt **Assijut** mit ihren berühmten Felsengräbern und einem 1902 fertig gestellten Nil-Staudamm. Über Abutig, Sidfa und vorbei an der Ebene von Kau (Antaiopolis), wo nach Diodor der Entscheidungskampf zwischen Horus und Seth stattfand, kommt man in die an einer Flussschlinge gelegene Stadt ⑪ * **Sohag**, die durch zwei in der Nähe liegende koptische Klöster bekannt geworden ist. Über eine Brücke fährt man nach Achmim, am Ostufer des Nils, wo in den 1980er-Jahren einige Monumentalstatuen gefunden wurden. Keinesfalls versäumen sollte man einen Besuch der Nekropole von ⑫ * * **Abydos**, die ca. 50 km südlich von Sohag am Rand des Wüstenplateaus liegt. Höhepunkte sind das Heiligtum des Osiris, der Tempel von Sethos I. sowie der Tempel von Ramses II.

Ein weiterer Höhepunkt ist die alte ägyptische Stadt ⑬ * * **Dendera**, ca. 70 km weiter nilaufwärts, denn hier befinden sich die Ruinen des berühmten Tempels der Hathor. Unweit südlich kommt man über eine Nilbrücke in die alte Töpferstadt Kena. 23 km südlich liegt der alte Handelsplatz Kift, wo schon im frühen Altertum Waren aus Arabien und Indien gestapelt wurden. Über Kus erreicht man nun die Tempelstadt ⑭ * * **Luxor**, von der aus die ausgedehnten Nekropolen und gewaltigen Totentempel von ⑯ * * **Theben** und dem Tal der Könige sowie die imposanten Tempelanlagen von ⑮ * * **Karnak** besucht werden können. Etwa 15 km südlich von Luxor, bei Tod, sind Tempelruinen der Ptolemäer- und Römerzeit zu sehen.

Gut 50 km südlich von Luxor – Achtung, Fahrt nur im Konvoi! – liegt die Provinzstadt ⑰**Esna** an einem Nilstaudamm. Berühmtheit hat sie durch den Tempel des Chnum erlangt. 34 km weiter nilaufwärts lohnt ein Aufenthalt in ⑱**El-Kab**, wo die Ruinen des alten Nechab, der Amenophis-Tempel, einige Felsengräber sowie die Pyramide El-Kula bemerkenswert sind. 22 km weiter südlich erreicht man ⑲ * * **Edfu** mit seinem eindrucksvollen Horustempel. Über Silsila, wo vor allem zur Zeit des Neuen Reiches Steinbrüche ausgebeutet wurden, kommt man zur Stadt ⑳ * **Kom Ombo**, in der sich nach dem Bau des Assuan-Hochdamms mehrere Tausend Nubier niedergelassen haben. Sehenswert ist hier das große Doppelheiligtum des Suchos und Haroëris.

Nach weiteren 44 km endet die Reise in der wunderschön am Ostufer des Nils gelegenen Stadt ㉑ * * **Assuan**. Besonders lohnende Ausflugsziele sind die Nil-Inseln Elephantine und Kitchener, die Felsengräber, das Simeonskloster, der Tempel von ㉒ * * **Philae** und natürlich der alte Staudamm sowie der neue Hochdamm.

Keineswegs versäumen sollte man einen Ausflug – am besten mit Flugzeug oder Bus – von Assuan zu den großartigen Felsentempeln von ㉓ * * **Abu Simbel**.

Tour 2 Rundfahrt durch das westliche Nildelta

Start J 5

Tourlänge: ca. 550 km **Tourdauer:** 2 – 3 Tage

Touristisch ist diese Region vernachlässigt. Sie wird zwischen den Metropolen Kairo und Alexandria nur als Durchfahrtskorridor gesehen. Schade. Schon ein eintägiger Abstecher von einer der beiden Großstädte ins Nildelta genügt, um den bäuerlich geprägten Alltag in einer der am engsten besiedelten Regionen der Erde zu erleben.

Der Ausflug ins westliche Nildelta, nach Alexandria und ins Wadi Natrun kann bequem in zwei bis drei Tagen bewältigt werden. Man unternimmt ihn am besten mit dem Servicetaxi oder Mietwagen. Auch manche Busrundfahrten folgen der vorgeschlagenen Route.

Blick auf den Hafen und Fort Kaitbai in Alexandria

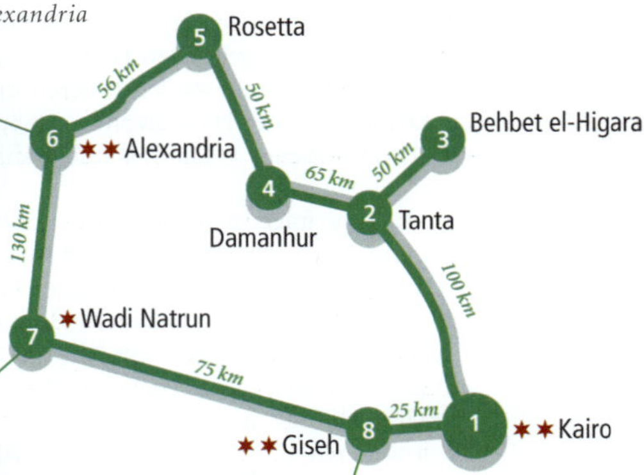

Dachlandschaft mit Kuppeln: das Baramus-Kloster im Wadi Natrun

Jeden Abend gibt es eine Show an den Pyramiden von Giseh.

Von ❶ ✶✶ **Kairo** folgt man der Schnellstraße 1 stromabwärts ins dicht besiedelte Nildelta bis zur Provinzhauptstadt Benha, an deren nördlicher Peripherie die Reste des alten Athribis, der untergegangenen Hauptstadt des zehnten unterägyptischen Gaus, erforscht werden können. Etwa 100 km nördlich von Kairo lädt die Großstadt ❷ **Tanta** zu einem kurzen Zwischenstopp ein.
Von hier aus lohnt ein Abstecher (Hauptstraße 8) nach ❸ **Behbet el-Higara** mit seinem berühmten Isistempel, der etwa 10 km südlich der Stadt Mansura liegt. Wer viel Zeit hat, kann noch weiterfahren bis an die Mündung des östlichen Nilhauptarmes, wo sich heute die Stadt **Damietta** ausbreitet.

Die Schnellstraße 1 führt von Tanta in nordwestlicher Richtung weiter. Nach etwa 44 km lohnt ein kurzer Abstecher zu den Ruinen der alten griechischen Handelsstadt **Naukratis**. Nach weiteren 21 km erreicht man die Großstadt ❹ **Damanhur**, wo die Baumwollindustrie Bedeutung hat.

Ab Damanhur folgt man der Hauptstraße 20 zur 50 km weiter nördlich gelegenen Mündung des westlichen Nilhauptarmes, wo man in der einstmals wichtigen Hafenstadt ❺ **Rosetta** rasten kann. Im 3 km nördlich der Stadt gelegenen Fort Rosette wurde 1799 die berühmte Steintafel von Rosetta entdeckt, deren dreisprachiger Inschriftentext die Entzifferung der Hieroglyphen ermöglichte. Die Tafel wird heute im British Museum in London aufbewahrt.

Von Rosetta folgt man der Küstenstraße Nr. 18 in südwestlicher Richtung. Nach etwa 44 km erreicht man das auf einer stark befestigten Landzunge gelegene Fischerdorf **Abukir**. Am 1. August 1798 schlug die britische Flotte unter Admiral Nelson die französischen Gegner vernichtend; bereits ein Jahr später konnte Napoleon hier die zahlenmäßig weit überlegenen Türken besiegen. Südwestlich von Abukir sind Reste der antiken Hafenstadt Kanopus erhalten.
Nach weiteren 12 km ist man in ❻ ✶ **Alexandria** angelangt, der an Sehenswürdigkeiten reichen und seit dem Altertum berühmten Hafenstadt, die heute die zweitgrößte Stadt Ägyptens ist.

Von Alexandria fährt man auf der Wüstenautobahn (Hauptstraße Nr. 11) südwärts und erreicht nach knapp 130 km das ❼ ✶ **Wadi Natrun** (Natrontal), eine ca. 30 km lange Senke, deren tiefster Punkt 25 m unter dem Meeresspiegel liegt. Hier reihen sich ein Dutzend Salzseen aneinander, aus deren Ablagerungen schon im Altertum Salz und Natron gewonnen wurden. Berühmt ist das Wadi Natrun durch seine Einsiedeleien und Klöster, die hier seit dem 4. Jh. entstanden sind.

Am Südostausgang der Senke liegt die moderne Stadt **Sadat City**, von der aus sich ein Abstecher ins 22 km weiter nordöstlich am Rosetta-

Nilarm gelegene Kom Abu Billu lohnt. Hier sind Reste der alten Stadt Terenuthis, eines Hathor-Heiligtums und einer Nekropole erhalten. Von Sadat City geht es vorbei an neuen Trabantensiedlungen über 8 ** **Giseh** mit seinen Pyramiden zurück nach Kairo.

Tour 3 In die Suesregion

Start J 5

Tourlänge: ca. 500 km **Tourdauer:** 2 Tage

Landschaftlich ist diese Route anfangs wenig attraktiv. Man fährt auf einer unfallträchtigen Straße Richtung Osten. Dafür erlebt man am Sueskanal eine pulsierende Wirtschaftsregion. Die Städte Port Said und Sues verdanken ihre heutige Existenz einzig dem Kanal. Gleiches gilt für Ismailija, eine grüne und charmante Stadt, wie man sie hier kaum erwartet.

Die Sueskanal-Rundfahrt ist per Auto, Taxi und Bus realisierbar. Die 135 km lange Hauptstraße von 1 ** **Kairo** nach 2 **Sues** folgt der alten Karawanenstraße bzw. der Pilgerroute nach Mekka. Sie war einstmals durch 16 Wachtürme gesichert und wurde von den Briten

ick über die
ıït-Bei-Moschee
f das islami-
ıe Kairo

Bei Port Said fahren die Schiffe in den Sueskanal ein.

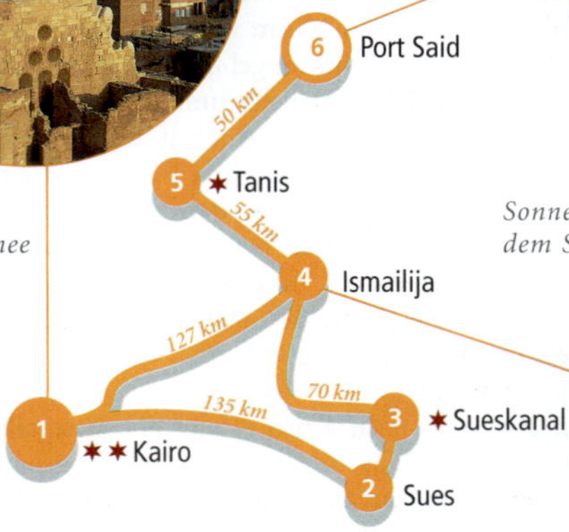

Sonnenuntergang über dem Sueskanal

als Poststraße ausgebaut. Von touristischem Interesse ist lediglich das auf halbem Wege auf einer Anhöhe gelegene und dem Verfall preisgegebene Schloss von Abbas II. Hilmi aus den 1890er-Jahren.

Die Hafenstadt Sues liegt am Nordende des gleichnamigen schmalen Golfes, wo der 3 ✶ **Sueskanal** ins Rote Meer einmündet. 12 km nördlich, bei El-Kubri, unterquert der 2,8 km lange Ahmed-Hamdi-Tunnel die stark befahrene Wasserstraße. Die Röhre kann von Kraftfahrern und Fußgängern benutzt werden. 13 km weiter nördlich erreicht man die Ortschaft El-Schallufa, wo die Kanalbauer eine fossilienreiche Kalkbank durchbrechen mussten. 10 km weiter markiert die Signalstation Genefa den Beginn des **Kleinen Bittersees**, nochmals 14 km weiter nördlich beginnt der **Große Bittersee** bei der Signalstation Kabrit. Die beiden blaugrün schimmernden Seen sind ziemlich flach. 11 km weiter fällt bei Tusum der weiße Kuppelbau eines Grabmals ins Auge. Weiter nördlich erhebt sich der Gebel Marijam am Ostufer des Kanals. Hier musste der Bibel nach Mirijam, die Schwester Moses', sieben Tage und Nächte außerhalb des Lagers der Juden zubringen, weil sie wegen Missbilligung der Ehe ihres Bruders mit einer Äthiopierin zur Strafe vom weißen Ausschlag befallen war. Wenig später beginnt der **Timsah-See** (Krokodilsee), der vor dem Bau des Sueskanals ein flacher Teich mit dichtem Schilfbewuchs war. Am Nordende des ausgebaggerten Sees liegt die charmante Großstadt 4 **Ismailija**, in der man sich den Garten der Stelen ansehen sollte.

10 km weiter nördlich kommt man zum 16 m hohen Damm El-Gisr, für den 14 Mio. m^3 Erde und Gestein abgetragen werden mussten. 26 km weiter liegt **El-Kantara** am Südostende des Mansala-Sees. Über die Landenge zwischen dem Mansala-See und den heute trockenen Ballah-Seen (Dattelseen) führten im Altertum die großen Heerstraßen von Ägypten nach Syrien. Etwa 8 km nordwestlich von El-Kantara, an der Straße nach El-Arisch, erhebt sich der **Tell el-Ahmar** mit Trümmern eines Tempels aus der Zeit von Ramses II. und Resten aus griechisch-römischer Zeit. Etwa 20 km weiter östlich bezeichnen die abseits der Straße gelegenen Schutthügel Tell el-Farama und Tell el-Fadda die Stelle des antiken Hafens Pelusium. Von El-Kantara bis Port Said durchzieht der Sueskanal den östlichen Teil des Mansala-Sees. Einst flossen durch diesen Landstrich drei Nilarme, der pelusische, der tanitische und mendesische. Von den zahlreichen großen Ortschaften waren die Städte 5 ✶ **Tanis**, heute berühmt duch seinen Tempelbezirk und seine Nekropole, und Tennis die wichtigsten. Schließlich gelangt man in die Hafenstadt 6 **Port Said**, wo der Sueskanal ins Mittelmeer mündet.

Die Rückfahrt von Port Said nach Kairo erfolgt bis 4 **Ismailija** auf der gleichen Route. Von Ismailija führt die 127 km lange und gut ausgebaute Schnellstraße 44 durch die sehr flachen Ausläufer der Östlichen Wüste via Ramadan City zurück nach Kairo.

Tour 4 Sinai-Westküste

Start M 5

Tourlänge: ca. 400 km **Tourdauer:** 2 – 3 Tage

Diese Tour ist für Leute, die Zeit haben zu reisen, die den Weg nach Sharm el-Sheikh nicht mit dem Fuß auf dem Gaspedal zurücklegen. Es sind relativ bescheidene Sehenswürdigkeiten, die einen Stopp wert sind. Außer man ist Surfer: Dann findet man bei Ras Sudr schöne windreiche Plätze. Oder man besucht, schon ganz nahe bei Sharm el-Sheikh, den einmaligen Nationalpark Ras Mohamed.

14 km außerhalb von ❶ **Sues** liegt Richtung Ismailija die Abzweigung zum 1,7 km langen Ahmed-Hamdi-Tunnel, der den Sueskanal unterquert. Er verbindet das Festland Ägyptens mit dem Sinai und gleichzeitig Afrika mit Asien, in wenigen Jahren wird er durch eine

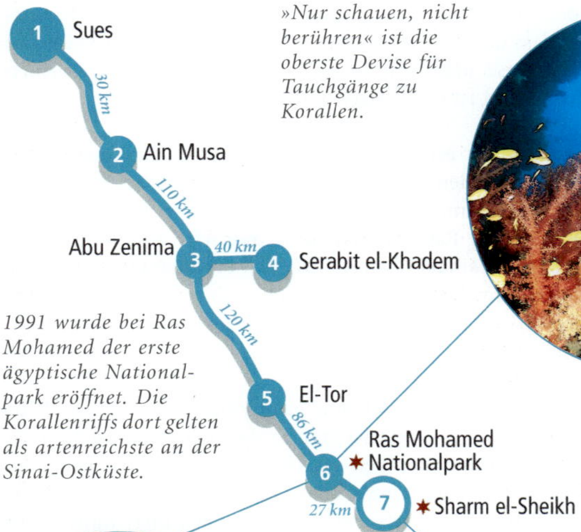

»Nur schauen, nicht berühren« ist die oberste Devise für Tauchgänge zu Korallen.

1991 wurde bei Ras Mohamed der erste ägyptische Nationalpark eröffnet. Die Korallenriffs dort gelten als artenreichste an der Sinai-Ostküste.

In Sharm boomt der Tourismus – kein Wunder bei den Stränden und herrlichen Tauchgründen.

Brücke von einem Teil des zunehmenden Schwerverkehrs entlastet. Die Strecke nach Sharm el-Sheikh führt an der Westküste des Sinai (Golf von Sues) um die Südspitze herum und ist gut ausgebaut. Die Landschaft ist anfangs wenig aufregend; auf dem Meer sieht man Tank-, Fracht- und Kreuzfahrtschiffe, die den Sueskanal passieren. Durch den Ausbau der ägyptischen Ölproduktion werden laufend neue Ölbohrtürme im Meer verankert. Die Strände sind an manchen Stellen von Teer und Schlick verschmutzt und nicht benutzbar. Korallenriffe gibt es hier nicht, dafür ist der Golf von Sues ein hervorragendes, weil windreiches Surfrevier.

26 km vom Ahmed-Hamdi-Tunnel entfernt liegt zum Meer hin die große Oase ❷ **Ain Musa**. Sowohl Moslempilger, die früher auf ihrer Mekka-Reise hier vorbeikamen, als auch Christen verehren diesen Ort, wo die Israeliten nach der Durchquerung des Roten Meeres rasteten: Als das Volk durstig war und mit Moses stritt, zeigte sich nach der Bibel Gott und sprach zu Moses: »Dann sollst du (mit deinem Stab) auf den Felsen schlagen, und es wird Wasser aus ihm hervorströmen, so dass das Volk zu trinken hat …« (Exodus 17,6 – 7). Die palmenreiche Oase hat noch heute eine Reihe von teils warmen Quellen, doch meist ist das Wasser brackig.

34 km weiter südlich erreicht man **Ras Sudr**, einen bei Surfern beliebten Flecken. Auf den folgenden 50 km bis Hamman Faraun liegen einige für Schwimmer und Surfer interessante Plätze: Dagash Land bietet mit dem Ras Materna für Windsurfer eine fantastische Bucht. In **Hamman Faraun**, übersetzt das Bad des Pharaos, treten heiße Quellen aus dem Boden, wie man schon aus der Ferne an dem fauligen Geruch merkt, handelt es sich dabei um Schwefelquellen, über 70 °C heiß.

Südlich von ❸ **Abu Zenima**, benannt nach einem islamischen Heiligen, ist heute ein kleines Dorf, das zum größeren Teil aus Ölindustrie mit ihren Anlagen und Rampen besteht. Moses und die Israeliten sollen hier nach dem Zug durchs Rote Meer ihr Lager aufgeschlagen haben. Ein sehenswerter Abstecher (mit Übernachtung) führt 2 km südlich von Abu Zenima eine 40 km lange, anfangs leicht befahrbare, später für normale Pkws schwierige Straße bis auf 3 km zu den antiken Türkisminen und zum berühmtesten pharaonischen Heiligtum heran, das nicht am Nil liegt: ❹ **Serabit el-Khadem** (Piste, Beduinen-Führer erforderlich!), das während der 12. Dynastie der Göttin Hathor geweiht wurde, auch Inschriften der Pharaonin Hatschepsut aus der 18. Dynastie aufweist.

Zurück auf der Küstenhauptstraße zweigt, vorbei an Abu Rudeis, nach 55 km die Traumstraße des Sinai nach links ab: Sie führt durch das Wadi Feiran zum Katharinenkloster, mit Anschluss an die gesamte Ostküste des Sinai (►Tour 5).

Nächster Ort ist nach weiteren 58 km 5 **El-Tor**, eine unattraktive Siedlung. Bis zum nächsten wichtigen Haltepunkt sind es 86 km auf der Küstenstraße, die nun mehr und mehr von den rötlich schimmernden Bergen dominiert wird. Je näher man sich der Südspitze des Sinai nähert, um so sauberer wird das Meer; auch der Korallenwuchs nimmt mit jedem Kilometer Entfernung von der Schiffahrtsstraße im Golf von Sues wieder zu. Dem Hinweisschild folgend biegt man nach rechts Richtung 6 ✶ **Ras Mohamed** ab und sieht ein monumentales Einfahrtstor, dessen ungewöhnliche Architektur aneinanderlehnender Steinkolosse sich wohl am britischen Stonehenge orientierte.

Richtung Norden verlässt man auf der Küstenstraße das Gebiet von Ras Mohamed und erreicht nach 27 km den Ort, mit dem die israelischen Besatzer 1968 in Form einer einfachen Feriensiedlung den Grundstein für den boomenden Sinai-Tourismus legten: 7 ✶ **Sharm el-Sheikh**, Hauptstadt des Sinai-Tourismus. Von Sharm el-Sheikh geht es weiter mit Tour 5.

Tour 5 Sinai-Ostküste

Start P 9

Tourlänge: ca. 350 km **Tourdauer:** 3 – 4 Tage

Eine Tour wie diese gibt es in Ägypten kein zweites Mal. Man ist überall in Meeresnähe, kann an vielen Stellen baden gehen. Zahlreiche Hotels, Camps und Restaurants von einfach bis luxuriös säumen den Weg. An Katharinenkloster und Mosesberg wandelt der Reisende auf geschichtsträchtigem Grund. Nicht zuletzt die Landschaft: Zwischen dem Golf von Aqaba und den farbig schillernden Sinai-Bergen kann man mit Kamel, Jeep oder zu Fuß Wadis, Trockentäler erkunden und kleine Oasen finden. Die gute Nachricht für Autofahrer: Der Verkehr ist hier überschaubar, wenig anstrengend. Eine Traumküste, dieser Sinai.

Start von Sharm el Sheikh. Mit dem Auto ist die Rundfahrt am bequemsten zurückzulegen, mit dem Taxi teuer, mit Servicetaxi oder Bus zeitraubend.

Zwei Wege führen von 1 ✶ **Sharm el-Sheikh** Richtung Dahab. Die gut ausgebaute Asphaltstraße führt am Flughafen Richtung Westen in die Wüste. Hält man sich – dazu ist Vierradantrieb nötig – an der Abzweigung allerdings geradeaus Richtung Norden, dann fährt man die Piste entlang der Küste mit ihren feinen Sandstränden und Palmen zu den Mangrovenoasen von **Wadi Nabq**. Vor der Küste liegen hier in der Straße von Tiran etliche Schiffswracks.

Auf der nach Westen verlaufenden Hauptroute Richtung Dahab sieht man 20 km nach dem Checkpoint der ägyptischen Armee linkerhand ein großes weißes Gebäude, eine Beduinenschule. Hier warten Beduinen auf Touristen, die einen Kurzausflug von zwei bis drei Stunden auf dem Kamel oder im Jeep in das ❷ **Wadi Mandar** unternehmen wollen, das einen guten Eindruck von der Schönheit und der Weite des Sinai vermittelt, wegen seiner Nähe zu Sharm el-Sheikh aber oft ziemlich überlaufen ist.
Nach weiteren 21 km auf der Hauptstraße, die im Gebirge immer wieder sanft ansteigt und lang gezogen abfällt, liegt westlich das **Wadi Kid** mit der Oase von Ain Kid. Man erreicht sie über eine gut gespurte Piste, die durch einen immer schmaler werdenden Canyon bis zur Oase verläuft. Zurück auf der Hauptstraße, führt die Route weiter nach ❸ **Dahab**, berühmt geworden als freakiger Badeort, inzwischen vergleichsweise beschaulich. Eine knappe Stunde fährt man auf der

Ruhe und Abgeschiedenheit suchten die Mönche einst hier – heute pilgern Besucher in Scharen zum Kloster.

Einer der schönsten Ausflüge auf dem Sinai – Wandern im Coloured Canyon

Warten auf den Sonnenaufgang an der Kapelle auf dem Mosesberg

Reizvoll, aber nicht ungefährlich: Tauchen im Blue Hole bei Dahab

Hauptstraße mit dem Auto von Dahab nach 4 **Nuweiba**. Wer viel Zeit und einen Vierradantrieb hat, der kann auch auf einer Piste entlang der Küste die Strecke bis kurz vor Nuweiba zurücklegen.

Geröll und Sand, von Regengüssen und nachfolgenden Fluten durch mehrere Wadis aus den Bergen ins Tal und an die Küste gespült, formten die Ebene, auf der Nuweiba im Meer liegt. Es ist der ideale Ort für Tagesausflüge in die Berg- und Oasenwelt des Sinai, z. B. ins 5 ** **Katharinenkloster**. Die Straße schlängelt sich entlang der Bergzüge sanft auf und ab, und plötzlich wird am Ende einer langen Geraden der Blick frei auf den Talkessel, wo in 1570 m Höhe einst Moses mit den Israeliten ein Lager aufgeschlagen haben soll, nahe den beiden Bergen, die heute Moses- und Katharinenberg heißen.
Den 6 ** **Mosesberg** (Gebel Musa) kann man am frühen Morgen ab ca. 2.00 Uhr besteigen, um den Sonnenaufgang am Gipfel zu erleben. Man ist oft überrascht, wie viele diesen Weg auf sich nehmen. Einsamer ist es dagegen auf dem * **Katharinenberg** (Gebel Katerin) für gut trainierte Berggeher. Vom Gipfel (2642 m) hat man den besten Ausblick, den der Sinai zu bieten hat. Die Sicht reicht bei gutem Wetter vom Golf von Sues bis über den Golf von Aqaba hinweg nach Jordanien und Saudi-Arabien. Fünf Stunden dauert der Aufstieg, etwa drei der Abstieg.

Hat man Nuweiba als Standort gewählt, liegt ein Ausflug in den bereits legendären 7 ** **Coloured Canyon** auf der Hand. Man fährt von Nuweiba aus auf der Straße zum Ahmed-Hamdi-Tunnel Richtung Nakhl. 15 km nach der Gabelung liegt rechts der Fahrbahn ein Palmenhain mit Beduinenhütten. Von hier erstreckt sich die **Oase Ain Furtaga**, und eine Piste, die nicht unbedingt Vierradantrieb erfordert, führt durch das Wadi Nekheil (wunderbarer Ausblick vom Bergkamm) hoch in den Coloured Canyon.
Sehenswert ist auch die **Oase Ain Umm Ahmed**. Die Quelle der Mutter Ahmeds, wie der Name übersetzt heißt, erreicht man ebenfalls über die Straße nach Nakhl; nach 20 km führt der Weg links in das Wadi, weiter über einen Pass und dann steil hinab in die Oase. Wie vom Aussichtspunkt gut zu sehen ist, gleicht sie einer Mondlandschaft, die in Ocker, Blau und Rot schimmert und sich mit ihrem Palmengürtel eng an den Fels schmiegt. Einige Beduinen leben hier und heißen Besucher sehr willkommen. Am Wasser entlang kann man bis zum 3 km entfernten **Wadi el Ain** wandern, um deren Quelle Akazien wachsen. Der nahe Berg Ras el Qelb (knapp 1000 m hoch) darf nur mit Führung eines Beduinen bestiegen werden.

Vom Ort Nuweiba nach 8 **Taba** sind es ca. 63 km. Die Strecke hat außer Dutzenden Hüttencamps, Clubhotels, dem Hoteldorf Taba Heights und der Pharaoneninsel Farun Island (Gezira el Fara'un) wenig zu bieten. Von Taba ist ein Ausflug über die Grenze ins israelische Eilat möglich.

Tour 6 An die Rotmeerküste

Start M 5

Tourlänge: ca. 880 km **Tourdauer:** 4 – 7 Tage

Sind Hurghada oder die neue Boom-Region Marsa Alam Ihr Ziel, dann dreht sich alles um Baden, Surfen, Tauchen, Wassersport. Auch Golfer sind dort richtig. Wem der Weg das Ziel ist, der besucht bei kleinen Abstechern das Antonius- und das Pauluskloster, nächtigt dort möglicherweise sogar, ehe die Fahrt weitergeht zu dem einen oder anderen Steinbruch der alten Römer.

Die früher unfallträchtige Küstenstrecke ist mittlerweile mehrspurig und dank getrennter Trassen für Nord- und Südreisende erheblich sicherer als früher. Am bequemsten ist die Reise mit dem Auto; mit Bus und Servicetaxi entsprechend länger. Man kann die Route als Anschlusstour von Sues aus unternehmen. Wer von Kairo kommt, trifft nördlich von Ain Sukhna auf die mehrspurig ausgebaute Küstenstraße.

60 km fährt man von ❶ **Sues** bis ❷ **Ain Sukhna**. Rechterhand erhebt sich das von Wadis zerfurchte, rötlich-gelbe Sandsteingebirge der Arabische Wüste. Ain Sukhna heißt übersetzt warme Quelle. Es ist eines der neueren Badezentren, die (noch) in erster Linie auf den heimischen Urlauber zielen.

Nach weiteren 75 km erreicht man den kleinen Hafenort ❸ Zafarna, von dem aus eine befestigte Straße westlich Richtung nach Beni Suef (Niltal) führt. Auf ihr fährt man im Wadi Araba 40 km, biegt dann links ab und erreicht nach 12 km eine der wenigen historischen Sehenswürdigkeiten am Roten Meer: das koptische ❹ ✶ **Antoniuskloster**. Möglich ist von hier – ausschließlich in Begleitung eines örtlichen Führers – eine Wanderung zum Pauluskloster, ein schwieriger, Stunden dauernder Fußweg.
Bequemer geht es so: Mit dem Auto fährt man zur Küstenstraße zurück. Nach 27 km biegt man nach rechts auf einen 15 km langen befestigten Weg ein, der zum ❺ ✶ **Pauluskloster** führt, hoch auf einem Felsen gelegen, mit wunderbarem Blick (von der Michaelskapelle im Zufluchtsturm) über die Arabische Wüste bis zum Roten Meer.

Man kehrt zurück auf die Küstenstraße und folgt dieser weiter Richtung Hurghada. 15 km vor dem Ort zweigt eine nur mit Vierradantrieb befahrbare Piste nach Westen zum ❻ **Mons Porphyrites** ab, dem wichtigsten Steinbruch während der römischen Herrschaft über Ägypten (30 v. Chr. bis 395 n. Chr.).

← *Ein Paradies für Taucher und Schnorchler – die Unterwasserwelt des Roten Meeres*

Figur des hl. Paulus im Pauluskloster

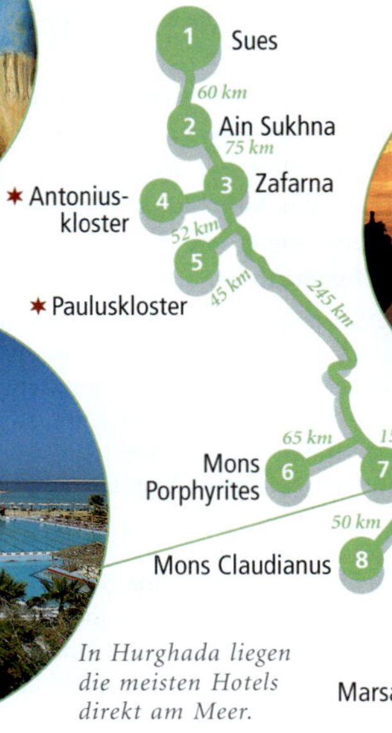

Camelguides in Soma Bay nahe Safaga

In Hurghada liegen die meisten Hotels direkt am Meer.

Dann erreicht man ⑦ ✶ **Hurghada**, den größten Badeort Ägyptens. 56 km südlich liegt Safaga, ein eher unscheinbarer Ort. Hier führt ein Abstecher auf der Straße Safaga – Kena (Niltal) nach 67 km zum Steinbruch ⑧ **Mons Claudianus**, den die römischen Kaiser wegen des hier vorkommenden Gneises mit seinen grünlich-schwarzen Einsprengseln als »Marmor Claudianum« schätzten, u. a. für dekorative Architektur-Ausstattungen der Engelsburg und des Forums in Rom.

85 km südlich von Safaga liegt das kleine ⑨ ✶ **Kosseir**, ein weiterer stark beworbener Ort, der Wasserspaß-Touristen aus aller Welt anlockt. Neuestes Touristenziel ist die südlich von Kosseir gelegene Retortensiedlung **Port Ghalib**. 138 südlich von Kosseir erreicht man schließlich ⑩ **Marsa Alam**, einen kleinen Hafenort, gesegnet mit einem internationalen Flughafen für die Charter-Gäste der günstigen bis luxurösen Camps und Hotels für Taucher und Sonnenhungrige. Unter dem Etikett Marsa Alam wird diese gesamte Region zusammengefasst und vermarktet. Sie reicht in Richtung sudanesischer Grenze über Wadi el Gamal mit der schönen Bucht Sharm el-Loly bis **Berenice** und sein Kap Ras Banas.
Eine Weiterfahrt in den Sudan ist nicht möglich. Rückfahrt wie Hinfahrt oder über die Ost-West-Verbindung ins Niltal, etwa über Kena nach Luxor.

Tour 7 Nach El-Alamein und in die Oase Siwa

Start J 5

Tourlänge: ca. 770 km **Tourdauer:** 4 – 7 Tage

Auf dieser Tour stößt man zwar nur auf wenige Relikte aus pharaonischer Zeit. Macht aber nichts: Die Mittelmeerküste ist dabei, in großem Stile für den Tourismus erschlossen zu werden. Sieht man die Strände und das Türkisblau des Wassers, erklärt sich der Name »Ägyptische Riviera« von selbst, wenngleich es an Luxus und Jetset zum Glück noch fehlt. Zweigt man schließlich Richtung Siwa ab, sei man auf das einfache Leben in der uralten Oase vorbereitet, zu der man im Altertum eines Orakels wegen pilgerte.

Es ist nur das Auto als Transportmittel anzuraten, Bus etc. sind zeitraubend. Die rund 220 km lange, gut ausgebaute Wüstenautobahn, die von ❶ ✶✶ **Kairo** über Giseh ans Mittelmeer führt, trifft bei ❷ **El-Amirija** auf die Küstenstraße am westlichen Mittelmeer. Schon nach wenigen Kilometern bietet sich bei Burg el-Arab die Möglichkeit zu zwei Abstechern: Nördlich von Burg el-Arab, in ✶ **Abusir**, findet man die Ruinen der antiken Stadt Taposiris Magna. Südlich von Burg el-Arab sind die Ruinen von ✶ **Abu Mena** das Ziel vieler Bildungsreisender. Nach rund 90 km auf der Hauptstraße 55 erreicht man schließlich El-Alamein.

Die Stauferburg Castel del Monte (Italien) war Vorbild für das Denkmal der deutschen Gefallenen in El-Alamein.

Familienpicknick am Strand bei Marsa Matruh

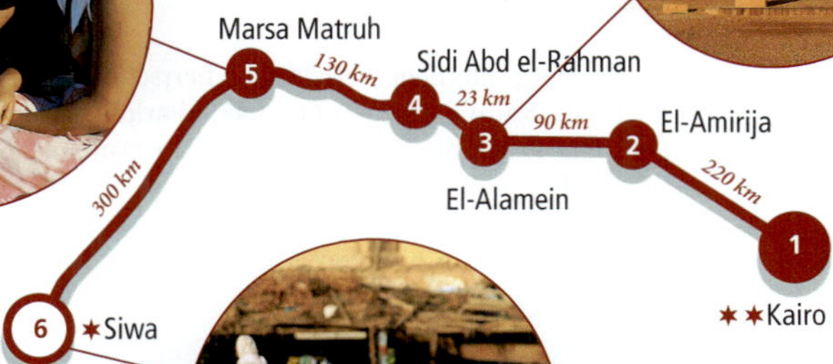

Die Altstadt von Siwa mit ihrem Markt in der gleichnamigen Oase

Von ❸ **El-Alamein** folgt man der Küstenstraße (Nr. 55) in westlicher Richtung. Nach 23 km erreicht man das Seebad ❹ **Sidi Abd el-Rahman** mit seinem schönen Badestrand. Nach rund 130 km kommt man in die Hafenstadt ❺ **Marsa Matruh**, die auch als Seebad an der landschaftlich überaus reizvollen ✶ ✶ **Ägyptischen Riviera** besucht wird. Wenige Kilometer abseits der Stadt findet man das sagenumwobene ✶ **»Bad der Kleopatra«**.

Etwa 20 km südwestlich von Marsa Matruh zweigt eine gut ausgebaute Fernverkehrsstraße von der Hauptstraße 55 in südwestlicher Richtung ab. Sie folgt einer alten Karawanenroute in die geschichtsträchtige Oase ❻ ✶ **Siwa**, wo sich im Altertum das hoch verehrte Orakel des Amun befand. Die 30 x 80 km große und 20 m unter dem Meeresspiegel gelegene Oase erscheint heute mit ihren Dattelpalmen- und Olivenhainen wie ein Paradies inmitten der lebensfeindlichen Westlichen Wüste. Die Rückreise in die ägyptische Hauptstadt erfolgt auf derselben Strecke.

Tour 8 Fahrt durch das Neue Tal

Start J 5

Tourlänge: ca. 1000 km **Tourdauer:** mind. 1 Woche

Diese Strecke führt durch den Osten der Westlichen Wüste, die sich hier durch nicht enden wollende Dünenfelder, bizarre Felsformationen, schluchtartige Wadis und extreme Trockenheit auszeichnet.

Einen Ausflug in die Oasen des Neuen Tales kann man per Bus oder Mietwagen mit Allradantrieb unternehmen. Wer eine Mietwagentour plant, sollte über Wüstenerfahrung verfügen und zu dieser Fahrt keinesfalls allein aufbrechen. Empfohlen wird die Teilnahme an einer organisierten Busreise ab ❶ ✶ ✶ **Kairo**.

Noch fast mittelalterliche Verhältnisse herrschen in der 335 km südwestlich von Kairo gelegenen Oase ❷ **Baharija**. In dem 160 km langen und bis 40 km breiten Paradies werden Datteln, Aprikosen, Weizen und Mais angebaut. Sehenswerte Orte sind **El-Kasr** und **Bauiti**. Seit die Oase als Tal der goldenen Mumien weltweit Schlagzeilen gemacht hat, baut man hier den Tourismus samt Infrastruktur massiv aus.

Die 180 km von der Oase Baharija in die südlich gelegene Oase ❸ **Farafra** haben es in sich. Sie stellen nicht nur hohe Anforderungen an das fahrerische Können der Bus- und Jeepfahrer, sondern haben mit der ✶ **Weißen Wüste** eines der Natur-Highlights Ägyptens zu bieten. In der Oase Farafra selbst gibt es außer fruchtbaren Feldern und Obstgärten nicht viel zu sehen.

Nicht minder interessant ist die 250 km südöstlich von Farafra gelegene, sehr fruchtbare Oase ❹ ✶ **Dachla** mit ihrem geradezu malerischen Hauptort **El-Kasr**. Die mit 250 km² zweitgrößte Oase Ägyptens, Kernraum des Entwicklungs- und Landgewinnungsprojektes »New Valley«, wird seit mehreren tausend Jahren bewirtschaftet.

Rund 200 km östlich von El-Kasr in der Oase Dachla liegt der geschichtsträchtige Hauptort der Oase ❺ ✶ **Kharga** mit einem sehenswerten Hibis-Tempel und einem nicht minder interessanten koptischen Friedhof. Kharga war die »Südoase« der alten Ägypter bzw. die »Oasis Magna« der griechisch-römischen Epoche.

Hier besteht die Möglichkeit, über Kena nach Luxor ins Niltal weiterzufahren. Die Rückfahrt durchs Niltal nach Kairo kann aus Sicherheitsgründen schwierig bis unmöglich sein.

Aus dem Trubel der Großstadt bricht man auf in die Wüste.

1 ✶✶ Kairo
335 km
2 Baharija
180 km
3 Farafra
250 km
4 ✶ Dachla
200 km
5 ✶ Kharga

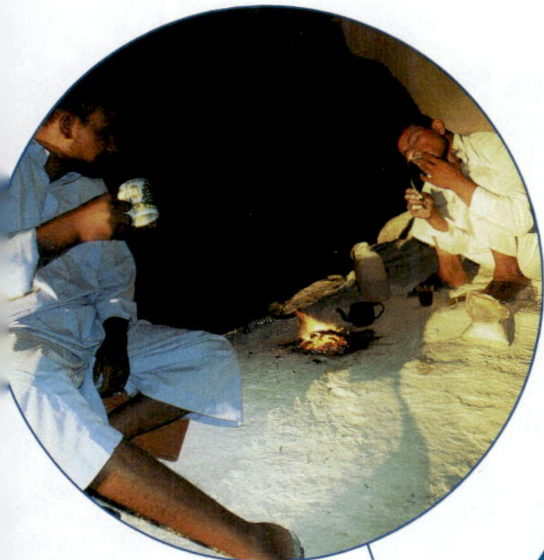

Beduinen beim nächtlichen Tee in der Weißen Wüste

Wie Schuhschachteln türmen sich die terrassenartig angelegten Lehmziegelhäuser von Al Qualamun in der Oase Dachla übereinander.

Gewürze auf dem Markt von Kharga

RAMSES HILTON
Ford

Reiseziele von A bis Z

URALTE ZEUGEN DER VERGANGENHEIT, PYRAMIDEN, TEMPEL UND GEHEIMNISVOLLE RUINENSTÄTTEN, BESCHAULICHE OASEN IN DER SANDWÜSTE, LEBHAFTE METROPOLEN ODER TAUCHPARADIESE AM ROTEN MEER – DIE PALETTE AN ERLEBNISSEN IST GROSS IM LAND DER PHARAONEN.

Abu Gurob

J 5

Landesteil: Mittelägypten **Gouvernorat:** Giseh

Etwa 12 km südlich der Pyramiden von Giseh bzw. 1 km nordwestlich der Pyramiden von Abusir liegen am Wüstenrand die Überreste des Sonnenheiligtums von Abu Gurob, das der Pharao Niuserre (5. Dynastie) anlässlich der Erhebung des Sonnenkults zur Staatsreligion errichten ließ.

Entdeckungsgeschichte Die gut erhaltene Anlage ist zusammen mit dem wenige Kilometer südöstlich gelegenen Userkaf das einzige Sonnenheiligtum aus der Zeit zwischen 2500 und 2350 v. Chr., das bislang entdeckt wurde. Den Überlieferungen zufolge soll es insgesamt sechs solcher Heiligtümer gegeben haben; Abu Gurob soll das getreue Abbild des verschwundenen großen **Sonnenheiligtums von Heliopolis** gewesen sein. Die in früheren Zeiten als Pyramide von Righa bekannten Tempelreste von Abu Gurob wurden 1898 – 1901 im Auftrag des Berliner Museums unter Leitung des deutschen Archäologen Borchardt freigelegt. Während der Arbeiten entdeckte Objekte und Architekturteile, insbesondere aber die zahlreichen kostbaren Flachreliefs an den Wänden, wurden in die Museen von Berlin und Kairo gebracht.

Sonnenheiligtum

Baubeschreibung Die Sonnenheiligtümer der 5. Dynastie waren ebenso wie frühere ägyptische Tempelbauten nach dem Grundschema Taltempel – Aufweg – Verehrungstempel gegliedert und standen am Rande der Wüste. Anders jedoch als diese waren sie allein Götterheiligtümer und nicht mehr Grabstätten ihrer Erbauer. Gemeinsam ist allen Sonnenheiligtümern der offene Hof, der den Sonnenobelisken umschloss.

Innenhof Das Sonnenheiligtum des Niuserre erstreckt sich auf dem Plateau eines niedrigen Hügels und besteht aus einem 75 m breiten und 100 m tiefen, von einer Ziegelmauer umgebenen Hof, der seinen Eingang im Osten hat und in seiner hinteren westlichen Hälfte den großen Sonnenobelisken umschloss. Vom Eingangstor führten links und rechts überdachte Umgänge an der Innenseite der Umfassungsmauer entlang. Sie waren ursprünglich mit Reliefs geschmückt. Der Umgang nach links führte entlang der Ost- und Südseite des Hofes und wandte sich schließlich, nach Norden abbiegend, dem heute verschwundenen Obelisken zu.

Altar ► Vor der Ostseite des Unterbaus, etwa in der Mitte des Hofes, steht noch heute der 5,5 m x 6 m große, aus fünf gewaltigen Alabasterblöcken geschichtete, offene Altar.

Kapelle ► Die Kapelle an der Südseite des Obelisken war ebenfalls mit Reliefs geschmückt; ihren östlich gelegenen Eingang flankierten zwei Granitstelen und zwei in den Boden eingelassene Becken für Waschungen. Im nordöstlichen Teil des Hofes befand sich der Schlachtplatz für die Opfertiere. Die Blutrinnen im Pflaster mündeten in zehn Alabasterbecken, von denen neun erhalten sind.

Außenanlagen

Etwa 30 m südlich der Umfassungsmauer ist der aus ungebrannten Ziegeln geschichtete Unterbau einer **Sonnenbarke** erkennbar. Sie sollte den Gott Re auf seiner täglichen Himmelsreise führen. Vom ehemals überdachten Aufweg wie auch von dem am Nordostabhang des Hügels gelegenen Torbau ist nur noch wenig zu sehen.

✶ Abu Mena (Abu Mina)

F 3

Landesteil: Unterägypten **Gouvernorat:** Nordwestregion (Matruh)

Abu Mena, von den Beduinen Karm Abu Mina (= Weinberg des hl. Menas) genannt, war im frühen Mittelalter eine der bedeutenden christlichen Wallfahrtsstätten des Orients und ist heute die größte bisher bekannte koptische Stadt.

Lage

Die Ruinenstadt liegt in der Mareotis-Wüste, etwa 50 km südwestlich von ►Alexandria auf halbem Wege ins ►Wadi Natrun. Die weit ausgebreiteten Reste wurden im Jahre 1905 unter großer internationaler Beachtung wiederentdeckt und werden bis heute freigelegt. Die meisten Fundstücke befinden sich im Koptischen Museum in Kairo.

Der **heilige Menas** war der Schutzpatron der Kaufleute. Das Schicksal des volkstümlichen Heiligen ist durch zahlreiche Legenden und Mythen verklärt. Als ägyptischer oder libyscher Legionär stand er zu Zeiten des Kaisers Diokletian in römischen Diensten und fand nach seiner Bekehrung zum Christentum im Jahre 296 n. Chr. in Phrygien den **Märtyrertod**. Um sein Grab sprudelten angeblich alsbald 90 Quellen, deren Wasser allerlei Wunder bewirkten. So wurde der Ort rasch zu einem Pilgerziel.

Als gesichert kann gelten, dass sich an der Stelle der heutigen Gruftkirche eine Grabstätte aus der fragli-

Abu Mena Orientierung

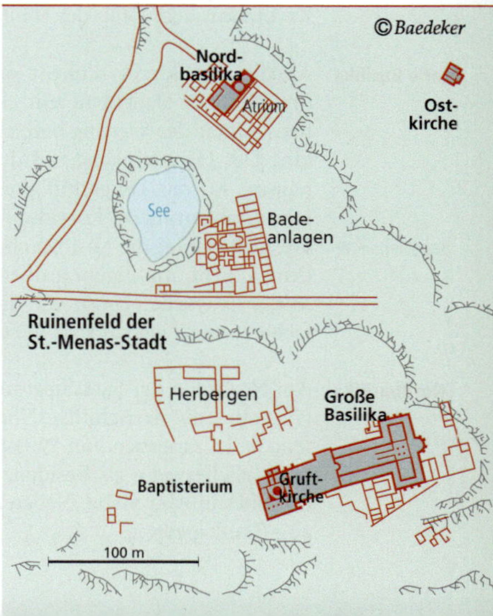

chen Zeit befand, die damals im Bereich eines Friedhofes am Rande einer Siedlung lag. Im Laufe der Jahre wurde diese Grabstätte auf Kosten der umliegenden Gräber mehr und mehr erweitert. Nachdem die heiligen Stätten vermutlich im Gefolge der zunehmenden Islamisierung seit dem 7. Jh. niedergebrannt worden waren, ließ der Patriarch Joseph kurz vor 850 eine neue, fünfschiffige Basilika errichten, in die große Teile der alten Kirche einbezogen wurden.
Um die heiligen Stätten entwickelte sich eine glänzende Stadt, den Berichten zufolge »ganz aus Marmor erbaut«. Ihre größte Blüte erlebte die Menasstadt im 5. und 6. Jh. Um 900 wurde sie von den Abbasiden geplündert und verwüstet, jedoch erst im 13. Jh. von den letzten Bewohnern endgültig aufgegeben.

Ruinenstadt

Rundgang Den Mittelpunkt der antiken Stadt mit ihren Straßen und Häuserruinen bilden die Gruftkirche über dem Grab des hl. Menas mit der anschließenden Großen Basilika und das Baptisterium. Nördlich dieses Kirchenkomplexes erkennt man die Reste von Zisternen, Herbergen und Badeanlagen. Unter den Profanbauten verdienen besonders die ehemaligen **Töpfereien** und Brennöfen Beachtung. Hier wurden die Fläschchen hergestellt, in denen die Pilger das wundertätige Quellwasser mit nach Hause nehmen konnten.

Gruftkirche Die über einer älteren Basilika zu Beginn des 6. Jh.s entstandene erste Gruftkirche war ein nach Osten ausgerichteter Zentralbau mit vier Konchen. Nach der Zerstörung durch Feuer entstand kurz vor der Mitte des 9. Jh.s die heutige Gruftkirche, eine fünfschiffige Basilika. 30 Marmorstufen führen hinab in die darunter liegende, geräumige Krypta mit dem Grab des Heiligen.

Große Basilika An die Gruftkirche schließt sich östlich die Große Basilika an, ein dreischiffiger Hallenbau mit ebenfalls dreischiffigem breitem Querhaus. Unter der Vierung bezeichnen die vier Säulen den Platz des Altars. Der Haupteingang mit drei Portalen liegt im Süden des Langhauses. An das Langschiff grenzen verschiedene Räume, unterirdische Grabkammern, Korridore und Keller.

Baptisterium ► Westlich grenzt die Gruftkirche an das oktogonale Baptisterium aus dem 5./6. Jh. mit einem großen marmornen Stufentaufbecken in der Mitte. Es wurde ebenso wie die Gruftkirche und die Basilika mehrfach erneuert, jedoch stets in seiner ursprünglichen Form belassen.

Nordbasilika Am Nordrand der Stadt liegt inmitten eines ausgedehnten Friedhofes (7.–9. Jh.) die dreischiffige Nordbasilika mit einem Atrium im Westen. Sie ist umgeben von Wirtschafts- und Wohngebäuden und diente möglicherweise als Residenz des Patriarchen während seines Aufenthaltes in Abu Mena. Neben dem rechten Seitenschiff befindet sich eine Taufkapelle.

Blick über die Tempelanlage von Abu Simbel auf den Nasser-Stausee

★★ Abu Simbel

K 20

Landesteil: Nubien **Gouvernorat:** Assuan

Die Felsentempel von Abu Simbel gehören zweifelsohne zu den großartigsten Baudenkmälern Ägyptens und sind deshalb – trotz umständlicher oder relativ kostspieliger Anfahrt – das Ziel vieler Touristen. Direkt am Ufer des Nasser-Sees (►Assuan) gelegen, blicken die gewaltigen Figuren an den Tempelfronten auf die blauen Fluten und die dahinter liegende Wüste herab.

Felsentempel Ramses' II.

Abu Simbel liegt im äußersten Süden des Landes, rund 280 km südlich von Assuan. Besonders groß ist der Touristenandrang, wenn die Konvois eintreffen – wer die Tempel in Ruhe genießen will, sollte vor Ort übernachten. Im Lichte der Morgensonne kommen die Figuren besonders gut zur Geltung, und noch heute verspürt der Besucher Ehrfurcht vor der in Stein festgehaltenen Machtdemonstration des Pharaos, der die mächtigen Bauwerke errichten ließ. Ursprünglich standen die beiden Tempel mit ihren gewaltigen Fassaden am Zweiten Nilkatarakt. Doch an dieser Stelle wären sie nach dem Bau des Assuan-Staudamms im Wasser versunken. Um die bedeutenden Heiligtümer zu retten, wurden sie 1964 in einer spektakulären Aktion an ihren heutigen Standort versetzt (►Baedeker Special S. 244).

Öffnungszeiten: Sommer 7.00–17.00, Winter 8.00–17.00 Uhr. Außerhalb dieser Zeiten kann mit den Wächtern verhandelt werden.

Baugeschichte Beide Tempel wurden in der **Regierungszeit Ramses' II.** (1279 bis 1213 v. Chr.) errichtet und waren zu dessen 30. Regierungsjubiläum vollendet. Der große Tempel war dem Amun-Re von Theben und dem Re-Harachte von Heliopolis geweiht, den Hauptgöttern Ober- bzw. Unterägyptens. Daneben hatten hier auch Ptah von Memphis und der vergöttlichte Pharao selbst ihre Kultstätten. Der kleinere, nördliche Tempel galt der Göttin Hathor und der ebenfalls vergöttlichten Lieblingsgemahlin des großen Ramses, der Königin Nefertari. Was den König bewog, so aufwendige Tempelanlagen gerade an dieser Stelle zu errichten, ist bis heute Spekulation geblieben. Wahrscheinlich befanden sich hier schon seit frühester Zeit Höhlenheiligtümer, wie überhaupt der Höhlenkult im antiken Nubien verbreitet war. Mit der Schaffung seines eigenen Heiligtums vollzog Ramses II. den entscheidenden Schritt zur **Gottgleichheit des Königs**, zugleich demonstrierte er damit seinen Machtanspruch über Nubien und dessen Gold- und Kupfervorkommen. Die tief in den Berg getriebenen Schatzkammern und Magazine waren darüber hinaus ein hervorragender Aufbewahrungsort für die durch Tribut oder Krieg erworbenen Reichtümer des Herrschers.

Verfall und Wiederentdeckung Im Laufe der Jahrtausende zogen Kriegsheere, Handelsleute, Karawanen und schließlich auch Reisende an den Tempeln vorüber und hinterließen mit ihren Einritzungen aufschlussreiche Dokumente. Rußspuren im Inneren beweisen, dass die Räume zeitweise bewohnt

ABU SIMBEL ERLEBEN

AUSKUNFT

Tourist Police
Tel. (097) 240 02 77

ANREISE

Kreuzfahrtschiffe von Assuan nach Abu Simbel
Flüge mit Egypt Air, Tel. (097) 231 50 00/1/2, je nach Saison mehrmals tgl. Flüge von und nach Kairo bzw. Luxor.
Mehrmals tgl. verbinden ***Busse*** und ***Sammeltaxis*** Abu Simbel mit Assuan; Fahrt im Polizeikonvoi obligatorisch. Die Fahrt durch die Wüste dauert ca. 3 Std. Die Konvois aus Bussen und PKWs starten zu festgelegten Zeiten von Sammelplätzen aus, Abfahrtszeit und -ort erfährt man in den Hotels bzw. bei der Touristinformation.

ÜBERNACHTEN/ESSEN

► Komfortabel

Seti Abu Simbel Lake Resort
Tel. (097) 340 07 22
www.setifirst.com
Chalet-Hotel mit schönem Blick über den Nasser-Stausee.

Nefertari
Tel. (097) 340 05 08
www.nefertarihotelabusimble.net
Dieses Hotel liegt direkt beim Tempel, die Zimmer sind klein, dafür gibt es einen Pool.

Eskaleh Eco Lodge
Tel. (012) 368 05 21
www.eskaleh.com
Gut geführte Unterkunft im nubischen Stil mit Blick auf Nasser-Stausee

waren. Später versanken die beiden Tempel im Wüstensand und blieben bis zum Beginn des 19. Jh.s vergessen. Am 22. März 1813 entdeckte der Schweizer Forschungsreisende **Johann Ludwig Burckhardt** (1784 – 1817) die aus Sandverwehungen herausragenden Köpfe der Ramseskolosse, doch gelang es ihm damals weder festzustellen, zu welcher Art von Figuren sie gehörten, noch gar ins Innere der Tempel vorzudringen. Erst 1817 begann der Italiener Giambattista Belzoni mit der systematischen Freilegung der Heiligtümer, die schon bald darauf zu den Bekanntesten zählten.

✶✶ Großer Tempel

Tempelachse

Die Tempelachse ist so nach Osten ausgerichtet, dass zweimal im Jahr, um den 21. Februar und um den 21. Oktober – eines davon war möglicherweise der Krönungstag Ramses' II. –, die Göttergestalten im Sanktuarium von der aufgehenden Sonne direkt angestrahlt wurden. Diese stets wiederkehrende Erscheinung war sicherlich Gegenstand kultischer Verehrung und ist auch nach der Versetzung des Tempels ein großartiges Schauspiel, was der präzisen Arbeit der Vermessungsingenieure beim Wiederaufbau zu verdanken ist.

Vorplatz und Terrasse

Vom Vorplatz, der im Süden und Norden von Ziegelmauern eingefasst war, führt eine flache Treppe mit Rampe zur Terrasse, welche die Tempelfront abschließt. Rechts und links vor der Rampe führen Stufen zu zwei Nischen mit Opferstelen Ramses' II.: Auf der rechten (nördlichen) bringt der König den Göttern Amun-Re, Re-Harachte und Thot Rauchopfer und Blumen dar, auf der linken (südlichen) opfert der König dem Amun-Re, dem Ptah und der löwenköpfigen Sechmet. Die Terrasse ist mit einem Fries geschmückt, vor der Brüstung befinden sich Falkenfiguren und kleine Königsstatuen.

✶✶ Fassade

Vor der mächtigen, 33 m hohen Tempelfassade erheben sich vier aus dem Felsen gehauene, auf schlichtem Thron sitzende Kolossalstatuen Ramses' II. Die mit 20 m Höhe den Memnonkolossen in Theben-West (► Theben) vergleichbaren Gestalten sind in ihren Zügen hervorragend gearbeitet und beherrschen das Gesamtbild der gewaltigen Felsfassade. Das Gesicht des Königs mit seinen weichen Zügen und der charakteristischen Nase ist beim ersten Koloss (ganz links) am besten erhalten. Die zweite Statue hat bereits im Altertum ihren oberen Teil verloren; er liegt heute zu ihren Füßen.

◄ Kolossalstatuen

Den Kopf der Gottkönigsstatuen schmücken Kopftuch, Doppelkrone, Uräusschlange und Kinnbart; die Hände ruhen auf den Oberschenkeln. Auf Brust, Oberarmen und zwischen den Beinen erkennt man die Kartuschen des Königs. Rechts und links jeder Figur wie auch zwischen ihren Beinen sind in kleinerem Maßstab, jedoch noch immer überlebensgroß, Mitglieder der königlichen Familie dargestellt: um den ersten Koloss die Prinzessinnen Nebettaui (links), Bentanat (rechts) sowie eine unbekannte Prinzessin zwischen den Beinen.

◄ weiter S. 240

GROSSER TEMPEL DES RAMSES II.

★★ Mit der Schaffung seines eigenen Heiligtums vollzog Ramses II., der 1279 bis 1213 v.Chr. regierte, den entscheidenden Schritt, um sich den ägyptischen Göttern gleichzustellen. Zugleich setzte er mit den kühnen Tempelbauten ein Zeichen seines Machtanspruches über das blühende Nubien, dessen Gold- und Kupfervorkommen für das ägyptische Großreich von höchster Bedeutung waren. Der große Felsentempel ist den Hauptgöttern Ober- und Unterägyptens, Amun-Re und Re-Harachte, sowie dem vergötterten Pharao geweiht.

Öffnungszeiten:
im Sommer 7.00–17.00, sonst 8.00–17.00 Uhr

Tempelwächter mit dem Schlüssel in Form des »Anch«, des altägyptischen Zeichens für Leben.

① Terrasse
Die Terrasse ist mit einem dekorativen Fries geschmückt, der Vertreter verschiedenster Völker bei der Verehrung des Königs zeigt. Vor der Brüstung, die auf ihrer gesamten Länge eine Weihinschrift trägt, befinden sich in wechselnder Reihe Falkenfiguren und kleine Königsstatuen. Die Figuren an der Südseite der Brüstung wurden wahrscheinlich durch den herabfallenden Oberkörper des zweiten Kolosses zerstört.

② Kolossalstatuen
Vor der Tempelfassade erheben sich vier 20 m hohe Statuen mit dem Gesicht des Königs, die verschiedene Attribute seiner Macht symbolisieren. Über dem Eingang tritt der Sonnengott Re frontal aus der Fassade heraus, als dessen Inkarnation sich Ramses II. sah.

③ Pfeilerhalle
Durch das Portal betritt man die große Halle, die durch zwei Pfeilerreihen unterteilt wird. Eindrucksvoll sind die fast 10 m hohen Osirisgestalten an den Pfeilern. Die Figuren der rechten Reihe tragen die Doppelkrone beider Ägypten, die der südlichen die oberägyptische Krone. Interessante Reliefs an den Wänden zeigen teils religiöse Motive, teils anschauliche Szenen aus dem Feldzug gegen die Hethiter.

④ Seitenkammern
Die von der Pfeilerhalle abgehenden Nebenräume dienten als Schatz- und Vorratskammern. Ihre Ausschmückung ist weitaus schlichter als die der eigentlichen Tempelräume. Manche Kammern besitzen steinerne Tischreihen an den Wänden.

⑤ Hypostylos und Quersaal
An die Pfeilerhalle schließt sich westlich eine zweite, dreischiffige Halle an. Drei Türen führen weiter zu einem Quersaal, dessen Wände den opfernden König vor den Göttern zeigen.

⑥ Sanktuarium
Vom Quersaal führen drei Türen zu drei kleinen Gemächern. Das mittlere, das Sanktuarium, durfte nur der König betreten. Überlebensgroße Gestalten des Ptah, des Amun-Re, des Königs selbst und des Re-Harachte an der Rückwand verdeutlichen die vollkommene Gleichstellung des Königs mit den Göttern.

⑦ Betonkuppel
Eine mächtige Kuppel aus Stahlbeton mit einer Spannweite von 50 m wölbt sich über den Tempel. Darüber wurde Geröll und Felsmassen aufgeschüttet, so dass der Eindruck entsteht, das Heiligtum sei in den Fels hineingebaut worden.

FASZINIERENDE WELTEN UNTER WASSER

Viele der eindrucksvollsten Tauchgründe des Roten Meeres befinden sich weit draußen auf hoher See und können nur mit dem Safariboot erreicht werden. Die meisten seriösen Tauchzentren betreiben eigene Boote und bieten mehrstündige, aber auch mehrtägige Touren an.

Thomas-Riff

Das Riff in der Straße von Tiran ist von Sharm El-Sheikh aus per Boot in gut zwei Stunden zu erreichen. Bereits die flacheren Abschnitte beeindrucken mit ziemlich großen Schwärmen bunter Fische, aber erfahrene Taucher zieht es hier besonders in die Tiefe, weil dort immer wieder Barrakudas, Rochen und gelegentlich Haie gesichtet werden. Taucher schwärmen besonders vom **Osthang des Riffes** mit seinen farbenprächtigen Weich- und Fächerkorallen. Das Thomas-Riff gehört zu den schönsten Tauchspots vor Sharm El-Sheikh. Die Tour dorthin kann mit einem Tauch-Stop am Gordon-Riff verbunden werden.

Farbenprächtig präsentiert sich dieser Indische Rotfeuerfisch. Aber zu höchster Vorsicht wird geraten: Die Stacheln seiner Rückenflosse sind giftig.

Ras Muhammad

Zu den populärsten Tauchgründen an der Südspitze des Sinai gehören das Shark-Riff sowie das Jolanda-Riff. Beide reichen bis dicht unter die Wasseroberfläche. Die sandige Fläche zwischen ihnen fällt an ihren Rändern steil ab, über hundert Meter tief. Die gesamte Gegend um das Ras Muhammad wurde nicht ohne Grund im Jahre 1983 zu Ägyptens erstem Nationalpark erklärt. Die **Artenvielfalt unter Wasser** ist wahrlich unbeschreiblich. Das Areal gilt als fischreichstes Tauchziel im Norden des Roten Meeres. Legendär sind seine Gorgonien-Wälder aus riesigen fächerförmigen Korallen.

Daedalus-Riff

Das ovale Riff ist mit gut sechs Stunden Bootsanfahrt der am weitesten entfernte Tauch-Spot vor Marsa Alam. Aber die verhältnismäßig lange Reise lohnt sich, sie endet mit einem Anblick, den viele Taucher zu den spektakulärsten Erlebnissen zählen, die man im Roten Meer vor Ägypten haben kann. Neben Hammerhaien können Papageifische, Fahnenbarsche und atemberaubende Populationen von Hartkorallen bewundert werden. Das Daedalus-Riff eignet sich **nur für erfahrene Taucher**.

Gota Abu Ramada

Das viel besuchte Riff mit dem Beinamen »Aquarium« ist von Hurghada aus mit dem Safariboot in gut einer Stunde erreichbar. Der Korallengarten des Korallenriffes eignet sich **auch für Schnorchler**, die vor allem von der Größe der Fischschwärme fasziniert sind. Eindrucksvoll bewachsene Korallenblöcke werden von unzähligen Fischarten bevölkert, unter ihnen Schnapper, Muränen und gelegentlich ein Indischer Rotfeuerfisch. Vorsicht: Die Stacheln seiner Rückenflosse sind giftig.

Brother Islands

Die Inseln knapp siebzig Kilometer nordöstlich von El-Quseir sind für erfahrene Taucher der Klassiker unter den Tauchzielen vor Ägyptens Küste. Little Brother, die kleinere der beiden Inseln, besticht durch ihre Artenvielfalt. Big Brother bietet **zwei Wracks**: an der Nordseite dasjenige des britischen Dampffrachtschiffes SS Numidia, gesunken 1901, und an der Westseite das Wrack der Aida, die 1957 hier auf Grund lief. Beide Wracks sind üppig bewachsen. Die Nordspitze der Little-Brother-Insel ist ein Treffpunkt für Taucher, die Haie sichten wollen, zum Beispiel den Longimanus oder Weißspitzenhai.

Gorgonien – fächerförmigen Koralle – → bekommt man auch im Norden des Roten Meeres zu sehen.

DENK NACH!

Bei Unterwasserfans zählt das Tauchparadies vor der ägyptischen Küste des Roten Meeres zu den farbenprächtigsten und faszinierendsten weltweit. Knapp die Hälfte aller deutschen Taucher kommt mehr oder weniger regelmäßig zu den Tauch-Spots des Landes.

Täglich sind es Tausende aus aller Welt, die an den Riffen Ägyptens ins Wasser gehen. Aber schon ihre bloße Anwesenheit stört das äußerst empfindliche Ökosystem. **»Denk nach«**, heißt es deshalb auf einer Plexiglaspyramide am Tauchplatz Gota Abu Ramada West vor Hurghada, »Verharre einen Moment und kehre an die Oberfläche zurück als Botschafter und Verteidiger der Meere!« Seit Oktober 2007 kann im Roten Meer vor der ägyptischen Küste ein Weißer Hai gesichtet werden. Allerdings kein echter, sondern eine Nachbildung aus wasserfestem Material. Er verharrt, auf einem riesigen Messer aufgespießt, regungslos im Meer. Die lebensgroße Hai-Nachbildung ist das weltweit erste Unterwassermahnmal, das an die Zerstörung der Meere erinnert. Daran haben leider auch viele Taucher ihren Anteil, so auch im Roten Meer vor Hurghada. Am Tauchplatz Gota Abu Ramada

Noch fühlen sich Meeresschildkröten vor Ägyptens Küste sehr wohl.

West können sie jetzt lesen: »Du siehst hier eines der majestätischsten Tiere der Welt – einen Großen Weißen Hai. Unter Experten gilt er bereits als biologisch ausgestorben. Dies ist ein Beispiel für unzählige Tierarten der Meere, die durch den Menschen ausgelöscht werden. Das Ökosystem der Meere steht vor dem Kollaps.«
Eine Mahnung, die auch Veranstalter beherzigen sollten. Tauchsport wurde in den letzten Jahren zu einem **Riesengeschäft**. Der Markt ist hart umkämpft, mit Dumping-Preisen, mit Wettrennen zu entlegenen Revieren und mit fragwürdigen Maßnahmen, die immer neue Attraktionen schaffen sollen. An manchen Riffen herrsche, so formuliert es ein Taucher in einem Internetforum, bereits ein Andrang wie »am Brandenburger Tor zu Silvester«. Zu den fragwürdigen Maßnahmen gehört beispielsweise das **Anfüttern**: Tauch-Guides billigen es, wenn Taucher Lebensmittelreste oder ganze Fleischstücke ins Meer werfen, oder sie tun es gar selbst – alles für das spektakuläre Unterwasserfoto, das von auf diese Weise angelockten Fischen geschossen werden kann, zum Beispiel von Haien.

Gefährliche Begegnung

Als ultimativer Kick gilt für nicht wenige Taucher die **Begegnung mit einem Hai**. Wissenschaftler beobachteten, dass Haie ihr Verhalten inzwischen angepasst haben und die Nähe zu Tauchern suchen, so etwa der nicht ungefährliche **Weißspitzenhai** (Carcharhinus longimanus), der auch im Roten Meer beheimatet ist. Immer wieder kommt es zu Unfällen mit lebensgefährlichen Verletzungen oder Todesfolge. 2007 etwa sollen rund 70 Taucher im Roten Meer vor Ägypten aus verschiedenen Gründen tödlich verunglückt sein. Genaue Zahlen über Unfälle werden unterdrückt, denn man will ja dem lukrativen Geschäft mit den Tauchern nicht schaden.

Knigge für Taucher

Tauch-Touristen können das Verhalten ihrer Guides und Lehrer aber beeinflussen, wenn sie wissen, worauf es ankommt. Fische anfüttern gilt als absolut frevelhaft, ebenso das Entsorgen von Abfällen und Abwässern ins Meer. Korallenriffe dürfen weder beschädigt noch angefasst werden. Jeder Tauch-Neuling sollte schnell lernen, im Wasser zu schweben – ohne Boden oder Riffe zu berühren. Tiere wie Fische, Schildkröten u. a. eignen sich als Fotomotiv, sollten aber unter keinen Umständen bedrängt werden. Umweltbewusste Tauch-Center sorgen dafür, dass ihre Boote nicht in den Riffen ankern, sondern an fest installierten Seilen und Tauchbojen. Das Mitführen von Harpunen ist verboten.

Auch neue Feriensiedlungen können die empfindliche Unterwasserwelt gefährden.

Gefahr durch Urbanisierung

Nach Ansicht von Dr. Moshira Hassan, Ägyptens prominentester Expertin für Korallenriffe im Roten Meer, schadet nicht nur das Fehlverhalten von Tauchern der Unterwasserwelt, sondern vor allem auch die rasant fortschreitende Urbanisierung touristisch interessanter Küstenstreifen. Nach Ansicht der berühmten Meeresbiologin und Sporttaucherin gehören dazu insbesondere Infrastruktureinrichtungen wie Meerwasser-Entsalzungsanlagen. Diese entnehmen salzarmes Brackwasser in Ufernähe und verstärken so die Versalzung, denn salzreiches Wasser fließt nach. Neue Grünanlagen, Golfplätze etc. in den Feriensiedlungen werden mit vorgeklärtem Wasser besprengt, dessen Stickstoffe und Phosphate irgendwann ins Meer gelangen. Die Folge: Im Meer nimmt das Plankton zu und auf ufernahen Riffen entstehen Matten aus Algen, die das Wachstum der Riffe behindern.

Umweltschutz mit deutscher Hilfe

Leider gibt es in Ägypten noch keine Umwelt-Zertifikate für Ferienanlagen, die diesen Namen wirklich verdienen. Zertifizierte Häuser werden nur teilweise umweltschonend betrieben. 2009 erhielt das bei Tauchern beliebte **Resort El-Gouna** das Environmental Certificate of Excellence des Deutschen Reiseverbandes (DRV). Drei Jahre zuvor wurde ebenfalls in El-Gouna das Öko-Label Green Star Hotel eingeführt, das vom ägyptischen Tourismusministerium, vom

Adressen Information und Lodges

www.cdws.travel
Homepage der Chamber of Diving & Watersports

www.reefcheck.de
Homepage des ökologisch orientierten Tauchervereins Reef Check e.V.

Öko-Camps, Eco Lodges
Einen sehr guten Ruf, Programm und Nachhaltigkeit betreffend haben folgende Anlagen:

Basata Camp
Taba Road, Nuweiba
(22 km nördlich von Nuweiba auf dem Sinai)
Tel. (069) 350 04 81, www.basata.com

Red Sea Diving Safari Marsa Shagra
(20 km nördlich von Marsa Alam)
www.redsea-divingsafari.com

Red Sea Diving Safari Marsa Nakari
(18 km südlich von Marsa Alam)
www.redsea-divingsafari.com

Tauch-Center
Sehr aktive HEPCA-Mitglieder sind: Colona Divers (Hurghada, El-Gouna; www.colona.com), Dive Tribe (El-Gouna; www.divetribe.com) und Jasmin Diving Sports Center (Hurghada; www.jasmin-diving.com).

deutschen Bundesministerium für wirtschaftliche Zusammenarbeit (BMZ) und von der deutschen Gesellschaft für Technische Zusammenarbeit (GTZ) unterstützt wird – zweifellos eine enorme Stärkung des Umweltgedankens. Doch auch in El-Gouna werden großflächig üppige Grünanlagen mit Brauchwasser beregnet, und die Lagunen, die den Ort durchziehen, sind mit dem Meer verbunden und geben nährstoffreiches Wasser in die offene See ab.

Der Kriterienkatalog für die Green Star Hotels sei, so schreibt der Deutsche Reiseverband auf seiner Webseite, den »ägyptischen Gegebenheiten angepasst«. Zu diesen Kriterien gehören u. a. eine Reduzierung von Energie- und Wasserverbrauch und ein verbessertes Abfall- und Abwasser-Management. Aber die ständig steigende Zahl neuer Ferienanlagen, die sich diesen Kriterien (noch) nicht unterworfen haben, schmälert die Fortschritte.

Öko-Camps und Eco Lodges
Wer als Taucher die Unterwasserwelt wirklich wenig belasten möchte, sollte auf eine der sog. Eco Lodges ausweichen, die zumeist von umweltbewussten Tauch-Enthusiasten betrieben werden. Allerdings sei, sagt Dr. Moshira Hassan, das spartanische Image dieser Öko-Camps nicht automatisch ein Ga-

rant für Umweltverträglichkeit. Wichtiger sei, mit welchen Materialien sie gebaut wurden und wie sie bewirtschaftet werden. Indikatoren für konsequent ökologisch arbeitende Camps und Hotels sind etwa strenge Regeln, die Gästen beispielsweise beim Wassersparen auferlegt werden. Nur Verzicht auf Komfort in allen Belangen schützt die Natur erfolgreich. Bambushütten auf sandigem Grund sind allein noch kein Öko-Camp.

Tauch-Center

Auch für Tauch-Center gibt es in Ägypten noch kein Güte-Zertifikat, auf das sich Unterwasser-Enthusiasten auf jeden Fall verlassen können. Die **Hurghada Environmental Protection & Conservation Association (HEPCA)** bemüht sich seit 1992 um den Schutz der Unterwasserwelt (www.hepca.com). Zwar bedeutet es mit Blick auf den Umweltschutz wenig, wenn eine Tauchbasis nur zahlendes Mitglied dieser Organisation ist, Kenner der Szene beurteilen jedoch jene Tauch-Center deutlich besser, die Aktionen der HEPCA auch ganz praktisch unterstützen, etwa bei der Wartung von Ankerbojen. Im Auftrag der Regierung des Landes prüft die ägyptische **Chamber of Diving & Watersports (CDWS)** regelmäßig alle Tauch-Center und Tauchsafari-Boote auf Einhaltung der europäischen ISO-Standards. Das sagt nicht viel über deren Umweltbewusstsein aus, zumindest aber veröffentlicht die Kammer auf ihrer Homepage eine schwarze Liste illegal operierender Tauchbasen. Nur 80 Tauch- und Schnorchelboote sollen es sein, die die geforderten Normen erfüllen, aber mindestens 1000 solcher Boote sind in Ägypten in Betrieb.

Reef Check e.V.

Besondere Verdienste beim Schutz der Unterwasserwelt des Roten Meeres erwarb sich der gemeinnützige Verein **Reef Check e. V.** Seine Wissenschaftler und Tauchspezialisten sammeln Daten und untersuchen den Zustand der Riffe. Und sie führen in Kooperation mit lokalen Tauchzentren Programme auch mit Tauchurlaubern durch. Alle Tauchbasen, die mit Reef Check zusammenarbeiten, könne er bedenkenlos empfehlen, sagt Dr. Georg Heiß von Reef Check. Gerade **informelle Netzwerke** dieser Art sind es, die beim Erhalt der Unterwasserwelt des Roten Meeres besonders effektiv arbeiten. Sie schützen auch die ägyptischen »Regenwälder der Meere« mit ihren über 1000 Fisch- und 250 Korallenarten.

*Unter Wasser offenbaren sich im Roten Meer →
vor Ägyptens Küsten wahre Wunderwelten.*

TAUCHEN UND SCHNORCHELN MIT VERSTAND

Trotz mancher Bedenken gilt: Vor der ägyptischen Küste können Urlauber durchaus umweltverträglich in spannende submarine Welten des Roten Meeres eintauchen – mit den richtigen Veranstaltern.

Maurischer Kuppelpalast am Golf von Aqaba

Wer sich für **INMO Divers in Dahab** entscheidet, kann nicht nur den Service einer der besten Tauchschulen auf dem Sinai genießen, er oder sie wohnt auch unter den schneeweißen, maurisch anmutenden Kuppeln des kleinen Resorts. Dessen Fans schwören auf die intime Atmosphäre. Der Gründer Mohammed El Kabbany ist mit einer Deutschen verheiratet und passionierter Unterwasserfotograf. Die Tauchtouren werden verantwortungsvoll geleitet und führen, meistens per Jeep, an Tauchplätze wie **The Islands**, der als der schönste in Dahab gilt. Mit etwas Glück können hier Gelbschwanz-Barrakudas gesichtet werden.

Seminare unter Wasser

»Lifestyle am Roten Meer – Natur und Mensch zwischen Wüste und Korallenriff« heißt ein Programm, das – einer Sommerakademie nicht unähnlich – Tauchurlauber und auch mitreisende Nichttaucher für die Natur und die Kultur der Gegend um El-Quseir begeistern möchte. Zum Programm gehören

Wichtige Adressen *Veranstalter vor Ort*

TAUCHBASEN

INMO Divers Home
Dahab/Mashraba
Tel. (069) 364 03 70 oder 364 0371
Fax (069) 364 03 72
www.inmodivers.de

Red Sea Environmental Centre
Feldstation El-Quseir
Tel. (012) 836 72 25
www.redsea-ec.org

Radisson Blu Resort El-Quseir
El-Quseir, Safaga Road
Tel. (065) 335 02 60
Fax (065) 335 02 80
www.radissonblu.com/resort-elquseir

Seminare, Vorträge, Tauch- und Schnorchelgänge, die von Meeresbiologen begleitet werden, sowie naturkundliche Strandwanderungen und Ausflüge in die Wüste sowie in die kleine Hafenstadt El-Quseir. Das Programm wird vom **Red Sea Environmental Centre** gemeinsam mit dem **Tauchzentrum Extra Divers** und dem **Hotel Radisson Blu** durchgeführt, zweimal pro Jahr im Februar und im November.

Tauchen mit Umweltexperten

Die vier Ökocamps von **Red Sea Diving Safari** in der Gegend um Marsa Alam werden von ihren Betreibern Eco-Diving Villages genannt, weil hier strenge Umweltschutzregeln konsequent befolgt werden – an Land wie auch bei den Tauchgängen unter Wasser. Zum Programm gehört ein Eco-Diver-Kurs in Kooperation mit der Organisation **Reef Check**. Die Sporttaucher erlernen in Theorie und Praxis die Identifizierung von Unterwassertierarten, sie arbeiten an einer aktuellen **Reef-Check**-Studie mit und erhalten am Ende ein Zertifikat. Die Eco-Diver-Kurse finden in den Camps Marsa Shagra und Marsa Nakari statt. Die dritte Eco Lodge mit dem Namen Wadi Lahami bietet überdies Bird-Watching, Kitesurfen und Ausflüge in den Nationalpark Wadi El Gemal an, eines der schönsten Täler der Region.

Freiwillige gesucht

Das Schöne mit dem Nützlichen verbinden können Tauchfreunde, auch Anfänger, bei **Sinai Divers Backpackers** in Dahab am Golf von Aqaba. Die **Reef-Monitoring**- und **Reef-Clean-up**-Projekte werden

Red Sea Diving Safari

53 El Hussain St.
Kairo/Dokki
Tel. (02) 3337 1833 oder 3337 9942
Fax (02) 3749 4219
Telefonnummern der einzelnen Camps auf der Webseite www.redsea-divingsafari.com

Red Sea Environmental Centre

Feldstation Dahab, Tel.(010) 784 75 00
www.redsea-ec.org

SUBEX El-Quseir Diving Center

Mövenpick Resort, Sirena Beach
El Quseir
Tel. (065) 335 00 36
Fax (065) 333 21 24
www.subex.org

INTERNETADRESSEN

www.extradivers-worldwide.com
www.sinaidivers.com
www.elquseir-charta.org

in Kooperation mit der Feldstation Dahab des Red Sea Environmental Centres durchgeführt. Die Gründer von **Sinai Divers**, Rolf Schmidt und Petra Röglin, gehören zu den erfahrensten Tauchexperten am Roten Meer. Sie betreiben in der Region sechs Tauchstationen. Wer an den Monitoring-Programmen in Dahab (Ostküste der Sinai-Halbinsel, Golf von Aqaba) teilnimmt, erhält einen Discount auf die Tauchpreise, Grundkenntnisse in Meeresbiologie – und das gute Gefühl, zum Erhalt der Unterwasserwelt beigetragen zu haben.

Naturreservat im Kleinformat

Die Betreiber der **SUBEX-Tauchbasis** in der El-Qadim-Bucht nördlich von El-Quseir gehören zu den Pionieren des Umweltschutzes am Roten Meer. Zusammen mit dem benachbarten Mövenpick Resort verwandelten sie die kleine Buch zu einem Naturreservat, dem das **Zentrum für Marine Tropenökologie** in Bremen einen hervorragenden Zustand bescheinigte. Ans Hausriff wird nur eine begrenzte Zahl Taucher gelassen. Wer die strengen Regeln missachtet, muss den Tauch-

Ein Tauchsafariboot vor der Küste der Halbinsel Sinai

Beim zweiten Koloss handelt es sich links um die Königinmutter Tui, rechts um Königin Nefertari, die Gemahlin Ramses' II., und bei der Figur zwischen den Beinen um Prinz Amen-her-kopschef. An den dem Eingang zugekehrten Thronseiten der mittleren Kolosse sind die zwei Nilgötter dargestellt, die Papyrus und Lotos, als Wappenpflanzen Ober- und Unterägyptens, um das Schriftzeichen »vereinigen« schlingen; darunter eine Reihe Gefangener: links Kuschiten (als Schwarze dargestellt), rechts Syrer.

Antike Einritzungen ► Sehr aufschlussreich sind die zahlreichen griechischen, karischen und phönizischen Einritzungen, die sich auf den beiden südlichen Statuen finden und von Söldnern herrühren, die auf ihren Kriegszügen hierher gelangten. Eine griechische Schrift auf dem linken Bein der zweiten Statue stammt von den Söldnern, die Psammetich II. (26. Dyn.; um 595–589 v. Chr.) von Elephantine aus nach Nubien gesandt hatte. Sie waren bis zum Zweiten Katarakt gekommen und hatten sich auf dem Rückweg hier verewigt: *»Als der König Psammetich nach Elephantine gekommen war, schrieben dieses diejenigen, die mit Psammetich, dem Sohn des Theokles, gefahren und über Kerkis hinaus, so weit es der Fluss zulässt, gekommen sind. Die Ausländer führte dabei Potasimto, die Ägypter Amasis. Geschrieben haben wir es: Archon, der Sohn des Amoibichos, und Pelekos, der Sohn des Udamos.«*

Hochzeitsstele ► An der geglätteten Südwand der Terrasse ist eine Inschrift aus dem 34. Regierungsjahr Ramses' II. angebracht. Diese sog. Hochzeitsstele erinnert an die Hochzeit des Pharaos mit Naptera, der Tochter des Hethiterkönigs Hattusili III., die von diesem selbst im Spätsommer des Jahres 1269 nach Ägypten gebracht wurde und dort den Namen Maat-neferu-re trug. Auf der Darstellung ist oben Ramses II. zu sehen, der zwischen zwei Gottheiten unter einem Baldachin sitzt. Vor ihnen sind die Hethiterprinzessin und ihr Vater in Bethaltung wiedergegeben.

Weitere Fassadendetails ► Die architektonische Rahmung der Kolossalstatuen an der Tempelfassade von Abu Simbel bildet ein Trapez, das den Pylon freistehender Tempelanlagen ersetzt. Es wird oben von einem Fries mit 22 betenden Pavianen abgeschlossen, die ihre erhobenen Hände der aufgehenden Sonne zum Gruß entgegenhalten. Darunter befindet sich eine Hohlkehle mit **Königskartuschen**, von Uräusschlangen umgeben, sowie Bilder des Amun-Re (links) und des Re-Harachte (rechts); unter der Hohlkehle sieht man die Weihinschrift des Königs für Amun-Re und Re-Harachte. Diese Inschriften zeigen ebenso wie zahlreiche andere Darstellungen, dass der südliche Teil des Tempels dem Gott Amun-Re und der nördliche Teil dem Gott Re-Harachte geweiht waren.

Portal ► Über dem Portal in der Mitte der Fassade ist der Name des Königs in großem Figurenrelief als »Rebus« dargestellt: in der Mitte die falkenköpfige Gestalt des Sonnengottes Re, gestützt auf das schakalköpfige Zepter (User), und Maat, die Göttin der Wahrheit und Gerechtigkeit. Sie alle zusammen ergeben den Namen »User-Maat-

Re«, den Krönungsnamen des Pharaos. Zu beiden Seiten des Reliefs finden sich Darstellungen des Königs, der dem Sonnengott und damit zugleich seinem eigenen, vergöttlichten Namen die Göttin Maat darreicht. Auf dem Türsturz vollzieht Ramses vor Amun und Mut (links) sowie vor Re-Harachte und seiner löwenköpfigen Göttergemahlin Uert-hekau (rechts) die Grundsteinlegung.

Pfeilerhalle

Durch das Portal betritt man die rund 16 x 17 m große Pfeilerhalle, die den Säulenhof freistehender Tempel ersetzt. Zwei Pfeilerreihen teilen den Raum in drei Schiffe, deren mittleres doppelt so breit ist wie die beiden äußeren. An den zur Raumachse gewandten Seiten der Pfeiler stehen fast 10 m hohe Osirisgestalten des Gottkönigs mit Geißel und Krummstab. Die Figuren der rechten Reihe tragen die Doppelkrone beider Ägypten, die der südlichen die oberägyptische Krone. Auch hier beeindruckt das Gleichmaß der mächtigen Gestalten. An den übrigen Seiten der Pfeiler finden sich Darstellungen des opfernden Königs, seiner Lieblingsgemahlin Nefertari sowie seiner Tochter und späteren Gemahlin Bentanat. Die Decke des Mittelgangs ist mit Geiern, die der Seitengänge mit Sternen bemalt.

★ ◄ Wandreliefs

Besonders interessant sind die z. T. gut erhaltenen Wandreliefs in der Pfeilerhalle. Auf der dem Eingang zugewandten Seite rechts erschlägt der von seinem Ka begleitete König seine Feinde in Gegenwart des Re-Harachte, der ihm das Sichelschwert reicht. Darunter sieht man

Abu Simbel *Orientierung*

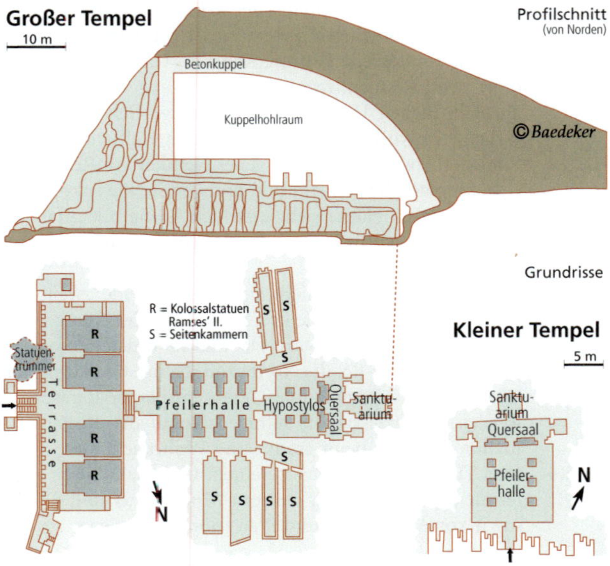

die Töchter des Königs mit ihren Klappern, auf der linken Eingangswand eine entsprechende Darstellung des Königs vor Amun-Re; darunter die Prinzen.

Südliche Seitenwand ► Die südliche Seitenwand (links) besitzt in der oberen Reihe fünf hervorragende Reliefs vorwiegend religiösen Inhalts, darunter ist besonders das vierte Bild hervorzuheben, das den knienden König vor Re-Harachte unter dem heiligen Persea-Baum zeigt; seine Früchte tragen den Namen des Pharaos. Die untere Reihe zeigt drei große Kriegsszenen: Ganz links erstürmt der König auf seinem Streitwagen im Schutze des Waffengottes Month eine syrische Festung und erschießt die auf den Zinnen um Gnade flehenden Feinde, ihm folgen drei Prinzen. Unten flieht ein Hirte mit seiner Herde in die Stadt. Auf der mittleren Darstellung durchbohrt der König einen niedergeworfenen Libyer mit der Lanze. Rechts ist der Triumphzug des Königs mit den gefangenen Afrikanern dargestellt.

Nördliche Seitenwand ► Die nördliche Seitenwand zeigt die auch in den Tempeln von Abydos, Luxor und dem Ramesseum bekannten Szenen aus dem Feldzug gegen die Hethiter. In der unteren Reihe links ist der Aufmarsch des ägyptischen Heeres dargestellt; weiter rechts, zwischen den beiden Türen zu den nördlichen Seitenkammern, das Lager der Ägypter, geschützt durch die aneinander gestellten Schilde der Soldaten. Szenen wie die Fütterung der Pferde oder die sich ausruhenden Soldaten schildern anschaulich das Lagerleben. Auf dem dritten Bild hält der König mit seinen Fürsten Kriegsrat, unten werden zwei feindliche Spione durchgeprügelt. Das letzte Bild zeigt den Kampf der ägyptischen und hethitischen Wagenkämpfer.

Die Bilder der oberen Reihe führen den Betrachter mitten in das Kampfgewühl; links sprengt der König gegen die Feinde, die ihn mit ihren Wagen umzingelt haben; in der Mitte steht die feindliche, vom Orontes umflossene Festung Kadesch, von deren Zinnen die Verteidiger herabschauen; rechts lässt der König von seinen Offizieren die abgeschnittenen Hände und Glieder der Gefallenen zählen und die Gefangenen vorführen. Auf der rechten Hälfte der Rückwand bringt Ramses II. zwei Reihen gefangener Hethiter vor Re-Harachte, vor sein eigenes, göttlich verehrtes Bild und vor die löwenköpfige Uert-hekau. Auf der linken Hälfte sieht man den König mit gefangenen Schwarzen (Kuschiten) vor Amun, dem vergöttlichten Ramses und Mut.

Halle An die Pfeilerhalle schließt sich westlich eine zweite Halle an. Die Darstellungen an den Pfeilern zeigen, wie der König in den Kreis der Götter aufgenommen wird. Die Südwand des Raumes schmückt die Barke des Amun-Re, die Nordwand die des Gottkönigs in Gestalt der Göttereinheit »Ramses-meri-Imen-em-pa-per-Ramses«. Die Barken werden in Prozessionen getragen, voran der König und seine Gemahlin Nefertari beim Trank- und Weihrauchopfer.

Quersaal ► Drei Türen führen weiter zu einem Quersaal, dessen Wände den opfernden König vor den Göttern Min, Horus und Chnum (südlich) sowie vor Atum, Thot und Ptah (nördlich) zeigen.

Sanktuarium

Vom Quersaal führen drei Türen zu drei kleinen Gemächern im hintersten Teil des Tempels. Der mittlere, rechteckige Raum, das Sanktuarium, durfte nur der König betreten. An den Wänden rechts und links ist der König beim Weihrauchopfer abgebildet, an der Rückwand die überlebensgroßen Gestalten des Ptah, des Amun-Re, des Königs selbst und des Re-Harachte (von links nach rechts) als Ausdruck der vollkommenen Gleichstellung des Königs mit den Göttern. Vor den Götterfiguren ist am Boden der aus dem Felsen gehauene, quadratische Sockel der heiligen Barke zu erkennen, die hier aufbewahrt wurde.

* Kleiner Tempel

Hathortempel

Vom Tempelvorplatz gelangt man nördlich durch ein von Ramses II. in der Ziegelumwallung angelegtes Seitentor zum Kleinen Tempel (Hathortempel). Das nach Südosten ausgerichtete Heiligtum wurde ursprünglich in einen Felsen am Nil hineingebaut und war vom Großen Tempel durch ein Tal getrennt.

Einen Vorhof besaß die Anlage, die ebenfalls Ramses II. in Auftrag gegeben hatte, nicht. Der Tempel war der Liebesgöttin Hathor geweiht und diente auch dem Kult der vergöttlichten Gemahlin des Pharaos, **Königin Nefertari**.

Sechs riesige Figuren zwischen strebepfeilerartigen Felswänden verleihen der Fassade des Kleinen Tempels von Abu Simbel ihre einzigartige Wirkung.

RETTUNG FÜR EIN KULTURDENKMAL

Als im Jahr 1960 der erste Spatenstich zum Bau des Assuan-Hochdammes erfolgte, drohte eines der berühmtesten Kulturdenkmäler Ägyptens – die Tempelanlagen von Abu Simbel – für immer in den Fluten des Nasser-Sees zu versinken. Beinahe einem umstrittenen Prestigeobjekt des damaligen Präsidenten Gamal Abd el-Nasser zum Opfer gefallen, verhinderte eine von der UNESCO eingeleitete Rettungsaktion den »Untergang« der Tempel.

An Vorschlägen, wie die Rettungsaktion aussehen sollte, mangelte es nicht. Unter den eingereichten Entwürfen fanden sich auch Pläne für eine komplette Versetzung der beiden Tempel auf **Pontons**, mit denen sie dann auf dem steigenden Wasserspiegel zu ihrer endgültigen Höhe angehoben werden sollten. Andere schlugen vor, die gesamte Anlage in Kugelschalen einzudeichen, in die Besucher mittels Aufzügen von oben herabgelassen werden könnten. Ein weiterer Vorschlag wollte die Tempel an Ort und Stelle belassen – unter Wasser, in einer Art **gläsernem Aquarium**, zu dem Besucher ebenfalls in gläsernen Gondeln hinabtauchen sollten. Die meisten Pläne waren jedoch aus technischen Gründen nicht umsetzbar, allein der Vorschlag eines französischen Expertenteams schien akzeptabel: Er sah vor, die Tempel als Ganzes aus dem Fels herauszuschneiden und auf Betonplatten zu versetzen. Diese sollten dann mit hydraulischen Pressen in die Höhe gestemmt und am neuen Standort abgesetzt werden. Um den großen Tempel mit seinen 255 000 t anzuheben, wären 440 Pressen, für die 55 000 t des kleinen Tempels 94 Pressen nötig gewesen – ein kühnes Unternehmen, dessen Realisierung an den gewaltigen Kosten scheiterte.

Eine Siedlung in der Wüste

Angesichts der steigenden Fluten und der knapper werdenden Zeit entschied man sich dazu, dem Vorschlag des ägyptischen Bildhauers **Ahmad Osman** zu folgen, d. h. die Tempel in Blöcke zu zersägen und sie unweit oberhalb des ursprünglichen Standortes neu aufzubauen. 36 Mio. Dollar sollte der »Umzug« kosten, den zu je einem Drittel Ägypten, die USA und die UNESCO aufbrachten. Den Auftrag für das Projekt erhielt ein Konsortium von sechs internationalen Baufirmen. Da am Einsatzort mitten in der Wüste jede Infrastruktur fehlte,

Ein Umzug der besonderen Art: Der Kopf einer Statue von Abu Simbel wird an seinen Standort verfrachtet.

mussten zuerst ein ausreichendes Versorgungs- und Verkehrssystem sowie Unterkünfte für 2000 Menschen mit allen nötigen Einkaufs- und Gemeinschaftseinrichtungen geschaffen werden. Die innerhalb kurzer Zeit aus dem Boden gestampfte **Siedlung** sollte den Mittelpunkt einer vom Nasser-See gespeisten Oase bilden.

1000 Blöcke

Als im Frühjahr 1964 mit den Bauarbeiten in Neu-Abu-Simbel begonnen werden konnte, war der Spiegel des Nasser-Sees bereits so hoch angestiegen, dass man die Tempel durch einen Kofferdamm sichern musste. Dann erst wurden sie in 807 bzw. 232 Blöcke von maximal 20 t zersägt, und zwar so, dass spätere **Nahtstellen** möglichst wenig ins Auge fallen würden. Die sorgfältig nummerierten Teile wurden zunächst gelagert und später am neuen Standort, der 65 m höher sowie 180 m landeinwärts liegt, wieder zusammengefügt.

Innenwände und Decken sind an ein **Stützgerüst aus Stahlbeton** gehängt, das auch statischen Schutz bieten soll. Zum Ausgleich der Sägeverluste wurden die Teile mit Mörtel aus Zement und Wüstensand verfugt. Mächtige Kuppeln aus Stahlbeton überspannen die Tempel. Sie haben eine Spannweite von 50 m bzw. 24 m und sind 19 m bzw. 7 m hoch. Im Sommer 1968 waren die Arbeiten abgeschlossen – und ein Kulturdenkmal ersten Ranges für künftige Generationen erhalten.

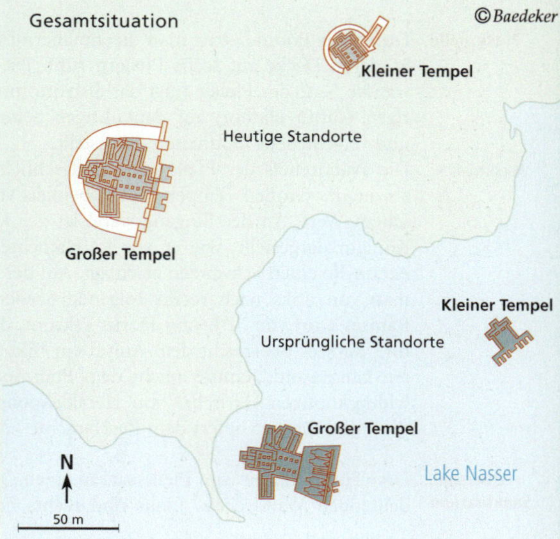

✶ Fassade Die aus dem Felsen geschnittene, 28 m lange und 12 m breite Fassade ahmt ebenso wie die des Großen Tempels einen Pylonen nach. Tempel und Fassade liegen nicht in einem exakten rechten Winkel zueinander, so dass an der Nordseite der Fassade zum Felsen hin eine Aussparung bleibt. Hier ließ sich der königliche Verwalter und Schreiber Iuni aus Herakleopolis, der wohl die Bauarbeiten in Abu Simbel leitete, bei Ergebenheitsbezeugungen vor seinem göttlichen Herrn darstellen.

Für seine Lieblingsfrau Nefertari baute Ramses II. den kleinen, der Göttin Hathor geweihten Tempel.

Blickfang der Fassade sind die sechs über 10 m hohen **Standbilder** von König Ramses und seiner Gemahlin Nefertari, die durch die geböschte Felswand in nischenartigen Vertiefungen stehen. Zu Füßen der Statuen wurden die Kinder des Paares angeordnet. Wegen der außerordentlichen Brüchigkeit des Gesteins war die ganze Fassadenfläche mit einer Putzschicht belegt und bemalt. Das Portal ist in den etwas breiteren, mittleren Wandstreifen gehauen; über dem Eingang befindet sich ein breiter Uräusfries. In der Mitte der Fassade ist hoch über dem Portal ein unbehauener Felsblock verblieben, der möglicherweise für das Antlitz der Hathor-Kuh vorgesehen war.

Pfeilerhalle Durch das Portal betritt man die annähernd quadratische Pfeilerhalle, deren Decke auf sechs Pfeilern ruht. Die dem Mittelgang zugewandte Seite der Pfeiler trägt das Sistrum mit dem Kopf der kuhohrigen Göttin Hathor; auf den übrigen Seiten sind das Königspaar und verschiedene Gottheiten dargestellt.

Wandreliefs ► Die Wandreliefs der Pfeilerhalle sind schlichter und weniger farbig als die des Großen Tempels, doch ebenfalls von hohem kunsthistorischem Wert. An der Eingangswand ist der König in Begleitung der Königin dargestellt, wie er vor Re-Harachte einen Libyer und vor Amun-Re einen Schwarzen erschlägt. Auf der linken Längswand sieht man von links nach rechts folgende Szenen: Ramses vor Hathor, Ramses wird von Seth und Horus gekrönt, die Königin vor Anuket, und Ramses überreicht dem Amun ein Bild der Maat. An der rechten Längswand: Ramses reicht dem Ptah Speisen, Ramses vor dem widderköpfigen Herischef von Herakleopolis, die Königin vor Hathor, und Ramses opfert dem Re-Harachte Wein.

Quersaal, Sanktuarium Drei Türen führen vom Pfeilersaal in einen Quersaal mit weniger bedeutenden Wandreliefs. Links und rechts liegen zwei unvollendete

Kammern; über den Türen beachte man die Abbildungen der Hathor-Kuh im Papyrussumpf, die vom König oder der Königin angebetet wird. An der Rückwand des Sanktuariums befindet sich eine Nische in Form einer Kapelle, deren Decke von Sistren getragen wird. In ihr steht im Hochrelief die Göttin Hathor als Kuh; der König befindet sich unter ihrem Kopf, d.h. symbolisch unter ihrem Schutz. An den Seitenwänden erkennt man links die Königin vor Mut und Hathor beim Räucheropfer, rechts der König, der vor dem Bild von ihm und seiner Gemahlin Rauchopfer darbringt.

★ Abusir

J 5

Landesteil: Mittelägypten **Gouvernorat:** Giseh

In der Nähe des Dorfes Abusir liegen auf einem flachen Vorgebirge über dem westlichen Nilufer drei Pyramiden – Überreste eines Feldes, das einst 14 Pyramiden zählte.

Einst reicher Reliefschmuck

Etwa auf halbem Wege zwischen den Pyramiden von Giseh und der Stufenpyramide des Djoser nahe Sakkara erreicht man das Dorf Abusir und die drei Pyramiden in dessen Nähe, Grabmäler dreier Könige der 5. Dynastie, nämlich des Sahure (2490 – 2475 v. Chr.), des Neferirkare (2475 – 2465 v. Chr.) und des Niuserre (2455 – 2420 v. Chr.). Der erste König dieser Dynastie wie auch die Könige der nachfolgenden 6. Dynastie ließen ihre Pyramiden weiter südlich, bei Sakkara, errichten. Das Pyramidenfeld von Abusir wurde erstmals 1901 – 1908 durch die Deutsche Orientgesellschaft erforscht. Die aus weichem Kalkstein stellenweise wenig sorgfältig geschichteten Pyramiden und die sie umgebenden Tempel haben im Laufe der Jahrtausende stark gelitten. Ihr herrlicher Reliefschmuck wurde geraubt oder in Museen gebracht. Die Reliefs zeigen sowohl alltägliche als auch besondere Begebenheiten aus dem Leben des Königs, kultische Szenen sind dagegen seltener.

Pyramiden und Gräberfeld

Grabmal des Sahure

◄ Pyramide

Am weitesten nördlich liegt das Grabmal des Sahure, des ältesten der drei Könige, der für seinen Pyramidenbau den flachen und vom Niltal aus bequem zu erreichenden Platz wählen konnte. Die senkrechte Höhe der Pyramide betrug ursprünglich knapp 70 m, heute liegt sie bei ca. 35 m, die Basislänge beträgt heute 66 m, früher waren es 78 m. Sie war ursprünglich ganz mit glattem Kalkstein verkleidet und trug wahrscheinlich einem **Pyramidion** (Spitze) aus rotem Assuangranit mit der Kartusche des Königs. Von der Nordseite führte ein mit Granit ausgekleideter und befestigter Gang ins Innere des Bauwerkes zu der (zerstörten) Grabkammer mit dem Sarkophag des Königs.

Die Pyramide des Sahure in Abusir. Die ursprünglich reiche Dekoration fiel Grabräubern zum Opfer.

Totentempel ▶ An der Ostseite der Pyramide liegen die Reste des in seiner axialen Anordnung klar gegliederten Totentempels. Mit dem Taltempel verband ihn ein 225 m langer, leicht ansteigender Aufweg.

Säulenhof, Umgang ▶ Durch einen schmalen, rechteckigen Vorraum betritt man von Osten her den großen Säulenhof, den Mittelpunkt der Anlage. Er ist ringsum von Kolonnadengängen umschlossen; von den 16 Granitsäulen mit Palmblattkapitellen sind nur Trümmer erhalten. Die Säulen trugen Namen und Titel des Königs sowie Weihinschriften; die Wände des Säulenhofes schmückten Reliefdarstellungen ruhmreicher Ereignisse aus der Regierungszeit des Pharaos. Gut erhalten ist das Basaltpflaster des Hofs. Den gesamten Säulenhof umschloss außerdem ein reliefverzierter Umgang. Im südlichen Teil ist eine große Darstellung der königlichen Jagd auf Schalenwild, im nördlichen Teil auf Vögel und Nilpferde im Papyrussumpf gut erhalten.

Querraum, Allerheiligstes ▶ Vom großen Säulenhof führte ein schmaler Durchgang westlich zum Querraum und von diesem weiter zu einem kleinen, etwas höher gelegenen Saal, an dessen Rückwand in fünf Nischen einst die Statuen des Königs in seinen fünf göttlichen Wesenheiten standen. Von hier leitete links eine Seitentür durch schmale Gänge zum Allerheiligsten, in dem am Fuße der Pyramide die große Scheintür den Eingang zum Reich der Toten symbolisierte. Nördlich und südlich des Allerheiligsten befanden sich zweigeschossige Magazine und Schatzkammern.

Pyramide der Königin An der Südostecke des Tempels lag in einem besonderen Hof, jedoch innerhalb der großen Umfassungsmauer, die kleine Pyramide der Königin. Der Totentempel des Sahure erfuhr im Neuen Reich eine

Erneuerung seiner Bedeutung durch den hier eingeführten Kult der Göttin Sechmet, die an diesem Ort wohl bis in ptolemäische Zeit verehrt wurde. In römischer Zeit verfiel der Tempel und wurde systematisch abgetragen. Über dem Säulenhof entstand in frühchristlicher Zeit eine schlichte koptische Kirche, die inzwischen jedoch auch verschwunden ist.

Grabdenkmal des Niuserre

Südlich der Sahure-Pyramide liegt das Grabdenkmal des Niuserre (2455–2420 v. Chr.), dessen einst mächtiges Sonnenheiligtum beim benachbarten ►Abu Gurob steht. Die Anlage gleicht jener des Sahure, ist jedoch in viel schlechterem Erhaltungszustand.

Pyramide des Neferirkare

Die Pyramide des Königs Neferirkare ist die größte in Abusir. An der Basis war sie ursprünglich 109 m lang (heute 99 m), ihre Höhe betrug 69 m (50 m). An ihrer Ostseite sind Reste des Totentempels aus Haustein und Ziegeln erkennbar.

★★ Abydos

K 12

Landesteil: Oberägypten **Gouvernorat:** Sohag

Die Ruinen der Tempel von Abydos, des altägyptischen Abodu, gehören zu den ältesten Nekropolen Ägyptens. Schon seit der 1. und 2. Dynastie, also zu Beginn des 3. Jahrtausends v. Chr., nahm Abydos als Grabstätte der Könige und des Hofes einen hervorragenden Platz ein.

Bedeutende Nekropole

Das Ruinengelände befindet sich rund 150 km nordwestlich von Luxor am westlichen Nilufer zwischen den Dörfern El-Chirba und El-Araba el-Madfuna. Die Tempelanlage war Begräbnisstätte für die nahe gelegene erste ägyptische Hauptstadt Thinis (This). Hier zelebrierte man das Bestattungsritual für den verstorbenen Herrscher sowie die anschließende Thronbesteigung des neuen Königs.

Seit 1977 wird die alte Nekropole von Archäologen systematisch untersucht. Immer wieder werden dabei sensationelle Entdeckungen gemacht. So weiß man inzwischen, dass es schon vor der 1. Dynastie Könige gegeben hat, und die ägyptische Chronologie musste sozusagen um eine »0. Dynastie« erweitert werden. 1991 wurden hier zwei große hölzerne Totenschiffe gefunden, deren Alter auf rund 5000 Jahre geschätzt wird. Öffnungszeiten: tgl. 8.00 – 17.00 Uhr.

? WUSSTEN SIE SCHON ...?

- ... dass US-Archäologen 2005 Hinweise auf Menschenopfer in Abydos fanden? In etlichen Gräbern liegen die sterblichen Überreste von jungen Leuten, die ihrem König offenbar in den Tod folgen mussten. Sie wurden vermutlich erdrosselt oder vergiftet.

Abydos Orientierung

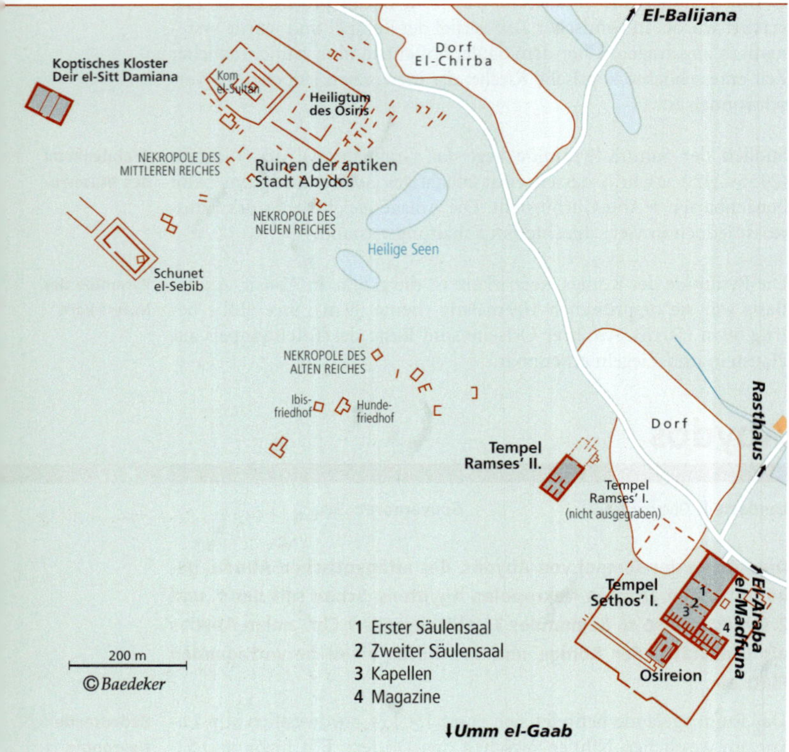

Geschichte In der Stadt und in ihrer Nekropole wurde der hundsgestaltige Totengott Chont-amenti (»der Erste der Bewohner des Westreiches«) verehrt. Bereits im Alten Reich drang der Kult des ursprünglich im Delta heimischen Osiris in Abydos ein. Dieser nahm von dem alten Tempel Besitz und wurde dem Chont-amenti gleich gesetzt. Man sah das **Grab des Osiris** im nahen Hügel Umm el-Gaab und ließ seit der 6. Dynastie die Toten aus allen Teilen Ägyptens in Abydos beisetzen. Mehrere Könige des Mittleren Reiches, aber auch reiche Privatleute ließen sich hier Scheingräber oder Stelen errichten. Es galt damals dem frommen Ägypter als das höchste Glück, beim Grabe des Osiris die letzte Ruhestätte zu finden oder seine Leiche zur Weihung zeitweilig dorthin schaffen zu lassen, wenigstens aber sich durch ein Kenotaph oder einen Denkstein der Gnade des Osiris, des Herrn der Unterwelt, zu empfehlen. In alljährlich stattfindenden Mysterienspielen zu Ehren des Osiris gedachte man des ewigen Weltenzyklus von Tod und Wiedergeburt.

Überblick über die Nekropole

Die in der Wüste gelegene, weitläufige Nekropole von Abydos lässt sich in vier Bereiche gliedern: In der südlichen Totenstadt bei El-Araba befinden sich die Gräber des Neuen Reiches sowie die Tempel von Sethos I. und Ramses II. sowie das so genannte Osireion. In den Hügel nördlich davon wurden gegen Ende des Alten Reiches Gräber hineingebaut. Noch weiter nördlich, zwischen dem Osirisheiligtum und den Mauerresten von Schunet el-Sebib, liegen die Grabstätten des Mittleren Reiches, zum Teil in Form von kleinen Ziegelpyramiden. Zwischen ihnen befinden sich auch Gräber anderer Zeiten, v. a. aus der 18. bis 20. Dynastie (ca. 1500–1000 v. Chr.) und aus der Spätzeit. Im Westen, in dem Hügel Umm el-Gaab, befinden sich die Königsgräber der ältesten Dynastien und das Grab des Osiris.

✶✶ Tempel Sethos' I.

Das interessanteste Bauwerk der Nekropole ist der Tempel Sethos' I., das Memnonium Strabos. Der wundervolle Bau, den erst Sethos' Sohn und Nachfolger, Ramses II., vollenden ließ, wurde 1859 durch den französischen Ägyptologen Auguste Mariette im Auftrag des Vizekönigs Said freigelegt.

Tempelanlage

Die auf drei Ebenen aufgebaute Tempelanlage weicht in einigen Details vom Aufbau anderer Tempel ab. Statt einer enthält sie sieben Kapellen, die dem Osiris, der Isis, dem Horus, Ptah, Re-Harachte, Amun und dem als göttlich verehrten König Sethos geweiht waren. Das vordere Tempelhaus gliedert sich demzufolge in sieben Einzeltempel mit eigenen Toren. Die Nebenräume sind nicht hinter-, sondern nebeneinander angeordnet. Rechtwinklig zum Hauptgebäude liegt ein Flügelbau mit Nebenräumen. Vermutlich wählte man diese ungewöhnliche Anordnung, um nicht das hochverehrte Osireion, das auf der Hauptachse des Tempels liegt, überbauen zu müssen. Besondere Beachtung verdienen die Reliefs aus der Zeit Sethos' I., die zum Besten gehören, was die ägyptische Skulptur hervorgebracht hat.

✶✶ ◄ Reliefs

Erster Hof

Man betritt den Tempel im Nordosten. Vor dem Tempel ist links die Front eines kleinen Gebäudes, wohl eines Festtempels, zu sehen. Der erste Pylon ist verfallen; an seiner Rückseite befinden sich flache Nischen, in denen Statuen Sethos' I. und Ramses' II. in Gestalt des Osiris standen.

Der erste Hof ist weitgehend zerstört. An seiner Südostwand (links) sind die asiatischen Kriege und die Siege Ramses' II. dargestellt. Im Südwesten wird der Hof von einer Pfeilerhalle abgeschlossen, an deren Mauersockel die Kinder Ramses' II. abgebildet sind. Die Darstellungen setzen sich auf der Rückwand des zweiten Pylonen fort.

Zweiter Hof

Der zweite Hof ist besser erhalten. Eine Abbildung hier zeigt Ramses II., wie er verschiedenen Göttern opfert und vor Amun die Feinde erschlägt. Auf der hinteren Hofseite führt eine flache Rampe zu dem auf einer Plattform stehenden Tempelhaus, und zwar zunächst zu einer Vorhalle, die, wie die Halle im ersten Hof, von zwölf aus Sand- und Kalksteinblöcken gefügten Pfeilern getragen war und an der Rückwand ursprünglich sieben Türen hatte.

Die sieben Türen sollten den sieben Kapellen des Tempels entsprechen. Bei feierlichen Aufzügen zogen durch diese Türen Prozessionen. Ramses hat sie zumauern lassen, mit Ausnahme der mittleren, die als Haupteingang fungierte.

Erster Säulensaal

Durch die ehemalige Mitteltür betritt man zunächst den ersten Säulensaal. Die Saaldecke, die teilweise zerstört ist, ruht auf 24 Papyrusbündelsäulen mit geschlossenen Knospenkapitellen. Die Darstellungen auf den Säulenschäften zeigen den König vor dem Gott, zu dem der Prozessionsweg führt, häufig auch noch vor dessen Mitgottheiten. Von den übrigen Darstellungen beachte man besonders die untere Reihe an der rechten Schmalwand. Sie zeigt rechts Thot und Horus, die über Ramses II. das Weihwasser in Form der Hieroglyphen »Reinheit« und »Leben« ausgießen. Links führen der hundsköpfige Upuaut und der falkenköpfige Horus den König in den Tempel und halten ihm die Hieroglyphe »Leben« an die Nase. Noch weiter links überreicht Ramses dem Osiris und seinen Mitgöttern, Isis und Horus, ein Behältnis für Papyrushandschriften in Form einer Säule, die ein kniender König hält.

Der siebenschiffige Säulensaal im Tempel von König Sethos I.

Sieben Türen führen in der Achse der vermauerten Eingangstüren in den **zweiten Säulensaal** mit 3 x 12 Stützen. Die 24 Säulen der beiden vorderen Reihen haben geschlossene Kapitelle. Die Säulen der hinteren, erhöhten Reihe sind Baumstammsäulen. Die von Sethos I. in Auftrag gegebenen Inschriften und Darstellungen an den Wänden und an den Säulen sind hervorragende Steinmetzarbeiten.

★ Reliefs ►

Ganz besonders sei auf die wundervollen Reliefs an der rechten Schmalwand des Saales hingewiesen: Rechts entdeckt man König Sethos I., der räuchert und aus drei blumengeschmückten Gefäßen vor Osiris und Horus Wasser vergießt. Auf dem folgenden Bild steht der König mit der Räucherpfanne vor einer Kapelle, in deren Mitte Osiris thront; vor diesem Maat und Renpet (die Göttin des Jahres), hinter ihm Isis, Amentet (die Göttin des Westens) und Nephthys.

Die Kapellen

Hinter dem Zweiten Säulensaal liegen in der Achse der sieben Eingangstore sieben Kapellen, von denen die mittlere dem Amun, dem Hauptgott des Neuen Reiches, die drei rechts davon gelegenen Osiris, Isis und Horus, die drei linken Re-Harachte, Ptah und dem König geweiht waren. In den Kapellen, die ursprünglich mit hölzernen Flügeltüren verschlossen waren, standen die **Barken** der jeweiligen Gottheiten. Die Decken der Kapellen schmücken Sterne und die Namen Sethos'. Die farbigen Reliefs an den Wänden veranschaulichen den Kult in der Kapelle. In den Pfeilern, welche die einzelnen Kapelleneingänge voneinander trennen, sind reliefverzierte Nischen eingelassen. Die Beschreibung der Kapellen und Nischen erfolgt von links nach rechts.

◄ Kapelle des Königs

Linke Wand, untere Reihe (von links nach rechts): Drei falkenköpfige und drei hundsköpfige Götter tragen den König in die Kapelle, vor ihnen räuchert ein Priester (mit Kinderlocke und Pantherfell); der König sitzt auf seinem Thron vor dem Speisetisch, hinter ihm sein Schutzgeist, davor der ibisköpfige Gott Thot; die vom König dargereichten Opfergaben sind in einer langen Liste vor dem Gott aufgezeigt. Linke Wand, obere Reihe: der Priester vor neun Göttern (in drei Reihen); der König zwischen Thot und Nechbet (rechts) sowie Horus und Uto (links), die ihm Segenswünsche entgegenbringen.

Rechte Wand, untere Reihe (von links nach rechts): der König, sein Schutzgeist und der Priester wie auf der gegenüberliegenden Wand; der König sitzt zwischen Nechbet und Uto auf einem Thron, der auf den Schriftzeichen »Vereinigung« steht; Thot und Horus umschlingen sie mit Papyrus und Lotos, den Wappenpflanzen von Unter- und Oberägypten, als Symbol für die Einigung beider Landesteile unter einem König; rechts schreibt Seschet den Namen des Königs für die Ewigkeit auf; der Priester vor neun Göttern.

Die Rückwand wurde hier wie in allen anderen Kapellen (außer der des Osiris) von zwei Scheintüren mit reich ornamentiertem Giebel eingenommen. Dazwischen erhebt sich eine Pflanze, auf der eine Schlange sitzt. Nische rechts folgend: Thot hält dem König das Zeichen »Leben« an die Nase (links); Thot und der König sitzen einander gegenüber (rechts); auf der Rückwand räuchert der Totenpriester vor dem König.

◄ Kapelle des Ptah

Die Kapelle des Ptah ist teilweise zerstört, die Darstellungen der Seitenwände zeigen den König in Verehrung des Ptah. Nische rechts: Sethos vor Ptah (Rückwand), Re-Harachte (rechts) und Sechmet (links).

◄ Kapelle des Re-Harachte

Auf den Reliefs der Kapelle des Re-Harachte erscheint der Herrscher vor diesem Gott. Die nächste Nische zeigt ihn vor Amun-Re (Rückwand), Mut (rechts) und Harachte (links).

◄ Kapelle des Amun

In der Amun-Kapelle, deren Farben sehr gut erhalten sind, opfert Sethos den verschiedenen Gestalten des Amun und räuchert vor der heiligen Barke des Amun, des Chons und der Mut, die in einer Kapelle stehen. In der folgenden Nische: Der König salbt Amun (Rückwand); rechts opfert er vor Chons, links vor Mut.

Kapelle des Osiris, Nebenräume ► In dieser Kapelle wird der König vor den verschiedenen Erscheinungen des Osiris gezeigt, der von Isis oder anderen Göttern begleitet wird. Auf der rechten Wand oben opfert er vor der heiligen Osirisbarke, auf der linken Wand oben räuchert er vor der Osirisreliquie von Abydos, die unter einem Baldachin steht und vor der fünf Götterbilder auf Tragstangen aufgestellt sind; rechts und links vom Eingang sieht man den König vor dem hundsköpfigen Upuaut. In der nächsten Nische ist der König vor Osiris, Isis und Nut zu sehen.

In der Osiriskapelle befindet sich eine Tür, die zu einer Reihe von Räumen für den besonderen Kult des Osiris führt.

Kapelle der Isis, Kapelle des Horus ► Sethos erscheint hier vor Isis, die mehrfach von ihrem Sohn, dem falkenköpfigen Horus, begleitet ist, und vor der Isisbarke. Nische daneben: der König vor Osiris, Horus und Isis. In der Kapelle des Horus ist der König vor dem falkenköpfigen Horus, Isis und der Horusbarke abgebildet.

Südlicher Flügelbau

Heiligtum des Ptah-Soker ► Der südliche Flügelbau umschließt neben einem Schlachthof, Magazinen und einem Brunnenraum ein Heiligtum des Ptah-Soker, des Totengottes von Memphis, das man vom zweiten Säulensaal aus, gleich links neben der Kapelle des Königs, betritt. Die Decke des Saales wird von drei Baumstammsäulen getragen. Die fein gearbeiteten Reliefs zeigen Sethos I. in Verehrung von Ptah-Soker sowie dessen Sohn Nefertem und anderen Göttern.

An diesem Saal liegen zwei kleine Kapellen, von denen die rechte dem Soker, die linke dem Nefertem geweiht war. An der linken Wand der Soker-Kapelle beachte man das Relief von Horus und Isis an der Bahre des Osiris, auf dem ein Falke (Isis) sitzt.

Königsgalerie ► Der bedeutendste Raum im südlichen Flügelbau ist ein langer Gang, den man ebenfalls vom zweiten Säulensaal aus zwischen der zweiten und dritten Säulenreihe betritt. An der rechten Wand dieser sog. Königsgalerie befindet sich die berühmte Königsliste von Abydos, die wichtige Rückschlüsse auf die Reihenfolge der ägyptischen Könige zulässt. Sie zeigt König Sethos I. mit einem Räuchergefäß und den Kronprinzen Ramses II., der aus einem Buche Hymnen rezitiert. Beide ehren ihre königlichen Ahnherren, deren 76 Namen in zwei Reihen aufgeführt sind. Die Liste beginnt mit dem sagenhaften König Menes und reicht bis Sethos. An der linken Wand sind Sethos und der Kronprinz Ramses dargestellt, die das Totenopfer für die Götter bringen.

Durchgangsraum Treppenhaus ► Eine Tür in der Mitte der rechten Wand der Königsgalerie führt zu einem Durchgangsraum, an den sich das gewölbte Treppenhaus der Steinstiege anschließt, die schon in alter Zeit vermauert wurde. Die Reliefs in dem Durchgangsraum rühren von Ramses II. her. Auf der rechten Wand sieht man den König und einen Prinzen vor dem schakalköpfigen Gott Upuaut einen Stier mit dem Lasso einfangen, den er (weiter links) dem Gott opfert.

Säulensaal ► Eine zweite Tür in der rechten Wand der Königsgalerie öffnet sich zu einem Säulensaal mit aufgemalten (und noch nicht im Relief ausge-

Im Tempel von Abydos findet man diese wundervolle Zeichnung.

führten) Darstellungen Sethos' I. und versenkten Reliefs von Ramses II. Auf den Bänken an den Wänden wurden wahrscheinlich Opfergaben abgelegt.

◀ Schlachthof

Vom Südende der Königsgalerie aus betritt man den Schlachthof mit einem von sieben Säulen getragenen, unvollendeten Umgang. Die Darstellungen wurden unter Sethos I. in bunten Farben gezeichnet, nur wenige davon wurden später als versenkte Reliefs ausgeführt. Sie zeigen Sethos I., verschiedenen Göttern opfernd, und in der unteren Reihe das Schlachten und Zerlegen von Opfertieren.

Osireion

Scheingrab Sethos' I.

Südwestlich vom Sethos-Tempel, mit der Rückwand nur 8 m von ihm entfernt, liegt das große Osireion, das vielfach für das Grab des Osiris gehalten wurde, in Wahrheit aber ein Scheingrab Sethos' I. ist. Er gab den unvollendet gebliebenen Bau, der ursprünglich von Bäumen umgeben war und in einem künstlichen Hügel lag, in Auftrag, später ließ Merenptah einige Räume mit Inschriften u. a. ausschmücken. Als Material diente weißer Kalk- und rötlicher Sandstein; nur bei den Pfeilern und dem Dach des Hauptsaals sowie bei einigen Türen wurde roter Granit verwendet.

Besichtigung Das eingewölbte Eingangstor, zu dem ein mit Ziegeln ausgemauerter Schacht durch den Hügel hinabführte, liegt im Norden. Von ihm geht ein schräger, 110 m langer Gang aus, dessen Wände mit Totentexten auf Sethos I. und auf Merenptah ausgeschmückt sind. Er führt in einen ebenfalls mit religiösen Texten und Bildern ausgestatteten Vorraum, an dem rechts noch eine kleine Kammer liegt. Von ihm zweigt nach Osten ein zweiter Gang ab und mündet in einen großen, 6 x 20 m messenden Querraum, der mit einem Satteldach überdeckt war und von Merenptah mit Totenbuchtexten beschrieben wurde. Der sich anschließende dreischiffige Pfeilersaal ist von 16 Kammern umgeben, die in einen schmalen, nur 60 cm breiten Gang münden. Mittelraum und Kammern sind durch einen Graben getrennt, der vielleicht das Urwasser darstellen soll, aus dem sich nach dem Weltschöpfungsmythos der Erdhügel mit dem Sonnengott erhoben hat. An den Schmalseiten des den Urhügel darstellenden Mittelraumes führen zwei Treppen zum Wasser hinab.

Tempel Ramses' II.

Besichtigung Vor den heutigen Eingangstüren dieses Tempels lag ein großer Hof, von dem nur noch wenige Reste stehen. Im Innern erkennt man deutlich einen Hof, den Kolonnaden mit Pfeilern und Osirisfiguren (ähnlich wie im Ramesseum) schmücken, zwei Säle, die dahinter liegenden Kapellen sowie zahlreiche Nebenräume. Das Mauerwerk ist nur noch bis zu einer Höhe von 2 m erhalten. Nach den Resten zu urteilen war das Heiligtum besonders prächtig und weit besser gearbeitet als die übrigen Bauten Ramses' II. Neben feinkörnigem Kalkstein wurde roter und schwarzer Granit für die Türrahmen, Sandstein für die Pfeiler und Alabaster für das Allerheiligste verwendet. Die gut erhaltenen Wanddarstellungen sind in den hinteren Räumen in Flachrelief ausgeführt; nur im Hof und im ersten Saal sowie in deren Nebenräumen tritt das versenkte Relief an seine Stelle. Die Reliefs im ersten Hof zeigen einen Opferzug. An den Außenwänden sind Kriegsdarstellungen zu sehen, an der Südwand Geschenklisten.

Auf der rechten (nördlichen) Wand werden verschiedene Opfertiere (Ochsen, Antilopen, Gänse) zu Priestern gebracht und geschlachtet. Auf der linken Wand befinden sich ähnliche Bilder. Links vom Eintretenden werden Menschen mit Opfergaben gezeigt, denen ein Zug von Priestern, Soldaten, darunter auch der Streitwagen des Königs, Schwarzen und anderen Gefangenen entgegenkommt.Die religiösen Darstellungen in den hinteren Räumen sind stark in Mitleidenschaft gezogen.

? WUSSTEN SIE SCHON ...?

- ... dass die Reliefs an der nördlichen und westlichen Außenwand des Tempels aus feinem weißem Kalkstein gearbeitet sind und zu den besten künstlerischen Leistungen unter der Regierung Ramses' II. gehören? Sie stellen Szenen aus dem Krieg des Königs gegen die Hethiter dar, daneben steht ein Bericht über diesen Krieg.

★ Alexandria (El-Iskandarîya)

F 2

Landesteil: Unterägypten
Höhe: 0 – 7 m ü. d. M.
Gouvernorat: Alexandria
Einwohnerzahl: 4,5 Mio.

Hafenstädte haben ihren besonderen Reiz: die Nähe zum Meer, die Offenheit, kosmopolitisches Leben. Alexandria ist da keine Ausnahme. Wenn der Rest des Landes unter der Hitze stöhnt, erfreut man sich hier des mediterranen Klimas. Zahlreiche Stadtstrände locken nach dem Besuch von Katakomben oder Museen – entspannter lässt sich Kulturtourismus nicht gestalten.

»Perle des Mittelmeeres«

Die »Perle des Mittelmeeres«, wie sie von Alexandrinern gern genannt wird, besitzt einen ganz eigenen Charme, der sich nicht immer sofort erschließt. Vom einstigen kulturellen Zentrum der hellenistischen Welt zeugen nur noch wenige Denkmäler, die heute kaum zum Flair dieser großen Metropole am Mittelmeer beitragen. Obgleich schmucklose Neubauten mittlerweile über 20 km weit das Gesicht der Küste prägen, beeindruckt eine Fahrt entlang der Bucht von Alexandria mit ihren vielen Badestränden. Im Zentrum ist die Corniche mit Palmen bepflanzt, und Touristen wie Einheimische genießen die zahlreichen Cafés und Restaurants. Beim Bummel durch die Straßen hinter dem Midan Saad Zagloul vermitteln die schönen Fassaden der Häuser aus der Jahrhundertwende einen Eindruck vom

Sie ist sozusagen die Prachtmeile von Alexandria: die Corniche

einstigen Glanz der Stadt und spiegeln die Stimmung einer Zeit wider, in der Alexandria ein kosmopolitisches Zentrum der Händler, Literaten, Künstler, Intellektuellen und Abenteurer war.
Heute ist Alexandria die zweitgrößte Stadt Ägyptens und der bedeutendste Hafen des Landes. Die Millionenstadt liegt im äußersten Westen des Nildeltas auf einer Nehrung, die den Mareotis-See (Mariut-See) vom Mittelmeer trennt. Alexandria gilt noch immer als die **europäischste der ägyptischen Großstädte**, wenngleich in jüngster Zeit die Hinwendung zu islamischen Traditionen deutlich spürbar wird. In und um Alexandria, einem Zentrum des ägyptischen Baumwollhandels (Börse), haben sich v. a. Spinnereien, Webereien und andere textilverarbeitende Betriebe angesiedelt. Ferner besitzt die Stadt eine Nahrungsmittelindustrie und Zigarettenfabriken, Gerbereien sowie eine Erdölraffinerie. Aufgrund der wirtschaftlichen Bedeutung als Drehscheibe des Handels im östlichen Mittelmeerraum besaß Alexandria von jeher eine große Ausländerkolonie. Der größte Teil der heute hier ansässigen Europäer (etwa 4% der Bevölkerung) sind Griechen und Italiener. Internationale Aufmerksamkeit gewann die Stadt mit der neuen Bibliothek von Alexandrien, die zu einem Zentrum der Wissenschaften ausgebaut wirden soll.

Bibliotheca Alexandrina ►

Stadtgeschichte

331 v. Chr.	Stadtgründung durch Alexander den Großen
300 v. Chr.	Unter Ptolemaios I. Soter wird die Stadt zum Zentrum von Kunst und Wissenschaft.
279 v. Chr.	Der Leuchtturm wird vollendet.
30 v. Chr.	Selbstmord Kleopatras, Alexandria fällt an das römische Reich.
642 n. Chr.	Alexandria wird von Arabern erobert.
1798	Napoleon landet bei Alexandria, jetzt nur noch eine Kleinstadt.
19. Jh.	Neuer Aufschwung, Ausbau des Hafens
2002	Die neue Bibliotheca Alexandrina wird eröffnet.

Altertum

Im Anschluss an seinen Ägyptenfeldzug, mit dem er das Land der Pharaonen seinem Weltreich einverleibte, gründete Alexander der Große 331 v. Chr. die Stadt Alexandria. Nahe dem altägyptischen Ort Rhakotis zwischen dem Mittelmeer und dem Mareotis-See, der Verbindung zum Nil hatte, fand sich die geeignete Stelle für die neue Hauptstadt. Anlage und Bau der Stadt, die er selbst nie zu Gesicht bekam, übertrug Alexander dem **Architekten Deinokrates**. Alexanders Nachfolger Ptolemaios I. Soter machte Alexandria um 300 v. Chr. zum Zentrum von Kunst und Wissenschaft: Er versammelte um sich den Redner Demetrios Phalereus, die Maler Apelles und An-

Alexandria in der Antike Orientierung

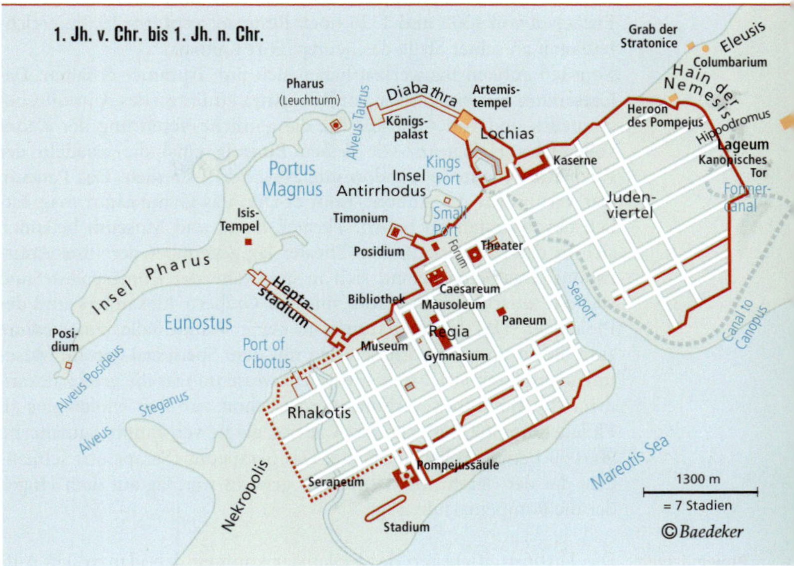

tiphilos, den Mathematiker Euklid, die Ärzte Erasistratos und Herophilos. Er war auch der Schöpfer des Museum (Museion), eines zu jener Zeit einzigartigen Forschungszentrums mit einer bedeutenden Bibliothek, die bald 400 000 Papyrusrollen umfasste.

Antikes Alexandria

Einer Beschreibung von Alexandria des griechischen Gelehrten **Strabo** (um 25 v. Chr.) zufolge ergibt sich folgendes Bild von Alexandria: Die regelmäßig angelegte Stadt besaß ein rechtwinkliges Straßennetz. Die wichtigste Verkehrsader war die beim Kanopischen Tor beginnende Längsachse. Strabo nennt folgende Stadtteile: Nekropolis im äußersten Westen, »worin sich viele Gärten, Grabstätten und Herbergen zum Einbalsamieren der Toten finden«; Rhakotis, der »oberhalb der Schiffslager gelegene Teil von Alexandria«, der Hauptsitz der Ägypter; Regia, die später ummauerte Königsstadt mit öffentlichen Bauten zwischen dem Heptastadion und der Landspitze Lochias, sowie das Judenviertel östlich der Königsstadt. Außerhalb des Kanopischen Tores im Osten lagen das Hippodrom und – noch weiter außerhalb – die Vorstadt Nikopolis mit Amphitheater und Rennbahn.
Auf der einstigen Insel **Pharos** (Pharus), die mit dem Festland durch einen 1300 m langen Damm (Heptastadion) verbunden war, erhob sich der berühmte Leuchtturm, eines der sieben Weltwunder. Er wurde unter Ptolemaios II. Philadelphos von dem Knidier Sostratos aus hellem Kalkstein errichtet und 280 v. Chr. vollendet. Seine ursprüngliche Höhe betrug etwa 120–140 m. Schon im Altertum droh-

te er mehrmals einzustürzen, doch standen auch nach den großen Erdbeben von 1303 und 1326 noch Reste aufrecht. Im 15. Jh. errichtete man an seiner Stelle das heutige Fort Kaitbai.
Von den antiken Bauwerken haben sich nur Trümmer erhalten: Das Caesareum war ein großes, von Kleopatra zu Ehren des Antonius begonnenes und von Augustus für die göttliche Verehrung der Kaiser vollendetes Heiligtum, vor dessen Eingang einst die »Nadeln der Kleopatra« (heute in London und New York) standen. Das Paneum war vermutlich die Anhöhe Kom el-Dik; das Gymnasium mag östlich davon gestanden haben. Theater, Sema und Museum befanden sich in der Königsstadt. Das Theater lag gegenüber der Insel Antirrhodus. Das Sema befand sich in der Nähe der Königspaläste und war ein umschlossener Raum mit den Gräbern Alexanders und der Ptolemäer. Das Museum umfasste »eine Wandelhalle, eine andere zum Sitzen und einen großen Bau mit dem Speisesaal der am Museum angestellten Gelehrten«. Mit dem Museum war die große alexandrinische Bibliothek verbunden, die schon zur Zeit Ptolemaios' II. Philadelphos 400 000, zur Zeit Caesars, als sie verbrannte, annähernd 900 000 Papyrusrollen umfasste. Das Serapeum (Serapeion) schließlich, das der Verehrung des Serapis geweiht war, lag auf dem Hügel, der die Pompejussäule trägt.

Ptolemäerzeit

Die Thronstreitigkeiten der Ptolemäer konnten den glanzvollen Aufstieg der Stadt nicht aufhalten. Ihre höchste Blüte hatte sie erreicht, als sich die Römer 48 v. Chr. in die Streitigkeiten zwischen Kleopatra und ihrem Bruder und Gatten Ptolemaios XIV. einmischten. Nachdem dieser seine Mitregentin aus der Stadt vertrieben und seinen römischen Vormund Pompejus ermordet hatte, zog Caesar in Alexandria ein und verbündete sich mit Kleopatra. Bei den folgenden Aufständen der Alexandriner ging die Stadt in Flammen auf, mit ihr die Bibliothek des Museums mit ihren fast 900 000 Schriftrollen. Nach Caesars Tod verbrachte Kleopatra mit seinem Nachfolger Antonius einige Jahre in Alexandria.

Highlights Alexandria

Insel Pharos
Wo heute die Sultansfestung Fort Kaitbai liegt, stand im Altertum der Leuchtturm, eines der sieben Weltwunder.
► Seite 262/265

Museum griechisch-römischer Altertümer
23 Säle voller Kunstschätze laden zum Entdecken ein.
► Seite 269

Kom el Schukafa
Hinab in die Katakomben! Die Grabanlage stammt wohl aus dem 2. Jh. n. Chr. und zeigt einen interessanten Stil-Mix.
► Seite 270

Montasah-Park
Der königliche Park ist eine Oase der Ruhe am Rand der Stadt und dient auch der Regierung zur Repräsentationszwecken.
► Seite 274

Römerzeit

Octavian, der einstige Gegenspieler von Antonius, vergrößerte Alexandria, das mit ca. 500 000 Einwohnern die zweitgrößte Stadt der Welt nach Rom war. 69 n. Chr. wurde Vespasian von den Alexandrinern zum Kaiser proklamiert; zu seiner Anerkennung hatten die Philosophen des Museums viel beigetragen. Hadrian kam 130 nach Alexandria und veranstaltete im Museum öffentliche Disputationen; auch Mark Aurel hörte die Vorlesungen der Gelehrten. Verhängnisvoll war der Besuch des Caracalla, der sich für die Schmähungen der Alexandriner durch ein Blutbad rächte und die Aufhebung der Akademie anordnete. Am schwersten hatte Alexandria in den Kämpfen zwischen den Palmyrenern und Kaiserlichen zu leiden, in denen ein großer Teil der Bevölkerung durch das Schwert, Hunger oder Seuchen umkam.

Römisches Theater in Alexandria, das einzige bisher gefundene in Ägypten

Christianisierung

In Alexandria entstand schon früh eine christliche Gemeinde, als erster Verkünder wirkte der Evangelist Markus. Die Stadt wurde Bischofssitz und 1910 Sitz einer Katechetenschule. Trotz zweier Christenverfolgungen in der Mitte des 3. Jh.s unter Decius und Valerianus blieb Alexandria Zentrum der christlichen Gelehrsamkeit und des »rechten« Glaubens, bis es diesen Ruf an das neu gegründete Konstantinopel abtreten musste. Religiöse Auseinandersetzungen zwischen den Alexandrinern und ihren Gegnern, den Arianern, führten in der Folge zu Unruhen und Aufständen in der Stadt. Hungersnöte und Krankheiten dezimierten die Bevölkerung zusätzlich. Im 4. Jh. wurde das Christentum endgültig durchgesetzt.

Islamisierung und Mittelalter

Als der Perserkönig Chosroës II. Alexandria 619 eroberte, hatte die Stadt ihre kulturelle und wirtschaftliche Bedeutung längst eingebüßt. Schon nach wenigen Jahren (626) wurden die Perser allerdings wieder vertrieben, dann drangen die Moslems unter dem Kalifen Omar in das Land vor. Im Oktober 642 fiel Alexandria nach längerer Belagerung, doch schonte Omars Feldherr Amr Ibn el-As die Stadt. Ihre Bedeutung sank aber in gleichem Maße, wie sich der neue Herrschersitz Kairo entwickelte.

Neuzeit

Mohammed Ali verhalf der alten Hafenstadt, die um 1800 nur noch 5000 Einwohner zählte, zu einer neuen Blüte. Er verbesserte die Häfen und legte Kanäle an. Sein Hauptwerk ist der 1819 begonnene Mahmudija-Kanal. Auch nach der Fertigstellung des Sueskanals 1869

◀ weiter S. 264

PHAROS VON ALEXANDRIA

★★ Mit seiner strahlend weißen Marmorfassade war der Leuchtturm eine unübersehbare Landmarke und Zeichen der Macht Alexandrias. Er zählte zu den sieben Weltwundern, war das erste Leuchtfeuer in der Schifffahrtsgeschichte und Vorbild für alle späteren Leuchttürme. Grund für den Bau des Turms war die schmale und von Untiefen durchzogene Hafeneinfahrt von Alexandria, seinerzeit einer der belebtesten Häfen der antiken Welt. Der Pharos sollte die ankommenden Schiffe aus Griechenland, Spanien und Syrien sicher in die Bucht leiten.

Bauherr und Architekt

Der Turm wurde wahrscheinlich von Ptolemaios I. in Auftrag gegeben, doch erst in der Zeit seines Nachfolgers Ptolemaios II. Philadelphos um 280 v. Chr. fertig gestellt.
Sostratos von Knidos, griechischer Architekt und Zeitgenosse Euklids, entwarf die Pläne. Genaue Berechnungen wurden vom Museion, dem Forschungszentrum Alexandrias, beigesteuert.

Bau

Der Bau wurde wahrscheinlich mit Hilfe von Sklaven errichtet, Schätzungen über die Bauzeit bewegen sich zwischen 10 und 20 Jahren.
Mit etwa 120–140 m war der Leuchtturm so hoch wie die Pyramiden und in gewissem Sinne das erste Hochhaus der Geschichte.

Zerstörung

Schon im Jahre 956 wurde der Leuchtturm während eines Bebens beschädigt. Zwei schwere Beben 1303 und 1323 zerstörten ihn vollends. 1477 erbaute Sultan Kaitbay ein Kastell und verwendete dabei offenbar auch Material vom Leuchtturm. Ob das Kastell auf den Grundmauern des Pharos steht, ist umstritten, die genaue Position des Leuchtturms weiterhin unbekannt.

Überlieferung

Darstellungen haben sich vor allem auf Münzen erhalten. Neben antiken Quellen gibt es zahlreiche und detaillierte Aufzeichnungen aus der arabischen Welt. 1909 legte der deutsche Archäologe Hermann Thiersch sein Buch »Pharos, Antike, Islam und Occident, ein Beitrag zur Architekturgeschichte« vor, einen ausführlichen Rekonstruktionsversuch anhand zahlreicher Quellen.

Spuren

Erhalten hat sich bis heute das Wort Pharos als Begriff für Leuchtturm in den romanischen Sprachen.

① Terrasse

Der Turm war von einer rechteckigen Terrasse (Seitenlänge ca. 340 m) umgeben, an deren Ecken Wehrtürme standen. Eine Zisterne im Fundament des Turms diente der Wasserversorgung.

② Unterbau

Die erste Stufe des Turms hatte eine Seitenlänge von 30 x 30 m bei einer ungefähren Höhe von 60–70 m. Dieser sich leicht verjüngende Teil endete in einer Plattform, die mit Zinnen besetzt und mit Tritonen geschmückt war.

③ Turmspitze

Auf dem Unterbau erhob sich ein 30 m hoher achteckiger Aufbau mit einer Seitenlänge von je 6 m. Auf diesem folgte ein Rundbau mit einem Durchmesser von 8,50 m und einer Höhe von etwa 15 m. Auf Säulen ruhte schließlich ein pyramiden- oder kegelförmiger Turm – das Dach, auf dessen Spitze entweder eine Zeusstatue oder der Meeresgott Poseidon thronte.

④ Leuchtfeuer

Eine Reihe von Legenden rankt sich um das Leuchtwerk. Die wahrscheinlichste Variante schlägt riesige Hohlspiegel aus glänzend polierter Bronze vor, die das Licht verstärkten und auf einen Schlitz konzentrierten. Am Tage wurde Sonnenlicht gebündelt, nachts hat vielleicht ein Feuer als Lichtquelle gedient. Die Leuchtkraft reichte immerhin 50–80 km weit.

⑤ Aussichtsplattform

Der Leuchtturm wurde schnell eine Touristenattraktion. Auf der ersten Plattform wurden Erfrischungen an die Besucher verkauft. Wem der Blick von hier noch nicht reichte, konnte bis zur zweiten Plattform steigen. Für die Menschen in jenen Tagen war die Aussicht von einem über 100 m hohen Turm ein einmaliges Erlebnis.

konnte die Stadt sich als wichtiges Handelszentrum behaupten. Im 20. Jh. zog die Stadt mehr und mehr Europäer, Türken und wohlhabende Ägypter an, doch nach Nassers Machtantritt 1952 verließ ein Großteil der Zuwanderer Alexandria wieder.

Sehenswertes in Alexandria

Ausgangspunkt Midan el-Tahrir

Verkehrsmittelpunkt der Stadt ist der Midan el-Tahrir. Der Platz mit der Reiterstatue von Mohammed Ali ist ein günstiger Ausgangspunkt für die Besichtigung der Sehenswürdigkeiten im Bereich von Ost- und Westhafen. Um den Platz sind der Justizpalast und die anglikanische Sankt-Markus-Kirche versammelt.

✶ Corniche, Osthafen

An den Midan el-Tahrir schließt nördlich der Platz Midan Ahmed Orabi an. Er führt zu der prächtigen Uferpromenade Corniche, die den alten Osthafen in weitem Bogen umzieht.
Im Wasser des Osthafens entdeckten französische Taucherteams in etwa 8 m Tiefe eine große Zahl an Steinquadern und antiken Gebäudefragmenten aller Epochen, die man voreilig als die Reste eines Palastes der Kleopatra interpretierte. Die abschließende Bewertung dieser Funde ist allerdings erst nach Bergung und genauer archäologischer Untersuchung möglich.

Insel Pharos

Ost- und Westhafen trennt eine breite Landzunge, ursprünglich ein 1300 m langer Damm, das so genannte Heptastadion, der die

Alexandria · El Iskandarija *Orientierung*

Essen
① Abu Ashraf
② Kadoura
③ Fish Market
④ Pastroudis
⑤ Trianon
⑥ Brazilian Coffee Stores
⑦ Mohammed Ahmed Foul

Ausgehen
① Aquarius
② Cap d'Or
③ Monty's Bar

Stadt mit der vorgelagerten Insel Pharos verbindet. Heute heißt das Stadtviertel auf dieser Landzunge Anfushi. Sehenswerte Bauten sind die **Abu-el-Abbas-el-Mursi-Moschee**, 1938–1943 über dem Grab des im 13. Jh. verstorbenen und in Alexandria hochverehrten Abu el-Abbas errichtet, sowie die Moschee des Ibrahim Terbana, die im Jahre 1648 unter Verwendung griechisch-römischer Säulen entstand.

An der Nordspitze von Pharos stand einst der berühmte antike Leuchtturm, der zu den Sieben Weltwundern zählt und bei zwei Erdbeben im 14. Jh. vollständig zerstört wurde. Nahe der alten Stelle, neben dem Fort Kaitbai, soll er nun wieder aufgebaut werden. Allerdings gibt es nur widersprüchliche und ungenaue Darstellungen des tatsächlichen Aussehens des Turms. Das zuständige Komitee entschied sich für das Konzept eines Konsortiums fünf finnischer Unternehmen, das den Turm nach einer Zeichnung des deutschen Architekten und Malers Friedrich von Thiersch aus dem 19. Jh. aus weißem Kalkstein ausführen will. Im Sockel sind außer den Räumen des griechischen Jachtklubs ein mehrstöckiges Luxushotel und Konferenzräume geplant; von dem breiten Terrassendach des Sockels wird sich ein prächtiger Panoramablick über Alexandria bieten. Ein Fahrstuhl soll die Besucher zu einer Aussichtsplattform in der Spitze des Leuchtturmes befördern.

★ ★ ◄ Ehemaliger Leuchtturm, Fort Kaitbai

An der Stelle des zerstörten antiken Leuchtturms entstand im 15. Jh. das arabische **Fort Kaitbai**. Es beherbergt ein kleines Marinemuseum. Unweit südwestlich befindet sich das **Meereskundliche Museum** mit Aquarium.

Übernachten

① El Salamlek
② Helnan Palestine
③ Sheraton Montazah
④ Sofitel Cecil
⑤ Renaissance Hotel
⑥ Metropole
⑦ Union
⑧ Acropole
⑨ Youth Hostel
⑩ Windsor Palace

ALEXANDRIA ERLEBEN

AUSKUNFT

Alexandria Tourist Office
Midan Zaghloul (Raml Station)
Tel. (03) 480 34 94

Touristenpolizei
Tel. (03) 483 33 78

VERKEHR

Flughafen El-Nozha (ALY)
Tel. (03) 427 10 36
Der kleine Flughafen liegt am südöstlichen Stadtrand. r wird von EgyptAir, Lufthansa und vielan anderen Airlines bedient.

Flughafen Burg al-Arab
Tel. (03) 425 05 27
Dieser neue Flughafen liegt zirka 60 km südwestlich der Stadt.
Transfer: Express-Bus 555 zum Midan Zaghloul (Cecil Sofitel)

EgyptAir
Midan Zaghloul (Raml Station)
Tel. (03) 487 33 57
EgyptAir fliegt mehrmals tgl. nach Kairo, mehrmals wöchentlich nach Assuan, Hurghada, Luxor, Marsa Alam und Sharm el-Sheikh.

Antiquitätenladen im Zentrum

Hauptbahnhof Mahattat Misr
Tel. (03) 392 59 85
Der Hauptbahnhof liegt im Süden der Kernstadt. Von hier fahren von 7.00 bis 22.00 Uhr stündlich komfortable Schnellzüge nach Kairo.

Vorortbahnhof Mahattat Sidi Gaber
Tel. (03) 426 39 53
Haltestelle der Schnellzüge nach Kairo, Nahverkehrszüge in die östlichen Vororte

Stadtbahn
Eine Stadtbahn verbindet Alexandria (Hauptbahnhof) mit dem 24 km östlich gelegenen Vorort Abukir. Weiter Linien sind in Planung.

Straßenbahn
Zwei Verkehrsgesellschaften betreiben ein relativ dichtes Netz von über 20 Straßenbahnlinien. Wichtigster Knotenpunkt ist die Raml Station. Nach Osten fahren die blauen, nach Westen die gelben Straßenbahnen.

Fernbusse
Vom Autobushof beim Vorortbahnhof Sidi Gaber (s. oben) starten mehrmals tgl. Busse (Superjet, Tel. 03/429 85 66) nach Kairo, Port Said, Sues und weiter auf den Sinai. Tgl. fahren Busse (Delta Bus Co., Tel. 03/480 96 85) nach El Alamein, Marsa Matruh, Siwa sowie ans Rote Meer. Abfahrtszeiten, die oft kurzfristig geändert werden, sind vor Ort am Ticketschalter erfragen.

Taxi, Minibus
In der Stadt verkehren zahllose Taxis, Service-Taxis und Minibusse. Taxis kann man überall problemlos anhalten. Für eine Fahrt entlang der Corniche hat man ca. 10 – 15 £E zu veranschlagen.

EINKAUFEN

Das Geschäftszentrum liegt zwischen Midan Zaghloul (***Raml Station***) und Midan el-Tahrir/Mansheya. Geschäfte für Kleider, Parfüms, Schuhe und Elektronikartikel findet man in der Zaghloul St. Nahe ***Mansheya*** liegt der preisgünstige Gold-Souk, in den Zanqet el-Sittet der Basar für Kleidung, Stoffe, Kämme, Hygieneartikel und jeden nur denkbaren Kitsch. Absolut besuchenswert ist auch der tägliche ***Flohmarkt*** nahe dem Hauptbahnhof. Vor allem die ***Attarin St.*** ist berühmt für Antiquitäten und lockt Besucher aus aller Welt an. Moderne Einkaufszentren sind Carrefour, Green Plaza und Zahran Mall. Der größte internationale Zeitungskiosk Alexandrias ist direkt an der Straßenbahn-Haltestelle Raml Station.

OPER

Alexandria Opera House
46, Sh. Fouad
Tel. (03) 486 51 06
Fast täglich treten in dem renovierten Traditionshaus renommierte Klangkörper und Theaterensembles auf.

NACHTLEBEN

① ***Aquarius***
im Sheraton Montazah (Corniche)
Tel. (03) 548 05 50, tgl. ab 23.00 Uhr, im Sommer Shows

② ***Cap d'Or (ehem. Sheikh Ali)***
4, Sh. Adib Ishaaq
Tel. (03) 483 51 77
tgl. 18.00 – 24.00 Uhr
Traditionsreiches Lokal, hier gibt es leckere Mezze und kühle Bier.

③ ***Monty's Bar***
im Cecil Sofitel (Midan Zaghloul, Raml Station), Tel. (03) 482 71 73
tgl. 18.00 – 1.00 Uhr
ruhig und gediegen, kein Disco-Lärm

ESSEN

► Erschwinglich

① ***Abu Ashraf***
28 Safar Pasha (Hafennähe)
Tel. (03) 4 81 65 97
Kleines Restaurant mit hervorragender Küche; sie ist spezialisiert auf Fisch, der fangfrisch vor den Augen des Gastes zubereitet wird. Es herrscht eine sehr angenehme Atmosphäre.

② ***Kadoura***
33 Sh. Bairam al Tonsi
Tel. (03) 4 80 04 05
Man wählt den Fisch aus und bestimmt auch die Art seiner Zubereitung.

③ ***Fish Market***
Corniche (Nähe Abu-el-Abbas-Moschee; Tel. (03) 480 51 14
Beliebtes Lokal; auch hier wird der Fisch nach Wunsch zubereitete. Hübscher Blick aufs Meer.

Baedeker-Empfehlung

④ ***Pastroudis***
Horreya St. 39 (Raml Station)
Tel. (03) 4 92 96 09
tgl. 8.00–24.00 Uhr
1923 gegründet, verdankt das Restaurant seine Berühmtheit der ausführlichen Erwähnung in Durrells »Alexandria Quartett« und regelmäßigen Besuchen des Literatur-Nobelpreisträgers Nagib Machfus, der hier gerne schrieb und diskutierte.

► Preiswert

⑤ ***Trianon***
Midan Said Zaghloul (Raml Station)
tgl. 8.00–24.00 Uhr
Man sitzt im Freien unter Sonnenschirmen. Wer es ruhiger mag, geht ins Restaurant. Unbedingt probieren: Pralinen der hauseigenen Confiserie.

⑥ ***Brazilian Coffee Stores***
Zwei Cafés in der Sh. Zaghloul
tgl. 7.00 – 1.00 Uhr
Kaffeebohnen werden in Maschinen aus dem Jahre 1929 geröstet.

⑦ ***Mohammed Ahmed Foul***
Sh. Shakour 17
Das beste Foul ganz Ägyptens, dazu Tamiya, Burger und Fischgerichte.

ÜBERNACHTEN

► Luxus

① ***El Salamlek Palace Hotel***
Montazah Garden
Tel. (03) 547 79 99, Fax 547 35 85
www.sangiovannicleopatra.com/elsalamlek
Einst als Lustschlösschen errichtet, verwöhnt dieses kleine Hotel heute die Gäste auch durch die wunderschöne Lage inmitten des Montazah-Gartens. Luxus pur, 16 Suiten mit bis zu fünf Schlafzimmern; Casino.

② ***Helnan Palestine Hotel***
Montazah Park
Tel. (03) 547 35 00, Fax 547 33 78
www.helnan.com
Beim Montazah-Palast, an der einst königlichen Badebucht gelegen; man kann von der Terrasse aus in die Bucht baden gehen; Strandbad in 5 Fußminuten Entfernung.

► Komfortabel

③ ***Sheraton Montazah***
Corniche, am Montazah Park
Tel. (03) 548 05 50, Fax 540 13 31
www.sheratonmontazah.com
Hotel mit tollem Blick aufs Meer und die Gärten von Montazah, Strand

⑤ ***Maritim Jolieville Hotel Alexandria***
Corniche, 544 El Geish Ave., Sidi Bishr
Tel. (03) 549 09 35, Fax 549 76 90
info@alx-maritim-jolieville.com
Sehr gepflegte Zimmer mit schönem Ausblick auf das Meer und die Stadt

⑥ ***Metropole***
52 Sh. Zaghloul (Raml Station)
Tel. (03) 486 14 67, Fax 486 20 40
www.paradiseinnegypt.com
Charmantes Jugendstilhotel im Herzen der Stadt, Zimmer mit Blick auf den Hafen oder den belebten Platz

Baedeker-Empfehlung

④ ***Sofitel Cecil***
16, Saad Zagloul Square,
Midan Zaghloul (Raml Station)
Tel. (03) 487 71 73, Fax 485 56 55
www.sofitel.com
Nostalgisches Traditionshotel mit schönen Zimmern, einige davon mit Meerblick. Fünf verschiedene Restaurants sorgen für das Wohl der Gäste.

► Günstig

⑦ ***Union***
24, Sharia Amin Fikhry, neben Sofitel Cecil (Raml Station)
Tel. (03) 480 73 12, Fax 480 73 50
Günstige, sehr saubere Pension mit Blick aufs Meer, viele Zimmer mit Balkon, fast alle mit Bad. Unbedingt rechtzeitig reservieren!

⑧ ***Acropole Hotel***
1 Sh. Gamal ad-Din Yassin, Corniche el-Nil, Midan Zaghloul (Raml Station)
Tel. (03) 480 59 80
Freundliche, saubere Familienpension, die aufgrund ihres guten Rufes unter Reisenden mit kleinem Geldbeutel rechtzeitig reserviert werden muss.

⑨ ***Youth Hostel***
32 Port Said St., Shatby
Tel. (03) 592 54 59
Sehr einfache Unterkunft

Im südwestlichen Teil der heutigen Halbinsel Pharos liegt der prunkvolle Palast Ras el-Tin (»Feigenkap«), der unter Mohammed Ali als königliche Sommerresidenz diente. Am 16. Juli 1952 unterzeichnete der letzte ägyptische König Faruk in diesem Palast seine Abdankungsurkunde. Wenige Meter östlich des Palastes erstreckt sich die griechische Nekropole von Anfuschi. Die in den Fels gehauenen Gräber aus der Ptolemäerzeit (2. Jh. v. Chr.) sind eine interessante Mixtur aus griechischen und ägyptischen Stilelementen.

◄ Palast Ras el-Tin, Nekropole

An einer Seitenstraße der breiten Scharia el-Hurrija liegt das Museum griechisch-römischer Altertümer. Die Sammlung umfasst vor allem Gegenstände aus den Grabanlagen der Umgebung, die in der Zeit zwischen 300 v. Chr. und 300 n. Chr. entstanden sind. Unter den

★ **Museum griechisch-römischer Altertümer**

Museum griechisch-römischer Altertümer Orientierung

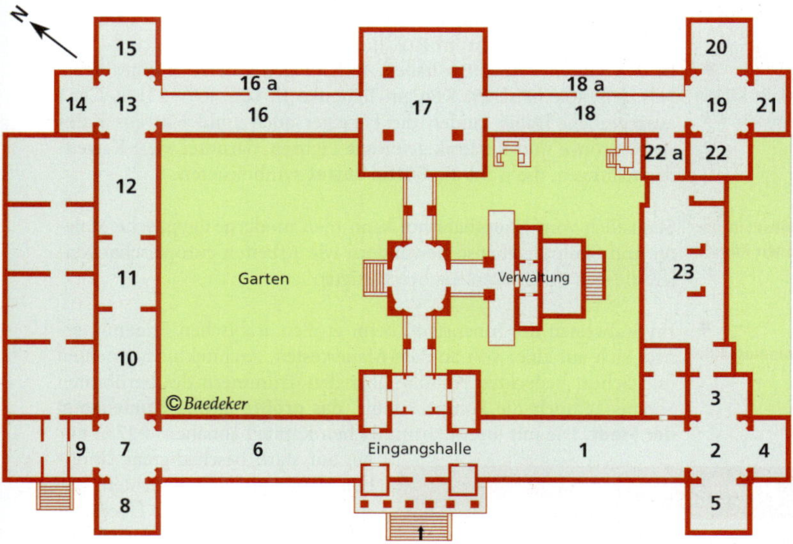

1 Christliche Altertümer, v. a. Grabsteine und -stelen, Menasflaschen
2–5 Frühchristliche koptische Kunst
6 Griechische und lateinische Dokumente zur Stadtgeschichte
7–9 Ägyptische Altertümer
10 Antoniades-Sammlung ägyptischer Kleinkunst
11 Griechisch-ägyptische bzw. römisch-ägyptische Plastiken, Architekturteile und Mosaiken
12 Porträtbüsten und Kleinplastiken
13–15 Skulpturfragmente und Architekturteile der hellenistischen Zeit; Medusenmosaikfußboden aus Gabbari (Saal 14); römisches Fresko mit der Darstellung eines Göpelwerkes (Sakija; in Saal 15)
16 Griechische Plastiken und Skulpturenfragmente
16a Kleinplastiken
17 Plastiken, Mosaikfußboden, Sarkophage
18 Kleinkunst, Mosaiken, Gefäße
18a Terrakotten und Tanagra-Figuren aus dem Anfang der Ptolemäerzeit
19 Glas- und Terrakottagefäße, Mosaiken
20 Grabbeigaben und Grabkränze aus den alexandrinischen Nekropolen
21 Tonfiguren, Urnen und Vasen aus Gräbern von Schatbi und Ibrahimija
22 Glasarbeiten der ptolemäischen und römischen Zeit
22a Bronzeplastiken
23 Münzen seit der Ptolemäerzeit und Schmuck

ägyptischen Exponaten beachte man die aus rötlichem Granit gemeißelte **Kolossalstatue Ramses' II.** (Saal 7) und die Krokodilmumie (Saal 9) aus dem Faijum, die bedeutende Papyri enthielt. Aus der hellenistischen Epoche Ägyptens stammt der Medusenmosaikfußboden aus Gabbari in Saal 14. Sehenswert ist auch das schöne römische Fresko in Saal 15 mit der Darstellung eines Göpelwerkes.

✶ **Nationalmuseum**

Etwa 600 m weiter östlich liegt das 2003 eröffnete Nationalmuseum. Es ist in einem in den 1920er-Jahren errichteten vornehmen Palais untergebracht. Auf drei Etagen erzählen Funde die **Geschichte der Stadt**. Artefakte aus der Zeit der Pharaonen und aus der griechisch-römischen Zeit (u. a. Vasen, Münze, Statuen, Terrakotta) gehören ebenso dazu wie koptische Sakralkunst und islamisches Kunsthandwerk (110 Sch. el-Hurrija; Öffnungszeiten: tgl. 9.00 – 15.00 Uhr).

Grabungsgelände Kom al-Dikka

Weiter südwestlich, in der Nähe des Hauptbahnhofs, erstreckt sich das Grabungsgelände Kom al-Dikka. Hier sind Reste von Bädern sowie ein **römisches Amphitheater** freigelegt. Das einzige derartige Bauwerk in Ägypten ist im 1./2. Jh. n. Chr. entstanden.

✶ Tempel der Königin Berenike II. ►

In den Jahren 2009/2010 haben Ärchäologen Überreste eines Tempels der ptolemäischen Königin Berenike II. (ca. 269 – 221 v. Chr.) ausgegraben. Dabei fanden die Forscher auch rund 600 aus Kalkstein, Bronze und Keramik gefertigte Figuren, darunter viele Katzendarstellungen, die wohl die **Göttin Bastet** symbolisieren.

Museum der Schönen Künste

Südöstlich vom Hauptbahnhof kann man moderne ägyptische Malerei und Skulptur ebenso bewundern wie Arbeiten europäischer Maler, die sich mit Alexandria beschäftigten.

✶ **Pompeiussäule**

Im Südwesten der Innenstadt, beim großen arabischen Friedhof, erhebt sich auf einer von antiken Mauerresten, Architekturfragmenten und Schutt bedeckten Anhöhe über den Trümmern des berühmten Serapis-Tempels die Pompeiussäule, **das größte antike Baudenkmal der Stadt**. Die mit ihrem korinthischen Kapitell annähernd 27 m hohe, auf stark beschädigtem Unterbau stehende Säule aus rotem Assuangranit soll nach der Überlieferung von Kaiser Theodosius zur Erinnerung an den Sieg des Christentums über die Heiden und die Zerstörung des Serapeions im Jahre 391 errichtet worden sein. Wahrscheinlicher ist die These, dass es sich um eine Dankesgabe aus dem Jahr 292 für Kaiser Diokletian handelt, der nach der Belagerung der Stadt die hungernde Bevölkerung speiste.

! *Baedeker* TIPP

Kaffeehäuser

Nirgendwo sonst in Ägypten kann man besser den Charme alter Kaffeehäuser genießen als in Alexandria. Wer dabei noch auf literarischen Pfaden wandeln will, der besuche das Trianon (Midan Saad Zaghloul), das Lieblingscafé des Dichters Konstantinos Kavafis, oder das Pastroudis (Tariq al-Hurreya), das Lawrence Durrell in seinem »Alexandria-Quartett« verewigt hat.

Relief mit dem Bildnis der sagenumwobenen Kleopatra

SCHÖN, BERÜHMT, BERÜCHTIGT

Vor gut achtzig Jahren konnte man in der »Vogue« neben anderen bildschönen Frauen auch einer Kleopatra ansichtig werden, die versicherte, allein Palmolive-Schampoo gebe ihrem Haar, was einer Königin gebühre. Lebte Kleopatra noch, könnte sie heute dank ihres Renommees Millionenverträge mit der Kosmetikindustrie abschließen. Aber auch ohne ihr Zutun machte die Werbebranche Kleopatra zum Signum für Schönheitspflege schlechthin.

Wer war diese Frau, von der man erzählt, dass sie in Stutenmilch gebadet habe und die Segel ihres Schiffes zu Verführungszwecken parfürmieren ließ? Die letzte Pharaonin muss einen Sinn für verblüffende Inszenierungen gehabt haben. Zur Begrüßung Caesars in Alexandria wählte sie einen Teppich als Bekleidung und ließ sich vor seine Füße rollen. Das verschaffte ihr unerkannt Zutritt und ein **effektvolles Entree** beim römischen Feldherrn. Viele solcher Anekdoten ranken sich um Kleopatras Person und nähren einen unvergleichlichen Mythos, der zwischen Hure und Hüterin ägyptischer Kultur oszilliert. Es ist einer der vielen ironischen Umwege der Geschichte, dass manch einer von Caesar gerade noch ein paar lateinische Sentenzen weiß, Kleopatra aber im kulturellen Gedächtnis der Menschheit äußerst lebendig geblieben ist.

Geistreiche Hure

Was haben ihr die Männer nicht alles angedichtet! Die erzürnten Römer, allen voran Horaz und Plutarch, neideten ihr den Einfluss auf Caesar und Marcus Antonius. Sie wurde zur machtgierigen Kurtisane stilisiert, die alles und jeden für ihre Gier nach Luxus und den Fortbestand der eigenen Dynastie opferte.

Mit Shakespeare und der europäischen Renaissance wandelte sich das Bild, aber als der **Orientalismus** im 19. Jh. üppige Blüten trieb, griffen Maler und Dichter wieder bereitwillig auf das Klischee von der geistreichen

Hure zurück; im Fin de Siècle wurde sie zum Inbegriff der **Femme fatale**.
Man hat Kleopatra auch anders gesehen und dargestellt. In der arabischen Welt galt sie nicht nur als Bewahrerin ägyptischer Kultur und Eigenständigkeit, sondern auch als letzte Repräsentantin der griechischen Geistesgeschichte. Gleichzeitig symbolisierte sie den Orient in der Auseinandersetzung mit dem von Rom regierten Okzident. Ruhm wird ihr auch von feministischer Seite nachgetragen. Schließlich war Kleopatra die erste Frau in der Geschichte, die gegen Männerherrschaft **Politik** betrieb, und das immerhin zwei Jahrzehnte lang mit Erfolg. Mit Marcus Antonius regierte sie über ein ägyptisches Großreich, das von Kreta bis Tarsus in Kleinasien und von Kyrene im Westen bis zum Euphrat im Osten reichte.

Fakten

Kleopatra war 18 Jahre alt, als sie 51 v. Chr. zusammen mit ihrem Brudergemahl Ptolemaios XIII. an die Macht gelangte. Schon zwei Jahre später wurde sie wieder vom Thron vertrieben, bis sie schließlich mit List und **Caesars Hilfe** ihren Bruder um die Ecke brachte. Ob der Affäre mit Caesar tatsächlich ihr Sohn entspross, den sie Caesarion nannte, ist ungewiss, jedenfalls folgte sie 46 v. Chr. dem Herrscher nach Rom. Kleopatra zog es vor, die Wirren um Caesars Nachfolge aus alexandrinischer Ferne zu beobachten. Als **Marcus Antonius** Regent des östlichen Reichs geworden war, wagte Kleopatra zum zweiten Mal einen Auftritt, der den römischen Mann in Bann schlagen sollte. Mit ihrem Prunkschiff erschien sie im Jahre 41 v. Chr. in Tarsus: Die Ruder glänzten von Silber, die Purpursegel waren parfümgetränkt, Kleopatra lag einer **Aphrodite** gleich und äußerst knapp bekleidet im Kreis ihr Kühlung zufächelnder Amoretten.
Antonius war wohl rasch von Kleopatras Qualitäten überzeugt, er verlegte seine Residenz von Rom nach Alexandria. Mit einem Mal schienen Okzident und Orient versöhnt. Antonius repräsentierte die Weltmacht Rom und Kleopatra fügte dem ihre gottgleiche Stellung hinzu. Demnach sind die Berichte vom Luxus der

Liz Taylor in der Rolle der Kleopatra im gleichnamigen Historienfilm von Joseph L. Mankiewicz aus dem Jahr 1962

unnachahmlich Lebenden vor allem als **Inszenierung göttlicher Macht** zu verstehen. Auch in den kolportierten Anekdoten musste klar werden, dass hier ein allen Alltagsniederungen enthobenes Paar regierte. Es durfte nur der Laune einer Göttin entspringen, die kostbarsten Perlen der damaligen Zeit in Essig aufzulösen, weil es galt, die Wette um das teuerste Essen zu gewinnen. Antonius ließ sich einen eigenen Palast errichten, das **Timoneion**. Das entsprach gängiger Praxis: Jeder ägyptische Herrscher hatte dem bereits recht verwinkelten Palastbezirk seine eigenen Räumlichkeiten hinzugefügt. Wo Kleopatras Gemächer lagen, bleibt auch nach den **umfangreichen Tauchexpeditionen** der letzten Jahre unklar, die jetzt im Hafenbecken Alexandrias lokalisierten Ruinen sind wahrscheinlich späteren Datums.

Ab- und Nachleben

Im Jahr 31 v. Chr. neigte sich die Zeit der Pharaonen endgültig ihrem Ende zu, als Antonius' Rivale Octavian, der spätere Kaiser Augustus, nach der uneingeschränkten Macht griff. In der **Seeschlacht von Actium** wurde Antonius' und Kleopatras Flotte geschlagen. Marcus Antonius stürzte sich unverzüglich in sein Schwert, während Kleopatra noch umständlich diverse Gifte vorkosten ließ, bevor sie sich vermutlich für den Schlangenbiss entschied.

Und gleich setzte ein **buntes Nachleben** ein. Kaum eine Frau ist öfters abgebildet, kaum eine Frauengestalt öfter literarisch verarbeitet worden: Allein zwischen 1540 und 1905 thematisieren 77 Dramen, 45 Opern und 5 Ballette ihre Persönlichkeit. Weder die Filmindustrie noch die Comics scheinen ohne sie auskommen zu können, ja selbst als Kartenspiel lässt sie sich seit kurzem verkaufen. Man weiß wenig über ihr **Äußeres**, die paar Münzen, auf denen ihr Bild zu sehen ist, geben nur grob ihre Züge wieder. Es spricht aber vieles dafür, dass Kleopatra **eine Frau mit Anmut und Esprit** war. Sie beherrschte mehrere Sprachen, allerdings kein Wort Latein. Und noch etwas lebte weiter nach: Kleopatras Vision von der Synthese westöstlicher Kultur. Nach ihrem Tod zogen ägyptische Gottheiten ins römische Pantheon ein.

✶ Katakomben von Kom el-Schukafa

Südwestlich der Pompejussäule findet man bei der **Dschami el-Miri**(Moschee) den Eingang zu den Katakomben von Kom el-Schukafa (»Scherbenhügel«), einer am Südhang eines Hügels in den Felsen gehauenen Grabanlage, die wohl aus dem 2. Jh. n. Chr. stammt und die typische alexandrinische Mischung ägyptischen und griechisch-römischen Stils zeigt. Diese Nekropole wurde um 1900 entdeckt. Sie umfasst mehrere Stockwerke.

Über eine Wendeltreppe mit Lichtschacht kommt man hinunter zu zwei Stockwerken, deren unteres meist mit Grundwasser gefüllt ist. Vom Eingang des oberen Stockwerkes gelangt man zu einer Rotunde mit Kuppelüberbau; rechts liegen zwei kleinere Räume mit Nischen, Sarkophagen und Schiebegräbern (loculi), links ein großer Saal, das Triclinium funebre, für Leichenschmäuse. Weiter unten teilt sich die Treppe, man überblickt die Haupträume der Anlage. Hier, beim Eingang zum Untergeschoss, betritt man die eigentliche **Grabkapelle**, die drei Nischen mit Sarkophagen enthält. An der Rückwand der mittleren Nische zeigt ein Relief eine aufgebahrte **Mumie**, um die sich die Gottheiten Horus, Anubis und Thot gruppieren. Die um die Grabkapelle laufende, aus der Vorhalle zugängliche Galerie hat 91 Schiebegräber, jedes für mindestens drei bis vier Tote.

✶✶ Bibliotheca Alexandrina

Ein Blickfang an der östlichen Ecke des Osthafens ist der 2002 eröffnete Neubau der Bibliotheca Alexandrina. Der moderne Wissenstempel mit Kultur- und Kongresszentrum, Museum, Galerie, Forschungsinstituten und Planetarium soll an die glorreiche Vergangenheit der **berühmtesten Bibliothek des Altertums** anknüpfen, in der u. a. der Mathematiker Euklid seine geometrischen Studien anstellte und die bedeutendsten Gelehrten der damaligen Zeit dachten und forschten. Bis zu 700 000 Schriftrollen sollen in der umfangreichsten Bibliothek des Altertums aufbewahrt worden sein, darunter pharaonische Papyri und das gesamte griechische Schrifttum, die Werke des Aristoteles inklusive. Von der antiken Bibliothek, die im 3. Jh. zerstört wurde, sind keine Zeugnisse erhalten.

Der einer Sonnenscheibe nachempfundene Neubau mit seiner mit Schriftzeichen aus aller Welt verzierten Fassade und einem 2000 Besucher fassenden, in mehreren Ebenen ansteigenden Lesesaal wurde vom norwegischen **Architekturbüro Snøhetta** entworfen. Der modernst ausgestattete Zweckbau kann 8 Mio. Bände und elektronische Speichermedien aufnehmen.

Öffnungszeiten: Sa. – Do. 11.00 – 19.00, Fr. 15.00 – 19.00 Uhr
Führungen (deutsch): Sa. – Do. 12.00, 13.30, 15.00, Fr. 13.30 Uhr
Weitere Informationen: Tel. + (203) 483 99 99, www.bibalex.org

✶ Montasah-Park

Vom Osthafen folgt die sechsspurige **Corniche** dem Mittelmeerufer an hübschen Buchten und Sandstränden vorbei zu dem 17 km östlich gelegenen Park der ehemaligen königlichen Sommerresidenz El-Montasah, die heute der Regierung zu Repräsentationszwecken dient. In der Nähe steht auch das Luxushotel »Helnan Palestine«.

Umgebung von Alexandria

Abukir

Etwa 12 km nordöstlich vom Montasah-Palast liegt auf einer von Festungsanlagen umgebenen Landzunge das Fischerdorf Abukir. In der Bucht von Abukir schlug am 1. August 1798 die britische Flotte unter Admiral Nelson die französische Flotte vernichtend. Schon ein Jahr später gelang es hier Napoleon, die zahlenmäßig weit überlegenen Türken zu besiegen. Südwestlich vom Dorf lag die bedeutende antike Hafenstadt Kanopus (Canopus), von der nur Reste erhalten sind (heute in militärischem Sperrgebiet).

★ Abusir

Etwa 45 km südwestlich von Alexandria liegt Abusir, das Ruinenfeld von Taposiris Magna. Von der in der Ebene gelegenen antiken Stadt sind nur noch wenige Reste erhalten. Imposantestes Bauwerk ist der auf einem Kalksteinrücken an der Küste erbaute ägyptische Tempel. Dem griechischen Namen des Ortes zufolge war er wahrscheinlich Osiris geweiht. Den Eingang des Heiligtums bildet ein schöner Pylon aus Kalksteinblöcken; die beiden Türme des Pylons sind durch eine antike Treppe im Innern zugänglich. An den Pylon schließt sich der von hohen Mauern umgebene, 90 m lange Tempel an, der innen allerdings zerstört ist.
Unweit nördlich steht die Ruine eines Leuchtturms aus römischer Zeit. In den Felsen der Umgebung befinden sich zahlreiche Steinbrüche und römische Gräber, in der Nähe des Tempels ein freigelegtes Bad und etwas weiter entfernt eine Tiernekropole.

★ Antoniuskloster (Deir el-Qaddis Antwân)

L 7

Gouvernorat: Rotes Meer **Höhe:** 410 m ü. d. M.

Nach langwierigen Restaurierungsarbeiten öffnete das älteste christliche Kloster der Welt im Frühjahr 2010 wieder seine Pforten für Pilger. Die aus dem Wüstenkloster des hl. Antonius hervorgegangene Anlage umfasst nicht weniger als sieben Kirchen, darunter jene, in der die Gebeine des Heiligen beigesetzt sind. Zu den besonderen Schätzen des Klosters zählen einzigartige mittelalterliche Fresken und einige hundert alte Handschriften.

Abgeschiedene Lage

Die größte koptische Klosteranlage in Ägypten, in der heute wieder über 80 Mönche leben, liegt am Fuße des südlichen, bis zu 1464 m hohen und felsigen Galala-Plateaus im weiten Wadi Araba.

Lebensgeschichte des hl. Antonius

Antonius der Große, genannt der Heilige, gilt als Begründer des christlichen Mönchtums. Seiner teils legendenhaften, teils historisch belegten Lebensgeschichte zufolge wurde er 251 bei Beni Suef als

Sohn wohlhabender Eltern geboren. Schon in jungen Jahren verschenkte er sein Erbe an die Armen, und während der Christenverfolgungen begab er sich nach Alexandria, um sich dort öffentlich zu seinem Glauben zu bekennen. Später zog er sich in die Einsamkeit des Wüstengebirges am Roten Meer zurück, wo er in einer Felsspalte hauste. Der Ruhm seines **asketischen Lebens** verbreitete sich rasch und führte Tausende von Anhängern zu ihm. Aus dieser Anhängerschar entstanden später Eremiten- und Klostergemeinschaften. Antonius, der im hohen Alter von 105 Jahren verstarb, gilt als Schutzheiliger der Haustiere, ferner wird er als Fürbeter bei der als »Antoniusfeuer« bezeichneten Krankheit des Mittelalters sowie als Helfer bei Feuersnot verehrt. Dargestellt wird der Heilige vielfach mit dem sog. Antoniuskreuz in Form eines großen »T«.

Klostergeschichte

Das Antoniuskloster wurde im ausgehenden 4. Jh. von Anhängern des Heiligen gegründet. Als Platz für die Eremitengemeinschaft wählten sie die Quelle unterhalb der Felshöhle, in welcher Antonius gehaust hatte. Gebäudereste aus der Gründungszeit sind stellenweise erkennbar, doch haben zahlreiche Erweiterungen das Gesicht der Klosteranlage stark verändert. Die sorgfältige Bewirtschaftung des kleinen Quellbereichs durch die Mönche schuf hier in der Einsamkeit eine fruchtbare Oase.

Ein koptischer Mönch studiert in der Bibliothek des Antoniusklosters.

Die abgeschiedene Lage verhinderte die Arabisierung und Islamisierung des Fleckchens Erde, auf dem sich besonders im 12. bis 15. Jh. ein blühendes Kultur- und Geistesleben entfaltete. Die Mönche befassten sich in jener Zeit vor allem mit der Übertragung gelehrter und geistlicher Schriften aus dem Koptischen ins Arabische. Diese Blüte nahm aber ein jähes Ende, als islamische Beduinen Ende des 15. Jh.s das Kloster plünderten und die Mönche töteten oder vertrieben.

Heute ist die Klostersiedlung eine **autarke Oase** mit fruchtbaren Gärten, eigener Getreidemühle und eigener Bäckerei. Und die Zahl der hier lebenden Mönche ist in jüngerer Zeit stark angestiegen.

Klostersiedlung

Die Klostersiedlung bedeckt eine Fläche von rund sechs Hektar und ist von einer 2 m dicken und bis zu 12 m hohen Festungsmauer umgeben, die ursprünglich aus dem 10. Jh. stammt. Sie war einst nur mittels einer noch erhaltenen Zugvorrichtung zu überwinden. Der heutige Eingang stammt aus jüngerer Zeit.

ANTONIUSKLOSTER

ÜBERNACHTEN

Die Mönche bieten keine Übernachtungsmöglichkeit an. An der Küste kann man in Aïn Suchna bleiben, einem wachsenden Badeort mit etlichen Hotels.

▶ Komfortabel
Palmera Beach Resort
Aïn Suchna
Tel. (062) 341 08 16
www.palmerabeachresort.com
Klimatisierte Zimmer mit Meerblick.

▶ Günstig
Ain Soukhna Village
Tel. (062) 332 84 44, Tel. (02) 578 36 42
Fax (02) 578 36 42
Zwar einfache, aber dennoch gemütliche Unterkunft

Im Inneren durchzieht eine schmale Hauptstraße die **Klosterstadt** in nordsüdlicher Richtung. Von ihr geht ein Netz winkliger Gassen aus, an denen die insgesamt sieben Kirchen und Kapellen, Wirtschaftsgebäude, Gemeinschaftseinrichtungen sowie die zweigeschossigen Häuschen mit den Mönchszellen (jede mit separatem Eingang) liegen. Im Westen erstreckt sich der kleine Friedhof. An der Südseite der Umfassungsmauer sprudelt die leicht salzhaltige **Quelle**, die gemeinsam mit einigen anderen Quellen in der näheren Umgebung des Klosters die üppigen Obst-, Gemüse- und Weingärten wie auch die Oliven- und Palmenhaine speist.

Wehrturm

Aus der Vielzahl der Baulichkeiten erhebt sich der viereckige Wehrturm aus dem Jahr 1560, von dem aus man die Klosteranlage hervorragend überblicken kann.

✶ Antoniuskirche

Am Ende der Hauptstraße liegt die Antoniuskirche, das älteste intakte christliche Gotteshaus auf ägyptischem Boden. Sie entstand wohl im 6. Jh., der Überlieferung nach an der Stelle, an der Antonius die Messe zu lesen pflegte. Das heutige Bauwerk stammt im Wesentlichen aus dem 10. Jh., erfuhr jedoch später noch Veränderungen.
Die von drei neueren Kuppeln überdeckte Kirche besitzt ein Sanktuarium mit vorgebauter Halle zwischen zwei Kapellen, eine Vorhalle (Narthex) mit angebauter Kapelle (rechts) sowie einen gewölbten Chor. Die Wände der Narthex-Kapelle wie auch des Chors sind mit Fresken ausgeschmückt. Sie zeigen Rittergestalten – zu erkennen an den kräftigen Farben – sowie mehrere Asketen, Eremiten und heilige Leute. Im Durchgang zum **Sanktuarium** blieb eine schöne Darstellung der Erzengel Michael und Gabriel aus dem 10. Jh. erhalten, die zu den ältesten koptischen Fresken auf ägyptischem Boden zählt.

Weitere Kirchen Östlich der Antoniuskirche liegt die Apostelkirche Petrus und Paulus aus dem 18. Jh. Ziel von Wallfahrten in der Passionszeit ist die Markuskirche mit dem Grab des hl. Markus, eines in Ägypten nicht nur von Kopten verehrten Schülers des Antonius.

Ausflugsziel im Hinterland des Roten Meeres: das koptische Antoniuskloster in der Östlichen Wüste

Das ehemalige **Refektorium** aus dem 7. Jh. ist vermutlich das älteste erhaltene Gebäude des Klosters. Es wird heute nicht mehr benutzt, doch die Steintische und -bänke sowie der Abtsstuhl sind noch zu sehen. Im Refektoriumsgebäude befindet sich auch die kleine, heute noch benutzte Marienkapelle und die Bibliothek, deren interessanteste und älteste Stücke allerdings nicht mehr am Ort vorhanden sind.

Knapp 300 m oberhalb der Klosterstadt liegt die **Felsengrotte**, in der Antonius, allen Anfechtungen trotzend, 20 Jahre lang hauste.

Assijut (Asyût)

J 10

Landesteil: Oberägypten **Gouvernorat:** Assijut
Einwohnerzahl: 420 000

Schon im Altertum besaß die Stadt, die im Altägyptischen Sijut hieß, wegen ihrer günstigen Lage inmitten der weiten Fruchtebene und als Endpunkt eines wichtigen Karawanenweges große wirtschaftliche Bedeutung. Heute ist sie nicht nur Verwaltungszentrum, sondern auch die größte Stadt Oberägyptens.

Geschichte Assijut liegt mit seiner kleinen Altstadt und den ausgedehnten neueren Vierteln am linken Ufer des Nils und bietet wenig Sehenswürdigkeiten. Politisch trat die Stadt nur gelegentlich hervor, so in der Ersten Zwischenzeit, als sie in der Auseinandersetzung zwischen Theben und Herakleopolis eine wesentliche Rolle spielte. Assijut war Hauptstadt des 13. oberägyptischen Sykomorengaus und Hauptkultstätte des Kriegsgottes Upuaut, der als Schakal dargestellt wird. Das Mittelalter brachte für die Stadt eine wirtschaftliche Blüte, da sie nicht nur umfangreiche Handelsbeziehungen, sondern auch den größten Sklavenmarkt Ägyptens besaß. Heute leben hier traditionell viele Kopten, zugleich ist die Stadt Sitz einer angesehenen Islamischen Hochschule. Nachdem es schon 1981 (nach der Ermordung von Anwar el-Sadat) zu blutigen Auseinandersetzungen zwischen Islamisten und der Polizei gekommen war, formierte sich hier erneut 1992 der Widerstand oppositioneller Fundamentalisten, und es kam zu Mordanschlägen auf den koptischen Bevölkerungsteil.

Sehenswertes in Assijut

Uferpromenade

Vom Bahnhof gelangt man östlich zum Nil, dessen Ufer hier eine schattige Kaipromenade begleitet. Sie führt nördlich zur Schleusenbrücke über dem Ibrahimija-Kanal und weiter zum Staudamm.

Altstadt, Basar

Geht man vom Nilufer zum Bahnhof zurück und dann in die entgegengesetzte Richtung, kommt man in die kleine Altstadt mit dem betriebsamen Basar. Vor allem das Kunsthandwerk – Töpferwaren, Leder- und Holzeinlegearbeiten, Webwaren, bunte Wolldecken, Tücher und vieles mehr – kann man hier günstig kaufen.

Museum

Einen Besuch verdient die 1910–1914 von einem wohlhabenden Assijuter Privatmann zusammengetragene Sammlung des kleinen Museums. Die Exponate stammen aus den alten Nekropolen bei Assijut und Mer. Gezeigt werden u. a. Holzsärge, darunter einige mit schönen, bunten Türornamenten, und ein mumiengestaltiger Granitsarkophag sowie Grabbeigaben, vor allem Haus- und Ackergeräte; fer-

ASSIJUT ERLEBEN

AUSKUNFT

Tourist Police
Tel. (088) 232 33 28

VERKEHR

Bahn: Assijut ist Haltepunkt für alle Züge von/nach Kairo sowie Luxor und Assuan. ***Bus:*** Mehrmals tgl. gibt es Busse in die Oasen der Libyschen Wüste sowie nach Kairo und Richtung Luxor/Assuan, Auskunft Tel. (0 88) 2 33 43 69. ***Servicetaxis:*** Mehrmals tgl. in alle Richtungen. ***Flug:*** Egypt Air, Info-Tel. (0 88) 2 31 52 28, Flughafen Tel. (0 88) 2 31 54 81.

ÜBERNACHTEN

Die genannten Hotels liegen alle in Bahnhofsnähe.

► Komfortabel

Assiutel
Nil St. 146
Tel. (0 88) 2 31 21 21, Fax 2 31 21 22
Das beste Haus im Ort, komfortable klimatisierte Zimmer, TV-Satellit, kleine Hotelbar.

► Günstig

Akhenaton Hotel
Mohamed Tawfik Khashaha St.
Tel. (0 88) 2 33 81 81
Fax 2 33 16 00
Gepflegte Zimmer, nette Atmosphäre.

Youth Hostel
Walidiya St.
Tel. (0 88) 2 32 48 46
Mittelmäßige Herberge.

ner die Kalksteingruppe eines Fürstenpaares aus Mer (6. Dynastie), schöne Reliefs aus einer Grabkammer der 19. Dynastie (der Tote am Speisetisch; der Tote und seine Verwandten, vor den Totengöttern) sowie die berühmte überlebensgroße Statue eines Beamten Iuni, der eine Kapelle mit dem Osirisbild vor sich hält.

Felsengräber Vom Bahnhofsplatz führt die Bahnhofstraße westlich an der Altstadt vorbei, dann weiter südwestlich aus der Stadt hinaus und über den Sohagija-Kanal zum Fuß des Wüstengebirges. Auf halber Höhe befinden sich die Felsengräber der antiken Stadt Sijut, des alten Assijut. Für den Besuch der Gräber braucht man eine Genehmigung, denn sie liegen in einem militärischen Sperrgebiet.

Grab des Djefaihape Ein steiler Zickzackweg führt bergan zu dem großen Felsengrab des Djefaihape I. (Hepdjefa; 12. Dynastie), eines unter Sesostris I. lebenden Gaufürsten. Die Grabanlage fällt durch ihre ungewöhnliche Größe auf, die bis dahin nur von Königsgräbern bekannt ist. Von einem vor dem Felsengrab des Djefaihape gelegenen Hof gelangt man in eine hohe Längshalle, deren gewölbte Decke mit Sternen bemalt war. An der rechten Wand steht der Tote, vor ihm eine lange Inschrift. Von der Längshalle führt eine Tür, in deren Füllung der Tote mit langem Stab abgebildet ist, in einen Quersaal. Auf der rechten Eingangswand befindet sich eine Inschrift, die zehn Verträge des Verstorbenen mit verschiedenen Priesterschaften wiedergibt, um sich die Totenopfer und andere Zeremonien zu sichern. Die Inschrift auf der linken Eingangswand enthält Anrufungen an die Besucher des Grabes und zählt die Verdienste des Toten auf. Die Decke ist mit bunten Ornamenten geschmückt.

✶ Aussicht Von der Höhe dieses Grabes hat man eine wunderschöne Aussicht: Links unterhalb erkennt man den arabischen Friedhof, inmitten des Fruchtlandes die weit ausufernde Stadt mit ihren Minaretten und Palmen sowie den von Booten belebten Ibrahimija-Kanal.

Gräber des Mittleren Reiches Noch reizvoller ist der Blick von den Öffnungen der noch höher gelegenen drei Gräber aus der Zeit des Mittleren Reiches, von denen das nördlichste zerstört ist. Das mittlere ist das **Grab des Gaufürsten Cheti** aus der 10. Dynastie. Auf der rechten Wand der Vorhalle sind der Verstorbene und seine Gemahlin Tefjeb dargestellt, vor ihnen ein teilweise zerstörter, biografischer Text, in dem der König Merikare (10. Dynastie) erwähnt wird. Vom Grab des Cheti führt ein unterirdischer Durchgang zu dem dritten Grab der Reihe, dem **Grab des Gaufürsten Tefjeb**, das durch seine Größe beeindruckt. Steigt man noch ein Stück weiter bergan, an der kleinen koptischen Felsenkapelle vorüber und um den Bergvorsprung herum, so öffnet sich der Blick auf die weite Kette des Ostrandes der Westlichen Wüste. Nördlich der Nekropole zieht sich unter Palmen ein schöner **arabischer Friedhof** mit Hunderten von Grabkuppeln in die Ebene.

Assuan, die südlichste Stadt Ägyptens, bezaubert durch seine schöne Lage am Nil.

★ Assuan (Aswân)

M 16

Landesteil: Oberägypten
Einwohnerzahl: ca. 300 000
Gouvernorat: Assuan
Höhe: 105 m ü. d. M.

Willkommen in Nubien, willkommen in der Stadt mit den höchsten Sommertemperaturen, dem mildesten Klima in Herbst, Winter und Frühjahr. Zu Zeiten britischer Kolonialherren war Assuan ein beliebter Kurort, und auch Agatha Christie bewunderte die malerische Lage am Nil, die hügelige Uferlandschaft, die Feluken mit ihren geblähten Segeln.

Schönste Stadt Oberägyptens

Assuan ist die Hauptstadt des südlichsten Gouvernorates in Ägypten und liegt am Ostufer des Nils. Trotz des enormen wirtschaftlichen Aufschwungs – hinter den Stauanlagen entstand eines der wichtigsten Industriezentren des Landes – und einer rapide gestiegenen Einwohnerzahl hat Assuan im Zentrum seinen beschaulichen Charakter nicht verloren und wird von vielen immer noch als die schönste Stadt Ägyptens gepriesen. Dies verdankt sie vor allem ihrer malerischen Lage am Ersten Nilkatarakt. Der breite Strom teilt sich hier in mehrere Arme und umschließt Granitklippen und -inseln, die wie große Steine aus dem Wasser ragen. Aber auch ein Spaziergang über den sehr orientalisch anmutenden Basar ist für viele Touristen ein unvergessliches Erlebnis. Wegen des trocken-heißen Klimas wird die Stadt auch als Kurort besucht. Die Westliche Wüste reicht direkt bis an das Ufer des Nils.

Assuan Orientierung

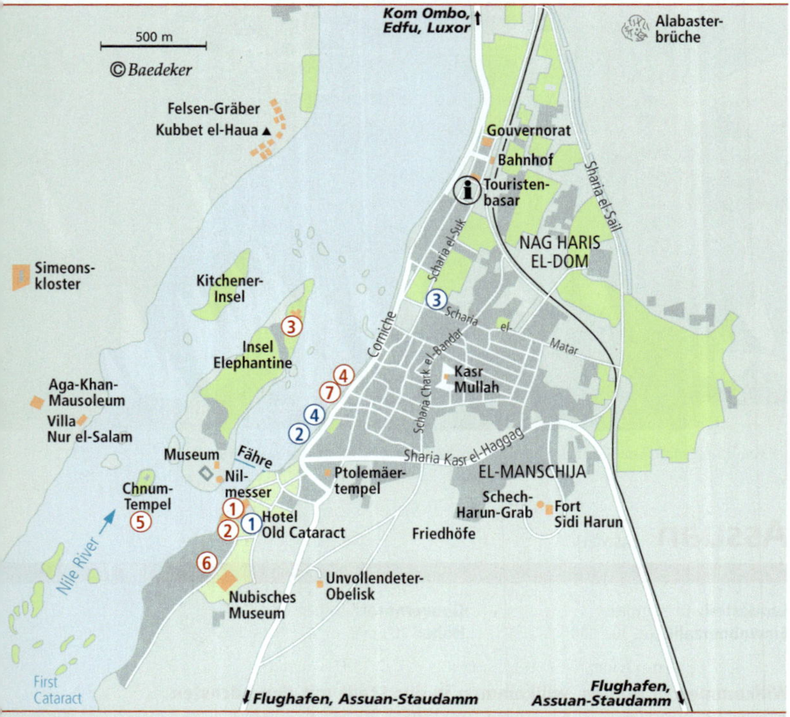

Essen
① 1902
② Aswan Moon Restaurant
③ El Masri
④ Panorama

Übernachten
① Sofitel Old Cataract
② Sofitel New Cataract
③ Mövenpick Resort Aswan
④ Isis Hotel
⑤ LTI Pyramisa Isis Island Aswan Resort
⑥ Basma Hotel
⑦ Elsalam Hotel

Geschichte Die Umgebung von Assuan einschließlich der Insel Elephantine hieß in alter Zeit Jebu (= Elefantenland), vielleicht weil die Ägypter hier erstmals Elefanten sahen oder aber auch, weil die kahl geschliffenen Flussfelsen der Silhouette einer Elefantenherde ähneln. Erst später bezeichnete der Name nur noch die Insel und Stadt Elephantine. Strategisch war Jebu von Wichtigkeit, da es die Nilkatarakte und den Wasserverkehr zwischen Ägypten und Nubien beherrschte. Ferner begann hier die große Karawanenstraße, die nach Nubien und in den Sudan führte. Die alte gleichnamige Hauptstadt von Jebu lag im Süden der Insel. Im 6. und 5. vorchristlichen Jh. war hier eine jüdische Militärkolonie mit einem Jahwetempel angesiedelt, wie zahlreiche Papyri in aramäischer Schrift und Sprache beweisen.

Am Ostufer lag die erst später zu Bedeutung gelangte Stadt Suenet, das Syene der Griechen. Hier lebte zu Beginn des 2. Jh.s n. Chr. als Kommandant der römischen Garnison der Satiriker Juvenal, der wegen seiner beißenden, gegen den Hof gerichteten Angriffe in diesen entfernten Grenzort des Reiches versetzt worden war. Von der antiken Stadt Syene ist sehr wenig erhalten. Im Süden der Stadt sind außerdem Trümmerspuren des so genannten Kasr Mullah auf einem mit schönen Gartenanlagen geschmückten Hügel sowie ein kleiner unvollendeter Ptolemäertempel zu besichtigen.

Nachdem die Stadt in christlicher Zeit zum Bischofssitz erhoben worden war, blühte sie unter den Kalifen erneut auf. Den Übergriffen der Beduinenstämme seit dem Ende des 12. Jh.s setzte der türkische Sultan Selim im Jahr 1517 durch Errichtung einer starken osmanischen Garnison ein Ende. Tourismus und Industrie sind heute die beiden wichtigsten Standbeine der Stadt im äußersten Süden des Landes.

Sehenswertes in Assuan

Uferpromenade

An der Uferpromenade (Corniche), wo die großen Kreuzfahrtschiffe anlegen und dazwischen die Feluken mit ihren riesigen Segeln festmachen, herrscht den ganzen Tag reger Betrieb. Gegenüber den Ankerplätzen, auf der anderen Seite der Corniche, bestimmen die Amts- und Verwaltungsgebäude der Gouvernoratsregierung sowie Hotels und Geschäfte das Stadtbild. Am gegenüberliegenden Ufer erblickt man den vom Schechgrab Kubbet el-Haua gekrönten Berg mit den Felsengräbern aus dem Alten und Mittleren Reich.

Highlights Assuan

Old Cataract Hotel
Tee trinken mit Agatha-Christie-Blick.
► Seite 285/286

Nubisches Museum
Zahlreiche Exponate aus der (lange) vergessenen Kultur Nubiens wurden hier zusammengetragen.
► Seite 286

Nilinsel Elephantine
Malerische nubische Dörfer und Ruinen einer antiken Stadt.
► Seite 287

Felsengräber
Am Westufer des Nils ließen sich die Fürsten von Elephantine bestatten.
► Seite 290

Simeonskloster
Auf einer Wüstenanhöhe liegt eines der größten und besterhaltenen koptischen Bauwerke Ägyptens, dessen Gebäude auf zwei Ebenen liegen.
► Seite 291

Assuan-Hochdamm
In einem Jahrhundertprojekt wurde der Nil zum Nasser-See aufgestaut.
► Seite 294

Kreuzfahrt auf dem Nassersee
Auf dem See selbst kann man heute mit einigen sehr schönen Schiffen fahren, z.B. mit dem Belle-Epoque-Schiff zu den alten Tempeln.
► Seite 295

ASSUAN ERLEBEN

AUSKUNFT

Tourist Information
am Bahnhof, Tel. (097) 232 32 97
im Souk, Tel. (097) 231 28 11
Geöffnet: tgl. außer Fr. 10.00 – 14.00 u. 17.00 – 19.00 Uhr

Tourist Police
Tel. (097) 230 31 63

VERKEHR

Flüge
Der internationale Flughafen liegt 15 km südwestlich der Stadt.
EgyptAir-Stadtbüro:
Corniche El Nile, Tel. (097) 230 50 91
Täglich mehrere Flugverbindungen nach Kairo

Bahn
Tgl. Züge nach Luxor und Kairo
Auskunft: , Info-Tel. (0 97) 2 32 30 07;
Auskunft über Schlafwagenzüge
Tel. (0 97) 2 30 21 24,
www.sleepingtrains.com.

Bus
Regional- und Fernbusse fahren von der Abdal el-Tahrir St. (Nähe Abu Simbel Hotel) ab, auch nach Luxor, Abus Simbel und El Gouna.

Taxis
Häufige Fahrten nach Luxor; von dort geht es dann in alle Landesteile.

EINKAUFEN

Assuans Souk ist ebenso überschaubar wie liebenswert. Die Händler sind, dem Klima sei's gedankt, weniger aufdringlich als die in Luxor oder Kairo. Zu kaufen gibt es Lederwaren, Lebensmittel, Parfumessenzen und die berühmten Karkadeh-Hibiskusblüten.

ESSEN

► Fein & teuer

① ***1902***
Old Cataract Hotel
Tel. (097) 231 60 02, Fax 231 60 11
Tgl. 19.30–23.30 Uhr
Dieses Restaurant auszulassen, das mit seiner maurischen Architektur als Filmkulisse in Agatha Christies »Tod auf dem Nil« diente, wäre eine Sünde. Hier verwöhnt der Koch die Gäste mit Vier-Gänge-Menüs, die von der französischen Küche inspiriert sind. Rechtzeitig reservieren!

Der Basar von Assuan gilt als einer der schönsten und buntesten in ganz Ägypten.

► **Preiswert**

② ***Aswan Moon Restaurant***
Corniche el-Nil St.
Tel. (0 97) 2 31 61 08
Populärer Treffpunkt, stimmungsvoll, gute ägyptische Küche, auch Pizzas und Hamburger; keine alkoholischen Getränke. Abends gelegentlich nubische Folklore-Veranstaltungen.

③ ***El Masri***
Matar St.
Tel. (0 97) 2 31 25 76
tgl. 12.00–23.00 Uhr
Auf Fleisch, Lamm und Huhn spezialisiertes Grillrestaurant.

④ ***Panorama***
Corniche el-Nil St.
Tel. (0 97) 2 31 61 69
Ägyptisch-nubisch speisen mit Blick auf Elephantine. Bekannt ist dieses Restaurant für seine große Auswahl an Kräutertees.

ÜBERNACHTEN

► **Luxus**

① ***Sofitel Old Cataract Hotel***
Abtal el-Tahrir St.
Tel. (0 97) 2 31 60 00, Fax 2 31 60 11
Assuans bestes Hotel, ein weltweit bekannter Klassiker, auch weil Agatha Christie hier Krimis schrieb. Von den zum Teil noch original möblierten Suiten und von der herrlichen, sehr kolonial anmutenden Hotelterrasse hat man einen grandiosen Blick auf den Nil. Das richtige Ambiente für ein großes Dinner bietet der elegante Speisesaal im maurischen Stil.

► **Komfortabel**

② ***Sofitel New Cataract Hotel***
Abtal el-Tahrir St.
Tel. (0 97) 2 31 60 00, Fax 31 60 11
Von den höher gelegenen Zimmern hat man einen wunderbaren Blick auf das Aga-Khan-Mausoleum.

③ ***Mövenpick Resort Aswan***
Elephantine Island
Tel. (0 97) 2 30 34 55, Fax 2 30 34 85
www.moevenpick-hotels.com
Eine abgeschiedene Oase inmitten schöner Gärten auf der Insel. Die meisten Zimmer und Villen mit Aussicht auf den Nil. Regelmäßige Fähre von und nach Assuan.

④ ***Isis Hotel***
Corniche el-Nil St.
Tel. (0 97) 2 31 53 00, Fax 2 31 55 00
Angenehmes, von vielen Reisegruppen besuchtes Hotel mit Pool am Nil.

⑤ ***LTI Pyramisa Isis Island Aswan Resort***
Isis Island
Tel. (0 97) 2 31 74 00, Fax 2 31 74 05
www.pyramisaegypt.com
Mit der Fähre setzt man über zur modernen, weitläufigen Hotelanlage mit Bars, Restaurants, Diskothek und verschiedenen Sport- und Freizeitanlagen. Der Ausblick von dort ist ungleich schöner als der Anblick!

⑥ ***Basma Hotel***
beim Nubischen Museum
Tel. (0 97) 231 09 01, Fax 231 09 07
www.basmahotel.com
Bestens geführtes Haus, in dem Umweltschutz oberstes Gebot ist. richtlinien konsequent eingehalten werden. Die Restaurants bieten leckere Bio-Kost. Vom Hotel hat man einen tollen Panoramablick auf Assuan.

► **Günstig**

⑦ ***Elsalam Hotel***
101 Corniche el-Nil St.
Tel. (0 97) 2 30 26 51, 2 30 36 49
Fax 2 30 26 51
Freundliche Unterkunft. Von der Dachterrasse schöner Blick auf den Nil. Bewachter Parkplatz in der Nähe.

! *Baedeker* TIPP

Segelpartie mit der Feluke nach Edfu

Speisen mit der kleinen Crew und in Schlafsäcken an Bord des Nilseglers übernachten – so segelt man Richtung KomOmbo und wieder zurück. Die Fahrt dauert 2 Tage, kostet 300 £E mit Verpflegung. Sonnenschutz und Autan mitnehmen – von beidem nicht zu wenig! Infos: Mohammed Abuda, Tel. (012) 511 19 68, www.nilfeluke.com

✶ **Basar**

Parallel zum Nilufer verläuft die Scharia el-Suk, die Hauptstraße des Basars, der sich auch auf die Seitengassen ausdehnt. Mit seinen bunten Läden und Ständen ist er unbedingt sehenswert.

Ptolemäertempel

Im Süden des Stadtzentrums liegt ein unvollendeter kleiner Ptolemäertempel, der von Ptolemaios III. Euergetes I. und Ptolemaios IV. Philopator erbaut wurde und der Isis von Syene geweiht war. Er ist leider in schlechtem Erhaltungszustand. Am linken Türpfosten des Hauptportals sieht man oben Euergetes, wie er dem Amun ein Bild der Göttin Maat darbringt, und darunter derselbe vor Min-Amun, Mut und Isis. Auf dem Türsturz ist Euergetes mit seiner Gemahlin Berenike und verschiedenen Göttern abgebildet, in der Türleibung der König rechts vor Thot, links vor Harsiësis.

✶ **Old Cataract Hotel**

Noch weiter südlich, in prächtiger Lage am Ufer des Nils und mit Blick auf die Insel Elephantine, steht das stimmungsvolle Old Cataract Hotel. Die im Kolonialstil erbaute Nobelherberge ist von einem schönen, bis ans Flussufer reichenden Park umgeben. Ein traumhafter Blick bietet sich von der Hotelterrasse auf den Nilkatarakt und auf die Ruinenstätten auf der gegenüberliegenden Insel Elephantine – kaum zu überbieten bei Sonnenuntergang.

✶✶ **Nubisches Museum**

Öffnungszeiten: 9.00–13.00, 17.00–21.00 (Winter), 18.00–22.00 (Sommer)

Als eine geglückte Mischung aus moderner und traditioneller nubischer Architektur präsentiert sich dieses 1997 eröffnete Museum in der Sharia el-Fanadek (oberhalb des Old Cataract Hotels). Das Gebäude ist nach Vorlagen des ägyptischen Stararchitekten **Mahmud al-Hakim** entstanden. Für die Gestaltung der Innenräume zeichnet der mexikanische Architekt **Pedro Vasquez Ramírez** verantwortlich.
Die Ausstellung dokumentiert mit über 1200 Exponaten die nubische Zivilisation, ihre Entwicklung und ihre enge Verbindung zur ägyptischen Kultur. Kritische Stimmen meinen zwar, dass bei der Auswahl der Stücke die ägyptische Komponente überbetont wurde, doch die Nubier sind dennoch stolz auf das Museum.

Außenanlagen ►

Die großzügigen Außenanlagen beziehen einen Teil eines fatimidischen Friedhofes mit ein. Auch sind Exponate ausgestellt, die nachts effektvoll angestrahlt werden. Wasserkanäle ahmen den Lauf des Nils nach und Lehmhäuser vermitteln einen Eindruck von der modernen nubischen Alltagskunst, die unter den Fluten des Stausees begraben wurde und heute nur noch in kleinen Dörfern in der Umgebung Assuans beobachtet werden kann.

◄ Sammlung

Der stark abgedunkelte Hauptausstellungsraum im Untergeschoss wird dominiert von einer großen **Statue von Ramses II.**, des Bauherrn von Abu Simbel. Ein Modell des Niltales mit einer detaillierten Übersicht der nubischen Denkmäler vermittelt einen ersten Eindruck von dem Gebiet. Die Exponate sind in einem Rundgang angeordnet. Aus dem Paläo- und Mesolithikum stammen Felszeichnungen, Waffen und Werkzeuge aus Stein. Bei der frühen Keramik aus dem 4. Jtd. beachte man die ersten Gefäße mit figürlichen Motiven, so z. B. Menschen mit Ruderbooten. Als um 3100 v. Chr. Ägypten seine Vormachtstellung ausbaute, war Nubien ein wichtiger Rohstofflieferant – die Statue des Königs Chephren (4. Dynastie) beispielsweise wurde aus Diorit aus dem Steinbruch bei Toshka gearbeitet. Im Modell gezeigt werden die zahlreichen Festungsbauten, mit denen die Könige des Mittleren Reiches die Handelswege in Nubien sicherten. Aus der Ära des Neuen Reichs stammen die schönen Köpfe zweier Herrscher, der des **Schebitku** (702–690 v. Chr.) und seines Bruders und Nachfolgers **Taharqa** (690–664 v. Chr.). Ihre kräftige Physiognomie lässt die südliche Abstammung deutlich werden. Zeugnisse aus der christlichen und islamischen Epoche bilden den Schluss der Dauerausstellung. In der ethnologischen Sammlung wurden mit lebensgroßen Puppen Szenen aus dem täglichen Leben in Nubien nachgebildet; Schmuckstücke und Gegenstände des täglichen Gebrauchs kann man in Vitrinen bestaunen.

✶ Nilinsel Elephantine

Antike Stadt und nubische Dörfer

Unbedingt zu empfehlen ist der Ausflug auf die grüne, palmenreiche Nilinsel Elephantine, auf Arabisch Gesiret Assuan oder kurz El-Gesira (»die Insel«) genannt. Auf der lang gestreckten Insel liegen zwei malerische nubische Dörfer und die Ruinen einer antiken Stadt mit Tempeln, Wohn- und Wirtschaftsgebäuden. Von den Höhen der Insel, vor allem vom Hügel Kom, hat man eine prächtige Aussicht auf die braunen und schwarzen Felskuppen des Kataraktes, zwischen denen der Nil ruhig dahingleitet. Man kann mit einer der regelmäßig verkehrenden Fähren (Anlegestelle beim Egypt-Air-Büro) als auch per Feluke übersetzen.

✶ Nilmesser

Nahe der Anlegestelle auf der Ostseite der Insel führt eine Treppe zum Nilmesser. Er wurde nach mehr als tausendjähriger Vergessenheit im Jahre 1870 wieder instand gesetzt und erneut in Gebrauch genommen. An den Wänden der neunzigstufigen Treppe finden sich zerstörte griechische Inschriften aus der Kaiserzeit mit Angaben des Wasserstandes. Die Skalen stammen aus der späteren Kaiserzeit und haben griechische Ellenbezeichnungen. Die neuen Skalen sind auf Marmortafeln angebracht. Bis zum heutigen Tag entspricht das Bild des Nilmessers der Beschreibung des griechischen Geografen Strabo (um 63 v. Chr. bis 20 n. Chr.): *Dieser Nilmesser ist ein am Ufer des Nils aus gleichmäßigen Quadern erbauter Brunnen, in dem man die Anschwellungen des Stromes bezeichnet, sowohl die größten wie die kleinsten und mittleren; denn das Wasser des Brunnens steigt und fällt mit dem Strome. An der Wand des Brunnens sind Merkzeichen, die Maßangaben der für die Bewässerung ausreichenden und der anderen Wasserhöhen. Diese beachtet man und macht sie allen bekannt zur Nachricht (...) Dies ist auch den Bauern wegen der Verwaltung des Wassers, der Dämme, der Kanäle usw. nützlich, sowie den Beamten wegen der Steuern. Denn das höhere Steigen bedeutet auch höhere Steuern.*

Assuan-Museum

Die am Nilmesser vorüberführende Treppe endet im schönen Garten, der das Assuan-Museum umgibt. Das 1912 in der Villa von Sir William Willcocks, dem Planer des ersten Staudamms von Assuan, eingerichtete Museum birgt nur noch eine kleine Sammlung von Altertümern aus Ausgrabungen in Unternubien. In einem neuen Annexbau werden die Funde, die bei den Ausgrabungen der letzten Jahre zutage kamen, gezeigt. Eine ausführliche Dokumentation gibt einen guten Überblick über die Geschichte der antiken Stadt auf der Insel. Der hübsche Blumengarten vor dem Museum lädt zum Verweilen und Entspannen ein.

! *Baedeker* TIPP

Ausritt mit dem Kamel

Am Westufer, direkt unterhalb des Aga-Khan-Mausoleums, findet man zu jeder Tageszeit Kameltreiber mit ihren Tieren. Als Ausflugsziel empfiehlt sich der Ritt zum Simeons-Kloster. Wer dann noch nicht genug von der Wüstenschifffahrt hat, kann den Ausritt verlängern. Wichtig: Mütze, Sonnenschutz und Wasser mitnehmen. Der Ausritt kostet 40 – 50 £E pro Person.

Den ganzen südlichen Teil der Insel nahm einst die **antike Stadt** Elephantine ein, deren Reste bereits im 19. Jh. aufgedeckt wurden und seit 1969 vom Deutschen Archäologischen Institut freigelegt und untersucht werden.

Wenige Schritte westlich vom Nilmesser sieht man inmitten von Ziegelmauern die Unterbauten eines Satet-Heiligtums, das über einem älteren Kultbau unter Verwendung alter Architekturteile (Säulentrommeln, Blöcke mit den Namen Thutmosis' III., Ramses' III. u. a.) erstellt worden ist. Die Inschriften auf dem einzigen aufrecht stehenden Stück einer Säule erwähnen Trajan als Erbauer, doch stand hier schon seit der Zeit um 2900 v. Chr. ein Tempel.

Chnum-Tempel ►

Etwa 50 m weiter südwestlich ragt ein hohes Granittor auf, das einst zu einem größeren Chnum-Tempel führte, den Nektanebos II. über einem älteren Heiligtum neu erbauen ließ. Beiden Tempeln wurden in römischer Zeit flussseitig große Terrassen vorgebaut. Die Reliefs zeigen Alexander IV., den Sohn Alexanders des Großen, wie er den Göttern, besonders dem widderköpfigen Chnum, opfert.

◄ Tempel

Nördlich zwischen Satis-Tempel und Chnum-Heiligtum liegen die Reste eines kleinen, aus drei älteren Kapellen zusammengefügten Tempels für den Gaufürsten Hekaïb, dessen Felsengrab am Westufer liegt. Andere Gebäude, die noch von französischen Forschern im vergangenen Jh. beschrieben wurden, darunter ein von Amenophis III. und ein von Thutmosis III. erbauter Tempel, wurden in der ersten Hälfte des 19. Jh.s abgerissen.
Die Wohnhäuser der antiken Stadt lagen südwestlich vom Tempelbezirk. Während des Alten Reiches war die Stadt im Süden von einer Mauer umgeben, von der noch ein Tor zu erkennen ist.
Südwestlich des alten Stadtgebietes hat man nahe der Südspitze der Insel aus Gebäudefragmenten des versetzten Kalabscha-Tempels (►Kalabscha), der auf der Insel Elephantine zwischengelagert war, den sog. **Kalabscha-Kiosk**, einen nachempfundenen Tempelbau der Ptolemäerzeit, errichtet.

Kinder auf der Nilinsel Elephantine

Wer der Hitze in Assuan entfliehen und sich im Schatten tropischer Pflanzen entspannen möchte, sollte mit einer Feluke zum **Kitchener Island** übersetzen. Die zwischen Elephantine und dem Westufer gelegene Insel gehörte früher dem englischen Gouverneur, Lord Kitchener, der sich hier ein Wohnhaus bauen ließ. Auf der Insel gedeihen viele exotische Pflanzen, die liebevoll gepflegt werden.

Villa Nur el-Salam, Mausoleum des Aga Khan

Am westlichen Nilufer, gegenüber der Südspitze der Insel Elephantine, liegt in gepflegtes Grün gebettet die Villa Nur el-Salam von Aga Khan III. (1877 – 1957), dem geistlichen Oberhaupt der Ismailiten. Seine Anhänger, die ihn als 48. Imam verehren, leben überwiegend in Indien und Ostafrika. Aga Khan selbst verbrachte viele Jahre lang die Wintermonate in Assuan, wo er Heilung von einem Rheumaleiden suchte. Hoch über der Villa, auf einer Anhöhe in beherrschender Lage und mit großartigem Ausblick, liegt das Mausoleum des Aga Khan, das die Begum, Aga Khans aus Frankreich stammende Frau, auf seinen Wunsch hin an dieser außergewöhnlichen Stelle errichten ließ. In dem für die Öffentlichkeit nicht zugänglichen Gebäude ist auch die im Jahre 2000 verstorbene Begum bestattet.

✶ Felsengräber

Ebenfalls am Westufer des Nils liegen an der vom kleinen Schechgrab des Kubbet el-Haua gekrönten Anhöhe die Felsengräber der Fürsten und Vornehmen von Elephantine. Die Gräber stammen vom Ende des Alten und aus dem Mittleren Reich, also aus der gleichen Zeit wie jene von Beni Hassan, an die sie in Anlage und Ausschmückung vielfach erinnern. Vom Landungsplatz der Boote führt ein sandiger, mäßig ansteigender Pfad ziemlich mühsam hinauf zu Grab Nr. 31.

Grab des Mechu

Die Besichtigung beginnt im Süden mit dem Grab Nr. 25, dem Grab des Mechu aus der 6. Dynastie. Anlage und Ausschmückung sind einfach. Vor dem Eingang stehen zwei kleine Obelisken ohne Inschriften. 18 Säulen gliedern den Saal in drei Teile. In der Achse der Eingangstür steht zwischen zwei Säulen ein dreibeiniger Steintisch, der vermutlich als Altar diente. An den Wänden sind verstreut bildliche Darstellungen zu sehen, die den Verstorbenen zeigen und Menschen, die ihm Opfer darreichen; rechts von der Eingangstür: Opferszenen, links davon Feldarbeiten.

Grab des Sabni I.

An die Nr. 25 unmittelbar anstoßend liegt das Grab des Sabni I. (Nr. 26), des Sohnes von Mechu, mit merkwürdiger, durch einen Querbalken geteilter Tür; davor zwei kleine Obelisken und Opferbecken. Den Saal gliedern 14 Pfeiler in drei Schiffe. Auf der Rückwand ein Bild, das den Verstorbenen mit seinen Töchtern im Boot auf der Jagd in den Sümpfen darstellt (links mit Wurfholz und erlegten Vögeln in den Händen, rechts hebt er mit der Harpune zwei Fische aus dem Wasser, in der Mitte flattern Vögel über den Sumpf).

✶ Grab des Sarenput II.

Das Grab (Nr. 31) des Fürsten Sarenput II., eines Sohnes der Satethotep, ist eine der größten und besterhaltenen Anlagen der Nekropole. Durch den schmalen Eingang betritt man einen Saal, der durch sechs sich nach oben verjüngende Pfeiler gegliedert wird. Er ist frei von Darstellungen, allein rechts steht eine **schöne Opfertafel** aus Granit. Weiterhin folgt ein Korridor, beiderseits von drei Nischen begleitet; in jeder Nische die aus dem Fels gehauene Statue des Verstorbenen in Gestalt der Osirismumie. Links von der ersten Nische sieht man das gemalte und farblich vorzüglich erhaltene Bild des Toten, hinter ihm sein Sohn. Der Korridor mündet in einen kleinen Saal mit vier Pfeilern, auf denen bei dem Bild des Toten mehrfach noch das Netz für die Zeichnungen erkennbar ist.

Gräber des Aku, des Chui und des Chunes

Weiter gelangt man zu Nr. 32, dem Grab des Aku, in dessen Nische der Verstorbene, seine Frau und sein Sohn in einer Weinlaube zu Mahle sitzend dargestellt sind, sowie zu den Gräbern des Chui (versandet) und des Chunes (Nr. 34h), dessen von acht Pfeilern getragene Halle mit schönen Handwerkerszenen ausgestaltet ist: Bäcker, Töpfer, Metallarbeiter am Schmelzofen, Bierbrauer und Lederarbeiter. Die beiden letzten Gräber wurden in späterer Zeit von koptischen Mönchen bewohnt, die sich an den Wänden verewigt haben.

Grab des Harhuf

Nr. 34n ist das Grab des Harhuf. Rechts und links der Eingangstür, über und neben den Figuren des Toten, der links auf einen Stab gestützt und von seinem Sohn (mit Räuchergefäß) begleitet dargestellt ist, rühmen Inschriften mehrere erfolgreiche Handelsreisen des Verstorbenen.

✶ Grab des Sarenput I.

Schließlich erreicht man Nr. 36, das Grab des Fürsten Sarenput I., des Sohnes des Satseni, der unter Sesostris I. (12. Dyn.) lebte. Durch eine Tür aus feinem Kalkstein mit Bildern des Verstorbenen betritt man den Hof. An den sechs Pfeilern, die das Dach einer Halle trugen, sind Inschriften und Bilder des Verstorbenen zu sehen. An der Rückwand links von der Tür sind zu erkennen: der Verstorbene in großer Figur, dem sein Sandalenträger und zwei Hunde folgen; dem Verstorbenen werden Rinder zugeführt, wobei besonders die wild gewordenen Stiere Beachtung verdienen; Sarenput in einem Nachen beim Fischestechen. Rechts von der Tür: der Verstorbene, hinter ihm der Bogenträger, ein Hund sowie drei Söhne, oben eine Säulenhalle, in der der Tote sitzt, vor ihm vier Frauen mit Blumen; darunter eine Frau und zwei Männer beim Spiel.

Alter Mühlstein im Simeonskloster bei Assuan

Weiter nordöstlich liegt das **Grab des Kakemet** aus der Zeit Amenophis' III. mit prachtvollen Deckenmalereien, die u. a. fliegende Vögel oder Spiralen mit Stierköpfen darstellen. An den Pfeilern erkennt man den Verstorbenen vor Osiris und der Hathor-Kuh. Beim Hinabsteigen zum Fluss kommt man an anderen kleineren Gräbern vorbei; weitere Grabungen sind im Gange und haben bisher eine dritte Grabreihe zutage gefördert.

✶ Simeonskloster (Deir Amba Samaan)

Koptisches Kloster

Das ehemalige Kloster des hl. Simeon (Deir Amba Samaan oder Deir Amba Hadra genannt) liegt auf einer Wüstenanhöhe ebenfalls am Westufer des Nils und ist auf einem etwa 20 Min. dauernden Fußweg in einem gegenüber der Südspitze von Elephantine endenden Tal aufwärts zu erreichen. Es ist eines der **größten und besterhaltenen**

Simeonskloster Orientierung

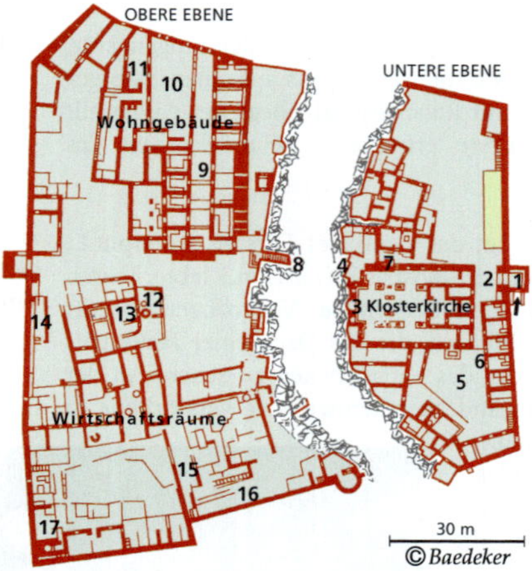

Ruinen der koptischen Klosterfestung des heiligen Simeon

UNTERE EBENE

1 Turm (Eingang)
2 Vorhof
3 Apsis der Klosterkirche
4 Felsgrotte
5 Hof
6 Schlafräume
7 Treppe zur oberen Ebene

OBERE EBENE

8 Treppe von der unteren Ebene
9 Dormitorium
10 Refektorium
11 Küche
12 Bäckerei
13 Ölpresse
14 Stallung
15 Wasserkläranlage
16 Latrine
17 Weinpresse

koptischen Bauwerke. Das im 7. Jh. gegründete Kloster ist seit dem 13. Jh. wegen Wassermangels verlassen. Die auf einer zweistufigen Felsplatte errichteten Bauten sind von einer 6–7 m hohen Ringmauer umschlossen, die unten aus Bruchsteinen, oben aus getrockneten Nilschlammziegeln besteht; im westlichen Teil ist sie unten aus dem Felsen herausgearbeitet.

Untere Ebene Man betritt die restaurierten Gebäude der unteren Ebene durch einen Turm im Osten und gelangt dann in den Vorhof bzw. vor die Ostseite der Klosterkirche. Die dreischiffige **Basilika** mit einem breiten, einst von zwei Kuppeln überwölbten Mittelschiff mündet im Osten in eine große Apsis, deren drei rechteckige Nischen mit Halbkuppeln gedeckt sind. In der mittleren Nische sieht man die Reste eines Freskos, das den thronenden Christus zwischen Engeln zeigt. In den Räumen rechts und links der Apsis befinden sich koptische Inschriften, dahinter das Baptisterium mit dem Taufbecken. Eine Tür im Westen des nördlichen Seitenschiffes führt in eine kleine Felsenkapelle mit schönem Deckenmuster aus dem 8. Jh. und einer Nische mit sechs Medaillons von Heiligen.

Obere Ebene Im Nordwesten der Kirche führt eine Treppe auf eine höher gelegene Ebene, wo das große dreistöckige **Wohngebäude** (Kasr) liegt, von dem die unteren Stockwerke gut erhalten sind. Jedes Stockwerk besitzt einen großen, gewölbten Mittelkorridor, an dem beidseitig die Zellen der Mönche mit den aus Ziegeln gemauerten Lagern liegen. Die Wirtschaftsräume (Mühle, Bäckerei, Öl- und Weinpresse, Vorratskammern, Bad) sowie eine kleine Kapelle sind teilweise zerstört.

Eine halbe Stunde südlich vom Simeonskloster liegen zwei weithin sichtbare Felsen, von denen einer mit Inschriften bedeckt ist. Nach weiteren 10 Minuten Fußmarsch gelangt man zu einer von dunklen Steinmassen gebildeten Anhöhe, von der man einen großartigen Rundblick über das Kataraktgebiet bis zur Insel Bahrif genießt.

Umgebung, Felsinschriften

Interessant ist ein Ausflug (mit Kamel oder Esel in etwa 2 Stunden) vom Gräberberg aus zu den nördlich vom Simeonskloster gelegenen Sandsteinbrüchen am westlichen Nilufer. Hier liegt die Spitze eines unvollendeten Obelisken mit Darstellungen von Sethos I.

Sandsteinbrüche

Weitere Ziele in der Umgebung von Assuan

Granit-steinbrüche,

✶

◄ Unvollendeter Obelisk

In den benachbarten alten Steinbrüchen wurde der schöne rötliche Assuan-Granit gebrochen. Wohl infolge eines Materialbruchs blieb im nördlichen Steinbruch ein rund 42 m langer Obelisk liegen. Um ihn herum verläuft ein 75 cm breiter Spalt, der ihn von dem umliegenden Felsen trennt. Hätte man ihn vollendet und aufgerichtet, dann hätte er ein Gewicht von schätzungsweise 1168 t besessen und wäre der **größte je geschaffene Obelisk** gewesen. An den Felswänden sind noch Spuren der Tätigkeit der Steinmetze zu erkennen, die dem Stein mit Dolerit-Hämmern zu Leibe gerückt sind. Die Rohverarbeitung zu Statuen, Sarkophagen oder Obelisken wurde gewöhnlich noch vor dem Transport vorgenommen.

◄ Südlicher Steinbruch

Vom nördlichen Steinbruch gelangt man zu Fuß auf dem Dammweg in ca. 45 Min. zum südlichen Steinbruch mit roh zugehauenen, liegen gebliebenen Stücken. An einem Felsen findet sich eine Inschrift Amenophis' III. Daneben liegen zwei unvollendete wannenförmige Särge aus der Ptolemäer- oder Kaiserzeit, unweit davon eine kolossale Königsstatue, von der nur die Füße aus dem Sand herausragen.

Alter Assuan-Staudamm

Etwa 5 km südlich von Assuan liegt flussaufwärts der 1898 bis 1912 angelegte Staudamm von Assuan, zur Zeit seiner Entstehung die größte Talsperre der Welt. Er wurde errichtet, um die alljährliche Nilflut aufzuhalten und das Nilwasser über das ganze Jahr hinweg gleichmäßig wieder abgeben zu können. Der nach Plänen des britischen Ingenieurs **Sir William Willcocks**, dem Erbauer der Stauanlage von Assijut, ausgeführte Staudamm durchquerte den Strom zunächst in gerader Linie auf einer Länge von 1960 Metern. Nach zwei Erweiterungen (1912 und 1934) misst die Dammlänge jetzt 2140 m bei einer Gesamthöhe von 51 Metern. Die Wasserhöhe des Reservoirs wird durch insgesamt 180 Öffnungen reguliert; von ihnen sind die 140 unteren (jeweils 7 x 2 m) zur eigentlichen Wasserregulierung bestimmt, während die 40 oberen (3,5 x 2 m) überschüssiges Wasser bei Überfüllung des Sees abgeben. Im Westen des Sperrdammes leitet ein Schifffahrtskanal von 2 km Länge auch größere Schiffe stromauf- und abwärts. Er überwindet mit vier 70 m langen und 9,5 m breiten Kammerschleusen ein Gefälle von 23 Metern.

✶ Assuan-Hochdamm (Sadd el-Ali)

Jahrhundertprojekt

Schon wenige Jahrzehnte nach der Fertigstellung des ersten Staudamms erwies sich sein Regulierungseffekt als so unbefriedigend, dass Überlegungen zur Erweiterung und Verbesserung dringend geboten waren. Der 1952 durch einen Militärputsch an die Macht gekommene **Präsident Nasser** befürwortete energisch ein Stauprojekt, für dessen Realisierung ihm Großbritannien, die USA und die Weltbank finanzielle Hilfe zusagten. Als 1956 die Westmächte infolge der Neutralitätspolitik Nassers ihre finanziellen Zusagen rückgängig machten, suchte Nasser nach einem anderen Finanzpartner. Er fand ihn in der Sowjetunion, die Ägypten durch Kredite und den Einsatz von etwa 2000 Ingenieuren und technischen Hilfskräften unter die Arme griff. Im Mai 1964 wurde der Umleitungskanal am östlichen Nilufer eröffnet. Die Einweihung des Hochdamms erfolgte im Januar 1971. Rund 30 000 ägyptische Arbeiter waren am Zustandekommen des gigantischen Bauwerkes beteiligt. Die steigenden Fluten machten nicht nur die Umsiedlung von rund 140 000 Nubiern und Sudanesen nötig, sondern brachten auch eines der ungewöhnlichsten **Rettungsprogramme** der internationalen Denkmalpflege zustande, bei dem zahlreiche Baudenkmäler von ihren alten Plätzen entfernt wurden, um an neuen Standorten wieder aufgestellt zu werden.

Assuan Hochdamm

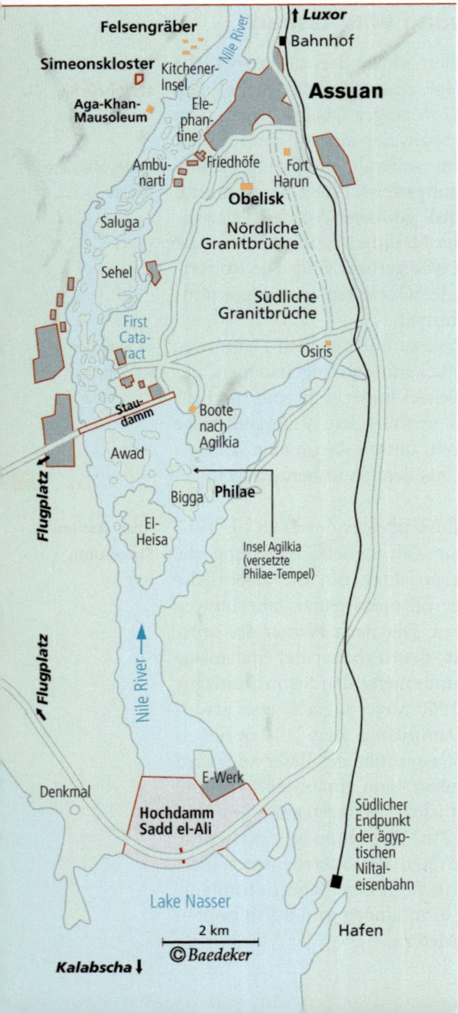

Der Assuan-Hochdamm, ca. 7 km südlich des alten Staudammes gelegen, ist vor allem eines: eine gewaltige Aufschüttung von Schotter, Geröll und Sand um einen Lehmkern, umhüllt von einem Betonmantel. Mehr als 40 Mio. Kubikmeter Material wurden verbaut.

Der knapp 4 km lange und 111 m hohe Damm ist an seiner Sohle 980 m breit und verjüngt sich bis

zu seiner Krone auf 40 Meter. An seinem Westende erhebt sich ein blütenförmiges Denkmal.
Das **Wasserkraftwerk** am Hochdamm mit seinen 12 Francis-Turbinen erzeugt im Mittel 1,1 Gigawatt Strom, der bis nach Kairo geleitet wird. Für die industrielle Entwicklung des Niltals ist es von essentieller Bedeutung.
Der Hochdamm staut den Nil zum rund 6000 km² großen **Nasser-Stausee**. Ein Drittel des 500 km langen bis zu 35 km breiten Gewässers erstreckt sich auf sudanesischem Staatsgebiet. Mit einem Stauvolumen von 165 Mrd. m³ ist der See das drittgrößte künstliche Gewässer der Erde. Das meiste Wasser wird für Bewässerungszwecke genutzt. Allerdings verdunstet auch eine größere Menge.

! *Baedeker* TIPP

Traumschiffe auf dem Nasser-See

Einige Schiffe kreuzen auf dem Nasser-See, darunter auch die »M.S. Kasr Ibrim« und das Schwesterschiff »M.S. Eugénie«, luxuriöse Belle-Époque-Schiffe mit gediegen-stilvoll möblierten Kabinen. Die mehrtägigen Kreuzfahrten haben meist folgende Etappen: Tempel von Kalabscha, Tal der Löwen, Tempelanlagen von Dakka und Maharakka, die alte Festung Kasr Ibrim (ohne Landgang), Abu Simbel, Tempel von Amada, Wadi el-Sebua. Weitere Informationen: Belle Époque Travel Bureau, 17 Tunis St., Kairo-Maadi, Tel. (022) 516 96 49, www.kasribrim.com.eg

◄ Toshka-Projekt

Derzeit entsteht ein Pumpwerk am Nassersee, mit dessen Hilfe ein Teil der südwestägyptischen Wüste bewässert werden soll. Dort soll bis 2017 ein **neuer Siedlungs- und Wirtschaftsraum** für rund 3 Mio. Menschen entstehen.

Denkmäler am Nasser-See

►Abu Simbel, ►Kalabscha

Baharija (El-Baharîya, Oase)

D 8

Landesteil: Westliche Wüste
Gouvernorat: Giseh
Einwohnerzahl: 35 000

Obwohl die annähernd ovale Senke ein Gebiet von 94 km Länge und ca. 40 km Breite umfasst, wird davon nur etwa ein Fünftel für die Landwirtschaft genutzt. Kleine Weiler liegen inmitten von Dattelpalmhainen, Oliven- und Obstgärten, die auch die Haupteinnahmequelle der Bevölkerung bilden.

Oase des Neuen Tales

Die nördlichste der vier großen Oasen des so genannten Neuen Tales liegt etwa 330 km südwestlich von Kairo und ist von dort über eine Straße gut zu erreichen. Eine weitere Verbindung besteht nach Süden zur 180 km entfernt gelegenen Oase ►Farafra, seit einiger Zeit auch wieder zur Oase Siwa.
Die größte Siedlung ist Bawiti, das zusammen mit dem Nachbarort El-Qasr etwa 25 000 Einwohner zählt. Da Baharija verwaltungstechnisch zum Gouvernorat Giseh gehört, ist hier wenig von der Auf-

Zeit für ein Schwätzchen gibt es immer, denn in der Oase Baharija ist der Alltag noch nicht von Hektik und Stress bestimmt.

bruchstimmung, die das »New Valley Project« in den anderen Oasen verursacht hat, zu spüren. Etwas mehr Aufmerksamkeit erhält die Region seit 1970, als mit der Erschließung der Eisenerzmine bei Managem (etwa 20 km nordöstlich der Oase) begonnen wurde. Warum die Oase auch für Archäologen spannend ist, dazu unten mehr.

Sehenswertes in Baharija

★ Bawiti, El-Qasr

Die Hauptsiedlung der Oase besticht durch ihre weiß gekalkten Häuser mit roten und blauen Zeichnungen. Auch die Palmenhaine und Obstgärten laden zu Spaziergängen ein. Die meisten historischen Bauten befinden sich hier und im nahe gelegenen Umkreis.

Denkmäler aus pharaonischer Zeit

Nur spärliche Reste von Tempeln und Gräbern dokumentieren die Verbindungen zur Kultur des Niltales. Die Blütezeit der Oase war wohl während der saitischen Epoche (26. Dyn.), aus der die meisten Denkmäler stammen. Obwohl sie in schlechtem Zustand und auch nicht immer zugänglich sind, werden die wichtigsten hier erwähnt.
Im Stadtgebiet von Bawiti am Hügel Qasr Salim liegen mehrere Felsengräber aus der Saitenzeit, unter denen vor allem das Grab des Banentiu mit sehr gut erhaltenen Malereien herausragt. Im Südwesten, am Qaret al-Farargi, was treffenderweise »Kuppe des Geflügelhändlers« bedeutet, wurde bisher nur ein Teil eines riesigen Ibis- und Falkenfriedhofes ausgegraben. Aus der Zeit des Amasis stammen die kärglichen Überreste eines Tempels.

Im Gebiet von El-Qasr gibt es eine weitere Tempelruine, die von Apries, etwas südlich davon eine kleine Kultanlage von Alexander d. Gr. und einen rudimentär erhaltenen römischen Triumphbogen.

»Tal der goldenen Mumien«

Im Sommer 1999 erregte die Meldung von der Entdeckung eines großen Friedhofes aus griechisch-römischer Zeit die Aufmerksamkeit der Öffentlichkeit. Das 6 km² Areal südlich der Oase wird seit 1996 untersucht, und bis jetzt wurden schon über 7000 Kleinobjekte bzw. Grabbeigaben im provisorischen Magazin in Bawiti gelagert. Die Gräber, in denen man mehrere, z. T. sogar über 40 Mumien fand, wurden von einer Familie vermutlich über Generationen hinweg genutzt. Über 100 Mumien haben die Ausgräber bereits zutage beför-

BAHARIJA ERLEBEN

AUSKUNFT

Tourist Information
(gegenüber Polizeistation)
Tel. (02) 38 47 30 39
Geöffnet: tgl. außer Fr 8.30 – 14.00

Tourist Police
Tel. (02) 38 47 39 00

ANREISE

Bus
Täglich Busverbindung nach Kairo (Busterminal Mahatet Turgoman, Kairo-Zentrum, hinter dem Al-Ahram-Gebäude). Ferner Busse nach Farafra, Kharga und Dachla.

Taxi
Relativ schnell gelangt man von Kairo nach Baharija ab Al-Wahia-Café, Ecke Sharia Qadry im Kairoer Viertel Saiyyida Zeinab.

ÜBERNACHTEN

► Komfortabel

International Hot Spring Hotel
Bawiti; Tel. (02) 38 47 30 14
Fax (02) 38 47 23 22
www.whitedeserttours.com
Hotel und Spa mit heißer Naturquelle. Es gibt Jeeps und Führer für ein- und mehrtägige Wüstentouren.

Qasr El Bawity
Bawiti; Tel. (02) 38 47 18 80
www.qasrelbawity.com
Diese Öko-Lodge im traditionellen Stil mit dicken Natursteinwänden bietet freundliche Zimmer im Beduinen-Design

► Günstig

El Beshmo Lodge
Tel. (02) 38 47 21 77 – Einfaches Hotel nahe der Beshmo-Quellen, mit kleinem Pool aus heißer Quelle, Café.

Old Oasis Hotel
Tel. (02) 38 47 30 28
Nettes Hotel mit großem, von einer Thermalquelle gespeistem Pool

Desert Safari Home
Bawiti; Tel. (02) 38 47 13 21
Tel. (012) 731 39 08
www.desertsafarihome.com
Freundliche Unterkunft; Abendessen auf Wunsch; auch Wüstentrips.

Ahmed Safari Camping
Bawiti; Tel. (02) 38 47 20 90
www.ahmedsafaricamp.com
Ahmeds Safari Camps gelten bei Oasen-Reisenden als Tipp; auch Jeeps mit Fahrer für Ausflüge.

! Baedeker TIPP

Wüstentour

Mit Kamelen oder Jeeps kann man von Baharija aus unter professioneller Führung für mehrere Tage in die wunderbare Wüste aufbrechen. Alles Nötige wird gestellt. Infos und Buchung bei Khalid und der Deutsch sprechenden Rose-Maria Khalifa, Tel. (012) 3 21 54 45, www.khalifaexp.com

dert, doch nur die interessantesten und teilweise mit Goldmasken bedeckten sollen in (vermutlich noch ferner) Zukunft in einem Museum ausgestellt werden. Die Übrigen wurden nach ihrer wissenschaftlichen Auswertung wieder mit Sand bedeckt, um den Zerfallsprozess nicht zu beschleunigen. Beim »Antiquities Inspectorate« (Öffnungszeiten 8.00–14.00 Uhr) kann man einige Mumien besichtigen.

Oasis Heritage Museum An der Hauptstraße von Bawiti befindet sich das kleine Oasis Heritage Museum, in dem das ländliche Leben der Oase nachgestellt ist. Sehr schön ist auch die Sammlung von traditioneller Kleidung und Schmuck.

Heiße Quellen In Baharija gibt es zahlreiche heiße Quellen, die zum Baden einladen. Doch sollten Frauen das jeweilige Umfeld beachten, bevor sie sich (in Badebekleidung) ins Wasser begeben, und möglichst keine Quellen aufsuchen, die mitten in einem Ort liegen!

Weiße Wüste ►Farafra, Umgebung

★ Beni Hassan

H 9

Landesteil: Mittelägypten **Gouvernorat:** El-Minija

Die Nekropole aus der Zeit des Mittleren Reiches (11. und frühe 12. Dynastie) ist die bedeutendste Begräbnisstätte zwischen Memphis und Assijut. Hier wurden die Angehörigen der Fürstenfamilien bestattet, aber auch Beamte und Menschen niederen Standes.

Berühmte Felsengräber Die Felsengräber von Beni Hassan – insgesamt 39 – liegen am östlichen Ufer des Nils am Rande der Wüste, etwa 20 km südlich von El-Minija. Die jüngeren Gräber überzeugen künstlerisch deutlich weniger als die älteren, worin sich ein allmählicher kultureller Niedergang bei gleich bleibendem materiellen Wohlstand zeigt. Die Wandbilder in den Gräbern sind auf Stuck in bunten Farben gemalt, aber vielfach zerstört oder so verblasst, dass man kaum noch etwas erkennen kann. Bei knapper Zeit genügt es, die Besichtigung auf die vier wichtigsten Gräber – Nr. 17, 15, 3 und 2 – zu beschränken. Unterhalb der Begräbnisstätte der Vornehmen liegen am Bergabhang zahlreiche kleinere Gräber, in denen Beamte und Leute niederen Standes im Mittleren Reich bestattet worden sind.

Felsengräber

Grab des Cheti

Vom Talrand führt ein Fußweg hinauf zu Grab Nr. 32, von hier wendet man sich nach links (nördlich) zu Nr. 17, dem Grab des Cheti. Durch die einfache Fassade betritt man den Felsensaal, dessen Decke von sechs Lotosbündelsäulen mit geschlossenen Kapitellen getragen wurde, von denen aber nur noch zwei stehen. Die **Wandbilder** sind gut erhalten, die linke (nördliche) Wand zeigt in den oberen Reihen eine Jagd in der Wüste, in den unteren Tänzer und Tänzerinnen, den Transport der Statue des Verstorbenen usw. Auf der Rückwand (östlich) oben Ringer in verschiedenen Stellungen, unten Kriegsszenen, besonders der Kampf um eine Festung. Auf der rechten (südlichen) Wand (von links nach rechts): der Verstorbene und seine Frau; der Verstorbene, von einem Fächerträger, Sandalenträgern, zwei Zwergen und anderen begleitet.

* Grab des Beket

Weiter nördlich, an der Einmündung eines von der Ebene heraufkommenden Weges, öffnet sich das Grab des Beket (Nr. 15), des Vaters des Cheti und ebenfalls Nomarchen des Antilopengaus (11. Dyn.). Die zwei Säulen, welche die Decke des rechteckigen Saales trugen, sind weggebrochen. Auf der linken (nördlichen) Wand oben erkennt man die Jagd in der Wüste, einen Barbier, einen Wäscher, Maler und andere Figuren. Darunter sieht man den Toten und seine Gemahlin, vor ihm (in vier Reihen) spinnende und webende Frauen, Tänzerinnen und Ball spielende Mädchen. Auf der Rückwand (östlich) sind in den oberen Reihen Ringspiele, in den unteren Kriegsszenen, ähnlich wie im Grab des Cheti, dargestellt. Die rechte (südliche)

Hoch über dem Nilufer wurden die Fürstengräber von Beni Hassan in den Fels geschlagen.

Wand zeigt den Toten, vor ihm in mehreren Reihen Leute, die einen Schrein mit der Statue des Verstorbenen ziehen, davor Tänzerinnen und Diener mit Schmuck für die Statue.

Grab des Chnumhotep III.

Die Nr. 3 ist das Grab des Chnumhotep III., des Sohnes von Neheri, der einer teils über den Antilopengau mit der Hauptstadt Menat Chufu (jetzt El-Minija), teils über die östlichen Gebiete herrschenden Fürstenfamilie angehörte. Chnumhotep wurde von König Amenemhet II. mit letzterem Gebiet belehnt und heiratete später eine Tochter des Fürsten des Hundegaus, der dann seinem Sohn ebenfalls zufiel. Die Wandmalereien des Grabes wurden versuchsweise mit neuen Verfahren gereinigt und farblich aufgefrischt. Die Dauerhaftigkeit dieser Maßnahme wird darüber entscheiden, ob auch andere Gräber entsprechend überarbeitet werden.

Die **Vorhalle**, die einen offenen Vorhof abschließt, wird von zwei Säulen getragen. Der Säulensaal enthielt in zwei Reihen vier Säulen, durch die er in drei leicht gewölbte Schiffe geteilt wurde. Bilder und Inschriften sind sehr verblasst und daher nur mühsam zu erkennen. Die Inschrift unten an den Wänden wurde in 0,75 m hohen, senkrechten Zeilen in den Felsen eingeschlagen und mit grüner Farbe ausgefüllt. Leider wurden 1890 die Königsnamen aus der Inschrift ausgemeißelt.

Reliefs ►

Auf der Eingangswand (westlich) über der Tür ist oben der Transport der Statue des Verstorbenen zum Tempel dargestellt, vor der Tänzerinnen eigentümliche Figuren ausführen. Darunter sieht der Verstorbene den Tischlern zu. Links (nördlich) der Tür ist die Kanzlei des Toten dargestellt: Silber wird gewogen, Getreide gemessen und in die Speicher getragen, Schreiber verzeichnen die Einkünfte. Die beiden (nach unten) folgenden Reihen zeigen Feldarbeiten wie das Aufhacken des Bodens, Pflügen, Ernte und Dreschen. Die vierte Reihe stellt die Fahrt des Leichnams zum Grabe des Osiris in Abydos dar. In der fünften Reihe findet sich ein Bild der Wein- und Feigenernte sowie des Gemüsebaus. Die unterste Reihe zeigt das Leben am Fluss (Rinder im Wasser, Fischfang).

Die linke (nördliche) Wand zeigt oben den Verstorbenen auf der Jagd in der Wüste. Unten rechts ist der Tote in großer Figur dargestellt, wie er den mannigfaltigen Vorgängen in seinem Gau zusieht.

Auf der Rückwand (östlich) ist links der Tote zu sehen, der mit seiner Frau durch die Sümpfe fährt und mit dem Wurfholz Vögel jagt. Im Dickicht fliegen und nisten allerlei Vögel, im Wasser tummeln sich Fische, ein Nilpferd und ein Krokodil. Rechts erkennt man eine Darstellung des Toten, wie er mit einer Lanze zwei gestochene Fische aus dem Wasser hebt.

Die rechte (südliche) Wand zeigt links den Toten vor dem Speisetisch. Allerlei Opfergaben sind vor ihm aufgehäuft, Diener und Priester kommen mit Gaben zum Totenopfer. Die rechte Eingangswand (südlich der Tür) zeigt in der oberen Reihe Wäscher, in der zweiten Reihe Töpfer. Männer fällen eine Palme; der Tote wird in einer Sänfte getragen und sieht den Zimmerleuten zu, die ein Schiff fertigen. Die dritte Reihe zeigt zwei Schiffe, in denen die Familie des Toten zur Leichenfeier nach Abydos fährt. In der vierten Reihe sind Frauen beim Spinnen und Weben sowie Bäcker dargestellt. In der untersten Reihe erkennt man u. a. einen Bildhauer, der eine Statue poliert.

Umgebung von Beni Hassan

Minya

Ca. 40 km nördlich von Beni Hassan liegt die Gouvernoratshauptstadt Minya (230 000 Einw.), die früher ein florierendes Zentrum des Baumwollanbaus war. In den 1990er-Jahren kam es hier zu Anschlägen militanter Islamisten, Touristen blieben fortan aus. Inzwischen hat sich die Lage wieder etwas entspannt, doch die Polizei ist nach wie vor omnipräsent.
Lohnend ist ein Spaziergang entlang der **Corniche** am Nil. Kolonialzeitliche Villen zeugen noch vom einstigen Reichtum der Baumwollstadt. Etwa 8 km südlich der Stadt breitet sich der **Zawiyyet al-Mayyiteen** aus, der wohl größte Friedhof Nordafrikas aus mit mehreren zehntausend Kuppelgräbern aus verschiedenen Epochen.

* Dachla (Dakhla)

D 14

Landesteil: Westliche Wüste
Einwohnerzahl: 75 000
Gouvernorat: Neues Tal
Höhe: 122 m ü. d. M.

Mit ihren saftig grünen Dattelhainen und Gärten vor dem Hintergrund ockerfarbener und rosaroter Wüstenfelsen bietet die Oase Dachla ein außerordentlich reizvolles Bild. Eingestreut in die fruchtbare Landschaft liegen kleine, überwiegend von den traditionellen Lehmziegelhäusern bestimmte Dörfer, die von Feldern und üppigen Gärten umgeben sind.

Landschaftsbild

Obwohl auch hier der Tourismus bereits Fuß gefasst hat, taucht man immer noch ein in eine Welt, die weit weg zu sein scheint von dem Ägypten, das man in Kairo, am Nil oder am Roten Meer kennen lernt. Das Oasengebiet liegt etwa 750 km südwestlich von Kairo in der Westlichen Wüste und ist nach ►El-Faijum die größte der ägyptischen Oasen. Mit mehr als 500 natürlichen Quellen und Teichen verfügt die Oase über erhebliche Wasserreserven. Da alle Quellen salzhaltiges Wasser liefern, muss das Wasser in einem Zisternennetz aufgefangen und gespeichert werden, damit sich das Salz ablagern kann. Ebenso wie die anderen Großoasen der Westlichen Wüste wird Dachla durch das Landgewinnungsprojekt **»Neues Tal«** (New Valley) erschlossen und erweitert. Mittels umfangreicher Tiefbohrungen wird fossiles Grundwasser für die Bewässerung nutzbar gemacht und damit neues Ackerland gewonnen. Angebaut und exportiert werden

DACHLA ERLEBEN

AUSKUNFT

Tourist Office
Midan al-Gamaam
Tel. (092) 782 04 07
Geöffnet: tgl. 8.00 – 14.00, unregelmäßig auch 18.00–21.00 Uhr.

Tourist Police
Tel. (092) 782 16 87

ANREISE

Flugverkehr
Flugplatz südlich von Mût
Tel. (092) 782 24 53
EgyptAir, Tel. (092) 782 28 53

Bus
Tgl. Busverbindung mit nach Kairo
Auskunft: Tel. (02) 82 15 38
In Kairo Abfahrt vom Al Azhar Terminal am Midan Ataba.

ESSEN

► Preiswert

Ahmed Hamdy Restaurant
Sawara al-Khadra St.
Tel. (092) 782 07 67
Treff für Rucksackreisende, gute und preiswerte Grillküche.

ÜBERNACHTEN

► Komfortabel

Desert Lodge
Al-Qasr, Tel. (092) 26 90 52 40
www.desertlodge.net
Bestens nach ökologischen Standards geführtes Haus auf einem Hügel

Sol y Mar Mût Inn
Gamal Abd El-Nasser, Mût
Tel. (092) 792 97 51
11 komfortable Chalets an einem Pool mit natürlicher Thermalquelle

► Günstig

Gardens Hotel
Mût, Tel. (092) 782 15 77
Einfaches, aber sauberes Haus

Badawiya Dakhla Hotel
Al-Qasr, Tel. (092) 772 74 51
www.badawiya.com
Wohnen und Backsteinkuppeln in Zimmern, die mit Kunsthandwerk aus der Gegend ausgestattet sind; Swimming Pool, toller Panorama-Ausblick

Die Oasenstadt Al-Quasr mit ihrem »gespickten« Minarett

Datteln, Zitrusfrüchte, Mangos, Aprikosen und Gemüse; daneben betreiben die Bewohner etwas Vieh-, vor allem Geflügelzucht.

Geschichte

Vor einiger Zeit (zuletzt 2005) entdeckte **prähistorische Felszeichnungen** und Grabungsfunde weisen Dachla als altes Siedlungsgebiet aus. Noch in der Jungsteinzeit lebten hier Elefanten, Büffel, Giraffen und Strauße. Und noch im Altertum wurde hier Weinbaun und Viehzucht betrieben. Obwohl die Bewohner der Oase mit den Bewohnern des Niltales Handel trieben, bewahrten sie ihre kulturelle Identität.

Sehenswertes in der Oase Dachla

Ahmed Fakhri Desert Center Dachla

Im Zentrum der Oase entsteht derzeit mit deutscher Unterstützung das nach dem ägyptischen Altertumsforscher **Ahmed Fakhri** benannte Museum unter dem Leitthema »Wasser – Weide – Wüste«. Man soll erfahren, aus welchen Gründen diese Weltgegend immer lebensfeindlicher wurde und welche Lehren daraus zu ziehen sind.

Mût

Mût ist heute der Hauptort der Oase, ausgestattet mit Restaurants, Hotels, einem Tourist Office und Geschäften. Im kleinen Heimatmuseum wird das Alltagsleben einer Oase anschaulich gemacht.

✶ El-Qasr

Im Nordwesten des Oasengebietes liegt auf einem Hügel El-Qasr, der alte Hauptort mit einer zwar im Verfall begriffenen, aber auch sehr malerischen Altstadt, schmalen, zum Teil überbauten Gassen und einer Burgruine. Vor dem Verfall gerettet wurde das 20 m hohe, mit Bauhölzern **»gespickte« Minarett** der Nasr el Din Moschee aus dem 11. Jh. (in der Nähe der neuen Moschee). Die Töpferkunst hat in El-Qasr eine lange Tradition. In einer Werkstatt am Dorfrand kann man Keramik und die ortstypischen Wasserkrüge kaufen.

Deir el-Hagar

Etwa 10 km südwestlich von El-Qasr kommt man zum Deir el-Hagar (»Kloster des Steines«), die **Ruine eines großen Tempels** aus der römischen Kaiserzeit (1. Jh. n. Chr.), der den thebanischen Gottheiten Amun, Mut und Chons geweiht war. In späterer Zeit wurde er von koptischen Mönchen bewohnt. Er war von einer starken, 70 x 39 m langen Ziegelmauer umschlossen und in klassischer Weise gegliedert: Dem Pylonen folgte ein Säulenhof, von dem man die Säulenhalle mit Vorhof und Allerheiligstem betritt. Eingravierungen nennen die Namen der römischen Kaiser Vespasian, Titus, Domitian und Nero. Der Tempel besitzt Reliefbilder mit Kult- und Opferszenen. Die nahe gelegenen, 42 °C warmen **Schwefelquellen** waren, wie die Steinfassung vermuten lässt, wohl schon den Römern bekannt.

Balat

Mittelpunkt des östlichen Oasengebietes ist das Städtchen Balat, das etwa 30 km östlich von Mût liegt und von Reisegruppen weit weniger besucht wird als beispielsweise der Vorzeigeort El-Qasr. Hier liegen die Reste eines Mut-Tempels aus der Zeit des Neuen Reiches, pharaonische Gräber (Mastabas) aus der 6. Dynastie und aus der Ersten Zwischenzeit sowie Gräber aus der griechisch-römischen Epoche.

Dahab

►Sinai

★ Dahshur (Dahshûr)

J 5

Landesteil: Mittelägypten **Gouvernorat:** Giseh

Fünf Pyramiden aus dem Alten und Mittleren Reich, etwa 3,5 km entlang des Wüstenrandes erbaut, sind in Dahshur zu bestaunen. Wer dem Trubel bei den Pyramiden von ►Giseh entfliehen möchte, um in aller Ruhe über die meisterhafte Baukunst der alten Ägypter zu sinnieren, ist hier genau richtig.

Pyramiden Snofrus

Seit 1996 ist das weitläufige Pyramidenfeld, das in einem militärischen Sperrgebiet etwa 7 km südlich von Sakkara bis dahin für Zivilisten gesperrt war, für Besucher zugänglich. Die drei Pyramiden aus der 12. Dynastie sind in schlechtem Zustand – und belegen dadurch die abnehmende Bedeutung des Pyramidenbaus in dieser Zeit –, während die beiden Pyramiden Snofrus, dem Begründer der 4. Dynastie und Vater von Cheops, sehr gut erhalten sind, obwohl sie 800 Jahre vorher erbaut wurden. Auch wenn Snofru nicht die größte aller ägyptischen Pyramiden errichten ließ, so war er doch ein äußerst baufreudiger Herrscher: In seiner rund 40-jährigen Regierungszeit errichtete er drei Pyramiden und verbaute insgesamt 3,6 Mio. m^3 Steinmaterial! Dies übertrifft das Volumen der Cheops-Pyramide um 1 Mio. m^3. Als Meisterwerk und Vorbild aller späteren Pyramiden gilt die so genannte Rote Pyramide, deren Raumgestaltung die Perfektion der großen Galerie in der Cheops-Pyramide vorwegnimmt. Davon kann man sich selbst überzeugen, denn ihre Kammern sind als einzige der Pyramiden Dahshurs für Besucher geöffnet!

Wichtiger Hinweis ►

Da die Pyramiden auf militärischem Sperrgebiet liegen, sollte man unbedingt darauf achten, keine militärischen Einrichtungen zu fotografieren oder zu filmen – dies ist strengstens verboten.

Pyramiden

★ Rote Pyramide

»Erscheinung des Snofru« wurde sie von den alten Ägyptern genannt. Ihre heute übliche Bezeichnung erhielt sie aufgrund des Kalksteins, der vor allem in den späten Nachmittagsstunden kräftig rötlich schimmert. Mit einer Höhe von 99 m und einer Seitenlänge von 220 m beherrscht sie das Plateau. Als krönender Abschluss der Pyramidenbautätigkeit Snofrus wurde sie spätestens im 30. Regierungsjahr des Herrschers begonnen und auch noch während seiner Herrschaft fertig gestellt. Nicht nur seine Pyramide galt seinen Nachfolgern als Vorbild, auch Snofru selbst wurde über Jahrhunderte hinweg als der ideale »gute Herrscher« verehrt.

Eine **Innenbesichtigung** der Pyramide ist unbedingt zu empfehlen. Der Eingang befindet sich an der Nordseite in 28 m Höhe über der Bodenfläche. Von hier führt ein 63 m langer, niedriger Gang nach unten und mündet in die erste Vorkammer, die mit einer zweiten durch einen Gang verbunden ist – und das alles etwa 10 m unter dem Wüstenniveau! Beide Kammern haben dieselben Maße und beeindrucken durch ihre in perfekter **Kragtechnik** ausgeführte, über 12 m hohe Decke. Die eigentliche Grabkammer ist nur über einen Durchgang in der Südwand der zweiten Vorkammer zu erreichen – 8 m über dem Bodenniveau! Über eine moderne Holzwendeltreppe lässt sich dies aber bewältigen, so dass man alsbald im größten Raum des Grabes (4,2 x 8,3 m) steht und eine weitere, rund 14 m hohe Kragdecke bewundern kann. Nichts deutet mehr auf die letzte Ruhestätte des großen Bauherrn hin, denn Grabräuber haben die Stätte geplündert und den Holzsarg und hölzerne Grabbeigaben verbrannt, was deutlich sichtbare Brandspuren verraten. Bei Reinigungsarbeiten 1950 wurden Reste eines teilmumifizierten Leichnams gefunden. Ob es sich dabei um Snofru handelt, ist nicht gesichert.

***Dahshur** Orientierung*

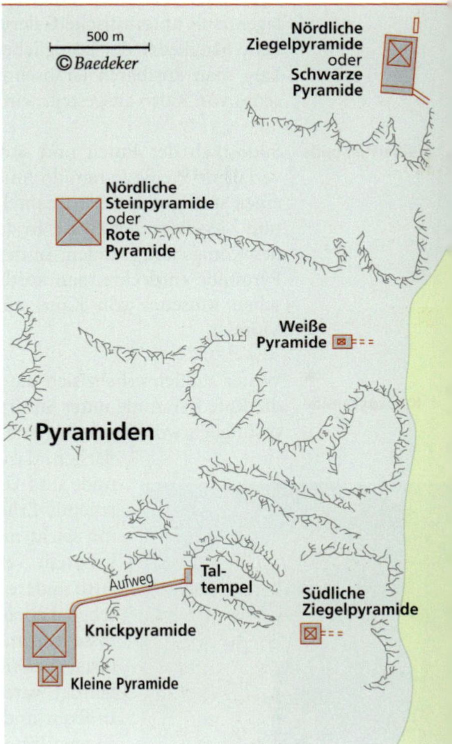

Nördliche Ziegelpyramide

Die Nördliche Ziegelpyramide oder Schwarze Pyramide gilt als das Grabmal des Königs Sesostris III. (12. Dynastie). Ihre Seitenlänge misst an der Basis 105 m, die jetzige Höhe beträgt nur 27 m. Einst war sie gut 65 m hoch und besaß eine Verkleidung aus Marmorplatten, die heute ganz verschwunden ist. Im Inneren fand man die Grabkammer mit dem leeren Granitsarg des Pharaos. Nördlich der

Pyramide, aber noch innerhalb der ehemaligen Umfassungsmauer, lagen zwei unterirdische Galerien mit Grabkammern, in denen weibliche Mitglieder der königlichen Familie beigesetzt waren. Bei ihnen barg man kostbaren Grabschmuck, der heute im Ägyptischen Museum von Kairo ausgestellt wird.

Weiße Pyramide Südöstlich der Roten und südlich der Sesostris-Pyramide liegt die verfallene Weiße Pyramide Amenemhets II. (12. Dynastie). Sie besitzt einen stützenden Gerüstmantel, der mit einem recht instabilen Sand- und Ziegelkern gefüllt ist. In der Grabkammer wurde der Sarkophag des Königs aufgefunden. In den Frauengräbern an der Westseite der Pyramide entdeckte man kostbaren Schmuck, der heute im Ägyptischen Museum von Kairo aufbewahrt wird, sowie drei weibliche Mumien.

★ Knickpyramide Weiter südlich erhebt sich die sog. Knickpyramide. Sie entstand wie die Rote Pyramide unter Snofru, jedoch früher als diese, und war ursprünglich wohl auch als reine Pyramide mit ungebrochenen Seitenflächen, dazu mit Taltempel, Aufweg, Nebenpyramide und Umfassungsmauer geplant. Der hervorragende Erhaltungszustand der **Außenverkleidung** mit leicht nach innen geneigten Platten aus Turakalkstein vermittelt einen Eindruck davon, wie auch andere Pyramiden wohl früher einmal ausgesehen haben dürften. Bisherige Forschungsergebnisse zeigen, dass sich die Pyramide beim Bau als instabil erwies und die Grabkammern einsturzgefährdet waren, darauf deuten gipsgefüllte Risse im Inneren und Hinweise auf ehemalige Holzabstützungen hin. Wohl zur Verringerung der Gesteinslast entschloss man sich zur drastischen Änderung des Neigungswinkels auf halber Höhe, die dem Bauwerk seinen Namen eingebracht hat. Als keine Maßnahme den gewünschten Erfolg zeigte, wurde die Pyramide vermutlich als Grabmal aufgegeben und die Rote Pyramide als neues Königsgrab geplant und errichtet. Abweichend von anderen Pyramiden besitzt die Knickpyramide neben dem **Zugang** von Norden einen weiteren Zugang von Westen. Der Erstere, beschwerlichere führt von etwa 11 m Höhe in eine unterirdische Kammer, die mit einer weiteren, etwas höher gelegenen Kammer verbunden ist. Der Westeingang führt von 34 m Höhe abwärts zu einer dritten Kammer auf dem Niveau der Pyramidenbasis. Sie besitzt über einen senkrechten Schacht eine Verbindung zu den beiden unteren Räumen. Alle drei Kammern haben aus überkragenden Steinplatten gebildete Gabelgewölbe, um den enormen statischen Schüben standzuhalten.

Der Neigungswinkel der Knickpyramide gibt bis heute Rätsel auf.

An die Südseite der Umfassungsmauer schließt sich die Kleine Pyramide an, mit einer Basisfläche von 55 x 55 m und einer ursprünglichen Höhe von 32 m. Auch sie besitzt ihren Zugang über eine kleine Kultnische an der Nord- und einen Opferplatz an der Ostseite.

◄ Kleine Pyramide

Der Taltempel der Knickpyramide ist als einziger der Nekropole von Dahshur noch gut erhalten. Er liegt rund 700 m nordöstlich mitten in der Wüste und ist über seinen offenen Aufweg mit der Pyramide verbunden. Der Taltempel besitzt eine von je zwei Seitenräumen flankierte Eingangshalle, durch die man den Innenhof betritt. An seiner Rückseite liegen sechs Kapellennischen. Die überaus reiche Ausstattung wurde nach Kairo verbracht.

◄ Taltempel

★★ Dendera

M 12

Landesteil: Oberägypten **Gouvernorat:** Kena

Die Reste der alten ägyptischen Stadt liegen weithin sichtbar etwa auf der Höhe der Stadt Kena am westlichen Ufer des Nils in einer weiten Flussbiegung. Dendera zählt zu den ältesten und berühmtesten Städten Ägyptens.

Hauptkultstätte der Hathor

Dendera (oder Dendara, auf Griechisch Tentyris) war einst Hauptstadt des 6. oberägyptischen Gaus. Aus dem alten Namen Iunet bzw. Iunet Tantere (= der Göttin; gemeint ist Hathor) leitet sich verkürzend die griechische und die moderne arabische Bezeichnung des Ortes ab. Als sich im Altertum der Wirtschafts- und Bevölkerungsschwerpunkt vom Westufer weg nach Kena am Ostufer des Nils verlagerte, blieb Iunet Tantere die Hauptkultstätte der Hathor, der Göttin der Liebe und der Freude, die der griechischen Aphrodite entsprach. Ihr prächtiger Tempel, in dem sie zusammen mit ihrem Gemahl, dem falkenköpfigen Horus von Edfu, sowie ihrem jugendlichen Sohn Ihi, dem Gott der Musik, verehrt wurde, ist einer der besterhaltenen des Landes.

> ! *Baedeker* TIPP
>
> **Bootsausflug**
>
> Verbinden Sie den Besuch von Dendera mit einer beschaulichen Bootsfahrt auf dem Nil. Während Landschaft und Dörfer an einem vorbeiziehen, kann man sich an Bord verwöhnen lassen und entspannen. Tagesausflüge mit Mittagessen kann man in den Reisebüros in Luxor buchen.

★★ Tempel der Hathor

Der Tempel der Hathor entstand im ersten vorchristlichen Jahrhundert unter der Regierung der letzten Ptolemäer und der von Kaiser Augustus. Die Reliefs an den Wänden kamen erst später dazu. Der Vorhof mit Säulengängen und die Pylonen am Nordtor wurden nicht ausgeführt. Der Tempel ersetzte ein älteres Heiligtum, das nach der Überlieferung aus der Zeit des Al-

Öffnungszeiten:
tgl. 9.00 – 17.00

ten Reiches (mindestens 6. – 12. Dyn.) stammte. Obwohl seine Wirkung nicht an die Heiligtümer von Abydos oder Karnak heranreicht, beeindruckt er durch seine Großzügigkeit und durch die Ausgewogenheit der Proportionen. Auch der üppige Wandschmuck in Bild und Schrift hält den Vergleich mit großen Meisterwerken des Alten Reiches oder der Zeit Thutmosis' III. und Sethos' I. nicht stand, ist aber für die späte ägyptische Dekorationskunst ein anschauliches und sehenswertes Beispiel.

Dendera Orientierung

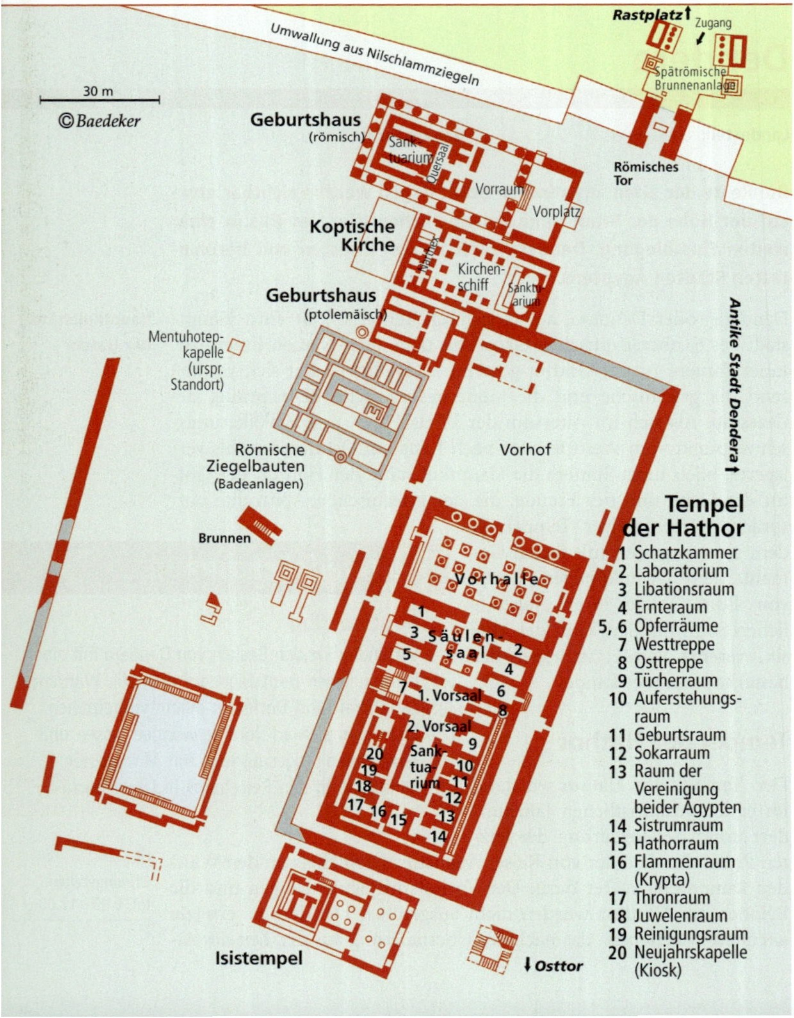

Heiliger Bezirk

Vom Rastplatz auf dem linken Flussufer führt ein einst von Säulen flankierter Weg zum nördlichen Eingang der bis zu einer Höhe von 10 m gut erhaltenen Umwallung. Die 290 x 280 m lange Mauer umschließt den heiligen Bezirk und mehrere andere Heiligtümer. Das monumentale Tor stammt aus der Zeit Kaiser Domitians (1. Jh. n. Chr.), der hier ebenso wie die auf der Innenseite genannten Kaiser Nerva und Trajan den Beinamen Germanicus führt. Vor dem Tor befinden sich rechts und links zwei spätrömische Brunnenanlagen. Ein anderes, ähnliches Tor liegt auf der Ostseite, ein drittes, aus der Kaiserzeit stammendes, im Osten, außerhalb des Tempelbezirkes.

Im Innern des Tempels: Säulen mit Reliefs und Kapitellen in Form von Hathor-Gesichtern

24 Säulen, deren Kapitelle den Kopf der Hathor zeigen, tragen die **Vorhalle**. Sie ist nach außen durch Schranken zwischen der ersten Säulenreihe abgeschlossen. Die Wände im Innern zeigen in vier Reihen die römischen Kaiser Augustus, Tiberius, Caligula, Claudius und Nero als Pharaonen mit Weihgeschenken vor Hathor und anderen Gottheiten. Die Reliefs an den Schranken sind abgemeißelt, sie bezogen sich auf die Einführung des Herrschers in das Heiligtum. Die Darstellungen auf den Schranken rechts vom Eingang zeigen den König mit der unterägyptischen Krone auf dem Haupt beim Heraustreten aus dem Palast; der falkenköpfige Horus und der ibisköpfige Thot gießen Weihwasser, dessen Tropfen die Gestalt der Hieroglyphe »Leben« bilden, über den König aus; die Schutzgöttin Ober- und Unterägyptens segnet den König. Links davon, an der Westwand, zeigt ein Relief, wie Mont und Atum, die Götter des ober- und unterägyptischen Om, den König vor Hathor führen. Auf den Schranken links vom Eingang finden sich die entsprechenden Darstellungen des Königs mit der oberägyptischen Krone.

◄ Decke

Die sieben Felder an der Decke der Vorhalle zeigen von li. nach re.:
1. Die Himmelsgöttin Nut; unter ihrem Leib Bilder des Tierkreises und Barken mit personifizierten Sternen; die Sonne scheint auf den Tempel von Dendera, der durch ein Gebäude mit einem Hathorkopf wiedergegeben ist.
2. Sterngottheiten und die Stunden des Tages und der Nacht.
3. Bilder der verschiedenen Mondphasen und der Sonne während der zwölf Stunden des Tages.
4. (Mitte) Fliegende Geier und Sonnen.

Die Darstellungen 5 bis 7 entsprechen den Darstellungen 1 bis 3.

Säulensaal Die Rückwand der Vorhalle bildet die Fassade des inneren Tempelhauses. Das Mittelportal öffnet sich auf den Säulensaal, den »Saal des Erscheinens«, dessen Decke auf sechs Säulen mit reichen Blätterkapitellen und aufgesetzten Hathorköpfen ruht. Die Basis und die beiden unteren Trommeln der Säulen sind aus Granit, die anderen Teile aus Sandstein gearbeitet. Durch acht viereckige Öffnungen in der Decke erhält der Saal Tageslicht. Vier Reliefreihen bedecken die Wände; sie zeigen den König vor den Gottheiten von Dendera. Der Name des Königs fehlt hier wie auch in einigen anderen Räumen. Vermutlich war die Priesterschaft im Zweifel, welchen Herrscher sie in den unruhigen Zeiten wählen sollte.

Reliefs ► Besondere Beachtung verdienen einige Reliefs in der unteren Reihe. Sie zeigen die **Grundsteinlegung** des Heiligtums. Rechts vom Eingang: Der König mit der unterägyptischen Krone tritt aus seinem Palast; vor ihm räuchert ein Priester; links davon lockert der König mit einer Hacke den Boden, der bebaut werden soll, und führt damit den ersten Spatenstich aus; vor ihm die Göttin Hathor. Links vom Eingang ist der König mit der Krone Oberägyptens abgebildet; rechts bringt er Hathor das Baumaterial.

Rechts und links vom Säulensaal liegen je drei teils dunkle, teils durch Löcher in den Decken erhellte Kammern, die als Laboratorium, Schatzkammern und als Magazinräume für Opfergaben gedient haben dürften. Die Inschriften und Darstellungen an den Wänden zeigen den Pharao vor Hathor und anderen Gottheiten.

Das eindrucksvolle Ruinenfeld von Dendera

Vom Säulensaal aus betritt man den ersten Vorsaal (Opfersaal), der durch Löcher und Luken in Decke und Wänden beleuchtet wird. Vier Reliefreihen bedecken die Wände, sie zeigen den König vor Hathor opfernd. Links und rechts gibt es Durchgangsräume, durch die man zu den aufs Dach führenden Treppen gelangt. Der zweite Vorsaal ist mit vier Reihen von Darstellungen geschmückt. In dem kleinen Gemach links bewahrte man außer Spezereien (Gewürze) auch die Kleider zum Schmuck der Götterbilder an Festtagen auf. Die Seitentür rechts führt zu drei in sich abgeschlossenen Räumen.

1. u. 2. Vorsaal

Weiterhin betritt man einen offenen Hof und steigt dann auf modernen Stufen zu einem reizvollen Kiosk hinauf, dessen Decke zwei Sistrumsäulen tragen. Sie sind mit den Seitenwänden durch halbhohe Schranken verbunden. Hier versammelte sich die Priesterschaft zur Feier des Geburtstages der Hathor und des darauf folgenden Neujahrs. Im Hofe wurden die Opfer dargebracht, die an den Wänden abgebildet sind. Die Darstellungen im Kiosk selbst zeigen an den Wänden in drei Reihen den König und verschiedene Gottheiten vor den Göttern von Dendera, darunter eine Prozession von Lokalgöttern mit Opfergaben. An der Decke ist die Himmelsgöttin Nut dargestellt; aus ihrem Schoß wird die Sonne geboren.

Kiosk

Vom zweiten Vorsaal betritt man den innersten Teil des Tempelhauses, der in Inschriften als »die verborgenen geheimnisvollen Gemächer« bezeichnet wird. Die mittlere Tür führt in das dunkle Sanktuarium, den »großen Sitz«, in dem die heiligen Barken mit den Götterbildern standen. Nur der König oder sein priesterlicher Stellvertreter durften es betreten. Die Reliefs an den Wänden schildern die Zeremonien, die beim Betreten des Raumes zu vollziehen waren, sowie die Darreichung der Opfer. Die Abbildungen beginnen am Eingang, wobei auf ein Bild der linken Wand immer das entsprechende auf der rechten Wand folgt: Der König schreitet die Stufen der Götterkapelle empor (links); der König löst das Band, das die Türe verschließt (rechts); er löst das Siegel der Tür (links) und öffnet sie (rechts); der König erblickt die Göttin (links) und betet vor ihr mit herabhängenden Armen (rechts); er räuchert vor der heiligen Barke der Hathor und des Horus von Edfu (links) sowie vor den Barken der Hathor und ihres Sohnes Ihi (rechts).

Sanktuarium

Auf der Rückwand bringt der König links Hathor und Horus von Edfu ein Bildnis der Göttin Maat dar; vor dem König sieht man den kleinen Sohn der Hathor mit Sistrum und Klapper, rechts dieselbe Handlung vor Hathor und Ihi.

Um das Sanktuarium läuft ein durch Seiten- und Deckenluken erhellter Korridor, zu dem vom zweiten Vorsaal Seitentüren führen. An diesem Korridor liegen elf kleine Räume, die als Kapellen verschiedener Götter, als Magazine und für Kulte gedient haben. Der letzte, mit ähnlichen Reliefs wie im Sanktuarium, war einst Kultraum für die Göttin Hathor.

◄ Korridor

Krypten Ungewöhnlich sind die unterirdischen Räume (Krypten) sowohl wegen ihrer Anlage als auch wegen ihrer feinen **Reliefbilder**. Möglicherweise wurden hier die ausgedienten Götterbilder und Geräte aufbewahrt. Es handelt sich insgesamt um zwölf Räume, die in verschiedenen Ebenen in der dicken Tempelmauer ausgespart sind. Der reiche Skulpturenschmuck aus der Zeit Ptolemaios' XII. Neos Dionysos ist der älteste und bestgearbeitete im ganzen Tempel. In der von Raum 16 aus zugänglichen Krypta befinden sich schmale Räume, an deren Wänden die Gegenstände, die hier einst gelagert wurden, abgebildet sind.

Hathor-Darstellung an einer Wand von Dendera

Vom ersten Vorsaal führen zwei Treppen auf das **Tempeldach**. Die Wandreliefs der Aufgänge schildern, links aufsteigend, rechts abwärts, den feierlichen Umzug des Königs und der Priester, die z. T. als niedere Gottheiten dargestellt sind, am großen Neujahrsfest mit den Kultbildern der Hathor und der anderen Tempelgötter auf dem Dach des Tempels, »damit die Göttin sich vereinige mit den Strahlen ihres Vaters Re«. Die Westtreppe führt an einem kleinen, über dem Magazin am zweiten Vorsaal gelegenen Raum vorüber, dessen drei Fenster auf den Hof weisen, und weiter zu einem (verschlossenen) Hof und zwei Gemächern. Sie waren wie die Kapelle auf der Ostseite der Terrasse dem Osiriskult geweiht. Die Reliefs im zweiten Raum schildern die Auferstehung des Soker-Osiris.

Das Tempeldach steigt in mehreren Terrassen auf, am höchsten ist es über der großen Vorhalle. Auf der unteren Terrasse steht an der Südwestecke ein kleines, oben offenes Tempelchen mit zwölf Hathorsäulen. An die Terrasse schließt sich nördlich über den Kammern zur Linken des Säulensaales ein kleines **Osirisheiligtum** an, das dem Kult des gestorbenen und wieder auflebenden Osiris diente. Auf ihn beziehen sich die Abbildungen und zahlreichen Inschriften an den Wänden. An der Decke des mittleren Raumes, der von dem ersten, einem offenen Hof, durch Pfeiler getrennt ist, befindet sich ein

Gipsabguss des berühmten »Tierkreises von Dendera«, der einzigen runden Himmelsdarstellung der Ägypter. Das Original wurde 1820 nach Frankreich verbracht und befindet sich heute im Pariser Louvre. Im Nordwesten der Terrasse führt eine Treppe auf das Dach des ersten Vorsaales und dann weiter auf das noch höhere Dach des Säulensaales. Von diesem gelangt man auf das Dach der großen Vorhalle, von dem man einen herrlichen Blick auf das Niltal und die Wüstenberge genießt.

✶ ◄ »Tierkreis von Dendera«

✶ **Außenwände des Tempels**

Es lohnt sich, einmal um den Tempel herumzugehen, denn seine Außenwände sind mit Abbildungen und Inschriften bedeckt. Die Reliefs an der Ost- und Westwand rühren von den römischen Kaisern her, in erster Linie von Nero. Die großen Darstellungen an der Südwand zeigen Ptolemaios XV. Caesar, den Sohn von Caesar und Kleopatra, vor den Göttern von Dendera, in der Mitte das Kultbild der Hathor. Die Gesichter sind konventionell gearbeitet und keineswegs Porträts der Dargestellten. Die vorspringenden Löwenköpfe an den Seiten des Tempels sind Wasserspeier.

Geburtshaus

Südwestlich, d. h. rechts vom nördlichen Tor, liegt ein kleines Tempelchen, das sog. **Mammisi** (Geburtshaus). Wie bei den größeren Tempeln der Ptolemäerzeit (z. B. in Edfu und Philae) ist es für den Sohn der beiden im Haupttempel verehrten Gottheiten erbaut. Das unter Augustus errichtete und unter seinen Nachfolgern ausgeschmückte Geburtshaus war Harsomtus geweiht, dem Sohn der Hathor und des Horus von Edfu. In der Art eines Peripteros ist es auf den beiden Längsseiten und der Rückseite von einem Säulengang umgeben, der von Blumensäulen mit der Figur des Bes, des Schutzgottes der Gebärenden, an den Deckplatten gebildet wird. Eine Rampe führt auf einen weiten Vorplatz, in dessen Pflaster der Grundriss einer spätrömischen Dreikonchenanlage geritzt ist.
Im Inneren des Geburtshauses betritt man zunächst einen Vorraum, von dem rechts eine Treppe auf das Dach führte. Links öffnet sich eine Tür zum Säulengang, die Mitteltür führt in einen breiten Quersaal, an den sich das tiefe Sanktuarium anschließt, das eigentliche Geburtszimmer, dessen Wandreliefs die Geburt und die Pflege des göttlichen Kindes illustrieren.

Koptische Kirche

Südlich neben dem Geburtshaus liegt eine große koptische Kirche vom Ende des 5. Jh.s, die als Beispiel für eine alte ägyptische Kirchenanlage Beachtung verdient.

Älteres Geburtshaus

Südlich der Kirche liegt ein zweites, älteres Geburtshaus, das von Nektanebos I. begonnen und in der Ptolemäerzeit vollendet wurde.

Badehäuser, Brunnen

Die Ziegelbauten westlich und südlich von diesem Geburtshaus stammen aus römischer Zeit und waren vermutlich kultische Badehäuser und Brunnenanlagen.

Heiliger See In der Südwestecke des Tempelbezirks liegt der Heilige See, ein tiefes, mit Quadern ausgemauertes Wasserbecken, zu dem in den vier Ecken Treppen hinabführen. Türen auf der Nord- und Südseite führen zu Innentreppen, die im Mauerwerk angelegt sind und auf eine tiefer gelegene Wasserfläche hinabreichen.

Isistempel Der südlich hinter dem Hathortempel auf einer hohen Terrasse stehende Isistempel ist das »Geburtshaus der Isis«. Es wurde unter Kaiser Augustus aus Gebäudefragmenten eines älteren Heiligtums erbaut und weist als besondere Eigentümlichkeit eine doppelte Ausrichtung sowohl nach Osten wie auch nach Norden auf. Die westliche Hälfte mit der Darstellung der Geburt der Isis ist zerstört.

★★ Edfu (Idfu)

M 15

Landesteil: Oberägypten
Gouvernorat: Assuan
Einwohnerzahl: ca. 60 000
Höhe: 85 m ü. d. M.

Der vor rund 2100 Jahren erbaute Horustempel von Edfu gehört zu den Besichtigungs-Highlights einer Nilkreuzfahrt, denn kein anderer Tempel in Ägypten ist so vollständig erhalten wie dieser.

Tempel des Sonnengottes Das Städtchen Edfu, ein Handelszentrum mit Zuckerfabriken und alteingesessenem Töpfereigewerbe, liegt leicht erhöht am Westufer des Nils, rund 100 km südlich von Luxor. Im Altertum hieß es Tbot, koptisch Atbo, wovon sich der moderne arabische Name herleitet. Die Griechen nannten die Stadt Groß-Apollonopolis nach dem Sonnengott Horus-Apollo, der hier besonders verehrt wurde, und machten sie zur Hauptstadt des zweiten oberägyptischen Gaus, des Apollonopolites der griechisch-römischen Zeit. Horus, der hier der Sage nach einen seiner großen Kämpfe mit Seth bestand, führte den Beinamen »der von Behdet«, was einen alten Bezirk von Edfu bezeichnete. Er wurde als fliegender Falke, als falkenköpfige Menschengestalt oder auch als geflügelte Sonne dargestellt.

★★ Horustempel

Baugeschichte Über die Baugeschichte und die Anlage berichten lange Inschriften auf den Außenseiten der Umfassungsmauer, besonders im nördlichen Teil der Ost- und Westseite. Der Tempel nimmt die Stelle eines älteren Heiligtums ein und war dem Sonnengott Horus, der Hathor von Dendera und deren jugendlichem Sohn Harsomtus, dem »Vereiniger beider Ägypten«, geweiht. Unter Ptolemaios III. Euergetes I. wurde das hintere eigentliche Tempelhaus 237 v. Chr. begonnen und unter seinem Nachfolger Philopator 212 v. Chr. im Rohbau vollendet. Die Ausschmückung mit Reliefs und Inschriften, die infolge der

Kaum eine Tempelanlage in Ägypten ist so gut erhalten wie der große Horustempel in Edfu.

kriegerischen Unruhen unterbrochen wurde, hat Philometor 176 v. Chr. wieder aufgenommen und Euergetes II. 147 v. Chr. vollendet. Dieser Herrscher fügte auch die große, 122 v. Chr. fertig gestellte Vorhalle hinzu und schmückte sie mit Reliefs aus. Unter Soter II. und Ptolemaios X. Alexander I. wurden der Hof mit den Kolonnaden, die Umfassungsmauer und der Pylon angelegt, dessen Reliefs erst von Neos Dionysos herrühren. Der Bau fand seinen Abschluss 57 v. Chr. In christlicher Zeit ist der Reliefschmuck des Tempels z. T. zerstört worden.

Pylon

Der Horustempel war von einer hohen Ziegelmauer umgeben, die zum Teil noch erhalten ist; sie besaß im Süden in der Hauptachse ein großes Tor und westlich davon ein kleineres. Der große Pylon, dessen Portal durch ein Doppeltor verschlossen werden konnte, ist auf allen Seiten mit **Darstellungen und Inschriften** bedeckt. Besonders beachten sollte man unten auf der Vorderseite die Darstellung von König Neos Dionysos, der eine Schar von Feinden bei den Haaren packt und zum Schlag gegen sie ausholt. Der falkenköpfige Horus und Hathor schauen dabei zu. In den beiden oberen Reihen bringt der König dem Horus, der Hathor und anderen Gottheiten Gaben dar. Vor dem Pylon stehen zwei kolossale Falken aus schwarzem Granit. Vor dem linken Falken findet sich die Gestalt eines Priesters in römischer Tracht.

* ◄ Horusfalken

Kolonnadenhof

Der Kolonnadenhof zwischen dem Pylon und der Vorhalle ist mit Steinplatten gepflastert und auf drei Seiten von Säulen umgeben. In der Mitte stand einst der große Altar, auf dem in Gegenwart des Vol-

◄ weiter S. 318

HORUSTEMPEL

★★ **Der große Tempel aus der Ptolemäerzeit zählt zu den eindrucksvollsten Sakralbauten Ägyptens und gilt als der wohl besterhaltene Tempel der antiken Welt. Er war dem falkengestaltigen Gott Horus geweiht. Neben ihm fanden zahlreiche weitere Gottheiten Verehrung, unter ihnen seine Gemahlin Hathor von Dendera und Harsomtus, der Sohn der Hathor und des Horus.**

Öffnungszeiten:
Täglich 7.00–17.00 Uhr

① Pylon
Den Eingang im Süden des Tempels bildet ein gewaltiger Pylon – 36 m hoch –, der nur noch vom Torbau des Amun-Tempels in Karnak übertroffen wird. Er ist rundum mit Inschriften bedeckt. In den vier rechteckigen Einschnitten rechts und links vom Mittelportal waren Flaggenmasten aufgestellt. Sie wurden von Klammern gehalten, deren Befestigungen oberhalb der Einschnitte noch sichtbar sind.

② Horusfalken
Vor dem Pylon stehen zwei kolossale Falken aus schwarzem Granit. Sie verkörpern Horus, den Hauptgott in der frühen ägyptischen Mythologie. Der Pharao verstand sich als Fleisch gewordener Horus – als Himmelsfalke spannte der König seine Flügel schützend über Ägypten und hielt an den Grenzpunkten das Chaos zurück.

③ Kolonnadenhof
Der Kolonnadenhof zwischen Pylon und Vorhalle misst 49 x 42,6 m und ist mit Steinplatten gepflastert. Die 32 Säulen tragen herrliche Blumen- und Palmenkapitelle; in den vertieften Reliefs auf den Säulenschäften ist der König vor Horus und anderen Göttern von Edfu dargestellt. In der Mitte des Hofes stand einst ein großer Altar.

④ Vorhalle
Die Vorhalle wird von zwölf Säulen mit reich verzierten Blumenkapitellen getragen. Die Decke ist mit farbigem Bilderschmuck ausgestaltet. Links vom Eingang steht ein kolossaler Horusfalke mit Doppelkrone, der rechte liegt am Boden.

⑤ Weihehalle und Bibliothek
Von den beiden Kapellen links und rechts vom Eingang in die Vorhalle ist die westliche die Weihehalle, wie die Darstellungen auf der Rückwand andeuten (die Götter Horus und Thot gießen Weihwasser auf den König aus). Die östliche diente wohl als Bibliothek.

⑥ Säulensaal
An die Vorhalle schließt sich eine kleinere Säulenhalle an, deren Decke auf zwölf Säulen mit reichen Pflanzenkapitellen ruht. Sie erhält durch Luken in den Wänden und in der Decke Tageslicht und ist mit religiösen Motiven ausgestaltet.

⑦ Vorsäle
Vom anschließenden ersten Vorsaal gelangte man zu den aufs Dach führenden Treppen, deren Wandreliefs ähnlich wie in Dendera östlich eine aufwärts, westlich eine abwärts ziehende Priesterprozession mit dem König an der Spitze zeigen. Östlich neben dem zweiten Vorsaal befindet sich ein kleiner Opferhof und links von diesem ein zierlicher Kiosk mit einer Dachkonstruktion auf zwei Säulen. Auf der anderen Seite des zweiten Vorsaales liegt eine kleine Kammer, die dem Kult des Gottes Min geweiht war.

⑧ Allerheiligstes
Das Allerheiligste bildet in sich abgeschlossen ein kleines eigenständiges Bauwerk und wird durch drei kleine Luken in der Decke erhellt. Hier wurde in einem steinernen Schrein das Götterbild aufbewahrt, wenn es nicht mit der heiligen Barke auf Festlichkeiten getragen wurde. Eine Rekonstruktion dieser heiligen Barke ist zu besichtigen. Zum Allerheiligsten hatten nur wenige Priester Zutritt.

⑨ Tempelumgang
Der vom Säulensaal aus zugängliche innere Tempelumgang ist mit Reliefs und Inschriften geschmückt.

⑩ Umfassungsmauer
Ursprünglich war der Horusempel komplett von einer hohen Ziegelmauer umgeben, die heute noch teilweise erhalten ist.

schwach erleuchtete, mit Reliefs geschmückte Kammern für verschiedene Kultzwecke und zur Aufbewahrung von Kultgegenständen anschließen. In den beiden Eckräumen befinden sich Bodenöffnungen zu der Krypta, die mit Platten verschlossen waren.

Innerer Tempelumgang

Der vom Säulensaal aus zugängliche innere Tempelumgang ist ebenfalls mit Reliefs und Inschriften geschmückt. Auf der Innenseite der Umfassungsmauern zeigt die Ostwand den König vor den Göttern von Edfu, die Nordwand ähnliche Bilder sowie lange Hymnen an den Gott von Edfu, die Westwand bemerkenswerte Darstellungen der Kämpfe des Gottes Horus mit seinen Feinden, die als Krokodile und Nilpferde erscheinen.
Besonders hervorzuheben sind auf der Westwand:
1. Bild (rechts unten): Der König sticht vom Lande aus nach einem Nilpferd, das seinen Kopf zurückbiegt; dasselbe tut Horus, der in der Linken eine Kette, in der Rechten den Spieß hält; bei ihm befindet sich seine Mutter Isis, hinten am Steuer ein kleiner Horus.
2. Bild: Der König auf dem Lande links vor zwei Schiffen, in denen Horus und ein Gehilfe stehen; Horus hält das Nilpferd mit der Kette und sticht es in den Kopf.
5. Bild: Das Nilpferd liegt angekettet auf dem Rücken.
Auf dem 7. Bild fährt Horus in einem Segelschiff und sticht nach einem Nilpferd, dessen Hinterfuß von ihm selbst und dessen Kopf von der vorn am Schiff knienden Isis an Stricken gehalten werden; auch der König, der mit zwei Jagdgehilfen am Ufer steht, sticht nach dem Schädel des Tieres.
Weiter nach links (gegenüber dem Pylonen): Der König, der widderköpfige Gott Chnum, der falkenköpfige Horus und der ibisköpfige Thot ziehen ein Netz zu, in dem außer Sumpfvögeln, Fischen und einem Hirsch auch einige Asiaten und Schwarze gefangen sind.

◄ Nilmesser

Die unterirdische Treppe im östlichen Tempelumgang führt außerhalb des Tempels zu einem alten Nilmesser, einer brunnenartigen Anlage mit ehemals auch von außen zugänglicher Wendeltreppe, in der die Skala mit demotischen Zahlen angebracht ist.

Geburtshaus

Westlich des Eingangstors zum großen Tempel liegt das von Euergetes II. erbaute, von Soter II. ausgeschmückte Geburtshaus (Mammisi). Es ist von einer Galerie umgeben und besteht aus einem Vorraum, neben dem zwei Kammern liegen, sowie dem Hauptraum. Im Hauptraum sieht man an der rechten Wand (von links nach rechts): Hathor von Dendera säugt den Horus, vor ihm musizieren sieben Hathoren, hinter der Göttin steht ihr jugendlicher Sohn Ihi mit dem Sistrum; rechts ist die Entbindung der Hathor dargestellt, links der König mit zwei Sistren vor den sieben säugenden Hathoren, außerdem der König vor verschiedenen Gottheiten, links vor der heiligen Barke erkennt man den Hathor. An der linken Wand sieht man Darstellungen, die sich auf die Geburt des Harsomtus beziehen, u. a. Chnum, wie er das Kind auf der Töpferscheibe bildet.

El-...

►siehe auch Hauptname

★ El-Alamein

D 3

Landesteil: Westliche Mittelmeerküste Grenzbezirk Nordwestregion (Matruh)

Höhe: 0 – 43 m ü. d. M.

Bei dem kleinen Ort El-Alamein wurde im Zweiten Weltkrieg die entscheidende Schlacht auf dem afrikanischen Kriegsschauplatz zwischen deutsch-italienischen und britischen Truppen geschlagen – um den Preis hoher Verluste auf beiden Seiten. Heute wird El-Alamein als Gedenkstätte für die Gefallenen viel besucht.

Kriegsschauplatz

Im Spätsommer und Herbst des Jahres 1942 wurde bei El-Alamein der Vormarsch deutsch-italienischer Truppen unter Generalfeldmarschall Erwin Rommel von den Briten unter Führung von General Montgomery und General Alexander gestoppt. Viele Tausende der rund 80 000 Soldaten starben oder wurden verwundet. Gedenkstätten erinnern heute an die Gefallenen.

Italienisches Ehrenmal bei El-Alamein

Seit Ende der 1960er-Jahre wird hier Erdöl gefördert. An der Küste erstrecken sich zumeist von Ägyptern genutzte Feriensiedlungen. Das Nonplus-ultra ist **Porto Marina**, ein exklusiver modernst ausgestatter Hafen, in dem superteure Jachten der Superreichen dümpeln.

Gedenkstätten

An der von Alexandria kommenden Straße liegt bei km 105 in einer weiten Senke links unterhalb der **britische Soldatenfriedhof**. Inmitten des Feldes von 7500 Gräbern steht ein mächtiges Steinkreuz.

Etwa 500 m vom britischen Friedhof entfernt liegt das **Kriegsmuseum** mit Waffen, Dokumenten und Erläuterungen zum Kampfgeschehen. Im Hof befindet sich eine Sammlung von

EL-ALAMEIN ERLEBEN

ANREISE

Bahn
Mehrmals tgl. Züge nach Alexandria und zurück

Bus
Tgl. zahlreiche Busverbindungen mit Alexandria und Kairo

Servicetaxis
Den ganzen Tag über fahren Servicetaxis nach Marsa Matruh, Alexandria und Kairo.

ESSEN

Über viele Kilometer erstrecken sich die Feriensiedlungen hinter den Mauern zwischen Schnellstraße und Meer. Dort gibt es von Fastfood bis zum leckeren Fischrestaurant alles. Das Problem ist der reglementierte Zugang: Man hat aber als Ausländer gute Chancen, dass die Wachen an den Toren ein Auge zudrücken.

ÜBERNACHTEN

► Komfortabel

Charm Life Alamein Resort & Spa
Ghazala Bay
Tel./Fax (02) 266 89 02
www.charmlifehotels.com
Nur wenige Kilometer von Kriegsmuseum, Soldatenfriedhöfen und Gedenkstätten entfernt liegt dieses angenehme Wellness-Hotel mit bestens ausgestatteten Zimmern und Suiten sowie mehreren Restaurants.

► Günstig

El Alamein Hotel
Sidi Abdel Rahman
Tel. (046) 468 01 40, Fax 468 03 41
Beliebte Adresse mit schönem Blick aufs türkisfarbene Meer

Panzerfahrzeugen, Geschützen und anderen schweren Waffen. Bei der Weiterfahrt in Richtung Marsa Matruh erkennt man zu beiden Seiten der Straße versandete Schützengräben und Bunker sowie andere Spuren der Kampfhandlungen von 1942.

Deutsches Ehrenmal

Etwa 10 km weiter westlich hat man 1959 auf einer Anhöhe unweit vom Meer das deutsche Ehrenmal errichtet. Der helle **achteckige Zentralbau** ist nach dem Vorbild des staufischen Castel del Monte in Apulien gestaltet. Um den Innenhof sieht man in den sieben Nischen Steinkenotaphe mit den Namen deutscher Landschaften. Darüber sind Bronzetafeln mit den Namen der Gefallenen angebracht. Unter den Nischen liegen die Särge mit sterblichen Überresten von über 4000 gefallenen Deutschen in Grüften. Eine Namensliste liegt in einem der acht Ecktürme aus. In der Mitte des Ehrenhofes erhebt sich ein 11,5 m hoher ornamentierter **Obelisk** aus deutschem Basalt.

Italienisches Ehrenmal

Etwa 4 km westlich erreicht man das italienische Ehrenmal. Hier ruhen in einem von einem hohem Mittelturm überragten Mausoleum aus weißem Marmor gefallene italienische Soldaten, teilweise versehen mit Namen und den Nachrufen von ihren Angehörigen.

El-Arisch (El-'Arish)

►Sinai

★★ El-Faijum (El-Fayûm, Oase)

H 6

Landesteil: Mittelägypten **Gouvernorat:** El-Faijum
Einwohnerzahl: ca. 2 Mio. **Fläche:** 792 km

In eine weite, bis auf 45 m unter den Meeresspiegel hinab reichende Senke des großen westlichen Wüstenplateaus gebettet, ist das Faijum wegen seiner außerordentlichen Fruchtbarkeit berühmt und verdient wegen der sanften Schönheit der Landschaft und der großen Zahl an geschichtlichen Erinnerungen einen Besuch.

Größte Oase Ägyptens

Das Faijum gilt als größte und wirtschaftlich bedeutendste von allen ägyptischen Oasen (El-Faijum; von kopt. Phiom = der See). Es erstreckt sich etwa 90 km südwestlich von ► Kairo. Die Oase hat die Form eines auf der Spitze stehenden Dreiecks von maximal 65 km ost-westlicher sowie 50 km nord-südlicher Ausdehnung und umfasst eine von der hier niedrigen Gebirgskette umschlossene, von Süden nach Norden allmählich abfallende Niederungsfläche. Bewässert wird sie vom Bahr Jusuf (Josephskanal), der bei Deirut den Ibrahimija-Kanal (ursprünglich den Nil) verlässt, bei El-Lahun in einem schmalen Einschnitt der Gebirgskette zur Oasenniederung durchbricht, die er sodann in zahlreichen Ästen und Verzweigungen durchzieht, um sich schließlich im Birket Karun (Karun-See), im Nordwesten der Oase, wieder zu sammeln. Bemerkenswert sind die zahlreichen Wasserschöpfräder.

Geschichte

Vor- und Frühzeit ►

Die Niederung des Faijum war wohl noch in prähistorischer Zeit von den Wassern eines ehemaligen Seitenarmes des Nils erfüllt, der sich hier zu einem ausgedehnten See- und Sumpfgebiet mit üppiger Vegetation und reicher Tierwelt weitete. Besonders Krokodile müssen das Gebiet in großer Zahl bevölkert haben, denn sie wurden schon in frühester geschichtlicher Zeit als lokale Gottheiten (Sobek, später Suchos; Krokodilopolis) verehrt. Älteste Siedlungsspuren reichen ins Neolithikum zurück und weisen Verbindungen zu frühen Kulturen des Niltals auf. Schon zu Beginn der historischen Zeit war der See kleiner geworden und dürfte im Norden bis zur Höhe des kleinen Wüstentempels Kasr el-Sagha, im Süden bis Biahmu und in die Gegend zwischen Abschauai und Agamijin gereicht haben. Er bedeckte nach Herodot eine Fläche von 2 000 km², was etwa drei Fünftel des gesamten Oasengebietes ausmachte. Im Süden des Sees befand sich ein schmaler Streifen Kulturland, Ta-sche (Seeland) geheißen, mit der Hauptstadt Schedet (Krokodilopolis), das durch Dämme gegen Überflutung geschützt war. An seinem Ostrand schlugen mehrere Herrscher der 12. Dynastie ihre Hoflager auf, und besonders Amenemhet III. scheint dem Faijum seine besondere Fürsorge zugewendet zu haben, indem er großzügig Sümpfe trockenlegen ließ. In der 18. Dynastie hatte die Gemahlin Amenophis' III., Teje, bei El-Lahun ihre Residenz.

◄ Ptolemäerzeit nach Berichten des Strabo

In ptolemäischer Zeit bildete das Faijum den arsinoïtischen Gau, über den der griechische Geograf Strabo (um 63 v. Chr. bis 20 n. Chr.) berichtet: *(Er) ist der merkwürdigste unter allen, sowohl in Bezug auf sein landschaftliches Aussehen und seine Vortrefflichkeit, wie auf seine Beschaffenheit. Denn er allein ist mit großen, vortrefflichen Ölbäumen, die schöne Früchte tragen, bewachsen, und das Öl ist gut, wenn man mit Sorgfalt erntet; wer das vernachlässigt, gewinnt zwar viel, aber schlecht riechendes Öl. Im übrigen Ägypten fehlt der Ölbaum allenthalben, außer in den Gärten von Alexandria, die zwar im besten Falle Oliven tragen, aber kein Öl geben. Auch nicht wenig Wein, Getreide, Hülsenfrüchte und sehr viele andere Gewächse gedeihen in jener Landschaft.*

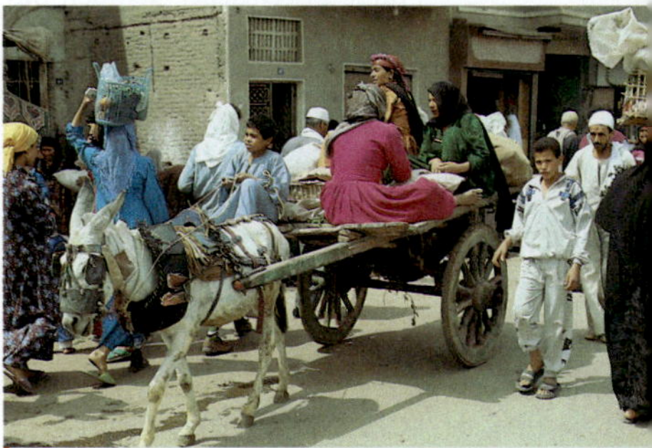

Eselkarren in Medinet el-Faijum, der Hauptstadt der Oase

Die Ptolemäer, hauptsächlich Ptolemaios II. Philadelphos, ließen den See durch Dämme weiter auf ungefähr die Größe des heutigen Birket Karun einschränken. Durch Austrocknen der Sümpfe wurde neues Kulturland geschaffen, auf dem man griechisch-makedonische Kleruchen ansiedelte. So entstanden die fruchtbaren Äcker und blühenden Dörfer, die sich seit zwei Jahrtausenden auf dem ehemaligen Seeboden ausdehnen.

◄ Neuzeit

Heute bildet das Faijum ein eigenes Gouvernorat mit etwa 2 Mio. Einwohnern. Angebaut werden vor allem Baumwolle, Zuckerrohr, Getreide, Mais, Reis, vorzügliches Obst, Wein, Bananen, Agrumen und noch immer Oliven. Ferner wird etwas Kleinvieh- und Geflügelzucht (Taubenhäuser) betrieben. Typisch sind die großen, unterschlächtigen Wasserräder. Die Neugewinnung weiteren Fruchtlandes im Bereich des Karun-Sees ist im Gange.

Medinet el-Faijum und Umgebung

Medinet el-Faijum

Die Provinzhauptstadt Medinet el-Faijum (kurz El-Faijum oder El-Medina; 400 000 Einw.) liegt im Südosten des Oasengebietes am Bahr Jusuf, der sich hier in zahlreiche Arme teilt. Die Stadt ist das Handels- und Wirtschaftszentrum der Oase sowie Sitz der lokalen Behörden. Sie besitzt mehrere Moscheen, darunter die des Sultans Kaït Bei mit alten bronzebeschlagenen Portaltoren, sowie eine große koptische Kirche. Der Basar der Stadt ist noch sehr ursprünglich und in keinster Weise auf Touristen ausgerichtet. Eine Spezialität des Faijum sind geflochtene Korbwaren.

Krokodilopolis

Im Norden der Stadt befindet sich die von den Einheimischen Kiman Faris (= Reiterhügel) genannte Trümmerstätte des alten Krokodilopolis-Arsinoë, eine der größten erhaltenen ägyptischen Stadtruinen mit einer Fläche von 226,6 ha. Von den Schutthügeln ist vieles durch Ziegelbrenner und Sabbachgräber abgetragen worden.
Politisch ist die Stadt nie in den Vordergrund getreten. Ptolemaios II. Philadelphos scheint sie durch die Anlage neuer Stadtteile, die Gründung griechischer Tempel und Bildungsanstalten sowie die Einführung der griechischen Sprache in eine im Wesentlichen hellenische Stadt verwandelt zu haben. Zur Zeit der höchsten Blüte zählte die Stadt über 100 000 Einwohner. Am Nordende der Ruinenstätte lag das Haupttheiligtum, das dem Kult des Sobek geweiht war. Es bestand schon zur Zeit der 12. Dynastie und wurde später von Ramses II. erneuert. Beim Tempel befand sich ein heiliger See, worin das gottgeweihte Krokodil gehalten wurde.

? WUSSTEN SIE SCHON ...?

- ... dass die Stadt Im ägyptischen Altertum Schedet hieß und Kultstätte des krokodilköpfigen Wassergottes Sobek war, unter dessen Schutz die ganze Seelandschaft stand? Ihm war das Krokodil geweiht, weshalb die Griechen die Stadt Krokodilopolis (Krokodilstadt) nannten.

Biahmu, Kursi Faraun

Etwa 7 km nördlich von Medinet el-Faijum liegt das Dorf Biahmu (Quellen). Nördlich außerhalb des Ortes erheben sich zwei große, wie zerstörte Pyramiden aussehende Quaderbauten, die von den Einheimischen Kursi Faraun (Stuhl des Pharaos) oder El-Sanam (das Götzenbild) genannt werden. Es sind die **Sockel** für zwei kolossale Sandsteinstatuen Amenemhets III. Jede Statue war wahrscheinlich etwa 12 m hoch. Die Unterbauten wurden einst während der Überschwemmung vom Moëris-See umspült, und so handelt es sich bei ihnen zweifellos um die von Herodot erwähnten zwei Pyramiden, die im Moëris-See standen und auf deren jeder sich ein überlebensgroßes menschliches Sitzbild erhob.

Ruinenfeld Narmuthis (Kôm Madînet Mâdi)

Von Medinet el-Faijum gelangt man auf der Landstraße südwestlich über Itsa (9 km) nach Abu Gandir (23 km), dann weiter auf beschwerlicher Piste südlich, jenseits des Kanales El-Nasaleh, zum Ruinenfeld von Madînet Mâdi am Südwestrand der Oase. Es sind die Reste der griechisch-römischen Siedlung Narmuthis, mit einem von Amenemhet III. gegründeten und von seinem Sohn Amenemhet IV. vollendeten Heiligtum für den Krokodilgott Sobek, seine Partnerin, die Schlangengöttin Renenutet (Thermutis), und Horus.

Der Tempel des Sobek und der Renenutet liegt in einer weiten Bergmulde am Rande der Wüste. Von der Ebene führt eine von Sphingen und Löwengestalten flankierte, gepflasterte Prozessionsstraße aufwärts. Kernstück der Anlage ist das kleine Heiligtum Amenemhets III. (12. Dyn.), das besonders als eines der wenigen Beispiele sakraler Architektur des Mittleren Reiches interessiert. Es besteht aus einem von zwei Papyrussäulen getragenen Vorraum (Pronaos) und dem Allerheiligsten, das drei erhöht angelegte Nischen für die Statuen der hier verehrten Gottheiten besitzt. Die Wände sind vollkommen mit Hieroglyphen und Reliefdarstellungen bedeckt, die leider stark gelitten haben, jedoch noch immer hohe handwerkliche und künstlerische Meisterschaft erkennen lassen.

Tempel des Sobek und der Renenutet

An der Rückseite des Tempels wurde in römischer Zeit eine kleine Anubiskapelle angefügt.

◄ Anubiskapelle

✶ Pyramide von Hawara (Hauwâra)

Etwa 10 km südöstlich der Oasenhauptstadt und etwa 1,5 km nördlich des Dorfes Hauaret el-Makta (Hauwâret el-Maqta) liegt auf einem Plateau am Rande der Wüste die Pyramide von Hawara, das Grabmal Amenemhets III., des Förderers des Faijum, der sich zuvor eine andere Pyramide bei ► Dahshur errichten ließ. Sie besteht aus ungebrannten, mit Stroh durchsetzten Nilschlammziegeln und hatte ursprünglich, als die schon in römischer Zeit verlorene Kalksteinverkleidung noch vorhanden war, eine Seitenlänge von 105 m. Als Kern ließ man einen Felsen von 12 m Höhe stehen. Der heute unzugängliche Eingang lag an der Südseite. Von ihm führte ein verzweigtes Netz von Gängen ins Innere zur Grabkammer. Der griechische Geograf Strabo, der das Heiligtum selbst besuchte, berichtet:

Lage und Geschichte

Bei den Schleusen liegt das Labyrinth, ein Bauwerk, das sich mit den Pyramiden messen kann, und daneben das Grab des Königs, der das Labyrinth erbaut hat. Wenn man in den Kanal eingefahren und von da noch 3–4 km weitergegangen ist, so kommt man an eine tafelähnliche Ebene, in der ein Dorf und ein großer Palast liegt, der aus so viel Einzelpalästen besteht, wie es früher Gaue gegeben hat. Denn genau so viele von Säulenhallen umgebene Höfe liegen da, immer einer am anderen, alle in einer Reihe, und ihre Hinterwände bilden eine Wand, so dass es aussieht, als ob die Höfe alle vor einer langen Mauer lägen. Die Eingänge in die Höfe liegen dieser Mauer gegenüber. Vor den Eingängen aber liegen viele lange, bedeckte Gänge, die einander kreuzen und dadurch einen so vielfach verschlungenen Weg bilden, dass ohne Führer kein Fremder sich in die Säulengänge hinein oder aus ihnen herausfinden kann. Das Bewundernswerte dabei ist, dass die Decke jedes Gebäudes aus nur einem Stein besteht und dass ebenso jede Gruppe von gedeckten Gängen mit einer ganz ungeheuren Steinplatte überdeckt ist. ... Am Ende dieser ganzen Anlage, die etwa 200 m lang ist, liegt das Grab, eine vierseitige Pyramide, deren Seiten und Höhe wohl 130 m messen. Imandes heißt der darin Begrabene. Die Säulenhöfe aber sollen gerade in die-

Auf dem Markt von Medinet el-Faijum werden nicht nur Feigen verkauft.

ser Zahl angelegt sein, weil nach alter Sitte aus jedem Gau die Vornehmsten samt den Priestern und Priesterinnen dort zusammenkamen, um in besonders wichtigen Fällen zu opfern und Recht zu sprechen. Jeder Gau verfügte sich dann in den für ihn bestimmten Hof.

Totentempel Amenemhets III. Im Süden schloss sich an die Pyramide der große Totentempel Amenemhets III. an. Er ist bis auf ein großes, von Steinsplittern bedecktes Areal und Reste schöner Granit- und Kalksteinsäulen verschwunden.

Birket Karun (Birket Qârûn)

Karun-See Den nordöstlichen Teil der Oase Faijum nimmt der Birket Karun ein, der »See des Karun«, des jüdischen Korah (4. Mose 16), der Überrest des einst viel größeren Moëris-Sees der Griechen. Er erstreckt sich in annähernd 50 km Länge und maximal 10 km Breite von Ost nach West; seine durchschnittliche Tiefe misst 4–5 m, doch erreicht sie stellenweise auch 15–18 m. Das Nordufer ist öde und von den zu beachtlicher Höhe aufragenden Wüstenbergen gesäumt, das Südufer hingegen ist flach und vielfach bis zum Wasser hin intensiv landwirtschaftlich genutzt. Das grünlich schimmernde Wasser ist schwach salzig und ungenießbar. Die Uferbewohner leben vielfach von der Jagd auf Wasservögel sowie vom Fischfang.

Nördliches Seeufer Die Überfahrt von der Auberge de Fayoum bzw. von dem Fischerdorf Schakschuk aus, die beide auf einer von der nach Kairo führenden Hauptstrecke abzweigenden Uferstraße zu erreichen sind, erfordert etwa zwei Stunden.

◄ Dime

Von der Anlegestelle am nördlichen Seeufer steigt ein ziemlich steiler Weg etwa 3 km bergan zu dem Höhenrücken mit den Ruinen von Dime, der im Altertum Soknopaiu Nesos (= Insel des Soknopaios) genannten und als befestigte Karawanenstation wichtigen Stadt. Die Ruinen haben eine Ausdehnung von etwa 0,5 km². Eine einst mit liegenden Löwenfiguren geschmückte, 370 m lange Straße führt zwischen den gut erhaltenen Häusern zu einer Plattform mit den Trümmern einer bedeutenden Tempelanlage aus der Ptolemäerzeit. Der Tempel war dem Soknopaios, einer lokalen Form des Faijumgottes Sobek, und der »schönthronenden Isis« geweiht. Den Bezirk umgab eine hohe Mauer von ungebrannten Ziegeln. Der eigentliche Tempel umschloss mehrere Räume, von denen die hinteren aus wohlgefügten Kalksteinblöcken, die vorderen aus stuckverkleideten Bruchsteinen aufgeführt sind. Von den Reliefs sind nur wenige erhalten; auf einem sieht man einen Ptolemäer (ohne Kartusche) vor einem widderköpfigen Gott (wohl Amun) im Gebet.

◄ Soknopaios-Tempel

Südliches Seeufer

◄ Kasr Karun

Am Südwestende des Birket Karun liegt die Trümmerstätte des Tempels Kasr Karun (Qasr Qârûn). Man erreicht sie am bequemsten auf einfacher Straße (36 km) von Medinet el-Faijum über Ibschauai und El-Schauaschna. Kasr Karun ist ein im Ganzen gut erhaltener Tempel aus spätptolemäischer Zeit. Die Stadtruinen ringsum bezeichnen wahrscheinlich die Stelle des alten Dionysias, das an der äußersten Grenze der römischen Provinz lag und von wo die Karawanenstraße zur Oasis Minor (heute ►Baharija) ausging. Ein kreisrundes Mauerfundament gehört zu einer alten **Zisterne**. Der Tempel misst an der Front 19,2 m, in der Länge 27 m; das Mauerwerk ist aus wohlbehauenen Blöcken von sehr hartem Kalkstein geschichtet. Über jeder Pforte des Bauwerkes ist die Flügelsonne zu sehen. Inschriften aus alter Zeit sind nicht vorhanden.

◄ Tempelbesichtigung

Man betritt den nach Osten gewandten Eingang, nachdem man den Vorhof, eine hoch und sorgfältig aufgemauerte, 13 m vorspringende Plattform, überschritten hat. An die Tempelfront schmiegt sich rechts, nördlich von der Eingangstür, eine gewaltige Halbsäule, der Rest der vorgebauten Säulenhalle. Im unteren Stockwerk befinden sich die dem Kultus geweihten Räume des Tempels: zunächst drei Vorsäle, deren Boden sich zum Allerheiligsten hin senkt; an den dritten Raum schließt sich das Allerheiligste an, das sich hinten in drei kleine Räume gliedert. Zwei schmale Gänge, an denen je drei Kammern liegen, umgeben es zur Rechten und Linken. Über den Türen zum zweiten und dritten Vorsaal und zum Allerheiligsten ist das gewöhnliche Hohlkehlengesims durch eine Reihe von Uräusschlangen ersetzt. Aus den Nebenräumen

? WUSSTEN SIE SCHON ...?

- ... dass der Tempel Kasr Karun, wie fast alle Heiligtümer in den Oasen, dem widderköpfigen Amun-Chnum gewidmet war? Seine beiden Bilder finden sich an dem höchsten Teil der Hinterwand des obersten offenen Dachgeschosses.

EL-FAIJUM ERLEBEN

AUSKUNFT

Gouvernoratsgebäude
Tel. (084) 634 23 13

ANREISE

Bus
Busse pendeln tagsüber zwischen Kairos Ahmed-Helmi-Autobushof und dem Autobushof im Zentrum des Hauptortes Medinet el-Faijum.

Taxi, Minibus
Vom Midan Giza in Kairo starten Taxis und Minibusse in Richtung El-Faijum. In der Oase selbst kommt man problemlos und ohne lange Wartezeiten weiter.

ÜBERNACHTEN

► Komfortabel
Auberge du Lac
Birket Karun
Tel. (084) 57 20 01
Aus dem ehem. Jagdsitz des Königs Faruk wurde ein stilvolles Hotel, direkt am Karun-See. Schöne Gartenanlage mit Pool und Tennisplatz.

► Günstig
Zad El Mosafer Ecolodge
Tunis, am Fayoum Art Center
Tel. (084) 682 01 80
Einfache saubere Zimmer in Backsteinhäuschen; Treffpunkt von Kairoer Intellektuellen

der Vorsäle gelangt man in unterirdische Keller und auf zwei Treppen in ein oberes Stockwerk mit mehreren Zimmern und schließlich auf das Dach, von dem sich ein weiter Blick auf die erhaltenen Reste der versandeten Stadt, den See und die Wüste öffnet.

Fayoum Art Center ► In Tunis (südwestl. Seeufer lohnt dieses Kunstzentrum einen Besuch. Es beherbergt Ägyptens einziges Karikaturenmuseum Ägyptens.

Weitere Ziele ►Meidum, ►Lischt, ►El-Lahun

El-Kab

M 14

Landesteil: Oberägypten **Gouvernorat:** Kena

Die Trümmer von El-Kab, dem altägyptischen Nechab, liegen am Ostufer des Nils, etwa 20 km nördlich von Edfu. Hier wurde Nechbet verehrt. Zuerst nur Stadtgöttin, stieg sie zur Landesgöttin auf, als Nechab Residenz des oberägyptischen Reiches wurde.

Geschichte In prä- und frühdynastischer Zeit war Nechab Hauptstadt des oberägyptischen Reiches und später eine der wichtigsten Städte des Landes; noch in der Ptolemäerzeit war es Hauptstadt des dritten oberägyptischen Gaus, des späteren Latopolites. Die Stadtgöttin Nechbet, die entweder als Geier oder als Frauengestalt mit der oberägyptischen Krone dargestellt wurde, war als Entsprechung der unterägyptischen Uräusgöttin Uto Beschützerin des Königtums, Hauptgöttin Oberägyptens und zugleich Göttin der Geburt. Wegen dieser Eigenschaften setzten sie die Griechen ihrer Eileithyia gleich und nannten die Stadt Eileithyiaspolis.

Ruinen der alten Stadt Nechab

Die Ruinen des alten Nechab, unweit des Nils, sind von einer gewaltigen Ringmauer aus ungebrannten Ziegeln umschlossen, die wohl dem Mittleren Reich angehört und nur im Südwesten vom Fluss zerstört ist. Die Mauer hat die bemerkenswerte Dicke von 11,5 m und bildet ein Rechteck von 540 x 570 m, mit Toren im Osten, Norden und Süden, zu denen Rampen hinaufführen. Die nördliche Mauer durchschneidet eine alte Nekropole. Innerhalb dieses Bezirkes lag die eigentliche Stadt, die nur etwa ein Viertel des ganzen Areals einnahm. Ihre doppelte Umfassungsmauer lässt sich noch deutlich verfolgen. Außerdem befanden sich innerhalb der Ringmauer mehrere Tempel, darunter jener der Nechbet, der bis zur Zeit der 28. Dynastie mehrfach erneuert und umgestaltet wurde, sowie Tempel für Thutmosis III., Amenophis II. und Ramses II.

✶ Felsengräber

Etwa 500 m nördlich vom Trümmerfeld von Nechab liegen bedeutende Felsengräber vor allem aus der Zeit der frühen 18. Dynastie. Sie interessieren wegen der Bilder, die Szenen des täglichen Lebens darstellen. Die 31 Gräber liegen nebeneinander im Südabhang des Felsens; nur sechs von ihnen verdienen, besichtigt zu werden.

Grab des Paheri

Das Grab des Gaufürsten Paheri fällt mit seinem breiten Eingang ins Auge. Es stammt aus der Zeit Thutmosis' III. und zeichnet sich durch die gut erhaltenen Farben der Darstellungen aus dem Leben des Verstorbenen aus. Die Gesichter aller Personen sind getilgt.
Vor dem Eingang öffnet sich in einer Plattform ein tiefer Mumienschacht. Durch die sehr verfallene Tür betritt man die gewölbte Grabkammer, deren Reliefs besondere Beachtung verdienen. An der linken Eingangswand ist der Verstorbene mit langem Stab zu erkennen, darüber ein Segelschiff. An der linken Längswand oben ist abgebildet, wie der Verstorbene den Erntearbeiten zusieht (Pflügen, Säen, Mähen mit Sicheln, Sammeln und Binden der Garben, Dreschen durch Ochsen, Werfeln der Körner, Heimbringen der Frucht in Säcken). Auf der Darstellung unten lässt der Verstorbene sich die Herden (Rinder, Esel usw.) vorführen und wohnt dem Wiegen von Goldringen und dem Verladen des Getreides bei.
In der Rückwand öffnet sich eine Nische, in der die Figuren des Peheri, seiner Frau und seiner Mutter sitzen; an den Seitenwänden der Nische erkennt man verschiedene Personen beim Mahl. Durch die linke Wand ist später eine Tür zu zwei anderen Kammern durchgebrochen worden.

Grab des Setau Links vom Grab des Peheri liegt das Grab des Setau, eines Hohenpriesters der Nechbet. Es stammt aus der Regierungszeit Ramses' XI. (20. Dyn.), ist also 400 Jahre jünger als die anderen Gräber, aber nach demselben Schema und in demselben Stil wie diese ausgeschmückt. Die linke Wand ist stark beschädigt. Erhalten sind nur vier heilige Barken, die zu einem Fest des Königs zu fahren scheinen.

Grab des Ahmose Links geht es weiter zum Grab des Admirals Ahmose, das wegen seiner großen Inschrift, welche die Taten des Verstorbenen, vor allem seine Beteiligung an dem Befreiungskampf gegen die Hyksos, schildert, eine gewisse Berühmtheit erlangt hat. Das Grab besteht aus einem rechteckigen Raum mit gewölbter Decke. Durch eine Tür auf der rechten Seite betritt man einen zweiten Raum, der den Schacht für die Leiche enthält. Im Hauptraum an der rechten Wand ist der Verstorbene mit Stab und Zepter dargestellt; neben ihm sein Enkel, der Schöpfer des Grabes, der Maler Peheri.

Sehenswertes östlich von Nechab

Kapelle Nektanebos' Wieder bei der Ringmauer der Stadt Nechab, kann man vor dem Osttor, außerhalb der Mauer, die Trümmer einer kleinen Sandsteinkapelle besichtigen, die Nektanebos I. oder II. zugeschrieben wird.

Kapelle Ramses' II. Von hier führt ein Weg in einer guten halben Stunde Richtung Osten zu einer verfallenen Kapelle Ramses' II., von den Einheimischen El-hammam (= das Bad) genannt. Auf den Seitenwänden erscheint Ramses II., vor den Göttern Thot und Horus opfernd, die Rückwand zeigt Paviane, die heiligen Tiere des Thot, und betende Männer.

? WUSSTEN SIE SCHON ...?

- ... dass die Kapelle Ramses' II. von dem Statthalter von Nubien, Setau, erbaut wurde? Dieser ist in der Eingangstür sowie im Inneren rechts und links vom Eingang dargestellt.

Weiter östlich, auf halbem Wege zwischen der Ramseskapelle und dem alsbald erscheinenden Amenophis-Tempelchen, ragen zwei Felsen mit zahlreichen **Inschriften** und Tierbildern aus der Ebene auf. Die meisten stammen vermutlich aus der Zeit der 6. Dynastie und dürften wohl von Priestern angebracht worden sein.

★ Amenophis-Tempel Ungefähr 15 Min. weiter östlich liegt das reizvolle Tempelchen Amenophis' III. Es ist etwas über 16 m tief und war der Nechbet, der »Herrin des Taleinganges«, geweiht. Es besteht aus einer in der Ptolemäerzeit errichteten, jetzt zerstörten Vorhalle und einer Kammer, deren Decke vier sechzehnkantige, mit Hathorköpfen verzierte Säulen stützten. Die unter Amenophis IV. getilgten Namen des Königs Amenophis III., des Amun, der Nechbet sowie mehrere Götterdarstellungen sind von Sethos I. wieder hergestellt, viele von ihnen während der Ptolemäerzeit abermals erneuert worden.

Beachten sollte man zunächst die Reliefs den Außenwänden: An der Eingangstür zur Kammer sind eine Weihinschrift und eine Darstellung Amenophis' III zu sehen. Die Außenwände der Kammer enthalten nur einige später aufgesetzte Inschriften und Bilder (Schiffe). Rechts der Tür erkennt man Chaemwese, den Sohn Ramses' II., vor seinem Vater, zur Erinnerung an das fünfte Jubiläum des Königs in seinem 41. Regierungsjahr. Auf dem Pflaster sind eingekratzte Fußspuren von Tempelbesuchern sichtbar. Die Darstellungen im Innern der Kammer sind in den Farben schön erhalten; links und rechts der Tür sind Amenophis III. und sein Vater Thutmosis IV. vor Speisetischen abgebildet. Die linke Wand zeigt Amenophis III., der der mit Falkenköpfen verzierten heiligen Barke Opfergaben darbringt; er reicht der Nechbet Weihrauch und Wasser; Amun umarmt den König und hält ihm das Schriftzeichen »Leben« an die Nase. An der Rückwand, links und rechts der Nische, sieht man Amenophis III., wie er der Nechbet Opfergaben darbringt.

El-Ghardaka (Hurghada)

►Rotes Meer

El-Lahun (Illahun, El-Lâhûn)

H 6

Landesteil: Mittelägypten **Gouvernorat:** El-Faijum

Vermutlich war es Sesostris II. aus der 12. Dynastie, der die Sümpfe im Faijum trockenlegte und aus dem Faijum eine landwirtschaftlich nutzbare Region machte. Am Eingang zu diesem Gebiet errichtete er sich seine Pyramide.

El-Lahun

Auf dem Weg zur Pyramide von El-Lahun fährt man durch das gleichnamige Dorf. Es liegt am rechten Ufer des Bahr Jusuf, nördlich der Stelle, wo dieser das Niltal verlässt und sich in einem schmalen Einschnitt des Wüstengebirges der Oase ► El-Faijum zuwendet. An der Stelle der Dammanlagen aus der 12. Dynastie befinden sich heute zwei moderne Schleusenbrücken zur Regulierung des Bahr Jusuf und des Giseh-Kanals. In der Nähe von El-Lahun gibt es noch einige hübsche **Taubenhäuser**.

★ Pyramide Sesostris' II.

Etwa 2 km nordöstlich von El-Lahun liegt in der Wüste die Pyramide von Sesostris (Senwosrets) II., die sich in ihrem Aufbau von früheren Pyramiden wesentlich unterscheidet. Um einen gut 12 m hohen Felskern, der heute an mehreren Stellen zutage tritt, wurde sternförmig ein Gerippe aus riesigen Kalksteinblöcken geschichtet, in dessen blattrippenartigen, diagonalen Verstrebungen und Versteifungen Höhlungen entstanden, die man mit Schlammziegeln ausfüllte. Darüber wurde die Pyramidenspitze aus Ziegeln aufgesetzt. Die gesamte Pyramide war mit einer heute gänzlich verschwundenen Kalksteinverkleidung versehen; die Ummantelung der Spitze bestand aus Granit. Die Seitenlänge betrug ursprünglich 107 m. Anders als bei anderen Pyramiden, deren Zugang stets an der Nordseite lag, besaß das Grabmal seinen Eingang an der Südseite. Von da führten zwei in ihrer Richtung stets wechselnde Gänge zu der ganz in Granit gefassten Grabkammer, in der sich der prächtige Sarkophag des Königs aus rotem Granit sowie ein alabasterner Opfertisch befanden. Die Pyramide ist **nicht zugänglich**.

Felsengräber Im südöstlichen Teil des Pyramiden-Ausgrabungsfeldes haben Archäologen 2009 eine Nekropole freigelegt. Die 53 Felsengräber stammen aus dem Mittleren und dem Neuen Reich sowie aus der 22. Dynastie. Man fand farbig verzierte Holzsärge mit Mumien und Artefakte aus verschiedenen Epochen, darunter bemalte Masken, Amulette und Tongefäße.

Esna (Isna)

M 14

Landesteil: Oberägypten
Gouvernorat: Kenav
Einwohnerzahl: 30 000
Höhe: 82 m ü. d. M.

Esna ist ein kleines Landstädtchen am linken Nilufer, das vor allem wegen des herrlichen Tempels des Chnum besucht wird. Zwischen den Anlegestellen der Schiffe und dem Tempel, der mitten im Ort liegt, zieht sich ein kleiner, aber sehr lebhafter Basar hin, in dem man besonders schöne Tücher erstehen kann.

Geschichte Im Altertum war Esna mit der Nachbarstadt Enit (oder Iunit) einer der wichtigsten Orte Oberägyptens und hieß Tesnet, wovon sich das koptische Sne und das heutige Esna ableiten. Die Griechen benannten die Stadt nach dem hier als heilig verehrten und in ausgedehnten Nekropolen bestatteten Nilbarsch (Lates niloticus) Latopolis. Esna ist eines der Zentren des koptischen Glaubens.

Sehenswertes in Esna

✶ Tempel des Chnum Im Zentrum der Stadt liegt, vom Siedlungsschutt befreit, 9 m unter dem heutigen Straßenniveau der Tempel des Chnum, des widderköpfigen Hauptgottes der Stadt und seiner Mitgöttinnen Satet und Neith, Letztere von den Griechen der Athene gleichgesetzt. Als Genossinnen des Chnum treten die Löwengöttin Menhit und die der Isis entsprechende Nebtuu auf. Bereits in der 18. Dynastie war hier

Etwa 9 m unter dem Niveau des heutigen Ortes liegt der gut erhaltene Chnum-Tempel von Esna.

ein Tempel errichtet worden. Dieser wurde in der Ptolemäer- und Römerzeit durch einen Neubau ersetzt, von dem allerdings nur noch die Vorhalle erhalten ist.

◄ Fassade

Die nach Osten gewandte, 37 Meter breite und 15 Meter hohe Vorderseite ist von einer Hohlkehle bekrönt, in der zu beiden Seiten der geflügelten Sonne die Namen des Claudius und des Vespasian stehen. Auf dem Architrav finden sich Weihinschriften dieser beiden Kaiser. An den die vorderen Säulen verbindenden Schranken sind Darstellungen des Pharaos, der von Göttern in den Tempel geleitet wird, zu sehen; an der letzten Schranke links gießen Harsiësis und Thot Weihwasser über den König aus, rechts steht die löwenköpfige Göttin Menhejet.

◄ Innenraum

Die fast ganz der römischen Kaiserzeit angehörende siebenschiffige Vorhalle entspricht in ihrer Anlage der Vorhalle des Hathortempels von ►Dendera und ist 33 m breit sowie 16,5 m lang. Die Decke tragen 24 in vier Reihen angeordnete, mit reichen Pflanzenkapitellen geschmückte, von Reliefs und Inschriften bedeckte Säulen. Sie ist über den Seitenschiffen mit astronomischen Darstellungen, über dem breiten Mittelschiff mit zwei Reihen fliegender Geier geschmückt. Jede Säule ist 11,3 Meter hoch und hat einen Umfang von 5,4 Metern.

◄ Reliefs an den Innenwänden

An den Wänden sieht man in vier Reihen Kaiser in der Tracht der Pharaonen, die vor den verschiedenen Göttern von Esna opfern und Kulthandlungen vollziehen, die sich auf den Bau des Tempels beziehen. In der Mitte der Rückwand (Westseite) springt ein pylonartiges, mit Hohlkehle bekröntes Portal hervor, dessen Tür in das innere Heiligtum führen sollte. Die Reliefs und Inschriften des Portals rühren von Ptolemaios VI. Philometor her. Rechts und links vom Portal sieht man zwei kleine, vermauerte Türen; rechts von der linken Tür opfert Decius dem widderköpfigen Chnum. An der Nordwand unten ziehen der falkenköpfige Horus, Kaiser Commodus und Chnum ein Netz mit Sumpfvögeln und Fischen zu; links steht der ibisköpfige Thot, rechts die Göttin Sechet. An die Ostwand ist links vom Eingang, an der ersten Schranke, eine kleine Kapelle angefügt.

Reliefs an den Außenwänden ►

Auch auf den Außenwänden der Vorhalle befinden sich Darstellungen und Inschriften der römischen Kaiser. Bemerkenswert an der Südwand ist vor allem das Bild des Domitian, der vor Chnum und Menhejet Feinde erschlägt; an der Nordwand überreicht Chnum, hinter dem die Göttin Nebtuu steht, dem seine Feinde erschlagenden Trajan das Sichelschwert.

Uferkai

Aus römischer Zeit erhalten sind in Esna ferner ein alter Uferkai mit Inschriftenfragmenten (Kartuschen des Kaisers Marcus Aurelius) und die Reste eines Nilmessers.

Farafra (Farâfra, Oase)

B 10

Landesteil: Westliche Wüste
Einwohnerzahl: ca. 15 000
Gouvernorat: Neues Tal
Höhe: 82 m ü. d. M.

Ein fantastisches Meer heller Kalksteinfelsen umgibt Farafra, die kleinste der vier Oasen des »Neuen Tales« in der Libyschen Wüste. Im alten Kerngebiet der Oase, konzentriert auf den Hauptort Qasr el-Farafra, leben etwa 2000 Menschen vom Anbau von Datteln und Zitrusfrüchten. Weithin gerühmt werden die Oliven und das daraus gewonnene Öl.

Rastplatz der Karawanenroute

Farafra liegt etwa 180 km südwestlich der Oase ► Baharija und 210 km nordwestlich der Oase ► Dachla. Obwohl Farafra schon im Paläolithikum von nomadisierenden Stämmen aufgesucht worden war und auch in pharaonischer Zeit einen wichtigen Rastplatz der

FARAFRA ERLEBEN

AUSKUNFT

Tourist Office
Mût, tgl. außer Fr.
9.00–13.00/14.00 Uhr

ANREISE

Busse und Servicetaxis verkehren täglich zwischen Farafra, Baharija, Dachla und Kairo.

ÜBERNACHTEN

► **Günstig**

Badawiya Safari & Hotel
Gamal Abdel Nasser
Farafra, Neues Tal
Tel. (092) 751 00 60
www.badawiya.com
Die Zimmer sind mit Moskitonetz und Sitzecke ausgestattet, einige haben Klimaanlage.

Karawanenroute zwischen den Oasen darstellte, sind – bis auf undekorierte Felsgräber – keine antiken Reste erhalten. Doch bieten Spaziergänge in den Oasengärten Ruhe und Beschaulichkeit.

»Neues-Tal-Projekt«

Als Probebohrungen Ende der 1980er-Jahre nochmals bestätigten, dass genügend Grundwasser für Neulandgewinnung vorhanden ist, wurde das schon unter Präsident Nasser geplante »New Valley Project« zügig in Angriff genommen. Farafra wurde aus dem Dornröschenschlaf geweckt. Neue Brunnen, Kanäle und Straßen wurden angelegt und Wüste in fruchtbares Land verwandelt. Mittlerweile sind schon 15 000 neue Siedler aus dem Niltal in die neu erschlossenen Gebiete südlich der einstigen Oase gezogen.

Eigenwillig: das Wüstenmuseum in der Oase Farafra

Sehenswertes in Farafra

Oasenstadt Qasr el-Farafra

Die verwinkelten Gassen von Qasr el-Farafra mit kleinen Lehmziegelhäusern, deren bemalte Wände von der Pilgerfahrt der Bewohner nach Mekka erzählen, versetzen den Betrachter in eine andere Welt. Der Name der Stadt bezieht sich auf eine ehemalige **Speicherburg** (Qasr = Festung) mit Lehmmauern in ihrem Zentrum, in die sich die Bewohner bei Angriffen flüchten konnten und in der außerdem jede Familie einen abgeschlossenen Vorratsraum besaß. Leider wurde sie durch heftige Regenfälle 1958 zerstört und nicht wieder instand gesetzt, so dass heute nur noch ein Haufen Lehmziegel zu sehen ist.

Der in Farafra geborene **Künstler Badr** stellt in einem kleinen Museum nordöstlich der ehemaligen Speicherburg seine Werke aus. In Malerei und Plastik schildern sie anschaulich das Leben in einer Oase und brachten ihm internationale Anerkennung ein. Im »Fantasie-Garten« kann man über fantastische Skulpturen staunen, die ganz im Gegensatz zu den ebenfalls gezeigten ausgestopften Tieren der Region stehen.

Die einladenden **Gärten** des Ortes mit Obst-, Olivenbäumen und Palmen erstrecken sich am Rand von Qasr el-Farafra.

Heiße Quellen

Farafra verfügt über eine Vielzahl an heißen Quellen, die teilweise öffentlich zugänglich sind und auch als Badeplätze genutzt werden, insbesondere die Quelle Bîr Sitta.

! Baedeker TIPP

In die Wüste

Eine Nacht in der Wüste – in Farafra gibt es die Möglichkeit zu diesem besonderen Ausflug. Übernachtet wird in Zelten, das Abendessen nimmt man unter freiem Himmel ein. Sonnenunter- und -aufgang werden in dieser bizarren Umgebung zu einem unvergesslichen Erlebnis. Informationen u. a. bei: Badawiya Expedition Travel, Tel. (092) 751 11 63, www.badawiya.com

Umgebung von Farafra

★ Weiße Wüste

Die Natur hat nördlich von Farafra riesige, blendend weiße Kalksteinformationen geschaffen, die sich auch mit etwas Fantasie in skurrile, die Wüste bevölkernde Gestalten verwandeln lassen.
Einsamkeit pur bieten Wanderungen innerhalb dieser bizarren Kulisse. Auch auf dem Weg zur Oase Baharija durchquert man, etwa 20 km nordöstlich von Qasr el-Farafra, einen Abschnitt der weißen Wüste. Ein eindrücklicheres Erlebnis ist es jedoch, die Straße zu verlassen. Unerlässlich dafür sind ein erfahrener Fahrer und ein Wagen mit Vierradantrieb, was von Farafra und Baharija aus leicht zu organisieren ist.

★★ Giseh (El-Gîza)

J 5

Landesteil: Unterägypten
Gouvernorat: Giseh
Einwohnerzahl: 3,5 Mio.
Höhe: 74 m ü. d. M.

Sie zählen zu den ältesten erhaltenen Bauwerken der Menschheit: Schon Griechen und Römer priesen die Pyramiden von Giseh als erstes der sieben Weltwunder. Noch heute fasziniert die enorme technische Leistung jener Zeit wie auch die unermessliche Machtfülle der Pharaonen, die über Zehntausende von Untertanen verfügen konnten, um solche monumentalen Denkmäler zu errichten.

Weltwunder

Das Pyramidenfeld von Giseh, eine Schöpfung der 4. Dynastie (um 2670 bis um 2500 v. Chr.), ist die wohl bedeutendste Sehenswürdigkeit Ägyptens und eine der meistbesuchten des Landes überhaupt. Es ist die eindrucksvollste und umfangreichste der insgesamt sechs Pyramidengruppen, die sich am Rande des westlichen Wüstenplateaus über eine Strecke von etwa 40 km hinziehen. Ruhig ist es hier nur in den frühen Morgenstunden, danach entladen zahlreiche Busse die

Besucher, die sofort von Souvenirverkäufern, Kameltreibern und Pferdeverleihern umringt werden. Die Überredungsmethoden zu einem Ritt um die Pyramiden sind z. T. ziemlich abenteuerlich – eine gesunde Portion Misstrauen kann nicht schaden.
Gemeinsam ist den Pyramiden die Lage westlich des Niltals, am Rande der Wüste, und der massive Aufbau aus mächtigen Blöcken des in der Umgebung anstehenden Kalkes (bes. Nummulitenkalk), mit einer ursprünglich polierten Verkleidung aus feinerem weißem Kalk oder Granit. Im Innern haben die jüngeren Pyramiden eine räumlich relativ begrenzte Grabkammer, einen Raum für den Totenkult sowie Räume für Grabbeigaben. Alle diese Räumlichkeiten lagen in der Frühzeit unterirdisch. Gemeinsam ist allen Pyramiden ferner der Zugang von Norden und ein Kulttempel an der Ostseite, zu dem ein ursprünglich offener, später vielfach auch überdeckter Aufweg vom Taltempel am Rande der Nilsenke heranführt.

Pyramiden von Giseh und Sphinx

Hinweise zur Besichtigung

Das Besteigen der Pyramiden von Giseh ist streng verboten! Die Innenbesichtigung einer Pyramide ist unverschämt teuer und nur mäßig interessant, außerdem muss besonders während der äußerst heißen Sommerperiode darauf aufmerksam gemacht werden, dass die Zugänge z. T. beängstigend schmal sind und nur in stark gebückter Haltung überwunden werden können. Wegen der Enge, der großen Hitze und des Mangels an Sauerstoff wird Touristen, die unter Herz-

GISEH ERLEBEN

AUSKUNFT

Informationsbüro, Haupteingang
(oberhalb Mena House Oberoi)
Tel. (02) 385 02 59
Geöffnet: tgl. 8.00 – 17.00,
im Winter nur bis 16.00 Uhr
Ticketverkauf (limitiert!)
tgl. 8.00 u. 12.00 Uhr

ANREISE

Von Kairos Zentrum führt die Sharia al-Ahram südwestwärts an den Rand der Wüste, wo sich hinter Hochhäusern die Pyramiden erheben.
Anfahrt per ***Taxi***, ***Bus*** (Linien 355 und 357 von Heliopolis via Midan Tahrir bis Mena House Oberoi) oder Minibus (ab Midan Abdel Moniem Riad nach El Haram).
Anfahrt mit der ***Metro*** bis Station Giza (Beginn der Pyramids Road), dann Weiterfahrt per Taxi oder Minibus

SOUND & LIGHT SHOW

Bei dieser Veranstaltung erzählt der Sphinx Geschichten aus dem alten Ägypten. Trotz des eher mittelmäßigen Niveaus lohnt sich der Besuch der angestrahlten Pyramiden und des Sphinx. Abends drei Shows in diversen Sprachen. Auf Deutsch: April bis Sept. So. 20.30 u. Mi. 22.30, Okt. bis März So. 18.30 u. Mi. 20.30 Uhr
www.soundandlight.com.eg

ÜBERNACHTEN & ESSEN

►Kairo

und Kreislaufschwäche oder Platzangst leiden, von diesem Vorhaben dringend abgeraten. Da die Feuchtigkeit, die mit den Körperausdünstungen der Besucher in die Grabkammern hineingelangt, die Steine stark beschädigt, ist meistens immer nur eine der drei Pyramiden zugänglich. Pro Tag werden maximal 300 Besucher in eine Pyramide eingelassen, 150 morgens und 150 mittags.
Wer sich vorab mit dem Inneren der Pyramiden beschäftigen möchte, sollte sich die Webseite **www.cheops.org** anschauen. Sie dokumentiert – populärwissenschaftlich und mit Bildmaterial aufbereitet – eine Expedition ins Innere der Cheopspyramide.

✶✶ Cheops-Pyramide

Die Cheops-Pyramide, die größte der Gruppe und gewaltigste überhaupt, wurde von Cheops (oder Chufu) erbaut und von den alten Ägyptern **Achet Chufu** (Horizont des Chufu) genannt. Nach Herodot (II, 124–125) haben an ihr ca. 20 Jahre lang je 100 000 Menschen alljährlich drei Monate lang gearbeitet. Das ungeheure Mauerwerk umfasst gegenwärtig noch etwa 2,3 Mio. m³ (urspr. 2,5 Mio. m³) unter Abzug des Felsenkerns, den es umgibt, und der Räume im Inneren. Die Seitenlänge an der Basis misst 230,36 m, die senkrechte Höhe 138,75 m (samt Spitze urspr. 146,6 m), der Neigungswinkel beträgt 51° 50' 40''. Die polierten weißen Platten aus Kalkstein, mit denen die Pyramide ursprünglich verkleidet war, wurden im Mittelalter anderweitig verwendet. Auch die ehemals wahrscheinlich goldene Spitze existiert nicht mehr.

Das Sonnenschiff aus Zedernholz

Die Besichtigung des Inneren der Cheops-Pyramide erfolgt von der Nordseite durch einen von Grabräubern getriebenen Schacht etwa 15 m unterhalb des ursprünglichen Zugangs. Durch einen niedrigen **Stollengang** erreicht man zunächst den Abzweig zur Königinnenkammer, bevor man die große Galerie betritt (8,50 m hoch, 47 m lang, 1–2,25 m breit). Ihre Gesamtanlage zeugt von hohem architektonischem Können. Danach gelangt man in die **Grabkammer** (5,75 m hoch, 10,5 m lang, 5,25 m breit), in der nur der leere, offene Granitsarkophag steht. Die Mumie ist bis heute nicht aufgefunden worden. Französische und japanische Forscher haben 1986/1987 in der Cheops-Pyramide weitere Hohlräume ausgemacht, deren Funktionen unbekannt sind; 1993 erforschten deutsche Archäologen und 2003 ägyptische Experten per Miniroboter und Videokamera einen 65 m langen Schacht (20 x 20 cm), der von der Königinnenkammer schräg aufwärts bis zu einer Kalksteintür führt.

An der Ostseite der Cheops-Pyramide befinden sich drei weitere kleine **Pyramiden für Königinnen** bzw. eine Tochter des Pharaos sowie ein sehr ausgedehnter **Friedhof** für Verwandte des Cheops. An der Südseite liegt eine Reihe großer Mastabas (Bankgräber) für die hohen Würdenträger des Staates.

Pyramiden von Giseh

An der Ostseite der Cheops-Pyramide wurde 1954 eine Grube entdeckt, die ein in viele Teile zerlegtes, 43 m langes **Sonnenschiff** aus Zedernholz als Grabbeigabe barg. Es ist in einem Museum an der Südseite der Pyramide ausgestellt (geöffnet: tgl. 9.00 – 17.00, Winter nur bis 16.00 Uhr). Insgesamt konnten um die Cheops-Pyramide 6 solcher Bootsgruben ermittelt werden, wovon lediglich eine ebenfalls ein Boot enthält, das allerdings noch nicht ausgegraben wurde.

Westlich der Pyramide weitet sich der weit ausgedehnte **Königsfriedhof**, der während der 4. Dynastie für die Angehörigen des Königshauses und hohe Staatsdiener angelegt und bis zur 6. Dynastie benutzt wurde. Die Mastabas (Bankgräber) liegen, wie die an der Ostseite, an geradlinigen Straßenzügen.

✶ **Pyramide des Chephren**

Etwa 160 m entfernt erhebt sich gegenüber der Südwestecke der Cheops-Pyramide die Pyramide des Chephren, von den alten Ägyptern Wev-Chefre (»groß ist Chefre«) genannt. Auffallend ist, dass an ihrer Spitze die ehemalige **Verkleidung** erhalten ist. Sie ist höher gelegen und erscheint daher größer als die Cheops-Pyramide. Ihre senkrechte Höhe beträgt 136,5 m (urspr. 143,5 m), die Seitenlänge an der Basis 210,5 m (urspr. 215,25 m), der Neigungswinkel 52° 2'. Das Mauerwerk fasst 1,65 Mio. m³ (urspr. 1,86 Mio. m³). Über einen unterirdischen Zugang gelangt man in das Innere. Ein weiterer Korridor beginnt in 15 m Höhe. Der **Kulttempel** an der Ostseite zeigt noch deutlich die einzelnen Räumlichkeiten.

Taltempel des Chephren

Am Beginn des Prozessionsweges zur Chephren-Pyramide erhebt sich der Taltempel des Chephren, ein vollendet gestalteter Granittempel. Durch einen Vorsaal erreicht man eine große Pfeilerhalle und eine daran anschließende Längshalle mit fünf Säulenpaaren.

CHEOPS-PYRAMIDE

★★ Sie ist der gewaltigste erhaltene Grabbau Ägyptens – ihre Grundfläche von 230,36 x 230,36 m entspricht neun Fußballfeldern – und mit 2,3 Mio. m^3 Mauerwerk der größte Steinbau der Welt. Die Anzahl von Kammern und Gängen, die präzise Ausrichtung nach den Himmelsrichtungen sowie die hervorragende Verarbeitung machen sie einzigartig unter den Pyramiden. Trotz zahlreicher wissenschaftlicher Untersuchungen sind viele Rätsel der Cheops-Pyramide bis heute ungelöst.

Öffnungszeiten:
mehrmals wöchentlich 9.00 – 17.00, im Winter nur bis 16.00 Uhr (begrenzte Besucherzahl)

① Alter Eingang
Der ursprüngliche Eingang lag etwa 20 m hoch. Von dort führte ein Stollen zur alten Grabkammer hinab; auf der Höhe des umliegenden Geländes zweigt ein Stollen ab und führt zur Großen Galerie hinauf. Nach der Bestattung des Pharao wurde der Gang mit Granitquadern blockiert.

② Heutiger Eingang
Grabräuber haben unterhalb des ursprünglichen Eingangs einen Schacht in die Pyramide gegraben, vermutlich bereits lange vor der Antike. Durch teilweise beängstigend schmale Gänge steigt man ins Innere der Pyramide auf.

③ Alte Grabkammer
Der Zweck dieser unvollendeten Kammer ist unklar. Einige Forscher sehen sie als symbolische Höhle des Totengottes Sokar an.

④ Königinnenkammer
Am Anfang der Galerie führt ein Gang zu einer weiteren Grabkammer aus Kalkstein, ihre Funktion ist noch ungeklärt. Vielleicht war in einer Nische in der Ostwand eine Statue aufgestellt. Der Name der Kammer ist jedenfalls irreführend: Keine einzige Königin Ägyptens wurde jemals in der Pyramide ihres Mannes bestattet.

⑤ Galerie
Die Große Galerie ist das architektonische Glanzstück des Bauwerks. Sieben Reihen von Kalksteinblöcken bilden ein Kragsteingewölbe, eine Konstruktion, die bereits Snofru in der Roten Pyramide anwandte. Vielleicht gab es auch eine hölzerne Zwischendecke.

⑥ Königskammer
Über die Galerie gelangt man in die eigentliche Grabkammer, die ganz aus Granit gefertigt ist. An der Westwand steht eine aus einem einzigen Granitblock gefertigte Sarkophagwanne, die größer als die Tür der Grabkammer ist, also bereits während des Baus hierher gebracht worden sein muss. Die Mumie des Pharao wurde nie gefunden.

⑦ Entlastungskammern
Tonnenschwere Granitbalken bilden die Decke der Königskammer. Um diese Konstruktion statisch abzusichern, wurden darüber fünf Hohlräume eingefügt. An ihren Wänden finden sich Bauarbeiterinschriften und zahlreiche Markierungszeichen, die einen kleinen Einblick in die damalige Vermessungstechnik geben.

⑧ Luftkanäle
Je zwei Schächte von 20 x 20 cm führen von den beiden oberen Kammern in nördlicher und südlicher Richtung durch das Mauerwerk. Ihre Funktion ist bis heute rätselhaft, in keiner anderen ägyptischen Pyramide finden sich vergleichbare Konstruktionen. Viele Forscher vermuten eine religiöse Bedeutung: Durch diese Kanäle sollte die Seele des Verstorbenen zum Firmament aufsteigen. Auch die Möglichkeit eines Belüftungssystems für die Bauarbeiter wird diskutiert. Als man 1837 die Schächte der Grabkammer säuberte, führte dies zu einer merklichen Frischluftzufuhr.

⑨ Schächte der Königinnenkammer
Besonders die beiden Schächte der Königinnenkammer bleiben rätselhaft: Sie haben weder Öffnungen an der Außenseite, noch durchbrechen sie die Wände zur Kammer. 1993 erforschten deutsche Ingenieure den südlichen Gang mit einem Roboter und stießen nach fast 60 m auf einen Kalksteinblock. Im Herbst 2002 wurde die Blockierung durchbohrt, man fand allerdings nur einen leeren Hohlraum und eine zweite Blockade. Auch den Nordschacht blockiert ein Kalkstein. Weitere Untersuchungen sollen folgen. Wird die Pyramide dann einige ihrer Rätsel preisgeben?

★★ Sphinx

Direkt gegenüber liegt als wohl berühmtestes antikes Denkmal Ägyptens nach der Cheops-Pyramide der Sphinx – die aus einem Felsen herausgehauene, mythische Löwengestalt mit dem Haupt eines Pharaos (wahrscheinlich des Chephren), das ein mit der Königsschlange geschmücktes Kopftuch umrahmt. Seine ursprüngliche Funktion ist nicht bekannt, sein arabischer Name lautet jedenfalls Abu Al Hul – Vater des Schreckens.

Das einst vor der Brust befindliche Standbild (des Amenhotep II.?) wie auch der zusätzliche Hauptschmuck sind verschwunden. Sandstürme und mutwillige Beschädigungen (so wurde die Nase abgeschlagen) haben dem eindrucksvollen Monument im Laufe der Jahrtausende schwer zugesetzt. Dennoch bleibt auch hier ein glänzender Eindruck von den künstlerischen Fähigkeiten jener Zeit. Die Gesamtlänge der Löwengestalt beträgt 73,5 m, die Höhe rund 20 m. Eine gründliche Restaurierung des Großen Sphinx ist seit langem im Gange. In diesem Zusammenhang ist das Monument aus allen nur erdenklichen Blickwinkeln abgelichtet und seine Oberfläche bis ins Kleinste vermessen worden. Anhand dieser Daten hat man eine Computerrekonstruktion des mutmaßlichen Urbildes des Sphinx angefertigt.

> **!** *Baedeker* TIPP
>
> **Freier Blick**
>
> Vom Panorama Point, südwestlich der Mykerinos-Pyramide gelegen, genießt man den besten Blick auf alle drei Pyramiden von Giseh. Dies wissen natürlich auch die Andenkenverkäufer, denen hier schwer zu entkommen ist, doch die Aussicht lohnt nicht nur für Fotografen!

★ Pyramide des Mykerinos

Etwa 200 m südwestlich der Chephren-Pyramide ragt die kleinere Pyramide des Mykerinos auf (altägypt. Menkewre). Ihre senkrechte Höhe misst heute 62 m (urspr. 66,5 m), die Grundfläche 102 x 105 m, der Neigungswinkel beträgt 51°. Die Werkstücke sind hier besonders groß und aus sehr hartem Granit, was den Bau der Pyramide erheblich erschwert haben dürfte. Das Innere kann betreten werden.

Nebenpyramiden

Die drei kleinen, südlich gelegenen Pyramiden für die königlichen Angehörigen blieben unvollendet.

Bäckerei, Brauerei, Gräber der Pyramidenbauer

Südwestlich der Pyramiden von Giseh stieß man in jüngster Zeit am Rande eines ehemaligen Steinbruchs auf die Überreste einer Bäckerei, einer Brauerei sowie auf Gräber der am Pyramidenbau beteiligten Arbeiter. In der Nähe vermutet man ferner noch Siedlungsspuren jener Zeit.

Papyriherstellung

Östlich des Sphinx werden in Andenkenläden auf traditionelle Weise Papyri aus Papyruspflanzen manuell hergestellt (Vorführung) und zum Kauf angeboten. Sie sind teurer als die aus Palmenblättern gepressten Papyri, die am Straßenrand angeboten werden.

Pharaonisches Dorf

Living History hat auch in Ägypten Einzug gehalten. Auf einem 150 000 m² großen Gelände am westlichen Nilufer südlich der Giza-Brücke richtete Dr. Hassan Ragab sein »Pharaonisches Dorf« ein, in dem die Alltagsgeschichte im alten Ägypten in originalgetreuen Kostümen und in nachgebautem Pharaonen-Ambiente vorgeführt wird. Restaurants, Kinderspielplatz und Souvenirladen runden das Angebot ab. Adresse: The Pharaonic Village, 3 El Bahr El Aazam, Tel. (02) 35 72 25 33, www.pharaonicvillage.com

Pyramide von Abu Roasch

Nur für Fachleute interessant – Reisegruppen verirren sich nicht hierher – ist die schlecht erhaltene oder vielleicht auch nie vollendete Pyramide beim Dorf Abu Roasch. Etwa 8 km nordwestlich der Pyramiden von Giseh ruhen auf einem steilen Felsplateau die Trümmer der Pyramide des Djedefre (4. Dyn.), des Sohnes von Cheops und dessen Nebenfrau Henutsen. Während seiner nur acht Jahre währenden Regierungszeit ließ Djedefre seine kleine und bescheidene Pyramide weit abseits des Gräberfeldes von Giseh, gegenüber der Sonnenstadt Heliopolis, errichten und zeigte damit seine entschiedene Hinwendung zum Sonnenkult.

Das von Osten her fast unzugängliche Felsplateau erreicht man entweder auf steilem Fußpfad von der Südseite oder bequemer von Nordosten her, vom Wadi el-Karen aus, auf dem antiken, etwa 1800 m langen und z. T. auf 12 m hoher Rampe verlaufenden Aufweg. Auf der Anhöhe breiten sich die etwa 10 m hohen Reste der Pyramide aus, deren Basis heute nur noch 97 m (ursprünglich gut 100 m) Seitenlänge hat. Von oben erkennt man den Einstieg des von Granitblöcken gefassten, 43 m langen Schachtes zur Grabkammer.

Kolossale Wächterfigur vor den Pyramiden: der Sphinx, ein liegender Löwe mit Menschenkopf. Vermutlich trägt er die Gesichtszüge von König Chephren.

Grand Egyptian Museum

www.gem.gov.eg ►

2 km westlich der Pyramiden entsteht gegenwärtig das Grand Egyptian Museum (GEM) nach Vorlagen des Architekturbüros Heneghan Peng (Dublin, Irland). Der spektakuläre Neubau, der 2013 fertiggestellt sein soll, wird als wichtigste Anziehungspunkte u. a. das Grab des Tut-ench Amun beherbergen. Die 3200 Jahre alte Statue von Ramses II., die früher auf dem Ramses-Platz in Kairo stand, hat am Eingang zum neuen Museum einen würdigen Platz gefunden.

Hurghada

►Rotes Meer

Ismailija (Ismâ'ilîya)

L 3

Landesteil: Unterägypten
Gouvernorat: Ismailija
Einwohnerzahl: ca. 300 000
Höhe: 14 m ü. d. M.

Die Stadt Ismailija am nördlichen Ufer des Timsah-Sees (Krokodilsee) zeichnet sich durch ihre schattigen Alleen, von Blumen gesäumten Promenaden und die üppigen Garten- und Parkanlagen aus. Sie wurde 1863 von Ferdinand de Lesseps am Endpunkt des Ismailija-Kanals gegründet und nach dem Vizekönig Ismail benannt.

Geschichte

Nach der Fertigstellung des Kanals verlor sie ihre Bedeutung, erlebte jedoch später als britische Garnison bis 1956 einen neuerlichen Aufschwung. Die kriegerischen Auseinandersetzungen während der Jahre 1956 und 1967 haben Ismailija stark in Mitleidenschaft gezogen. Die Stadt ist Verkehrsknotenpunkt zwischen ► Port Said und ► Sues, Sitz der naturwissenschaftlichen und medizinischen Fakultäten der Sueskanal-Universität und Sitz der Sueskanalverwaltung. Viele Ägypter haben hier und in der Umgebung an den Bitterseen Ferienhäuser.

! *Baedeker* TIPP

Auf dem Kanal

Lassen Sie sich bei einer einstündigen Rundfahrt auf dem Sueskanal von den mächtigen Tankern und Frachtschiffen beeindrucken. Infos gibt es im Tourist Office.

Sehenswertes in Ismailija

Die regelmäßig angelegte Stadt erstreckt sich nördlich vom Ismailija-Kanal, der vom Kai Muhammad Ali begleitet wird und den Hafen mit seinen Uferanlagen umzieht. An seinem Ostende mündet er bei der Kanalverwaltung nach einer Schleuse in den Timsah-See. Vom Bahnhof führt die Scharia Orabi nach Südosten über den Kanal hin-

Typisch für Ismailija sind die üppigen Garten- und Parkanlagen und Alleen.

weg zum Hafen. Ebenfalls vom Bahnhofsplatz führt eine belebte Geschäftsstraße über den blumengeschmückten Midan Gumhurija zum Kai Muhammad Ali.

Im **Garten der Stelen** (Besichtigung nur mit Sondergenehmigung) sind mehrere große, bei Tell el- Mas'-chuta gefundene Denkmäler aufgestellt. Besonders beachten sollte man eine große **Denkinschrift Ramses' II.** auf Granit, mit einer Darstellung des Königs, der dem falkenköpfigen Re-Harachte ein Bild der Wahrheitsgöttin Maat darbringt; auf der Rückseite sieht man den König vor Atum. Ferner gibt es liegende Sphingen, ein Bruchstück einer Kapelle von Ramses II. sowie einen schwarzen Granitdeckel vom Sarg eines hohen Palastbeamten aus Tell el-Mas'chuta.

Museum Ismailija

Nordöstlich vom Stelengarten sind in der Nähe des Kanals ausgegrabenen Altertümer ausgestellt. Vor dem Museumseingang steht ein Sphinx, der bei den Kanalgrabungen entdeckt wurde. Auch mehrere **Mosaikfußböden** sind zu sehen, darunter einer mit einer Darstellung der Phädra und des Hippolytos, der Mysterien des Dionysos und mit griechischen Versen, die von Vögeln umgeben sind, außerdem sieht man griechisch-ägyptische Terrakotten, Bronzefiguren (z. T. aus Tell el-Mas'chuta) und andere Exponate.
Im Museumsgarten liegen **Bruchstücke eines Gedenksteins des Dareios**, den dieser zur Erinnerung an die Vollendung des ersten Durchbruchs des Süßwasserkanals 8 km nördlich von Sues errichten ließ und der hieroglyphische und keilschriftliche Texte in altpersischer, babylonischer und elamitischer Sprache trug.

Lesseps-Haus

Gegenüber dem Stelengarten steht die Villa des französischen Ingenieurs **Ferdinand Lesseps** (1805 – 1894), nach dessen Plänen 1859 bis 1869 der Sues-Kanal (►Baedeker-Special S. 346) angelegt wurde.

Ismailija-Kanal

Der 1858–1863 angelegte Ismailija-Kanal dient der Wasserversorgung sowie der Bewässerung des Landes. Er zweigt bei Kairo vom Nil ab, führt bis östlich von Abu Hammad, wo er den von El-Sagasig

◄ weiter S. 348

SCHIFFE IN DER WÜSTE

Flirrende Hitze, Sand, so weit das Auge reicht, und ein Schiff, das sich durch die Wüste schiebt – wer das sieht, erliegt nicht einer Fata Morgana, sondern steht am Sueskanal, dem bedeutendsten Wasserweg der Weltschifffahrt.

Schon im alten Ägypten gab es die Vision, den Isthmus zwischen Mittelmeer und Rotem Meer zu überwinden. Den ersten Kanal ließ **Pharao Necho** im 5./6. Jh. v. Chr. anlegen. Was der Ägypter begann, vollendete der Perser Dareios etwa hundert Jahre später. Die Wasserstraße verband das Nildelta mit den Bitterseen nördlich von Sues, doch der Nutzen für die Einheimischen war nie unumstritten. Tatsächlich zogen vor allem die wechselnden Besatzer Gewinn aus dem Kanal. Noch **Mohammed Ali** lehnte einen Neubau in den 1830er-Jahren ab, weil er ahnte, dass Ägypten dann zum Schauplatz widerstreitender Interessen werden würde.

Der große Graben

Seit Kalif al-Mansur den Kanal hatte zuschütten lassen, waren über tausend Jahre vergangen, als Napoleon Bonaparte auf seiner ägyptischen Expedition 1798/1799 den Plan ausheckte, eine Wasserstraße vom heutigen Port Said nach Sues zu graben, um den Ostindienhandel der Briten lahm zu legen. Fatalerweise machte ihm sein Ingenieur **Lepère** einen Strich durch die Rechnung, weil er konstatierte, der Höhenunterschied zwischen den Meeren betrage kaum zu überwindende 10 m. Lepère hatte sich verrechnet – das bewies ihm sein Landsmann **Ferdinand de Lesseps**, der durch Lepères Denkschriften auf die Bedeutung des Kanals aufmerksam wurde. Vizekönig Said Pascha ließ sich von Lesseps' Plan überzeugen und erteilte ihm 1854 die Konzession für den Kanalbau. Was fehlte, war das nötige Kleingeld, England und der Sultan stellten sich quer. Lesseps gründete 1858 eine Aktiengesellschaft, die Compagnie Universelle du Canal de Suez, konnte aber zunächst nicht genug Kapital beschaffen. Ohne solide Finanzierung, ohne die Genehmigung des Sultans, aber mit einem Abkommen, das der Compagnie 25 000 Fronarbeiter verschaffte, setzte Lesseps am **25. April 1859** den ersten Spatenstich. Ab 1864 beschleunigten Maschinen und moderne Technik den Ausbau. Als Said 1863 starb, übernahm sein Nachfolger Ismail fast 100 000 Kanalaktien und garantierte damit sowohl den Fortgang der Arbeiten als auch den Ruin des ägyptischen Haushalts.

Verwirrender Anblick: Frachtschiffe, die sich über Land zu schieben scheinen, in Wirklichkeit aber auf dem Sueskanal fahren.

Eröffnung mit Pomp

Zur Eröffnung am 17. November 1869 lud Ismail 5000 Gäste inklusive aller gekrönten Häupter Europas ein. Übergangen wurde der osmanische Sultan – der hatte ja noch immer nicht seine Zustimmung zum Kanalbau gegeben. Für Kaiserin Eugénie, die den Kanal zusammen mit Lesseps eröffnete, wurde ein Palast in Heliopolis gebaut, und das neue Opernhaus in Kairo sollte mit Verdis »Aida« eingeweiht werden (die allerdings nicht fertig wurde).

Trotz des verheißungsvollen Auftaktes arbeitete die Kanalgesellschaft mit hohen Verlusten. Viele Reedereien scheuten die neue Passage, 1870 fuhren im Schnitt nur zwei Schiffe pro Tag durch den Kanal. Die Durchfahrt erforderte erhebliches seemännisches Geschick: Zwischen 1870 und 1884 liefen ungefähr 3000 Schiffe in der engen Fahrrinne auf Grund.

1875 musste Vizekönig Ismail wegen zerrütteter Staatsfinanzen seine Aktien zum Dumpingpreis an die Engländer verkaufen, die nun ihre Blockadepolitik aufgaben, den Schiffsverkehr in Schwung brachten und 1882 die Kanalzone militärisch besetzten. So trat ein, was manche ägyptischen Herrscher befürchtet hatten: Die Kolonialherren zogen allein Profit aus dem Kanal. Der Sueskanal wurde zur wichtigsten Wasserstraße, die Strecke nach Indien um die Hälfte verkürzt.

Zankapfel der Großmächte

Bald setzte das Gerangel der Staaten um **Durchfahrtsrechte** ein, was 1888 zur Konvention von Konstantinopel führte. Neun große Schifffahrtsnationen vereinbarten die »Freiheit des Verkehrs in Friedens- und Kriegszeiten sowie die Neutralität der Sueskanalzone«. Auf dem Papier sah das gut aus, in der Realität blieb der Sueskanal Zankapfel der Mächte. Auf der Woge des erstarkenden ägyptischen Nationalbewusstseins proklamierte Präsident Nasser am 26. Juli 1956 die Nationalisierung des Kanals. Die erste folgenschwere Sues-Krise war da. Gegen die Intervention britischer, französischer und israelischer Truppen behauptete Ägypten seine Gebietshoheit über die Region. Im **Sechs-Tage-Krieg** wurde besonders heftig an den Ufern des Kanals gekämpft.

Als 1975 endlich aufgeräumt wurde, musste man den Kanal für die neue Generation der **Riesentanker** ausbauen, die seit Beginn der 1980er-Jahre den Sueskanal durchfahren können. Heute ist die Kanalregion ein durch den Friedensprozess gestärkter Wirtschaftsraum; jährlich fließen rund 3 Mrd. US-Dollar in die ägyptische Staatskasse, die Schiffskonvois ziehen gemächlich ihrer Wege und **»Aida«** wurde doch noch im Kairoer Opernhaus uraufgeführt: am Heiligabend des Jahres 1871.

kommenden alten Süßwasserkanal schneidet und das über 50 km lange Wadi el-Tumilat durchzieht. Bei Nefischa zweigt ein südlicher Arm nach Sues, ein nördlicher bei Moaskar-Ismailija nach Port Said ab. Der Kanal ersetzte eine uralte Wasserader, die schon im Mittleren Reich vom Nil ausgehend das biblische Land Gosen nährte. Dieses erstreckte sich südlich vom Ismailija-Kanal etwa in einem Dreieck zwischen El-Sagasig, Bilbeis und Abu Hammad. Es war Teil der altägyptischen Provinz Arabia mit der Hauptstadt Persopd (griechisch Phakusa).

Wadi Tumilat ► Das Wadi Tumilat, in dem der Ismailija-Kanal in einem großen Abschnitt verläuft, muss als der östlichste Arm des Nils angesehen werden. Er war bereits in frühgeschichtlicher Zeit während der Nilüberschwemmung für flache Wasserfahrzeuge schiffbar. Diese Wasserverbindung hatte insbesondere Bedeutung für den Waren- und Personenverkehr mit der afrikanischen Ostküste sowie mit Syrien. Die Pharaonen ließen den Wasserweg ausbauen und vertiefen, Ramses II. baute am Ufer des Kanals die Doppelstadt Pithom und Ramesse. In späterer Zeit verkam der Kanal; erst Necho begann neuerlich, den Wasserweg auszubauen, ließ aber wegen einer ungünstigen Weissagung die Arbeiten wieder abbrechen. Ein Jahrhundert später vollendete Dareios I. das Werk. Seine Bedeutung behielt der Kanal noch bis in die Zeit der Kalifen, die ihn insbesondere zum Transport von

Ismailija *Orientierung*

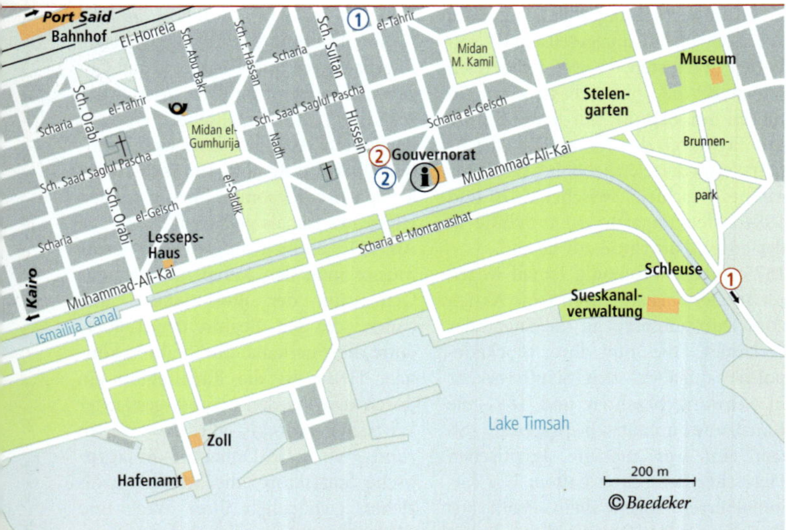

Essen
① King Edward
② Chez George

Übernachten
① Mercure Forsan Island
② Crocodile Inn

Getreide aus dem Niltal nach Medina schätzten, doch im 8. Jh. aus Sicherheitsgründen zuschütten ließen. Danach blieb er bis zu seiner Wiederentdeckung 1798 vergessen.

Der Sueskanal, ein 162 km langer **schleusenloser Meerwasserkanal** für die internationale Seeschifffahrt, der den 112 km breiten Isthmus zwischen Afrika und Asien durchschneidet, verbindet das Mittelmeer mit dem ►Roten Meer und stellt damit im weiteren Sinne die Seeverbindung zwischen dem Atlantischen Ozean und dem Indischen Ozean dar. Befahren wird der 22,5 m tiefe und bis zu 345 m breite Kanal in Konvois. Als Ausweichstellen sind in Abständen von 10 km Ausbuchtungen eingerichtet. Darüber hinaus erlauben der Timsah-See (»Krokodilsee«) etwa in der Mitte des Kanals sowie der Große Bittersee und der anschließende Kleine Bittersee die Fahrt streckenweise auch bei Gegenverkehr (►Baedeker Special S. 346).

★ **Sueskanal**

ISMAILIJA ERLEBEN

AUSKUNFT

Tourist Office
Governorate Building
Tel. (064) 332 10 72

Tourist Police
Tel. (064) 391 69 10

VERKEHR

Bahn: Stündl. Züge nach Kairo, mehrmals tgl. nach Sues und Port Said.
Busse: Alle 30 – 90 Min. vom Midan Orabi Busse nach Port Said und Sues (Anschluss Sinai), stündlich nach Kairo und ins Delta
Info-Tel. (064) 332 15 13.
Sammeltaxis: fast stündlich in alle Richtungen.
Kanalfähre: Nr. 6 gratis

VERANSTALTUNG

August/September: Internationales Folklorefestival mit Gruppen aus der ganzen Welt.

ESSEN

► Erschwinglich

① ***King Edward***
171 Sharia Tahrir, Tel. (064) 332 54 51
tgl. 12.00 – 15.00 u. 17.00 – 23.00 Uhr
Das Lokal bietet sehr schmackhafte ägyptische und auch internationale Gerichte.

② ***Chez George***
Sh. Sultan Hassan
tgl. 12.00 – 14.30 u. 17.00 – 23.00 Uhr
In dem nicht mehr ganz neuen Lokal gibt es wirklich leckere Fischgerichte. Darüber hinaus treffen sich hier Nachtschwärmer in einer stimmungsvollen Bar.

ÜBERNACHTEN

► Komfortabel

① ***Mercure Forsan Island***
Gezirat Forsan
Tel. (064) 391 63 16
www.mercure.com
Von einigen Zimmern dieses Hauses am Krokodilsee hat man einen guten Blick auf den Suezkanal.

② ***Crocodile Inn***
179, Saad Zaghloul St.
Tel. (064) 391 25 55
Etwas überteuertes Mittelklasse-Hotel In der Stadtmitte

Totenmasken im Ägyptischen Museum

★★ Kairo (El-Qâhira)

J 5

Landesteil: Unterägypten
Höhe: 20 m ü. d. M. (Nilniveau)
Gouvernorat: Kairo
Einwohnerzahl: 18 Mio. (Großraum)

Die »Mutter der Städte« wurde Kairo im Mittelalter genannt, und auch heute noch ist es eine Stadt der Gegensätze, oft verwirrend, manchmal abschreckend und immer faszinierend. Tradition und Moderne treffen sich hier zu einer unvergleichlichen Mischung. In der mehr als tausendjährigen Stadtgeschichte entstanden Bauwerke, die zu den schönsten der islamischen Welt zählen.

»Mutter der Städte«

Die Altstadt Kairos ist als Ensemble islamischer Baukunst seit 1979 von der UNESCO als Weltkulturerbe anerkannt. Ihre beeindruckenden Kuppeln und Minarette, Zeugen einer bewegten Vergangenheit, stehen im Kontrast zu den verfallenden Wohnhäusern und gesichtslosen Hochhaussiedlungen der Vororte. Im stetigen Gewimmel von Menschen trifft man den Geschäftsmann im Anzug und Frauen in schicken Kostümen ebenso wie Männer in Galabeias und strenggläubige Musliminnen mit Schleier. Ein im wahrsten Sinne des Wortes atemberaubender Verkehr lässt die Stadt nie zur Ruhe kommen. Eselkarren konkurrieren mit Bussen, Luxuskarossen und Millionen von Kleinwagen, deren wichtigster Bestandteil die Hupe zu sein scheint. El-Qâhira – »die Siegreiche« hat bis heute den täglichen Ansturm »besiegt«, und wenn der fremde Besucher mit ähnlicher Gelassenheit und Geduld, die die Kairoer jeden Tag aufs Neue in diesem Chaos bewahren, die Stadt erkundet, wird er sich schwer ihrer Faszination entziehen können.

Größte Stadt Afrikas

Kairo ist nicht nur die Hauptstadt Ägyptens, sondern auch die größte Stadt des afrikanischen Kontinents. Sie liegt am rechten Ufer des Nils, rund 20 km südlich der Gabelung des Flusses in die Mündungsarme Damietta und Rosetta. Am östlichen Stadtrand erheben sich die kahlen rötlichen Felswände des Mokattam-Gebirges, hinter dem sich die Östliche Wüste ausdehnt. Nach Süden reicht die Stadt jenseits von Alt-Kairo bis zum Vorort Maadi, im Westen wächst sie jenseits des Stromes über Giseh in die Westliche Wüste hinaus. Als Landeshauptstadt ist Kairo Sitz der Regierung, des Parlaments und der obersten Verwaltungsbehörden, aber auch der islamischen, koptischen und koptisch-unierten Religionsoberhäupter. Die Metropole besitzt mehrere Universitäten sowie angesehene Fachhochschulen.

Stadtgeschichte

1. Jh. n. Chr.	Die Siedlung am Nil wird von Römern gegründet.
641	Eroberung durch die Kalifen
969	Fatimiden gründen eine neue Residenzstadt: El-Qâhira.
972	Die El-Ashar-Moschee wird vollendet.
ab 1250	Herrschaft der Mamelucken, Blütezeit der Stadt
1517	Sultan Selim I. erobert Kairo.
1798/1799	Kairo ist Hauptquartier Napoleons.
1863–1879	Herrschaft Ismail Paschas, große Teile der heutigen Innenstadt entstehen.
1914–1952	Britisches Protektorat, Kairo bleibt Hauptstadt.
22. 3. 1945	In Kairo wird die Arabische Liga gegründet.
1952	Nach der Revolution schnellt die Einwohnerzahl in die Höhe, zahlreiche Trabantenstädte entstehen.
1994	Die Weltbevölkerungskonferenz der Vereinten Nationen wird in Kairo abgehalten.
2005	Terroranschläge in der Altstadt erschüttern Kairo.

Chere-aha

Bereits im frühen Altertum lag etwa auf der Höhe der Pyramiden, am Ostufer des Nils, die Stadt Chere-aha. Ihr Name bedeutet so viel wie »Ort des Kampfes«, da sich hier Horus und Seth bekämpft haben sollen. Die Griechen nannten die Stadt Babylon, ebenso wie auch später die Römer, welche sie zum Kastell ausbauten.

Misr

Nach der Eroberung durch die Kalifen im Jahre 641 n. Chr. legten diese nördlich der alten Festung in der Ebene die neue Hauptstadt des Landes Fustat an, die von den Arabern wie das Land auch »Misr« genannt wurde. Die Omaijaden konnten sich in Ägypten bis 750 behaupten. Bei ihrem Sturz brannte die Stadt mit Ausnahme der Großen Moschee völlig nieder.

Highlights Kairo

Ägyptisches Museum
In dieser Sammlung von Weltruf kann man Tage verbringen.
► Seite 360

Basar Khan el-Khalili
Eintauchen in den größten Souk Afrikas.
► Seite 369

El-Ashar-Moschee
Das bedeutendste Bauwerk der Fatimidenzeit beeindruckt mit schönen Fassaden.
► Seite 369/370

Museum für Islamische Kunst
Alles über die Kunst zu Ehren Allahs.
► Seite 374

Sultan-Hassan-Moschee
Dieses großartige Denkmal ägyptisch-arabischer Baukunst findet als Ausdruck von Majestät und Macht kaum seinesgleichen.
► Seite 375

Zitadelle
Saladins große Festung thront über der Stadt.
► Seite 377

Koptisches Museum
Christliche Kunst und Architektur, der Schwerpunkt liegt auf dem Mittelalter.
► Seite 385

Ibn Tulun

In der Folgezeit entstand weiter nördlich die neue Residenz des Ortes El-Askar und Ende des 9. Jh.s der Ortsteil El-Katai mit der Tulun-Moschee als Versuch des Ibn Tulun, eine von den Abbasiden unabhängige Dynastie zu errichten. Bereits im Jahre 905 zerstörten diese jedoch die Stadt und Ibn Tuluns Pläne, nur die nach ihm benannte Moschee blieb erhalten.

Misr el-Kahira

Den Abbasiden folgten die Fatimiden, die 969 vom Westen kommend Ägypten eroberten. Gohar, Feldherr des Fatimiden Muie, legte im selben Jahr nördlich von El-Katai das Heerlager Misr El-Qâhira (= »Stadt des siegreichen Mars«) an und begründete damit die Stadt Kairo. Die neu gegründete Stadt wurde Zentrum eines Herrschaftsgebietes von Nordafrika bis zum Jemen, in der Stadt selbst manifestierte sich dieser Herrschaftsanspruch durch angeblich 20 000 zum Palastbereich gehörende Gebäude, in denen 30 000 Menschen lebten.

Saladin

Nach dem Untergang der Fatimiden-Dynastie übernahm Saladin im Jahre 1171 die Macht und gründete eine eigene Dynastie, die Aijubiden, deren Herrschaft bis 1250 andauerte. Er umschloss die beiden Städte Fustat – diese war noch wenige Jahre zuvor von den Fatimiden aus Angst vor den anrückenden Kreuzfahrern zerstört worden – und El-Kahira mit einer gemeinsamen Mauer, die jedoch nie vollendet wurde, und begann mit dem Bau der Zitadelle.

Mittelalterliche Blüte

Unter den Fatimiden, den Aijubiden und den ihnen folgenden Mamelucken entwickelte sich Kairo zu einer bedeutenden Stadt und erreichte im 14. Jh. seine höchste Blüte, obgleich zu jener Zeit die

Pest mehrfach einen Großteil der Bevölkerung dahinraffte und wiederholte Aufstände, Revolten und blutige Christenverfolgungen den Frieden nachhaltig beeinträchtigten.

Türkenherrschaft

Nach der Schlacht bei Heliopolis zog der osmanische Sultan Selim I. im Jahr 1517 in Kairo ein. Obwohl die Stadt unter der Türkenherrschaft Plünderungen und Repressalien zu erleiden hatte, blieb sie ein kulturelles und geistiges Zentrum.

19./20. Jahrhundert

Napoleon erkor die Stadt während seiner Ägyptischen Expedition 1798/1799 zu seinem Hauptquartier. 1805 nahm Muhammad (Mehmed) Ali als Pascha von Ägypten die Zitadelle von Kairo in Besitz und ließ in ihr 480 geladene Mameluckenführer ermorden. Unter ihm und seinen Nachfolgern hat Kairo einen raschen Aufschwung erlebt. Besonders Ismail, seit 1863 an der Regierung, trieb mit Hinblick auf die Eröffnung des Sueskanals den Ausbau und die Verschönerung von Kairo voran: Neue Straßen und ganze Stadtteile entstanden, die Esbekija-Gärten wurden angelegt und das Opernhaus errichtet. Heute ist Kairo sowohl eine sehr orientalisch wie auch eine sehr europäisch geprägte Millionenstadt, die mit vielen sozialen Problemen, insbesondere ausgelöst durch Überbevölkerung, aber auch mit einem ständig zunehmenden und kaum zu regulierenden Verkehrssystem und einer extrem hohen Luftverschmutzung zu kämpfen hat. 1987 wurde die erste Teilstrecke der **Kairoer Metro**, gleichzeitig auch die erste auf dem afrikanischen Kontinent, dem Verkehr übergeben. Inzwischen sind zwei Linien in Betrieb und eine weitere im Ausbau.

Hervorragende Aussicht vom Kairo-Turm

Kairo · El-Qâhira Orientierung

1 Deutsche Botschaft
2 Österreichische Botschaft
3 Schweizer Botschaft
4 Oberster Gerichtshof
5 Gumhurija-Theater
6 Emir-Sala- und Sanjar-Mausoleum
7 Kait-Bei-Moschee
8 El-Hakim-Moschee
9 Abu-Bakr-Ibn-Muzhir-Moschee
10 Sabil Kuttab Wakala Oda Bachi
11 Beit Suheimi
12 Mohammed-el-Nasir-Moschee
13 Barkukija-Moschee
14 El-Akmar-Moschee
15 Salih-Aijub-Mausoleum
16 Khan el-Khalili
17 El-Guri-Medrese & Mausoleum
18 Fakahami-Moschee
19 Salih-Talai-Moschee
20 El-Mardani-Moschee
21 Rusun-Moschee
22 Sultan-Schaapan-Medrese
23 Sulamanija-Moschee
24 Surdun-Moschee
25 Ibrahim-Aga-Haus
26 As-Sunkur-Moschee
27 Emir-Chairbek-Moschee
28 El-Gei- el-Jusufi-Medrese
29 Er-Rifai-Moschee
30 Kanibei-Amir-Medrese
31 Amir-Tas-Palais
32 Emir-Scheiku-Kloster
33 Kugaschadam-el-Ambdi-Moschee
34 Beit el-Kreatlija
35 Schagarat-el-Dur Mausoleum
36 Bab el-Asab
37 Muhammad-Ali-Moschee
38 Bir Jusuf
39 El-Nasir-Moschee
40 El-Gohara-Palast

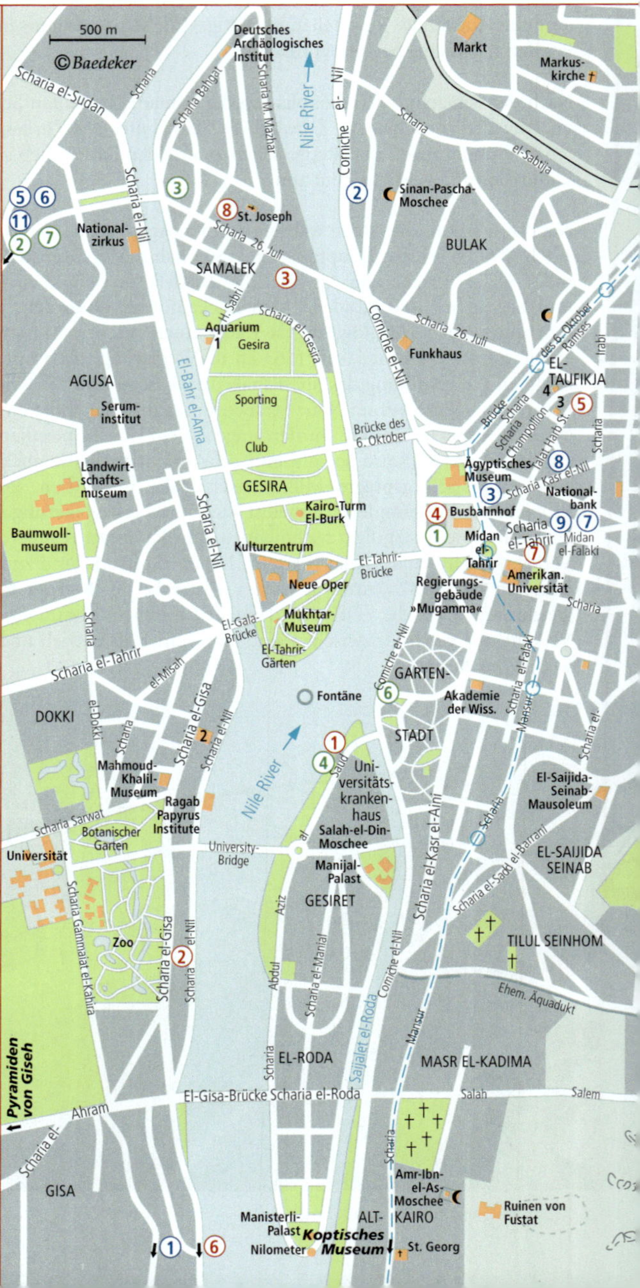

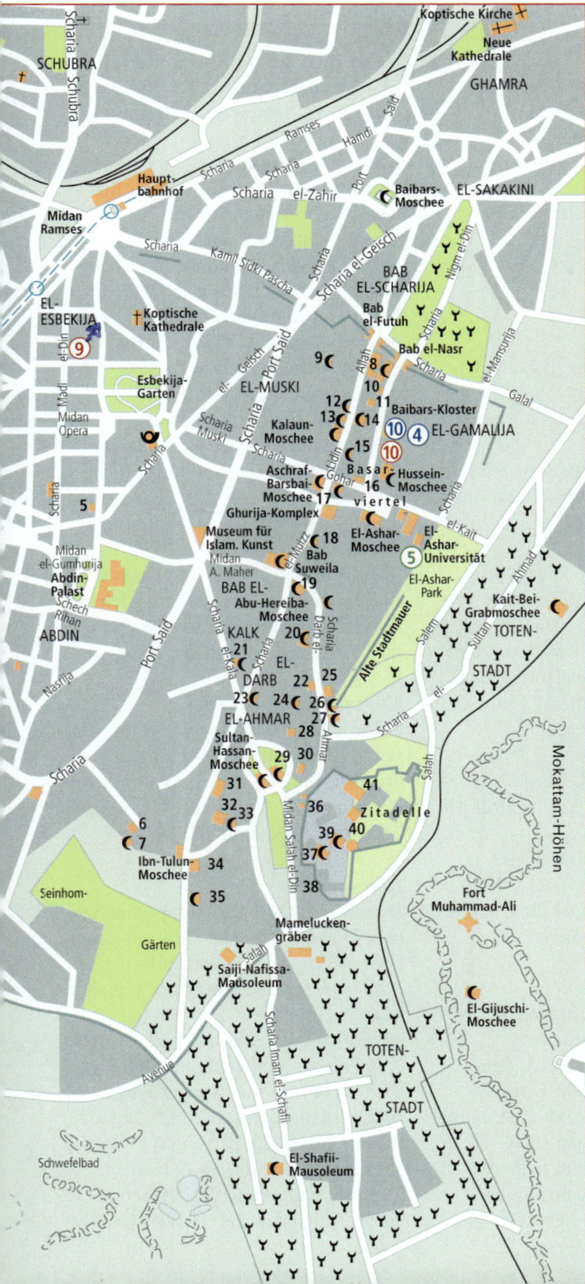

Essen

1. Moghul Room
2. Bamboo & Disco Sangria
3. Arabesque
4. Khan el Khalili Restaurant
5. Papillon
6. Zamakmak
7. Café Riche
8. Groppi
9. Felfela
10. Fishawi
11. El Tabei

Übernachten

1. Grand Hyatt
2. Four Seasons
3. Marriott Hotel
4. Nile Hilton
5. Talisman Hotel de Charme
6. Mena House Oberoi
7. Hotel Osiris
8. Longchamps Hotel
9. Victoria Hotel
10. El Hussein

Ausgehen

1. Windows of the World
2. Cairo Jazz Club
3. Sakiyat Al Sawy
4. Hard Rock Café
5. El Genaina Theatre
6. Johnny's
7. La Bodega

KAIRO ERLEBEN

AUSKUNFT

Tourist Information
Adly St. 5, Bab el Louk
Sa.–Do. 9.00–17.00 Uhr
Tel. (02) 23 91 34 54

Cairo International Airport
Tel. (02) 22 65 50 00
www.cairo-airport.com

Ramses-Bahnhof
Tel. (02) 25 75 35 55
Fahrplaninfos: www.egyptrail.gov.eg

VERKEHR

Flüge
Egypt Air Callcenter in Ägypten aus dem Festnetz: Tel. 0900-70000, mobil 1717, Fax (02) 26 96 42 29
Büro Kairo:
Downtown: 9, Sharia Talaat Harb
Tel. (02) 23 93 03 81, 23 92 76 64
Flughafen, Terminal 1, Halle 1
Tel. (02) 22 65 72 44, Fax 22 67 70 10
Dokki, Cairo Sheraton Hotel, Galaa Square, Tel. (02) 37 48 91 22 und 33 36 48 63, Fax 37 48 86 30

Austrian Airlines, 4 d, Gezira St./5. St.
Tel. (02) 27 35 27 77, Fax 27 38 28 15
www.aua.com
Lufthansa und ***Swiss***, 6, Sheikh el-Marsafi, Zamalek, Tel. (02) 1 93 80, Fax 27 39 84 56, 27 37 04 75, www.lufthansa.com, www.swiss.com

Bahn
Vom Ramses-Bahnhof (Mahatet Ramsis) Richtung Alexandria (6.00–21.30 Uhr stündlich), Sueskanalregion (6.00–22.00 Uhr alle 60–90 Min.), Luxor 9.00–22.45 Uhr (mehrmals) und Assuan (7.30–22.15 Uhr mehrmals). Es gibt auch sehr komfortable (und begehrte) Schlafwagenzüge der Abela Egypt Sleeping trains nach Luxor, Assuan und Mersa Matruh (Mittelmeer), Tel. (02) 25 75 35 55, www.sleepingtrains.com.

Busse
Kairo verfügt über ein dichtes Busnetz. Das gilt auch für die Überlandstrecken. ***Tickets immer vorher kaufen, Abfahrtszeiten überprüfen!*** SuperJet-Busse fahren vom Mahatet Turguman, Stadtmitte, hinter dem Al-Ahram Gebäude ab: Richtung Alexandria stündlich 5.00–23.00 Uhr; nach Hurghada mehrmals täglich.
Vom Sinai-Bahnhof in Abbasia starten mehrmals täglich die weniger komfortablen Busse der East Delta Bus Co. Richtung Dahab, El-Tur, Sharm el-Sheikh, Nuweiba, Taba, Katharinenkloster.
Die Busse der Upper Egypt Bus Co. starten mehrmals täglich am Mahattit Abud in Schubra Richtung Assuan, Luxor, Faijum, Hurghada, Safaga.

Citycabs – Bestelltaxis
Gelbe, klimatisierte Citycabs fahren zu Festpreisen und sind auf längeren Strecken günstiger als herkömmliche schwarzweiße Taxis. Bestell-Hotlines: Tel. (02) 191 55 und 165 16

Leihwagen
Kairo ist ***der*** Ort für Autovermietungen, One-way-Touren sind nur gegen hohe Aufpreise möglich. Internationale Anbieter findet man auch in allen großen Hotels.
Avis: Flughafen, Tel. (02) 22 65 24 29; Nile Hilton, Stadtzentrum, Tel. 25 79 24 00, www.avisegypt.com
Budget: Flughafen, Tel. (02) 22 65 23 95; El Agouza, 22, El Mathaf El Zeraee St., Cairo/Giza, Tel. 35 39 15 01/4, http://de.budgetinternational.com
Hertz: Flughafen Tel. (02) 22 65 24 30

Agouza, 195, 26th July St., Cairo/Giza, Tel. 33 47 41 72; Stadtzentrum, Ramses Hilton Hotel, Maspero, Tel. 25 75 89 14, www.hertzegypt.com
Europcar: Flughafen, Tel. (02) 22 67 24 39, Fax 22 68 90 88
Smartlimo: Maadi, 151, Corniche El Nil, Tel. (02) 25 24 30 06 und mobil (010) 5 30 50 70, Fax 25 24 30 09 www.smartlimo.com
Thrifty Kairo: Flughafen, Tel. (02) 22 65 26 20, Heliopolis, Tel. 22 66 33 13

Beim Papyrushändler

VERANSTALTUNGEN

Mai: Mulid Hussein, religiöses Fest rund um die beiden Moscheen Saidna Hussein und Sayida Zeinab mit Umzügen und Tänzen.
September: Experimentelles Theater-Festival, ein Highlight des Jahres für viele ägyptische Theaterfreunde.
November: Arabisches Musik-Festival mit einem abwechslungsreichen Programm arabischer, folkloristischer und klassischer Musik.
November/Dezember: Internationales Filmfestival in ausgewählten Kinos der Stadt.

EINKAUFEN

Im Basar ***Khan el Khalili*** gibt es alles von Kitsch bis Kunsthandwerk: mundgeblasene Parfümfläschchen, Holzschnitzarbeiten, Töpferwaren, Messinggegenstände, Alabasterarbeiten und Papyrus. Gold- und Silberschmuck wird nach Gewicht verkauft. Die originellsten Kunsthandwerksarbeiten bieten Laden und Galerie Al-Khatoun hinter der El-Ashar-Moschee, 3, Sharia Mohamed Abdu, neben dem Beit Al-Harrawi. Kunsthandwerk der Beduinen findet man bei ***Bayt al Sinnari*** und ***Wikalat al Ghuri***. Der Zeltmacher-Bazar hinter dem Tor Bab Zuweila ist berühmt für seine farbenfrohen Kissenbezüge, Überdecken und Wandteppiche. Wasserpfeifen gibt es am ***Suk al Futh***, Muizz el-Din Allah.
Im Zentrum, also vom ***Midan Tahrir*** stadteinwärts, findet man jede Art von Geschäft. Preise und die Qualität der Waren sind hier unteres bis mittleres Niveau. Besser und teurer kauft man in ***Zamalek*** in der 26th of July St. ein: Die Sheba Galerie führt eine wunderschöne Kollektion handgemachter Silberstücke (6, Sri Lanka St.); Nomad verkauft beduinische Produkte (14, Saray al Gezira St, 1. Stock und im Marriott Hotel). Die ***größte Shopping Mall*** des Landes ist das Citystars Center (www.citystars.com.eg) in Heliopolis, Sharia Omar Ibn El-Khattab, mit über 800 Läden, Restaurants, Cafés und Supermärkten. Auf zwei Etagen findet man Dutzende Länden mit traditionellem Handwerk.
Schönen Dingen, u. a. Designerkleidung haben sich das Shopping-Center im Grand Hyatt und die Arcadia Mall neben dem Conrad Hotel verschrieben. Die ***Al Ain Galerie*** verkauft beduinische Teppiche und Kilims, geflochtene Körbe und Silberschmuck (73, Husayn St., Dokki); Kunstgalerien stellen die Arbeiten internationaler Talente aus, u. a. Mashrabeya (8, Champollion St., Downtown), Townhouse Galerie (Husayn Pasha St., Downtown). ***Deutsche Bücher*** be-

kommt man bei Lehnert & Landrock, 44, Sherif St., im Zentrum, sowie in der Buchhandlung Diwan, 159, Sharia 26th of July, Zamalek. Antiquarisches (alte Drucke, Lithografien) im L'Orientaliste (15, Kasr el-Nil St., Downtown).

DINNER- UND LUNCHKREUZFAHRTEN

The Pharaos
Anleger: 138, Sh. el-Nil
tgl. 13.00, 14.30, 19.15 und 21.30 Uhr

AUSGEHEN

① ***Windows of the World***
Ramses Hilton Hotel, Corniche
Tel. (02) 25 77 74 44
Bei Live-Entertainment blickt man vom 36. Stock über die Stadt.

② ***Cairo Jazz Club***
197, 26th of July St, Agouza
Tel. (02) 33 45 99 39, www.cairojazzclub.com – Der einzige Jazz Club in der Stadt und immer gut besucht.

③ ***Sakiyat Al Sawy***
Sharia 26th of July, Zamalek
Tel. (02) 27 36 61 78
www.culturewheel.com
Im interessantesten freien Kulturzentrum der Stadt gibt es allabendlich Highlights: arabische wie westliche Klassik, Rock, Pop, Hiphop, Jazz.

④ ***Hard Rock Café***
Grand Hyatt Hotel, Corniche el Nil
Tel. (02) 25 32 12 77/81/85
Auch Kairo hat endlich sein original HRC bekommen.

⑤ ***El Genaina Theatre***
Al-Azhar Park
Tel. (02) 23 62 50 57
www.mawred.org/genainatheatre
Unter freiem Himmel spielen hier von Frühjahr bis Herbst Bands (Jazz, Klassik, Electronic etc.) vor der Kulisse der islamischen Altstadt und der historischen Stadtmauer.

⑥ ***Johnny's***
Le Pacha Boat, Zamalek
Tel. (02) 27 35 67 30, www.lepacha.com
Im Restaurantschiff drängeln sich die Leute oft in Dreierreihen um den Tresen, Musik aus den Charts.

⑦ ***La Bodega***
157, Sharia 26th of July, Zamalek
Tel. (02) 27 35 05 43
Stilvolles Bistro mit Bar, Lounges.

ESSEN

► Fein & teuer

① ***Moghul Room***
Mena House Hotel, Pyramids Road
Tel. (02) 33 77 32 22
Das beste indische Restaurant Ägyptens. Stilvoll und ein absoluter Genuss.

② ***Bamboo & Disco Sangria***
Corniche el-Nil (gegenüber vom World Trade Center)
Tel. (02) 25 79 65 11
In-Restaurant; italienische und französische Küche, rockende Yuppies auf der kleinen Tanzfläche, schöne Nilterrasse.

► Erschwinglich

③ ***Arabesque***
Kasr el-Nil St. 6, Zentrum
Tel. (02) 25 74 78 98
Klassiker mit guter arabischer und französischer Küche in stilvoller Atmosphäre. Das Restaurant ist eine kleine Kunstgalerie.

④ ***Khan el Khalili Restaurant***
Khan el-Khalili
Tel. (02) 25 90 37 88
Hervorragende arabische Küche, abends klassisch-ägyptische Musik.

⑤ ***Papillon***
26th of July St., Mohandessin
Tel. (02) 33 03 50 45
Exzellenter Libanese, serviert feinste levantinische Küche. Schwach ist nur die Auswahl libanesischer Weine.

⑥ ***Zamakmak***
24, Ahmed Orabi St., Mohandessin
Tel. (02) 33 03 52 70
Beliebtes Fischrestaurant.

► Preiswert

⑦ ***Café Riche***
Talaat Harb, Zentrum
Tel. (02) 23 92 97 93
Viele Jahre war die kleine »Hyde Park Corner« der Kairoer Intelligenzia geschlossen; nun wird wieder diskutiert.

⑧ ***Groppi Garden Café***
Abdel Khalek Sarwat St., Zentrum
Altes Kaffeehaus.

⑨ ***Felfela***
15 Hoda Sharawi St., im Zentrum
Tel. (02) 23 92 27 51 – Kebab und Foul (Bohnengericht) in vielen Variationen sowie Täubchen und Wachteln. Rustikale Atmosphäre; sehr beliebt.

Eine der besten Adressen auf Zamalek ist das Café des »Marriot«.

Baedeker-Empfehlung

⑩ ***Fishawi***
Khan el-Khalili, Hussein
Das älteste Kaffeehaus der Stadt öffnete 1773 die Pforten – heute ist es eine Institution und nach eigenen Angaben rund um die Uhr geöffnet. Es liegt am Beginn des Khan el-Khalili, Eingang nahe der Hussein-Moschee.
Standardbestellung: shai bi nana'a, Tee mit frischer Minze, türkischer Kaffee und dazu eine Wasserpfeife.

⑪ ***El Tabei***
31, Sh. Ahmed Orabi, Zentrum
Tel. (02) 25 75 32 91
Hier essen Ägypter Foul und Tamiya in allerlei Variationen.

ÜBERNACHTEN

► Luxus

① ***Grand Hyatt***
Corniche el-Nil, Garden City
Tel. (02) 23 65 12 34, Fax 23 62 19 27
www.hyatt.com
Im und neben dem früheren Meridien erhebt sich dieser Hotelkoloss über dem Nil. Luxuriöse Zimmer.

② ***Four Seasons***
35 Giza St.
Tel. (02) 35 73 12 12, Fax 35 68 16 16
www.fourseasons.com
Zimmer und Suiten mit bezauberndem Blick auf den Nil, die Botanischen Gärten bzw. die Pyramiden, exklusive Einkaufs-Mall im Annex – eines der luxuriösesten Hotels in Kairo.

► Komfortabel

③ ***Marriott Hotel***
Sharia el-Gezira St., Zamalek
Tel. (02) 27 28 30 00, Fax 27 28 30 01
www.marriott.com

Ehemaliger Palast mit Garten, um zwei Hoteltürme erweitert, sehr beliebt bei Arabern aus den Golfstaaten.

④ ***Nile Hilton***
1113, Corniche el-Nil
Tel. (02) 25 78 04 44, 25 78 06 66
Fax 25 78 04 75, www.hilton.com
Direkt neben dem Ägyptischen Museum, Zimmer mit tollem Blick auf Nil und das alte Kairo.

⑤ ***Talisman Hotel de Charme***
39, Talaat Harb, Stadtzentrum
Tel. (02) 23 93 94 31
www.talisman-hotel.com
Mashrabiyya-Holzmöbel, Messingleuchter und orientalische Stoffe machen das Boutique-Hotel zu einem kleinen Traum aus Tausendundeiner Nacht.

⑥ ***Mena House Oberoi***
Pyramids Road
Tel. (02) 33 77 32 22, 33 76 66 44
Fax 33 77 54 11, www.oberoimena house.com – Erbaut für die Ehrengäste der Kanal-Einweihung 1869. Das bei den Pyramiden gelegene Mena House gilt als eines der schönsten Hotels der Welt mit allem Komfort.

⑦ ***Hotel Osiris***
49, Nobar, Bab Al-Louq
Tel. (02) 794 57 28, Fax (02) 794 29 81
http://hotelosiris.free.fr
Orientalisch inspirierte Zimmer mit tollem Blick über die Innenstadt; französisch-ägyptische Leitung, familiäre Atmosphäre.

► Günstig

⑧ ***Longchamps Hotel***
21, Ismail Mohammed St., Zamalek
Tel. (02) 27 35 23 11/12, Fax 27 35 96 44
www.hotellongchamps.com
Alteingesessenes kleines Hotel mit sehr viel Charme.

⑨ ***Victoria Hotel***
66, Al-Gumhurija, Midan Ramses
Tel. (02) 25 89 22 90, Fax 25 91 30 08
Charmantes Hotel in der Nähe der Altstadt und des Ägyptischen Museums; hübsche Gartencafeteria.

⑩ ***El Hussein***
Midan el-Hussein,
Basar Khan el-Khalili
Tel./Fax (02) 25 91 84 79
Wer unbedingt am Basar und mit Balkonblick auf die Hussein-Moschee logieren will, ist hier richtig.

✶✶ Ägyptisches Museum

Öffnungszeiten:
tgl. 9.00–18.00
(Ramadan: tgl. 8.30–16.00)
www.egyptian museum.gov.eg

Am nördlichen Ende des Tahrir-Platz, in einem schönen historistischen Bau, ist das Ägyptische Museum untergebracht. Mit seinen Funden ägyptischer und griechisch-römischer Altertümer aus dem Niltal ist es die größte und bedeutendste Sammlung dieser Art überhaupt und eine der interessantesten Sehenswürdigkeiten in Kairo. Gegründet wurde das Museum 1857 von dem französischen Ägyptologen **Auguste Mariette** (1821–1881). Einigkeit herrscht darüber, dass das 1902 eröffnete Museumsgebäude für die gigantische Sammlung längst nicht mehr ausreicht. Nur ein Teil des Bestands, ca. 44 000 Exponate, können überhaupt gezeigt werden, beinahe noch einmal so viele Stücke lagern in Kellerräumen. Der seit langem geplante Neubau geht nun in die Realisierungsphase: Auf einem Plateau bei den Pyramiden von ►Giseh entsteht gegenwärtig das **Grand Egyptian Museum** (GEM; ► 344), dessen Eröffnung für das Jahr 2013 vorgesehen ist. Es wird dann eines der größten historischen Museen der Welt sein. Auch Restaurierungswerkstätten und ein internationales Forschungszentrum sollen dort eingerichtet werden.

Ein Muss für alle Kairo-Besucher: der Besuch des Ägyptischen Museums

Eine ausführliche **Besichtigung** des Museums, dessen Schauräume nur einen Bruchteil der Museumsbestände zeigen, erfordert mehrere Tage. Bei einem kurzem Aufenthalt empfiehlt es sich, den Besuch auf den berühmten Grabschatz des Tutanchamun, auf den seit 1994 wieder geöffneten Mumiensaal und auf einige Denkmäler des Alten Reiches zu beschränken. Im Erdgeschoss sind die Exponate chronologisch angeordnet, im Obergeschoss thematisch. Die Verteilung der Exponate auf die einzelnen Säle ist den beiden Grundrissen zu entnehmen, nachfolgend soll nur kurz auf die interessantesten Objekte des Museums hingewiesen werden.

Erdgeschoss

Hauptanziehungspunkte im Erdgeschoss sind die **Dioritstatue des Königs Chephren** (Saal 42) sowie in Saal 43 das Sitzbild des Königs Djoser. Aus der Zeit des Mittleren Reiches und der Hyksoszeit sollte man in Saal 22 die Grabkammer des Harhotep mit Bildern des Hausrats des Toten sowie die zehn überlebensgroßen Kalksteinstatuen Sesostris' I. genauer betrachten. Ein interessantes Beispiel für die Kunst der Amarna-Zeit sind die in Saal 3 befindlichen Kolossalstatuen Amenophis' IV. (Echnaton) aus seinem Tempel in Karnak. Stellvertretend für die Kunstproduktion der Spätzeit beachte man den so genannten Würfelhocker des Anchpachered in Saal 25 oder den Gedenkstein des Königs Ptolemaios II. Philadelphos.

✔ NICHT VERSÄUMEN

- Grabschatz des Tutanchamun
- Grabschatz der Königin Hetepheres
- Schmucksammlung
- Mumiensaal

Obergeschoss

★★ ◄ Grabschatz des Tutanchamun

Im Obergeschoss sind gleich mehrere Säle dem berühmten Grabschatz des Tutanchamun gewidmet. Der etwa im 18. Lebensjahr verstorbene Herrscher war der Sohn und Nachfolger von Amenophis' IV. (Echnaton). Sein Grab im Tal der Könige (► Theben-West) wurde 1922 von Howard Carter entdeckt und ist mit seiner Fülle von Beigaben, die zu den besten Leistungen des ägyptischen Kunsthandwerks gehören, der vollständigste und kostbarste Grabfund, der je in Ägypten gemacht wurde. Besonders

Ägyptisches Museum Orientierung

ERDGESCHOSS

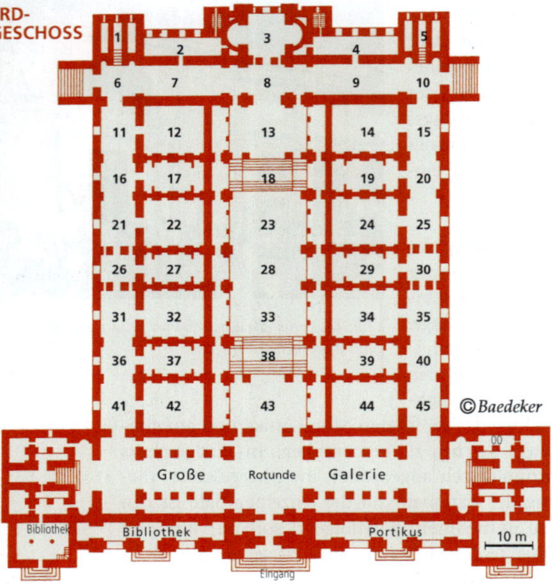

1–10	18., 19. und 20. Dyn
3	Amarna-Zeit
11, 12, 16, 17	18. Dynastie
14, 15, 19, 20	19. und 20. Dynastie
21, 22, 26, 27	Mittleres Reich
23, 28, 33	Große Denkmäler
24, 25, 29, 30	Spätzeit
31, 32, 36, 37, 41, 42, 46, 47	Altes Reich
34, 35, 39, 40, 45	Griechisch-römisch
44	Nubisch
49, 50	Ptolemäisch
48	Neuerwerbungen

OBERGESCHOSS

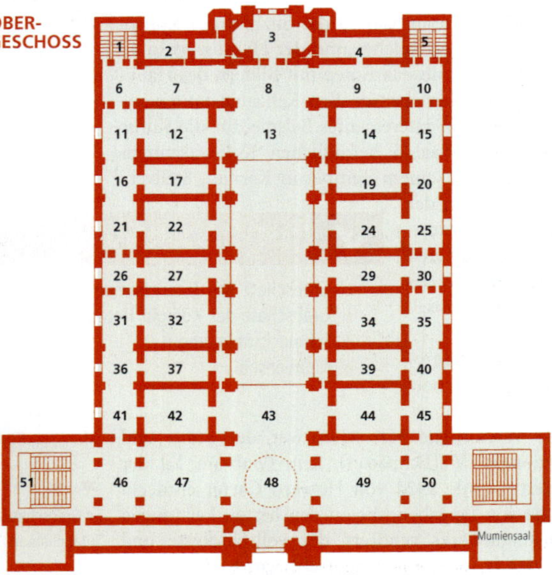

2	Hetepheres
2 A	Tanis
3	Juwelen
4, 7–10, 15, 20, 25, 30, 35, 40, 45	Tutanchamun
6	Skarabäen
11, 16, 21, 26, 31, 36, 41	Särge
12	Königsgräber
13	Juja und Tuja
14	Römische Särge
17	Meiherperi Sennodjem
19	Götter
22	Neues Reich
24	Zeichnungen
27	Mittleres Reich
29	Handschriften
32	Altes Reich
34	Tägliches Leben
37	Särge
42, 43	Frühzeit
44	Tägliches Leben
46, 47	Königssärge
49, 50	Möbel
51	Särge von Amuns Priestern

erwähnt seien hier der innerste Sarg des Königs in Mumienform, mit Geier und Schlange an der Stirn, den Abzeichen der Königswürde, aus massivem Gold sowie die goldene Maske, die im Innern des Goldsarges auf der Mumie lag, mit den Zügen des Königs.

✶✶ ◄ Schmuck

Künstlerisch bedeutsam sind auch der Grabschatz der Königin Hetepheres, der Mutter des Cheops, und die Schmucksammlung, welche die Entwicklung der ägyptischen Goldschmiedekunst von der ältesten Zeit, d. h. um 3200 v. Chr., bis zur byzantinischen Zeit hervorragend repräsentiert. Das hohe handwerkliche Können der altägyptischen Goldschmiede beweisen u. a. die vier Armbänder aus dem Grabe des Königs Djer (1. Dyn.) und der **Grabfund von Dahshur**.

✶✶ ◄ Mumiensaal

Absolute Highlights des Museums sind die elf Pharaonenmumien. Die berühmtesten sind Thutmosis IV., Ramses II. und Hatschepsut. Die Mumien liegen in Glaskästen in einem eigens dafür eingerichteten Saal. Für die Besichtigung wird extra Eintritt erhoben.

Kindermuseum

Jüngste Attraktion des Ägyptischen Museums ist das 2010 eröffnete Kindermuseum, in dem jahrtausendealte Originalfunde und Nachbauten aus Lego-Steinen arrangiert sind. Außerdem können junge Besucher hier lernen, wie die alten Ägypter Brot gebacken haben.

Neuere Stadt

Midan el-Tahrir und Umgebung

Die moderne Metropole erstreckt sich zwischen Midan Ramses und dem östlichen Nilufer auf Höhe der südlichen Gezira-Insel. Einer der belebtesten Plätze ist der Midan el-Tahrir (Platz der Befreiung), den Ismail im 19. Jh. anlegen ließ. Hier laufen die wichtigsten Verkehrswege der Stadt zusammen, Metro- und Busstationen sorgen dafür, dass ständig Menschen unterwegs sind. Auch als Ausgangspunkt für eine Einkaufstour eignet sich der Midan el-Tahrir hervorragend: Die beste Auswahl an Boutiquen, Einkaufszentren und Restaurants hat man in den Straßen und Boulevards, die vom Midan el-Tahrir bzw. vom benachbarten Midan Talaat Harb abgehen.

✶ **Corniche el-Nil**

Wenige Schritte westlich vom Tahrir-Platz zieht sich die Corniche el-Nil, die von modernen Hotels und Repräsentationsbauten gesäumte **Uferstraße**, am Nil entlang. Das große Gebäude am Midan ist die »Mugamma«, ein Behördenturm der Ministerien für den Publikumsverkehr. Hier befinden sich auch die Anleger der Nahverkehrsboote, welche die beiden Nilufer im südlichen Stadtbereich bis Alt-Kairo sowie die Insel Roda miteinander verbinden.

Esbekija-Garten

An der Grenze zur heute von der Straße des 26. Juli durchschnittenen arabischen Altstadt liegt anstelle des einstigen Esbekija-Sees der Esbekija-Garten, der 1870 unter Leitung des Pariser Gartenarchitekten Barillet angelegt wurde. In dem Park wachsen u. a. exotische Sträucher und Pflanzen, darunter der aus Indien eingeführte Banjan-Baum, dessen Luftwurzeln immer wieder neue Stämme bilden.

Von Liebe und Leid handeln auch die meisten Streifen aus der ägyptischen Filmproduktion.

HOLLYWOOD AM NIL

Westlichen Filmrezipienten mögen sie unbekannt sein, im arabischen Raum erfreuen sie sich ungeahnter Popularität. Doch der traditionsreiche ägyptische Film wird mehr und mehr von amerikanischen Produktionen verdrängt.

Für den westlichen Filmbegeisterten ist Ägypten vor allem Kulisse für Historien-, Bibel-, Kostüm-, und Abenteuerfilme: Die ersten Ägyptenfilme stammen von den Kinopionieren Auguste und Louis Jean **Lumière**. Es folgten Filme mit Rudolph Valentino als Scheich, Liz Taylor als Kleopatra, Fernandel als Ali Baba; Ägypten war Drehort der Historienschinken von Cecil B. De Mille, mehrerer Filme von Pier Paolo Pasolini und Schauplatz der Abenteuer von Hércule Poirot und Indiana Jones.

Die ersten Filme ägyptischer Produktionsfirmen entstanden schon in den 1930er-Jahren und vermischten Hollywood-Stoffe mit **nationaler Folklore und Tradition**. Es dominierten Musikfilme mit Tanzeinlagen und Komödien. Interessanterweise war die Hauptdarstellerin des ersten ägyptischen Films (»Laila« von 1927), Aziza Amir, gleichzeitig Produzentin. Der Erfolg vieler Filme gründete in der **Person der Hauptdarstellerin**, und da in kaum einem Film auf Tanz- oder Gesangseinlagen verzichtet wurde, gelangten einige Tänzerinnen über das Medium Film zu weltweiter Bekanntheit. Zu ihnen gehören u. a. Tahia Carioca und Samia Gamal, die mit ihrem Film- und Lebenspartner Farid el-Atrache als Traumpaar der arabischen Welt galt.

Der Großteil der Filme in Ägypten hat nach wie vor hauptsächlich **unterhaltenden Charakter**. Er vervielfältigt meist auf unkritischere Art und Weise als die Literatur oder das Theater die ägyptisch-arabischen Moralvorstellungen und beschreibt das soziale Leben in seinen traditionellen Bahnen. Kritik an der Position von Mann und Frau, Kritik an Politik und Gesellschaft wird von der Zensur kaum geduldet. Künstlerisch wertvolle Filme, die sich aus der Massenproduktion hervorheben, entstanden mit »Alexandria ... warum?«, »Hauptbahnhof Kairo«, »Tatort« und »Die Erde« unter der Regie von Jussef Chahine oder Salah Abu Seif, für den Nagib Machfus einige erfolgreiche Drehbücher schrieb. Ende der 1960er-Jahre trat eine **neue Generation** von Filmen und Regisseuren in Erscheinung, zu denen »Die Mumie« von Shadie Abd el-Salam und »El-Kit-Kat« von Daud Abd el-Said gezählt werden.

Filmaufnahmen in Kairo

Mit jährlich 60–80 Filmen zählt Ägypten zur Weltspitze der Filmnationen. Die Filmindustrie ist ein wichtiger Wirtschaftszweig, der **Exportschlager** produziert, die in der ganzen arabischen Welt rege Abnahme finden. Ägyptische Film- und Fernsehproduktionen dominieren die Kinos der arabischen Staaten. Dennoch tendiert in Ägypten der größte Teil der Kinobesucher inzwischen auch zu amerikanischen Produktionen.

Trotz anhaltender Kinobegeisterung gleichen nur noch wenige Kinos in den ägyptischen Städten Lichtspielpalästen. Die **prunkvollen Kinos**, die zu Beginn des Jahrhunderts für große Besuchermengen bestimmt waren, sind heute zum großen Teil heruntergekommen. In den letzten Jahren mussten viele Häuser schließen und wurden in Theater-, Tanz- oder Veranstaltungssäle umfunktioniert. Nur wenige Kinos der Gründerzeit erhalten als Architektur- und Kulturdenkmäler staatliche Unterstützung, diese Häuser werden auch vom Mittelstand frequentiert. Ansonsten ist der Kinobesuch vor allem in unteren Schichten ein **beliebtes Vergnügen** für Jung und Alt, oft ein Ereignis, an dem die gesamte Großfamilie teilnimmt. Um den Anstand zu wahren, werden Männern, die nicht in weiblicher Begleitung sind, Plätze in anderen Bereichen zugewiesen. Dass eine ägyptische Frau ohne **männliche Begleitung** ins Kino geht, ist mit den gesellschaftlich-religiösen Moralvorstellungen nur schwer vereinbar.

Das ägyptische Publikum nimmt das gesamte Geschehen während der Vorführung mit **großer Begeisterung** auf, angefangen von den »Wochenschauberichten« bis zu den meist amourösen Verstrickungen der Filmhelden. Bei entscheidenden Szenen hält es die Zuschauer, die bis dahin das Leinwandgeschehen lediglich eifrig kommentiert haben, nur noch schwer auf den Sitzen: Sie springen auf, spornen durch Zurufe an oder gestikulieren, als gälte es, den Bösewicht eigenhändig in seine Schranken zu weisen. Diese intensiv durchlebte Faszination mag den europäischen Besucher erstaunen, sie ist jedoch, ebenso wie der Inhalt der oft trivialen Filmstoffe, Ausdruck dessen, was vielen Ägyptern als **Lebensutopie** vorschwebt und sie den tristen Alltag vergessen lässt. Die aktive Rezeption der Filme und die emotionale Beteiligung der Zuschauer steht in der Tradition des Geschichtenerzählens: Auch dort nehmen die Zuhörer regen Anteil am Schicksal der Personen. Dieselbe Funktion, jedoch bei nicht immer harmlosen Inhalten, haben **amerikanische Produktionen**, die sich ungeachtet der allgemeinen Unbeliebtheit der Großmacht USA größter Beliebtheit erfreuen.

Midan Opera Im Süden grenzt der Esbekija-Garten an den Opernplatz (Midan Opera). In dem 1971 abgebrannten Opernhaus wurde 1871 Verdis Oper »Aida« uraufgeführt (das neue Opernhaus ist Teil des Kulturzentrums auf der Insel Gesira).

Midan Ramses An der Westseite des Esbekija-Gartens führt die Scharia el-Gumhurija entlang. Nordwärts erreicht die Straße nach ca. 1 km den Ramses-Platz (Midan Ramses), auf dem bis 2006 eine ca. 3200 Jahre alte Statue des Pharao Ramses II. stand. Sie ziert heute den Eingang zum neuen Grand Egyptian Museum (► Giseh). An der Nordseite des Platzes liegt der im neoislamischen Stil erbaute Kairoer **Hauptbahnhof** (19. Jh.) mit einem Eisenbahnmuseum.

Abdin-Palast Etwa 1 km südwärts erreicht die Scharia el-Gumhurija den Abdin-Palast aus dem 19. Jh., die einstige Residenz des ägyptischen Königs, heute Palast der Republik. Die ehemaligen Privaträume des Monarchen sind als Museum zu besichtigen (Gemälde, Teppiche).

Nil-Inseln

Insel Gesira Vom Esbekija-Garten führt die moderne, von Geschäften gesäumte Straße des 26. Juli (Scharia 26. Juli) westwärts bzw. nordwestwärts über den Nil zu der 5 km langen und kaum 1 km breiten Insel Gesira, eigentlich Gesira Bulak, mit dem vornehmen Wohn- und Botschaftsviertel Zamalek sowie einem bescheidenen Aquarium im nördlichen Teil. Den südlichen Teil der Nilinsel nehmen ausgedehnte Park- und Sportanlagen (Racing-Club, Golfplatz u. a.) und ein Ausstellungsgelände, die El-Tahrir-Gärten, ein.

✶ Kairo-Turm ► Das Wahrzeichen des neuen Kairo ist der 187 m hohe Kairo-Turm (El-Burg), von dessen Aussichtsplattform und Restaurant sich einer der besten Panoramablicke über die Millionenstadt bietet.

✶ Kulturzentrum, Oper ► Südlich vom Kairo-Turm wurde 1988 das Kulturzentrum eingeweiht. Der von einer Gruppe japanischer und ägyptischer Architekten entworfene Komplex umfasst neben dem monumentalen, an mittelalterliche arabische Festungsbauten erinnernden Neuen Opernhaus mit drei Theatersälen auch eine Bibliothek und das Museum für moderne ägyptische Kunst. Auf drei Stockwerken wird hier anhand von Gemälden, Grafiken und Plastiken ein Überblick über die ägyptische Kunst des 20. Jh.s vermittelt.

Mukhtar-Museum ► Der renommierte zeitgenössische Bildhauer Mahmud Mukhtar erhielt gleich sein eigenes Museum. Es liegt noch weiter südlich bei der Tahrir-Brücke, die die Insel Gesira mit dem östlichen Nilufer verbindet. Nach dem Kunstgenuss kann man im Terrassenrestaurant des El Gezirah Sheraton, das die äußerste Südspitze der Insel einnimmt, den Blick auf den Nil genießen.

Insel Roda Weiter stromaufwärts liegt die kleinere Nilinsel Roda, ebenfalls mit Wohnvierteln. Im nördlichen Teil der Insel steht der 1805–1818 un-

In Khan el-Kahlili, Kairos schönstem und bekanntestem Basar, reiht sich Geschäft an Geschäft.

ter Mohammed Ali (►Berühmte Persönlichkeiten) entstandene Manial-Palast. Die ehemalige Residenz beherbergt heute verschiedene Sammlungen, u. a. ein Jagdmuseum. An der Südspitze der Insel befindet sich der **Nilometer**, ein um 715 erbauter, später mehrfach restaurierter Wasserstandsanzeiger. In seiner Funktion als Nilmesser ist er heute zwar ohne jede Bedeutung, doch man erkennt an der Messlatte sehr gut, wie stark die Schwankungen des Nils früher waren. Nördlich vom Nilometer liegt der Manisterli-Palast, der künftig als Center of Making Art genutzt werden soll.

Dokki

Zwei Brücken verbinden die Roda-Insel mit dem westlichen Nilufer und dem dortigen modernen Stadtteil Dokki. Sehenswert sind hier das inmitten eines schönen Parkes gelegene Landwirtschaftsmuseum, das erst seit kurzem hier eingerichtete Mahmoud Khalil Museum, eine Privatsammlung impressionistischer Gemälde, sowie der Botanische und der Zoologische Garten. Sowohl der schön angelegte, mit vielen Schatten spendenden Bäumen auch sehr erholsame Botanische Garten als auch der Zoo sind am Freitag und an Feiertagen ein beliebtes Naherholungsgebiet für die Kairoer.

Islamische Altstadt

✶ Scharia Muski

Als Hauptader der arabischen Altstadt von Kairo zieht die in der ersten Hälfte des 19. Jh.s angelegte Scharia Muski und in der Fortsetzung die Scharia Gohar el-Kaid vom Esbekija-Garten südostwärts. Auch wenn der Straßenzug durch zahlreiche Geschäfte seinen ursprünglichen Charakter eingebüßt hat, kann man hier immer noch eintauchen in eine andere, vom neuen Kairo sehr verschiedene Welt.

Fatimidenstadt Östlich des ehemaligen Stadtkanals, heute die Scharia Port Said, erstreckt sich die alte, von Gohar gegründete Fatimidenstadt. Von ihrer 1074 errichteten zweiten Stadtmauer sind noch die Nordtore Bab el-Futuh (Tor der Eroberungen) und Bab el-Nasr (Tor des Sieges) sowie das Südtor Bab Suweila erhalten.

✶ **Basarviertel** Bei der Kreuzung zwischen der Scharia Gohar el-Kait und dem vom Bab el-Futuh zum Bab Suweila verlaufenden Straßenzug liegt die Aschraf-Barsbai-Moschee aus dem Jahr 1425. Hier befindet man sich

***Basarviertel** Orientierung*

bereits mitten im Basarviertel (arab. Souk). Biegt man bei der genannten Kreuzung links ab, so gelangt man gleich links zum Basar der Gold- und Silberschmiede (Filigranarbeiten).

✶ Khan el-Khalili

In den schmalen Gassen weiter östlich befindet sich der große Khan el-Khalili, *der* Basar schlechthin in Kairo. Bereits im 14. Jh. errichtete hier Amir Gorhas Al Khalili, nach dem der Basar heute benannt ist, einen Khan. Da das Basarviertel über Jahrhunderte gewachsen ist, taucht man hier ein in ein Stück Kairoer Geschichte. Zahllose Geschäfte und Werkstätten, drangvolle Enge und ein riesiges Warenangebot – all das macht den Besuch des Khan el-Khalili zu einem Erlebnis, auch wenn man nicht auf der Suche nach Schmuck, Lederwaren oder Kunsthandwerk ist. Wer tatsächlich einkaufen will, sollte sich zuvor über die gängigen Preise informieren – und sich im Handeln üben. Da im Khan el-Khalili hauptsächlich Touristen kaufen, liegt der reale Verkaufspreis in der Regel um 30–40% unter dem Preis, den der Händler bei der ersten Anfrage nennt.

Hussein-Moschee

An einem Platz im Basarviertel steht die Hussein-Moschee, die 1792 im neugotischen Stil zu Ehren des Prophetenenkels über einem älteren Gotteshaus erbaut wurde. Der Schädel des 680 in der Schlacht von Kerbela (Mesopotamien) gefallenen Hussein soll hier ruhen. Die Moschee wird im Fastenmonat Ramadan reich geschmückt, sollte aber während dieser Zeit nur sehr zurückhaltend besichtigt werden, da sie von Gläubigen stark frequentiert wird.

✶✶ El-Ashar-Moschee

Die 972 von Gohar vollendete El-Ashar-Moschee (»die Blühende«) ist das bedeutendste Baudenkmal aus der Fatimidenzeit. Nach dem Erdbeben von 1303 erneuerte man die Moschee, und in der Folgezeit bemühten sich die Großen des Landes, das ehrwürdige Gebäude zu erhalten und zu erweitern, so im 18. Jh. der reiche Abd el-Rahman Kihja, in neuerer Zeit Said Pascha, Taufik und Abbas II. Der ursprüngliche Bau ist noch unschwer zu erkennen.
Haupteingang ist das Bab el-Musaijini, das »Tor der Barbiere«, an der Nordwestseite des Gebäudes, neben der von Abbas II. in neuarabischem Stil errichteten Fassade. Man betritt zunächst einen kleinen Vorhof, an den rechts die El-Taibarsija-Medrese mit **prachtvoller Gebetsnische** (Mihrâb) von 1309 und links die El-Akbugawija-Medrese aus dem 14. Jh. grenzen. Letztere ist heute eine Bibliothek mit rund 60 000 Bänden und 15 000 Handschriften.
Durch das schöne Innenportal gelangt man sodann in den von fünf Minaretten überragten Haupthof (Sahn), um den ein unter Taufik erneuerter Arkadengang läuft, dessen **Fassade** mit persischen Kielbogen und mit flachen Nischen und Medaillons geschmückt sowie von Zinnen bekrönt ist. Die Seitenliwane an der Nordost- und an der Südwestseite des Hofes sind als Schlaf- und Arbeitsräume (Riwak) unter den Studenten nach Ländern oder Provinzen verteilt, an den nördlichen Liwan stößt der Hof der Waschungen.

EL-ASHAR-MOSCHEE

✶✶ Mit dem Bau der El-Ashar-Moschee im Jahre 970 rückte Kairo ins Zentrum der islamischen Gelehrsamkeit. Zwei Jahre später wurde hier eine Lehranstalt gegründet: die erste Universität der Welt. Seitdem gelten Moschee und El-Ashar-Universität für sunnitische Muslime als wichtigste Autorität.

Besichtigung:
Nicht-Muslime sind außerhalb der Gebetszeiten willkommen. Die Moschee darf nur ohne Schuhe und in verhüllender Bekleidung betreten werden, Frauen müssen Kopftuch tragen.

① **»Tor der Barbiere«**
Durch das Bab el-Musaijini, den Haupteingang, gelangt man zunächst in einen Vorhof.

② **»Tor der Juweliere«**

③ **»Suppentor«**

④ **»Tor der Oberägypter«**

⑤ **»Tor der Syrer«**

⑥ **»Tor der Nordwestafrikaner«**
Neben dem Haupteingang hat der Komplex heute weitere Eingangstore, deren Namen ihre früheren Funktionen beschreiben. So wurde z. B. im Suppentor Essen an die Armen ausgeteilt.

⑦ **Hof der Waschungen**
Ein Brunnen oder Wasserbecken für rituelle Waschungen vor dem Gebet ist fester Bestandteil jeder Moschee. Bei alten Anlagen wie der El-Ashar-Moschee findet sich der Waschbereich im Außenbezirk, später stellte man gewöhnlich ein Becken im Moscheenhof auf.

⑧ **Haupthof (Sahn)**
Die Moschee ist nicht nur Gebetsraum, sondern auch allgemeiner Treffpunkt der Muslime. Im großen Innenhof (48 x 34 m) finden sich die Menschen ein, um zu lesen, zu essen, sich auszuruhen oder miteinander zu sprechen.

⑨ **Hauptliwan**
Der 80 x 50 m große neunschiffige Saal ist ein Lehrsaal. Von hier stammt das Wort Lehrstuhl: Der Scheich, ein ranghoher Gelehrter, saß auf einem niedrigen Stuhl, mit dem Rücken an eine Säule gelehnt, ringsum im Halbkreis seine Studenten. In einem Seitenflügel tagt das 85-köpfige Fatwa-Komitee. Wie seit Jahrhunderten suchen hier jeden Vormittag zahlreiche Menschen Orientierung in den Problemen des Alltags: Eine Fatwa ist ein Rechtsgutachten, eine religiöse Empfehlung. Ihr zu folgen ist im sunnitischen Islam aber keine Pflicht, der Gläubige kann andere Meinungen einholen, bis er eine für sich passende findet – eine überraschend pragmatische Seite des Islams. Inzwischen gibt es den Fatwa-Service auch vollautomatisch und anonym per Telefon-Hotline.

⑩ **Alter Mihrâb**

⑪ **Neuer Mihrâb**
Der Mihrâb ist der Ort des Imams (Vorbeter) während des Freitagsgebetes. Die Gebetsnische zeigt durch verschiedene Elemente die Richtung nach Mekka, die Qibla, an. Frauen beten in eigenen Räumen oder auf einer Empore.

⑫ **Minarette**
Von den fünf Minaretten ruft der Muezzin fünfmal täglich die Gläubigen zum Gebet. Sultan El-Ghuri stiftete das Doppelminarett über den prachtvollen Haupteingang– zwei Türme wachsen aus einem, so sind Wissen und Glauben verflochten.

Die Moschee im Abendlicht

! Baedeker TIPP

Sufi-Tänzer

Im Kulturzentrum des Ghurija-Komplexes drehen sich Mittwoch und Samstag ab 18.30 Uhr Derwische in atemberaubendem Tempo um ihre eigene Achse. Kommen Sie in jedem Fall rechtzeitig, denn es hat sich herumgesprochen, dass die Vorstellungen sehr sehenswert sind. Das Ganze gibt es außerdem umsonst.

chenportal aus Akka in Syrien. Das reizvolle Minarett, der Gebetsraum (links) und das Grabmal des Erbauers (rechts) weisen teilweise noch die alten, filigranen Gipsornamente auf.

Barkukija-Moschee

Die Barkukija-Moschee, 1386 als Medrese des Mameluckensultans Barkuk erbaut, dient als Zweigstelle der El-Ashar-Universität; von wundervoller Wirkung ist die Ostwand des Gebetsraums.

El-Akmar-Moschee

An der Altstadtachse folgt rechts die El-Akmar-Moschee, die »graue Moschee«. Sie wurde 1125 von dem Großwesir des Fatimiden El-Amir erbaut. Ihre schöne Fassade mit hoher Spitzbogennische ist die älteste Moscheenfassade Kairos.

✶ El-Hakim-Moschee

Beinahe am Ende des Straßenzuges liegt rechts der Eingang zur El-Hakim-Moschee, die im Jahre 990 von El-Asis außerhalb der ältesten Stadtmauer nach dem Vorbild der Ibn-Tulun-Moschee begonnen und von seinem Sohn El-Hakim 1012 vollendet wurde. Die beiden Minarette, inmitten der hier noch wohl erhaltenen zweiten Stadtmauer, waren ursprünglich rund. Ihre jetzige quadratische Ummantelung und der kuppelgekrönte, einem arabischen Räucherfass ähnelnde Oberbau stammen aus der Zeit des Umbaues der Moschee nach dem Erdbeben von 1303.

Bab el-Futuh, Bab el-Nasr

Das Bab el-Futuh, das »Tor der Eroberungen«, am Ende der Straße und das mit ihm durch die alte Stadtmauer verbundene Bab el-Nasr (»Tor des Sieges«) erinnern in ihrer Anlage an altrömische Torburgen. In den Gassen um das Bab el-Futuh finden sich noch einige Glasbläserwerkstätten.

✶ Bab Suweila, El-Muaijad-Moschee

Im Süden der Fatimidenstadt blieb als Rest der ersten Stadtmauer das Tor Bab Suweila (von 1091) erhalten. Auf seinen zwei mächtigen Türmen erheben sich die Minarette der großen El-Muaijad-Moschee, auch El-Ahmar, »die Rote«, genannt. Sie wurde im Jahre 1405 unter Scheich El-Mahmudi Muaijad begonnen und erst ein Jahr nach seinem Tod 1410 vollendet. Das Bronzetor am Eingang stammt von der Sultan-Hassan-Moschee und gilt als das schönste in Kairo. In dem dreischiffigen Gebetssaal ist die bemalte Holzdecke beachtenswert.

Salih-Talai-Moschee

Durchschreitet man das Suweila-Tor, so führt links die Scharia Darb el-Ahmar und in der Folge die Scharia Bab el-Wasir südöstlich bzw. südlich zur Zitadelle. Gleich rechts liegt die Salih-Talai-Moschee, 1160 unter dem letzten Fatimidensultan erbaut, mit feinen Gipsornamenten an den Bögen des Sanktuariums.

★ El-Mardani-Moschee

Auf der rechten Seite folgt die El-Mardani-Moschee, eine der größten Kairos, 1340 von den Mundschenken des Sultans Mohammed el-Nasir errichtet. Die Gebetsnische hinter der neuen, auf altägyptischen Granitsäulen ruhenden Kuppel ist mit schönen Mosaiken ausgestattet.

As-Sunkur-Moschee

Es folgt links der Straße die malerische As-Sunkur-Moschee (auch Dschami Ibrahim Agha), die aus dem Jahr 1346 stammt. Rund 300 Jahre später, 1653, erhielt sie die blauen, mit Blumenmustern versehenen Wandfliesen als Schmuck, weshalb sie auch »blaue Moschee« genannt wird.

★★ Museum für Islamische Kunst

Öffnungszeiten:
tgl. 9.00–16.00,
Fr. 9.00–11.00
und 14.00–16.00

Vom Midan el-Ataba im Südosten des Esbekija-Gartens führt die Scharia el-Kala südöstlich geradeaus zum Fuß der Zitadelle. Nach etwa einem Viertel des Weges erreicht sie den Midan Ahmed Maher, an dessen Nordseite sich das Museum für Islamische Kunst befindet. Es wurde im Jahre 1880 von dem deutschen Gelehrten und Architekten Franz Pascha gegründet und besitzt die bedeutendste und größte Sammlung islamischer Kunst weltweit. Zum Museum gehört auch die (nicht öffentliche) Arabische Bibliothek, die 1869 durch die Vereinigung mehrerer Bibliotheken gegründet wurde. Sie umfasst über 750 000 Bände, davon etwa die Hälfte in orientalischen, der Rest in europäischen Sprachen, darunter u. a. 2700 Koranhandschriften, Papyri, illuminierte persische Handschriften und andere schriftliche Dokumente vom 7. Jh. bis zur Neuzeit.

✓ NICHT VERSÄUMEN

- Keramik und Stuckwerk aus Wohnhäusern (Saal 3)
- Rekonstruierter arabischer Wohnraum (Saal 10)
- Arabische Buchkunst (Saal 19)

Rundgang
Säle 1–5 ►

Die Ausstellung verteilt sich auf 23 Säle. Im Vorraum und in Saal 1 wird der Besucher anhand einer chronologischen Übersicht der islamischen Dynastien Ägyptens in das Thema eingeführt. Saal 2 bis Saal 5 informieren über die großen Epochen der islamischen Kunst und des Kunsthandwerks. Es beginnt in Saal 2 mit der Omaijadenzeit, Saal 3 ist der Zeit der Abbasiden und der Tuluniden, gewidmet.

Der Muezzin in der Sultan-Hassan-Moschee

Besonders eindrucksvoll sind hier die lasierten Keramikarbeiten mit stilisierter Ornamentik und Stuckwerk aus Wohnhäusern, die spätsassanidischen Metallarbeiten und die Grabplatten mit kufischen (altarabischen) Inschriften. Unter den Fatimiden und Aijubiden (Saal 4) zeigen Geräte, Textilien und Schmuck einen deutlich bewegteren Stil, wie man u.a. an dem **Deckengemälde** aus einem Bad der alten Stadt Fustat erkennen kann. Saal 5 veranschaulicht die Epoche der Mamelucken anhand von Architekturteilen und kunstvollen Tauschierarbeiten aus der Blütezeit Kairos.

In den Sälen 6 bis 21 sind die Exponate thematisch zusammengestellt. In Saal 6 werden Holzarbeiten der Fatimiden- und Aijubidenzeit, darunter eine **Holztür aus der El-Ashar-Moschee** (1010) gezeigt, in Saal 7 und 8 Holzschnitzarbeiten, Intarsien und Inkrustationen der Aijubiden- und Mameluckenzeit, in Saal 9 inkrustierte Möbel und Metallarbeiten der Mameluckenzeit. Sehr interessant ist Saal 10, wo ein arabischer Wohnraum mit Fontäne und schöner stalaktitengewölbter Holzschnitzdecke (18. Jh.) nachgestellt wurde. Auf Metallarbeiten (Saal 11) und Waffen (Saal 12) folgen in Saal 13 ägyptische Fayencen, besonders der Fatimidenzeit sowie Gobelins des 18. und 19. Jh.s. In den Sälen 14 bis 16 wird dem nichtägyptische Keramik, Fayencen und Porzellan, gegenübergestellt. Textilien vom 7. Jh. bis zum 17. Jh. werden in Saal 17 präsentiert. Im Hof (Raum 18) sind **Steininschriften** in kufischer und Neschischrift sowie Steinmetzarbeiten ausgestellt. In Saal 19 sind herausragende Beispiele für die arabische Buchkunst vereint. Glas-, Keramik-, Metallarbeiten und Teppiche aus Kleinasien werden in Saal 20, Glasarbeiten und gläserne Moscheeleuchten in Saal 21 gezeigt. Mit einer umfangreichen Sammlung persischer Keramik aus dem 8. bis 16. Jh. und persischer Teppiche aus dem 17. bis 19. Jh. sowie anderer Kunsthandwerksgegenstände aus dem persischen Raum in Saal 22 endet die Dauerausstellung.

◄ Säle 6–22

In Saal 23 werden Wechselausstellungen präsentiert, in weiteren Schauräumen historische arabische Münzen aus der umfangreichen numismatischen Sammlung sowie Textilien gezeigt.

◄ Saal 23

Sultan-Hassan- und Er-Rifai-Moschee

★★ **Sultan-Hassan-Moschee**

Die El-Kala-Straße mündet in den weiten Muhammed-Ali-Platz (Midan Muhammad Ali), der nach Süden in den Salah-ed-Din-Platz (Midan salah ed-Din) übergeht. Bestimmt wird der Platz von zwei großen Moscheen, der Sultan-Hassan- und der Er-Rifai-Moschee.

Die Sultan-Hassan-Moschee, 1356 bis 1363 für den Mameluckensultan Hassan el-Nasi erbaut, steigt am Fuße der Zitadelle über einem abschüssigen Felsen auf und ist wohl das bedeutendste Denkmal ägyptisch-arabischer Baukunst. Ihr Äußeres erinnert mit den breiten Flächen an eine Festung. Die Fassaden sind von einem weit ausladenden Stalaktitengesims bekrönt, dessen Zinnen ergänzt wurden. Über dem aus der Südostfassade frei heraustretenden Mausoleum erhebt sich die im 18. Jh. in arabisch-türkischem Stil erneuerte, 55 m hohe Kuppel. Der Grundriss des Gebäudes zeigt ein unregelmäßiges Fünfeck, in welches die Kreuzesform der Medrese geschickt eingefügt ist. Das gewaltige Minarett in der Südecke ist mit 81,5 m das höchste in Kairo.

Innenraum ► Durch das Hauptportal, dessen Bronzetor jetzt die Muaijad-Moschee ziert, betritt man eine kuppelüberdeckte Vorhalle. Von hier gelangt man durch ein kleineres Vestibül und einen Korridor in den offenen Hof mit dem Brunnen für die Waschungen (Hanafija). Die vier mit mächtigen Tonnen überwölbten Liwane dienen hier sämtlich als Gebetsräume; die Lehrsäle sind in den vier kleinen Medresen eingerichtet. Den Hauptliwan ziert ein in Gips geschnittener Schriftfries in kufischen Buchstaben auf feinem Arabeskengrund, die Rückwand mit der Gebetsnische ist reich mit Marmor verziert. Von der einst prächtigen Ausstattung sind nur die Dikka (Tribüne für die Vorbeter), der Minbar (Kanzel) und die Drahtketten der zahllosen Lampen (jetzt im Museum für Islamische Kunst) erhalten. Rechts von der Kanzel befindet sich eine Bronzetür mit Gold- und Silbereinlagen.

Hassan-Mausoleum ► Die Gittertür links führt in das Mausoleum des Sultans, einen quadratischen Kuppelraum von 21 m Seitenlänge und 28 m Höhe. Von der alten Kuppel sind noch die hölzernen Stalaktitenzwickel erhalten. In der Mitte steht der schlichte Sarkophag. Sultan Hassan wurde hier allerdings nicht beigesetzt, da der Leichnam des heimlich Ermordeten nie gefunden werden konnte.

Sultan-Hassan-Moschee *Orientierung*

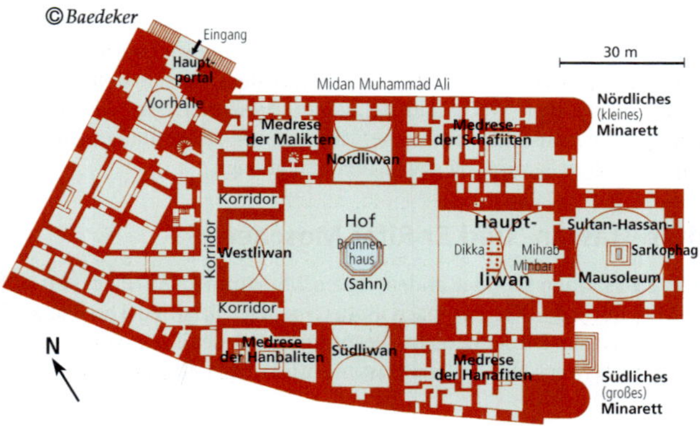

Blick von der Zitadelle auf die Moscheen Rifai und Sultan Hassan

Er-Rifai-Moschee

Direkt neben der Sultan-Hassan-Moschee wurde 1912 als Grabmoschee für den Khediven Ismail die Er-Rifai-Moschee erbaut. Im Inneren befinden sich die Gräber der ägyptischen Könige Fuad I. (1868–1936) und Faruk (1920–1965). Außerdem ist hier der im ägyptischen Exil verstorbene Schah des Iran, Mohammed Resa Pahlewi (1919–1980), beigesetzt.

★ Zitadelle

Festung

Südlich der Sultan-Hassan-Moschee, am lang gestreckten Midan Salah ed-Din thront unübersehbar die Zitadelle von Kairo mit dem mächtigen Torturm Bab el-Asab, dem früheren Hauptaufgang. Die mächtige Festung am Fuße der Mokattam-Berge wurde 1176 von Saladin begonnen und angeblich mit Steinen von den kleinen Pyramiden bei Giseh erbaut. Von der ältesten Anlage sind nur noch die östlichen Außenmauern und einige Türme im Inneren erhalten, während die zwei bereits seit dem Einzug Selims I. zerstörten Aijubidenherrscherpaläste fast verschwunden sind. Erhalten blieben jedoch die sehenswerte **Alabastermoschee**, die kleine El-Nasir-Moschee und der Josephsbrunnen. Außerdem gibt es ein paar kleine Museen auf dem Gelände, die man nicht unbedingt gesehen haben muss. Am interessantesten dürfte das kleine **Kutschenmuseum** sein, wer viel Zeit mitbringt, kann sich auch das Militärmuseum, das Polizeimuseum oder das Museum für (von der Polizei) beschlagnahmte Gegenstände anschauen.

✶ Mohammed-Ali-Moschee

Die Südseite des Hofes nimmt die Mohammed-Ali-Moschee ein, auch Alabastermoschee genannt. Mit seinen hohen, schlanken Minaretten ist das Gotteshaus ein Wahrzeichen der Stadt. Es wurde 1824 von Mohammed Ali (► Berühmte Persönlichkeiten) begonnen, aber erst unter seinem Nachfolger Said 1857 vollendet. Baumeister war der Grieche Jusuf Boschna aus Istanbul, der die Moschee nach dem Vorbild der dortigen Nuru-Osmaniye-Moschee ausführte, die ihrerseits in Anlehnung an die Hagia Sophia entstand.
Der Vorhof der Alabastermoschee mit einem Brunnen für die Waschungen ist von überwölbten Galerien umgeben. An ihn schließt östlich der Betsaal an, ein durch seine Ausmaße wie auch durch die Art der Beleuchtung ausgezeichneter byzantinischer Kuppelbau auf vier quadratischen Pfeilern. Rechts vom Eingang, hinter einem vergoldeten Bronzegitter, befindet sich das Grab Mohammed Alis († 1849). Von der Westecke der Mohammed-Ali-Moschee genießt man eine **herrliche Aussicht** über die Nilmetropole mit ihren zahllosen Minaretten, Kuppeln und Hochhäusern. In der Ferne sind sogar die Pyramiden von Giseh zu sehen.

Zitadelle Orientierung

Gegenüber steht die El-Nasir-Moschee, 1318 bzw. 1335 von Muhammad el-Nasir unter Verwendung antiker Architekturteile erbaut. Die beiden eigenartigen Minarette tragen zwiebelförmige Kuppeln mit bunten Fayenceornamenten im persischen Stil. **El-Nasir-Moschee**

Im 1814 erbauten El-Gohara-Palast wohnte Mohammed Ali. Heute beherbergt das Gebäude ein Gedenkmuseum zu Ehren des Herrschers. Gezeigt werden u. a. sein Thronsessel sowie Erinnerungsstücke und Dokumente zu seinem Leben. **El-Gohara-Palast**

* Ibn-Tulun-Moschee und Umgebung

Zweitälteste Moschee Kairos

Vom Platz Midan Salah el-Din gelangt man südwestlich durch die Scharia el-Saliba zur Ibn-Tulun-Moschee, der zweitältesten Moschee in Kairo. Sie wurde 876–879 von Ahmed Ibn Tulun nach dem Vorbild der Kaaba zu Mekka als die damals größte aller Moscheen auf dem etwa 20 m hohen Plateau des felsigen Gebel Jaschkur errichtet. Die Außenfassaden der Moschee, die zurzeit renoviert wird, sind abgesehen von den Zinnen beinahe schmucklos.
Durch den Haupteingang betritt man zunächst den östlichen Außenhof, aus diesem links durch den Gebetssaal den quadratischen Haupthof mit einem Brunnenhaus in der Mitte. Er ist von Arkadenhallen umgeben. Der Ornamentschmuck im Innern zeigt in seinen ältesten Teilen noch nicht die verschlungenen Formen des byzantinisch-arabischen Stils. Im Gebetssaal beachte man die mit Resten von Goldmosaiken geschmückte Gebetsnische (Mihrâb) sowie oberhalb die Überreste der ursprünglichen Holzdecke.
Das 40 m hohe Minarett im nordwestlichen Außenhof, mit schönem Hufeisenbogen an Aufgang und Spiraltreppe, ist eine Nachahmung der Minarette von Samarra am Tigris. Von seiner Plattform, zu der 173 bequeme Stufen hinaufführen, hat man vor allem am Abend eine prächtige Aussicht: Nach Norden über das Häusermeer und das Niltal bis zum Delta, nach Westen und Süden auf die Pyramiden und nach Osten auf die Mokattam-Höhen.

*

◄ Minarett

*** * Gayer-Anderson-Museum**

Das unmittelbar neben der Ibn-Tulun-Moschee gelegene Museum, in einem 1631 erbauten Patrizierhaus eingerichtet, verdient unbedingt einen Besuch. Kairo verdankt es der Sammelleidenschaft des Briten Gayer-Anderson, der das Haus in den 1930er-Jahren aufkaufte und vor dem Verfall bewahrte. Die Inneneinrichtung entspricht der eines traditionellen vornehmen arabischen Wohnhauses. Gezeigt werden auch Kunstgegenstände aus der Sammlung Gayer-Andersons.

Friedhöfe und Totenstädte

Wohnraum für die Armen

Östlich der alten Fatimidenstadt liegen die einstigen Friedhöfe und Totenstädte, die heute in die ständig wachsende Großstadt einbezogen und noch immer teilweise belegt sind. Die Grabstellen können nur durch Stelen markiert sein, es gibt aber auch richtige kleine Mausoleen für Verstorbene. Trotz der Grabwächter, die eigentlich für die Ruhe der Toten sorgen sollen, sind die Totenstädte in Kairo alles andere als ausgestorben: In einer Stadt, die aus allen Nähten platzt und Wohnraum Mangelware ist, haben sich die Ärmsten der Armen in den Friedhöfen eingerichtet.

★ Barkuk-Moschee

Unter den verschiedenen Gräbern der nördlichen Mausoleengruppe ist der bedeutendste Bau die Klostermoschee des Sultans Barkuk, ein quadratischer Bau mit zwei Minaretten und zwei wundervollen Kuppeln (1400–1405 bzw. 1410). Im Gebetssaal befindet sich eine schöne steinerne Kanzel von 1483.

★ Kaït-Bei-Moschee

Etwa 600 m südwestlich der Barkuk-Moschee, in der südlichen Mausoleengruppe, liegt die Grabmoschee des Kaït Bei (1474), die wohl schönste von allen. Bemerkenswert sind die farbige Streifendekoration der Wandflächen, das feine Netzwerk der Mausoleumskuppel und das elegante, 40 m hohe Minarett. Der Gebetsraum ist mit bunten Fußbodenmosaiken aus Marmor ausgelegt. Neben dem farbenprächtigen Mausoleum mit reich ornamentiertem Lesepult gibt es auch eine Halle mit den Gräbern der vier Frauen des Sultans.

Mamelucken-gräber, Schafii-Moschee

Südlich der Zitadelle erstrecken sich die so genannten Mameluckengräber in weitgehend verfallenem Zustand. Im südlichen Teil dieser Totenstadt liegt die von einer mächtigen Kuppel überwölbte, prächtige Grabmoschee des Imam el-Schafii, des Gründers der schafiitischen islamischen Rechtsschule. Das Bauwerk für den 820 Verstorbenen ließ 1211 ein Bruder Saladins errichten.

★ Alt-Kairo

Kasr el-Schama

Einen Besuch verdient die südliche Vorstadt Alt-Kairo (Misr el-Kadima) am rechten Nilufer, die hauptsächlich von Kopten bewohnt wird. Ihren südlichen Teil nimmt das Stadtviertel Kasr el-Schama ein, das sich innerhalb der z. T. noch erhaltenen Mauern des ehemaligen Römerkastells »Babylon« ausdehnt.

★ Abu Sarga (St. Sergius)

Zwischen zwei mächtigen römischen Türmen hindurch gelangt man in den Kastellbereich. In einer eng zusammengedrängten Häusermasse liegt die im 4./5. Jh. gegründete und im 10./11. Jh. neu erbaute koptische Kirche St. Sergius (Abu Sarga). Nach der Legende soll sich Maria mit dem Jesuskind hier auf der Flucht nach Ägypten einen Monat lang verborgen gehalten haben. Die Kirche zeigt den Grundtypus aller alten ägyptisch-byzantinischen Basiliken. Sie ist **dreischiffig** mit sichtbarem Dachstuhl über dem Mittelschiff und dem erhöhten Querschiff sowie mit Emporen über den flach gedeckten Seitenschiffen. Je zwei Säulenstellungen übereinander trennen das Mittelschiff von den Seitenschiffen. Die marmornen Säulen sind

weiter S. 384 ►

Der Friedhof als Wohnquartier – auch das ist eine Seite der Metropole.

STADT IN ATEMNOT

Schon der erste Eindruck auf der Fahrt vom Kairoer Flughafen ins Hotel ist im wahrsten Sinne »überwältigend«. Je näher man dem Stadtzentrum kommt, desto dichter wird der Verkehr, bis alles stockt und die Autos sich ihren Weg im Schritttempo freihupen; durchs Gewühl kämpfen sich auch Esels- und Pferdekarren, beladen mit Gemüse- und Obststeigen oder Abfall, ungeheure Menschenmengen schieben und drängeln – die Sinne des Besuchers werden vollkommen überreizt.

So oder zumindest ähnlich empfinden fast alle Europäer bei ihrer Ankunft in der Riesenstadt. Am nächsten Tag wird das **Pflichtprogramm** absolviert, darunter das Ägyptische Museum, die Pyramiden, die Zitadelle, Alt-Kairo und der Khan-Khalili-Basar. Dabei entdeckt man den berühmten Nil und all die Zeugen einer Jahrtausende alten Hochkultur, aber auch die für europäische Begriffe **unglaubliche Armut**. Die meisten Touristen verlassen danach diesen als unregierbar erscheinenden Moloch von Stadt. Nur den wenigen, die noch etwas Zeit hier verbringen und sich an das Stadtbild gewöhnt haben, offenbart sich in einer dritten Phase das Besondere dieser Stadt, dann entpuppt sich das vermeintliche Chaos als ein **höchst lebendiges Gefüge** von Schätzen der Vergangenheit, arabischer Tradition und Problemen der Moderne. Vor allem Letztere bedrohen nicht nur das kulturelle Erbe der pharaonischen, hellenistischen, römischen, koptischen und islamischen Geschichte, sondern auch die Zukunft Kairos.

Kairo, arabisch El-Qâhira (= die Siegreiche), ist die **größte Stadt Afrikas** sowie kulturelle und politische Hauptstadt der arabischen Welt. Darüber hinaus gibt es in der Stadt einige der ersten christlichen Kirchen. Die Entwicklung zur modernen Weltstadt begann unter Ismail (1863–1879) und setzte sich fort nach 1900, damals zählte Kairo rund 600 000 Einwohner,

und vor allem nach dem unblutigen Militärputsch im Jahr 1952 bzw. nach der Machtübernahme Nassers. Geplant wurde die Stadt für 2 Mio. Einwohner, tatsächlich leben im Großraum Kairo heute schätzungsweise 23 Mio. Menschen.

Soziale Probleme

Kairo ist hoffnungslos **überbevölkert**, in manchen Quartieren wohnen bis zu 150 000 Menschen auf einem Quadratkilometer (Hamburg 2262/km²). Während zirka 1,6 Mio. Wohnungen leer stehen, da die wenigsten die hohen Kaufpreise bezahlen können, lebt der Großteil der Menschen in **illegal** gebauten Wohnungen ohne ausreichende Infrastruktur. Selbst die **Totenstädte** der wohlhabenden Hauptstadtbewohner sind belegt: Hier leben etwa 150 000 Menschen, zumeist nicht schlechter als in anderen Stadtvierteln, teilweise mit Strom- und Wasserversorgung.

Das soziale Gefälle ist enorm. 14% der ägyptischen Gesellschaft verbrauchen drei Viertel des Nationaleinkommens. Etwa 8,5 Mio. Familien – das sind rund 55 Mio. Menschen – haben in Ägypten monatlich 100 – 500 £E (14 – 70 Euro) zur Verfügung. Zu dieser Gruppe gehören 70% aller Stadtbewohner. Ein Drittel der Armen sind Kinder unter 12 Jahren. Von diesen besuchen nur 20% die Schule bis zum Ende der neunjährigen Schulpflicht – kein Wunder, dass die Analphabetenrate 45 – 50% beträgt. Die Armut sorgt auch für den weiteren **Verfall der Kairoer Altstadt**. Auf den Hausdächern türmen sich Schuttberge, zwischen bröckelnden Fassaden spielen Kinder, haben Hühner, Gänse und Ziegen ihren Auslauf.

Verkehr

Kairo droht im **Verkehrschaos** unterzugehen. Verkehrsregeln scheint es keine zu geben. Obwohl lt. Statistik auf 1000 Einwohner nur ca. 53 Autos kommen (Stuttgart: 580), führen die rund 900 000 im Gouvernorat Kairo zugelassenen Autos bereits zum Verkehrsinfarkt. Um die Blechlawinen voranzubringen, wurden im Zentrum über 45 so genannte Fly-overs gebaut, bis zu fünf Hochstraßen übereinander. Jüngst folgte ein Tunnel unter Teilen der Innenstadt, der an die sog.

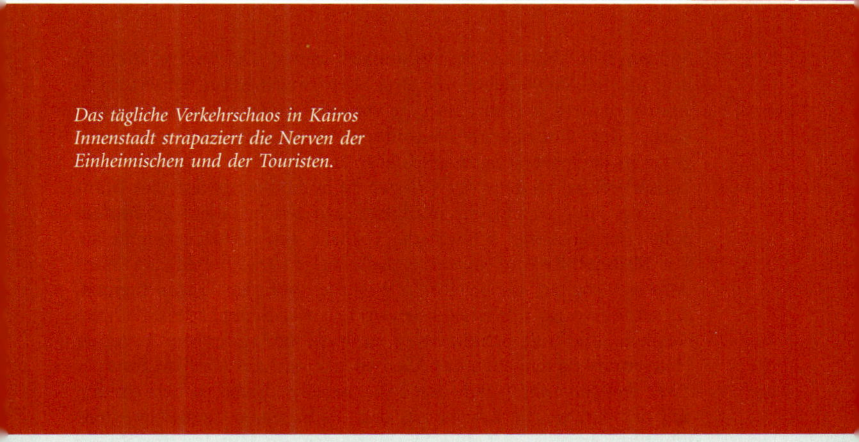

Das tägliche Verkehrschaos in Kairos Innenstadt strapaziert die Nerven der Einheimischen und der Touristen.

Ring Road angeschlossen ist. Um den Individualverkehr einzuschränken, begann man Mitte der 1980er-Jahre mit dem Bau einer **Metro**, Ende 1999 eröffnete Präsident Mubarak den jüngsten Abschnitt. Das Besondere an der »unterirdische Pyramiden von Giseh« genannten Strecke sind die 380 m unter dem Nil. Der Ausbau bis zu den Pyramiden ist geplant.

Weitere Probleme

Kairo erstickt im **Abfall**. Für die Müllbeseitigung sind neben der städtischen Müllabfuhr ca. 20 000 Zabbalin zuständig. Tag für Tag sammeln sie mit ihren Fuhrwerken Abertausende Tonnen Abfall ein, den sie sortieren und Plastik, Glas, Leder, Stoffe, Papier etc. an Wiederverwerter verkaufen. Alles Essbare wird an Schweine verfüttert: Der unverwertbare Rest wird auf den ewig qualmenden Halden am Rande der Stadt verbrannt.

Darüber hinaus bereitet die **marode Kanalisation** Probleme. Rund 70% aller Abwässer versickern im Untergrund. Dieses Sickerwasser und der relativ hohe Grundwasserspiegel lässt Feuchtigkeit aufsteigen und gefährdet die Bauten der Altstadt. Angesichts solcher Probleme erinnern die bisherigen Anstrengungen der Ägypter und internationaler Helfer an den berühmten Tropfen auf den heißen Stein. Da aber Kairo die meisten Kunst- und Baudenkmale aller islamischen Städte besitzt, verdient das Land bei der Rettung dieses Weltkulturerbes die **Unterstützung der reichen Länder**, und Kairo, für die Ägypter die »Mutter aller Städte«, unsere ganz besondere Sympathie.

Zeichen der Hoffnung

Doch neuerdings keimt Hoffnung: Auf einem riesigen Müllberg nahe der Altstadt ist in den letzten Jahren der **Al-Azhar Park** als Kairos neue grüne Lunge entstanden. Gleichzeitig wurden etliche Kulturdenkmale restauriert. Mit deutscher Unterstützung wird gegenwärtig Kairos wild wuchernde größte informelle Siedlung **Manshiet Nasser** (rd. 600 000 Einw.) im Rahmen eines Entwicklungsprojektes neu strukturiert und saniert. Und in der nahen Wüste wächst **New Cairo City** als ambitionierter Wohnraum für 2,5 Mio. Menschen heran.

Spolien, d. h. Versatzstücke aus antiken Bauten. Der heutige Eingang liegt an der Südwestecke, die drei alten Eingänge an der Westseite sind vermauert. Sie führten in die **Vorhalle**, in der früher die Taufbewerber dem Gottesdienst beiwohnten. Sie ist durch hölzerne Quergitter in drei Abteilungen geschieden: Die mittlere enthält ein altes Wasserbecken, in dem der Priester beim Epiphaniasfest den Männern die Füße wäscht; die nördliche (mit Nische) dient als **Taufkapelle**. Ein Holzgitter schließt die Vorhalle von der Hauptkirche ab. Das **Mittelschiff** (mit spitzer Bedachung) ist traditionell den Männern vorbehalten, die Seitenschiffe werden von den Frauen benutzt. Stufen führen zum Allerheiligsten und zu zwei Seitenkapellen hinauf. Getäfelte und mit Schnitzereien in Holz und Elfenbein bedeckte Holzschranken schließen das Allerheiligste und die Kapellen ab.

Innenraum ►

Krypta ►

Zwei Treppen führen von den Seitenkapellen hinab in den ältesten Teil der Kirche, die Krypta aus dem 5. Jh., einen gewölbten, dreischiffigen Betraum mit alten Marmorsäulen. Im Mittelschiff steht ein Altar in der Form altchristlicher Grabnischen, nach der Legende der Platz, wo Maria mit dem Jesuskind geruht haben soll.

Weitere Kirchen

Im Kastellbereich befinden sich noch mehrere alte koptische Kirchen. Nur wenige Häuser von Abu Sarga entfernt steht die im 5. Jh. gegründete und im 10. bzw. 11. Jh. neu erbaute Kirche Sitt Barbara (St. Barbara), nördlich die Kirchen Mari Girgis (St. Georg), eine Gründung aus dem 7. Jh., und El-Adra (Hl. Jungfrau), ein im 9. Jh. gegründetes, im 18. Jh. rekonstruiertes Gotteshaus.

Ben-Ezra-Synagoge

In der Ben-Ezra-Synagoge (bis zum 8. Jh. eine christliche Kirche), einem der bedeutendsten israelitischen Gotteshäuser in Ägypten, benannt nach dem Rabbiner Abraham Ben Ezra, der im Jahre 1115 von Jerusalem nach Ägypten gekommen war, soll Elias erschienen sein und Moses gebetet haben.

El-Moallaka (Sitt Miriam)

An der Südostecke des Kastells steht die Metropolitankirche Sitt Miriam (St. Maria), genannt El-Moallaka, **»die Schwebende«**. Ihr Name geht auf ihre Lage über dem östlichen Turm des Südtores zurück. Die im 4. Jh. gegründete, im 9. Jh. und später mehrfach erneuerte Kirche war ursprünglich wesentlich größer und nahm vermutlich den Raum über beiden römischen Tortürmen ein. An eine Vorhalle schließt sich das vierschiffige, früher mindestens fünfschiffige Langhaus mit Kanzel an und an dieses drei durch geschnitzte Schranken abgeschlossene Kapellen, von denen die mittlere Christus, die südliche Johannes dem Täufer, die nördliche dem hl. Georg geweiht ist.

★★ Koptisches Museum

Verbunden mit der Kirche El-Moallaka ist das 1910 von Morkos (Markus) Simaika Pascha (1864–1944) gegründete Koptische Museum, das die bedeutendste Sammlung ihrer Art besitzt. Das Gebäude wurde zu Beginn des 20. Jh.s unter Einbeziehung altkoptischer Architekturteile errichtet und später erweitert. Das Museum zeigt neben sakraler Kunst auch interessante kunstgewerbliche Gegenstände und Gerätschaften des täglichen Gebrauchs vom 3. Jh. bis zum 18. Jh., besonders aber des frühen Mittelalters. Öffnungszeiten: tgl. 9.00–16.00, Fr. 9.00–11.00 und 13.00–16.00 Uhr.

Nordöstlich vom Koptischen Museum steht die **Amr-Moschee** (eigentlich Amr-Ibn-el-As-Moschee), die als älteste Moschee Kairos gilt, in ihrer heutigen Gestalt aber großenteils dem 18. Jh. entstammt. An dieser Stelle ließ Amr Ibn el-As 642 die erste Moschee von Fustat errichten, die jedoch schon früh umfangreiche Erweiterungen erfuhr.

Im nordöstlichen Teil von Alt-Kairo befinden sich die Ruinenstätten von **Fustat**. Die zahlreichen Funde sind heute im Museum für Islamische Kunst bzw. im Koptischen Museum ausgestellt. Zwischen der Amr-Moschee und Fustat erstreckt sich das Töpferviertel. Hier werden die beliebten bauchigen Wasserkrüge (»Kulla«) hergestellt.

Heliopolis

Ehemalige Hauptstadt

Die meisten ausländischen Kairo-Besucher kommen auf der Fahrt vom Flughafen in die Stadt durch Heliopolis. Dieser moderne Stadtteil ist benannt nach den Resten der altägyptischen Stadt Iunu, in griechischer Zeit Heliopolis genannt. Unter ihrem christlichen Namen On wird sie in der Bibel erwähnt. Heliopolis-On, **eine der ältesten ägyptischen Städte**, war Hauptstadt des 3. unterägyptischen Gaus und seit dem Alten Reich das geistige und geistliche Zentrum des Landes. Im Neuen Reich war der von Amenemhet I. erbaute, dem Sonnengott Re (»strahlende Sonne«) geweihte Tempel von Heliopolis neben dem des Amun (»untergehende Sonne«) von Theben der größte des Landes. Als Strabo 24–20 v. Chr. Ägypten bereiste, war die Stadt bereits verödet, die Priesterschule aufgelöst, doch der Tempel bis auf einige Beschädigungen erhalten.

◄ Aktuelle Grabungen

Seit 2006 legen ägyptische Archäologen und Mitarbeiter des Deutschen Archäologischen Instituts in Kairo den Sonnentempel der antiken Heiligen Stadt Heliopolis frei. Dabei hat man nicht nur Fragmente aus der Zeit von Ramses II. entdeckt, sondern auch aus der Zeit von Sesostris I., der 700 Jahre zuvor herrschte.

Obelisk

Von der antiken Stadt und ihrem Haupttempel ist nur noch der Obelisk aus rotem Assuangranit erhalten. Er steht im nordwestlich benachbarten Stadtteil El-Matarija. Hieroglyphen auf allen vier Seiten berichten, dass der König bei seinem ersten Sedfest, einer Art Regierungsjubiläum, den Obelisken gestiftet habe. Das Pyramidion war einst vergoldet, ebenso die Falken, die auf jeder Seite die Inschrift anführen. Das Gegenstück dieses Obelisken (alle Obelisken standen paarweise vor den Tempeln) ist im 12. Jh. umgestürzt. Außer diesen beiden besaß Heliopolis noch zahlreiche andere Obelisken, von denen heute einer die Piazza del Popolo in Rom schmückt.

Umgebung von Kairo

★ **Harrania, Webteppiche** In einigen Dörfern südwestlich von Kairo werden heute (wieder) Teppiche gewoben, nachdem dieses Kunsthandwerk beinahe ausgestorben war. Vor allem das Dorf Harrania wurde durch die hier angefertigten Webteppiche mit naiven Bildmotiven bekannt.

Giseh ►dort

★ **Birqash, Kamelmarkt** Früher fand der berühmte Kamelmarkt in dem Kairoer Vorort Imbaba statt, heute werden die Kamele jeden Freitagmorgen in Birqash verkauft (25 km nördlich der Hauptstadt). Das bunte Markttreiben ist unbedingt einen Ausflug wert (Eintrittsgebühr).

★ **Bubastis (Tell Basta)** Rund 80 km nordöstlich von Kairo sind am Südostrand der Stadt **Zagazig** Reste der altägyptischen Stadt Bubastis (Tell Basta) freigelegt. Bereits im Alten Reich war Bubastis als **Kultort der Katzengöttin Bastet** bekannt. In der 22. und 23. Dynastie war es Hauptstadt des nördlichen Ägypten. Das Grabungsareal ist als Freilichtmuseum zugänglich (Öffnungszeiten: tgl. 9.00 – 17.00 Uhr). Zu sehen sind Reste der großen **Tempelanlage** (22., 23. u. 30. Dynastie), Fundamente des Gouverneurspalastes (12. Dynastie) und Reste einer Nekropole. Im **Skulpturengarten** sind Fragmente von Statuen, Säulen und Pfeilern zu sehen, darunter Sitzstatuen von Ramses VI. und einer falkenköpfigen Gottheit. Besonders eindrucksvoll ist eine monumentale Königinnenstatue aus Rosengranit.
Auf der anderen Straßenseite sind noch Reste einer **Ka-Anlage des Königs Pepi I.** (Altes Reich, 6. Dynastie) zu erkunden.

★ Kalabscha (Kalabsha)

M 17

Landesteil: Oberägypten (Nubien) **Gouvernorat:** Assuan

Drei bedeutende Tempel wurden vor den steigenden Fluten des Nasser-Sees gerettet, in viele Tausend Einzelteile zerlegt und hier, auf dem linken Ufer des Sees, wieder aufgebaut. Die auf diese Weise neu geschaffene archäologische Stätte Neu-Kalabscha wird vor allem wegen des beeindruckenden Tempels von Kalabscha besucht, wenig entfernt stehen die von Beit el-Wali sowie von Kertassi.

Geschichte Der malerische große Tempel von Kalabscha lag ursprünglich rund 50 km weiter südlich am Fuße der heute versunkenen Ruinen des alten Talmis. Der Tempel wurde unter dem römischen Kaiser Augustus an der Stelle eines älteren, von Amenophis II. und einem Ptolemäer gegründeten Heiligtums erbaut, aber in der Ausschmückung nicht vollendet. Die vorhandenen Reliefs sind nicht fein ausgearbeitet, die

Darstellungen wurden häufig missverstanden. Der Tempel war hauptsächlich dem Gott Mandulis geweiht, daneben verehrte man hier auch Osiris und Isis. Nach der Christianisierung Ägyptens wurde er in eine Kirche umgewandelt.

Nach dem Bau des ersten Staudammes bei Assuan 1912 stand der Tempel von Kalabscha ebenso wie der von Philae während des größten Teils des Jahres unter Wasser. Vor dem Bau des Staudamms Sadd el-Ali entschloss man sich zur Rettung dieses bedeutenden Baudenkmals. Im Rahmen der von der Bundesrepublik Deutschland durchgeführten und finanzierten Versetzungsaktion wurde der Tempel 1962/1963 in 13 000 Einzelteile zerlegt und an der heutigen Stelle wieder aufgebaut. Bei den Abbrucharbeiten fand man in die Anlage verbaute reliefierte Blöcke eines **Tempeltores** aus griechisch-römischer Zeit. Es wurde rekonstruiert und als Geschenk dem Ägyptischen Museum in Berlin-Charlottenburg übergeben.

KALABSCHA

ANREISE

Man erreicht die Tempel, die etwa 1 km südlich des Westendes des Assuan-Hochdammes Sadd el-Ali liegen, entweder auf dem Wasserweg mit Motorbooten von Sadd el-Ali oder auf der Straße von Assuan (13 km südlich).

✶ Tempel von Kalabscha

Den **Zugang** zum Heiligtum (74 m lang, 33 m breit) bildet ein aus Quadern aufgemauerter, 31,6 m langer Dammweg, der zum Wasser hin in einen rechteckigen Kopf ausläuft. Von ihm führen niedrige Stufen auf eine lang gestreckte, vor dem Pylonen liegende Terrasse.

Der **Pylon**, das Hauptportal des Tempelbezirkes, liegt auffälligerweise nicht in derselben Achse wie der Damm und das Tempelhaus. Er ist sehr gut erhalten, jedoch ohne jeden Reliefschmuck; nur im Torweg befinden sich zwei Götterdarstellungen. Jeder Turm hat eine Rille für die Fahnenstange.

Der **Hof** zwischen dem Pylonen und der Vorhalle war auf drei Seiten von Kolonnaden umgeben, von denen auf der Nord- und Südseite noch je vier Säulen mit reichen

Tempel von Kalabscha

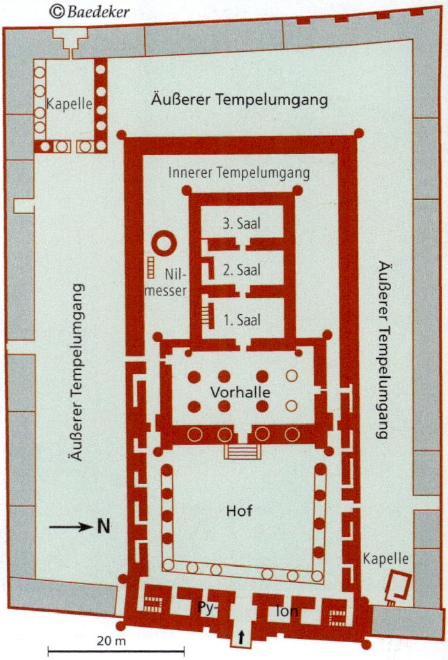

Pflanzenkapitellen stehen. Der südliche Torturm hat auf der Hofseite drei Türen, die beiden nördlichen führen in zwei Kammern, die südliche zu einer Treppe, welche in drei Absätzen zum Dach führt. Im nördlichen Turm befindet sich gleichfalls eine Treppe. In der nördlichen und südlichen Kolonnade führen je vier Türen in kleine Kammern, die in der Mauer angelegt sind; in der nördlichen außerdem noch eine Tür zum äußeren Tempelumgang und zu einer Krypta. Die Rückseite des Hofes wird von der stattlichen Front der Vorhalle gebildet, mit großer Halbtür in der Mitte und vier Schranken zwischen den Säulen.

Inschriften Auf der ersten Säulenschranke links gießen Thot und Horus über den König das Weihwasser in Form der Hieroglyphen »Leben« und »Wohlbefinden« aus, daneben sitzt Harsiësis von Talmis. Auf der ersten Schranke rechts steht in griechischer Sprache ein Dekret des Aurelius Besarion, des auch Amonios genannten Strategen des Gaus von Ombos und Elephantine, aus dem Jahr 248/249 n. Chr., worin die Besitzer von Schweinen angehalten werden, ihre Tiere von dem Tempel des Dorfes wegzutreiben. Die zweite Säule rechts trägt zwischen zwei griechischen Weihinschriften eine lange Inschrift in meroitischer Kursivschrift. Am interessantesten ist die in schlechtem

Der Kalabscha-Tempel gehört zu den Monumenten, die im Nasser-Stausee versunken wären, hätte man sie nicht an einen anderen Ort versetzt.

Griechisch abgefasste **Denkinschrift des Silko**, eines Kleinkönigs der Nubier und aller Äthioper (etwa aus dem 5. Jh. n. Chr.), an der rechten Ecke der Front. Der König rühmt sich seines Sieges über die Blemyer, die er von Primis bis Talmis bekriegt habe, wobei er selbst bis Taphis (Tafa) und Talmis vorgedrungen sei.

Vorhalle

Die Vorhalle enthält zwölf Säulen mit reich verzierten Pflanzenkapitellen. Die Decke ist eingestürzt. Von den Reliefs, die meist den Kaiser vor den Göttern zeigen, sind zwei an der Rückwand links der Tür bemerkenswert. Das eine stellt einen Ptolemäer dar, der dem Mandulis, der Isis und einer dritten Gottheit ein Feld darbringt; das andere, rechts daneben, zeigt Amenophis II., den Gründer des alten Tempels, der dem Min und Mandulis Wein opfert. An den Säulenschranken links des Eingangs sieht man ein späteres christliches Bild, auf dem die drei Männer im feurigen Ofen dargestellt sind.

Säle

Es folgen drei hintereinander liegende Säle, deren auch in den Farben noch gut erhaltene Reliefs den Kaiser vor den Göttern von Talmis und anderen Gottheiten zeigen. Im ersten Saal sind unten an der Wand Gaugötter mit ihren Gaben dargestellt. Viele Inschriften sind nur in roter Farbe vorgezeichnet. In der Südwand des ersten und des zweiten Saales sind kleine Kammern angelegt. Im ersten Saal an der Südwand befindet sich außerdem der Zugang zu einer Treppe, die auf das Dach des dritten Saals führt. Von hier gehen kleine Stiegen auf die höheren Dächer der vorderen Tempelräume.

Kapelle

Auf dem Dach des zweiten Saales liegt auch der Zugang zu einer auf die Außenmauer führenden Treppe, auf der man links einige Stufen abwärts zu einer in der Mauer angelegten Kapelle gelangt. Sie besteht aus zwei Räumen, deren zweiter eine Krypta besitzt, und war vielleicht für den Kult des Osiris bestimmt.

Innerer Tempelumgang

Vom Hof und von der Vorhalle führen Türen in den inneren Tempelumgang. Auf den Außenwänden des Tempelhauses erkennt man unvollendete Löwenvorderteile als Wasserspeier; an der Rückwand befindet sich ein großes Relief des Kaisers vor den Göttern und darunter kleinere Darstellungen. Gegenüber Letzteren sind auf der Umfassungsmauer zwei Darstellungen des Gottes Mandulis zu sehen, die wohl durch eine jetzt verschwundene hölzerne Kapelle geschützt waren. Auf der Südseite befindet sich ein sehr gut erhaltener **Nilmesser**.

Äußerer Tempelumgang

Im äußeren Tempelumgang liegt in der Südwestecke eine Kapelle, vielleicht ein Geburtshaus. Sie besteht aus einem offenen, von Säulen und Schranken abgeschlossenen, aber unvollendeten Hof und einer Felsenkammer, von der nur die Tür mit Reliefs des Kaisers vor den Göttern ausgeschmückt ist. Eine zweite, gut erhaltene Kapelle, die wohl der älteren Tempelanlage der Ptolemäerzeit angehört, befindet sich in der Nordostecke.

✶ Felsentempel von Beit el-Wali

Geschichte Nordwestlich vom Kalabscha-Tempel liegt der ebenfalls vor den Fluten des Nasser-Sees mit finanzieller Unterstützung der USA gerettete Felsentempel von Beit el-Wali. Er wurde von Ramses II. erbaut und hat bis heute eine Vorhalle, einen Quersaal und das Allerheiligste bewahrt.Die noch stehenden unteren Wände der Vorhalle sind aus dem Felsen geschnitten; die höheren Teile, die aufgemauert waren, und das Dach sind verschwunden. In christlicher Zeit diente die Vorhalle als Kirche und war mit Ziegelgewölben überdeckt.

Darstellungen
Linke Wand ► Besonders interessant sind die sehr lebhaften historischen Darstellungen auf den Seitenwänden. Auf der linken Wand sieht man u. a. zwei Bilder mit Szenen aus dem **Krieg gegen die Kuschiten** (Schwarze): Auf dem ersten Bild sitzt rechts der König unter einem Baldachin. In der unteren Reihe vor ihm bringen hohe Beamte Tributgegenstände herbei, hinter ihnen werden zwei gefesselte Schwarze herbeigeführt, dann folgen Schwarze mit ihren Gaben.
In der oberen Reihe ist eine Gabe vor dem König aufgestellt, der Statthalter von Nubien wird zum Lohn mit goldenen Ehrenketten beschenkt; Schwarze bringen Rinder, Gazellen und auch einen Löwen. Das zweite Bild zeigt den König, der mit seinen Söhnen im Streitwagen gegen die Schwarzen ansprengt. Diese fliehen in ihr Dorf, das in einem Hain von Dumpalmen liegt. Ein Verwundeter wird von zwei Männern geführt, seine Frau und Kinder kommen ihm entgegen, eine andere Frau hockt am Feuer und kocht.

Rechte Wand ► Die Reliefs der rechten Wand schildern den **Krieg gegen die Syrer und Libyer**. Das erste Bild von rechts zeigt den König, der auf zwei Feinden steht und drei andere beim Schopf hält; ein Prinz führt gefesselte Syrer und Libyer herbei. Auf dem zweiten Bild sieht man den König vor einer syrischen Festung, von deren Zinnen Männer und Frauen um Gnade flehen (man beachte die Frau, die ihr Kind am Arm hält); der König packt einen Feind bei den Haaren, um ihn zu töten; unten schlägt ein Prinz mit dem Beil gegen das Tor der Festung. Das dritte Bild zeigt den König, der auf dem Streitwagen gegen fliehende Syrer sprengt; zwei Feinde erschlägt er, zwei andere sind an die Wagendeichsel gebunden. Auf dem vierten Bild erschlägt der König einen Libyer, der von seinem Hund gepackt wird. Das fünfte Bild zeigt rechts Ramses unter einem Baldachin, zu seinen Füßen ruht sein Löwe. Der Prinz Amenherunemef führt gefangene Syrer vor ihn.

Quersaal Von der Vorhalle führen drei Türen in den im Felsen angelegten Quersaal, der von zwei protodorischen Säulen mit je vier Inschriftenstreifen getragen wird. Die gut gearbeiteten Wandreliefs sind inhaltlich unbedeutend und zeigen den König vor den Göttern und die Feinde erschlagend. An der Rückseite des mit ähnlichen Reliefs geschmückten Allerheiligsten stehen drei nicht mehr kenntliche **Götterstatuen**. Auch diese Felsenräume wurden als Kirche benutzt.

Durch eine Allee von widderköpfigen Sphingen erreicht man den ersten Pylon des Tempels von Karnak.

★★ Karnak

M 13

Landesteil: Oberägypten **Gouvernorat:** Kena

Eine Allee von widderköpfigen Sphingen führt vom Luxor-Tempel nordwärts zum Heiligtum von Karnak. Durch ein von Ptolemaios III. Euergetes I. errichtetes Portal mit einer geflügelten Sonne in der Hohlkehle betritt man den großen ummauerten Tempelbezirk, der zusammen mit den Anlagen von Luxor und Theben-West einst Teil der ägyptischen Hauptstadt Theben war.

Größte Tempelanlage Ägyptens

◄ Übersichtskarte S. 398

Die größte Tempelanlage Ägyptens erstreckt sich im Norden ► Luxors. Sie umfasst in der Hauptsache den großen Amun-Tempel, das Heiligtum des Chons sowie einen Festtempel Thutmosis' III., ferner aber auch eine große Zahl anderer Baulichkeiten. Nicht besichtigt werden können zurzeit der Nördliche und der Südliche Tempelbezirk sowie die Bauten südlich des achten Pylonen. Öffnungszeiten: im Sommer tgl. 6.00–18.00, im Winter tgl. 6.00–17.00 Uhr.

★★ Großer Amun-Tempel

Terrasse

Die viereckige Terrasse vor dem Pylonen wurde seit dem Altertum von der Nilflut überspült, wie die an ihrer Vorderseite angebrachten Wasserstandsmarken aus der 21. bis 26. Dynastie belegen. Auf der Terrasse steht ein kleiner Obelisk Sethos' II., von seinem Gegenstück ist nur die Basis erhalten. Eine von Ramses II. errichtete Widderallee führte von hier zum Amun-Tempel.

Karnak · Großer Amun-Tempel Orientierung

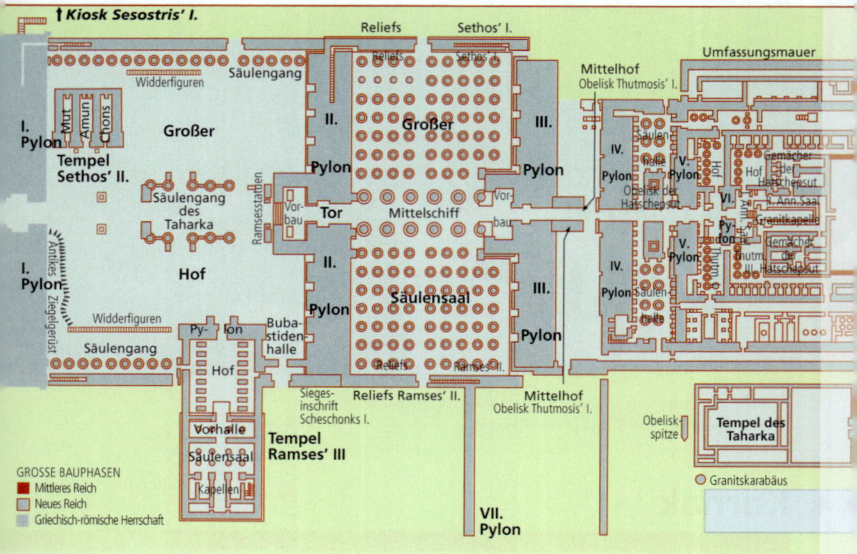

Der Große Amun-Tempel, die Hauptattraktion von Karnak, wurde nicht nach einem einheitlichen Plan erbaut. Seit seiner Gründung, die mindestens in die beginnende 12. Dynastie zurückreicht, übertrafen sich die Pharaonen darin, das Heiligtum immer noch großartiger und prächtiger auszuschmücken. Amenophis I. erbaute seitlich vom Haupttempel des Mittleren Reiches ein zweites Heiligtum, das aber schon frühzeitig wieder abgetragen wurde. Als Theben zur Hauptstadt des Neuen Reiches aufstieg, schien der erste Bau der Macht des Gottes nicht mehr würdig zu sein. Thutmosis I. baute um den Tempel des Mittleren Reiches einen großen Hof, den im Westen ein Pylon abschloss und innen Säulenhallen mit Osirispfeilern umgaben. Später errichtete er noch einen Pylonen mit einer Umfassungsmauer, stellte davor zwei Obelisken auf und legte zwischen beiden Pylonen eine Säulenhalle an.

Unter der Regierung der Hatschepsut wurden im Innern mehrere Einbauten vorgenommen: Sie errichteten vor dem Tempel des Mittleren Reiches im Hof Thutmosis' I. ein besonderes Heiligtum und stellten in der Säulenhalle zwischen dem vierten und den fünften Pylonen zwei Obelisken auf; bei dieser Gelegenheit wurde die Halle selbst umgebaut. Hatschepsuts Stiefsohn und Mitregent Thutmosis III. setzte während seiner Alleinherrschaft diese Arbeiten fort. Er ließ die Säulenhallen im Hof von Thutmosis I. zum größten Teil niederreißen und durch Reihen kleiner Kapellen ersetzen. Der sechste Pylon wurde erbaut; der zwischen diesem und dem durch eine Vor-

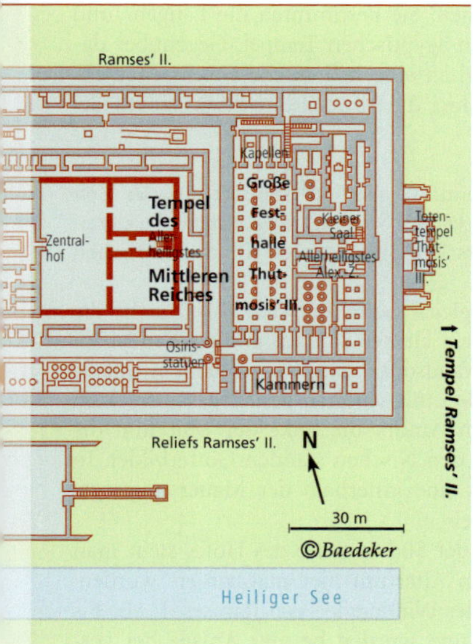

halle erweiterten Bau der Hatschepsut entstandene Hof wurde mit Säulengängen geschmückt. Die Säulenhalle von Thutmosis I. zwischen dem vierten und fünften Pylonen wurde einem durchgreifenden Umbau unterzogen, wohl um die hier aufgestellten Obelisken der Hatschepsut den Blicken der Tempelbesucher zu entziehen. Vor den Obelisken von Thutmosis I. wurden zwei neue Obelisken aufgerichtet. Diesen Bauten fügte der König etwa 20 Jahre später weitere hinzu, so die beiden Annalensäle und die zwischen fünftem und sechstem Pylonen eingefügten Vorsäle sowie der große Festtempel im Osten. Amenophis III. und Haremhab erweiterten die Tempelanlage nochmals durch je einen Pylonen.
Alle diese Bauten aus der 18. Dynastie wurden von den Königen der 19. Dynastie übertroffen. Sethos I. und Ramses II. schufen zwischen diesen beiden Pylonen jenen riesigen Säulensaal, der bis heute zu den **großartigsten Werken der Architekturgeschichte** zählt. Darüber hinaus ließ Ramses II. noch eine weitere Umfassungsmauer anlegen. Damit fand der Bau seine vorerst endgültige Form. Die Tempelanlagen von Sethos II. und Ramses III. waren selbstständige Gebäude außerhalb des großen Heiligtums.
Erst die libyschen Könige von Bubastis (22. Dyn.) nahmen die Traditionen der alten Pharaonen wieder auf: Scheschonk legte vor dem Pylonen von Haremhab einen großen Hof mit zwei seitlichen Säulengängen an, in den der Tempel von Ramses III. zur Hälfte einbezogen wurde, und der seinen Abschluss in dem großen ersten Pylonen fand. Später errichtete der kuschitische Herrscher Taharka (25. Dyn.) in diesem Hof einen Gang mit kolossalen Säulen. So blieb das Heiligtum auch unter den Ptolemäern, die nur wenige Umbauten vornahmen, weitgehend unverändert. Mit der römischen Kaiserzeit begann der Verfall der Tempelanlage.

*** Erster Pylon**

Der Erste Pylon, das Riesentor aus der 30. Dynastie (380–343), ist mit seinem 15 m dicken Mauerwerk, einer Höhe von 43,5 m und einer Breite von 113 m der größte Pylon des alten Ägypten – und das, obwohl er unvollendet blieb. Im Torweg des Pylonen erinnern Inschriften rechts oben an die Gelehrten, die 1799 mit dem französischen Heer nach Ägypten kamen. Sie bestimmten die Längen- und Breitengrade der bedeutendsten ägyptischen Tempel. Gegenüber davon, links, erinnern Inschriften an eine italienische Gelehrtengesellschaft, die am 9. Februar 1841 hier die Abweichung der Magnetnadel auf 10' 56" festgestellt hat.

✶ Großer Hof

Der dem ersten Pylonen folgende Große Hof stammt aus der Zeit der 22. Dynastie. Beiderseits ist er von Säulengängen eingefasst, deren südlicher von dem Vorbau des Tempels Ramses' III. durchbrochen wird.

Stationskapelle von Sethos II. ►

In der Nordecke des Hofes, gleich beim Betreten links, steht die Stationskapelle von Sethos II., ein kleiner Bau aus grauem Sandstein. Die Türumrahmungen und Wandsockel sind aus rötlichem quarzhaltigem Sandstein. Von den drei mit schönen Reliefs geschmückten Kapellen war die mittlere dem Amun, die linke der Mut und die rechte dem Chons geweiht. In den Nischen standen Götterbilder. In der Chonskapelle führt rechts eine innerhalb der Mauer angelegte Treppe auf das Dach des Tempels.

Widderfiguren ►

An der Nordwestseite und an der Südwestseite des Hofes sieht man liegende Widderfiguren, die im Altertum hier magaziniert wurden. Ursprünglich gehörten sie zu der Widderallee von Ramses II., die bis zum zweiten Pylonen führte, und wurden bei der Anlage der verschiedenen Bauten im Großen Hof beseitigt.

Säulengang des Taharka ►

In der Mitte des Hofs befand sich der Säulengang des Taharka. Von den zehn Säulen steht nur noch eine vollständig. Mit ihrer imposanten Höhe von 21 m vermittelt sie einen Eindruck von der einstigen Monumentalität dieses Säulengangs.

✶ Tempel Ramses' III.

Auf der rechten Seite stößt der Tempel Ramses' III. an den Hof. Er war dem Amun geweiht und ist wohl das beste Beispiel eines einfachen, nach einheitlichem Plan ausgeführten ägyptischen Heiligtums. Die Eingangstür seines Pylons schmücken zwei Statuen des Königs. Auf der Vorderseite des linken, östlichen Turmes hält der mit der Doppelkrone geschmückte Ramses III. Feinde beim Schopf fest und erhebt seine Keule zum Schlag; Amun, der vor ihm steht, reicht ihm das Schwert und überantwortet ihm drei Reihen besiegter Völker. Auf dem rechten Flügel gibt es eine entsprechende Darstellung, wobei der König die unterägyptische Krone trägt. Hofseitig zeigen die Pylonentürme Ramses III., wie er von Amun die Zeichen »Jubiläum« empfängt, damit er noch viele Jubiläen feiere. Den Hof fassen rechts und links überdachte Gänge, deren Wände mit **Reliefs** bedeckt sind: In der Osthalle sieht man die Prozession der heiligen Amunbarke, in der Westhalle einen Festzug mit der Statue des ithyphallischen Amun, die von Priestern getragen und von Standartenträgern begleitet wird. Die Rückseite des Hofes wird von der Vorhalle des höher gelegenen Tempelhauses eingenommen. Sie wird vorn von vier durch Schranken verbundenen Osirispfeilern, dahinter von vier Säulen mit

geschlossenem Kapitell getragen. Von der Vorhalle führt eine Tür in den von acht Säulen getragenen, hallenartigen Säulensaal, an den sich drei Kapellen anschließen. Die mittlere, mit zwei Gitterfenstern in den Längswänden, war dem Amun, die linke der Mut, die rechte dem Chons geweiht. In jeder Kapelle ist der König dargestellt, wie er der Barke der jeweiligen Gottheit opfert.
Im Hof des Ramses-Tempels gibt es einen Durchgang zur Bubastidenhalle, deren Reliefs und Inschriften von Königen der 22. Dynastie herrühren. Von den Reliefs sind besonders hervorzuheben: links oben Amun, der dem König Osorkon I. das Sichelschwert und Palmstäbe, das Symbol vieler Lebensjahre, überreicht; unten Chnum, der dem König die Hieroglyphe »Leben« unter die Nase hält, sowie Hathor, die den König säugt. Auf der rechten (westlichen) Wand sind Takelothis II. und sein Sohn Osorkon, der Oberpriester des Amun, vor dem Gott dargestellt.

KARNAK

AUSKUNFT

Tourist Police
West-Bank, neben Ticket Office
Tel. (095) 231 16 22

VERANSTALTUNGEN

Abends auf dem Tempelgelände »Sound and Light«-Darbietungen
Infos: www.soundandlight.com.eg

ESSEN & ÜBERNACHTEN

►Luxor

Zweiter Pylon des Großen Amun-Tempels

Der zweite Pylon (Haremhab) ist weitgehend verfallen. Die beiden Türme sind jetzt von den Trümmern der später aus Werksteinen der Amarnazeit errichteten Vorbauten befreit. Die vier langen Rillen waren für die Flaggenmasten bestimmt. Vor dem mächtigen Portal lag noch ein Vorbau mit zwei Standbildern. Das rechte steht noch an seiner Stelle, von dem linken sind nur die Beine erhalten. Die Ausschmückung mit Reliefs wurde nicht unter Haremhab, sondern von nachfolgenden Pharaonen übernommen.

◄ Reliefs

An der Südseite des Vorbaus erschlägt Ramses II. vor Amun die Feinde. In dem Tor, in dem die Namen von Ramses I., Sethos I. und Ramses II. ausgewiesen sind, haben Philometor und Euergetes II. während ihrer gemeinsamen Regierung ein Zwischentor angebracht, von dem die Seitenpfeiler noch erhalten sind. Ihre Reliefs zeigen den König, der vor den Göttern des Tempels opfert.
Die Innenseiten des älteren Tores sind mit ptolemäischen Reliefs geschmückt; rechts und links finden sich die gleichen Darstellungen: unten die heilige Amunbarke und der in den Tempel schreitende König Ramses III.; in der zweiten Reihe von unten Ramses III. vor Amun kniend und das Zeichen des Jubiläums haltend; hinter ihm Mut, während Chons mit der Mondscheibe auf dem Kopf den König Philometor führt. In der dritten Reihe von unten ist der König unter dem heiligen Baum von Heliopolis dargestellt, in dessen Blätter die Göttin Seschet seinen Namen einschreibt. Die Bilder wurden offenbar anstelle älterer Darstellungen von Philometor erneuert.

★★ **Großer Säulensaal**

Überwältigend ist der Eindruck des Großen Säulensaals, dem eindrucksvollsten Teil des Amun-Tempels. Die 134 in 16 Reihen stehenden Säulen bilden einen regelrechten **»Säulenwald«**, der eine Grundfläche von 5000 m² – etwas weniger als der Kölner Dom mit rund 6000 m² – bedeckt.

Die beiden mittleren Säulenreihen sind höher und bestehen aus Papyrussäulen mit offenem Kapitell, während die Seitenschiffe Papyrussäulen mit geschlossenen Kapitellen haben. Die Deckenbalken der drei etwa 24 m hohen Mittelschiffe ruhen auf den beiden mittleren Säulenreihen und rechts wie links je einer niedrigeren Säulenreihe mit Pfeileraufsätzen, zwischen denen sich steinerne Fenstergitter befanden (eines von ihnen, auf der Südseite, ist fast vollständig erhalten). Die Säulen aus rötlich braunem Sandstein sind aus halben Trommeln von 1 m Höhe und 2 m Durchmesser aufgemauert. Die zwölf Säulen der beiden mittleren Reihen haben einen Durchmesser von 3,6 m und einen Umfang von mehr als 10 m, was der Trajanssäule in Rom entspricht. Mit 21 m überragen sie die 13 m hohen Säulen der Seitenschiffe um einiges. Beim Betreten des Säulensaales steht rechts die türartige Umrahmung eines jetzt verschwundenen Denksteines für Ramses II. und zu ihren Füßen eine Alabasterplatte mit den Darstellungen der »unter den Sohlen des Königs« liegenden Feinde (Schwarze und Asiaten); links der Tür steht eine kolossale Doppelstatue von Amun und Ramses II.

◂ Reliefs

Die Wände des Saales, die Säulen, Deckplatten und Architrave sind mit Inschriften und Darstellungen opfernder Könige bedeckt, die teilweise noch die alte Farbe aufweisen. Die unter Sethos I. angefertigten Reliefs (bis zur zehnten Säulenreihe) sind in feinem Flachrelief ausgeführt, die anderen, unter Ramses II. entstandenen, in rohem, vertieftem Relief.

Unter den Wandreliefs aus der Zeit Sethos' I. sind besonders die an der **Nordwand** hervorzuheben. Links der nördlichen Seitentür ist unten zu sehen: Sethos vor dem Allerheiligsten, in dem die heilige Barke des Amun steht; Sethos wird von dem falkenköpfigen Mont und Atum in den Tempel geleitet; Prozession der heiligen Barke. Oben: Sethos vor den Göttern von Theben.

Rechts der Tür, unten: Sethos räuchert vor den heiligen Barken; er wird in den Tempel geleitet; Sethos kniet in der Kapelle vor Amun und Chons und empfängt die Zeichen langer Regierung.

Unter den Wandreliefs aus der Zeit Ramses' II. beachte man vor allem die rechts und links der südlichen Seitentür; rechts: Ramses II. opfert vor der Amunbarke, die von Priestern (die vorderen mit Falken, die hinteren mit Schakalmasken) getragen wird; neben der Barke schreitet Ramses in Priestertracht mit Pantherfell; dahinter die von Priestern getragenen Barken des Chons und der Mut. Links unten der König vor den Kapellen mit den heiligen Barken des Amun,

← *Dicht an dicht stehen die hohen, aus meterdicken Trommeln zusammengesetzten Stützen im großen Säulensaal von Karnak.*

der Mut und des Chons; weiter links kniet der König vor Amun, Mut und Chons unter dem heiligen Baum von Heliopolis und empfängt die Symbole langer Regierung, Thot schreibt den Namen des Königs auf die Blätter des Baumes.

Karnak • Tempelbezirk Orientierung

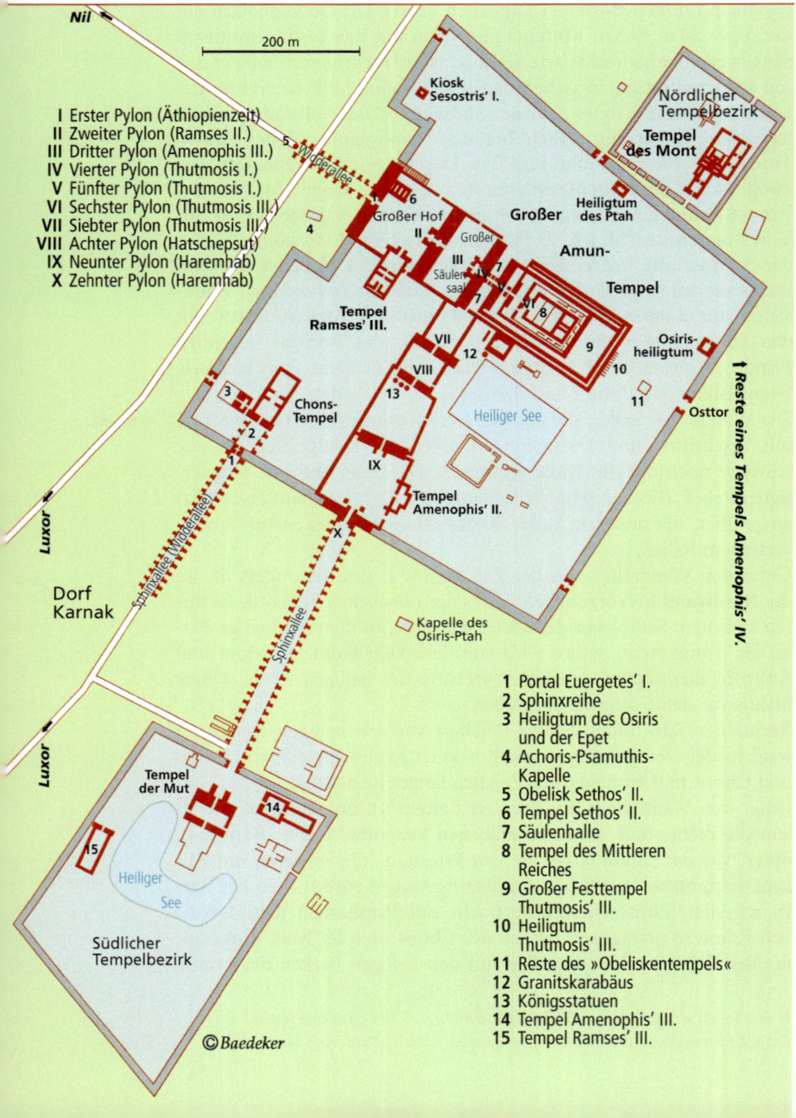

Reliefs an der nördlichen Außenwand

Die nördliche Außenwand des Säulensaales trägt Reliefs, die die Siege von Sethos I. verherrlichen, die südliche Außenwand zeigt die Siege von Ramses II. über die Bewohner Palästinas und die Libyer. Die Reliefs sind am besten bei Nachmittagsbeleuchtung zu erkennen. An der Ostseite der nördlichen Wand, oben: König Sethos im Libanon; die Bewohner, deren Gesichter scharf charakterisiert sind, fällen Holz für ihn; unten: Schlacht gegen die Beduinen Südpalästinas; der König auf seinem Streitwagen als Bogenschütze, die Feinde tot oder verwundet; links oben die Festung Kanaan, die Einwohner flehen um Gnade oder ziehen Fliehende zu sich hinauf.

◄ Ostseite

Um die Ecke weiter, in der oberen, z. T. zerstörten Reihe links beginnend: 1. Schlacht bei Jenoam in Syrien, der König auf seinem Streitwagen schießt auf die Feinde; Wagenkämpfer, Reiter und Fußvolk in wilder Flucht; links die Festung Jenoam, von Wasser umgeben, Flüchtlinge haben sich hinter den Bäumen versteckt (ungewöhnlich die Darstellung mehrerer Gesichter von vorn). 2. Der König bindet gefangene Syrer. 3. Der König, hinter seinem Streitwagen schreitend, führt zwei Reihen gefangener Syrer an Stricken hinter sich und hält außerdem in jedem Arm zwei Feinde. 4. Der König führt zwei Reihen gefangener Syrer vor die Götter Amun, Mut und Chons. Im Weiteren feiert der König seinen Triumphzug durch Palästina, die Heimkehr im Streitwagen, er weiht die Gefangenen, tötet die Feinde, sie an den Schöpfen haltend.

◄ Westseite

Auf dem westlichen Teil der Nordwand beginnt die Darstellung am anderen Ende und schreitet von rechts nach links fort.

Obere Reihe: Erstürmung von Kadesch im Lande Amor (Nordpalästina); der König (die Figur fehlt) schießt von seinem Streitwagen aus gegen die Feinde, ein feindlicher Wagen wird von dem königlichen Gespann überrannt; rechts auf einem baumbewachsenen Berg die Festung Kadesch, deren Verteidiger von Pfeilen getroffen werden; ein Rinderhirte und seine Herde fliehen.

Mittlere Reihe: 1. Schlacht gegen die Libyer. Der König auf dem Wagen holt mit dem Schwert nach einem Libyer aus, den er mit dem Bogen festhält; rechts getötete und verwundete Feinde. Die Libyer sind an seitlich getragenen Zöpfen und an der Feder auf dem Kopf kenntlich. 2. Der König durchbohrt einen Libyer mit der Lanze. 3. Der König auf dem Streitwagen, vor ihm gefesselte Libyer. 4. Der König weiht Gefangene und Kriegsbeute der Götterdreiheit Thebens.

Untere Reihe: 1. Schlacht gegen die Hethiter im nördlichen Syrien; der König schießt vom Streitwagen auf die Feinde. 2. Der König besteigt den Streitwagen und hält an Stricken mehrere Gefangene und zwei erbeutete Wagen, vor ihm zwei Reihen gefangener Hethiter. 3. Der König weiht die Gefangenen und die Kriegsbeute der thebanischen Götterdreiheit, der hier die Wahrheitsgöttin beigestellt ist.

Reliefs an der südlichen Außenwand

Die Reliefs an der südlichen Außenwand schildern in ähnlicher Weise die siegreichen Kämpfe Ramses' II. in Syrien, besonders gegen die Hethiter.

Dritter Pylon Den hinteren Abschluss des großen Säulensaales bildet der rekonstruierte dritte Pylon. In ihm waren große Reliefblöcke von insgesamt 13 verschiedenen Heiligtümern früherer Zeit verbaut. An dem südlichen Torturm zählt eine lange, oben zerstörte Inschrift die Geschenke des Königs an Amun auf. Am nördlichen Torturm erkennt man, als letzten Rest der Darstellung einer Festfahrt, die auf dem Nil schwimmende heilige Barke des Amun, auf welcher der König steht. Den Mittelhof schmückten einst zwei von Thutmosis I. und zwei von Thutmosis III. geweihte Obelisken, von denen bei dreien die Untersätze noch vorhanden sind, einer sogar noch aufrecht steht. Die Flächen sind mit je drei senkrechten Zeilen bedeckt: in der Mitte die Weihinschrift Thutmosis' I., die seitlichen Inschriften wurden unter Ramses IV. und VI. hinzugefügt. Die Obelisken von Thutmosis I. bildeten zu seiner Zeit den Tempeleingang.

Monumentales Relief am Tempel von Karnak

★ **Freilichtmuseum, Kiosk Sesostris' I.** Der Kiosk Sesostris' I. (12. Dyn.), der aus Reliefblöcken des dritten Pylonen und seinem Vorbau im Norden des Großen Amun-Tempels rekonstruiert wurde, ist der älteste Bau der ganzen Anlage. Er wurde anlässlich eines Regierungsjubiläums des Königs aus feinem Kalkstein erbaut und ist heute Teil des an den Großen Hof anschließenden Freilichtmuseums.

Zwei Rampen führen von Westen bzw. Osten zu dem auf einem Unterbau gelegenen, schlichten Heiligtum, dessen Decke von insgesamt 24 Pfeilern getragen wird. Im Inneren befindet sich der Untersatz für die heilige Barke des Amun. Pfeiler und Außenwände sind mit schönen Reliefs bedeckt.

Vierter Pylon Der vierte Pylon ist stark verfallen. Die Tür ließ Alexander der Große restaurieren, ebenso auch die anschließende Säulenhalle, die mit Säulen, riesigen, in Nischen stehenden Osirisstatuen und den beiden aus Assuangranit gearbeiteten Obelisken der Königin Hatschepsut geschmückt war. Der rechte (südliche) Obelisk ist umgestürzt und in Einzelteile zerbrochen. Die Inschriften an seiner Basis verherrlichen die Macht der Königin. Der linke (nördliche), knapp 30 m hohe Obelisk überragt als **Wahrzeichen des Tempels** die Trümmer. An Hö-

★ Obelisk ►

he wird er nur von dem Lateranobelisken (30,7 m) in Rom übertroffen. Sein Gewicht wird auf 323 t geschätzt. An den vier Seiten ist er mit je einer senkrechten Zeile geschmückt, welche die Weihung der Obelisken und ihre Herstellung in nur sieben Monaten verkündet. Im oberen Teil finden sich auch seitliche Darstellungen: Hatschepsut, Thutmosis I. und III. vor Amun opfernd (die von Amenophis IV. verstümmelten Namen und Figuren des Amun wurden von Sethos I. erneuert).

◄ Säulenhalle

Die Säulenhalle hat im Verlauf der 18. Dynastie große Umwandlungen erfahren. Als Thutmosis I. sie anlegte, hatte sie ein Holzdach, das von hölzernen, später steinernen Säulen getragen wurde. Hier ließ Hatschepsut in ihrem 16. Regierungsjahr die beiden Obelisken aufstellen. Thutmosis III. ließ sie von einem Sandsteinbau ummauern, der sie bis über die Hälfte, etwa 25 m hoch, verdeckte und z. T. noch vorhanden ist. Die Säulenhalle wurde unter Verwendung der fünf alten Säulen so umgestaltet, dass sie ein Steindach erhielt, das von zwei Reihen zu sechs bzw. acht Papyrussäulen getragen wurde. In den Wänden legte man Nischen an für die ursprünglich im großen Hof aufgestellten Statuen Thutmosis' I. Die Ausschmückung des südlichen Teiles wurde erst unter Amenophis II. vollendet.

Fünfter und sechster Pylon

Durch den fünften Pylonen gelangt man zu zwei kleinen von Thutmosis III. eingebauten, jetzt sehr verfallenen Vorräumen vor dem sechsten Pylonen. Rechts und links von ihnen zwei größere Höfe, die mit Osirisstatuen geschmückt sind. Sie sind der Rest des großen Hofes Thutmosis' I., der einst den Tempel des Mittleren Reiches umgab. Im Durchgang zum nördlichen Hof befindet sich eine sitzende Kolossalstatue Amenophis' II. aus rotem Granit. Auch der letzte und kleinste Pylon, der sechste Pylon, ist großenteils zerstört.

◄ Erster Annalensaal

Es folgt der erste Annalensaal, der von Thutmosis III. gebaut wurde. Hier stehen noch zwei Granitpfeiler, der südliche mit dem Lotos, der nördliche mit dem Papyrus, den Wappenpflanzen beider Ägypten. Hier sind auch die wundervollen, aus rötlichem Sandstein gearbeiteten Kolossalstatuen des Amun (stark ergänzt) und der Göttin Amaunet aufgestellt, die Tutanchamun geweiht hat; sein Name wurde später durch den seines Nachfolgers Haremhab ersetzt.

◄ Hof

Links und rechts von diesem Annalensaal erstreckt sich der von Thutmosis III. angelegte Hof mit seinen Hallen, deren Decke von Papyrusbündelsäulen getragen wurde.

Granitkapelle

Die Granitkapelle, in der die heilige Barke stand – ihr Untersatz ist noch am Platz –, entstand unter Philippus Arrhidäus (323–317 v. Chr.), wohl anstelle einer älteren, von Thutmosis III. errichteten, deren Bruchstücke außen aufgestellt sind. Sie besteht aus Rosengranit und ist in zwei Räume aufgeteilt, von denen sich der vordere nach Westen, der hintere nach Osten öffnet. An der Ostwand des hinteren Raumes liegt ein durch eine vierstufige Treppe zugängliches Doppelfenster. Die Wände sind innen und außen mit Reliefs bedeckt, deren

Farben z. T. sehr gut erhalten sind. An der Innenwand im ersten Raum erkennt man Philippus, wie er den verschiedenen Gestalten des Amun opfert und andere heilige Handlungen verrichtet, im zweiten Raum links sitzt er vor einem Speisetisch.

Zweiter Annalensaal

An der Nordwand des zweiten Annalensaales Thutmosis' III., der die Kapelle umgibt, berichten lange Inschriften von den kriegerischen Taten des Königs; rechts von der schwarzen Granitpforte, über der Inschrift, Thutmosis III., der Weihgaben (zwei Obelisken, Gefäße, Halsbänder, Truhen) für den Tempel stiftet. Die an den Annalensaal nördlich und südlich anstoßenden Räume, die jetzt weitgehend zerstört sind, waren von der Königin Hatschepsut erbaut worden. In der südlichen Hälfte liegt ein Raum mit der Dachtreppe und ein Gemach mit dem von Thutmosis III. geweihten Granitaltar.

★ Reliefs der Hatschepsut ►

Sehr schön und auch in den Farben gut erhalten sind die Reliefs der Hatschepsut in dem durch eine schwarze Granittür verschlossenen Raum im Norden. Die linke Wand, an die ursprünglich die Nordwand des zweiten Annalensaales anschloss, ist von ihrem Platz entfernt und hier neu aufgebaut. Die Bilder der Hatschepsut sind getilgt und an einzelnen Stellen durch die von Thutmosis II. und III. in schlechtem Relief ersetzt.

Großer Festtempel Thutmosis' III.

Den Großen Festtempel Thutmosis' III. betritt man durch das Hauptportal im Südwesten, vor dem zwei Säulenstümpfe und zwei Statuen des Königs als Osiris aufgestellt sind. Von hier wendet man sich nach links durch die Vorräume in die Große Festhalle. Zweimal zehn Säulen und 32 viereckige Pfeiler trugen die Decke der drei hohen Mittelschiffe. Die sonst nicht vorkommende Zeltstangenform des Säulen weist darauf hin, dass die Mittelschiffe vom Erbauer als ein großes Festzelt gedacht waren. Auf der Pfeilerseite ist Thutmosis III. vor den Göttern dargestellt. In der Halle stehen mehrere hier aufgefundene Statuentorsi.

Königstafel von Karnak ►

In der Südwestecke der Halle liegt der Raum, aus dem die so genannte Königstafel von Karnak stammt, eine Liste der ägyptischen Herrscher von der ältesten Zeit bis zur 18. Dynastie, die 1843 in die Pariser Nationalbibliothek kam und heute im Pariser Louvre steht. An der Nordseite der drei Mittelschiffe liegen drei Kapellen; in der westlichen eine Kolossalgruppe Thutmosis' III. zwischen Amun und Mut. Die Halle wurde in christlicher Zeit in eine Kirche umgewandelt, was die noch erkennbaren **Heiligenbilder an den Säulen** erklärt.

Korridor ►

In der Nordwestecke der Halle gelangt man durch einen Vorraum und eine Tür in einen schmalen Korridor, dessen Nordwand mit schönen Reliefs geschmückt ist: Thutmosis III. bringt dem ithyphallischen Amun Weihrauch dar; derselbe König gießt über Amun Wasser aus, von rechts kommen Priester, Sänger und Sängerinnen; der König gießt vor Amun Wasser auf einen Altar und verbrennt Weihrauch. Von der Nordostecke der Festhalle führt eine Treppe in ein turmartiges Bauwerk zu einem Gemach, das vielleicht astronomi-

Blick über den Heiligen See auf die riesige Tempelanlage von Karnak, im Mittelpunkt der gewaltige Säulensaal

schen Zwecken diente und in dem noch ein Alabasteraltar steht. Die Räume östlich der großen Festhalle sind weitgehend zerstört.

◄ Botanischer Garten

Nördlich anstoßend und über eine Treppe erreichbar ist der so genannte Botanische Garten, ein kleiner Saal, dessen Decke vier wohl erhaltene Papyrusbündelsäulen mit geschlossenen Kapitellen trugen; auf dem unteren Teil der Wände Darstellungen von Pflanzen und Tieren, die im 25. Regierungsjahr Thutmosis' III. von Syrien nach Ägypten gebracht wurden.

◄ Allerheiligstes, Säulensaal

Südlich führen Stufen in die Räume des Allerheiligsten; daneben liegt das sog. Alexander-Zimmer, das von Thutmosis III. erbaut wurde und außer vereinzelten Reliefs aus der Zeit dieses Königs Inschriften und Darstellungen Alexanders des Großen besitzt.

Es folgt ein schöner Saal mit ehemals acht Säulen, von denen sieben noch stehen, und östlich davon Kammern mit Pfeilern in zwei Stockwerken sowie ein den Tempel nach Süden hin abschließender Korridor, auf den sich zwei kleine Pfeilersäle und sieben Kammern mit Reliefs Thutmosis' III. öffnen.

Umfassungsmauer, Heiligtum Thutmosis' III.

Die mittleren und östlichen Bauten des Amun-Tempels, vom dritten Pylonen an, sind von einer Umfassungsmauer umgeben, die – so weit sie erhalten ist – Reliefs Ramses' II. bei Opferhandlungen vor den Göttern trägt. An der Ostseite dieser Umfassungsmauer liegt ein zweites Heiligtum Thutmosis' III., das eventuell schon unter Hatschepsut entstanden ist. Die mittlere Kapelle schmücken die sitzenden Kolossalstatuen des Königs mit einer weiblichen Figur, vermutlich einer Göttin. Davor (östlich) befindet sich eine Pfeilerhalle mit sechs Riesenstatuen des Königs als Osiris, die später von Ramses II. usurpiert wurden.

Obeliskentempel Weiter östlich, jenseits eines noch nicht ausgegrabenen Schutthügels, liegt in der Hauptachse ein sehr verfallener Tempel Thutmosis III., der unter Ramses II. fertig gestellt und unter Taharka erweitert wurde. In ihm stand ursprünglich ein einzelner Obelisk Thutmosis III., der 357 n. Chr. nach Rom gebracht wurde und heute auf dem Lateransplatz steht. Die Tatsache, dass hier nicht wie üblich ein Obeliskenpaar stand, führte zur Bezeichnung des Tempels.

Osttor Das wohl erhaltene, jetzt verschlossene Osttor der großen Ziegelumwallung, die den ganzen Tempelbezirk umgab, entstand unter Nektanebos I. und ist 19 m hoch. Die Entfernung von hier bis zum ersten Pylonen beträgt 470 m.

Osiris-Heiligtum An die Ziegelmauer schließt sich ein kleines Heiligtum des Osiris an, das von Osorkon III. (22. Dyn.), seinem Sohn und Mitregenten Takelothis III. und seiner Tochter Schepenupet erbaut wurde. Später vergrößerte es Fürstin Amenerdaïs, die Schwester Schabakos (25. Dyn.) und Schwiegermutter Psammetichs I., um den ersten Saal. In der Nähe gibt es noch mehrere kleine Kapellen aus derselben Zeit. Außerhalb des Tores liegt ein zerstörter Tempel Amenophis' IV. mit einer Pfeilerhalle. Die Wandreliefs sind zerschlagen und im neunten und zehnten Pylonen verbaut worden.

? WUSSTEN SIE SCHON ...?

- In dem Hof am Heiligen See entdeckte man zwischen 1902 und 1909 in einer Grube insgesamt fast 1800 Statuen – zumeist aus Bronze – die ins Ägyptische Museum von Kairo gebracht wurden. Sie stammen aus dem Amuntempel und wurden wahrscheinlich hier vergraben, als man sie nicht mehr brauchte.

Südlicher Tempelbezirk

Im Süden der Umfassungsmauer um den Amun-Tempel liegt der **Heilige See** (arab. Birket el-Mallaha = Salinensee), dessen Wasser leicht salzig ist. An der West-, Süd- und Nordseite, wo eine Treppe zum Wasser hinabführt, sind die Ufermauern noch gut erhalten.

★ Granitskarabäus ► Am Seeufer liegt ein großer Granitskarabäus, der von Amenophis III. dem als Skarabäus gedachten Sonnengott Atum-Chepre geweiht war. Vorbei am abgebrochenen Oberteil des Obelisken der Hatschepsut erreicht man einen Hof, der auf beiden Seiten von Mauern, hinten vom siebten Pylonen begrenzt, jedoch sehr verfallen ist.

Siebter Pylon Der siebte Pylon stammt von Thutmosis III., auf den sich auch die Siegesdarstellungen der Vorder- und Rückseite beziehen. Er diente ebenso wie der folgende achte Pylon ursprünglich als südlicher Zugang zu dem abgebrochenen Tempel Amenophis' I.

Kolossalstatuen Vor der Nordfassade stehen sieben Kolossalstatuen von Königen des Mittleren und Neuen Reiches aus rotem Granit, vor der Südfassade die Unterkörper zweier Kolossalstandbilder Thutmosis' III. und vor dem östlichen der beiden das Unterteil eines großen Obelisken Thutmosis' III. (jetzt in Istanbul). Neben dem siebten Pylonen führt eine moderne Tür ins Freie. Von hier verlässt man gewöhnlich die Tempelanlagen und wendet sich den südlichen Außenwänden des großen Säulensaales zu.

Achter Pylon

Der von Königin Hatschepsut in Auftrag gegebene achte Pylon ist der älteste der gesamten Anlage, aber verhältnismäßig gut erhalten. Von den vier kolossalen sitzenden Königsstatuen an seiner Südseite blieb nur die von Amenophis I. (westlich; aus Kalkstein) unversehrt, während den beiden Statuen von Thutmosis II. der Oberkörper fehlt. Die Reliefs entstanden hauptsächlich unter Thutmosis III. und Amenophis II., aber auch unter den Königen der 19. Dynastie.

◄ Reliefs an der Nordseite

Von den Darstellungen der Nordfront sind am linken (östlichen) Turm hervorzuheben: oben Sethos I., wie er verschiedenen Göttern opfert; weiter rechts Thutmosis III., der von der löwenköpfigen Göttin Urthekau in den Tempel geführt wird, dahinter tragen Priester die heilige Amunbarke. Darunter: Thutmosis I. vor der thebanischen Götterdreiheit.

Am rechten (westlichen) Turm von links nach rechts: Sethos I. wird von dem falkenköpfigen Mont, der ihm das Zeichen »Leben« an die Nase hält, in den Tempel geführt; ihm folgen Priester mit der Amunbarke. In der oberen Reihe rechts Thutmosis III. vor Amun und Chons; hinter ihm die Göttin Urthekau und Thot, der auf einen Palmenzweig schreibt. Unten in zwei Reihen: Ramses III. vor verschiedenen Göttern. Im Durchgang rechts und links Ramses II. vor verschiedenen Göttern.

◄ Reliefs an der Südseite

Die Reliefs der Südfront des Pylonen zeigen Amenophis II., wie er seine Feinde beim Schopf packt und sie mit der Keule erschlägt; vor ihm Amun (von Sethos I. später eingesetzt). Am rechten Pfosten des Portals lehnt eine teilweise zerstörte Denkinschrift aus rotem Granit, die Amenophis' II. Feldzüge in Asien schildert.

◄ Reliefs an der Ostseite

An einem in den östlichen Turm führenden Seiteneingang sind Reliefs und Inschriften von Hohepriestern des Amun aus der Zeit Sethos' II. zu sehen. Auf der Außenwand der östlichen Hofmauer (in Richtung auf den Heiligen See) zeigen Reliefs den Hohepriester Amenhotep vor Ramses IX.

Neunter Pylon

Der neunte Pylon, von Haremhab zum Teil aus den Trümmern eines Tempels von Amenophis IV. erbaut, ist ganz verfallen.

Tempel Amenophis' II.

Dem neunten Pylonen folgt ein von Mauern eingefasster viereckiger Hof, in dem östlich die Ruinen eines kleinen Tempels Amenophis' II. liegen. Das wohl der Feier des Königsjubiläums gewidmete Heiligtum steht auf einem Unterbau, zu dem eine Rampe emporführt. Die Vorderseite bildet eine von zwölf Pfeilern getragene Halle, von der aus man den großen fünfschiffigen Saal betritt. Rechts liegt ein kleinerer Pfeilersaal, ein entsprechender Saal links ist von dem Hauptsaal durch einen schmalen Korridor getrennt.

An der östlichen Hofmauer finden sich einige wichtige Reliefs des Königs Haremhab. Sie zeigen ihn, wie er u. a. syrische Gefangene gefesselt vor die thebanische Götterdreiheit führt. An der Rückseite der Mauer findet sich eine entsprechende Darstellung der Prozession von Priestern mit der heiligen Barke.

Zehnter Pylon Der zehnte Pylon, der seit dem Ende der 18. Dynastie von Süden her den Eingang in den großen Tempelbezirk des Amun bildete, ist von Haremhab aus den Quadern eines Tempels Amenophis' IV. erbaut worden. Die Reliefs des granitenen Mittelportals zeigen Haremhab, der vor verschiedenen Göttern opfert und andere heilige Handlungen vollzieht. Vor der Nordfassade des Pylonen stehen zwei **Standbilder von Ramses II.** aus feinem Kalkstein, sowie der Rest einer Denkinschrift mit einer Kundgebung des Haremhab, durch welche die Ordnung im Staate wiederhergestellt werden sollte. Vor der Südfassade befinden sich die Reste zweier kolossaler Standbilder Amenophis' III. und Haremhabs; neben der ersten steht noch das Unterteil einer riesigen Osirisfigur.

Chons-Tempel In der südwestlichen Ecke des Tempelbezirks liegt der Chons-Tempel. Das Heiligtum war dem thebanischen Mondgott Chons geweiht und ist ein hervorragendes Beispiel für derartige Tempelanlagen des Neuen Reiches. Gründer des Heiligtumes war Ramses III., doch stammt die Ausstattung mit Reliefs, abgesehen von den noch von ihm vollendeten innersten Räumen, von seinen Nachfolgern, vor allem Ramses IV. sowie von dem Priesterkönig Herihor, der auch den Hof hat erbauen lassen.

Pylon ► Den Eingang in den Chons-Tempel bildet ein großer Pylon von 32 m Länge und 18 m Höhe. Er besitzt ebenso wie andere Tempelfassaden vier lange Vertiefungen und die entsprechenden Löcher im Mauerwerk für die Flaggenmasten. Die Reliefs an den Türmen zeigen einen Hohepriester der 21. Dynastie und seine Frau vor verschiedenen Göttern opfernd. Vor jedem Turm lag eine Säulenhalle. Die Säulenbasen sind noch erhalten.

Hof ► Durch das Mittelportal des Pylonen, mit Reliefs Alexanders IV., betritt man den Hof, der rechts und links von einer Doppelreihe von Papyrussäulen eingefasst wird. Auf den glatten Säulenschäften und den Wänden ist Herihor opfernd dargestellt. An der rechten (östlichen) Wand zeigt ein Relief Herihor, wie er vor den heiligen Barken des Amun (mit Widderkopf), der Mut und des Chons (mit Falkenkopf) ein Rauchopfer bringt; rechts davon die Fassade des zweiten Pylons des Großen Amun-Tempels von Karnak mit acht Flaggenmasten.

Vorhalle, Säulensaal ► Auf der Rückseite des Hofes führt eine Rampe zu der von zwölf Säulen getragenen Vorhalle. An sie schließt sich ein kurzer und breiter Säulensaal mit vier Papyrussäulen mit offenen Kapitellen in der Mitte und je zwei Säulen mit geschlossenen Kapitellen rechts und links. An den Wänden und Säulen sind Ramses XI. und der Hohepriester des Amun, Herihor, beim Götteropfer dargestellt.

Die Tür in der Mitte der Rückwand mündet in den Tiefen Saal. In ihm steht die an beiden Enden offene Kapelle, in welcher die heilige Barke des Gottes aufbewahrt wurde. Die Darstellungen auf den Außenwänden der Kapelle zeigen den König (meist Ramses IV.) vor verschiedenen Göttern. In die Wände der Kapelle sind Blöcke mit Darstellungen und Namen Thutmosis' III. verbaut. ◄ Tiefer Saal

Rechts und links von diesem Saal liegen dunkle, von Ramses IV. ausgeschmückte Räume; hinten führt eine von einem Ptolemäer errichtete Tür in einen kleinen Saal mit vier Säulen, dessen Reliefs ebenfalls Ramses IV., aber auch (rechts und links vom Eingang) den Kaiser Augustus vor thebanischen Göttern zeigen. ◄ Kleiner Saal

Daneben befinden sich sieben kleine Kapellen, mit Reliefs von Ramses III. und seinem Nachfolger. Besonders sehenswert sind die beiden Kapellen der Ostseite wegen der gut erhaltenen Farben; an der breiten Nordwand der hinteren der beiden Kapellen ist der König, von Hathor begleitet, dem falkenköpfigen Mont von Theben und der Göttin »Sonne der beiden Länder, Auge des Re«, Blumen opfernd zu sehen. Das Relief an der Westwand zeigt den König räuchernd und Wasser spendend vor einem löwenköpfigen, ithyphallischen Gott und vor Chons. In der hintersten Kapelle rechts, die dem Kultus des Osiris geweiht ist, findet sich eine Darstellung des toten Osiris, an dessen Bahre Isis und Nephthys trauern. ◄ Kapellen

Papyrusbündelsäulen

An die Südwestseite des Chons-Tempels stößt ein **Heiligtum des Osiris und der Epet**, der nilpferdgestaltigen Göttin der Geburt und Mutter des Osiris, das von Euergetes II. erbaut wurde. Es erhebt sich auf einem etwa 3 m hohen, von einer Hohlkehle bekrönten Unterbau, sein Haupteingang liegt an der Westseite. An den Pfosten des Portals ist der König vor Osiris und anderen Gottheiten dargestellt.

Man betritt zunächst einen rechteckigen Saal, dessen gut erhaltene Decke von zwei Säulen mit Blumenkapitellen und Hathorköpfen getragen wird. Beachtenswert sind die **Gitterfenster** oben in der südlichen Wand. Rechts liegen drei Seitengemächer mit Krypten, die Tür links ist vermauert. Die Wandreliefs in einem zweiten Saal zeigen den König vor verschiedenen Gottheiten. In den Saal münden zwei Seitenräume. Im linken Raum gibt es eine Darstellung des toten Osiris auf der Bahre, an der Isis und Nephthys stehen. Der rechte Raum war der Geburt des Horus geweiht: Das Relief gegenüber der Tür zeigt Isis, wie sie Horus stillt; links bringt der König Milch, rechts ein Stück Tuch. Auf dem Türsturz: Harsomtus als Falke mit Doppelkrone wird im Sumpf von der Nilpferdgöttin Epet und einer Löwengöttin beschützt.

Eine Tür, an deren rechtem Pfosten die Göttin Epet dargestellt ist, führt in das Allerheiligste, das in einer Nische das Bild der Göttin barg. Die Reliefs der Nische zeigen den König vor Epet, die rechts als Pfahl mit Hathorkopf, links als Nilpferd dargestellt ist.

Kapelle des Osiris In der Ostwand des Tempels liegt eine kleine Kapelle des Osiris, mit einem besonderen Eingang von Osten. Zu ihr gehört auch der vom Allerheiligsten des Epet-Tempels ausgehende Schacht, in dem vielleicht eine Reliquie des Osiris beigesetzt war.

Nördlicher Tempelbezirk

Heiligtum des Ptah Von den Bauten im Norden des Amun-Tempels ist nur das Heiligtum des Ptah einigermaßen erhalten. Das Heiligtum des Schutzgottes von Memphis wurde von Thutmosis III. erbaut und von dem Kuschiten Schabako und einigen Ptolemäern erweitert und wiederhergestellt. Von der nördlichen Seitentür des großen Säulensaales führt eine alte gepflasterte Straße zu dem Heiligtum. Links dieser Straße liegen ein kleines Ziegelfort und drei kleine Kapellen aus der Spätzeit. Die größere, südliche Kapelle wurde gegen Ende der 26. Dynastie erbaut. An der Eingangspforte: Psammetich III. und die Königin Enchnesneferebre vor Amun und anderen Göttern. Dahinter ein aus Ziegeln gemauerter Saal mit vier Steinsäulen. An der Eingangstür ins Allerheiligste: rechts Nitokris, die Gemahlin Psammetichs II., links

Bei einer Führung lernt man die Anlage von Karnak am besten kennen.

Amasis. Die mittlere Kapelle ist von einem Hofbeamten Scheschonk in der Regierungszeit des Amasis errichtet worden; auf dem linken Eingangspfosten ist der König dargestellt; auf dem rechten Pfosten die Königin Enchnesneferebre, deren Beamter Scheschonk war. Auch diese Kapelle ist aus ungebrannten Ziegeln aufgemauert, allein die Tore, Säulen und das Allerheiligste sind aus Stein. Die dritte, nördliche Kapelle ist die älteste und unter Taharka (25. Dyn.) erbaut worden. Sie ist mit Darstellungen der Fürstin Schepenupet und des Königs ausgeschmückt.
In der Säulenhalle des Ptah-Heiligtums stehen zwei von Amenemhet I. und Thutmosis III. geweihte Untersätze aus rotem Granit. In der Hauptachse des Tempels führt eine Tür mit wiederhergestellten Reliefs Thutmosis' III. ins Allerheiligste, das noch die ursprünglichen Reliefs Thutmosis' III. besitzt. Hier steht das Kultbild des Ptah, das durch eine Luke in der Decke magisch beleuchtet wird. Rechts ein Raum mit einer Statue der löwenköpfigen Göttin Sechmet; links ein zweiter mit alten Reliefs Thutmosis' III.
Südöstlich vom Ptahtempel, auf dem Weg zum Heiligtum des Osiris, kommt man zu einem von dem Kuschitenherrscher Schabako erbauten Vorratshaus, das aus einem Säulensaal besteht. Um die rechteckigen Ziegelmauern laufen Steintische, auf denen die Opfergaben niedergelegt wurden.

Außerhalb der Umfassungsmauer (unzugänglich)

Tempel des Mont

Im nördlichen Tempelbezirk, der von einer Ziegelmauer umgeben ist, liegt der stark verfallene Tempel des Mont, des Kriegsgottes und alten Ortsgottes von Theben. Er wurde von Amenophis III. (18. Dyn.) erbaut, hat aber noch bis in die Ptolemäerzeit Veränderungen und Erweiterungen erfahren. Vor dem nördlichen Eingang standen zwei Obelisken aus rotem Granit, von denen noch Stücke und Basen vorhanden sind. Das nördliche Tor aus Sandstein stammt von Ptolemaios Euergetes.

Tor

Südlich vom Mont-Tempel liegt in der Umwallung ein mit dem Namen Nektanebos' II. geschmücktes Tor, das noch die Reste einer Liste der unterworfenen Völker trägt.

Kapelle des Osiris-Ptah

Vom zehnten Pylonen führt eine von Haremhab angelegte Sphinxallee, in der jetzt Blöcke Amenophis' IV. aus dem Zehnten Pylonen niedergelegt sind, zu einem von Ptolemaios II. Philadelphos erbauten, mit Darstellungen und Inschriften geschmückten Tor in der Umwallung des südlichen Tempelbezirkes. Östlich der Allee steht eine während der 25. Dynastie errichtete Kapelle des Osiris-Ptah, mit gut erhaltenen bemalten Wandskulpturen. Vom Tor gelangt man auf einen noch nicht ausgegrabenen Platz, in dem große Widderfiguren, Sphingen und ein alabasterner, von Ramses II. usurpierter Denkstein Amenophis' III. liegen.

Tempel des Amun-Re Östlich steht ein sehr verfallener Tempel Amenophis' III., der Amun-Re geweiht war. Er besteht aus einem von Hallen umgebenen Hof, einer Säulenhalle, zwei Vorsälen, dem Allerheiligsten und mehreren Nebenräumen.

Tempel der Mut Weiter südlich liegt der von Amenophis III. erbaute Tempel der Mut. Vor dem Tor stehen Pfeiler mit dem Bild des Gottes Bes. Das Tor selbst ist mit langen Inschriften aus der Ptolemäerzeit und einer Inschrift Ramses' III., der den Tempel wiederherstellen ließ, bedeckt. Hinter dem Tor erstreckt sich der große Hof mit zahlreichen Sitzbildern der löwenköpfigen Sechmet, die Amenophis III. gestiftet hatte. Es folgt ein zweiter Hof, dessen Seiten von Pfeilerhallen eingefasst waren. Rechts vom Eingang steht eine große Sechmetstatue, links eine schwarze Granitstatue Amenophis' III. An den Hof des Tempels schließt sich ein Saal an, das Allerheiligste und einige andere Räumlichkeiten, die allerdings alle weitgehend zerstört sind.

Heiliger See Hinter dem Mut-Tempel liegt der hufeisenförmige Heilige See und an dessen Westende der Rest eines kleinen Tempels Ramses' III. Den Eingang bildete im Norden ein verfallener Pylon mit zwei Standbildern des Königs.

** Katharinenkloster (Deir Sant Katerin)

07

Gouvernorat: Südlicher Sinai **Höhe:** 1528 m ü. d. M.

In einem engen Tal mitten in der faszinierenden Gebirgslandschaft des Zentralsinai, am Fuße des 2285 m hohen Mosesberges (Gebel Musa), liegt hinter einem hohen Mauerring das weltberühmte, zum UNESCO-Weltkulturerbe gehörende Kloster. Bis heute existiert hier eine kleine griechisch-orthodoxe Mönchsgemeinschaft.

Pilgerstätte Sein Standort bezeichnet die Stelle, wo nach der Überlieferung Gott aus einem brennenden Dornbusch zu Moses sprach. Namensgeberin ist **Katharina aus Alexandria**, die Anfang des 4. Jh.s während der Christenverfolgung als Märtyrerin starb. Der Legende nach brachten Engel ihren Körper auf den Gipfel des Mosesberges. Seit dem 19. Jh. ist das Katharinenkloster eine viel besuchte Pilgerstätte und gehört zu den Top-Reisezielen auf dem Sinai.

Hinweise für die Besichtigung Das Kloster liegt etwa 210 km nördlich von Sharm el-Sheikh. Die Ruhe und Stille des Klosterlebens wird durch den zunehmenden Tourismus stark gestört. Besichtigt werden können der Platz des brennenden Dornbuschs, der Mosesbrunnen, die mit Ikonen geschmückte Kirche, das Beinhaus der Mönche und das Museum mit einer kostbaren Ikonensammlung. Alle anderen Gebäude, darunter auch die Bibliothek mit ihren Schätzen sind nur mit einer Sondergenehmigung zu besichtigen. Öffnungszeiten: Mo. – Do., Sa. 9.00 bis 11.45 Uhr, Fr. und So. sowie an den griechisch-orthodoxen Feiertagen bleibt das Kloster geschlossen; Infos: www.sinaimonastery.com

Klostergeschichte

Als gegen 400 die spanisch-französische Nonne Ätheria das Heilige Land bereiste, notierte sie in ihrem Reisetagebuch über den Sinai: »*Dort befanden sich viele Klausen heiliger Männer und eine Kirche an dem Ort, wo der Dornbusch steht. (...) Vor der Kirche ist ein sehr hübscher Garten mit reichlich gutem Wasser, und der Dornbusch steht im Garten.*« Die erwähnte Kirche stiftete Helena, die Mutter Kaiser Konstantins, im Jahr 324. An ihrer Stelle ließ Kaiser Justinian zwischen 548 und 565 Kirche und Klosterfestung erbauen, in deren Schutz sich die Eremiten und Anachoreten des südlichen Sinai flüchteten.
In der Blütezeit des Klosters lebten dort bis zu 400 Mönche. Ihnen kam besonders eine Schenkung Justinians von 200 römischen und ägyptischen Sklaven mit ihren Familien zugute, die mit ihrer Arbeit zum Aufschwung des Klosters beitrugen und deren Nachkommen heute noch das Bergland bewohnen.

Das Katharinenkloster liegt am Fuße des Mosesberges in vollkommener Abgeschiedenheit.

Die Zahl der Mönche ging zurück, als im 11. Jh. infolge der Herrschaft der Seldschuken im Heiligen Land weniger Pilger auf den Sinai kamen und das Kloster nicht mehr so viele Spenden erhielt. Und obwohl die Umgebung des Klosters seit dem 7. Jh. islamisch wurde, konnte sich die Mönchsgemeinschaft bis heute halten – nicht zuletzt durch ihre große Gastfreundschaft, auch gegenüber moslemischen Durchreisenden, wie durch die Pflege muslimischer Heiligtümer. Zu Europa unterhielten sie zahlreiche Beziehungen. Im 13. Jh. erbauten katholische Mönche die Kapelle St. Katharina der Franken, während umgekehrt Mönche vom Sinai nach Frankreich gingen, besonders in die normannische Hauptstadt Rouen, um dort Spenden zu sammeln und Reliquien zu verkaufen. Im 14. bis 16. Jh. kamen europäische Pilger auf den Sinai. Die materielle Lage des Klosters verbesserte sich im 19. Jh., als die russischen Zaren dem Kloster reiche Schenkungen zukommen ließen.

? WUSSTEN SIE SCHON ...?

- ... dass das Katharinenkloster die kleinste Diözese der Welt ist?

Klosterleben Die Mehrzahl der Mönche, die heute das Kloster bewohnen, stammt von Kreta oder Zypern. Der Abt hat den Rang eines Erzbischofs und seit 1571 die Rechte der Autokephalie, d. h. einer selbstständigen orthodoxen Kirche. Er wird von den Mönchen gewählt und vom griechisch-orthodoxen Patriarchen von Jerusalem inthronisiert. Gewöhnlich residiert er in einer Außenstelle des Klosters in Kairo; im Kloster vertreten ihn dann vier Archimandriten (Vorsteher). Im Übrigen regelt ein Verwalter die Angelegenheiten des Klosters. Die **Ordensregeln** sind äußerst streng. Verboten ist der Genuss von Fleisch und Wein; stattdessen trinken die Mönche einen Dattelschnaps (Araki).

Sehenswertes im Katharinenkloster

Klosteranlage Von außen gleicht das Kloster einer Burg, denn das annähernd quadratische Areal ist an allen Seiten von einer 12–15 m hohen und bis zu 1,65 m dicken Mauer aus Granitblöcken umschlossen, die ihm einen äußerst wehrhaften Charakter verleiht. Der Mauerabschnitt im Südwesten stammt noch aus der Gründungszeit des Klosters, während die Mauern an der Ost- und Nordseite 1312 durch ein Erdbeben zerstört und später wiederhergestellt wurden. Das ursprüngliche Haupttor an der Nordwestseite wurde ebenso wie die anderen Eingänge von den Mönchen aus Sicherheitsgründen vermauert. Nur über einen primitiven Lastenaufzug gelangten sie ins Innere des Klosters. Eine französische Expedition unter General Kléber baute den wuchtigen Torturm an der Nordseite und legte einen kleinen Zugang an dieser Stelle, der auch heute noch der Hauptzugang zum Kloster ist.

Das Innere des Klosterareals gleicht einem Labyrinth von verschachtelten Gebäuden, Gängen und Treppen mit der Basilika im Mittelpunkt. Gegenüber der Eingangsseite der Klosterkirche steht die im 11. Jh. für muslimische Beduinen erbaute Moschee, ein schlichtes Bethaus mit getrennt stehendem Minarett. Nordwestlich außerhalb der Klostermauern erstrecken sich die schönen, von hohen Zypressen beschatteten Gärten. Sie sind terrassenförmig angelegt und gut bewässert. Hier gedeihen die verschiedensten Früchte und Gemüse.

✶ Kirche der Verklärung

Geistlicher Mittelpunkt des Klosterareals ist die Kirche der Verklärung mit ihrem alles überragenden Glockenturm. Seine Glocken (darunter eine hölzerne) wecken morgens mit 33 Schlägen, sinnbildlich für die 33 Lebensjahre Jesu Christi, die Mönchsgemeinschaft. Da das Gotteshaus verhältnismäßig klein und die Zahl der Reisegruppen groß ist, lässt sich nur in Ausnahmefällen eine eingehende Besichtigung der Kirche realisieren.
Man betritt die mit ihrem Boden etwa 4 m unter dem Eingang gelegene Kirche durch ein geschnitztes Portal aus der Fatimidenzeit (11. Jh.). In dem dahinter liegenden, schmalen Vorraum (Narthex)

Katharinenkloster Orientierung

Darstellung der Verklärung Christi auf dem Berg Tabor in der Basilika des Klosters

werden in Vitrinen einige der berühmten Handschriften und Ikonen aus dem 12. bis 16. Jh. gezeigt, für die das Kloster bekannt ist. Vom Vorraum gelangt man in die eigentliche Kirche, eine dreischiffige Säulenbasilika aus dem 6. Jh., der Zar Alexander II. 1871 den Glockenturm anfügen ließ. Das **Portal zum Mittelschiff** ist 3,6 m hoch und 2,4 m breit; seine herrlichen Flügel aus Zypressenholz stammen noch aus der Erbauungszeit des Klosters. Der Fußboden besteht aus Porphyr und Marmor und stammt wie die flache Holzdecke unter dem ursprünglich offenen Dachstuhl aus dem 18. Jahrhundert.

Das Mittelschiff ruht auf zwei Reihen von je sechs Granitsäulen, die jedoch mit Gips überzogen sind. Zwischen den Säulen befindet sich das hölzerne Chorgestühl. Auf der linken Seite des Mittelschiffs steht eine marmorne Kanzel aus dem Jahr 1787, rechts der Bischofsstuhl mit einer interessanten Darstellung des Klosters im 18. Jh. von einem armenischen Maler, von der Decke hängen große Lüster. Blickfang Nummer eins ist die vergoldete Bilderwand (**Ikonostase**), die 1612 von Künstlern aus Kreta geschaffen wurde. An ihrer Stelle befand sich ursprünglich eine niedrigere steinerne Schranke mit Säulen, das sog. Templon, so dass der Blick auf den Altarraum damals frei war. Unmittelbar hinter der Bilderwand befinden sich zwei Schreine, die von den russischen Zaren gestiftet wurden, und an der rechten Seite ein marmorner Sarkophag unter einem Baldachin mit den Reliquien der hl. Katharina. Der originale Marmoraltar in der Raummitte wurde 1675 von Stamatios aus Athen mit einem Holzgehäuse umkleidet, das ebenso wie der damals errichtete Altarbaldachin mit reichen Perlmuttintarsien versehen ist. In der Apsis des Altarraumes befinden sich im Stil des justinianischen Zeitalters halbkreisförmige Priesterbänke.

✶ Mosaik ▶ Beherrscht wird die Apsis von einem Mosaik aus dem 6. Jh., das allerdings zum großen Teil von der Ikonostase und einem großen Kruzifix verdeckt wird. Dargestellt wird die **Verklärung Christi** auf dem Berge Tabor, ein Thema, das für die Ostkirche besonders wichtig ist, da sich Christus hier den Jüngern in seiner göttlichen Gestalt offenbarte. Unter dem Hauptbild sieht man die Medaillons von 16 Propheten des Alten Testaments (in der Mitte König David, über ihm Apostel und Heilige). An der Ostwand über der Apsis sind zu Seiten des Doppelfensters zwei Szenen angebracht, die sich auf den Sinai beziehen: Moses vor dem Brennenden Dornbusch und die Übergabe der Gesetze (in Form einer Schriftrolle). In den Bogenzwickeln schließlich sieht man Christus als Lamm Gottes, dem zwei Engel Zepter und Weltkugel reichen. Unterhalb der Engel sind Medaillons von Johannes dem Täufer und Maria angebracht; zusammen mit dem Lamm bilden sie die früheste Darstellung des später sehr häufigen Motivs der Deisis, der Fürbitte von Johannes und Maria bei Christus. Flankiert wird der Apsisraum von zwei Kapellen, der Jakobuskapelle (links) und der Kapelle der heiligen Väter (oder Kapelle Johannes des Täufers, rechts).

◄ Kapellen

An die Seitenschiffe, die ihr Licht durch byzantinische Fenster erhalten, schließen sich je drei Kapellen an: im Norden die Marinakapelle, die Kapelle für Konstantin und Helena und die Antipaskapelle, im Süden die Kapelle für Kosmas und Damian, die Kapelle des Simeon Stylites und die Annenkapelle.

✶ Kapelle des Brennenden Dornbusches

Der heiligste Ort des Klosters, die 1216 eingerichtete Kapelle an der Stelle des Brennenden Dornbusches, befindet sich im Chorscheitel (nur von außen zu besichtigen). In jenem Jahr sah der deutsche Pilger Thietmar die Kapelle und notierte: *»Der Dornbusch wurde weggenommen und in Form von Reliquien unter den Christen verteilt.«*

Die Kapelle, wohl der älteste Teil des Gotteshauses, ist mit blaugrünen Damaszener Fayencen und einem Apsismosaik versehen und bezeichnet die Stelle, an der sich Gott Moses offenbarte und ihn rief, als er an einer Quelle (dem Mosesbrunnen unmittelbar nördlich der Kirche) die Schafe seines Schwiegervaters Jethro hütete. *»Und er sah, dass der Busch im Feuer brannte und doch nicht verzehrt wurde. (...) Als aber der Herr sah, dass er hinging, um zu sehen, rief Gott ihn aus dem Busch und sprach (...): Tritt nicht herzu, zieh deine Schuhe von den Füßen; denn der Ort, auf dem du stehst, ist heiliges Land!«* (2. Buch Mose 3,2–5). Die Kapelle darf daher nicht in Schuhen betreten werden. Eine ewige Lampe unter dem Altar bezeichnet die mit Silberplatten bedeckte Stelle, an der einst der Dornbusch wuchs.

Museums- und Bibliotheksschätze

Im neuen Gästetrakt, der 1932–1942 an der Südwestseite des Katharinenklosters errichtet wurde, sind das Museum und die Bibliothek untergebracht (Letztere ist nur mit Sondergenehmigung zu besichtigen). Das Museum besitzt über 2000 wertvolle Ikonen. In der einzigartigen Sammlung befinden sich auch Ikonen aus dem 5. und 6. Jh., die andernorts im Zeitalter des Ikonoklasmos zerstört wurden. Zu dem ebenfalls beachtlichen Klosterschatz gehören neben liturgischen

Geräten und Gewändern, Bischofskronen und -stäben auch prunkvolle Gaben der russischen Zaren sowie ein Messkelch, den der französische König Karl VI. im Jahre 1411 gestiftet hat.
Nicht minder bedeutend ist die Bibliothek mit schätzungsweise 3500 Handschriften in griechischer, arabischer, syrischer, georgischer, slawischer, äthiopischer und armenischer Sprache. Außerdem gibt es ein Archiv mit rund 2000 Dokumenten aus dem 12. bis 19. Jahrhundert. In lateinischer Sprache hat sich lediglich ein Manuskript erhalten, was auf systematische Zerstörung der »fränkischen Schriften« durch die Mönche schließen lässt. Unter den Handschriften ragen besonders **zwei Evangeliare** aus dem Jahr 967 und aus der Zeit um 1000, das Buch Hiob aus dem 11. Jh., die Schrift des Sinai-Abtes Johannes Klimakos aus dem 12. Jh. und die 16 um 1150 entstandenen Homilien des Gregor von Nazianz hervor.

KATHARINENKLOSTER ERLEBEN

ANREISE

Am leichtesten erreicht man das Kloster mit dem eigenen ***Pkw*** oder im Rahmen eines organisierten Bus-Tagesausfluges.
Servicetaxis: mehrmals tgl. von/nach Nuweiba.

AUSFLÜGE

Wer den Katharinenberg besteigen will oder eine Wüstentour unternimmt, muss sich laut Regierungsvorschrift beim ***Mountain Tours Office***, Tel. (0 69) 3 47 04 54 anmelden und einen obligatorischen Beduinenführer mitnehmen. Zur eigenen Sicherheit sollte man diese Vorsichtsmaßnahme treffen.
Wer in der Kapelle auf dem Gipfel übernachten will, muss sich vorher im Katharinenkloster den Schlüssel besorgen. Das Mountanial Travelling Office vermittelt Beduinen für Trekkingtouren mit dem Kamel.

ESSEN

► Preiswert

Ikhlas
Tel. (0 69) 3 47 04 55
Einfache Kost, empfehlenswert.

Katreen Resthouse
(neben Ikhlas) – Einfache Speisen.

ÜBERNACHTEN

► Günstig

St. Catherine Tourist Village
Wadi El Raha
Tel. (0 69) 3 47 03 24, Fax 3 47 03 74
Etwa 2 km vom Katharinenkloster entferntes Bungalowdorf, die beste Adresse an diesem abgeschiedenen Ort. Beliebt bei Reisegruppen.

Catherine Plaza
Tel. (0 69) 3 47 02 88, Fax 3 47 02 92
www.cit-eg.com
Hotel mit Pool, Restaurants, Billard, Möglichkeit zum Mountainbiking, Trekking (ein- und mehrtägig).

Monastery Guesthouse St. Catherine
Tel. (0 69) 3 47 03 53
Modernisiertes, angenehmes Hostel.

Al Karm Ecolodge
Tel. (0 69) 3 47 00 32
Mobil-Tel. (010) 1 32 46 93
Von Beduinen betriebenes, abgelegenes Camp. Für genaue Wegführung am besten vom Kloster aus anrufen.

Bei seinen Besuchen um die Mitte des 19. Jh.s stieß der Leipziger Theologe **Konstantin von Tischendorf** hier auf den **Codex Sinaiticus**. Die im 4. Jh. in griechischer Sprache abgefasste Bibel gilt als eine der ältesten überhaupt. Von den 347 Blättern, die Tischendorf an sich brachte, gingen einige an die Universitätsbibliothek Leipzig, die meisten kaufte der russische Zar für 27 000 Goldmark an. 1933 veräußerte Stalin sie für 100 000 Pfund Sterling an das Britische Museum in London. Weitere Blätter sollen vor wenigen Jahren in einem bis dahin vermauerten Gelass des Klosters gefunden worden sein.
2005 beschloss das Londoner Museum, die Blätter des Codex an das Kloster zurückzugeben – zu dubios ist die Geschichte dieses Erwerbs. Vorher wurde die Bibel aber digitalisiert. Sie steht im Internet unter www.codex-sinaiticus.net und ist auch als DVD erhältlich.

Beinhaus

In den Krypten unter der Tryphonkapelle im Nordwesten außerhalb der Klostermauer befindet sich das Beinhaus, in dem die Gebeine von Tausenden von Mönchen aufbewahrt werden – keine Sensation, aber man kann einen Blick hineinwerfen. In unmittelbarer Nähe liegt der Pilgerfriedhof.

Umgebung des Katharinenklosters

★★ Mosesberg (Gebel Musa)

Dass der Aufstieg auf den Gebel Musa, auf dem Moses die Gebotstafeln von Gott empfangen haben soll, fast von allen Reiseveranstaltern angeboten wird, hat seinen Grund: Der **Blick vom Gipfel** des Berges auf das wilde, öde Land ist großartig, vor allem bei Sonnenauf- oder -untergang. Im Südwesten reicht die Sicht über die höchsten Berge des Sinai hinaus bis zum Roten Meer und zum Golf von Aqaba, nach Nordwesten blickt man über das Bergland hinweg zum flachen nördlichen Hügelland der Sinai-Halbinsel hinüber.
Zwei Hauptwege führen hinauf: der kürzere, aber auch beschwerlichere über die Pilgertreppe – ca. 2500 Stufen! – und der über die unvollendete Straße des »Abbas Pascha«. Es besteht ferner die Möglichkeit eines Kamelrittes, wobei das letzte Drittel ebenfalls zu Fuß zurückgelegt werden muss. Der Aufstieg dauert ca. zwei Stunden. In den Wintermonaten ist eine eis- und schneesichere Ausrüstung unerlässlich, aber auch sonst sollte man unbedingt **warme Kleidung** mitnehmen. Will man den Sonnenaufgang auf dem Mosesberg erleben, dann muss man in einem der in der Nähe des Katharinenklosters gelegenen Hotels übernachten und entsprechend früh aufbrechen.
Auf dem Gipfel des Gebel Musa stehen eine kleine Kapelle, die im Jahre 1930 an der Stelle der älteren, zerstörten errichtet wurde, sowie eine kleine Moschee, die von den Arabern hoch verehrt wird. An der nordöstlichen Ecke des Felsens, auf dem die Kapelle steht, wird die Höhlung gezeigt, in welcher Moses stand, als ihm Gott erschien. Nach islamischer Tradition soll sich Moses in einer zisternenartigen Vertiefung bei der Moschee fastend aufgehalten haben, als er in 40 Tagen das Gesetz auf zwei Tafeln niederschrieb.

Das frühe Aufstehen und die Mühen des Aufstiegs haben sich gelohnt: Sonnenaufgang auf dem Mosesberg.

Wadi el-Ledscha

Empfohlen sei der etwa vierstündige Ausflug in das Wadi el-Ledscha, das den Mosesberg westlich umzieht und zahlreiche als heilig verehrte, von Pilgern aufgesuchte Stätten besitzt. Vor dem Taleingang, noch im Wadi el-Raha, zeigt man die Stelle, an der die Erde die Rotte Korah verschlungen haben soll, unweit davon das Felsenloch für die Gussform des Goldenen Kalbes. Am Eingang des Wadi el-Ledscha befinden sich rechts die verfallenen Eremitenwohnungen der Heiligen Cosmas und Damianus und eine nie benutzte Kapelle der Zwölf Apostel, links die Klosterruine El-Bustan. Etwas weiter taucht der Mosesstein (Hadschar Musa) auf, aus dem Moses den Quell geschlagen haben soll, ein etwa 3,5 m hoher, rotbrauner Granitblock, den an der Südseite ein etwa 40 cm breites Porphyrband zweiteilt. Aus den Vertiefungen in diesem Band soll für jeden der zwölf Stämme ein Wasserstrahl geflossen sein (zwei Quellöffnungen sind verschwunden).

*** Katharinenberg (Gebel Katerin)**

Der Katharinenberg ist mit 2642 m die **höchste Erhebung des Sinai**. Seine Besteigung erfordert mehr Kondition und dauert je nach Tempo fünf bis sechs Stunden. Der Aufweg vom Deir el-Arbain aus ist von Pilgern durch pyramidenförmige Steinsetzungen gekennzeichnet. Der Berg hat drei Gipfel: den Gebel Katerin, den Gebel Sebir und den Gebel Abu Rumel. An frischen Tagen ist es hier oben sehr kalt, der Schnee hält sich in den Felsspalten bis zum Sommer. Auf dem Gipfel steht ein sehr bescheidenes Kapellchen. Die Unebenheiten im Boden werden von den Mönchen als Abdruck des Leichnams der hl. Katharina erklärt. Er soll erst 300 oder gar 500 Jahre nach der Hinrichtung bemerkt worden sein.

★ Aussicht

Vom Gipfel des Katharinenberges hat man einen großartigen Blick, der nur nach Südwesten hin vom 2575 m hohen Gebel Umm Schomar mit seinen mächtigen Zinnen unterbrochen wird. Im Südosten sieht man bis zum Wadi Nasib und zum Golf von Aqaba mit dem Arabischen Gebirge, und bei gutem Wetter erkennt man auch die Südspitze des Sinai. Nach Westen und Südwesten der Halbinsel erstreckt sich die dürre Ebene El-Kaa, die bei El-Tor endet. Im Norden ragen der Serbal und der Gebel el-Benat auf; weiter nördlich die helle Sandebene El-Ramle und die Bergkette des Gebel el-Tih.

★ **Wadi Feiran, Oase Feiran**

Etwa 60 km westlich des Katharinenklosters erreicht man die Oase Feiran im gleichnamigen Wadi. Die Fahrt dorthin durch das gewundene, von hohen Felsen flankierte Tal ist schön, die lang gestreckte Oase dagegen eher mäßig attraktiv. Ausgrabungen haben belegt, dass die Oase seit der Antike besiedelt und vom 4. bis 7. Jh. sogar Sitz eines Bischofs war. Von der Bischofskirche auf dem ehemaligen Siedlungshügel stehen nur noch ein paar Mauerreste, die anderen Gebäude werden nur Archäologiebegeisterte überhaupt erkennen. Einen Führer zu den Ausgrabungsstätten gibt es in dem kleinen Nonnenkloster **Deir Saghir**, das man unbedingt besuchen sollte. Die bescheidene Außenstelle des Katharinenklosters liegt erhöht am linken Straßenrand und ist umgeben von liebevoll gepflegten Gärten mit Dattelpalmen sowie Orangen- und Zitronenbäumen, Gemüsebeeten und Blumen. Seit jeher besaß das Katharinenkloster in diesem fruchtbaren Tal Gärten, in denen Obst und Gemüse für die Mönche angebaut wurde. 1978 wurde hier ein griechisch-orthodoxes Frauenkloster gegründet, dem heute 5 Nonnen angehören. Besucher werden sehr freundlich empfangen, und wer hier nächtigen möchte, kann dies in einem der Gästezimmer tun – ein wunderbarer, erholsamer Ort, der noch viel von der klösterlichen Abgeschiedenheit und Ruhe verströmt, die dem Katharinenkloster leider schon längst abhanden gekommen ist.

Stilles Refugium: das kleine griechisch-orthodoxe Kloster in der Oase Feiran

Nur mit dem Jeep oder einem anderen geländegängigen Wagen zu erreichen ist das **Wadi Mukattab**, das »Tal der Inschriften«. Da Touristen in jüngerer Zeit die dortigen, für Laien nicht sehr spektakulären Felszeichnungen beschädigt haben, benötigt man offiziell eine Genehmigung aus Kairo. Man fährt zunächst von der Oase Feiran weiter auf der Straße Richtung Abu Rudeis und zweigt nach etwa 25 km rechts auf eine (nicht ausgewiesene) Piste ab (von dort noch ca. 15 Min.). Die Inschriften an den rotbraunen Felsen stammen vor allem aus römischer und byzantinischer Zeit und sind noch recht gut zu erkennen.

★ Kharga (El-Khârga, Charga, Oase)

H 14

Landesteil: Westliche Wüste **Gouvernorat:** Neues Tal
Einwohnerzahl: 70 000

Wie fast alle Oasen ist auch Kharga von einer recht steilen Hügelkette umgeben, die aus Kreidekalkfelsen besteht und bis auf 430 m terrassenartig gegen die Wüste hin ansteigt. Der Gegensatz zwischen dem saftigen Grün der Palmenhaine und Obstplantagen und dem Ockergelb der Wüstenfelsen bietet einen herrlichen Anblick.

»Große Oase« Die südlichste der Oasen der Westlichen Wüste, die so genannte Südoase der alten Ägypter oder auch »Große Oase«, erstreckt sich mit einer Länge von etwa 200 km und einer Breite von 20–50 km in nordsüdlicher Richtung. Sie ist über eine Straße mit Assijut im Niltal verbunden. Eine neue Strecke nach Luxor ist im Bau.

Geschichte Im Altertum war Kharga dank der zahlreichen Quellen äußerst fruchtbar und besaß viele Städte und Siedlungen, deren Ruinen heute noch teilweise gut erhalten sind. Als wichtige Zwischenstation auf der »Karawanenstraße der 40 Tage«, die von Assijut ausgehend zur Oase Darfur im Sudan führte, entfaltete Kharga ein reges wirtschaftliches und kulturelles Leben. Vermutlich infolge der Verschlechterung der Wasserverhältnisse ging die Bedeutung der Oase seit dem Mittelalter stark zurück.

Auf dem Markt in Kharga, dem Mittelpunkt der Oase

KHARGA ERLEBEN

AUSKUNFT

Tourist Office
Midan Nasser
Tel. (092) 792 12 06
tgl. 9.00–15.00 Uhr

Tourist Police
Tel. (092) 792 16 73

ANREISE

Bus
Tgl. nach Kairo, Assijut, anderen Oasen, Infos: el. (092) 792 08 38

Flug
Mi. u. So. Flüge von und nach Kairo

Bahn
1 x wöchentlich von Kharga nach Kena und Luxor

ÜBERNACHTEN

▸ Komfortabel

Sol y Mar Pioneers
Gamal Abd el-Nasser St.
Tel. (092) 792 97 51
www.jaz.travel
Völlig ungewöhnlicher Komfort in dieser Gegend: das beste aller Oasen-Hotels, mit Restaurants, Bar und Pool. Angeboten wird auch ein acht Tage dauerndes »desert package«: Luxor, Oase Baris, Kharga, Dachla, Abu Simbel, Luxor.

▸ Günstig

Dar al Beyda Hotel
Midan Shoala
Tel. (0 92) 7 92 17 17
Sauber, einfach, zentral gelegen – und eine sehr angenehme Atmosphäre.

Wirtschaftliche Entwicklung

Die Bewohner der Oase, die teils berberischer Abstammung, teils nubische Umsiedler sind, leben von den sehr ausgedehnten **Dattelkulturen** (ca. 200 000 Dattelpalmen) sowie vom Obst-, Reis-, Getreide- und Gemüseanbau. Neuerlich gewinnt der Phosphatabbau im Norden des Gebietes an Bedeutung. Im Rahmen des Entwicklungsprogrammes **New Valley**, das die Bewässerung und Fruchtbarmachung eines Areals von der Größe Niedersachsens und Nordrhein-Westfalens vorsieht, wird die Erschließung des Gebietes zwischen Kharga und Dachla energisch vorangetrieben. Begleitende Maßnahmen sind eine merkliche Verbesserung der Infrastruktur (Straßenbau, Flugplatz) sowie der Lebensbedingungen und damit einhergehend die Neuansiedlung von Menschen aus dem übervölkerten Niltal.

Sehenswertes in der Oase Kharga

Kharga

Hauptort der Oase wie auch des Grenzbezirkes Neues Tal ist das nicht sonderlich attraktive Städtchen Kharga, dessen Bebauung von einfallslosen Betonklötzen geprägt ist. In der Altstadt überschatten Palmen mit weit ausladenden Zweigen die engen winkeligen Gassen. Ein Museum zeigt die bei Grabungsarbeiten in der Oase entdeckten Funde. Kharga ist Ausgangspunkt für den Besuch der Ruinenstätten im nördlichen Teil der Oase.

Ortstermin: Hosni Mubarak besichtigt die Baustelle des Toshka-Kanals. Toshka mag vielleicht nicht den Kosten-Nutzen-Rechnungen standhalten, aber es ist ein Versuch, die künftigen Probleme des Landes zu lösen.

DIE EROBERUNG DER WÜSTE

Die Pyramide des 21. Jh.s soll es werden, die Ägypter zu neuen Ufern zu führen: Die Rede ist vom Toshka-Kanal, dem größten Bewässerungsprojekt in der Geschichte Ägyptens seit dem Bau des Assuan-Hochdamms. Gut drei Autostunden südlich der Stadt Assuan frisst sich die riesige Baustelle seit ein paar Jahren langsam vom Stausee in die Westliche Wüste.

Die Idee hinter dem Projekt, von den ägyptischen Medien mit dem ehrgeizigen Titel **»Neues Tal«** bedacht, ist einfach. Über 76 Mio. Menschen drängen sich heute in der Enge des Niltals, die flächenmäßig nicht viel größer ist als Baden-Württemberg. Bei einem Bevölkerungswachstum von 1 Mio. Menschen pro Jahr droht das Tal förmlich aus allen Nähten zu platzen. Was liegt näher, als der Wüste, die 96% der Landesfläche ausmacht, weiteren Boden abzutrotzen? Ein künstlicher Seitenarm des Nils soll das Problem lösen, die Siedlungsfläche auf 25% der Landesfläche mehr als versechsfachen – so die Berechnungen der Experten aus dem Kairoer Bewässerungsministerium.

Visionen

Im Dezember 1996 gab der ägyptische Präsident den Startschuss für die Bauarbeiten. Geplant ist ein **800 km langer Kanal**, der um 2017 vom Assuan-Stausee durch die westliche Wüste bis zu den dortigen Oasen reichen und eine Fläche ständig bewässern soll, die größer ist als das Saarland. Der stellvertretende Leiter des Projektes, Ahmad Beshir, kommt bei der Beschreibung ins Schwärmen. Der Kanal schaffe neuen Lebensraum an einer Stelle, die bisher völlig unbewohnbar gewesen war. Noch ist das allerdings Zukunftsmusik, noch arbeiten 2300 Arbeiter hier in den Sommermonaten unter schier unmenschlichen Bedingungen, mit einem Wind, der ihnen wie ein Heißluftföhn entgegenschlägt, und Temperaturen von über 50 °C. Und es sind nicht nur die Menschen, von denen das Äußerste gefordert wird, auch das Material kommt unter diesen Bedingungen an die Grenzen seiner Belastbarkeit. Das Kanalbecken kann nur nachts mit Beton ausgegossen werden – tagsüber würde der Beton in der Hitze zu schnell austrocknen und zerspringen.

Viele der Ingenieure vor Ort sind nicht nur von den hohen Löhnen, sondern auch von einer Art Missionseifer getrieben. Ob das, was am Reißbrett geplant wurde, der Realität standhält, ist ebenso offen wie die Frage, ob die

Finanzierung auf sicheren Beinen steht. Am Ende sollen rund 55 Mrd. Euro bezahlt sein. 2005 waren über 350 Mio. Euro verbaut, die Mubarak-Pumpstation, die täglich 25 Mio. m³ Wasser vom Nasser-See in den 50 m höher gelegenen South-Valley-Canal pumpen soll, fertig gestellt. Dieses Herzstück des Projekts wurde von der renommierten amerikanischen Ingenieur-Gesellschaft (ASCE) zu einer der fünf weltweit **herausragenden Errungenschaften** des Jahres gekürt.

Kritische Stimmen

Die Anerkennung kann Kritiker aber nicht von den finanziellen Problemen ablenken. Woher das Geld für den **Unterhalt** kommen soll, ist noch ein wohl gehütetes Geheimnis. Für den Aufbau einer Infrastruktur im Neuen Tal rechnet man mit privaten Investoren, doch die stehen bisher nicht gerade Schlange. Auch auf die Frage, woher die 5 Mrd. m³ **Wasser** kommen sollen, die man laut Plan jährlich in den Toshka-Kanal pumpen will, sind die Verantwortlichen bisher eine Antwort schuldig geblieben. Aus dem Nil, heißt es, doch dessen Wasser ist nicht unbegrenzt. Laut Vertrag stehen Ägypten jährlich 55 Mrd. m³ zu, und die nutzt es schon heute. »Dann muss eben an einem anderen Ende gespart werden«, kontern Toshkas Ingenieure. Allein eine Umstellung des in Ägypten weit verbreiteten Zuckerrohres auf weniger wasserintensive Zuckerrüben könnte jährlich 3 Mrd. m³ Wasser sparen, rechnet uns Abdel Fattah Muhammad Hassan, der Chef der Toshka-Forschungsabteilung vor.

Auch das sehen Kritiker des Projekts anders. Für den ägyptischen Geologen Rushdi Said ist das Toshka-Projekt vor allem wegen der **ineffizienten Kosten-Nutzen-Rechnung** zum Scheitern verurteilt. Für das gleiche Geld hätte das bereits existierende Bewässerungssystem im Niltal ausgebaut werden können, argumentiert er. Andere Kritiker haben das Projekt von Anfang an nicht ernst genommen. Das Geld versickere ohnehin im Wüstensand und ginge früher oder später aus, dann werde Toshka wieder der Wüste überlassen. »Schon andere haben grandiose Pläne entwickelt, die Wüste zu erobern. Am Ende hat es niemand geschafft«, erklärt der Chefredakteur einer ägyptischen Oppositionszeitung. Aber ganz ohne eine **Vision** von der »Eroberung der Wüste« wird Ägypten in Zukunft nicht auskommen können. Wenn Toshka planmäßig fertig gestellt sein soll, wird es über 20 Mio. Ägypter mehr geben als heute. Der von ihren Vätern auf zahlreiche Erben aufgeteilte Grund und Boden wird dann nicht mehr ausreichen, um eine Familie zu ernähren. Neuland scheint da der **einzige Ausweg**.

✶ Tempel von Hibis

Etwa 4 km nördlich von Kharga liegt malerisch in einem Palmenhain der große Tempel von Hibis, der von Dareios I. (521–486 v. Chr.), Nektanebos II. (358–341 v. Chr.) und ptolemäischen Herrschern erbaut und dem Amun geweiht war. Die Trümmer des Tempels mit einer Grundfläche von 42 x 20 m wurden Anfang des 20. Jh.s freigelegt. Aufgrund der Gefährdung des Bauwerks durch das ansteigende Grundwasser soll der Tempel in den nächsten Jahren abgetragen und an anderer Stelle wieder aufgebaut werden.

Der gefährdete Hibis-Tempel in Kharga

Den Zugang zum Tempel bilden vier Tore; am rechten Torflügel des zweiten Tores steht eine lange griechische Inschrift mit 66 Zeilen: Es handelt sich um ein Dekret über die Erhebung von Steuern aus dem zweiten Regierungsjahr des römischen Kaisers Galba (69 n. Chr.). Man betritt das Heiligtum durch einen von Nektanebos II. erbauten Portikus mit Darstellungen der Könige Nektanebos I. und Nektanebos II. bei Opfer- und Kulthandlungen. An den Portikus schließt ein Säulenhof an, an seiner Rückwand befindet sich die Darstellung des falkenköpfigen, geflügelten Horus beim Töten der Apophisschlange. Nun gelangt man durch eine Vorhalle mit Darstellungen des Königs im Kreise der Götter und mythologischen Inschriftentexten in einen kleinen, von vier Säulen getragenen Säulensaal; links führt eine Treppe zu einer **Osiriskapelle**. Das Allerheiligste besitzt bemerkenswerte Götterbildnisse (Astarte zu Pferde, Astarte mit Bogen und Pfeilen, u. a.); links führt eine Treppe auf das Dach; rechts ein kleines Gemach, in dem der Gott Chnum dem König auf der Töpferscheibe Gestalt gibt.

Ruinen des römischen Hibis ►

Unweit nördlich vom Tempel liegen die Ruinen der römischen Stadt Hibis (ägyptisch Hibet) mit z. T. noch gut erhaltenen Häusern.

✶ Friedhof El-Bagarat

Etwa 1 km nördlich vom Tempel von Hibis breitet sich auf einem Höhenrücken der christliche Friedhof El-Bagarat aus, der mehrere Hundert Ziegelgräber von der späten Kaiserzeit bis in die koptische Zeit umfasst (4.–7. Jh.). Die meisten Gräber bestehen nach altorientalisch-koptischer Tradition aus einem zentralen Kuppelraum, an den sich vielfach östlich eine Apsis mit Seitennischen anschließt; davor liegt meist ein Vorraum, bei den größeren Gräbern eine richtige kleine Basilika. Pilaster und Halbsäulen schmücken nicht selten die Fassade; häufig enthält sie kleine dreieckige Nischen für Lampen. Von der Innendekoration ist wenig erhalten.

Kloster Kasr Aïn Mustafa Kaschif

Das christliche Kloster Kasr Aïn Mustafa Kaschif, etwa 1 km nördlich vom Friedhof, ist ein sehr gut erhaltener Ziegelbau, der ursprünglich im 4. oder 5. Jh. über der Grabhöhle eines Eremiten entstand, im

7. Jh. erneuert wurde und etwa seit dem 10. Jh. verlassen steht. Der Eingang an der Nordseite ist durch einen hohen, viereckigen Turm geschützt. In der Westhälfte liegen auf mehreren Stockwerken übereinander die überwölbten Zellen der Mönche, in der Osthälfte u. a. das Refektorium, der Versammlungssaal und die Klosterkapelle.

Tempel von Nadura

Auf einer Anhöhe etwa 2 km südöstlich erhebt sich der Tempel von Nadura, der aus der Zeit des römischen Kaisers Antoninus Pius (138–161 n. Chr.) stammt und von einer hohen Ziegelmauer umgeben ist. Die Vorhalle, die von dem östlich davor liegenden Hof durch Säulenschranken getrennt war, ist gut erhalten.

Baris, Kasr Dusch

Im äußersten Süden der Oase Kharga liegt das große Dorf Baris; von hier gelangt man südwestlich über El-Maks nach Kasr Dusch. Hier, im ehemaligen Kysis, steht ein großer Tempel für Serapis und Isis aus der römischen Kaiserzeit, in der Nähe erhebt sich ein weiterer Tempel aus Ziegeln.

★ Kom Ombo (Kôm Ombo)

M 16

Landesteil: Oberägypten **Gouvernorat:** Assuan
Einwohnerzahl: 70 000

Die am Nil gelegene, altägyptische Stadt Ombos, deren Name sich im heutigen Kom Ombo (= Hügel von Ombos) erhalten hat, verdankt ihre Entstehung wohl der strategisch wichtigen Lage: Von hier waren sowohl der Fluss als auch die aus Nubien ins Niltal führenden Handelswege beherrschbar. Die Blüte von Ombos fällt allerdings erst in die Ptolemäerzeit, als es zur Hauptstadt eines Gaus, des Ombites, erhoben und mit Tempeln ausgestattet wurde.

Doppeltempelanlage

Die Ruinen dieser alten Stadt, im Nordosten der Hochfläche, liegen unter dem Sand verschüttet, besichtigen kann man aber die unmittelbar am Nilufer aufragenden Tempelanlagen im Süden, die 1893 unter Leitung von de Morgan freigelegt und restauriert wurden. Die meisten Nilkreuzfahrtschiffe machen deshalb in Kom Ombo Halt, die etwa 45 km nördlich von Assuan gelegene neue Stadt besuchen dagegen nur wenige Touristen.

Neu-Nubien

Am Ostrand der Talsenke wurde ein Großteil der ägyptisch-nubischen Bevölkerung (etwa 50 000 Menschen), der durch den Bau des **Assuan-Hochdammes** vertrieben worden war, neu angesiedelt und mit Land versorgt. Der heute Neu-Nubien (El-Nuba el-Gedida) genannte Landstreifen ist in die 40 nubischen Dorfbezirke gegliedert, die auch vor der Umsiedlung bestanden. Im Gegensatz zu den alten,

Heiligtum für zwei Gottheiten: Kom Ombo, eine mächtige, gut erhaltene Doppeltempelanlage am Ufer des Nil

schmuckeren Dörfern sind die neuen streng regelmäßig angelegt. Sie besitzen nun zwar viel bessere soziale und kulturelle Einrichtungen als früher, problematisch ist gleichwohl die Auflösung gewachsener Sozialstrukturen und die plötzliche Überführung der einst ausschließlich bäuerlichen Bevölkerung in ein teilweise industrialisiertes Umfeld. Für einen Teil der Bevölkerung ist die Rücksiedlung an das Ufer des Nasser-Sees geplant.

Großes Doppelheiligtum des Sobek und Haroëjris

Tempelbezirk Der Tempelbezirk von Ombos erstreckt sich ca. 3 km südlich des Stadtkerns von Kom Ombo unmittelbar am Nil etwa 15 m über dem mittleren Nilstand und war von einer Ziegelmauer umschlossen. Den Eingang bildete im Süden ein mächtiges, von Ptolemaios XII. Neos Dionysos erbautes Tor, dessen rechte (östliche) Hälfte noch vorhanden ist, während die linke in den Fluten des Nils untergegangen ist. Die Reliefs stellen Neos Dionysos dar, wie er den Göttern von Ombos verschiedene Gaben darbringt. Verehrt wurden in Ombos zwei Hauptgottheiten: der krokodilköpfige Sobek und der falkenköpfige Haroëjris, daneben mit Sobek die Hathor und der jugendliche Mondgott Chons-Hor, mit Haroëjris Tsentnofret, die »gute Schwester«, eine besondere Personifizierung der Hathor, sowie Penebtaui, der »Herr beider Länder«.

Das Große Doppelheiligtum ist nach einem einheitlichen Plan erbaut, durch den zwei Tempel in dasselbe Gebäude nebeneinander gelegt wurden; Philometor, Euergetes II. und Neos Dionysos haben es mit Reliefs geschmückt, nur die Reliefs des Hofes und der Außenwände rühren von den römischen Kaisern, namentlich von Tiberius her. In der Anlage gleicht das Heiligtum den übrigen Ptolemäertempeln (► Dendera, ► Edfu, ► Philae). Da es aber gleichzeitig zwei Hauptgottheiten geweiht war, die mit besonderen Kulten und Festen verehrt wurden, ist das Gebäude durch eine gedachte Längsachse in zwei Hälften geteilt, jede mit eigenen Toren und eigener Kapelle. Die südliche Hälfte (rechts) gehört dem Sobek, die nördliche (links) dem Haroëjris.

Pylon

Der Pylon, durch den man den Tempelhof betritt, hatte zwei Tore. Die linke Hälfte ist ganz verschwunden, vom Mittelpfeiler und vom rechten Flügel sind nur die unteren Teile erhalten.
Die Darstellungen auf der Außenwand des rechten Flügels zeigen von links nach rechts: Sobek, Hathor und Chons; einen hieroglyphischen Text von 52 Zeilen; den Kaiser Domitian mit der oberägyptischen Krone und 14 Gottheiten, die den Hauptgöttern Gaben darbringen. Über der letzten Darstellung, an der rechten Ecke, sind weitere Reliefs erhalten: Sechs Geister (die hinteren drei sind die

Kom Ombo · Doppelheiligtum Orientierung

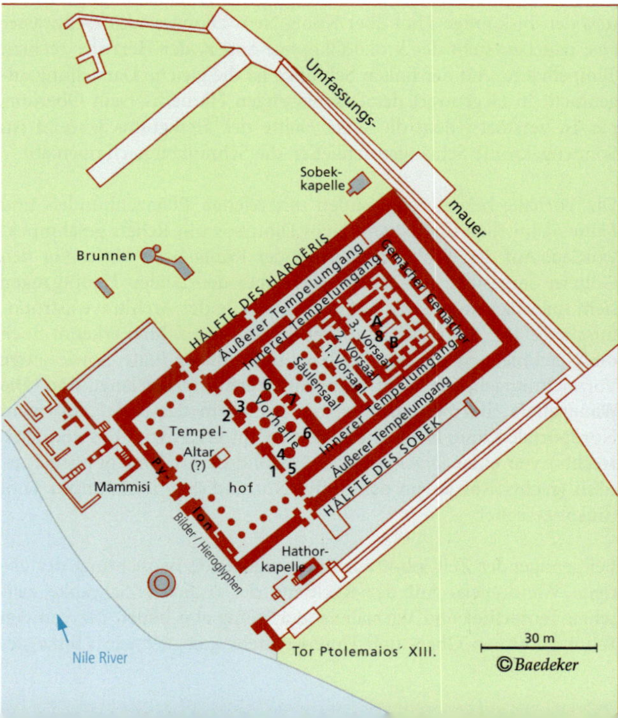

A Kapelle des Haroëris
B Kapelle des Sobek

RELIEFS
1 Horus und Thot mit Sobek
2 Horus und Thot mit Haroëris
3 König Neos Dionysos mit Haroëris, Isis, Harsiësis, Nut und Thot
4 Der König wird von Schutzgöttinnen gesegnet
5 Neos Dionysos opfert vier Fabeltieren
6 Verschiedene Opferszenen
7 Heiliges Krokodil von Ombos
8 Philometor und Kleopatra vor Chons

hundsköpfigen »Seelen von Hierakonpolis«) tragen den soeben gekrönten König (zerstört) in einem Thronsessel zum Palast. Ihnen folgen die hieroglyphischen Zeichen »Leben« und »Wohlbefinden«, von Göttern auf langen Stangen getragen. Sodann erkennt man den König in großer Gestalt, wie er aus dem Palast zum Tempel zieht; vor ihm schreitet ein Priester, hinter ihm sein Ka mit einem Königskopf auf dem Zepter.

Tempelhof

Der Tempelhof war wie in Edfu auf drei Seiten von Hallen umgeben, von deren 16 Säulen nur die unteren Hälften vorhanden sind. Die Darstellungen, die Tiberius beim Opfern zeigen, zeichnen sich teilweise durch erstaunliche Farbfrische aus. In der Rückseite des rechten Pylonenflügels liegen zwei Türen. Die erste, dem Eingang zugewandte führt in ein kleines Gemach, die andere, in der Ecke gelegene zu einer Treppe, über die man auf das Dach des Turmes gelangte. Das antike Pflaster des Hofes ist ebenso wie in den Innenräumen des Heiligtums gut erhalten. In der Mitte des Hofes sieht man einen viereckigen Unterbau, vielleicht den eines Altars. Rechts und links davon wurden in den Boden zwei kleine Granitwannen eingelassen.

Reliefs an den Schranken

Die Rückseite des Hofes ist gegen die anschließende Vorhalle durch Schranken mit zwei großen Portalen und zwei kleineren Türen abgegrenzt. Auf der rechten Schranke gießen der falkenköpfige Horus und der ibisköpfige Thot über König Neos Dionysos das Weihwasser aus; daneben steht der krokodilköpfige Sobek, der Herr der rechten Tempelhälfte. Auf der linken Schranke ist die gleiche Darstellung angebracht in Gegenwart des falkenköpfigen Haroëjris (sein Oberkörper ist zerstört), dem die linke Hälfte des Heiligtums geweiht ist. Sonnengekrönte Schlangen schließen die Schranken nach oben ab.

Säulenreliefs in der Vorhalle

Die Vorhalle besitzt zehn Säulen mit reichen Pflanzenbündel- und Palmenkapitellen und ist von Neos Dionysos mit Reliefs geschmückt worden. Auf den Säulenschäften ist der König beim Opfer vor den Göttern dargestellt. Auf den Decken über den beiden Hauptgängen sieht man fliegende Geier, auf der Unterseite der Architrave astronomische Bilder (Sterngötter in ihren Barken u. ä.). Man erkennt noch die Netzlinien, in die der Zeichner seine Bilder fügte, sowie ältere Vorzeichnungen, die nicht mehr zur Ausführung gelangt sind. Die **Wandreliefs** sind besonders schön, vor allem das Relief links vom Nordportal: König Neos Dionysos wird in Gegenwart des Haroëjris (rechts) von einer löwenköpfigen Isis und dem falkenköpfigen Harsiësis (rechts) sowie von der Göttin Nut und dem ibisköpfigen Thot (links) gesegnet.

Wandreliefs in der Vorhalle

Bei genügender Zeit lohnt auch die eingehende Betrachtung der übrigen Wandreliefs. Auf der Rückseite der östlichen Schranke zwischen Tempelhof und Vorhalle ist der König abgebildet, der von den Schutzgöttinnen Ober- und Unterägyptens gesegnet wird; links ste-

hen der krokodilköpfige Sobek und Hathor. Daneben, über der kleinen Tür, opfert Neos Dionysos vier Fabeltieren, darunter einem geflügelten vierköpfigen Löwen; die Tierfiguren sind ausgekratzt.
An der gegenüberliegenden Wand, der Außenwand des Säulensaales, sind in der unteren Reihe rechts Euergetes II. und Kleopatra VII. (die Oberkörper fehlen) vor Sobek und seinen beiden Mitgottheiten Hathor und Penebtaui zu sehen; in der Mitte der König vor dem falkenköpfigen Haroëjris und der »guten Schwester«; links übergibt Euergetes dem Sobek und der Hathor den Tempel von Ombos; in der mittleren Reihe rechts opfert der König (Figur fehlt) vor Osiris, der auf einem Thron sitzt, vor Isis mit ihrem kleinen Sohn sowie vor Nephthys; in der Mitte bringt Euergetes dem Erdgott Geb und der Himmelsgöttin Nut Blumensträuße dar; links opfert der König dem Schu und der löwenköpfigen Tefnut zwei Krüge Wein. In der oberen Reihe sieht man rechts den König (Figur fehlt) vor Haroëjris, der Tasenetnofret und dem Penebtaui; in der Mitte bringt der König dem Sobek und dem Chons-Hor ein Schmuckstück dar; links opfert Euergetes II. dem Sobek und der Hathor Milch (sehr beschädigt). Auf der entsprechenden Wand der linken Seite finden sich drei Reihen ähnlicher Darstellungen.

Relief in Kom Ombo

Zwei Türen führen in den Säulensaal, dessen Decke von zehn Papyrussäulen mit offenem Doldenkapitell getragen wurde. Auf den Säulenschäften ist Euergetes II. je einem Gott opfernd dargestellt. Die Reliefs an den Wänden zeigen Euergetes II. im Umgang mit den Göttern. Zu beachten ist das **Relief** an der linken (nördlichen) Wand: Der falkenköpfige Haroëjris überreicht dem König, hinter dem seine Schwester Kleopatra VII. und seine Gemahlin stehen, ein Sichelschwert und das Zeichen ewiger Lebensdauer. Zwischen den Türen, die von der Vorhalle in diesen Saal führen, ist das heilige Krokodil von Ombos dargestellt. Zwischen den Türen zu den hinteren Tempelräumen zeigen Reliefs den älteren Bruder Euergetes' II., Philometor, opfernd vor dem falkenköpfigen Haroëjris. **Säulensaal**

Die anschließenden drei Vorsäle, von denen jeder etwas höher als der vorhergehende liegt, sind ebenfalls mit schönen Reliefs geschmückt. Die Nebenräume auf der Nordseite, einstige Magazine, sind fast ganz verschwunden. An der Rückwand des dritten Saales **Vorsäle** prangt zwischen den beiden Türen ein **prächtiges Relief**: Philometor in langem weißem Mantel und hinter ihm Kleopatra stehen vor dem falkenköpfigen Mondgott Chons, der den Namen des Königs in einen Palmzweig mit dem Symbol für lange Regierungsdauer einschreibt; dahinter sieht man die Hauptgötter von Ombos, Haroëjris und Sobek.

Kapellen ► Aus dem dritten Vorsaal führen Türen zu den nur in den Fundamenten erhaltenen Kapellen des Haroëjris (links) und Sobek (rechts). Die Granituntersätze trugen einst die heiligen Barken mit dem Götterbild; ringsum lagen kleine Räume mit Krypten.

Innerer Tempelumgang Von der Vorhalle gelangt man in den inneren Tempelumgang, an dem sieben Gemächer liegen. Sie besitzen unvollendete, wegen der verschiedenen Bearbeitungsstufen interessante Reliefs und nur angedeutete, noch nicht ausgeführte Inschriften. Vom mittleren Gemach führt eine Treppe zum Obergeschoss.

Äußerer Tempelumgang Die östlichen Wände am äußeren Tempelumgang sind mit Reliefs bedeckt, die den Kaiser Trajan beim Opfer vor ägyptischen Göttern zeigen; an der Nordostecke ist der Kaiser kniend vor Haroeris dargestellt, dabei das Bild eines ärztlichen Instrumentariums.

Geburtshaus (Mammisi) Auf der Terrasse vor dem Heiligtum liegt noch ein kleines, größtenteils zerstörtes Geburtshaus (Mammisi), dessen Fassade nach Südosten gerichtet war. Es wurde von Euergetes II. erbaut oder wiederhergestellt. Von den erhaltenen Reliefs verdient eines an der Westseite Beachtung: Euergetes II. fährt mit zwei Göttern auf einem Nachen durch die von Vögeln belebten Papyrussümpfe; links steht der Gott Min-Amun-Re (ithyphallisch).An der Südseite führt eine unterirdische Treppe an den Fluss. Am Ufer liegen die Trümmer eines Nilmessers, ähnlich dem in Edfu.

Architekturfragmente Auf dem freien Platz östlich vom Geburtshaus und nördlich vom großen Tempel liegen zwei schöne große Architravblöcke, davon einer mit dem Namen des Neos Dionysos, und die Reste mehrerer kleiner Bauwerke: ein römisches Tor und Trümmer einer Kapelle auf einer Plattform; ein großer und ein kleiner ausgemauerter Brunnen, die miteinander in Verbindung stehen. Von einem dieser Brunnen führte eine Leitung zu einem kleinen Wasserbecken, in dem vielleicht junge heilige Krokodile gehalten wurden. Als weitere Fragmente sind eine kleine, von Caracalla erbaute Kapelle des Sobek erhalten sowie eine koptische Kirche, von der nur noch eine Säule steht, und ein großes koptisches Haus.

Hathor-Kapelle Südlich vom Tempelhof befindet sich eine kleine, unter Kaiser Domitian der Hathor erbaute Kapelle aus rotem Sandstein (unvollendet). In einer Kammer werden die in der Nähe gefundenen Mumien heiliger Krokodile aufbewahrt.

Lischt (El-Lisht)

J 5

Landesteil: Unterägypten **Gouvernorat:** Giseh

Amenemhet I., der Begründer der 12. Dynastie, verlegte zur besseren Kontrolle über Unterägypten die Residenz von Theben nach Lischt und ließ, ebenso wie später sein Sohn und zeitweiliger Mitregent Sesostris I., am nahen Wüstenrand seine Pyramide errichten. Beide Grabmäler sind heute nur noch als Erdhügel erhalten.

Grabmäler für Königsfamilie und Beamte

Die Pyramiden von Lischt liegen gut 30 km südlich von ►Dahshur, unweit nördlich des gleichnamigen Dorfes. Sie waren von kleineren Pyramiden für die weiblichen Angehörigen der Königsfamilie sowie von Hunderten von Mastabas für hohe Staatsbeamte umgeben. Bei den Grabungsarbeiten fand man zehn Sitzbilder Sesostris' I. aus Turakalkstein, die von feinstem handwerklichem Können zeugen, ferner zwei bemalte Holzfiguren des Königs, deren eine, mit der weißen Krone Oberägyptens, im Ägyptischen Museum von Kairo, die andere, mit der roten Krone Unterägyptens, im Metropolitan Museum of Art in New York steht.

? WUSSTEN SIE SCHON ...?

- Vom Taltempel, von dem nur geringe Reste erhalten sind, führte ein mauergefasster und von Königsstatuen gesäumter Aufweg zum Totentempel; sein Verlauf ist noch an einigen Stellen zu erkennen.

Pyramiden und Mastabas

Pyramide Amenemhets' I.

Die nördliche und kleinere der beiden Pyramiden ist die des Amenemhet I. Sie besaß ursprünglich eine Höhe von 58 m, eine Basislänge von 84 m und war teilweise aus Steinblöcken älterer Grabanlagen aus Sakkara und Giseh erbaut. Wie bei den meisten Pyramiden liegt ihr Zugang in der Mitte der Nordseite. Ein Gang führt hinab zur Grabkammer, die jetzt vom gestiegenen Grundwasser angefüllt und darum unzugänglich ist. Innerhalb der Umfassungsmauer lag die kleinere Pyramide für die Königin sowie das Grabmal des Antefoker, des Aufsehers der königlichen Gräber. Bei der Pyramide Amenemhets I. fand sich eine größere Zahl von Eidechsenmumien.

Pyramide Sesostris' I.

Etwa 1,5 km südlich befindet sich die größere Pyramide Sesostris' I. Sie ist jener Amenemhets I. sehr ähnlich: Wie diese wurde sie als Skelettbau errichtet und dann mit Sand und Schutt (►El-Lahun) aufgefüllt. In der Gesamtanlage mit Totentempel, Taltempel und Aufweg ist sie die Fortführung einer Tradition der 6. Dynastie. Die Pyramide besaß ursprünglich eine Höhe von 61 m sowie eine Basislänge von 105 m und war mit einer heute fast völlig verschwundenen Kalksteinverkleidung und einer doppelten Umfassungsmauer versehen. Der Zugang zur heute unzugänglichen Hauptpyramide befand sich in der Mitte der Nordseite.

Pyramiden der Königsfamilie Innerhalb des äußeren, aus Nilziegeln geschichteten Mauerringes liegen an der Ostseite die Tempelvorhöfe sowie rundum neun kleine Pyramiden für die weiblichen Mitglieder der Königsfamilie. Jede besaß ihre eigene Kapelle an der Ostseite, einen Opferraum vor dem Eingang sowie eine eigene Umfassungsmauer. Die größte dieser Nebenpyramiden im Südosten der Anlage gehört der Königin Nofru, die westlich daneben der Prinzessin Itakajt. Bei den übrigen Nebenpyramiden wurden keine Namenshinweise gefunden.

Mastaba des Senuseretanch Von den die Sesostris-Pyramide umgebenden Beamtengräbern ist besonders die Mastaba des Senuseretanch besuchenswert, des Hohepriesters des Ptah in Memphis, königlichen Bildhauers und Baumeisters und damit ranghöchsten Beamten des damaligen Reiches. Größe und Ausstattung des Grabes entsprechen der Bedeutung ihres Besitzers. Es war von einer doppelten Umfassungsmauer umzogen; die äußere aus Nilziegeln umgab einen Bereich von 93 m Länge und 50 m Breite, die innere Mauer war aus mächtigen Turakalksteinquadern geschichtet. An der Ostseite der Mastaba steht eine Kapelle, an der Nordseite befindet sich der Eingang, von dem ein schmaler und steiler Gang abwärts zu der aus dem Fels gehauenen Grabkammer führt. Diese ist ganz mit hieroglyphischen Texten ausgeschmückt. An der Ostseite der Grabkammer befindet sich im Fußboden eine Vertiefung für den Sarkophag. Eine weitere, kleinere Vertiefung im Boden war für den Kanopenschrein bestimmt.

✶✶ Luxor

M 13

Landesteil: Oberägypten **Gouvernorat:** Kena
Einwohnerzahl: 500 000

Luxor, das hunderttorige Theben Homers, ist auf Grund seiner unglaublichen Vielzahl an Baudenkmälern seit jeher eines der Zentren des Ägypten-Tourismus, eine inzwischen sehr aufgeräumte Stadt. Die riesigen Tempelanlagen von Luxor waren Teil der alten ägyptischen Hauptstadt ►Theben, die sich von hier weit nach Norden, über das Heiligtum von ►Karnak hinaus, und mit ihrer Totenstadt auf dem westlichen Nilufer bis weit in die Berge der Westlichen Wüste hinein ausdehnte.

Ägyptische Vorzeigestadt Seit einigen Jahren wird Luxor, das am rechten Ufer des Nils in einer weiten Senke liegt, auch zu einer ägyptischen »Vorzeigestadt« herausgeputzt: Großzügige, bisweilen elegante Hotels, Banken, Reisebüros und Geschäfte säumen die Corniche, die Uferstraße, auf der man wunderbar beschattet promenieren kann, wo Felukenkapitäne mit den billigsten Preisen um Fahrgäste werben und Kutschenfahrer zu

einer bequemeren Fortbewegung verleiten wollen. Die Tempelruinen im Rücken blickt man auf den Nil, auf das üppige Grün des Fruchtlandes am gegenüberliegenden Ufer und auf die majestätische Kulisse des Westgebirges.
Der heutige Name der Stadt leitet sich vom arabischen »el-Ksur« (= »die Paläste«) ab. Er bezog sich auf den mächtigen Tempel, in den bis Ende des letzten Jahrhunderts noch Teile des Ortes verbaut waren.

◄ weiter S. 437

Luxor Orientierung

Essen

1. 1886
2. Miyako
3. Bombay Restaurant
4. Malqata Art Palace
5. Green Palace
6. Restaurant Mohamed

Übernachten

1. Sofitel Old Winter Palace
2. New Winter & Pavillon Palace
3. Al Moudira
4. Maritim Jolie Ville Luxor Island Resort
5. Swiss Inn Luxor
6. Nefertiti Hotel El Gezira
7. Hotel & Gezira Gardens Desert Paradise
8. Lodge

Ausgehen

1. The King's Head Pub
2. Pub 2000

LUXOR ERLEBEN

AUSKUNFT

Tourist Information
Luxor Tourist Bazar, Corniche
Tel. (095) 237 22 15
tgl. 8.00–22.00 Uhr

Tourist Police
Luxor, Tourist Bazar
Tel. (095) 237 66 20, 2 37 38 45
West-Bank, neben Ticket Office
Tel. (095) 231 16 22

VERKEHR

Flüge
Luxor wird von EgyptAir und zahlreichen Charterfluggesellschaften bedient. Von Luxor aus bestehen tgl. Flugverbindungen mit Kairo und Assuan/Abu Simbel, mehrmals wöchentlich mit Sharm el-Sheikh.
Flughafen-Auskunft:
Tel. (095) 237 32 94
EgyptAir (Büro im Old Winter Palace Hotel), Tel. (095) 238 05 80

Bahn
Mehrmals tgl. Züge nach Kairo und Assuan. Nachts verkehrt ein komfortabler Schlafwagenzug. Infos:
Tel. (095) 237 20 18

Bus
Busverbindungen mit allen Landesteilen (u. a. Kairo, Hurghada, Assuan); Autobushof in der Nähe des Flughafens. Infos: Tel. (095) 237 21 18.

Taxis
Ohne lange Wartezeiten bekommt man an der Maabad el-Karnak Taxis in Richtung Kairo, Assuan und Hurghada.

Fähren
15 Autominuten südlich von Luxor gibt es zwar eine Brücke über den Nil. Will man diese aber nicht nutzen, kann man für ein paar £E mit einem der privaten Motorboote, die an der

In der Pferdekutsche fahren viele Touristen durch den Souk von Luxor.

Corniche liegen, ans andere Nilufer (z. B. vor dem Old Winter Palace) übersetzen. Der Transfer mit einer öffentlichen Fähre kostet weniger.

Nilkreuzfahrten
Last-Minute-Buchungen vor Ort: Thomas Cook, Old Winter Palace, Tel. (095) 237 24 02

RUNDFLÜGE

Mit einer ***Cessna 206***, einem Wasserflugzeug, kann man Luxor und Theben von oben erleben. 25 Min. Rundflug mit einem deutschen Piloten kosten ab 85 US-Dollar pro Person (nur Barzahlung). Auch Mehrtages-Trips in fast ganz Ägypten sind möglich. Infos und Buchung: in Luxor Tel./Fax (095) 231 12 31, mobil (010) 668 15 32 oder direkt bei Kapitän Per Erik Pfingst, Mobil-Tel. (010) 677 49 68, E-Mail pilot_per@hotmail.com.
Auch ***Ballonflüge*** werden angeboten (Preis ca. 90 Euro/Person). Infos:
Sky Cruise, Tel. (095) 237 06 38
Sindbad Balloons, Tel. (010) 330 77 08
www.sindbadballoons.com
Alaska Balloon, Tel. (095) 227 04 60
www.alaskaballoon.com

VERANSTALTUNG

August/September: Mulid Abul Haggag, großes Fest im Stil der Pharaonenzeit, bei der in einer Prozession ein Boot durch die Straßen von Luxor getragen wird. Diese Tradition geht auf ein Fest zurück, das in der Pharaonenzeit zu Ehren der Göttin Opet veranstaltet wurde.

EINKAUFEN

Luxors Händler sind dreist, frech, ausgefuchst, die schlauesten im Lande. Zwischen Luxor-Tempel und Bahnhof erstreckt sich der bunte Basar für alle Arten pharaonisch-ägyptischer Souvenirs, Lederwaren, Lebensmittel, Stoffe, Schmuck und Parfumessenzen.

DINNER- UND LUNCHKREUZFAHRTEN

Mehrere Hotels bieten Nilfahrten an, oft mit Shows und Unterhaltung.
Le Lotus Boat. Infos: Iberotel, Tel. (095) 238 09 25

Baedeker-Empfehlung

Nil-Segeln auf einer Dahabeya
Dahabeya heißt übersetzt goldenes Boot – weil die pharonischen Herrscher mit vergoldeten Schiffen auf dem Nil fuhren. Das königliche Reisegefühl vermittelt ein Törn auf der »Dongola« (benannt nach der nubischen Nilstadt im Norden Sudans) von Luxor aus. Das Zweimast-Flachboden-Boot mit 60 cm Tiefgang lief 1835 vom Stapel, wurde komplett überholt und bietet in fünf Kabinen Platz für maximal zehn Gäste.
Infos & Buchung: Orientaltours Frankfurt, Tel. (069) 5 48 37 08, Fax 95 40 89 56, www.orientaltours.de.

AUSGEHEN

Luxor-Besucher sind Frühaufsteher. Entsprechend limitiert ist das Nightlife außerhalb der Hotels.

① ***The King's Head Pub***
Khaled Ibn Walid St.
Tel. (095) 237 12 49
Populäres »English Pub« mit Dart und Poolbillard.

② ***Pub 2000***
Seitenstraße der Khaled Ibn Walid St., nahe Novotel
Tel (095) 237 00 76
Ab der Happy Hour (19.30–20.30 Uhr) immer voll, gute Küche.

③ ***Casino***
Luxor Hilton, Karnak
Tel. (095) 2 37 49 33
Das einzige Kasino Oberägyptens (Roulette, Black Jack). Einlass nur für Nicht-Ägypter, Pass mitnehmen.

ESSEN

► Fein & teuer

① ***1886***
Old Winter Palace, Corniche
Tel. (095) 238 04 22
Sehr gutes Restaurant, gediegene Dinner-Atmosphäre. Bei Kerzenlicht und Klavierspiel wird französisch angehauchte Küche serviert. Unbedingt rechtzeitig reservieren.

② ***Miyako***
Sonesta St. George Hotel, Corniche el-Nil
Tel. (095) 238 25 75
Mal ganz anders: Japanische Küche in Oberägypten. Exzellentes Essen.

► Erschwinglich

③ ***Bombay Restaurant***
Seitenstraße der Khalid Ibn al Walid St., nahe Novotel, neben Pub 2000
Indische Currys, Lamm – abwechslungsreiche Speisekarte.

④ ***Malqata Art Palace***
Theben, West-Bank
Tel. (095) 231 14 88
Über Coffeeshops und Töpferladen liegt dieses Galerie-Restaurant. Man trinkt und isst, so das Konzept der deutschen Eigentümer, umgeben von historischen Fotos und Aquarellen mit lokalen Westbank-Motiven.

► Preiswert

⑤ ***Green Palace***
Karnak Temple St.
Tel. (095) 237 35 94
Ägyptische Kost, libanesische Vorspeisen, Steak und Pizza – alles prima.

⑥ ***Restaurant Mohamed***
Theben, West Bank
Tel. (095) 231 10 14
Einfache ägyptische Küche; man organisiert auch Picknick-Ausflüge (in die Wüste oder mit Feluke). Man sollte sich 1 bis 2 Tage vorher anmelden unter Mobil-Tel. (012) 385 02 27

ÜBERNACHTEN

► Luxus

① ***Sofitel Old Winter Palace***
Corniche el-Nil Street
Tel. (095) 328 04 22
www.sofitel.com
Die ehemalige königliche Residenz besticht durch ihr gepflegtes nostalgisches Flair und eine großzügige, idyllische Gartenanlage mit Palmen, Kakteen und kleiner Voliere. In dieser Oase, abgeschirmt vom Lärm der Stadt, liegen Pool und Tennisplätze.

② ***New Winter & Pavillon Palace***
Corniche el-Nil Street, neben Schwesterhotel Old Winter Palace
Tel. (0 95) 2 38 04 22
www.sofitel.com
Sehr angenehme Zimmer. Der Swimmingpool liegt im ehemaligen Königspark des Old Winter Palace.

Baedeker-Empfehlung

③ ***Al Moudira***
Theben, West Bank, südlich von Medinet Habu
Tel. (012) 392 83 32, 3 25 13 07
www.moudira.com
Keine Fata Morgana, sondern ein in Architektur und Innendesign liebevoll gestalteter orientalischer Palast mit Innenhöfen, großem Garten, Pool. Jedes Zimmer hat eine andere Farbgebung und Ausstattung.

► **Komfortabel**

④ ***Maritim Jolie Ville Luxor Island Resort***
Crocodile Island
Tel. (095) 227 48 55
www.jolieville-hotels.com
Auf der Nilinsel wohnt man wunderschön inmitten eines botanischen Gartens; Küche und Service sind gut.

⑤ ***Swiss Inn Luxor***
Maabad Luxor St. 10
Tel. (0 95) 2 38 07 21
Zentral und doch ruhig, hinter dem Luxortempel gelegen, mit Pool. Freundliche Atmosphäre.

► **Günstig**

⑥ ***Nefertiti Hotel***
Karnak, Tel. (0 95) 2 37 23 86
Beliebt bei Rucksackeisenden, von der Dachterrasse wunderbarer Blick.

⑦ ***El Gezira Hotel & Gezira Gardens***
Theben, West Bank
Tel. (0 95) 2 31 00 34
www.el-gezira.com
Zwei sehr beliebte Hotels (Zimmer und Appartements) mit schöner Nilterrasse, Pool. Dachterrassenrestaurant mit gutem Essen.

⑧ ***Desert Paradise Lodge***
Gabawi/Gurma
Tel./Fax (095) 231 30 36
wwwdesertparadiselodge.com
Freundlich-ländliche Herberge abseits des Touristentrubels, aber trotzdem nahe bei den thebanischen Altertümern

Nördlich von Luxor dehnt sich die Tempelanlage von ►Karnak aus. Schon unter den Pharaonen galt der dortige Amun-Tempel, das Heiligtum des Hauptgottes von Theben, als großartigstes Bauwerk seiner Zeit. Eine weitere Tempelgruppe befand sich weiter nördlich in Medu, dem heutigen Medamut.

★★ Tempel von Luxor

Öffnungszeiten Tempelgelände: tgl. 8.00–21.00

Dicht am Nilufer, im südlichen Teil der modernen Stadt Luxor, ragen die Ruinen des mächtigen Tempels in den Himmel. Er war dem Amun, seiner Gemahlin Mut und dem Mondgott Chons, dem Sohn dieser beiden, geweiht und hieß bei den Ägyptern Ipet Amun resjet (= das südliche Frauenhaus des Amun). Wie alle ägyptischen Heiligtümer umfasste er die Kapellen der Gottheiten mit den zugehörigen Nebenräumen und Vorhallen, eine große Säulenhalle und einen offenen Hof mit Kolonnaden, zu dem von Norden her ein großer, zweireihiger Säulengang führte.

Geschichte

Amenophis III. errichtete an der Stelle eines älteren Heiligtums aus Sandstein die heutige Tempelanlage, die unter seinen Nachfolgern ausgebaut und verändert wurde. Amenophis IV. (Echnaton) ließ die Bilder und Namen des Amun tilgen und in der Nähe des Tempels ein Heiligtum für den Sonnengott Aton bauen. Als Tutanchamun die Residenz nach Theben zurückverlegte, wurden die Wände des Säulenganges mit Reliefs ausgeschmückt, in denen Haremhab seine Namen an Stelle der seines Vorgängers setzen ließ. Später wurde der Atontempel zerstört und unter Sethos I. die Amunreliefs wiederhergestellt. **Ramses II.** (►Berühmte Persönlichkeiten), der große Bauherr unter den Pharaonen, erweiterte den Luxortempel ebenfalls. Er errichtete einen neuen Kolonnadenhof und ersetzte die alten Reliefs durch neue, vor allem aber ließ er den gewaltigen Pylon bauen, durch den sich die Gesamtlänge des Tempels von 190 m auf 260 m erhöhte. Da der Pylon nicht exakt in der Mittelachse des Haupttempels steht, knickt diese hier leicht ab. Nach Ramses II. hat der Tempel nur noch geringe Veränderungen erfahren.

✶ **Pylon**

Den alten Haupteingang bildete der Pylon Ramses' II. Vor ihm standen einst sechs Kolossalstatuen des Königs, zwei sitzende und vier stehende. Übrig geblieben sind das westliche Standbild und die beiden Sitzbilder, die eine Höhe von etwa 14 m haben. Vor beiden standen Obelisken aus Rosengranit. Der östliche Obelisk steht noch an seiner ursprünglichen Stelle, der kleinere, westliche hingegen schmückt seit 1836 die Place de la Concorde in Paris.

Reliefs ►

Auf den Wänden des Pylonen schildern versenkte Reliefs, die leider stark beschädigt und nur schwer zu erkennen sind, Szenen aus dem Feldzug Ramses' II. gegen die Hethiter in seinem fünften Regierungsjahr. Ramses hält Kriegsrat, zieht auf dem Streitwagen in die Schlacht. Die Hethiter fliehen zu ihrer Festung Kadesch.

Luxor · Tempel Orientierung

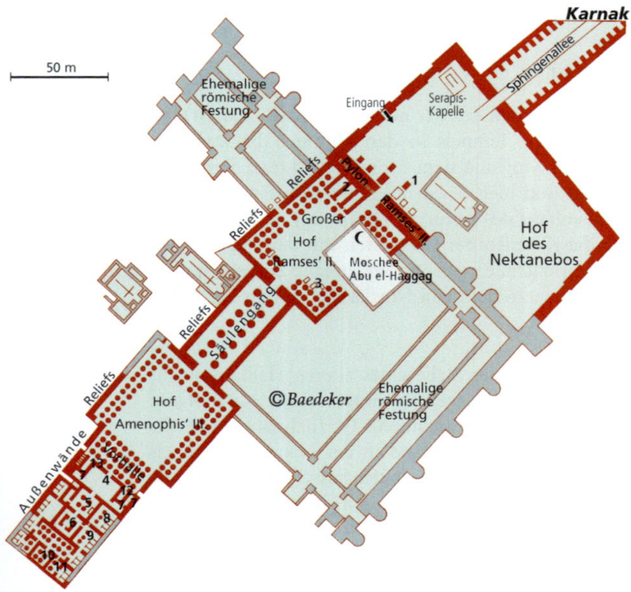

1 Obelisk
2 Thutmosis' III. Hatschepsut
3 Kolossalstatuen Ramses' II.
4 Säulensaal (in Kaiserkultkap[elle] umgewandelt)
5 Kleiner Saal
6 Sanktuar Alexanders des Großen
7 Kleinere Räume
8 Geburtssaal
9 Nebensaal
10 Mittlere Kapelle
11 Amun-Kamutef-Kapelle
12 Kapelle der Göttin Mut
13 Kapelle des Mondgottes Chons

Großer Hof Ramses' II.

Hinter dem Pylonen liegt der Große Hof Ramses' II.; er ist 57 m lang, 51 m breit und wegen der eingebauten Moschee in seinem nordöstlichen Teil nicht vollständig freigelegt. Er war an allen vier Seiten von Säulengängen umgeben, die von 74 Papyrussäulen mit geschlossenen Kapitellen und glatten Schäften getragen wurden. In der Nordwestecke erhebt sich auf einer niedrigen Plattform die von Thutmosis III./Hatschepsut erbaute, von Ramses II. usurpierte und mit Reliefs ausgeschmückte Kapelle. Eine kleine Säulenhalle mit vier zierlichen Papyrusbündelsäulen schloss sie zum Hofe hin ab. Das Innere enthält drei Räume; im mittleren stand die Barke des Amun, im westlichen die Barke der Mut und im östlichen die des Chons.

Die Wände des Hofes sind mit Reliefs und Inschriften bedeckt, die zum größten Teil von Ramses II. herrühren. Das Relief an der Südwand zeigt die **Fassade des Tempels**, den Pylonen mit seinen Masten, Kolossalstatuen und Obelisken; von rechts naht ein Festzug, an der Spitze die Prinzen, dahinter geschmückte Opfertiere. In der Südhälfte des Hofes sind zwischen den vorderen Säulen Kolossalstatuen Ramses' II. aufgestellt, meist aus rotem, eine aus schwarzem Granit. Die schönste von ihnen, deren (abgefallene) Krone aus einem besonderen Block gearbeitet ist, war 5,3 m hoch und zeigt am Sockel und am Schurz den Namen des Königs eingemeißelt. Zu beiden Seiten der südlichen Tür stehen zwei kolossale Sitzbilder des Königs, rechts neben ihm die Königin.

◄ Kolossalstatuen

> **! Baedeker TIPP**
>
> **Zum Tagesabschluss**
>
> Ein schöner Ausklang des Tages ist der Besuch des Luxor-Tempels am Abend, wenn die monumentalen Ruinen stimmungsvoll angestrahlt werden – bis 21.00 Uhr.

Säulengang

Der südlich anschließende Säulengang ist gut erhalten und trägt wesentlich zum großartigen Eindruck der Ruine bei. Die annähernd 16 m hohen Papyrussäulen mit offenen Doldenkapitellen tragen heute noch auf hoher Deckplatte den schweren Architrav. Sie stammen alle aus der Zeit des Amenophis III., doch haben sich auch die Könige Tutanchamun, Haremhab, Sethos I., Ramses II. und Sethos II. auf ihnen verewigt. Die Wände wurden unter Tutanchamun mit schönen Reliefs geschmückt, die leider mit den oberen Mauern zum Teil zerstört sind. Sie veranschaulichen in sehr lebhafter Weise die Feier des großen **Opet-Festes**, wobei die heiligen Barken der Götter aus dem Tempel von Karnak geholt, auf dem Nil nach Luxor gefahren, hier in den Tempel gebracht und am Ende des Festes nach Karnak zurückgeführt wurden. Die Szenen, die voll von interessanten Einzelheiten sind, beginnen an der Nordwestecke und enden an der Nordostecke.

Zweiter Hof Amenophis' III.

Der folgende zweite Hof von Amenophis III. hat eine Länge von 45 m und eine Breite von 51 m; er war an drei Seiten von einer zweifachen Kolonnade aus Papyrusbündelsäulen umgeben. Säulen und Architrave an der Ost- und Westseite sind bestens erhalten. Bei Res-

taurierungsarbeiten wurden Ende der 1980er-Jahre in diesem Hof zahlreiche Götterstatuen, Sphingen sowie sechs überlebensgroße Granitstatuen aus der Zeit des Neuen Reiches gefunden. Die Stücke sind im Luxor-Museum zu bewundern (s. u.).

Vorhalle

Im Süden folgt die Vorhalle des eigentlichen Tempelhauses, deren Decke von 32 Papyrusbündelsäulen getragen wurde. Die Reliefs an der Ostwand zeigen Amenophis III. vor den Göttern Thebens, unten die personifizierten Gaue Ägyptens mit Geschenken. An der Südwand (rechts und links der Apsis) ist die Krönung Amenophis' III. durch die Götter dargestellt. An der Rückwand öffnen sich rechts und links zwei kleine Kapellen, die linke einst der Göttin Mut, die rechte dem Mondgott Chons geweiht.

Säulensaal

Die Mitteltür der Rückwand führt in einen kleineren, ursprünglich von acht Säulen getragenen Saal, der in der römischen Kaiserzeit, unter Diokletian, zu einem Platz des Kaiserkultes umgestaltet wurde, dabei wurde der Eingang zu den inneren Tempelräumen in eine apsisartige Nische mit zwei roten Granitsäulen korinthischen Stils verwandelt. Unter abgefallenen Stücken des späteren Bewurfes sind die schönen Flachreliefs Amenophis' III. wieder zum Vorschein gekommen.

Sanktuar Alexanders des Großen

Durch die Nische mit Apsis gelangt man in das so genannte Sanktuar Alexanders des Großen, einen zur Zeit dieses Herrschers wesentlich umgebauten Raum. Anstelle der vier Säulen, die früher die Decke trugen, wurde zur Aufbewahrung der heiligen Amunbarke eine Kapelle errichtet, deren Wände innen und außen mit Darstellungen Alexanders vor Amun und seinen Mitgottheiten bedeckt sind, während die Darstellungen auf den Wänden des Saales noch den König Amenophis III. vor thebanischen Göttern zeigen. Durch eine Tür in der Nordwand gelangt man in einen kleinen Saal mit Papyrusbündelsäulen. Die in drei Reihen angeordneten Wandreliefs zeigen Amenophis III. vor den thebanischen Gottheiten, namentlich vor Amun.

Die **hintersten Tempelräume** bieten nichts Außergewöhnliches. Aus dem Alexander-Sanktuar kann man durch eine Mauerlücke in einen Saal mit zwölf Säulen gelangen, an den sich drei Kapellen anschließen; die Decke der mittleren wurde von vier Papyrusbündelsäulen getragen. Links ein Relief: der König, von Atum und Horus in das Allerheiligste geführt. Die übrigen Reliefs zeigen den König vor Amun.

*** Geburtssaal**

Vom Sanktuar Alexanders des Großen gelangt man nach links, durch Nebenräume, in den Geburtssaal. Er hat seinen Namen von den Reliefs auf der Westwand, die sich auf die göttliche Geburt Amenophis' III. beziehen; die Darstellungen an der Südwand schildern die Thronbesteigung des Königs.

← *Der östliche Obelisk steht noch an seiner ursprünglichen Stelle.*

Reliefs an der Westwand ►

Westwand, untere Reihe (von links nach rechts): 1. Chnum bildet zwei Knaben, Amenophis III. und seinen Schutzgeist, auf der Töpferscheibe aus; ihm gegenüber Isis. 2. Chnum und Amun. 3. Amun im Verkehr mit Mutemwija, der Mutter Amenophis' III.; sie sitzen auf der Hieroglyphe »Himmel« und werden von den Göttinnen Selket und Neith gehalten. 4. Amun und Thot im Gespräch. 5. König und Amun (beschädigt). 6. Isis (zerstört) umarmt Königin Mutemwija.
Mittlere Reihe: 1. Thot kündigt der Mutemwija die Geburt eines Sohnes an. 2. Die schwangere Mutemwija wird von Chnum und Isis geführt. 3. Niederkunft der Mutemwija; neben und unter ihrem Lager Genien, so vor allem Bes und Toëjris. 4. Isis (zerstört) übergibt den neugeborenen Prinzen dem Amun. 5. Amun hält ihn auf den Armen, daneben stehen Hathor und Mut.
Obere Reihe: 1. Links die Königin, dahinter die Göttin Selket; rechts werden der Prinz und sein Schutzgeist von zwei Göttinnen, darunter von zwei Kühen gestillt. 2. Neun Gottheiten halten den Prinzen. 3. Der Gott Hekau (in Blau) trägt den Prinzen und seinen Schutzgeist auf dem Arm, hinter ihm der Nilgott. 4. Horus übergibt beide dem Amun. 5. Chnum und Anubis. 6. Der Prinz und sein Schutzgeist sitzend und stehend vor Amun. 7. Amenophis als König.

Außenwände

Auf dem Rückweg zum Pylonen werfe man einen Blick auf die westlichen Außenwände des Tempels, die mit Reliefs aus den asiatischen Feldzügen Ramses' II. geschmückt sind. An der äußeren Südostwand des Hofes Ramses' II. steht in großen senkrechten Zeilen das berühmte Gedicht von der Schlacht gegen die Hethiter.

✶ Sphingenallee

Seit 2010 ist die unter Pharao Amenhotep III. (12. Jh. v. Chr.) angelegte 2,7 km lange Sphingenallee restauriert. Sie verband d, die worden ist und die Tempelanlagen von Luxor und Karnak verband. Im Laufe der Zeit versank sie unter Sandmassen. Die 76 m breite Prachtstraße säumten ursprünglich 1200 Sphingen, auf der einen Seite mit Menschenköpfen, auf der anderen Seite mit Widderköpfen. 650 dieser Skulpturen hat man inzwischen wiederentdeckt.

✶ Luxor-Museum für altägyptische Kunst

Öffnungszeiten: 9.00–13.00; 16.00–21.00 (im Winter), 17.00–22.00 (im Sommer)

Rund 1 km nördlich vom Luxor-Tempel, etwa auf halbem Weg zum Tempelbezirk von Karnak, liegt am Niluferkai das Luxor-Museum für altägyptische Kunst, ein moderner Zweckbau des ägyptischen Architekten Mahmud el-Hakim. Es birgt vor allem neuere Funde aus dem Großraum Theben. Im Freigelände vor dem Museum sind verschiedene Werke, darunter eine Statue von Amenophis III. aus Kurna und eine Stele mit der Darstellung von Amenophis II. als Bogenschütze aus Karnak aufgestellt.

Eingangshalle, Erdgeschoss

Die Ausstellungsräume verteilen sich auf zwei Ebenen. In der Eingangshalle beachte man rechts den Kopf einer Kolossalstatue Ameno-

phis' III. aus rötlichem Granit (aus Kurna), und in der seitlichen Rotunde den vergoldeten Kopf einer Kuhgöttin, Teil des Grabschatzes Tutanchamuns.
Von der Eingangshalle führen einige Stufen zur Hauptgalerie im Erdgeschoss. Hier sollte man sich unbedingt die Alabasterfigurengruppe mit Amenophis III. im Schutze des Krokodilgottes Sobek (aus Dahamscha), den in Karnak gefundenen Kopf Sesostris' III. aus rötlichem Granit, die Statue Thutmosis' III. aus grünlicher Grauwacke (ebenfalls aus Karnak), die Büste Amenophis' II. mit der Doppelkrone aus rötlichem Granit (Karnak) sowie eine große, historisch bedeutsame Kalksteinstele anschauen, die vom Sieg des Kamose über die Hyksos berichtet (aus Karnak). Aus Kurna im Niltal stammt ein Würfelhocker des Jamu-Nedjeh aus schwarzem Granit.

Obergeschoss

Vom Erdgeschoss führt eine Rampe ins Obergeschoss. An der Wand dieses Aufgangs stehen koptische Grabstelen und auf halber Höhe die Nische einer koptischen Kirche aus der Umgebung von Luxor. Im Obergeschoss werden v. a. Schmuck, Silberschalen, Münzen, Grabmobiliar und Grabbeigaben, mythologische Papyri, Opfertafeln und Weihstelen gezeigt. Zu den interessantesten Exponaten gehören ein **Kasten mit Kanopenkrügen** aus dem Tempel der Königin Hatschepsut in Deir el-Bahari, das Sitzbild des schreibenden Wesirs Amenhotep (Sohn des Hapu; 12. Dyn.) aus schwarzem Granit, ein Kopf von Amenophis IV. (Echnaton) im frühen Amarna-Stil sowie einige Reliefs aus der Granitkapelle der Königin Hatschepsut im Tempel von Karnak. Im Obergeschoss befindet sich auch das Glanzstück des Museums, eine Rekonstruktion der 17 m langen und fast 3 m hohen »Echnaton-Mauer«. Sie besteht aus 283 von insgesamt 6000 reliefierten und bemalten Sandsteinblöcken (Talatat) vom neunten Pylonen des Haremhab, der zum Sonnentempel des Echnaton in Karnak gehörte und 1968/1969 bei Restaurierungsarbeiten gefunden wurde. Die rechte Hälfte der Wand zeigt Tempeldiener bei der Verrichtung alltäglicher Arbeiten. Auf der linken Hälfte erkennt man Amenophis IV. (Echnaton), z. T. begleitet von seiner Gemahlin Nofretete, in Anbetung des Aton, der göttlichen Sonnenscheibe mit den Strahlenhänden.

NICHT VERSÄUMEN

- Alabasterfigurengruppe mit Amenophis III.
- Sitzbild des schreibenden Wesirs Amenhotep
- Rekonstruktion der Echnaton-Mauer

Mumien-Museum

Gegenüber vom Luxortempel, unterhalb der Promenade am Nil, findet man das »Museum of Mummification«. Neben nur einer menschlichen Mumie (Maseharti, Hohepriester Amuns und General der 21. Dyn.) sind verschiedene mumifizierte **Tiere** ausgestellt, die die alten Ägypter als Götter verehrten: eine Katze, die »Bastet«, Göttin der Freude; der Fisch, Gott der Wiedergeburt; der »Chnum« (Widder), der Fruchtbarkeitsgott, dessen Gesicht mit einer goldenen

Öffnungszeiten:
tgl. 9.00–13.00
und 16.00–21.00

Maske verziert ist. Aus Kom Ombo stammt das Krokodil, das heilige Tier des Gottes »Sobek«. Sehenswert ist das ausgestellte Handwerkszeug der Mumifizierer: Skalpell, Pinzette, Schere, Meißel und Spatel sowie als Zutaten Harz und Natron für die Einbalsamierung des Leichnams. Mit der Kutsche kann man von hier nach Karnak fahren.

Grabfunde 2009

In der **Nekropole Abu el-Naga** haben Archäologen 2009 die Grabstätte des Jagdaufsehers Amun-em-Opet (14. Jh. v. Chr.; 18. Dynastie) sowie zwei weitere Gräber gefunden. Westlich von Luxor wurde das **Grab des Amenhotep** (15. Jh. v. Chr.; 18. Dynastie) mit seinen gut erhaltenen Deckenmalereien wiederentdeckt.

Mallawi (Mallaui)

H 9

Landesteil: Mittelägypten **Gouvernorat:** El-Minija

Nördlich von Mallawi erstrecken sich die ausgedehnten Schutthügel und Trümmer der einst berühmten altägyptischen Stadt Schmunu, die in ptolemäischer Zeit als »Hermopolis Magna« wiedererstand und seine größte Blüte erlebte.

Ländlicher Charakter

Die Kreisstadt Mallawi hat trotz ihrer Entwicklung zu einem Industriestandort ihren ländlichen Charakter weitgehend bewahrt. Besuchenswert sind der bunte Souk und die Wochenmärkte (samstags, donnerstags) der Landbevölkerung. Der Ort liegt am westlichen Ufer des Ibrahimija-Kanals, 48 km südlich von El-Minija, im weiten Fruchtland zwischen Nil und Bahr Jusuf.

Alte Brunnenanlage in Mallawi

Hermopolis Magna

El-Aschmunein (Schmunu)

Etwa 10 km nördlich liegen bei dem Dorf El-Aschmunein die Schutthügel der berühmten Stadt Schmunu (kopt. Schmun = Stadt der acht Gottheiten), die seit uralter Zeit Hauptkultstätte des Thot war, des Gottes der Schreibkunst, der Heilkunde und Gelehrsamkeit. Nach altägyptischer Vorstellung lag an diesem Ort der **Urhügel**, auf dem die acht Urgottheiten wohnten, die das Ei zeugten, aus dem die Sonne erwuchs. Schmunu war Hauptstadt des 15. oberägyptischen Gaus, des »Hasengaus«, dessen Fürsten sich im Mittleren Reich bei Deir el-Berscha am östlichen Nilufer bestatten ließen.
Die Stadt entstand in ptolemäischer Zeit von neuem und erlebte als Kultort und Pilgerstätte des Hermes Trismegistos, des »dreimalgroßen Hermes«, mit dem Namen Hermopolis (röm. Hermopolis Magna) ihre größte Blüte. Der neue Name entstand durch die Gleichsetzung des ägyptischen Thot mit Hermes. Nachdem die Stadt als Kultstätte ihre Bedeutung verloren hatte, verfiel sie und wurde jahrhundertelang als Steinbruch genutzt und verwüstet.

Tuna el-Gebel

Nekropole von Hermopolis

Etwa 7 km westlich von El-Aschmunein, jenseits des Bahr Jusuf, erstreckt sich am Fuße der westlichen Wüstentafel die Nekropole Tuna el-Gebel, die Begräbnisstätte von Hermopolis. Dort finden sich zwei in den Fels gehauene, stark verwitterte Stelen Amenophis' IV. (Echnaton), die den Geltungsbereich der Gerichtsbarkeit von ► Tell el-Amarna bezeichneten. Die Begräbnisstätte selbst reicht bis ins 5. vorchristliche Jahrhundert zurück. In ausgedehnten Katakomben fand man zahlreiche Ibis- und Paviangräber.

✶ Grabtempel des Petosiris

Das **wichtigste Grabmal der Nekropole** ist der Grabtempel des Petosiris, eines vornehmen Bürgers von Hermopolis und Hohepriesters am Tempel des Thot, der hier um 300 v. Chr. sein Familiengrab anlegen ließ. Das Grabmal besteht aus einer Vorhalle, dem jüngeren Teil der Anlage, die der Erinnerung des Petosiris gewidmet war, sowie einer fast quadratischen, von Pfeilern getragenen Kapelle, die Petosiris dem Kult seines Vaters und seines älteren Bruders geweiht hat. Beide Räume sind von ägyptischen Künstlern mit auch farblich z. T. gut erhaltenen Reliefs ausgeschmückt worden. Während die religiösen Darstellungen besonders in der Kapelle in rein ägyptischem Stil, etwa nach Vorbildern der 18. Dynastie, gehalten sind, wurden die weltlichen Bilder der Vorhalle und am Mauerfuß der Kapelle im ägyptisch-griechischen Mischstil, z. T. auch rein griechisch gearbeitet.

◄ Zugang

Zu dem zierlichen Bau führt eine etwa 20 m lange und 4 m breite gepflasterte Straße, an der sich links ein 2,40 m hoher Altar erhebt; er ist oben an den vier Ecken mit hörnerartigen Aufsätzen verziert.

◄ Vorhalle, Reliefs

In der Vorhalle zeigen die Bilder auf den Rückseiten der vier Schranken weltliche Motive in griechisch-ägyptischem Mischstil. Rechts vom Eingang: Metallarbeiter stellen allerlei Gerät her; ein Mann arbeitet an einem Tafelaufsatz; das Metall wird abgewogen; die fertigen Stücke werden abgeliefert und verpackt.

Links vom Eingang: In den oberen beiden Reihen werden Salben bereitet; in den beiden unteren Reihen sind Tischler bei der Arbeit; zwei Männer stehen an einer Drehbank – der ersten im Altertum dargestellten – und ein Prunkbett wird angefertigt.

An der **Ostwand** drei Bildreihen (von unten nach oben): Pflügen bei der Flachsernte; Getreideernte, das Getreide wird mit Stöcken gedroschen.

Auf der **Südwand** links der Tür: die Söhne des Petosiris sieht man vor ihren Eltern; am Mauersockel erkennt man Opferträger.

An der Westwand: in den beiden oberen Reihen sind Rinderherden auf dem Feld abgebildet, in der unteren Reihe eine Weinernte, eine Weinpresse und die Ablieferung der Krüge.

Kapelle ► In der Kapelle sind die vier Pfeiler mit langen Inschriften und Darstellungen des Toten beim Gebet bedeckt.

An der **Nordwand**, rechtes Wandstück (östlich): Die Göttin Nut spendet aus einem Baum den Eltern des Petosiris Wasser; darunter sieht man Petosiris im Gebet vor seinem Vater; am Mauersockel werden Rinder durch einen Sumpf getrieben.

Ostwand: Darstellung des Begräbnisses, der Sarg wird auf einem Leichenwagen gefahren, Männer, Götter (die vier Osirissöhne) und Frauen schreiten zum Grab, z. T. mit Opfergaben; rechts erkennt man die Mumie vor dem Grab, ein Priester gießt Weihwasser über ihr aus; am Mauersockel sind Opferträger abgebildet.

Südwand (durch vorspringende Pilaster dreigeteilt) links: der Vater vor neun die Sonne anbetenden Göttern; Djed-Thutefonch betet mit seinen Kindern vor seinem Vater; unten: Sumpflandschaft mit Rindern. In der Mitte: Es-Schu (links), der Vater des Petosiris, und Djed-Thutefonch, sein Bruder, beten zu Osiris und Isis bzw. zu Nephthys; darunter die Schlangen- und die Geiergöttin, die mit ihren Flügeln den als Skarabäus dargestellten Osiris beschützen; rechts und links Isis und der auf einer Scheintür stehende Seelenvogel; auf dem Mauersockel wird der Seele Wasser gespendet. Rechts oben betet Djed-Thutefonch zu neun göttlichen Wesen; darunter Petosiris vor seinem Bruder; am Sockel Sumpflandschaft mit Nilpferden und Krokodilen.

Auf der **Westwand**, obere Reihe (von links nach rechts): Djed-Thutefonch betet zu neun Pavianen; derselbe vor zwölf Schlangen und vor heiligen Stieren und Göttern; Djed-Thutefonch wird vor Osiris geführt; derselbe im Gebet. Mittlere Reihe: der Tote zu verschiedenen Göttern betend (18. Kapitel des Totenbuches). Untere Reihe: Opferträger, z. T. in griechischem Stil.

An der **Nordwand**, linkes (westliches) Wandstück: der Tote vor dem Opfertisch; darunter Petosiris vor seinem verstorbenen Bruder; am Mauersockel treiben Leute auf Booten Rinder und Kälber durch einen Flussarm.

✶ Meidum (Maidûm)

J 6

Landesteil: Mittelägypten **Gouvernorat:** Beni Suef

Die Pyramide von Meidum erhebt sich 9 km südwestlich vom gleichnamigen Ort am Rande der Westlichen Wüstentafel nahe der mittleren Zufahrt zur Oase ► El-Faijum. Sie geht wohl auf König Snofru, den Begründer der 4. Dynastie und Vorgänger des Cheops zurück. Bislang ist man der Auffassung, dass sie nie als Grabstätte benutzt wurde.

Pyramide von Meidum

Baugeschichte

Wer die Pyramide genauer betrachtet, kann drei verschiedene Bauphasen unterscheiden. Den Pyramidenkern und ältesten Bauabschnitt bildet eine nach dem Vorbild der etwas älteren Pyramide des Djoser von Sakkara um einen Felsen angelegte, siebenstufige Mastaba, die bis zu einer Gesamthöhe von etwa 40 m sichtbar ist. Die erste freiliegende Stufe ist 11,2 m, die zweite 9,9 m und die dritte weitgehend zerstörte noch 6,85 m hoch. Die Wände bestehen aus polierten, leicht nach innen geneigten Kalksteinblöcken (Neigungswinkel 74° 10'). Dieser erste Bau wurde später um eine gut 5 m dicke Schicht erweitert und vielleicht noch um eine achte Stufe erhöht. Zuletzt ließ Snofru das Grabmal mit einem glatten Mantel verkleiden und zu einer »echten« Pyramide umgestalten. Ihre Höhe dürfte damals etwa 92 m, die Basislänge 144 m und der Neigungswinkel 51° 51' betragen haben. Was jedoch zum Abrutschen des äußeren Mantels geführt hat, in dessen Schutt heute die Pyramidenbasis steht, und wann dies geschah, liegt im Dunkeln. Die Pyramide unterscheidet sich so wesentlich von allen anderen Bauwerken ihrer Art, dass sie von Einheimischen »El-haram el-kaddab« (falsche Pyramide) genannt wird.

Pyramide von Meidum

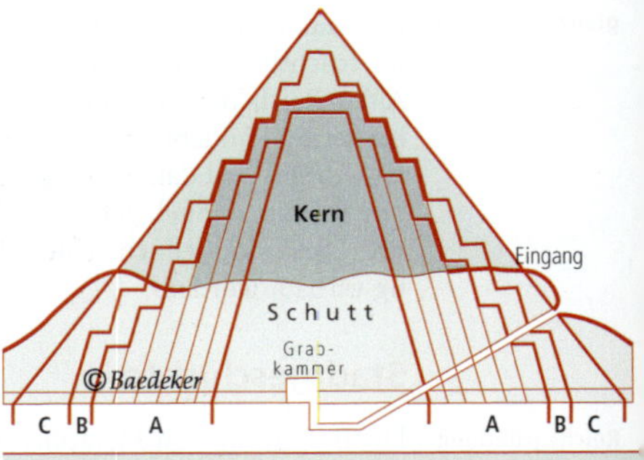

A Erste Erweiterung **B** Zweite Erweiterung **C** Dritte Erweiterung

Die beschwerliche **Besichtigung** beginnt an der Nordseite der Pyramide. Hier liegt ein Stück der alten Verkleidung mit dem Eingang frei. Ein 57 m langer Gang führt schräg hinab in den Felsen. Er endet in der 6 m langen und 2,6 m breiten Grabkammer, die mit Kalksteinplatten ausgekleidet ist. Die noch sichtbaren Zedernholzbalken dienten vielleicht der Grabsicherung, möglicherweise wurden sie aber auch zum Transport schwerer Teile gebraucht. Die Pyramide wurde allerdings schon in der Zeit der 20. Dynastie geplündert. Die Einbruchstelle ist an der Südwand zu erkennen.

Totentempel An der Ostseite liegt ein kleiner Totentempel aus Kalkstein, der noch recht gut erhalten ist. Er besteht aus zwei kahlen Kammern und einem Opferhof, in dem zwei unbeschriftete Stelen aufgerichtet sind.

Mastabas Im Norden und Osten der Pyramide liegen Bankgräber (Mastabas) aus der 4. Dynastie. Berühmt ist die Doppelmastaba des Prinzen Rahotep und seiner Gemahlin Nofret, deren Sitzbilder aus bemaltem Kalkstein (jetzt im Ägyptischen Museum von Kairo) hier gefunden wurden.

✶ Memphis

J 5

Landesteil: Unterägypten **Gouvernorat:** Kairo

Geschichtsschreiber berichten von unvorstellbarem Reichtum und Ruhm der Reichshauptstadt, die zur Zeit des Alten Reiches ihre größte Blüte erlebte. Noch im Mittelalter, als die Tempel längst geschlossen und die Paläste schon zerstört waren, erregten ihre Trümmer die überschwängliche Bewunderung der Besucher.

Überreste einer glanzvollen Zeit Die ziemlich bescheidenen Überreste der einst glanzvollen Reichshauptstadt Memphis liegen gegenüber dem Gräberfeld von ►Sakkara im fruchtbaren Ackerland westlich des Nils verstreut. Wie seit dem Alten Reich bis zur römischen Kaiserzeit üblich, waren die Wohnhäuser und andere Profanbauten aus luftgetrockneten Ziegeln errichtet worden und daher wenig dauerhaft. Kalkstein und Granit wurden nur für die Tempel, gelegentlich auch für königliche Paläste verwendet. Diese sind jedoch später abgetragen und das Material anderweitig verbaut worden.

Stadtgeschichte

Reichsgründung Die Bedeutung von Memphis reicht bis zum Beginn der historischen Zeit Ägyptens zurück. Einer Überlieferung zufolge ließ **Menes**, der erste geschichtliche Herrscher, an der Grenze der alten Reiche von Ober- und Unterägypten die »weißen Mauern« errichten, eine Festung, durch die er die unterjochten Unterägypter niederhalten konnte. Südlich davon ließ er dem Stadtgott Ptah, der später in griechischer Zeit dem Hephaistos gleichgesetzt wurde, einen Tempel erbauen. Die neue Gründung nahm einen raschen Aufschwung. Sie wurde Hauptstadt des ersten unterägyptischen Gaues, und schon die

Könige der frühen Dynastien schlugen hier zeitweilig ihre Hoflager auf. Unter der 6. Dynastie entstand ein neuer Stadtteil, in dem König Pepi I. residierte und in dessen Nähe auch die Grabpyramide des Herrschers lag. Er hieß wie die Pyramide Men-nefru-Mire (= »Es bleibt die Schönheit des Mire«, d. i. Pepi), und dieser Name, in späterer verkürzter Form Menfe bzw. griechisch Memphis, wurde auf die ganze Stadt übertragen.

Altes Reich

Die Hauptblüte von Memphis fällt in die Zeit des Alten Reiches, dessen Herrscher hier oder in der Nähe, bei Giseh und Abusir, ihre Residenz hatten. Doch auch während des Mittleren und des Neuen Reiches, als Theben zum Mittelpunkt Ägyptens und der thebanische Amun zum vornehmsten aller Götter geworden war, verlor die Stadt nur wenig an Bedeutung.

Spätzeit

Kambyses, der erste persische Herrscher, stürmte Memphis, nachdem er Psammetich III. im Jahre 525 v. Chr. bei Pelusium besiegt hatte. Auch nach der Gründung Alexandrias (331 v. Chr.) scheint es seine Bedeutung bewahrt zu haben. Noch unter Augustus war es eine große Stadt, wenn auch seine Paläste zerstört waren. Von den Tempeln standen damals noch der des Ptah, ein Heiligtum des Apis und der Tempel einer weiblichen Gottheit, wohl der griechischen Aphrodite. Infolge der Edikte des Kaiser Theodosius (379–395 n. Chr.)

Ursprünglich rund 13m hoch: die Kolossalstatue von Ramses II.

wurden die Tempel geschlossen. Unter den Byzantinern scheint hier die monophysitische Gemeinde zahlreich gewesen zu sein. Der »Mukaukis« genannte Führer der Kopten verhandelte von Memphis aus mit Amr Ibn el-As, dem Feldherrn Omars. Die islamischen Eroberer verlegten ihre Residenz auf das rechte Nilufer, dem nördlichen Teil von Memphis gegenüber. Die behauenen Blöcke aus der ehemaligen Hauptstadt wurden als Baumaterial für ihre Paläste, Kastelle und Moscheen in Kairo verwendet. Trotzdem erregten ihre Trümmer noch lange Zeit die Bewunderung der Besucher. Der arabische Schriftsteller **Abdellatif** (1162–1231) berichtete, dass die Fülle der Wunder von Memphis den Verstand verwirre und ihre Beschreibung kaum möglich sei. Danach scheint die Stadt vollkommen in Vergessenheit geraten zu sein.

Sehenswertes in Memphis

✶ **Kolossalfigur Ramses' II.**

Unweit südöstlich des Dorfes Mit Rahina liegt, umgeben von einem Schutzbau, eine Kolossalfigur Ramses' II., die sich einst vor dem Tempeleingang erhob. Sie wurde im Jahre 1820 von Caviglia und

Memphis *Orientierung*

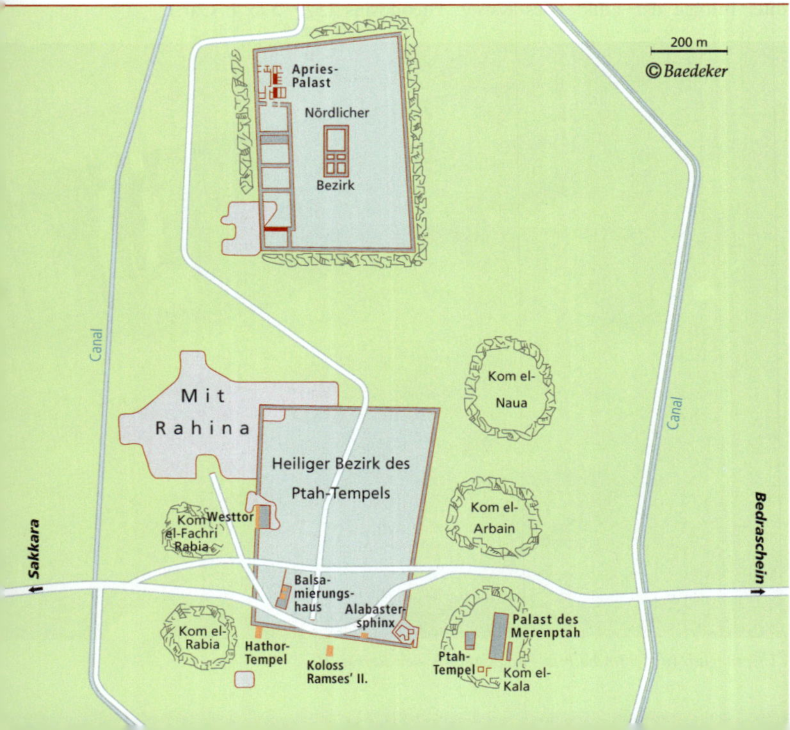

Sloane gefunden und seit 1888 freigelegt. Der Koloss ist aus hartem und feinkörnigem Kalksandstein gearbeitet. Er hatte ursprünglich wohl eine Länge von über 13 m, was mit den Angaben Herodots, der von 30 Ellen (= 15,75 m) spricht, ungefähr übereinstimmt. Das Ohr misst gut einen halben Meter in der Länge. Das Gesicht gibt die schönen, weichen Züge des Königs sehr gut wieder. Am Kinn ist ein stilisierter Bart erkennbar, und im Gürtel befindet sich ein mit zwei Falkenköpfen verzierter Dolch. Auf der rechten Schulter sowie auf der Brust und auf dem Gürtel stehen die Vornamen Ramses' II. Auf dem Verbindungsstück zwischen den Beinen der Statue sieht man die eingravierte Gestalt der Gemahlin des Königs.
Der zweite, einst vor dem Tempel des Ptah aufgestellte Ramseskoloss steht heute in Giseh bei den Pyramiden, wo bis 2011 das neue Museum entstehen soll. In dem Schutzhaus sowie dahinter sind weitere, in der Nähe aufgefundene Statuenfragmente zu sehen.

Alabastersphinx am Südeingang der Tempelanlage von Memphis

★ Alabastersphinx

Unweit nordöstlich vor dem Schutzhaus für den Ramseskoloss liegt ein schöner großer Alabastersphinx, der 1912 freigelegt wurde und den Südeingang des Ptah-Tempels geschmückt haben dürfte. Er ist 8 m lang, 4 m hoch und wiegt etwa 80 t. Aus stilistischen Gründen wird er der 18. Dynastie zugeordnet.

Apriesstele

Bei dem Alabastersphinx fällt eine ursprünglich neben dem zweiten Ramseskoloss gefundene Stele ins Auge, die einen Erlass des Königs Apries aus der 26. Dynastie zeigt. Im abgerundeten Giebelfeld sind links Ptah und rechts der falkenköpfige Soker dargestellt. Die Inschrift zählt die dem Ptah-Tempel gehörenden Ländereien und Arbeitskräfte auf und verfügt deren Freistellung von der Steuerpflicht.

Ptah-Heiligtum

Nördlich vom Alabastersphinx erstreckte sich der Heilige Bezirk des Ptah-Tempels, von dem allerdings nur noch die Ausmaße ermittelt und Teile des Westtores freigelegt werden konnten. In der Südwestecke des Tempelbezirkes liegen die Reste des Balsamierungshauses mit gewaltigen, bis zu 50 t schweren Balsamierungstischen aus Alabaster für die heiligen Apisstiere. Einer dieser Tische trägt einen Hinweis auf Necho (26. Dyn.).

Marsa Matruh (Matrûh)

A 2

Landesteil: Unterägypten
Einwohnerzahl: ca. 80 000
Gouvernorat: Nordwestregion (Matruh)

Marsa Matruh liegt an einem zauberhaften Küstenabschnitt des Mittelmeeres mit einem 7 km langen, feinsandigem Strand, der wegen seiner malerischen Felsbuchten und des in faszinierendem Türkis leuchtenden Meeres oft als Ägyptische Riviera bezeichnet wird. Schon im Altertum war dieser Küstenstrich als Erholungsraum geschätzt. Königin Kleopatra hatte hier ihren eigenen natürlichen »Swimming Pool«.

✶ **Ägyptische Riviera**

Die als Seebad insbesondere von Alexandria aus besuchte Hafenstadt Marsa Matruh liegt an einer weiten, von Felsriffen zum Meer hin abgeschlossenen Lagune etwa 170 km westlich von ► El-Alamein und ungefähr 220 km östlich der ägyptisch-libyschen Staatsgrenze. Das alte Paraetonium bzw. Amunia, von dem aus Alexander der Große seine historische Reise zur Oase Siwa unternahm, ist heute Verwaltungssitz der Nordwestregion (Matruh) und ein Handelszentrum für die Beduinen der Westlichen Wüste, die hier Schafe, Wolle und diverse landwirtschaftliche Produkte verkaufen.
2005 schloss das ägyptische Tourismusministerium mit der TUI einen Kooperationsvertrag, der Bau und Management mehrerer Urlaubshotels östlich von Matruh vereinbart. Die Stadt selbst ist **charmant**, dazu eine der saubersten Ägyptens. Im Basar findet man viele Waren aus Libyen, oft Krimskrams.

Kristallklar: das »Kleopatra-Bad« bei Marsa Matruh

Bereits um 1200 v. Chr. war das Gebiet besiedelt, wie die Reste eines Tempels aus der Zeit Ramses' II. zeigen. Alexander der Große brach von hier aus zum Amun-Heiligtum in der Oase Siwa auf. Königin Kleopatra diente der Hafen als Flottenstützpunkt gegen die Heere des Augustus. Schon recht früh fasste das Christentum in Marsa Matruh Fuß, wie eine koptische Kapelle zeigt. Während des Zweiten Weltkrieges schlug der deutsche Generalfeldmarschall Erwin Rommel hier vorübergehend sein Hauptquartier auf.

Sehenswertes in Marsa Matruh und Umgebung

Antike Hafenanlagen

Westlich des heutigen Hafens können Reste jener antiken Hafenanlagen in Augenschein genommen werden, in denen die Kriegsflotte der Ptolemäer vor Anker lag.

Koptische Kapelle

Bereits in frühchristlicher Zeit ist die koptische Kapelle entstanden. In ihren Katakomben können uralte Inschriften entziffert werden.

Rommelgrotte

Vor dem Hafen ist eine Grotte in den Fels gehauen, in der Generalfeldmarschall Erwin Rommel während des Zweiten Weltkrieges vorübergehend sein Quartier genommen hatte und seine militärischen Operationen plante. Die Stätte ist heute als militärgeschichtliches Museum zugänglich, sie hat leider äußerst variable Öffnungszeiten.

MARSA MATRUH ERLEBEN

AUSKUNFT

Tourist Office
Omar Mukhtar St.
Tel. (0 46) 4 93 18 41
Tourist Police (0 46) 4 93 55 75

ANREISE

Flüge
Egypt Air bedient die Strecke Kairo – Marsa Matruh im Sommer mehrmals tgl.; von Oktober bis Mai nur einige Male pro Woche; Egypt Air, Al Matar St., Tel. (0 46) 4 93 43 98.

Bahn
Mehrmals tgl. Züge von/nach Alexandria; Juni bis September Schlafwagenzüge nach Kairo; rechtzeitig reservieren.

Bus
Tgl. Verbindungen nach Alexandria, Kairo, Siwa und Richtung libysche Grenze, Info-Tel. (0 46) 4 93 20 97. Bequeme SuperJet-Busse bedienen Juni bis September die Strecke nach Kairo, Info-Tel. (0 46) 4 93 47 87.

Servicetaxis
Mehrmals tgl. in alle Richtungen.

ESSEN

► Preiswert

Beau Site Restaurant
Beau Site Hotel
Tel. (0 46) 4 93 40 11
Ordentliche Küche mit ägyptischen und internationalen Spezialitäten.

Asmak Hammu al Timash
Tahrir St.
Einfaches Lokal mit sehr guter Fischzubereitung; Ware täglich fangfrisch.

ÜBERNACHTEN

► Komfortabel

Beau Site Hotel
El-Shati St.
Tel. (0 46) 4 93 20 66, 4 93 59 66, und 4 93 40 11, Fax 4 93 33 19
www.beausitehotel.com
Das mit Abstand gepflegteste Hotel; auch der Strand ist ausgesprochen sauber.

► Günstig

Riviera Palace Hotel
Iskanderija St.
Tel./Fax (0 46) 4 93 30 45
Hier steigen viele Gruppen ab; die Zimmer sind geräumig, angenehm.

✶ Bad der Kleopatra Empfehlenswert, jedoch recht anstrengend, ist eine Strandwanderung zum so genannten Bad der Kleopatra. Die schöne Ägypterin soll sich hier in dem von hohen Felsen geschützten natürlichen Meerwasser-Swimming-Pool zusammen mit dem römischen Feldherrn Marcus Antonius entspannt haben.

Strände Ca. 20 km westlich von Marsa Matruh weitet sich der wunderschöne Badestrand von **El-Abyad**, der außerhalb Ägyptens noch als Geheimtipp gehandelt wird. Wahrlich wildromantisch bietet sich der 8 km weiter westlich gelegene Strand von **Agibah** mit seinen Felsbuchten und zahlreichen Höhlen bzw. Felsgrotten dar.

✶ Küstenstraße nach Sollum Die Küstenstraße führt von Marsa Matruh weiter westwärts über den kleinen Fischerhafen und Marktflecken Sidi Barani (136 km westlich) nach Sollum. Dieser nur 10 km von der libyschen Grenze entfernte Ort hatte im Altertum als Banaris Bedeutung erlangt. Von 1940 bis 1942 wurde erbittert um ihn gekämpft, lag er doch nur unweit der Grenze zwischen Ägypten und der damaligen italienischen Kolonie Cyrenaika, die heute zu Libyen gehört.

Wüstenstraße in die Oase Siwa Von Mersah Matruh lohnt ein Ausflug auf der durchgehend asphaltierten Wüstenstraße, die südwärts in die Oase ►Siwa führt.

✶ Pauluskloster (Deir Mar Bolos)

M 7

Gouvernorat: Rotes Meer

Das Pauluskloster, neben dem ► Antoniuskloster das älteste der koptischen Christengemeinde, liegt in großartiger Gebirgsszenerie im Tal des Wadi Deir, das sich stellenweise schluchtartig verengt. Die Anlage ist der des Antoniusklosters sehr ähnlich, doch wesentlich kleiner, bescheidener und altertümlicher – die meisten Gebäude stammen aus dem Mittelalter –, gleichzeitig aber durch ihre imposante Lage eindrucksvoller.

Ältestes koptisches Kloster in Ägypten Das Pauluskloster wird auch heute noch besiedelt und als Pilgerort besucht. Eine erste Kirche über dem Grab des heiligen Paulus gab es bereits um 460. Seit dem 6. Jh. war diese Ziel von Wallfahrten.

Paulus von Theben Benannt ist das Kloster nach Paulus von Theben, auch Paulus der Einsiedler genannt, der als Schutzheiliger der Eremiten verehrt wird. Seine legendenreiche Lebensgeschichte schrieb der hl. Hieronymus im 3./4. Jh. nieder. Danach wurde Paulus als Sohn wohlhabender Eltern um 228 geboren und erhielt eine gelehrte Erziehung. Während der Christenverfolgungen unter Decius zog er sich im Alter von

PAULUSKLOSTER ERLEBEN

ANREISE

Das Kloster liegt rund 300 km südöstlich der ägyptischen Hauptstadt in der Nähe des Roten Meeres und ist über die Küstenstraße gut zu erreichen. 25 km südlich von Zafarâna verlässt man die Küstenstraße und folgt der Asphaltstraße ins Wadi Deir, an dessen Ende nach 15 km das Kloster auftaucht. Sowohl von Kairo als auch von Hurghada aus werden Tagesausflüge angeboten.

ÜBERNACHTEN

Kostenlos
Die Mönche des Pauluskoster bieten Pilgern (nur Männer!) einige wenige, sehr einfache Quartiere an.
An der Küste gibt es die Möglichkeit, in Aïn Suchna zu bleiben, ein wachsender Badeort mit etlichen Hotels.

▸ Komfortabel
Palmera Beach Resort
Aïn Suchna
Tel. (0 62) 3 41 08 16/17 etc. bis 24
Fax (0 62) 3 41 08 25
www.palmerabeachresort.com
Klimatisierte Zimmer mit Meerblick.

▸ Günstig
Ain Sukhna Village
Tel. (0 62) 3 32 84 44
Reservierung über Kairo
Tel. (02) 5 78 36 42, Fax 5 78 36 42
Sehr einfaches, gemütliches Hotel.

In einem engen Wadi in der Östlichen Wüste liegt das Pauluskloster, neben dem wenig entfernten Antoniuskloster die älteste koptische Mönchsstätte Ägyptens.

16 Jahren in die Einsamkeit der unteren Thebaïs, später in die Östliche Wüste zurück, um ein Leben in Askese zu führen. Dort habe er sich von Palmfrüchten genährt, später soll ihm ein Rabe täglich Brot gebracht haben (»Wunder der Brotbringung«). Im Jahre 340 soll ihn Antonius aufgefunden und nach seinem baldigen Tod mit der Hilfe zweier Löwen, die das Grab gruben, bestattet haben. In den christlichen Darstellungen sind die Palme und ein Rabe oder zwei Löwen seine Attribute. Der Festtag des Paulus von Theben ist der 15. Januar.

Sehenswertes im Pauluskloster

Wehrturm, Marienkapelle

Eine 450 m lange Umfassungsmauer, die ursprünglich aus dem 5. Jh. stammt, im Mittelalter aber erneuert wurde, umgibt das Klosterareal. Von ihrem Umgang bietet sich ein prächtiger Blick bis zum Gebel Musa auf dem ▸ Sinai. In der Mitte der Ummauerung erhebt sich der mächtige Wehrturm mit der Marienkapelle im 3. Stockwerk.

Pauluskirche Vom Eingang an der Südseite der Umfassungsmauer – an der Ostseite gibt es zwei weitere Portale – gelangt man zu einem kleinen Platz mit dem Gästehaus (nur für Männer) und der Kirche des hl. Paulus, die im 6. und 7. Jh. über der Grotte des Eremiten erbaut wurde. Vom Vorraum führt eine Treppe zur Unterkirche, mit dem Marmorsarkophag des Heiligen und drei Sanktuarien. In den Kuppeln und an den Wänden gibt es mittelalterliche Fresken, die im 18. Jh. eine laienhafte Restaurierung durch einen Mönch des Klosters erfahren haben. In der Kuppel über der Treppe zeigen sie die heiligen Ritter Georg, Theodor, Viktor und Michael im Kampf gegen Teufel und Anfechtungen. An den Wänden der Unterkirche erkennt man Erzengel und Heilige, darunter Paulus mit den Löwen und Antonius, sowie Maria mit dem Kinde, in der Kuppel der linken Seitenkapelle Christus im Kreis der vier Evangelisten und der 24 Ältesten der Apokalypse. Unweit von der Pauluskirche steht die Mercuriuskirche (Abu el-Sefein). Sie entstand um 1800.

Mercuriuskirche ►

Pauluskloster, Quell- und Waschhaus Bei der Pauluskirche beginnt eine Gasse, an der die zweigeschossigen Häuser mit den Zellen der Mönche liegen. Jede Zelle besitzt einen separaten Zugang. An der westlichen Mauerseite befindet sich ein überkuppeltes Quell- und Waschhaus. Insgesamt speisen drei Quellen die Klosteroase.

Klostergärten Die Gärten, die etwa ein Viertel der Klosterfläche einnehmen, sind durch eine Mauer vom Wohn- und Wirtschaftsbereich abgetrennt. Hier stehen auch die alte Ölmühle und die Getreidemühle.

★★ Philae

M 16

Landesteil: Oberägypten (Nubien) **Gouvernorat:** Assuan

Die Nilinsel Philae mit ihrer reichen Pflanzen- und Blütenpracht sowie ihren großartigen Tempelanlagen war einst die »Perle Ägyptens«. Seit dem Bau des Assuan-Staudamms ist sie in den Fluten des Nil versunken, doch die wichtigsten historischen Denkmäler konnten in einer spektakulären Aktion gerettet und auf der höher gelegenen Nachbarinsel Agilkia wieder aufgebaut werden.

Sagenumwobene Insel Der Name »Philae« geht auf die altägyptische Bezeichnung Pi-lak zurück, aus der die Griechen Philai und die Araber Bilak machten. Die Einheimischen gaben der Insel den Namen »El-Kasr« (= die Burg) oder Gesiret Anas el-Wogud. Einem Märchen aus 1001 Nacht zufolge soll ein Held seine ihm vorenthaltene Braut mit wunderbarer Hilfe von Krokodilen und Vögeln auf der Inselburg ausfindig gemacht haben. Doch da die Geliebte in Sehnsucht gerade entflohen war, konnte er erst nach neuen Prüfungen endlich mit ihr vereint werden.

Geschichte

Die ältesten erhaltenen Tempelbauten stammen aus der Zeit von Nektanebos I. (um 370 v. Chr.), doch gab es hier, wo die alten Ägypter die Nilquelle wähnten, sicher schon in weit früherer Zeit Heiligtümer. Die Hauptgöttin war Isis. Außer ihr wurden Osiris, Nephthys, Hathor sowie die Kataraktgötter Chnum und Satet besonders verehrt. Die heute noch vorhandenen großen Bauten verdanken ihre Entstehung den Ptolemäern – in den beiden letzten vorchristlichen Jahrhunderten – und den römischen Kaisern der drei ersten nachchristlichen Jahrhunderte. Zahlreiche **Inschriften** beweisen, dass griechische und römische Pilger hierher strömten, um der heilenden Göttin Isis zu huldigen. Diese wurde auch von Nubiern und Blemyern verehrt. Deren Priestern war es sogar noch nach den Kämpfen mit Kaiser Marcianus (451 n. Chr.) gestattet, gemeinschaftlich mit den ägyptischen zu opfern und bei feierlichen Gelegenheiten das Isis-Bild ganz an sich zu nehmen. Noch lange nach Einführung des Christentums in Ägypten blieben die Nubier dem Isis-Kult treu. Erst unter Kaiser Justinian (527–565) wurden die Tempel geschlossen und einzelne ihrer Räume für den christlichen Gottesdienst eingerichtet. In der Zeit bis zur Einführung des Islam entstand auf der Insel eine koptische Stadt.

Bis zum **Bau des Assuan-Staudammes** galt die Insel als einer der schönsten Plätze Ägyptens. Als jedoch die Fluten des Nil die Insel während des größten Teils des Jahres bedeckten, verlor sie viel von ihrem Reiz. Nur noch im Spätsommer und Herbst waren alle Tempelanlagen zugänglich; im übrigen Jahr standen die kostbaren Bauwerke größtenteils unter Wasser. Mit dem Bau des Assuan-Hochdammes drohten sie vollends unterzugehen.

Philae Orientierung

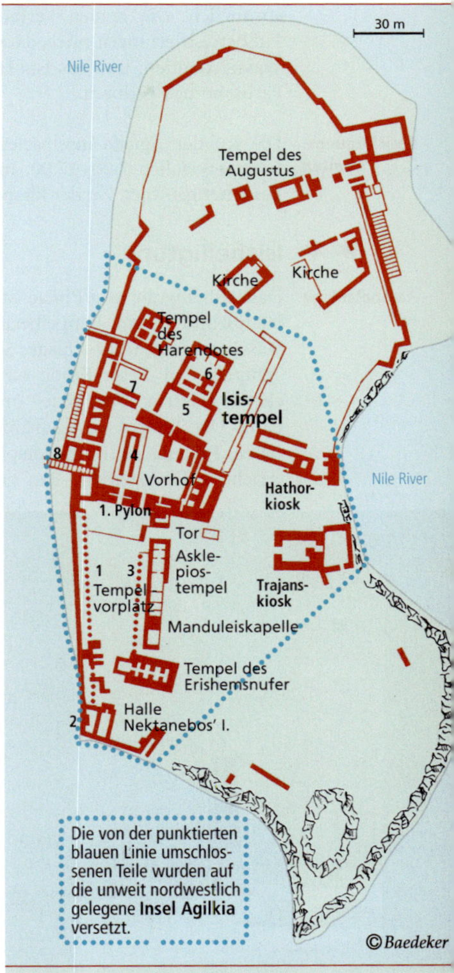

1 Westlicher Säulengang
2 Kleiner Nilmesser
3 Östlicher Säulengang
4 Geburtshaus
5 Vorhalle
6 Allerheiligstes
7 Hadrianstor
8 Nilmesser

Rettung durch die UNESCO

Im Rahmen der von der UNESCO initiierten Rettungsaktion für die nubischen Baudenkmäler wurde die Insel Philae in den Jahren 1972 bis 1980 von einer Spundwand umgeben und trockengelegt. Gleichzeitig bereitete man das Terrain auf der Nachbarinsel Agilkia für die Aufnahme der Bauwerke vor. Danach wurden die in nummerierte Blöcke zerteilten Tempel dorthin transportiert und neu aufgestellt. Durch das Einfügen von Bindemitteln, die ursprünglich nicht verwendet worden waren, sind die Tempel heute 30 cm höher als ursprünglich. Die grauen Verfärbungen der Mauern und Säulen im Fußbereich erinnern noch daran, wie hoch die Bauwerke bereits im Wasser standen, und das Isis-Heiligtum hat nahezu seinen gesamten Farbschmuck verloren.

Besichtigungszeiten

Die auf der Agilkia-Insel gelegene Tempelanlage von Philae ist im Sommer täglich 7.00–17.00, im Winter täglich 7.00–16.00 Uhr für Besucher geöffnet. Zu der kleinen Insel verkehren regelmäßig Boote.

✶✶ Isisheiligtum

Tempelanlage

Das Isisheiligtum von Philae ist in Nord-Süd-Richtung angelegt. Den Hauptzugang zum Tempelbezirk bildet die Halle Nektanebos' I. im äußersten Süden der Anlage. Sie war ursprünglich der Vorbau eines Tempels, den dieser König »seiner Mutter Isis«, der in Abaton verehrten »Herrin von Philae« und der »Hathor von Senmet« geweiht hatte. Der Tempel wurde frühzeitig von den Fluten des Nils weggerissen. Ptolemaios II. Philadelphos ließ die Halle von Grund auf neu errichten. Der zierliche Bau hatte 14 Säulen mit Blumenkapitellen, auf denen noch ein zweites Sistrumkapitell ruhte. Ganz erhalten sind nur **6 Säulen**, auch die Decke ist verschwunden. Mannshohe Schranken, von Hohlkehlen und Reihen von Uräusschlangen bekrönt und mit Darstellungen des opfernden Nektanebos verziert, verbinden die Säulen. An drei Stellen waren diese Schranken von Türen durchbrochen.

Der Isistempel wurde von Philae nach Agilkia versetzt.

Zum Fluss hin standen ursprünglich zwei **Obelisken**, ausnahmsweise nicht aus Granit, sondern aus Sandstein. Der westliche, der eine griechische und mehrere arabische Inschriften trägt, blieb an seinem Platz, doch verlor er die Spitze. Von der östlichen Sandsteinsäule ist nur noch der Sockel vorhanden.

Tempelvorplatz

Von der Halle des Nektanebos betritt man den großen Tempelvorplatz, der nördlich vom ersten Pylonen des Isistempels, westlich und östlich von Säulengängen umschlossen ist. Seine Anlage gehört in die letzte Ptolemäerzeit oder in die Zeit des Augustus. Hier ist ein Stück der festen Ufermauer erhalten, die vermutlich den Hauptteil der ganzen Insel einfasste und an mehreren Stellen von Treppen unterbrochen war, die zum Wasser hinabführten.

Westlicher Säulengang

Der westliche Säulengang, der den Tempelvorplatz zur Flussseite begrenzt, ist 93 m lang. Auf ihm stehen 31 (früher 32) ca. 5 m hohe Pflanzensäulen mit den verschiedensten Kapitellen. Die Schäfte der Säulen zeigen meist den Kaiser Tiberius, der den Göttern Gaben darbringt. Die teilweise eingestürzte Decke der Halle ist mit Sternen und fliegenden Geiern geschmückt. Die Rückwand bedecken zwei Reihen erhaben gearbeiteter Reliefs, die den Pharao – meist Kaiser Augustus oder Kaiser Tiberius – darstellen.

Östlicher Säulengang

Vom östlichen Säulengang sind nur sechs der ursprünglich 16 vorgesehenen Säulen vollendet worden. Die übrigen sind erst roh behauen, die Kapitelle unvollständig. In der Rückwand des Ganges gibt es fünf Türen, die zu verschiedenen Kapellen führten.

Tempel des Harensnuphis

An den östlichen Säulengang schloss sich im Süden ein von Philopator und seinem Zeitgenossen Ergamenes von Nubien erbauter, von Epiphanes erweiterter Tempel des Gottes Harensnuphis an, der weitgehend zerstört ist. Von einer kleinen Kapelle des nubischen Gottes Mandulis (hinter dem mittleren Teil des Säulenganges) ist fast nichts mehr zu sehen.

Tempel des Asklepios

Gut erhalten ist aber ein kleiner, von Philadelphos für den Heilgott Imhotep erbauter Tempel am Nordende des Säulenganges. Imhotep wurde in griechischer Zeit mit Asklepios gleichgesetzt.

★ Isistempel

Der Isistempel, das **Hauptheiligtum von Philae**, das der Isis und ihrem Sohne Harpokrates geweiht war, nimmt wahrscheinlich die Stelle eines älteren Tempels ein. Den Neubau des Heiligtums unternahm Ptolemaios II. Philadelphos; vollendet wurde er im Wesentlichen von Euergetes I., doch ist die Ausschmückung mit Reliefs und Inschriften erst allmählich erfolgt, zum Teil auch unausgeführt geblieben.

◄ Erster Pylon

Der erste Pylon (45,5 m breit und 18 m hoch) besteht aus zwei Türmen und dem schon von Nektanebos mit Reliefs geschmückten Mittelportal. Der östliche Turm zeigt an der Vorderseite das gewaltige Bild des Pharaos Ptolemaios XII. Neos Dionysos, der eine Schar Feinde bei den Haaren packt und mit der Keule zum tödlichen Schlag ausholt; links von ihm Isis, der falkenköpfige Horus von Edfu und Hathor. Darüber zwei Reliefs desselben Königs: Rechts überreicht er dem Horus und der Nephthys die Kronen von Ober- und Unterägypten, links räuchert er vor Isis und Harpokrates.

Entsprechende Darstellungen bedecken den westlichen Torturm, in den unten auch zahlreiche demotische und griechische Inschriften eingemeißelt sind. Durch den zuletzt genannten Turm führt ein von Philometor mit Reliefs geschmücktes Tor nördlich auf den Eingang des Geburtshauses.

Vor dem Pylonen standen einst zwei von Euergetes II. gestiftete Granitobelisken sowie zwei sitzende Granitlöwen. An den östlichen Torturm lehnt sich rechts ein schönes Tor, das mit Reliefs des Ptolemaios II. Philadelphos (auf dem Torsturz) und des Kaisers Tiberius (auf den beiden Pfosten) verziert ist. Es wurde von Philadelphos erbaut und lag ursprünglich in einer Ziegelmauer.

Vorhof ► Durch das mittlere Tor, in dessen Innerem rechts eine französische Inschrift (»an 6 de la république«) an den **Feldzug Napoleons** und an die Verfolgung der Mamelucken durch den General Desaix im Jahre 1799 erinnert, gelangt man in den Vorhof zwischen erstem und zweitem Pylonen. An den Seiten befinden sich kleine Gebäude mit Säulenhallen.

Geburtshaus (Mammisi)

Westlich befindet sich das Geburtshaus (Mammisi), zu dem auch das Tor im Westturm des ersten Pylonen führt; an der Rückseite des Pylonen sind vier Priester mit der Isis-Barke dargestellt, vor denen der räuchernde König schreitet. Das Geburtshaus war der Hathor-Isis zur Erinnerung an die Geburt ihres Sohnes Horus geweiht. Es ist ringsum von Hallen umgeben, deren Säulen auf den Pflanzenkapitellen noch Sistrumskapitelle tragen. Wände, Säulen und die Schranken zwischen den Säulen sind mit Bildern und Inschriften bedeckt, die zum größten Teil von Euergetes II., Neos Dionysos, Augustus und Tiberius herrühren. Die Reliefs im letzten Raum sind besonders interessant. Sie zeigen Szenen aus der Kindheit des Horus wie etwa den Gott als Falken in den Sümpfen des Nildeltas.

Gebäude für die Priesterschaft

Das östliche Gebäude, dem Geburtshaus gegenüber, umschloss Räume für die Priesterschaft und zum Teil auch für wissenschaftliche Zwecke. Die Pflanzensäulen der Vorhalle zeichnen sich durch schöne Proportionen aus. Die Reliefs und Inschriften stammen von Neos Dionysos, die Weihinschrift am Architrav von Euergetes II. An der Nordseite der Vorhalle führt ein über mehrere Stufen erreichbares Tor zum inneren Tempelumgang. Die Reliefs zeigen Neos Dionysos vor den Göttern.

Zweiter Pylon

Der zweite Pylon ist 32 m breit und 12 m hoch. Die Reliefs am Mitteltor stammen von Euergetes II. Der östliche Torturm ist unten mit einer großen Darstellung geschmückt. Sie zeigt Pharao Neos Dionysos, der den Gottheiten Horus und Hathor die geschlachtete Opfertiere weiht. Darüber befinden sich zwei Reliefs: das rechte zeigt Neos Dionysos, der dem Horus und der Nephthys einen Kranz überreicht, das linke den König, vor Osiris, Isis und Horus räuchernd und Wasser auf den Altar gießend. Der unten am Turm anstehende Granitfels

Relief am Isistempel von Philae

des Untergrundes ist geglättet. Er trägt eine Inschrift und Darstellungen, die an eine Schenkung des Philometor im 24. Jahre seiner Regierung (157 v. Chr.) erinnern. Davor befinden sich die Reste einer bis auf den Unterbau zerstörten Kapelle. Am westlichen Turm sind ähnliche, jedoch stark angegriffene Darstellungen zu erkennen.

Eigentlicher Isistempel

An den zweiten Pylonen, in dessen Mitteltor rechts oben verwischte altchristliche Bilder zu erkennen sind, schließt sich der eigentliche Isistempel an. Er besteht aus einem offenen Hof, einer Vorhalle, mehreren Vorsälen und dem Allerheiligsten mit einigen Nebengemächern. Seine Wände sind innen und außen mit Reliefs und Inschriften bedeckt, die Ptolemäer (Philadelphos, Euergetes II. u. a.) und römische Kaiser (Augustus, Tiberius, Antoninus) beim Opfer oder anderen kultischen Handlungen zeigen. Sie entsprechen ganz den Ausschmückungen anderer Tempel jener Zeit, besonders aber den Tempeln von Dendera und Edfu.

◄ Tempelhof

Der Tempelhof konnte zum Schutz gegen die Sonne mit einem **Zeltdach** überspannt werden. Löcher für die Seile sind oben am Hohlkehlengesims, an der Seite zum Pylonen hin erkennbar. Beiderseits des Hofes befinden sich kleine Hallen mit je einer Säule.

◄ Vorhalle

Die Vorhalle, deren Decke von acht Säulen getragen wird, war ursprünglich durch Schranken zwischen den vorderen Säulen vom Hof getrennt. An die Umgestaltung des Hofes und der Vorhalle für den christlichen Gottesdienst erinnern viele eingemeißelte koptische Kreuze sowie in der hinteren Tür rechts eine griechische Inschrift, die berichtet, dass »dieses gute Werk« unter Bischof Theodorus (zur Zeit Justinians) geschah. Über der Tür erinnert eine Inschrift an die von Papst Gregor XVI. im Jahre 1841 hierher gesandte archäologische Expedition.

Allerheiligstes ► Durch mehrere Vorsäle mit dunklen Nebenkammern gelangt man in das Allerheiligste. Es wird durch zwei Luken erleuchtet und enthält das von Euergetes I. und seiner Gemahlin Berenike gestiftete Postament, das einst die heilige Barke mit dem Bild der Göttin Isis trug.
Vom ersten Vorsaal betritt man links (westlich) einen kleinen Raum mit Darstellungen des Königs vor Isis. An der Westseite führt eine Tür ins Freie. An der Nordseite befindet sich der Zugang zur Treppe, über die man einst auf das Dach über dem Allerheiligsten gelangte. Vom Dach führen Stufen hinab in ein Osiris-Heiligtum, das leider nicht zugänglich ist. Die Reliefs befassen sich ausführlich mit dem Tod, der Mumifizierung und der Grablegung des Osiris.

Hadrianstor Nordwestlich vom zweiten Pylonen befindet sich das kleine Hadrianstor, das in der alten Umfassungsmauer des Tempels liegt. Es wurde zur Zeit des Kaisers Hadrian erbaut und von ihm bzw. den Kaisern Marcus Aurelius und Lucius Verus mit Reliefs geschmückt. Das Tor führte zum **Abaton**, dem wichtigsten Osirisgrab der griechisch-römischen Zeit auf der Nachbarinsel Bigga. Daher beziehen sich seine Reliefbilder auf den Osiriskult. Auf dem Türsturz sieht man Hadrian vor Osiris, Isis und Harsiësis sowie vor Osiris, Nephthys und Harendotes opfernd. Auf den Türpfosten sieht man links die heilige Reliquie von Abydos, rechts den Pfeiler des Osiris. Im Innern des Tores ist rechts Marcus Aurelius zu erkennen, oben vor Osiris und Isis (man beachte die Hilfslinien!), und unten, wie er der Isis Speisen und Blumen weiht.
Eigenartig sind die Darstellungen in dem unvollendet gebliebenen und weitgehend zerstörten Vorraum. Über der Tür der südlichen Wand sieht man oben Horus auf einer Bank sitzend mit Nephthys und Isis, die ihm die unterägyptische und die oberägyptische Krone überreichen. Links gewahrt man Thot, rechts Seschet, die Göttin der Schriftgelehrtheit, die den Namen des Königs in einen Palmzweig einschreibt. Hinter Thot sitzt der Luftgott Schu und hält ein Segel, dahinter ein anderer Gott und eine Leier spielende Göttin. Unten sieht man den Abaton mit der von einem Krokodil getragenen Leiche des Osiris. Links davon steht Isis, darüber die Sonne zwischen den Bergen, und über der ganzen Darstellung die Sonne, der Halbmond und Sterne. All dies befindet sich in einem auf der Wand abgebildeten Tempelchen, zu dem links eine Tür führt.

? WUSSTEN SIE SCHON ...?

- Auf der rechten Wand des Vorraums in der zweiten Reihe von oben ist eine berühmte Darstellung der Nilquelle zu sehen: Am Fuß von Felsen, auf denen ein Geier und ein Falke sitzen, gießt der von einer Schlange umschlungene Nilgott zwei Wasserkrüge aus. Rechts von dieser Darstellung erkennt man die vogelgestaltige Seele des Osiris im heiligen Hain, angebetet von Hathor (links) und Isis, Nephthys, Horus und Amun (rechts).

✶ **Hathortempel** Östlich vom Isistempel liegt der kleine Hathortempel, der von Philometor und Euergetes II. zu Ehren der Hathor-Aphrodite erbaut wurde. Die Vorhalle und das jetzt verschwundene Allerheiligste kamen zur Zeit des Kaisers Augustus hinzu. Die Säulen der Halle, die durch Schranken verbunden waren, sind mit reizvollen Darstellungen geschmückt, u a. Flöten- und Harfenspieler, Bes, der das Tamburin spielt, Bes tanzend und beim Harfenspiel, Leier spielende Affen sowie Priester, die eine Antilope tragen. Der eigentliche Tempelraum ist am besten erhalten; er wird vorn von zwei Pflanzensäulen abgeschlossen, die mit der Wand einst durch Schranken verbunden waren.

**** Trajanskiosk**

Südöstlich vom Hathortempel erhebt sich über dem Ufer des Nils der so genannte Trajanskiosk, das anmutigste Bauwerk der Insel. Er stammt aus der römischen Kaiserzeit, blieb jedoch unvollendet. Auf die Kapitelle der Pflanzensäulen sollten noch Sistrumkapitelle gesetzt werden.

Umgebung, Insel Bigga *

◄ Blick

Die felsige Nachbarinsel Bigga (ägypt. Senmet) bietet einen schönen Blick auf die Insel Agilkia mit den Tempeln von Philae. Die Hauptgottheiten der Insel Bigga waren die Feuergöttin Ups und Hathor. Erhalten ist ein Teil des Säulenhofes eines von Ptolemaios XII. Neos Dionysos erbauten Tempels.

◄ Abaton

Auf der Insel Bigga befand sich einstmals das sog. Abaton, das heute gänzlich zerstört ist. Es war das bedeutendste Osirisgrab der griechisch-römischen Zeit, wo das linke Bein des Gottes verehrt wurde. Man war der Auffassung, dass daraus der Nil entspringt.

Port Said (Bûr Said)

L 2

Landesteil: Unterägypten
Gouvernorat: Port Said
Einwohnerzahl: 650 000

Die nach dem Vizekönig Said (1854–1863) benannte Hafenstadt liegt auf einer Nehrung zwischen dem Mansala-See und der nördlichen Einfahrt in den Sueskanal (►Ismailija, Umgebung), dem sie ihre Gründung im Jahre 1859 verdankt. Die blühende Stadt wurde während des Sueskrieges im November 1956 das erste Mal teilweise zerstört, danach erlebte sie jedoch einen raschen Aufschwung.

Viertgrößte Stadt Ägyptens

Nach der Einstellung des Schiffsverkehrs auf dem Sueskanal im Jahre 1967 und der Besetzung der Sinai-Halbinsel durch israelische Truppen wurde sie abermals schwer getroffen und großenteils evakuiert. Ab 1974 wurde die Stadt wieder aufgebaut und heute ist sie die viertgrößte Ägyptens, ein wichtiger Industriestandort. Um das Leben in einer umtriebigen ägyptischen Stadt kennenzulernen, ist Port Said eine gute Adresse; Sehenswürdigkeiten im traditionellen Sinn hat die Stadt, in der noch einige Kolonialbauten an die Zeit ihrer Gründung erinnern, allerdings nur wenige zu bieten.

Sehenswertes in Port Said und Umgebung

Hafen Den großen Hafen und zugleich die nördliche Einfahrt in den Sueskanal schützen zwei mächtige Wellenbrecher. Der westliche ragt in Verlängerung des Hafenkais weit ins Meer hinaus. An einem Ende

PORT SAID ERLEBEN

AUSKUNFT

Tourist Information
8, Palestine St., Tel. (0 66) 3 23 52 89

Tourist Police
Tel. (0 66) 3 22 85 70

VERKEHR

Fähre: rund um die Uhr regelmäßige Verbindung vom Hafen in Port Said nach Port Fuad auf der anderen Kanalseite.
Bahn: alle 60–90 Min. nach Kairo; mehrmals täglich nach Ismailija.
Busse: alle 30–90 Min. nach Ismailija, Sues (Anschluss Sinai) und Kairo; stündlich ins Delta und in die Orte am Mittelmeer. Tel. (0 66) 3 72 98 83.
Sammeltaxis: fast stündlich in alle Richtungen.

EINKAUFEN

Die früher zollfreie Freihandelszone existiert nicht mehr.

ESSEN

► Erschwinglich

① ***Nosrat I. Canal Cruiser***
Palestine St., vor Anker an der Kanalpromenade, Tel. (0 66) 3 32 68 04
Um 15.00 und 20.30 Uhr legt das Schiff zu Lunch- und Dinnerfahrten ab; ägyptische Küche.

② ***Maxim***
Sonesta Einkaufszentrum, Palestine St., 1. Stock, Tel. (0 66) 3 23 43 35
Gutes Fischrestaurant für Mittag- und Abendessen.

► Preiswert

③ ***Galal Seafood Restaurant***
El-Gumhurija St.
Tel. (0 66) 3 22 96 68
Ein lokaler Favorit. Galal serviert Mezze, Calamari und Fisch.

④ ***Pizza Pino***
El-Gumhurija St.
Tel. (0 66) 3 23 99 49
Pizza und Pasta in netter Umgebung.

ÜBERNACHTEN

► Luxus

① ***Helnan Port Said***
Atef al Sadat St.
Tel. (0 66) 3 32 08 90
Fax 3 32 37 62
www.helnan.com
An der Einfahrt zum Sueskanal mit wunderbarem Blick aufs Mittelmeer, Shopping Center.

► Komfortabel

② ***Sonesta Hotel***
Palestine St.
Tel. (0 66) 3 32 55 11 und 3 32 64 10, Fax 32 48 25
www.sonesta.com/PortSaid
Gutes Hotel mit eigenem Strand und einem schönem Blick auf den Sueskanal.

► Günstig

③ ***Holiday Hotel***
El-Gumhurija St.
Tel. (0 66) 3 22 07 11 und 3 22 07 13, Fax 22 07 10
Einfaches Hotel in der Stadtmitte.

Port Said • Bur Saïd Orientierung

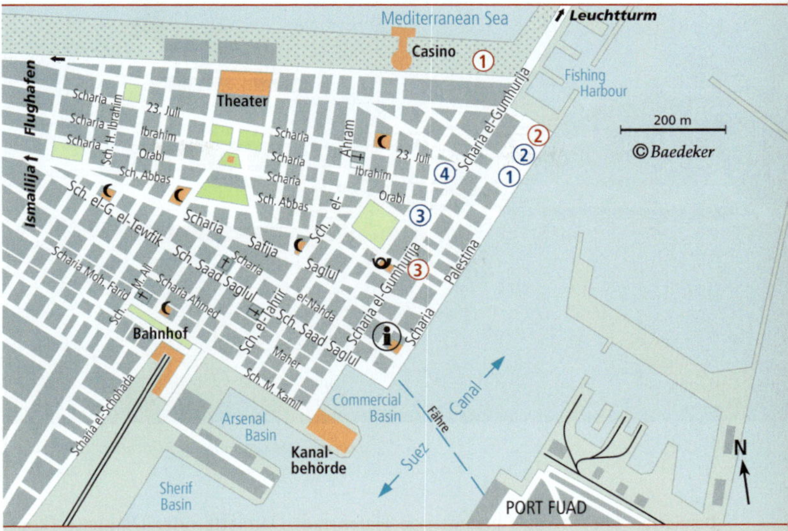

Essen
① Nosrat I. Canal Cruiser
② Maxim
③ Galal Seafood Rest.
④ Pizza Pino

Übernachten
① Helnan Port Said
② Sonesta Hotel
③ Holiday Hotel

steht das große Standbild des Sueskanal-Erbauers **Ferdinand de Lesseps** (1805–1894). Wenige Meter südlich, am Hafenkai, ragt der 53 m hohe Leuchtturm wie ein Finger in den Himmel.

Sharia Palestine

Die belebtesten Straßen der Stadt im Zentrum sind die Sharia Palestine und die parallel verlaufende Sharia Gumhuriya. Hier gibt es die größte Dichte an Geschäften und Restaurants. An der Sharia Palestine steht das repräsentative Kolonialgebäude der Sueskanal-Verwaltung mit seinen drei markanten, türkisfarben leuchtenden Kuppeln.

Nationalmuseum

Einen Besuch lohnt das ebenfalls an der Sharia Palestine gelegene Nationalmuseum. Es zeigt Exponate aus der Zeit der Pharaonen, Gewänder und liturgische Geräte der Kopten sowie Dokumente aus der Zeit der Eröffnung des Sueskanals (Öffnungszeiten: tgl. außer Fr. 10.00–16.00 Uhr).

Bur Fuad

Gegenüber von Port Said dehnt sich an der östlichen Seite von Sueskanal und Hafen die 1926 von der Kanalverwaltung für ihre Angestellten und als Hauptsitz der Büros angelegte Vorstadt Bur Fuad (Port Fuad) aus, benannt nach dem damals regierenden König. Die Stadt besitzt hübsche Anlagen und gute Badestrände.

Lebendige Hafenstadt am Mittelmeer: Port Said

Damietta Die ehemals bedeutende Hafenstadt Damietta oder Damiette (kopt. Tamiati, arab. Dumjat) liegt rund 50 km nordwestlich von Port Said und 15 km südlich der Einmündung des gleichnamigen Nilarmes ins Mittelmeer auf einer schmalen Landzunge zwischen Damietta-Arm und Mansala-See. Berühmt wurde Damietta, das ursprünglich weiter nördlich lag, schon in der **Zeit der Kreuzzüge**. 1218 wurde die Stadt von König Johann von Jerusalem belagert und kurz darauf eingenommen. Doch schon drei Jahre später mussten die Christen Damietta wieder räumen. Im Jahre 1249 zog Ludwig IX. von Frankreich ohne Schwertstreich in die von ihrer Besatzung Hals über Kopf verlassene Festung ein. 1250, nach der Gefangennahme Ludwigs, kam die Feste wieder in die Hände der Muslime. Diese zerstörten sie dann auf Beschluss der Emire und bauten stattdessen am östlichen Flussufer eine neue Festung. In der Folgezeit blühten Handwerk und Handel auf. Besonders begehrt waren das hier gefertigte Leder und vor allem das hier erzeugte Sesamöl. Schiffe aus dem gesamten Mittelmeerraum machten im Hafen fest. Durch den Bau des Mahmudija-Kanals verlor Damietta allerdings einen großen Teil seines Handels, und mit dem Aufblühen der Häfen am Sueskanal wurde der Verfall noch weiter beschleunigt.

Noch zeugen zahlreiche Häuser vom einstigen Glanz der Stadt. Eigentümlich sind die an manchen Häusern noch vorhandenen hölzernen Schnitzerker und -gitter. Nahe am Fluss steht die die 1475 gegründete El-Madbulija-Moschee. Nordöstlich in der Gräbervorstadt El-Gabbana findet man die verfallene Moschee Abul Maata (oder Dschamija Amr Ibn el-As). Viele Säulen in ihrem Inneren stammen noch aus der Antike.

Rosetta (Rashîd)

G 2

Landesteil: Unterägypten **Gouvernorat:** Behera
Einwohnerzahl: 50 000

Schöne Bürgerhäuser des 17. bis 19. Jh.s prägen das Stadtbild von Rosetta, das vom Mittelalter bis in die neuere Zeit der wichtigste ägyptische Hafen und bedeutender Handelsplatz am Mittelmeer war. 1799 entdeckte man hier den berühmten »Stein von Rosetta«, eine Granitstele mit eingemeißeltem Text in drei Sprachen, der maßgeblich zur Entzifferung der Hieroglyphen beitrug.

Allgemeines

Die einst bedeutende Hafen- und Handelsstadt Rosetta liegt 65 km östlich von ► Alexandria im Nildelta, 15 km von der Mündung des Rosetta-Nilarmes ins Mittelmeer entfernt. An dieser Stelle befand sich im Altertum die Siedlung Bolbitine. Vom 17. Jh. bis zum 19. Jh. erlebte Rosetta eine wirtschaftliche Blütezeit. Nach der Fertigstellung des Mahmudija-Kanals geriet die Stadt schnell in den Schatten von Alexandria. Noch heute ist Rosetta wichtiger Umschlagplatz für Reis sowie ein Zentrum der Nahrungsindustrie und des Textilgewerbes.

Sehenswertes in Rosetta

Malerisches Stadtzentrum

Bis heute ist das Stadtzentrum von imposanten Wohnbauten des 17.–19. Jh.s geprägt. Es handelt sich um vier- bis fünfstöckige Gebäude aus mosaikartig gefügtem, rot-schwarzem Ziegelmauerwerk, in das oft antike Steinblöcke eingebaut wurden. Die Fassaden sind mit reich verzierten Fenstergittern (Muschrabijen) geschmückt. Besonders schöne Beispiele für diese Bauten sind das **»El-Fatari«** genannte Gebäude aus dem Jahr 1620, »Arab Keli« (jetzt Museum) aus dem 18. Jh. und »El-Amaciali« vom Beginn des 19. Jahrhunderts.

Moscheen

In Rosetta gibt es mehr als 120 Moscheen, und die meisten unterscheiden sich von anderen ägyptischen durch ihren klaren Aufbau und durch schlichtes Dekor.

Saglul-Moschee

Am Ende der vom Bahnhof südwärts führenden Hauptstraße, von der aus man auch Zugang zu den überdeckten Basaren hat, steht die große Saglul-Moschee, die in überraschender Harmonie zwei ältere, nebeneinander liegende Moscheen vereint. Ihre über 300 Säulen stammen von verschiedenen älteren Bauten und waren daher unterschiedlich hoch. Durch Entfernen der Kapitelle oder Verdoppelung derselben wurde der Unterschied ausgeglichen.

✶ Stein von Rosetta

Die ausgedehnten **Festungswerke** im Norden und Westen der Stadt sind seit dem 16. Jh. angelegt worden. Dazu gehört auch das etwa 5 km nördlich der Stadt gelegene und per Boot erreichbare, frühere

Fort St. Julien (Fort Kait Bey). Im Jahr 1799 hat man hier bei Restaurierungsarbeiten den berühmten »Stein von Rosetta« entdeckt, dessen dreisprachiger Inschriftentext dem gelehrten Champollion die Entzifferung der Hieroglyphen ermöglichte (►S. 101). Er wird heute im British Museum in London aufbewahrt.

★★ Rotes Meer (Bahr el-Ahmar)

L-R 5–14

Gouvernorat: Rotes Meer

Endlose Sandstrände vor dem Hintergrund schroffer Wüstengebirge, türkisblaues, kristallklares Wasser und herrliche Korallenriffe, dazu ein ganzjährig warmes bis heißes Klima und angenehme Wassertemperaturen haben die ägyptische Küste des Roten Meeres sich zu einem vielbesuchten Ferienziel werden lassen.

Boomende Ferienregion

Vor allem in Hurghada, mittlerweile aber auch an einigen anderen Orten weiter südlich boomt der Bade- und Tauchtourismus, so etwa in Makadi Bay, Soma Bay, Safaga, Kalawy Bay, Quseir, Port Ghalib und Marsa Alam. Über die modernen Flughäfen von Hurghada und Marsa Alam sowie die bestens ausgebaute Küstenstraße sind die Ferienorte am Roten Meer leicht erreichbar.

Ein Blick in die Erdgeschichte

Das 2250 km lange, bis zu 355 km breite und bis 2850 m tiefe Rote Meer erstreckt sich mit einer Gesamtfläche von 438 000 km² zwischen dem Afrikanischen Kontinent im Westen und der Arabischen Halbinsel Osten bzw. zwischen dem Mittelmeer im Norden und dem Indischen Ozean im Süden. Es entstand vor zirka 35 – 25 Mio. Jahren im Oligozän (Epoche des Tertiärs) in einer geologisch aktiven Zone, in der aufquellende Magma aus dem Erdinnern die Afrikanische und die Arabische Platte auseinanderdriften lässt. Gegenwärtig verbreitert sich das Rote Meer im Norden um knapp 1cm pro Jahr und im Süden um gut 1,5 cm. In rund 100 Mio. Jahren wird es dann so breit wie der heutige Atlantik sein.

Meeresspiegelschwankungen ►

Im Laufe seines Bestehens war das Rote Meer schon mehrfach vom Indischen Ozean isoliert und hatte vorübergehend Verbindung mit dem Mittelmeer. Zeitweise trocknete es sogar aus. Seine heutigen Dimensionen erreichte es erst nach der letzten Eiszeit vor 10 000 bis vor knapp 5000 Jahren, als der Weltmeeresspiegel signifikant anstieg.

Im Norden teilt sich das Rote Meer an der Halbinsel Sinai in den westlichen relativ flachen Golf von Suez (nur ca. 80 m tief) und den östlichen bis 1829 m tiefen Golf von Aqaba. Im Süden hat es durch die 26 km breite Meerenge vom Bab el-Mandeb (»Tor der Wehklagen«) Zugang zum Golf von Aden bzw. zum Indischen Ozean.

Küstenzone ►

Die Küste des Roten Meeres fällt in Stufen steil ab; die Küstenlinie ist, von wenigen Naturhäfen abgesehen, kaum gegliedert. An der

West- und an der Ostseite sowie auf der Halbinsel Sinai erheben sich bis zu 2637 m hohe Gebirge. Korallenriffe säumen die Küsten.

Infolge geringer Süßwasserzufuhr und relativ starker Verdunstung ist der Salzgehalt des Wassers höher als in den übrigen Weltmeeren. Er schwankt zwischen 4,2% im Golf von Suez und 3,65% bei der Insel Perim im Bab El-Mandeb. ◄ Salzgehalt

Klima

Das Klima am Roten Meer ist heiß mit nur geringen sporadischen Niederschlägen. Die Temperaturen steigen im Hochsommer regelmäßig über 40 °C im Schatten an, können aber im Winter bis auf 15 °C abfallen.

Seeweg

Bis in die frühe Neuzeit war das Rote Meer ein vielbefahrener Seeweg – in der Antike für den Handel zwischen Asien und Nordafrika, im Mittelalter für den Austausch der europäischen Handelsstädte mit Ostindien. Doch die Entdeckung neuer Wege nach Ostasien ließen das Interesse an der durch politische Umstände zeitweise blockierten Handelsroute sinken. Erst die Eröffnung des Sueskanals (1869) gab dem Roten Meer seine alte Bedeutung zurück. Wegen Trinkwassermangels waren seine Küsten nie stark besiedelt. Dies änderte sich mit der touristischen Erschließung.

i Strandminen

- Viele Strände und Areale in der Wüste sind umzäunt. Hier liegen noch zahllose Minen als Relikte des Zweiten Weltkrieges und der israelisch-ägyptischen Konflikte im Sand. Da Zäune und Warnschilder oft weggerissen und nicht erneuert sind, sollte man Strände und Buchten meiden, an denen es keine Spuren von Besuchern gibt. Einheimische wissen, ob solche Plätze gefahrlos begehbar sind.

★ Hurghada

Bis in die 1970er-Jahre verirrte sich kaum ein Taucher oder gar Badegast nach Hurghada (El-Ghardaka). Nur ein paar Fischer und Erdölexploratoren lebten hier. Doch dann kam Gouverneur Youssef Afifi und mit ihm die Investoren: Hurghada, Verwaltungssitz des Gouvernorats Rotes Meer, entwickelte sich innerhalb kürzester Zeit zum **größten Tauch- und Badezentrum am Roten Meer**, in dem fast das ganze Jahr über Saison ist und die allermeisten der heute 250 000 Einwohner vom Tourismus leben. Auf rund 60 km Länge zieht sich Hurghada mittlerweile am Meer entlang, Hotelresort an Hotelresort. Auch nördlich und südlich von Hurghada werden weiter neue Feriensiedlungen aus dem Boden gestampft. Die Kehrseite des atemberaubenden Aufschwungs: Hurghada ist kein gewachsener und schon gar kein malerischer Ort, und die hier lebenden Ägypter sind mit diesem Platz ebenso wenig verwurzelt wie die Touristen.

Sonnenbaden, Baden, Surfen, Tauchen und Schnorcheln kann man hier unter nahezu idealen Bedingungen, doch darüber hinaus hat Hurghada nicht viel zu bieten. Für denjenigen, der einmal gerne einen »strandfreien« Tag einlegen möchte, sind die organisierten Kameltrips und die Ausflüge ins Landesinnere eine lohnende Alternati-

Hurghada Orientierung

Essen

① Ristorante Tuscany
② Al Masri
③ Al-Za'eem
④ Chez Pascal

Ausgehen

① Ministry of Sound
② Little Buddha
③ Papas Bar

Übernachten

① The Oberoi, Sahl Hasheesh
② La Résidence des Cascades
③ Living with the Art
④ Le Meridien Makadi
⑤ Grand Makadi
⑥ Giftun Beach Resort
⑦ Ritz Hostel

ve, zum Beispiel zum ►Pauluskloster und zum ► Antoniuskloster, nach ►Luxor oder ►Kairo (möglichst nicht in einem Tag!) sowie in die Wadis in der Umgebung (s. u.).

Sich in Hurghada zurecht zu finden, ist nicht ganz einfach, zumal sich der Ort endlos lange hinzieht und man ihn zu Fuß eigentlich nicht erkunden kann. Der **Stadtteil Dahar** ganz im Norden der Kette ist so etwas wie »Downtown« Hurghada und wird auch so genannt. Hier befinden sich öffentliche Einrichtungen (Polizeistation, Post, Moschee etc.), Geschäfte, einige Hotels und Restaurants. Beim Hotel Arabia findet man auch das (privat geführte) Krankenhaus von Hurghada. Die Moschee ist neueren Datums und nicht unbedingt einen Besuch wert. Wer weder schnorchelt noch taucht, kann sich einen (sehr) ausschnitthaften Eindruck von der Unterwasserwelt im Aquarium des Meereskundlichen Instituts verschaffen. Von den meisten Hotels fahren regelmäßig Shuttle-Busse nach Dahar.

Südlich schließt sich die Hafenbucht mit dem alten Ortsteil **Sekala** (oder Segala, Sigalla) an. Hier gibt es noch einen alten, wenig touristischen Markt und den Hafen, wo die Schiffe und Schnellboote nach Sharm el-Sheikh (►Sinai) abfahren. Direkt am Hafen werden noch auf traditionelle Weise Fischerboote gebaut.

Im Jahre 2008 wurde der neue **Hurghada Marina Boulevard** eröffnet mit mehr als 100 Boutiquen, Restaurants, Cafés, Clubs und Bars. Auf einem Basar werden orientalische Souvenirs verkauft und das House-Music-Label **Hed Kandi** betreibt hier seine weltweit einzige Beach Bar.

HURGHADA ERLEBEN

AUSKUNFT

Tourist Office
Zentrale (gegenüber Segelclub)
Tel. (065) 346 32 20
www.hurghada.com

VERKEHR

Flüge
Tgl. Flüge nach Kairo, mehrmals wöchentlich Flüge u. a. nach Sharm el-Sheikh und Alexandria
Auskunft: EgyptAir Center (Nähe National Hotel
Tel. (065) 346 30 34
www.egyptair.com

Busse
Ab ***Super Jet Bus Station*** tgl. via Sues nach Kairo und Alexandria
Infos: Tel. (065) 354 47 22.
Ab ***Upper Egypt Bus Station*** tgl. nach Luxor und Assuan
Infos: Tel. (065) 354 75 82
Fahrscheine sollten 1–2 Tage im Voraus gekauft werden.

Sammeltaxis
Tgl. mehrmals von der Nasr St. in alle Richtungen. Allerdings weigern sich neuerdings einige Fahrer, Ausländer mitzunehmen.

Fähre
Katamaran mehrmals wöchentlich von/nach Sharm el-Sheikh, Infos: Eid Travel, Tel. (065) 354 51 47.

Mietwagen
Agenten von Leihwagenfirmen in allen größeren Hotels.

EINKAUFEN

Hurghada Marina Boulevard
Neues Geschäftszentrum mit Souk zwischen dem Stadtzentrum und der Vorstadt Sekala; hier gibt es vor allem Markenware (u.a. Adidas, Nike, Timberland) für sport-liche Gäste.

Touristic Center
Südlich von Sekala, mit dem Le-Meridien-Rundbau, beginnt das Hurghada der Hotels und Resorts. Im Touristic Center entlang der Hauptstraße nach Süden ist hier alles vorhanden, was Besucher brauchen – von Souvenirgeschäften und Fotoläden über Reisebüros und Banken bis zu Cafés und Restaurants.

WASSERSPORT

Surfkurse
Große Surf-Center haben Sofitel, Arabia Beach, Giftun Tourist Village, Jasmin Village und Three Corners Village Hotel. Zu empfehlen:
Pro Center Tommy Friedl
Jasmin Village, Tel. (010) 667 28 11
www.tommy-friedl.com.
Magawish Hotel
Tel. (065) 344 26 20
www.magawish.com
Das Haus liegt an einem der besten Surfreviere Hurghadas.

Tauchkurse
Über 60 Tauchschulen bieten zwischen Hurghada und Safaga Kurse an. Schnorcheln kann man an vielen Hausriffen, auch im Rahmen von Bootsausflügen zur vorgelagerten Insel Gefatin (Giftun). Eine bekannte Tauchbasis ist die von ***James & Mac*** im Hurghadas Giftun Beach Resort, Mobil-Tel. (012) 311 89 23,
Fax (065) 346 21 41
www.james-mac.com.

AUSGEHEN

① ***Ministry of Sound***
Sekala, Tel. (012) 738 24 42
www.ministryofsoundegypt.com

Das bekannte britische Dancefloor-Imperium betreibt auch in Hurghada eine Filiale.

② *Little Buddha*
Sindbad Resort, Village Road
Tel. (065) 345 01 20
www.littlebuddha-hurghada.com
Die Buddha Bar aus Paris hat sich hier einen pompösen Tanztempel errichtet.

③ *Papas Bar*
am Marina Boulevard
Tel. (010) 512 90 51
www.papasbar.com
Nightlife-Dauerbrenner

ESSEN

► Fein & teuer

① *Ristorante Tuscany*
im Marriott Beach Resort
Tel. (065) 344 69 50
tgl. 19.00 – 24.00 Uhr
Hier isst man richtig gut italienisch.

► Preiswert

② *Al Masri*
Midan Sigala
Tel. (0 65) 3 44 33 98
tgl. 17.00–24.00 Uhr.
Spezialität: gegrillte Kebabs und Kofta.

③ *Al-Za'eem*
Midan A-Dahar
Eine Institution am Ort, leckere ägyptische Gerichte

④ *Chez Pascal*
beim Empire Hotel
tgl. 12.00–15.00 u. 17.00–24.00 Uhr
Französische Küche, tolles Frühstücksbüffet

ÜBERNACHTEN

► Luxus

① *The Oberoi, Sahl Hasheesh*
Tel. (065) 344 07 77, Fax 3 44 07 88
www.oberoisahlhasheesh.com
Eines der besten und schönsten Hotels Ägyptens: abgelegen, ruhig, Butlerservice, luxuriöse Suiten, teils mit Privatpool, fantastische arabische Architektur.

② *La Résidence des Cascades*
an der Soma Bay
Tel. (065) 354 23 33
www.residencedescascades.com
Luxusr-Resort mit Ägyptens bestem Thalasso-Therapierzentrum und einem von Gary Player entworfenen Golfplatz am Meer

► Komfortabel

③ *Living with Art*
Hadaba, nahe Sheraton Rd.
Tel. (012) 211 83 38
www.livingwithart.biz
Die Designerin Karin Ely hat 16 Apartments individuell gestaltet.

④ *Le Meridien Makadi*
Makadi Bay
Tel. (0 65) 3 59 05 90, Fax 3 59 05 95
www.lemeridien.com
Schöne Ferienanlage im nubischen Stil mit gepflegtem Sandstrand

⑤ *Grand Makadi*
Makadi Bay
Tel. (065) 359 01 50, Fax 3 59 01 51
www.redseahotels.com
Große Zimmer, sehr ruhige Anlage in orientalischer Architektur.

► Günstig

⑥ *Giftun Beach Resort*
Tel. (065) 346 30 40, Fax 344 26 66
Hübsche Bungalowanlage mit schönem Strand.

⑦ *Ritz Hotel*
Al-Dahar, Sharia al-Tahrir
Tel. (065) 354 70 31
Hinter dem edlen Namen verbirgt sich ein richtig nettes Billig-Hotel.

Wassersport

Viele Hotels haben eigene **Strände**, die sehr gepflegt sind. Auch Nicht-Hotelgäste können sie gegen eine Gebühr benutzen. Die öffentlichen Strände begeistern dagegen wenig. Die meisten Hotelstrände haben auch einen **Surfbrett-Verleih**. In Hurghada kann man das ganze Jahr über baden, denn die Wassertemperatur sinkt kaum unter 20 °C. Allerdings kann die Lufttemperatur im Wintermonaten auf 16 °C absinken. Das ganze Jahr über weht an der Küste ein starker Wind, der den Aufenthalt am Strand im Sommer zwar angenehm, im Winter aber empfindlich kühl gestalten kann. **Schnorcheln** vom Ufer aus ist nicht zu empfehlen, da die Riffe nicht an den Strand heranreichen. Hotels und Tauchbasen bieten Bootsausflüge mit Schnorchel- und Tauchgelegenheit an.

Ausflüge in die Umgebung von Hurghada

Giftun

Beliebt sind Ausflüge zur vorgelagerten Insel Giftun mit ihrem feinen weißen **Strand**. Die Unterwasserflora und -fauna kann man vom Glasbodenboot oder auch von einem U-Boot aus bestaunen. Leider sind die Korallengärten durch schädliche Umwelteinflüsse an manchen Stellen bereits stark geschädigt.

*** El-Gouna**

Eine noch recht junge Feriensiedlung, die sich einem umweltverträglichen Tourismus verpflichtet fühlt, ist das ca. 20 km nördlich von Hurghada gelegene El-Gouna mit Marina und Golfplatz. Künstlich angelegte Lagunen durchziehen den Ort, in dem alle Gebäude im landestypischen Stil gehalten sind. Zwischen Hurghada und El-Gouna verkehren von morgens bis spät in die Nacht Shuttle-Busse.

Mons Porphyrites, Mons Claudianus

Zwei in römischer Zeit ausgebeutete Steinbrüche findet man etwa 40 km landeinwärts in einsamen Wadis. Zum Mons Porphyrites fährt man die Küstenstraße Richtung Sues. Nach 18 km biegt man von der Straße in eine Piste ein. Diese erreicht nach knapp 40 km das spätrömische **Kastell Badia**. Bis ins 5. Jh. wurde am 1660 m hohen Gebel Dukhân Porphyr für die römischen Prunkbauten gebrochen – von Zwangsarbeitern, für die man ein befestigtes Lager angelegt hatte. Obwohl von dem Lager und seinen Einrichtungen außer ein paar Ruinen nicht mehr viel übrig blieb, ist der Ausflug in die faszinierende Wüstenlandschaft ein Erlebnis. Ähnliches gilt auch für den zweiten großen Steinbruch, Mons Claudianus, der südwestlich von Hurghada liegt. Man fährt zunächst nach Safaga, und von dort ca. 40 km auf der Straße nach Qena. Die letzten 20 km bis zu den Ruinen des Lagers sind Piste.

Sahl Hashish, Makadi Bay, Ras Abu Soma

Die gut ausgebaute Küstenstraße bildet die Verbindung zwischen Hurghada und den Orten südlich davon bis zur ägyptisch-sudanesischen Grenze. Der Abschnitt zwischen Hurghada und Safaga, das knapp 60 km südlich liegt, ist – im Gegensatz zur Küste nördlich von Hurghada – **landschaftlich reizvoll**, da der flache Küstenstreifen

◄ weiter S. 478

Liebling der Fotografen: der Langschnauzen-büschelbarsch

REGENWÄLDER DES OZEANS

Obwohl die Korallenriffe des Pazifiks, der Karibik, des Indischen Ozeans und des Roten Meeres nur einen Bruchteil (weniger als 1%) der Erdoberfläche einnehmen, sind sie neben den tropischen Regenwäldern die artenreichsten Lebensräume unserer Erde. Hier lebt rund ein Viertel aller in den Ozeanen bekannten Organismen, d.h. mindestens eine Million Arten.

Diese maritimen Wundergärten traten vor rund 570 Mio. Jahren erstmals in der Erdgeschichte auf. Das zwischen Afrika und Arabien gelegene Rote Meer ist allerdings wesentlich jünger: Es entstand vor etwa 20–40 Mio. Jahren als Grabenbruch infolge der Kontinentaldrift, der die tektonischen Platten Afrikas und Asiens voneinander entfernt hat. Sandige Buchten und Strände bestimmen das eher eintönige Landschaftsbild der fast 1000 km langen ägyptischen Küste und der Sinaihalbinsel, direkt dahinter beginnt die Wüste. Die farbenprächtigen Korallenriffe im Roten Meer gehören dagegen nicht nur zu den **schönsten der Welt**, sie sind zudem nur vier Flugstunden von Europa entfernt! Als Erster entdeckte sie der Österreicher Hans Hass in den 1940er-Jahren. Ihm folgten in den 1950er-Jahren die anderen **Unterwasserpioniere** Jaques-Yves Cousteau, Eugenie Clark und David Doubilet. Anfang der 1960er-Jahre gab es dann die ersten Tauchtouristen im Norden, heute landen allein in Hurghada am Roten Meer jede Woche Dutzende deutscher Charterflugzeuge. Das Leben dieser Urlauber spielt sich fast ausschließlich in den großen Hotelanlagen ab, in denen es von Tennisplätzen bis zu Tauchbasen alles gibt.

Baumeister der Natur

Korallenriffe sind jedoch weit mehr als nur Touristenattraktion. Als **Wellenbrecher** sind sie der wirksamste Küstenschutz, sie sind eine Schatzkammer biologisch wertvoller Substanzen, welche die Rifforganismen produzieren, sie gelten als Fundgrube für neue Pharmazeutika und sind schließlich die **Kinderstube** für viele Fischarten und damit Grundlage für Hochsee- und Rifffischerei. In den Riffen leben etwa 5000 Arten von Fischen und über 2500 Korallenarten, bei denen zwischen **Weich- und Steinkorallen** unterschieden wird. Beide gehören, wie Seeanemonen und Quallen auch, zur Familie der Nesseltiere und sind kleine Polypen, oft nicht größer als der Fingernagel eines Säuglings. Nur die etwa 1000 bislang

Auch der Juwelenbarsch ist in den Riffen zu Hause.

bekannten Steinkorallen können Riffe bilden, die zwar auf den ersten Blick solide wie ein Felsblock wirken, jedoch äußerst sensible Gefüge sind. Die Polypen entnehmen dem Meerwasser Kalk, das sie an der Außenfläche ihres Körpers absondern. So entsteht eine meist nur Millimeter große, weiße Röhre, in die sich der Polyp zurückziehen kann. Mit einer Körperseite haftet der Polyp auf dem festen Untergrund, die andere Seite bildet die von zahlreichen Fangarmen, den Tentakeln, umringte Körperöffnung. Mit seinen Tentakeln filtert der Korallenpolyp Plankton und andere organische Bestandteile aus dem Meerwasser und ernährt sich davon. Wenn das Kalkgerüst eine bestimmte Größe hat, vermehrt sich die Koralle entweder durch **Knospung** – aus einem Polypen entstehen erst zwei, dann vier, dann acht – oder geschlechtlich. Dafür stoßen Polypen Spermien und Eier aus, die sich im offenen Wasser vereinen, zu Larven entwickeln und nach einigen Tagen irgendwo festsetzen, meist am Skelett bereits abgestorbener Korallentiere. Die von Billionen von Polypen errichteten Korallenriffe ähneln somit Hochhäusern, bei denen die jeweils nächste Etage erst angebaut wird, nachdem die darunter liegenden Wohnungen aufgegeben wurden. Beeindruckend ist ihr **Formenreichtum**: Korallen können Kugeln, Säulen, Fächern oder Ästen ähneln. Am häufigsten trifft man auf Geweih-, Tisch- oder Hirnkorallen. Unter optimalen Bedingungen wachsen Steinkorallen auf diese Art einen halben bis zwei Zentimeter im Jahr, sich verzweigende Formen bis zu 15 cm.

Fragile Gebilde

Viele der heutigen Riffe sind mehr als 10 000 Jahre alt, ihr Alter lässt sich über **Wachstumsringe** bestimmen. Über die Erdzeitalter heben und senken sich die Riffe und sterben ab. Ein gewaltiges fossiles Korallenriff sind z. B. die Dolomiten in Südtirol, vor Jahrmillionen abgesunkene Riffe hat man sogar in 6000 m Meerestiefe entdeckt. Ihre wunderbare **Farbenpracht** verdanken die Korallen den Farbstoffen ihrer »Untermieter«: In den Polypen der Korallen leben mikroskopisch kleine, einzellige Algen, die so genannten Zooxanthellen. Sie liefern ihren Wirten den mittels Fotosynthese erzeugten Sauerstoff und Traubenzucker. Letzterer beschleunigt die Kalkabscheidung (= Baustoff für die Riffe) des Polypen um ein Vielfaches. Im Austausch erhalten die Algen von der Koralle Lebensraum und das von ihr ausgeatmete Kohlendioxid. Zum Gedeihen brauchen Korallen stets klares, warmes (22–28 °C) Wasser mit einem Salzgehalt von 3,5

bis 4% und reichlich Sonnenlicht, daher kommen sie nur in Wassertiefen bis maximal 50 m vor. Allerdings sind die Symbiosen **besonders empfindlich**, Temperaturänderungen, Wassertrübungen durch Verschmutzung oder Sand, Gesteinsabbau, Krankheiten oder Beschädigungen durch Taucher, Schiffe oder Fischer bringen das biologische Gleichgewicht leicht zum Kippen.

Gefährdung durch den Menschen

Das bislang schlimmste je von Menschen beobachtete Jahr für Korallen war 1998. Die Riffe vor Bahrein und den Malediven erbleichten zu über 70%, vor Kenia und Thailand zwischen 50% und 90%, das Rote Meer blieb jedoch weitgehend verschont. Insgesamt gelten sechs von zehn Korallenriffen weltweit als **gefährdet**, etwa ein Zehntel sind bereits zerstört. Einer der wichtigsten Gründe ist vermutlich die starke Erwärmung weiter Meeresbereiche. Die Zooxanthellen verlieren schon bei 1 °C über dem Durchschnittswert ihre Fähigkeit zur Fotosynthese. Statt Traubenzucker produzieren sie dann aggressive Moleküle, freie Radikale. Als Reaktion stößt der Polyp die vergifteten Algenzellen ab. Zurück bleiben die durchsichtigen (ausgebleichten) Körper der Polypen. Dauert die **Bleiche** mehrere Wochen, gehen die Korallen unwiederbringlich zugrunde.

Das **Riffsterben** ist seit 1870 bekannt. Allerdings überwogen damals natürliche Ursachen wie Stürme oder die räuberische, bis zu 50 cm große Dornenkrone, ein Seestern, der die Riffe regelmäßig abräumt. Neuerdings werden diese aber durch menschlichen Einfluss verstärkt. Die Liste der Ursachen für das heutige Korallensterben ist lang. Neben der globalen Erwärmung und extremen Klimaereignissen – z. b. die warme Meeresströmung El Niño – gehören dazu vor allem die Verschmutzung der Ozeane durch jährlich etwa 2,6 Mio. m³ flüssiger Umweltgifte, die Überfischung mit Gift oder Dynamit, das Schleppen von engmaschigen Fischernetzen oder Krebsreusen über die Riffbänke, Gesteinsabbau zur Vertiefung von Fahr-

Korallenriffe im Roten Meer – maritime Gärten voller Artenreichtum und von unvergleichlicher Schönheit ...

Maskenfalterfische unter einer Tischkoralle

rinnen sowie Sedimentlast, die von Hochwasser führenden Flüssen ins Meer geleitet wird. Schiffe, die mit ihren Schrauben im flachen Küstengewässer feinen Sand aufwühlen, sowie seit einiger Zeit sogar Infektionskrankheiten, die von Viren oder Bakterien hervorgerufen werden, führen ebenso zum Tode der Korallentiere wie das **unachtsame Verhalten** von Hobbytauchern, die Korallen abbrechen, über Riffe trampeln und mit ihren Schiffsankern »Wunden« in die fragilen Gebilde reißen.

Schutzmaßnahmen

Seitdem jedoch die wirtschaftliche Bedeutung intakter Korallenriffe für den Tourismus entdeckt wurde, haben Forscher und Amateurtaucher auf der ganzen Welt Aktionsgemeinschaften zum Schutz der Riffe geschaffen, auch wächst das Interesse der Regierungen an effektivem Schutz der Paradiese. So wurden 1995 alle Inseln und Korallenriffe Ägyptens unter **Naturschutz** gestellt und besonders schützenswerte Gebiete wie das Ras Mohamed, die Südspitze der Sinaihalbinsel, zum **Nationalpark** erklärt. Einen Namen gemacht hat sich auch die 1992 in Hurghada gegründete, regierungsunabhängige Organisation zum Schutz der Unterwasserwelt HEPCA (Hurghada Environmental Protection and Conservation Association), aber auch in anderen Orten haben sich einige **Tauchbasen** zusammengetan, um Tauchen und Naturschutz zu verbinden, z. B. indem feste Ankerbojen platziert werden, um die mit dem wilden Ankern verbundenen Schädigungen der Riffe zu verhindern. Auch wurden **Reparaturversuche** an beschädigten Riffen gestartet: So pflanzte man im israelischen Eilat abgebrochene Korallenblöcke wieder ein, an anderen Riffplätzen wurden so genannte Nisthilfen versenkt. Deutschen Forschern gelang der Korallenaufbau mit Hilfe eines zukunftweisenden Elektrolyse-Verfahrens.

Das **langfristige Überleben** der gefährdeten »maritimen Regenwälder« sichern aber nur der Stopp der Wasserverschmutzung, das Ende des weltweiten Temperaturanstiegs sowie ein besonnener Umgang der Taucher und Schnorchler mit den Schätzen der Natur.

schmaler ist und die Gebirgshänge dicht an die Küste heranreichen. Auch dieser Küstenabschnitt wird derzeit touristisch erschlossen. Der Ferienstadt El Gouna im Norden entsprechen im Süden Sahl Hashish, Makadi Bay und Ras Abu Soma (Soma Bay). **Makadi Bay** ist bereits am weitesten realisiert, **Sahl Hashish** (20 km südl. Hurghada) ist zum Teil noch Baustelle. Geplant sind über ein Dutzend Hotels, zwei Golfplätze, ein Jachthafen und ein Zentrum im Stil einer orientalischen Stadt. Etwa 15 km vor Safaga liegt **Ras Abu Soma**, wo einige luxuriöse Hotels bestehen. Diverse Sport- und Freizeitaktivitäten wird angeboten. Schön angelegt ist der 18-Loch-Golfplatz.

Safaga (Bûr Safâga)

Safaga ist zwar in erster Linie eine gesichtslose Hafenstadt, doch auch hier fasst der Tourismus mehr und mehr Fuß. Die Korallenriffe vor der Küste von Safaga sind noch weitgehend intakt, und wegen des ständigen Windes gilt Safaga als ein ideales Surf-Revier.

Kosseir (Qseir)

Nach weiteren 85 km auf der Küstenstraße erreicht man das alte Hafenstädtchen Kosseir, das ebenfalls zum Touristenziel ausgebaut wird. Einige Hotels gibt es bereits.

Ortsgeschichte ►

Der Hafen Kosseir ist Endpunkt des uralten, vom Niltal bei Kuft bzw. Kena ausgehenden Karawanenweges durch das Wadi Hammamat. Er wurde seit dem Altertum geschätzt, weil er selbst bei ungünstiger Witterung als sicher galt. Im alten Ägypten hieß der Ort Tjau; damals endete die Handelsstraße vom Niltal etwas weiter nördlich beim Ausgang des Wadi el-Gasus. Zur Zeit der Ptolemäer wurden in Kosseir Waren aus dem Niltal verschifft und umgekehrt Kostbarkeiten aus fernen Ländern eingeführt. Vom Mittelalter bis ins 19. Jh. war Kosseir bevorzugter Hafen der Mekka-Pilger, die nach Dschidda übersetzen wollten. Einige noch bestehende Karawansereien bezeugen dies. Heute ist Kosseir Ausfuhrhafen für Phosphate aus nahen Lagerstätten.

Kosseir erwartet den Besucher mit einer unspektakulären, aber angenehmen Kleinstadtatmosphäre. Die Hafenbucht mit der Mole wird vom inzwischen restaurierten alten Fort aus der Zeit von Sultan Selim (16. Jh.) beherrscht. Danach verfiel es, wurde aber 1798 von den Franzosen erneuert. Malerisch sind die beiden schlichten **Moscheen**

Wrack der »Giannis D.« im Schiffsfriedhof Abu Nuhas

sowie der Basar. Etwa 10 km nördlich des Ortes befindet sich die Stelle des antiken Hafens Kosseir el-Kedim (Alt-Kosseir), von dem kaum noch Reste zu sehen sind. Heute gibt es hier einen Sandstrand.

★ Port Ghalib

70 km weiter südlich erreicht man die neue Bade- und Tauchurlauber-Wunderwelt des »Premium-Urlaubsziels« von Port Ghalib, das seit 2001 aus dem Wüstenboden gestampft wird. Sein wichtigstes Kapital sind die **wundervollen Korallengärten** des Riffs, das hier die Küstenlinie säumt. Inzwischen gibt es hier vier große **Luxus- und Wellness-Resorts** um eine künstlich geschaffene Meerwasserlagune, eine Marina, ein Convention Center und eine Corniche mit Restaurants, Bars, Diskotheken, über 100 Boutiquen und Galerien sowie einem »traditionellen« Markt. In den nächsten Jahren sollen hier weitere 20 Hotelanlagen samt Spielkasino entstehen. Inzwischen fürchten aber nicht nur Naturfreunde, sondern auch Investoren um die Zukunft des fantastischen Korallenriffs und wollen aus Port Ghalib ein umweltverträgliches Urlauberziel machen.

Marsa Alam

Große Pläne hat die ägyptische Tourismuswirtschaft auch mit Marsa Alam selbst, einem 6000-Seelen-Ort, der rund 60 km südlich von Port Ghalib liegt. Auch hier sind neue Ferienanlagen entstanden, die sich vor allem an den Bedürfnissen von Tauch- und Badegästen ausrichten. Die **Tauchgründe** vor Marsa Alam sind noch einigermaßen unberührt, da sie bislang nur schwer zu erreichen waren.

◄ Gold und Edelsteine

Bereits seit der Pharaonenzeit werden Bodenschätze wie Gold, Kupfer und Blei, aber auch Smaragde und diverse Halbedelsteine im Hinterland von Marsa Alam (u. a. im Wadi Baramiya) ausgebeutet.

★ Nationalpark Wadi al-Gamal

Ca. 50 km von Marsa Alam erreicht man diesen 7500 km² großen Nationalpark, der nicht nur das noch relativ wildreiche Wadi al-Gamal (dt. = Tal der Kamele) umfasst, sondern auch einen 15 km breiten Schelfbereich des Roten Meeres mit herrlichen Korallenriffen und größeren Mangrovenbeständen. Im Schutzgebiet kann man seltene Tiere wie **Dorkagazellen, Schieferfalken und Weißaugenmöwen** beobachten. In jüngerer Zeit hat man in der Gegend auch viele **prähistorische Felszeichnungen** mit Tierdarstellungen (u.a. Giraffen) entdeckt. Am Talausgang gibt es eine **Tauchbasis** mit Komforthotel.

Berenice

Weitere 140 km südlich streift die Küstenstraße Berenice. Die Ruinen der einst bedeutenden Hafenstadt liegen auf demselben Breitengrad wie Assuan, im Inneren der »Unsicheren Bucht« (Halig Umm el-Ketef) des Roten Meeres, die im Norden von der Halbinsel des Ras Banas umschlossen wird und hier einen gut geschützten Hafen bildet. Ptolemaios II. Philadelphos gründete die Stadt 275 v. Chr. und benannte sie nach seiner Mutter. Als Endpunkt der großen Karawanenstraßen vom Niltal zum Roten Meer war Berenice Jahrhunderte lang einer der wichtigsten Umschlagsplätze des Seehandels mit Arabien, Indien und der afrikanischen Ostküste.

ROTES MEER ERLEBEN

AUSKUNFT

El-Gouna
Info Center
Tel. (065) 354 97 02, Fax 354 90 65
www.elgouna.com

Hurghada
►S. 471

Kosseir
Tourist Police, Tel. (065) 335 00 24

Port Ghalib
Marina, Tel. (065) 370 02 40
www.portghalib.com

Marsa Alam
Tourist Police, Tel. (065) 375 00 00

ANREISE

Mit dem Flugzeug
Einfallstore für Charterflug-Touristen aus Mitteleuropa sind Flughäfen von Hurghada (►S. 471) und Marsa Alam (bei Port Ghalib). ***EgyptAir*** verbindet beide Flughäfen mit Kairo.
Bustransfer von beiden Flughäfen zu allen Touristenorten an der Küste.
Informationen:
Flughafen Marsa Alam
Tel. + 2020 343 46 88
www.marsa-alam-airport.com
EgyptAir Marsa Alam
Tel. (065) 370 00 35
www.egyptair.com

Mit dem Bus
Zwischen Hurghada und El-Gouna verkehren von morgens bis spät nachts Shuttle-Busse. Mehrmals tgl. verkehren Busse zwischen Kairo bzw. Sues und Hurghada, Kosseir, Port Ghalib sowie Marsa Alam. Man stoppt die Busse an der Küstenstraße mit Handzeichen; Einheimische kennen die ungefähren Abfahrtszeiten.

AKTIVITÄTEN

Tauchen
Pioneer Divers, Marsa Alam
Tel. & Fax (01 95) 10 02 63,
Mobil-Tel. (012) 246 16 56
Tgl. Tauchgänge an verschiedenen Plätzen

Wüstensafaris
Red Sea Desert Adventures
Shagra Village, Marsa Alam
Mobil-Tel. (012) 399 38 60
www.redseadesertadventures.com
Im Angebot: Sonnenuntergang in der Wüste, mit Kamel oder Esel in der Wüste, auf Astro-Tour den Sternenhimmel erleben.

ESSEN

► Erschwinglich

La Deauville
El-Gouna
Elegantes Bistro-Restaurant mit französischer Küche

Spaghetteria Del Porto
El-Gouna
Hausgemachte Spaghetti mit Prosciutto, danach leckeres Tiramisu

Bleu Bleu
El-Gouna
Chef Mustafa grillt exzellenten Fisch; Besitzer ist der Sohn von Kino-Legende Omar Sharif.

El Zaim Bleu
El-Gouna
Authentische ägyptische Küche.

ÜBERNACHTEN

► Luxus

Mövenpick Resort & Spa
El-Gouna
Tel. (065) 354 45 01, Fax 354 51 60
www.moevenpick-hotels.com

Empfehlenswertes Haus mit Spa und Wellness-Bereich

Steigenberger Golf Hotel
El-Gouna
Tel. (065) 358 01 40, Fax 358 01 49
www.el-gouna.steigenberger.de
Das schönste Hotel am Ort, konzipiert vom Architekten Michael Graves, mit Gästezimmern in Pastelltönen, Golfplatz und Wellness-Bereich

Club Robinson Soma Bay
Soma Bay
Tel. (065) 354 98 54, Fax 354 98 78
somabay@robinson.de
Sehr schöner Club, keine aufdringlichen Animateure, ideal auch für Familien (Kinderbetreuung).

Sheraton Soma Bay
Soma Bay
Tel. (065) 354 58 45, Fax 354 58 85
www.sheraton-somabay.com
Eine Hotel-Version des Karnak-Tempels; Golfplatz in der Nähe

Safaga Lotus Bay
Safaga
Tel. (065) 345 10 40, Fax 345 10 42
www.lotusbay.com
Gut geführt, bei Tauchern beliebt

Shams Safaga Village
Safaga
Tel. (065) 325 17 81, Fax 325 17 80
www.shams-dive.com
Kürzlich renovierte Anlage an einer hübschen Strandbucht

Mövenpick Quseir Sirena Hotel
El-Ouadim Bay
(5 km nördlich von Kosseir)
Tel. (065) 333 21 00, Fax 333 21 29
www.moevenpick-hotels.com
Idyll für Ruhesuchende, die gerne tauchen und ohne Disco-Nachtleben auskommen

InterContinental The Palace Port Ghalib Resort
Port Ghalib
Tel. (065) 336 00 00, Fax 336 00 25
www.ichotelsgroup.com
Fünf-Sterne-Urlauberparadies im orientalischen Stil mit 309 luxuriös ausgestatteten Zimmern und 14 »Royal Suites«,

Crowne Plaza Sahara Sands Port Ghalib Resort
Port Ghalib
Tel. (065) 336 00 00, Fax 336 00 25
www.ichotelsgroup.com
Luxusherberge im Beduinenstil mit 347 bestens ausgestatteten Zimmern und Suiten, Wellness-Center, mehreren Restaurants sowie diversen Sport- und Freizeiteinrichtungen

► Komfortabel

Captain's Inn
El-Gouna
Tel./Fax (065) 358 01 70
captainsinn@elgouna.com
Gästehaus in der Nähe der Abu Tig Marina.

Dawar El Omda
El-Gouna
Tel. (065) 354 50 60, Fax 354 50 61
www.dawarelomda-elgouna.com
Sehr geschmackvoll: Mosaik-Böden, antike Möbel und handgearbeitete Leuchter

Sol y Mar Paradise Beach
Safaga
Tel. (065) 325 16 35, Fax 325 16 38
www.solymar-hotels.com
Älteres Mittelklassehotel mit sauberen Zimmern und gepflegtem Strand

Mangrove Bay Resort
30 km südlich von Kosseir
Tel. & Fax (065) 333 45 10
Schöne Lage an einer Mangroven-

bucht, besonders schönes Hausriff und empfehlenswerte Tauchbasis.

Kahramana Beach Resort
ca. 40 km nördlich von Marsa Alam
Tel. (065) 338 00 08
www.kahramanaresort.com
Gepflegte Anlage zwischen dem Meer und den sog. Blondie«-Bergen; In der Nähe 17 Buchten mit tollen Korallenriffen.

Iberotel Coraya Beach
Ghorayfat Bay
(5 km nördlich von Marsa Alam)
Tel. (065) 375 00 00, Fax 375 00 09
www.iberotel-eg.com
Luxuriöses Resort mit Sandstrand, im Winter beheizter Pool, viele Sportmöglichkeiten, auch Flutlicht-Tennis, Fitnesscenter, Hausriff mit guten Schnorchelmöglichkeiten.

Ecolodges Marsa Shagra (Shagra Village & Nakari Village)
18 km nördlich von Marsa Alam
Tel. (02) 337 18 33
www.redsea-divingsafari.com
Tauchercamp, Zelte mit Beduinenbetten direkt am Wasser, Bungalows mit Meerblick am Rande eines Wadis.

► Günstig

Utopia Beach
20 km südlich von Kosseir
Tel. (065) 333 45 30, Fax 333 45 32
utp2000@access.com.eg
Geheizter Pool, unaufdringliche Animation. Gute Tauchbasis.

Shams Alam Hotel
40 km südlich von Marsa Alam
Tel. (012) 244 49 31
shamsalam@yahoo.com
Gemütliche Zimmer, gutes Hausriff.

★★ Sakkara (Saqqâra)

J 5

Landesteil: Mittelägypten **Gouvernorat:** Giseh

Bei dem Namen Sakkara denkt man zunächst einmal an die berühmte Stufenpyramide des Djoser, das älteste monumentale Bauwerk aus Stein auf ägyptischem Boden. Doch als zentrale Begräbnisstätte des alten Memphis ist Sakkara auch eine der größten Totenstädte mit Grabmälern nahezu aller Epochen der ägyptischen Geschichte.

Bedeutende Totenstadt

Die Nekropole liegt westlich des Nils am Rande der ► Westlichen Wüste, etwa 15 km südlich der Pyramiden von ►Giseh, und erstreckt sich annähernd 7 km weit in nord-südlicher Richtung. Sie wurde in allen Zeiten immer wieder geplündert, vor allem unter den Byzantinern und den Kalifen. Die wissenschaftliche Aufarbeitung der Totenstadt begann Mitte des 19. Jh.s, als der Franzose Auguste Mariette die Reste eines Tempels mit der Statue der Stiergottheit Apis entdeckte. Bei Grabungen stießen polnische Wissenschaftler auf das Grab eines hohen Würdenträgers, von dem man sich weitere Auskünfte über den Untergang des Alten Reiches erhofft.

◄ Besichtigung

Die Totenstadt Sakkara (siehe Karte S. 488) kann von Kairo und Giseh aus im Rahmen eines Tagesausflugs besichtigt werden. Sie ist täglich von 7.30 bis 17.00 Uhr zugänglich.

✶ Umfassungsmauer

Von der ursprünglich 10,5 m hohen Umfassungsmauer des Pyramidenbezirkes, die mit Kalkstein verkleidet sowie mit Türmen, Nischen und Scheintüren versehen war, ist der südöstliche Teil mit dem einstigen Haupteingang noch in beträchtlicher Höhe erhalten und teilweise rekonstruiert worden. Sie umschloss ein rechteckiges Areal von 544 m Länge und 277 m Breite.

Säulenhalle

Vom Eingang betritt man die große Säulen- oder Festhalle. Sie war als dreischiffiger Hallenbau angelegt und enthielt 48 paarweise angeordnete, mehr als 5 m hohe Pfeiler. An ihrem Ostende sind Scheintüren angebracht, die hölzerne Flügeltüren nachahmen.

Kleiner Quersaal

An die Festhalle schließt sich im Westen ein kleiner Quersaal mit vier Pfeilerpaaren an, aus dem man durch ein ebenfalls mit Scheintüren geschmücktes Tor in den Pyramidenhof gelangt.

Großer Hof

Der Große Hof wird an der Ost- und auf der Westseite von schön geschichtetem Mauerwerk, an der Nordseite von der Pyramide begrenzt. In seiner Mittelachse stehen die Unterbauten von zwei Altären, die symbolisch die beiden Landesteile Ober- und Unterägypten vertraten. Ein weiterer Altar mit kleiner Rampe lag vor der Südseite der Pyramide.

✶✶ Stufenpyramide des Djoser

Baugeschichte

Weithin sichtbares Wahrzeichen von Sakkara ist die Stufenpyramide des Königs Djoser (2720–2700 v. Chr.; 3. Dyn.), der älteste monumentale Steinbau Ägyptens. Ihre Gestalt erklärt sich als Weiterentwicklung der großen Mastabas der 1. und 2. Dynastie. Durch wiederholte Erhöhung eines Bankgrabes und jeweilige Erweiterung um eine Mantelschicht entstand eine **sechsfache Abstufung** von nach oben hin immer kleiner werdenden Absätzen. Bei eingehenden Untersuchungen der Pyramide konnten immerhin sechs Planänderungen während der Bauzeit nachgewiesen werden.
Baumeister der Pyramide war ein Mann namens Imhotep, der nach Manetho, dem Verfasser der ersten ägyptischen Geschichte unter Ptolemaios II. (3. Jh. v. Chr.), als Erfinder des Bauens mit behauenen Steinen gilt. Beachtlich ist, dass er die Technik bereits beim ersten Bauwerk, an dem sie angewendet wurde, beherrschte.

Stufenpyramide

Als Baumaterial für die 62 m hohe Stufenpyramide von Sakkara diente ein in der Nähe gebrochener, toniger Kalkstein von geringer Festigkeit. Der Eingang zu den unterirdisch angelegten Grabräumen liegt an der Nordseite vor der untersten Stufe. Die zahlreichen unter-

Pyramidenbezirk des Königs Djoser Orientierung

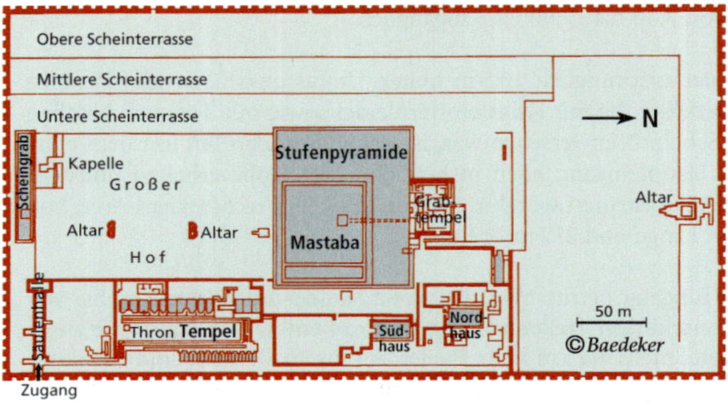

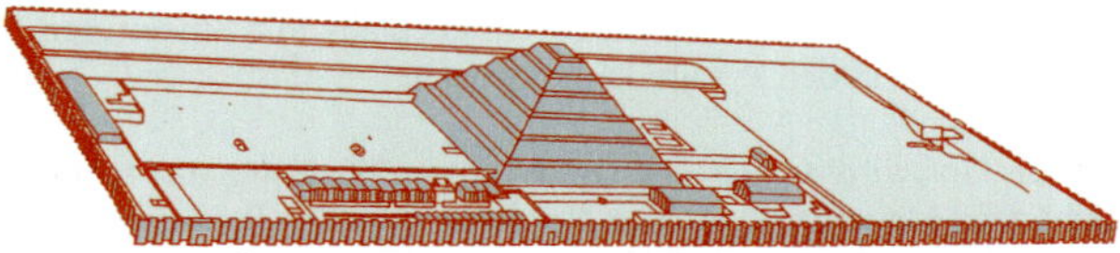

irdischen Kammern und Gänge dienten teils zur Bestattung der nächsten Angehörigen des Königs, besonders von dessen bereits im Kindesalter verstorbenen Söhnen, teils aber auch als Magazine zur Versorgung der Toten. In letzteren fand man zahllose kostbare Gefäße zur Aufbewahrung von Nahrungsmitteln. Einige Gänge und Räume sind allerdings späteren Datums oder Grabräubern zuzuschreiben. In der 28 m unterhalb der Pyramidenbasis angelegten Grabkammer fand man Teile der **Königsmumie**. In einer schon früh angelegten Kammer waren die Wände in Nachahmung geflochtener Schilfmatten mit Plättchen aus blaugrüner Fayence belegt. Sie befinden sich jetzt im Ägyptischen Museum von Kairo.

Totentempel

Vor dem Pyramideneingang im Norden befinden sich Reste des Totentempels. Daneben fand man in einer verschlossenen, nur durch zwei »Gucklöcher« mit der Außenwelt verbundenen Kammer (Serdab) die lebensgroße Statue des Königs Djoser (vor Ort befindet sich eine Kopie, das Original ist im Ägyptischen Museum in Kairo).

Nordhaus, Südhaus

In der nordöstlichen Ecke des Pyramidenbezirks liegen das so genannte Nordhaus und das so genannte Südhaus, jeweils mit Kapelle und offenem Hof. Diese Gebäude werden als Scheinpaläste des Djoser gedeutet, die symbolhaft für dessen Rolle als Herrscher über Ober- und Unterägypten stehen. Ihre Fassaden schmücken kannelierte Halbpfeiler und Halbsäulen mit Papyruskapitellen.

Südöstlich der Stufenpyramide erhebt sich ein vermutlich zum Sedfest, dem 30-jährigen Regierungsjubiläum des Königs, errichteter Tempel, der eine Reihe von Kapellen mit steinernen Nachbildungen von Zäunen besitzt. Treppen führen darin aufwärts zu einem oberen Stockwerk. Im Hof ist ein Unterbau mit Treppen zu erkennen, der vermutlich für den Thron des Königs bestimmt war. **Tempel**

Im westlichen Teil der südlichen Umfassungsmauer liegt ein 1927 von Cecil Firth entdecktes Scheingrab der 3. Dynastie. Unterirdische Treppen und Gänge führen zu Vorräumen, in denen große Alabasterkrüge standen, und weiter zu zwei Kammern, deren Wände ähnlich wie in der Kammer unter der Stufenpyramide mit blaugrünen Fayenceplättchen in Nachahmung von Mattenbehängen geschmückt waren. In der zweiten Kammer befinden sich drei Scheintüren mit wundervollen Reliefs des Djoser. Die nordwestlich anschließende Kapelle besitzt einen schönen Uräus-Fries. **Scheingrab**

✶ Pyramide des Unas

Südwestlich der Stufenpyramide liegt die Pyramide des Königs Unas, des letzten Königs der 5. Dynastie (um 2350 v. Chr.). Ihr Äußeres ist heute weitgehend verfallen und ähnelt einem Geröllhügel, von dessen Seiten die einst sauber gefügten Steintreppen abzurutschen drohen. Das schwer zugängliche Innere wurde 1881 geöffnet, kann derzeit jedoch nicht betreten werden. Die Unas-Pyramide war die erste, in der die Wände der Innenräume mit Inschriften der Totenliteratur bedeckt wurden. Die Pyramidentexte beziehen sich auf das Leben nach dem Tod und sind die ältesten bislang bekannten ägyptischen religiösen Texte. Die Hieroglyphen sind eingeschnitten und mit blauer Farbe ausgefüllt. In der Sargkammer steht der **Granitsarg des Königs** an der Westwand; beiderseits davon gibt es Scheintüren aus Alabaster.

Vor der Ostseite der Unas-Pyramide liegt der sehr verfallene kleine Totentempel. Er besaß einen Hof mit Palmensäulen, von denen noch Bruchstücke zu sehen sind. Am Fuß der Pyramide, wohl an der Stelle des Allerheiligsten, sieht man noch Reste einer Scheintür aus Granit. **Totentempel**

Gräberfeld nahe der Pyramiden

Südlich außerhalb der Umfassungsmauer liegen mehrere Mastabas der 3.–6. Dynastie. Unter ihnen verdient besonders jene Beachtung, die ursprünglich für einen hohen Beamten angelegt war, in der später jedoch Prinzessin Seschseschet, genannt Idut, beigesetzt wurde. Die Mastaba besitzt farblich gut erhaltene Reliefs, darunter die Darstellung einer Ginsterkatze und eines Ichneumons beim Plündern von Vogelnestern in den Sümpfen. Ferner gibt es eine Reihe unterirdischer Vorratskammern, in denen Körbe mit Früchten und Getreide standen, die mit Tonsiegeln der Könige Chasechmui und Djoser verschlossen waren. **Mastaba der Idut**

Mastaba des Mehu Östlich an die Mastaba der Idut schließt die Mastaba des Mehu. Dieser war Wesir der 6. Dynastie. Die gut erhaltenen Malereien der Mastaba zeigen den Verstorbenen und seine Gemahlin im **Alltagsleben**. Im Eingang erkennt man Mehu als beleibten alten Mann. Im ersten Seitenraum rechts sind die Eheleute bei der Jagd und beim Fischfang zu sehen; links Küchenszenen und Vogelfang. In der Tür zum Gang erkennt man links eine Bäckerei und rechts eine Landwirtschaft. Auf der Südwand des Ganges sind drei Bildfolgen zu sehen. Die obere Reihe zeigt den Begräbniskorso auf dem Nil, im ersten Schiff die Mumie. In der mittleren Reihe ist Feldarbeit dargestellt, und in der unteren Reihe repräsentieren 39 Frauen und ein Mann die von Mehu verwalteten Güter. Auf der Westwand ist eine Szene aus der Weinlese abgebildet. Die Nordwand ist ebenfalls in drei Bildreihen geschmückt: Mehu auf der Jagd und beim Bestellen der Felder; rechts der Tür zum Hof Darstellungen von Goldschmiedearbeiten. Der Hof wird von zwei Pfeilern in zwei ungleiche Teile gegliedert. Auf den Pfeilern gewahrt man Mehu mit seinen Titeln und Namen. An der Südwand der kleinen Pfeilerhalle ist Hetepka, Mehus Sohn, am Speisetisch abgebildet.

Der Gang führt zunächst in einen Opferraum mit Darstellungen zum Totenkult. Im nördlich anschließenden Raum sind abermals Kultszenen erhalten. Westlich an den Opferraum schließt der Kultraum eines Merireanch mit Malereien zum gleichen Thema.

Stufenpyramide des Djoser: Vorbild für die Grabpyramiden im alten Ägypten

»Persergräber«

Auf der Südseite der Unas-Pyramide befinden sich drei Schachtgräber von ziemlich gleicher Anlage. Ein senkrechter viereckiger Felsschacht führt zu der Sargkammer, die in der Tiefe eines zweiten, für ihren Bau besonders ausgehobenen größeren Schachtes, den man später zugeschüttet hat, aus Steinblöcken errichtet ist. Die Gräber werden immer wieder irreführend »Persergräber« genannt, obwohl sie nicht erst in der 27. Dynastie, der Epoche der Perserherrschaft, entstanden sind, sondern schon zuvor in der 26. Dynastie, als von Persern noch nicht viel zu sehen war.
Das Hinabsteigen ist sehr beschwerlich und auch nicht immer möglich. Der 25 m tiefe Schacht führt durch einen Korridor zu der überwölbten Sargkammer des Oberarztes Psamtik. Die Wände sind mit religiösen Inschriften bedeckt. Westlich führt ein Tunnel zu dem Grabschacht und der Sargkammer des königlichen Admirals Djenhebu, beide mit schönen eingeschnittenen Inschriften. Nach Osten kommt man über mehrere Stufen hinab zu dem 27 m tiefen Schacht und der Kammer des Padi-set. Die Wände sind mit Inschriften in feinem Flachrelief in wohlerhaltenen Farben und mit Bildern von Opfergaben geschmückt. Die gewölbte Decke ist mit bunten Sternen auf weißem Grund bemalt.

Doppelmastaba

Auf der Nordostseite der Unas-Pyramide liegt die große Doppelmastaba der Nebet und der Chenut. Beide waren Gemahlinnen des Unas. Die Mastaba war ursprünglich 49 m lang, 22 m breit und 4 m hoch. Beide Gräber haben den gleichen Grundriss und zeigen in ihrer Anlage die gleichwertige Stellung ihrer Besitzerinnen. Das westliche Grab der Chenut ist weitgehend zerstört, doch das östliche Grab der Nebet ist noch gut erhalten. Der Eingang liegt auf der Südostseite. Man betritt zunächst einen größeren Vorraum, dessen Wände mit Reliefdarstellungen der Grabherrin geschmückt sind. Von hier führt ein Durchgang links (westlich) zu einem geräumigen, jedoch schmucklosen offenen Hof sowie ein weiterer Durchgang geradeaus zu einem zweiten kleineren Vorraum mit recht ungewöhnlichen Wandreliefs. Sie zeigen Nebet, der Speisen und Schlitten mit mächtigen Weinkrügen zugeführt werden. Unter den Frauen des Harems gibt es auch eine Zwergin. Auf der Nordwand über der Tür sitzt Nebet vor Opfergaben. Vom zweiten Vorraum führt geradeaus (nördlich) ein Zugang zu zwei einfachen Kammern, wohl Magazinen, sowie links (westlich) zu einem langen, ganz mit Reliefs ausgeschmückten Korridor, an dem rechts vier weitere schmucklose Vorratskammern liegen. Die Darstellungen zwischen und über den Türen zeigen Nebet mit ihren Töchtern beim Empfang von Opfergaben. Der Korridor mündet auf den Kapellenraum mit vier Nischen für die Statuen der Grabherrin. Am Nordende der Opferkammer liegt ein kleiner Raum mit dem Bild eines einfachen Mannes und seiner Kinder, vielleicht eines Verwandten der Königin, und damit der Hinweis auf ihre nicht-adelige Herkunft. Im Süden des Kapellenraumes liegen zwei Kammern hintereinander. An den Wänden der ers-

Sakkara Orientierung

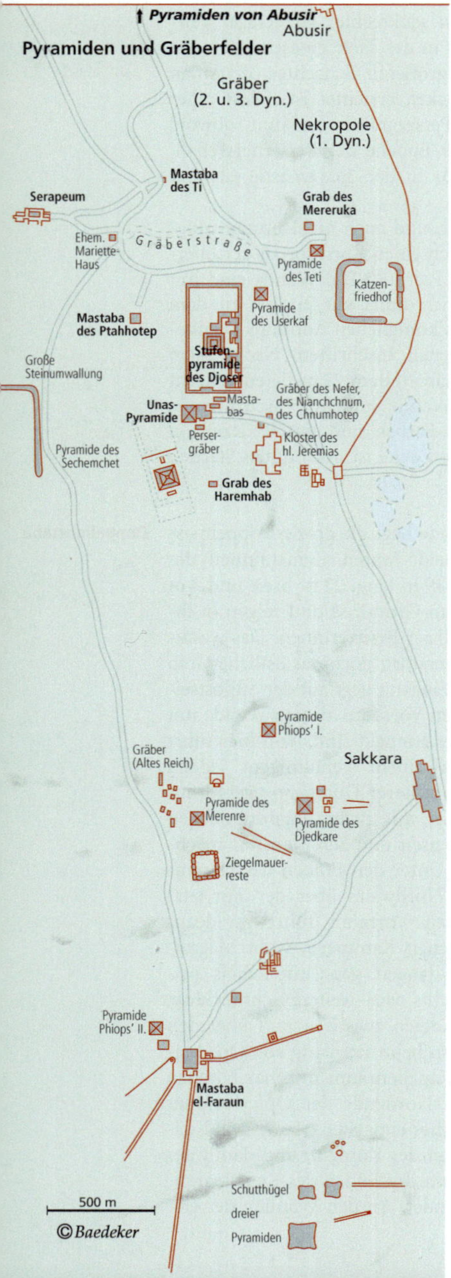

ten sind die üblichen Darstellungen der Toten am Speisetisch zu sehen, an den Wänden der zweiten vier große Salbgefäße.

Im Westen der Unas-Pyramide erstreckt sich der ausgedehnte, heute aber von Sand bedeckte Bezirk der unvollendet gebliebenen **Stufenpyramide des Sechemchet**, früh verstorbener Nachfolger des Djoser.

Zu beiden Seiten des Aufweges der Unas-Pyramide reihen sich zahlreiche **Mastabas und Felsengräber der 5. und 6. Dynastie** aneinander. Sie wurden 1944 entdeckt und seither Zug um Zug freigelegt. Die Grabungsarbeiten sind noch nicht abgeschlossen; auch hat man nur einige Gräber geöffnet.

Östlich liegt das in den Fels geschnittene **Grab des Irukaptah Chenu** (5. Dyn.), des Leiters der königlichen Schlachthöfe. Auch dieses besitzt nur einen Grabraum am Ende eines schmalen Ganges. An der linken und hinteren Wand gefallen zehn plastisch aus dem Fels gearbeitete **Bildnisse** des Grabherrn. An der rechten Wand sieht man Statuen von drei jungen Männern und einer Frau, die ebenfalls hier bestattet waren, sowie eine Scheintür. Die Farbreliefs an der Nord- und Ostwand zeigen klassische Szenen aus dem täglichen Leben, den Toten an der Speisetafel und religiöse Motive.

Etwa 50 m weiter östlich und südlich vom Aufweg der Unas-Pyramide liegt das Grab des Nefer und seiner Genossen (5. Dyn.), das als Familien- oder Gemeinschaftsgrab einer Sängergilde angelegt wurde. Es besitzt einen 8 m langen Kultraum, in dessen Boden neun Grabschächte geschnitten sind. In einem von ihnen fand man die **Mumie** eines nackten, nur einen blauen Perlenkragen tragenden Mannes in leicht angewinkelter Seitenlage.

★ **Grab des Nefer und seiner Genossen**

Die Wände sind ganz mit Kalkstein verkleidet und tragen überreichen bemalten Reliefschmuck. Auf der linken Wand (östlich) sieht man fünf Reihen mit Szenen aus dem Alltag, darunter mehrere Darstellungen zum Thema Holzverarbeitung, zur Landwirtschaft und das Zu-Wasser-Lassen eines Schiffes. Auf der rechten Wand (westlich) werden die Verstorbenen mit ihren Gemahlinnen beim Festmahl gezeigt. An der Südwand sind folgende Szenen abgebildet (von links nach rechts): Nefer und seine Gemahlin Chonsu nehmen die Opfergaben entgegen; ein auf seinen Stab gestützter Mann und seine Frau; Nefer am Speisetisch nimmt das Totenmahl ein.

Doppelgrab des Nianchchnum und des Chnumhotep

Östlich vom Grab des Nefer und seiner Genossen liegt unter dem Aufweg der Unas-Pyramide und bei dessen Bau verschüttet das Doppelgrab des Nianchchnum und des Chnumhotep (5. Dyn.), zweier verwandter oder befreundeter Männer, die Priester des Re am Sonnenheiligtum des Niuserre sowie Handpfleger am Palast des Königs waren. Die Anlage ist teils aufgemauert, teils in den Fels gehauen und im vorderen Teil mit feinem Kalkstein verkleidet.

Der reichhaltige, farbig angelegte Reliefschmuck ist im gemauerten Eingangsbereich sehr gut erhalten, in den hinteren Felsenkammern jedoch wegen des brüchigen Gesteins stark angegriffen. An den Wänden des Portikus ist das Bestattungsritual dargestellt. Beiderseits des Eingangs stehen die Grabherren mit ihren ältesten Söhnen. Im Türdurchgang ist dargestellt, wie die Mumie ins Grab eingeführt wird, begleitet von zahlreichen Opferträgern. Darunter ist zu sehen, wie das Opferrind für die Abend- und Morgenmahlzeit eingefangen wird.

◄ Reliefs

Vom Portikus aus betritt man einen Vorraum, dessen Reliefs vortrefflich erhalten sind. Sie zeigen in fünf Reihen Darstellungen, die abwechselnd Nianchchnum und Chnumhotep betreffen. An der Nord- und Ostwand fallen Szenen aus der Landwirtschaft sowie aus dem Berufsleben der Grabherren ins Auge. An der Südwand ist zu sehen, wie Fische und Vögel gefangen wurden. An der Westwand liegt der Durchgang zum schmucklosen Hof. In der Türleibung links und rechts die Darstellung Grabherren in Eselssänften. Anschließend betritt man den Vorraum zum eigentlichen Felsengrab.

Die Felsenkammer besitzt weniger gut erhaltene Reliefs. An der Nordwand sieht man, wie Getreide geworfelt und anschließend in die Kornspeicher gebracht wird. Schreiber verzeichnen die Bestände. An der Ostwand inspizieren die Grabherren die landwirtschaftlichen Arbeiten sowie, in Begleitung ihrer Söhne, die Werkstätten der Handwerker. An der Südwand ist das Festmahl mit Musik und Tanz abgebildet; die Frau des Nianchchnum ist nachträglich getilgt. Zwischen den beiden Türen zur Grabkammer sieht man die beiden Grabherren, begleitet von ihren Kindern, doch ohne ihre Frauen. Sie umarmen einander und berühren sich mit den Nasen.

Kloster des hl. Jeremias

Unweit östlich vom Gemeinschaftsgrab der beiden Re-Priester liegt das Doppelgrab des Neferseschemptah und des Sechentiu. Von hier führt ein Pfad südwärts zum nahen ehemaligen Kloster des hl. Jeremias, dessen Trümmer 1907 bis 1909 von J. E. Quibell ausgegraben worden sind. Das in der zweiten Hälfte des 5. Jh.s gegründete und um 960 von den Arabern zerstörte Kloster umfasst zwei Kirchen, deren schöne Säulenkapitelle und Reliefs sich jetzt im Ägyptischen Museum von Kairo befinden. Ferner gehören zum Kloster ein Refektorium, eine Bäckerei, eine Ölpresse, eine Weinkelter sowie das Zimmer des hl. Jeremias und etliche Mönchszellen. Die einstmals hier vorhandenen Bildnisse der hl. Jungfrau, der Erzengel und des Klostergründers befinden sich heute im Ägyptischen Museum in Kairo.

Gräber des Neuen Reiches

Südlich der Gräber am Aufweg zur Unas-Pyramide und westlich vom Jeremiaskloster erstreckt sich ein Feld von Gräbern aus der Zeit des Neuen Reiches. Seit langem wird hier verstärkt gegraben, weshalb dieses Gelände nicht immer zugänglich ist.

✶ Grab des Haremhab

In diesem Gebiet hat ein britisch-niederländisches Team 1975/1976 das Grab des Haremhab freigelegt, des obersten Feldherrn und Machthabers unter Tutenchamun. Bereits im 19. Jh. waren Reliefblöcke aus diesem Grab in die verschiedensten Museen gelangt. Haremhab ließ sich dieses Grab noch vor seiner Thronbesteigung in Sakkara errichten, jedoch später ein zweites Grabmal im Tal der Könige anlegen, in dem er auch bestattet wurde.

✶ Reliefs ► Die in erhabener und versenkter Technik gearbeiteten Reliefs des Sakkaragrabes gelten als **bedeutendstes Beispiel der vom Amarna-Stil beeinflussten memphitischen Kunstrichtung**, die sich formal durch weiche, geschwungene Linienführung sowie plastische und realistische Darstellung auszeichnet. Sie zeigen in höchster Vollkommenheit und Vielfalt den Geschmack jener Zeit, der sich u. a. in einer Vorliebe für modische Äußerlichkeiten wie wechselnde Perücken, fließende, kunstvoll drapierte Gewänder und luxuriös gestaltete Wohnräume manifestiert.

Erster Säulenhof ► Über einen gepflasterten Vorhof erreicht man den von Pfeilern flankierten Eingang an der Ostseite der Anlage. Er führt in einen ersten Säulenhof, der von einer 3 m hohen, mit Kalkplatten verkleideten Ziegelmauer umschlossen war. Die bemalten Reliefs, die jetzt weitgehend durch Kopien ersetzt sind, zeigen Szenen aus dem Leben des Feldherrn, darunter jene berühmt gewordene Verleihung des goldenen Ehrenkragens durch das Herrscherpaar, deren Original sich heute im Reichsmuseum für Archäologie im niederländischen Leiden befindet. In der Nordwestecke des Hofes liegt ein Grabschacht.

Statuensaal ► Vom ersten Säulenhof gelangt man in den Statuensaal. Am Eingang gefallen Darstellungen des Haremhab vor dem Opfertisch, Opfer werden herbeigebracht. Am Türpfosten sind die Titel und Namen des Grabherrn zu erkennen. Im Statuensaal sind Standbilder des Haremhab und des Anubis aufgestellt.

Die Wände des anschließenden zweiten Säulenhofes sind mit bemalten Reliefs geschmückt. An der Nord- und nördlichen Ostwand sieht man Haremhab vor Osiris sowie eine Opferprozession. An der südlichen Ostwand empfängt Haremhab Gesandte und Gefangene aus fremden Ländern. In auffallend realistischer Weise wird gezeigt, wie die Gefangenen misshandelt werden. Das Original einer Reihe von gefangenen Kuschiten, die von ägyptischen Beamten registriert werden, befindet sich heute in Bologna. An der Südwand empfängt Haremhab das Opfer.

◄ Zweiter Säulenhof

Etwa 500 m nordöstlich der Stufenpyramide des Djoser liegt, ebenfalls nur als Erdhügel erhalten, die Pyramide des Teti, des Begründers der 6. Dynastie. Ihr Inneres ist zugänglich und vor allem wegen ihrer Beschriftung mit sog. Pyramidentexten interessant.

Pyramide des Teti

✶ Grab des Mereruka (Meri)

An der Nordwestecke der Teti-Pyramide liegt das Grab des Priesters Mereruka (genannt Meri) an der Pyramide des Teti. Es stammt vom Beginn der 6. Dynastie und ist mit einer Länge von 40 m und einer Breite von 24 m sowie insgesamt 31 Räumen und Gängen die umfangreichste Anlage ihrer Art im Alten Reich. Sie ist in drei Abschnitte gegliedert, von denen der erste dem Mereruka, der zweite (links vom Eingang) seiner Frau Heruatetchet und der dritte (im hintersten Teil) ihrem Sohn Meriteti gehört. Über die Ausgrabung im Jahr 1893 berichtet eine Tafel am Eingang.

Größte Grabanlage des Alten Reiches

? WUSSTEN SIE SCHON ...?

- ... dass Archäologen 2009 in Sakkara eine mit Reliefs dekorierte Grabkammer mit 30 Mumien und mehreren bislang unberührten Sarkophagen entdeckt haben? Die Mumien stammen nach ersten Untersuchungen wohl aus der 26. Dynastie (664 – 525 v. Chr.). Genauere Nachforschungen sind noch im Gange.

Rechts und links vom Eingang sieht man Mereruka und seine Frau, im Eingang an der rechten Türwand den Künstler, vermutlich den Grabherrn selbst. In der einen Hand hält er eine Muschel mit Farbe, in der anderen das Schreibrohr. Er sitzt vor einer Staffelei und malt die drei Jahreszeiten, die durch Götter symbolisiert sind. An der linken Türwand sieht man Mereruka und vor ihm seinen Sohn Meriteti, einen Lotosstengel und einen Vogel haltend. Hinter Mereruka stehen seine Frau und Reihen von Dienern.

Erster Raum, Nordwand: Mereruka, nebst seiner Frau auf einem Papyrusnachen, sticht mit der Lanze nach Fischen; Leute in zwei kleinen Booten erlegen mit Harpunen drei Nilpferde; im Flussdickicht sieht man Vögel und im Wasser Fische. Südwand: Der Verstorbene jagt in Begleitung seiner Frau auf einem Boot in den Sümpfen. Bemerkenswert sind die Einzelheiten: Vögel, Fische, ein Nilpferd, das

Reliefs in den Vorräumen

ein Krokodil zerbeißt; links unten werden Rinder durch einen Fluss getrieben, darüber werden sie zum Schlachten niedergeworfen.
Rechts neben dem ersten Raum gibt es eine kleine Kammer mit Mumienschacht. An den ersten Raum schließt nördlich ein annähernd quadratischer Raum. An der Ostwand sehen der Verstorbene und seine Frau verschiedenen Verrichtungen zu, die in sechs Reihen dargestellt sind. In den beiden unteren Reihen fertigen Goldschmiede Halsketten und Gefäße. In der dritten Reihe werden drei Statuen zum Grabe gezogen, ein Priester räuchert. In der vierten Reihe fertigen Tischler Betten. In der fünften und sechsten Reihe werden Steingefäße produziert.
An der Westwand beobachten Mereruka und seine Frau, von Dienern begleitet, eine Jagd in der Steppe. Ein Jagdhund packt eine Antilope, ein Löwe frisst einen Stier. Nördlich anschließend folgt ein länglicher Raum. An der Ostwand rechts sehen Mereruka und seine Frau, denen Diener folgen, dem Fischfang zu. Der korpulente Bruder des Verstorbenen fährt in einem Kahn und bekommt aus einer Schale zu trinken. Links sieht man das Ehepaar, vor ihm Diener, von denen einer eine Meerkatze und zwei Jagdhunde an der Leine führt. An der Westwand links ist die Kanzlei dargestellt, eine von Säulen getragene Halle, in der die Schreiber sitzen. Die Dorfältesten werden z. T. mit Stockprügeln zur Abrechnung herbeigeschleppt. Einer ist ausgezogen, wird an einen Pfahl gehalten und geprügelt. Rechts sehen Mereruka und seine Frau zu, wie den Statuen des Verstorbenen Opfergaben gebracht werden. Links vom Eingang in den genannten länglichen Raum führt ein Zugang zu einer schmucklosen Kammer.

Reliefs im Pfeilersaal

An der Nordostecke des länglichen Raumes liegt der Zugang zu einem von vier Pfeilern getragenen Saal; auf ihnen ist in vertieftem Relief der Verstorbene dargestellt. Westwand (von links): Szene aus der Schlafstube; Mereruka und seine Frau sehen zu, wie das unter einem Baldachin stehende Bett gemacht wird; auf einem Bett mit Löwenfüßen sitzen der Verstorbene und seine Frau, die Harfe spielt; unter dem Bett zwei Reihen Gefäße; dem Verstorbenen, der auf einem Lehnstuhl sitzt, werden von Dienern allerlei Gaben (Gefäße, Holzkisten u. a.) gebracht. Nordwand: Totenpriester bringen dem Verstorbenen auf Tragen Speisen und Getränke. Ostwand: Der Verstorbene und seine Frau, von Dienern begleitet; Diener bringen Opfergaben; Tänzer und Tänzerinnen (in den beiden unteren Reihen). Südwand: Dem Toten werden Opfergaben gebracht.

Querraum

An den länglichen Raum schließt im Norden ein Querraum. Wenige Reliefs und die Scheintür an der Westseite sind erhalten. Ein Grabschacht führt zur Sargkammer. Die Wände der Kammer sind mit Bildern und Opfergaben, Opferlisten und Prunkscheintüren geschmückt. An der Rückwand steht der riesige Steinsarkophag. An der Ostseite des Querraumes gibt es eine Kammer, in der Opferszenen und Darstellungen aus dem täglichen Leben zu sehen sind.

Die Umfassungsmauer des Pyramidenareals wurde rekonstruiert.

Reliefs in der Opferkammer

An die Nordseite des Querraumes schließt die Opferkammer. Sie wird von sechs Pfeilern getragen, auf denen Mereruka stehend dargestellt ist. Nordwand: In einer Nische fallen die Statue des Mereruka und eine Opfertafel ins Auge. Wandreliefs (von rechts nach links): Mereruka sieht den Haustieren zu. In der oberen Reihe werden Boote gebaut. In den vier unteren Reihen sind Gazellen, Antilopen und Rinder dargestellt. In der untersten Reihe werden Hyänen gemästet. Der alte Vater wird von seinen zwei erwachsenen Söhnen geführt. Mereruka wird in einer Sänfte getragen, begleitet von einem großem Gefolge. Zwei Zwerge führen die Hunde. An der stark beschädigten Westwand erkennt man Schiffe. An der Südwand ist das Begräbnis dargestellt.

Grabteil des Meriteti

Im Vorraum an der Ostwand werden rechts Gänse gemästet, links sieht man Rinder und Antilopen. An der Nordwand empfängt Meriteti von Dienern Opfergaben. An der Westwand sieht der Verstorbene der Jagd in der Wüste zu. Erbeutete Gazellen und Antilopen werden ihm vorgeführt. Diener mit Opfergaben (Geflügel, Fische) bevölkern die Südwand. Der kleine Nebenraum links besitzt keine Darstellungen. Nördlich an den Vorraum schließt ein Querraum an. An der Ostwand werden in den beiden unteren Reihen Opfertiere (Rinder) geschlachtet. In den oberen Reihen bringen Diener Rinder und Gazellen. An der Nord- und der Südwand sieht man Meriteti vor dem Speisetisch. Diener bringen Opfergaben. An der Westwand gibt es eine Scheintür. Der Name des Toten ist anstelle eines anderen eingesetzt.

Nördlich schließt ein zweiter Querraum an. An seiner Ostwand sieht man Leute, die dem Meriteti, der links steht, große Kisten mit Kleidern und Gefäßen bringen.

Magazinräume An der Nordwestecke des Pfeilersaales des Mereruka führt ein Gang zu mehreren schmucklosen Magazinräumen. Beim Eingang gelangt man gleich linker Hand zu einem länglichen Raum an der Westseite des Pfeilersaales. An seiner Westwand sieht man den Grabherrn und seine Frau, links und rechts bringen Diener Gefäße mit heiligen Ölen, Kleiderkisten und Gestelle mit Schmuck herbei sowie drei Gefäße auf einem Schlitten. Die Ostwand zeigt ähnliche Darstellungen. Südlich schließt ein Querraum an. Vor der Scheintür stand die Opfertafel. Weiter südlich liegt ein zweiter Querraum, an dessen Westwand Tauben, Gänse und Kraniche gefüttert werden. Ein schmaler Spalt führt zum Serdab, in dem eine bemalte Statue des Mereruka gefunden wurde. An der Südwand links werden dem Verstorbenen Rinder, Antilopen u. a. zugeführt. Schreiber notieren die Bestände. Rechts erkennt man Bäuerinnen mit Opfergaben. Die Namen der Dörfer, die sie vertreten, sind notiert. An der Nordwand links werden Rinder geschlachtet, rechts sieht Mereruka dem Fischfang zu.

Grabteil der Heruatetchet Vom Vorraum des Mereruka-Grabes gelangt man links in den Grabteil der Heruatetchet. Man betritt zunächst den Pfeilersaal. Nord- und Südwand: Die Frau des Mereruka, eine Prinzessin, erhält von Dienern Opfergaben. Westwand: rechts die Frau, ihr Sohn und ihre Tochter. Vier Dienerinnen tragen ihren mit einem Löwen verzierten Tragstuhl. Links werden Fische gefangen, darüber werden wilde Stiere eingefangen.

Westlich vom Pfeilersaal gibt es zwei hintereinander angeordnete Räume. Im ersten Raum auf der Nordwand sind Tänzerinnen zu sehen. An den übrigen Wänden erkennt man Diener, die dem Toten Speisen bringen und Rinder vorführen. An der Westwand befindet sich der Serdab. Im zweiten Raum sieht man an der Westwand eine reich ausgeführte Scheintür. Davor befindet sich ein viereckiger Block, auf dem eine Opfertafel lag. Rechts und links sitzt die Verstorbene vor dem Speisetisch.

Gräberstraße Unweit östlich vom Grab des Kagemni und nördlich von der Teti-Pyramide liegt eine 1899 von Loret ausgegrabene, teilweise aber wieder zugeschüttete Gräberstraße mit bemerkenswerten Grabbauten aus der 6. Dynastie.

✶ Grab des Anchmehor An der eigentlichen Gräberstraße liegt gleich links das Grab des Anchmehor, mit Beinamen Sesi, wegen der Darstellungen aus dem Arztberuf auch das »Ärztegrab« genannt. Der obere Teil der Wände fehlt. Im ersten Raum an der Wand links vom Eingang: Erntebilder, darunter Darstellung von Rindern, die durch den Fluss getrieben werden. Im dahinter befindlichen zweiten Raum ist an der linken

Wand der Verstorbene zu sehen, der dem Vogelfang zusieht. An der Rückwand kann man u. a. die Anfertigung von Statuen für das Grab erkennen. In der Türleibung zum nächsten Raum ist das Schlachten von Opfertieren dargestellt. Die drei folgenden Zimmer enthalten die üblichen Darstellungen: das Darbringen der Opfer vor dem Toten, das Schlachten und Ausnehmen von Rindern. Neben dem ersten Raum gibt es einen Saal, der einst von fünf Pfeilern getragen war. Im Türdurchgangrechts ist eine Beschneidung abgebildet, links eine Zehenoperation. Im Pfeilersaal an der Eingangswand: rechts trauernde Diener und Frauen, links Tänzerinnen.

Grab des Useheteti

Es folgt das Grab des Useheteti oder Neferseschemptah, des »Ersten unter dem König«. Vom Eingangsraum gelangt man durch eine Tür in ein zweites Gemach mit hübschen Darstellungen: An der rechten Wand werden wilde Enten mit dem Schlagnetz gefangen. Darüber sieht man einen Geflügelhof, auf dem Gänse gemästet werden. An den übrigen Wänden sieht man Diener mit Opfergaben. Mehrere sind mit Nachen unterwegs. Im letzten Raum an der Westwand gibt es eine Scheintür, aus der der Tote gleich zweimal heraustritt, und auch aus dem darüber liegenden Fenster sieht er heraus. Vor der Scheintür befindet sich – wie üblich – die Opfertafel. An den übrigen Wänden sieht man den Toten beim Mahl, Diener mit Opfergaben und das Schlachten der Opferrinder.

★★ Mastaba des Ptahhotep und des Achethotep

Lage

Etwa 0,5 km nordwestlich der Stufenpyramide des Djoser liegt die Mastaba zweier hoher Beamter der 5. Dynastie, nämlich von Achethotep und seinem Sohn Ptahhotep. Vom Eingang an der Nordseite betritt man einen Korridor, dessen Wände mit interessanten Vorzeichnungen und halbfertigen Reliefs (rechts) sowie z. T. mit unausgefüllten Königsringen (links) bedeckt sind. Hier lässt sich sehr gut das Werkverfahren der alten Ägypter nachvollziehen. Rechter Hand gelangt man in den Pfeilersaal, einen großen viereckigen Raum, dessen Decke von vier Pfeilern getragen wird.

★★ Opferkammer des Ptahhotep

Eine Tür in der Südostecke führt durch einen Vorraum in die Opferkammer des Ptahhotep, deren Wandreliefs zum Besten gehören, was die antike ägyptische Kunst in ihrer Blütezeit hervorgebracht hat. Manche Kenner sind der Auffasung, dass sie sogar die des Ti-Grabes übertreffen. In der Tür sieht man Diener mit Opfergaben. An der Nordwand über der Tür ist Ptahhotep bei der Morgentoilette zu erkennen, unter seinem Stuhl seine Windhunde und sein Schoßaffe; vor ihm Harfenspieler und Sänger, Zwerge, die Perlenketten fertigen (obere Reihe); Beamte, am Boden sitzend (in den beiden nächsten Reihen); Harfen- und Flötenspieler sowie ein Sänger, der den Takt klatscht (in der untersten Reihe). Links von der Tür sieht man Diener mit Opfergaben und die Schlachtung der Opferstiere.

An der Westwand gibt es in der rechten und linken Ecke zwei Scheintüren. Die rechte stellt möglicherweise eine Palastfassade dar. Auf der linken ist unten rechts der Verstorbene dargestellt, in einer Kapelle sitzend.
An der Südwand gibt es eine Darstellung des Toten beim Mahl. Vor ihm stehen in der obersten Reihe Bäuerinnen mit Gaben. In der zweiten Reihe werden Opfertiere zerlegt. In den beiden unteren Reihen sind Diener mit allerlei Gaben abgebildet. Die schönsten und interessantesten Darstellungen sind an der Ostwand zu sehen. Rechts begutachtet der Tote die »Geschenke und Abgaben, die ihm die Güter des Nordens und Südens« darbringen. In der oberen Reihe sieht man ringende und laufende Knaben. In der zweiten und dritten Reihe wird die Jagdbeute vorgeführt. Vier Männer ziehen zwei Käfige mit Löwen, ein Mann trägt junge Gazellen, die in Pakete eingeschnürt sind, ein anderer einen Käfig mit Hasen und Igeln. In der vierten Reihe sind Herden mit den Hirten auf dem Felde zu sehen. In den beiden nächsten Reihen werden Rinder vorgeführt. Besondere Beachtung verdient der Hirte mit dem gebrochenen Bein, der einen Stier mit Halstroddel führt. Links sieht der Verstorbene »allen schönen Vergnügungen zu, die im ganzen Lande gemacht werden«; in der oberen Reihe eine Herde, die durch den Sumpf getrieben wird, und Leute, die Papyrus ausreißen, zu Bündeln schnüren und wegtragen; in der zweiten Reihe Knabenspiele; in der dritten Weinproduktion; in der vierten und fünften Reihe Tierleben und Jagd in der Wüste; in der sechsten Arbeiten im Sumpf, Fische werden ausgenommen, Stricke gedreht, Papyrus-Nachen gefertigt; in der siebenten Reihe Vogelfang mit Schlagnetzen, die gefangenen Vögel werden in Kästen gesetzt und weggetragen; in der untersten Reihe Bauern in ihren Nachen auf dem Nil, dessen Fische und Blumen angegeben sind, mehrere prügeln sich; in dem Nachen links fährt der Oberbildhauer Nienchptah, dem ein Knabe einen Trunk reicht; es ist vermutlich der Künstler, der die Reliefs geschaffen und sich hier verewigt hat.

Opferkammer des Achethotep

Vom Pfeilersaal führt eine Tür in der Westwand zur Opferkammer des Achethotep, des Vaters von Ptahhotep. Rechts und links sitzt der Verstorbene beim Mahl, Diener bringen ihm Opfergaben; an der Westwand eine Scheintür mit großer Opfertafel.

✶ Serapeum

Entstehungsgeschichte

Etwa 0,5 km nordwestlich der Mastaba des Ptahhotep trifft man auf das Serapeum, die in den Fels gehauenen unterirdischen Apis-Grüfte. Der in einem besonderen Tempel verehrte Apis, der heilige Stier des Gottes Ptah, wurde nach seinem Tode einbalsamiert und mit großem Pomp beigesetzt. Seit Amenophis III., wahrscheinlich auch schon früher, bestanden diese Apis-Gräber aus unterirdischen Sargkammern, zu denen ein schräger Schacht hinabführte, und einer Kapelle darüber, wie bei den Gräbern der Vornehmen.

Sakkara · Serapeum Orientierung

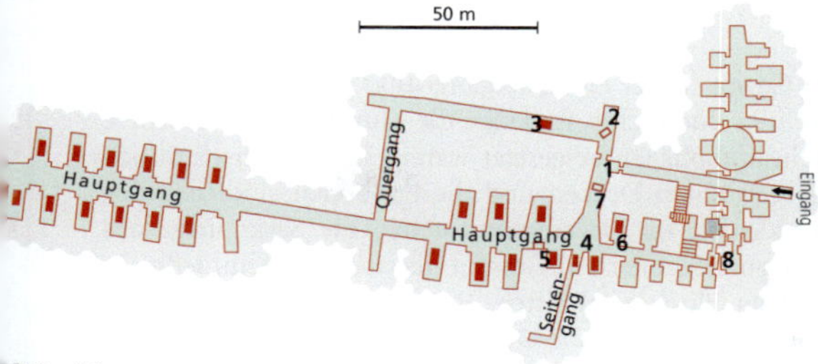

1 Vorraum
2 Sarkophagdeckel
3 zu 2 gehörender Sarkophag
4 Sarkophag des Chababasch
5 zu 4 gehörender Deckel
6 Sarkophag des Amasis
7 zu 6 gehörender Deckel
8 Sarkophag des Kambyses

©Baedeker

Unter Ramses II. ließ der Prinz Chaemwaset als gemeinsame Begräbnisstätte für alle Apis-Stiere einen 100 m langen unterirdischen Gang anlegen, mit Kammern rechts und links, in denen die Holzsärge eingemauert waren. Psammetich I. fügte eine rechtwinklig anschließende, weit großartigere und sorgfältiger ausgeführte Anlage mit Seitenkammern hinzu, an deren Erweiterung bis in die Ptolemäerzeit gearbeitet wurde. Die Längenentwicklung ihrer Gänge beträgt 350 m bei 3 m Breite und 5½ m Höhe. Über diesen unterirdischen Räumen erhob sich ein großer Kulttempel.
Wie der Mensch, so wurde auch der Apis nach dem Tode eins mit Osiris und »Osiris-Apis«. Er galt als eine Art Totengott und wurde wie Osiris »Herr des Westlandes« genannt. Zahlreiche Pilger unternahmen **Wallfahrten** zu seinen Grüften und hinterließen Weihgeschenke, oftmals kleine Denksteine, die in die Wände der unterirdischen Korridore eingefügtwurden. Als sich der unter Ptolemaios I. eingeführte Kultus des fremden Gottes Sarapis (Serapis) in Ägypten verbreitete, wurde der neue Sarapis mit Osiris-Apis identifiziert und neben diesem in dem alten Heiligtum in der Totenstadt von Memphis, das seither als »Serapeum« bezeichnet wurde, verehrt.
Gegenüber dem Tempel über den Apis-Grüften erhob sich ein zweiter Tempel des Osiris-Apis, der von Nektanebos II. erbaut wurde. Auf den Mauern, die den Weg zwischen den beiden Tempeln einfassten, standen griechische Statuen (einige davon sind auf dem Weg zwischen Serapeum und Grabmal des Ti unter einer modernen Bedachung aufgestellt). Wer das Serapeum besichtigen will, sollte unbedingt eine Taschenlampe bei sich haben, da die elektrische Beleuchtung nicht immer funktioniert.

◄ Hinweis für die Besichtigung

Eingang

Vom Eingang erreicht man zunächst einen größeren Raum. In den Nischen der Kalksteinwände sind zahlreiche Denkinschriften gefunden worden. Man wendet sich nach rechts und steht nach wenigen Schritten vor einem ungeheuren **Sarkophag-Deckel** aus schwarzem Granit, dann links, etwa 20 m weiter, vor dem dazu gehörenden **Sar-**

kophag, der den Gang fast ausfüllt. Beide sind vielleicht beim Aufhören des Apis-Dienstes auf dem Weg zu ihrem Bestimmungsort liegen geblieben.

Hauptgang Am Ende des Ganges führt ein Quergang links in den Hauptgang. Die Kammern links und rechts, in denen die Mumien der Apis-Stiere in riesigen Steinsarkophagen beigesetzt waren, sind durchschnittlich 8 m hoch. Die gewölbten Decken und die Fußböden sind mit Mokattamstein verkleidet. In 20 Kammern stehen die Sarkophage aus schwarzem bzw. rotem poliertem Granit oder aus Kalkstein. Jeder ist aus einem einzigen Block geschnitten. Ihr Gewicht wird auf jeweils 65 t geschätzt. Von vielen sind die Deckel zurückgeschoben. Die Sarkophage sind durchwühlt und ausgeraubt aufgefunden worden. Nur zwei von ihnen enthielten noch Schmuck und Beigaben. Drei Särge besitzen Inschriften, einer mit dem Namen des Amasis, ein anderer mit dem des Kambyses und der dritte mit dem Namen des Chababasch, des letzten einheimischen Herrschers vor der Eroberung des Landes durch Alexander den Großen. Der schönste ist der letzte Sarkophag (rechts), zu dem man auf einer Treppe hinabsteigen kann. Er ist aus schwarzem, fein poliertem Granit gearbeitet und mit Inschriften sowie Ornamenten bedeckt.

Seitengang Unweit vom Ostende des Hauptganges zweigt rechts ein 20 m langer Seitengang ab. Der anschließende Gang parallel zum Hauptgang ist vermauert. Gegenüber steigt man über den zu dem Sarkophag des Amasis gehörenden Deckel hinweg und steht auf der anderen Seite wieder im Vorraum.

✶✶ Mastaba des Ti

Weltberühmtes Grabmal Nordöstlich vom Serapeum liegt die Mastaba des Ti, die zu den berühmtesten Sehenswürdigkeiten von Sakkara zählt. Der Grabherr war ein hoher Beamter und reicher Grundbesitzer zu Beginn der 5. Dynastie. Die auch inhaltlich interessanten Wandreliefs gehören zu den am besten erhaltenen und schönsten des Alten Reiches.

Kleine Vorhalle Von der Straße her betritt man die kleine Vorhalle mit zwei oben ergänzten Pfeilern, auf denen vorne Ti (mit langer Perücke und kurzem, weitem Schurz), in der einen Hand einen langen Stab, in der anderen eine Art Keule haltend, dargestellt ist. An der östlichen Wand sind Frauen zu sehen, die als Vertreterinnen der Dörfer des Ti Speisen zum Grab bringen. An der Südwand kann man einen Geflügelhof und die Taubenmast erkennen. Die übrigen Bilder sind leider stark verwittert.

Lichthof Durch die Tür, deren Seiten mit dem Bild des Verstorbenen und Inschriften geschmückt sind, gelangt man geradeaus in den großen Lichthof. In dessen Mitte führt eine Treppe in einen schrägen, niedrigen Gang, der unter dem ganzen Gebäude hinweg zunächst zu einer Vorkammer und dann zur Grabkammer des Ti führt. Der leere Sarkophag füllt die Nische vollständig aus. Die Wandbilder des Lichthofes sind sehr verwittert und teilweise überhaupt nicht mehr zu erkennen. An der Nordwand sieht Ti dem Schlachten und Zerlegen der Opfertiere zu, Diener bringen Opfergaben dar. An der Ostwand sind nur links Reliefs zu sehen: Ti wird auf einer Sänfte getragen, vor ihm gehen Diener mit Fächern, Kästen, Stühlen. An der Westwand erkennt man folgende Szenen (von rechts nach links): Ti und seine Frau besehen das Stopfen der Gänse und die Fütterung von Kranichen; Ti nimmt die Abrechnungen seiner Beamten entgegen; Ti (Figur oben zerstört) sieht zu, wie seine Nilboote landen und verschiedene Herden zu ihm geführt werden; Scheintür für den Sohn des Ti.

Korridore

Durch die Tür in der Ecke, in der rechts und links dreimal die Figur des Ti nach außen schreitend und jedesmal in anderer Kleidung dargestellt ist, gelangt man in einen Korridor. An den Wänden tragen Diener Gaben aller Art ins Grab. An der rechten Wand gibt es noch eine Scheintür für Neferhotpes, die Gemahlin des Ti. Eine Tür führt in einen zweiten Korridor. An der linken Wand sind folgende Szenen zu sehen: In der unteren Reihe werden Opfertiere geschlachtet. Darüber werden die Statuen des Verstorbenen auf Schlitten zum Grab gezogen. Ein Mann gießt vor ihnen Wasser aus. An der rechten Wand landen Schiffe, auf denen Ti seine Totengüter im Delta besichtigt hat. Über der Tür, durch die man den Raum betritt, sieht man Ti mit seiner Frau auf einem Nachen im Papyrusdickicht. Über der Tür zur Grabkapelle treten Tänzerinnen und Sängerinnen auf.

Rechts führt eine Tür in eine **Seitenkammer** mit sehr gut erhaltenen farbigen Darstellungen. Rechte Wand: Ti, der rechts steht, empfängt von Dienern Opfergaben. In der obersten Reihe sieht man Tische mit Opfergaben. An der Rückwand erkennt man in den oberen Reihen Töpfer, Bäcker und Brauer. Unten misst ein Mann Getreide, Schreiber notieren die Mengen. An der linken Wand ist Ti abgebildet, rechts Diener mit Opfergaben, oben Tische und Gefäße. An der Eingangswand sind Tische mit Gefäßen zu sehen.

Mastaba des Ti

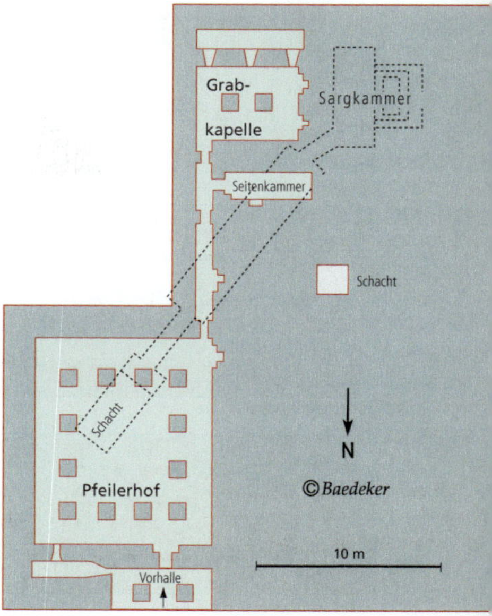

Wandbilder in der Grabkapelle der Mastaba des Ti Orientierung

Ti auf der Fahrt im Papyrusdickicht

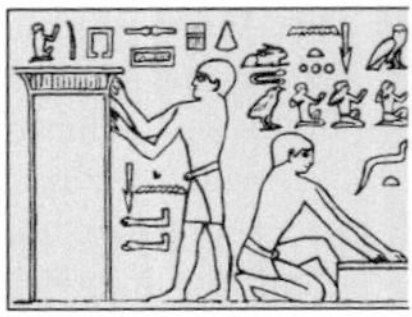

Schreiner bei der Arbeit

Zwerge mit Affen und Hunden

Esel mit Ährensack

Bäuerinnen mit Opfergaben

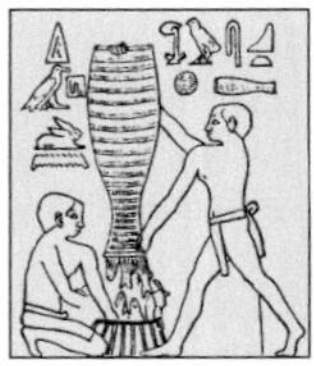

Leeren einer Fischreuse

Rindviehtrieb durchs Wasser

Auf dem Wege zur Abrechnung

Behauen eines Baumstammes

Schiffbau

Hobeln Sägen Polieren Bohren

Mähen der Getreidehalme

Viehherde auf der Weide

Kranichmast

Niederwerfen eines Schlachttieres

Gänsestopfen

Pflügen Hacken Säen

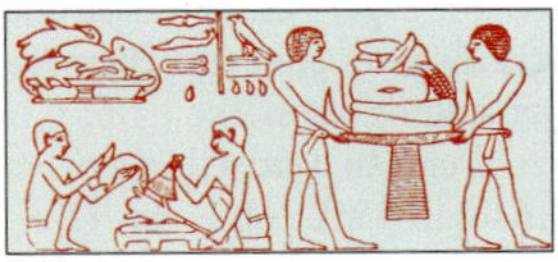
Geflügelbraten

Getreideworfeln

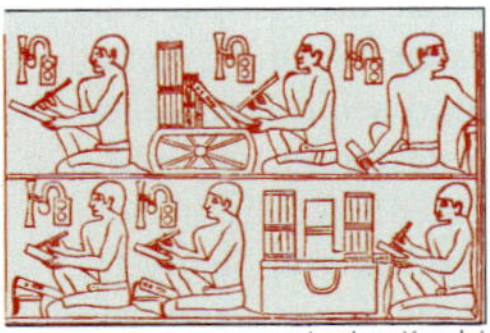
In einer Kanzlei

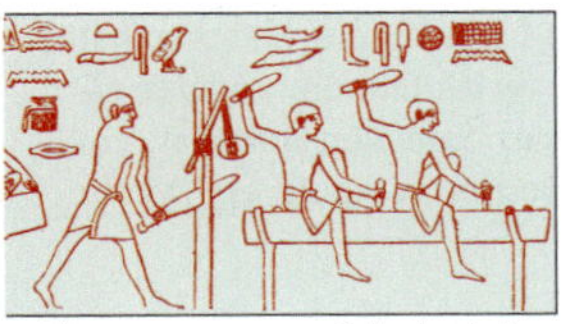
Sägen Balkenbearbeitung

Segelschiff

Kamele bringen die Touristen zu den Sehenswürdigkeiten in Sakkara.

Grabkapelle Nun geht es zurück in den Korridor und durch die Tür, in der rechts und links das Bild des nach außen schreitenden Ti angebracht ist, in die eigentliche Grabkapelle, die 5 m breit, 7,20 m lang und 4,50 m hoch ist. Zwei starke viereckige Pfeiler, deren Bemalung roten Granit vortäuscht, tragen die Decke. Auf den Pfeilern stehen Namen und Titel des Ti.

✶✶ Bilderschmuck

Ostseite ▶

Der Bilderschmuck mit seinen bestens erhaltenen Farben verdient eine eingehende Betrachtung. Auf der Ostseite, links vom Eingang, sieht Ti (rechts), neben dem seine Frau kniet, den Erntearbeiten zu. Vor ihm sind zehn Reihen mit Ernteszenen zu sehen (von oben nach unten): Flachsernte und Flachsbearbeitung; das Getreide wird mit Sicheln abgemäht, in Säcke gepackt und auf Esel geladen, die es zur Tenne bringen; dann folgt das Dreschen, indem Rinder oder Esel über die Garben getrieben werden; die ausgedroschenen Körner werden samt der Spreu zu einem großen Haufen zusammengetragen und gesiebt. Ti selbst sieht den Arbeiten zu. Säge, Beil, Dechsel und Drillbohrer, kurz das gesamte Handwerkszeug der altägyptischen Arbeiter ist in dieser hochinteressanten Darstellung vermerkt.

Südseite ▶

Die Südseite der Grabkapelle ist mit zahlreichen Darstellungen bedeckt, aber in den oberen Teilen beschädigt. Links oben ist Ti erkennbar, darunter weist ein kleiner Spalt in der Wand auf einen Serdab hin, in dem mehrere zerbrochene und eine unversehrte Statue des Ti gefunden wurden. Rechts und links des Spaltes erkennt man zwei Männer, die dem Ti räuchern. Ti und seine Frau sehen den Handwerkern zu, die in vier Reihen dargestellt sind (von oben nach unten): Leute blasen mit langen Rohren einen Ofen an, in dem Gold geschmolzen wird; Bildhauer und Produzenten von Steingefäßen; Tischler polieren eine Tür und einen Kasten (links), zersägen Bretter, polieren ein Bettgestell, unter dem eine Kopfstütze liegt, und arbeiten mit Drillbohrer; Lederarbeiter und Markt, ein Händler hat einen Schlauch und zwei Töpfe mit Öl zu verkaufen, ein anderer einen Beutel, für den ihm ein Mann ein Paar Sandalen anbietet; ein Stempelschneider fertigt ein Steinsiegel; rechts verkauft ein Mann Stöcke.

In der Mitte oben betrachtet Ti, zu dessen Füßen seine Gemahlin hockt, wie ihm Bauern seiner Güter Tiere, darunter Antilopen, Gazellen, Steinböcke, Hirsche und Rinder, für die Totenopfer bringen. Bei jedem Tier steht sein Name. Unten werden in drei Reihen Rinder herbeigeführt. Drei Dorfälteste werden mit Gewalt zum Abrechnen der Steuern vor die Kanzlei des Gutes geschleppt. Ganz unten ist allerhand Federvieh zu sehen, darunter vor allem Kraniche, Gänse und Tauben. Rechts oben sitzt Ti vor dem Speisetisch. Diener bringen ihm Gaben zum Totenopfer. Unten sind Diener mit Opfergaben abgebildet, ebenso Musikanten, die zum Mahl aufspielen. Auch das Schlachten und Zerlegen von Opfertieren wird gezeigt.

◄ Westseite

An der Westseite der Grabkapelle bezeichnen zwei große Scheintüren den Eingang in das Totenreich; vor der rechten befindet sich eine Steinplatte, auf der die Opfer dargebracht wurden.

◄ Nordseite

Auf der Nordseite der Grabkapelle ist das Leben in den Sümpfen des Nildeltas dargestellt. Links sieht man zunächst (von oben nach unten), wie Ti dem Vogel- und Fischfang zusieht, ferner eine Hütte mit den gefangenen Vögeln und Fischen, zwei Männer, die auf kleinen Tischen Fische ausnehmen. Darunter Szenen auf der Weide: Eine Kuh kalbt, eine andere wird gemolken, daneben ein Aufseher, der sich auf seinen Stab stützt, und ein Hirte, der das Kälbchen festhält. Links an Pflöcken angebundene Kälber, die versuchen, sich loszureißen. Rechts treiben Hirten, die in kleinen Nachen aus Papyrus sitzen, Rinder durch einen Flussarm, in dem zwei Krokodile liegen. Links sieht man zwei Zwerge mit dem Schoßaffen und den beiden Windhunden ihres Herrn. In der Mitte fährt Ti im Nachen durch Papyrusdickichte. Vor ihm ist ein weiterer Nachen unterwegs, dessen Mannschaft mit Harpunen Jagd auf Nilpferde macht. Ein Nilpferd zerbeißt ein Krokodil. In dem kleinen Nachen hinten angelt ein Mann einen Wels, im Papyrusdickicht flattern und nisten Vögel. Rechts wird Papyrus geerntet und man baut Papyrusboote; in Streit geratene Schiffer prügeln sich; ein Fischer schüttet die in einer Reuse gefangenen Fische in einen Korb. Auch das Bestellen des Feldes wird ausführlich dargestellt: Ein Mann pflügt mit zwei Rindern, die ein zweiter antreibt; ein anderer zerhackt die Schollen; einer sät, daneben ein Schreiber; Widder werden über die Saat getrieben, um sie einzutreten. Rechts hacken Leute den Boden auf. Die Rinderherde wird bei der Rückkehr von den Weiden im Delta durch das Wasser getrieben. Vorne trägt ein Hirte ein junges Kalb auf den Schultern. Der schmale Streifen, der sich unten über die ganze Länge der Nordwand erstreckt, zeigt 36 Bäuerinnen, die Spenden an Fleisch und Geflügel, Gemüse, Früchten, Getränken von den Gütern des Ti zum Totenopfer des Verstorbenen tragen. Die Namen der Güter sind beigefügt.

Felsengräber der Frühzeit

Im nördlichen Teil von Sakkara befinden sich Friedhöfe aus Ägyptens Frühzeit. Am Wüstenrand liegen Felsengräber, z. T. mit Ziegelüberbau aus der 1. Dynastie sowie – weiter westlich – Gräber der 2. und 3. Dynastie.

Tierfriedhöfe Unweit westlich hat man seit 1965 Tierfriedhöfe freigelegt. Sie gehörten zu einer Tempelanlage der Spätzeit und der Ptolemäerzeit, die in christlicher Zeit einer Kirche weichen musste. Von der Tempelterrasse aus waren die unterirdischen Gänge und Galerien mit den Grüften für die Tiermumien zugänglich. Die schon aus der ägyptischen Frühzeit bekannte Tierverehrung nahm in der Spätzeit Ausmaße an. Die als heilig verehrten Tiere wurden allein zum Zwecke der Mumifizierung und Beisetzung in eigens angelegten Grabgalerien gezüchtet und gehalten. Bekannt sind u. a. Begräbnisstätten für Ibisse, Falken, Paviane, Hunde, Schakale, Krokodile, Widder, Stiere, Kühe, Fische, Ichneumons und Katzen. Es wurde als gute Tat angesehen, anlässlich einer Pilgerfahrt das heilige Tier einer Gottheit zu erstehen, es mumifizieren, kunstvoll bemalen und schmücken zu lassen und dann in einem Sarg aus Stein oder Holz oder aber Vögel in einem spitzen Tonkrug zu bestatten. Die Tiernekropolen von Sakkara umfassen eine Begräbnisgalerie für die »Apis-Mütter« (Iseum), in deren Grüften als Entsprechung zum Serapeum die heiligen Kühe in Steinsarkophagen beigesetzt wurden, ferner eine zweigeschossige Paviangalerie mit über 400 Särgen, eine Ibisgalerie, in der bisher über 2 Mio. Ibismumien in Spitzkrügen aufgefunden wurden, sowie eine Falkengalerie, in der auch Kultgerät aufbewahrt war.

★ Sinai (Sinai-Halbinsel)

L–R 5–9

Gouvernorate: Nördlicher und Südlicher Sinai
Höhe: 0–2642 m ü. d. M.
Fläche: 28 000 km²
Einwohnerzahl: ca. 300 000

Die Brücke zwischen Asien und Afrika wird sie auch genannt, die Sinai-Halbinsel zwischen dem Grabenbruch des Golfes von Sues im Westen und Israel bzw. dem Golf von Aqaba im Osten. Das Landesinnere der Halbinsel ist eine wilde, faszinierend schöne Gebirgslandschaft mit schroffen und zugleich malerischen Felsformationen, kleinen Oasen und scheinbar endlosen Wüstenpisten.

Zwischen Asien und Afrika Mit seinen 28 000 km² ist der Sinai etwa so groß wie die Mittelmeerinsel Sizilien. Viele Jahre lag er – u. a. bedingt durch die Auseinandersetzungen mit Israel – im touristischen Abseits, doch damit ist es seit einiger Zeit endgültig vorbei. Mit seinen herrlichen Tauchrevieren und seinen langen, gepflegten Stränden lockt der Sinai jedes Jahr mehr Touristen an. Der Bade- und Tauchtourismus konzentriert sich vor allem auf die Küste am Golf von Aqaba, wo zwischen Sharm el-Sheikh und Taba Hotels und Camps wie Pilze aus dem Boden schießen. Abwechslung von Meer und Strand bietet das nahezu unberührte Hinterland, wo Trekkingurlauber und Naturliebhaber auf ihre Kosten kommen. Mitten in dieser grandiosen Wüsten- und Gebirgs-

Highlights Sinai

Sharm el-Sheikh
Strände und herrliche Tauchgründe, dazu Hotelanlagen vom einfachen Resort bis zur Luxusklasse.
► Seite 507

Ras Mohamed Marine National Park
Rund 140 km Pfade führen durch den ersten ägyptischen Nationalpark.
► Seite 511

Coloured Canyon
Ein Ausflug in das schönste Wadi auf der Halbinsel.
► Seite 515

Katharinenkloster
Die kleinste Diözese der Welt (in einem Extra-Kapitel beschrieben).
► Seite 410

Mosesberg
Vom Katharinenkloster aus steigt man auf den biblischen Berg.
► Seite 417

Die Blauen Berge des Sinai

landschaft, die nur von Beduinen bewohnt wird, liegt auch das kulturelle Highlight auf dem Sinai, das berühmte ►Katharinenkloster.

Bevölkerung

Auf dem Sinai leben etwa 380 000 Menschen, darunter schätzungsweise 50 000 Beduinen. Die wichtigsten Siedlungen der Region liegen an der Küste: El-Arisch an der Mittelmeerküste, die Häfen Sues und El-Tor am Golf von Sues und Sharm el-Sheikh an der Südspitze der Halbinsel. Der größte Teil des Sinai ist Steppe und Wüste, allein im Norden, am Meer und in einigen kleinen Oasen lässt sich das Land kultivieren. Wirtschaftliche Basis des Sinai sind neben dem Tourismus die Erdöl- und Erdgasvorkommen im Westen der Halbinsel sowie einige Manganerz-, Kupfer- und Phosphatlagerstätten.

Geschichte

Der Norden des Sinai bildete bereits in vordynastischer Zeit das Bindeglied zwischen Ägypten und Palästina bzw. Syrien und war als Handels- und Heerstraße entlang dem Mittelmeer von außerordentlicher Bedeutung. Die **Bodenschätze** des Sinai – Kupfer, Malachit und Türkis – füllten die Schatzkammern der Herrscher über Ägypten. Zugleich genoss die Halbinsel im alten Ägypten hohe religiöse Verehrung: Hier, so glaubte man, suchte Isis nach dem Leichnam ihres Gatten Osiris, und auch der Göttin Hathor gab man den Beinamen »Herrin des Sinai«.
Obwohl der Sinai im Alten Testament eine wichtige Rolle spielt, gibt es keine präzisen historischen Dokumente über den Sinai dieser Zeit. Es ist weder der exakte Ort nachzuvollziehen, an dem die Juden das Rote Meer durchschritten, noch ist gesichert, dass es sich bei dem Berg Horeb, auf dem Moses die Gebotstafeln empfing, tatsächlich um das Sinai-Gebirge handelte. Dennoch wurden bereits seit dem

4. Jh. **Pilgerfahrten** auf den Sinai unternommen, und es ließen sich zahlreiche Einsiedler und christliche Mönche hier nieder. Wegen der Überfälle von Sarazenen legte Justinian in der Mitte des 6. Jh.s ein erstes befestigtes Kloster in unmittelbarer Nähe des Brennenden Dornbusches an – das Katharinenkloster war gegründet. Das Katharinenkloster entwickelte sich zu einem Pilgerziel ersten Ranges, das nicht nur christliche Gläubige besuchten, sondern auch moslemische Pilger auf ihrem Weg nach Mekka.
In der jüngeren Vergangenheit wurde der Sinai zum Zankapfel zwischen Ägypten und seinem Nachbarn Israel. Israel besetzte die Halbinsel mehrmals – 1948 nur teilweise, 1956 und 1968, während des Sechs-Tage-Kriegs, in Gänze. Durch den Friedensvertrag von 1979 erhielt Ägypten den Sinai wieder zurück – ein Prozess, der erst 1989 endgültig abgeschlossen war.

Sehenswertes auf dem Sinai

✶ **Wassersport- und Naturparadies**

Der Sinai ist in erster Linie ein Bade- und Tauchurlaubsziel, wobei bislang vor allem die Ostküste des dreieckigen Landzipfels für den Tourismus erschlossen ist. Die Mittelmeerstrände bei El Arisch besuchen allenfalls einheimische Touristen. Die sehr schöne Westküste wird erst allmählich für den internationalen Tourismus erschlossen. Die Möglichkeiten zum Baden, Schnorcheln und vor allem zum Tauchsport sind in Sharm el-Sheikh, Dahab und Nuweiba am besten. Hier gibt es zahlreiche Unterkünfte, von einfachen Camps am Strand

SINAI-WESTKÜSTE ERLEBEN

ANREISE

Der Sinai lässt sich per Auto und mit öffentlichen Verkehrsmitteln bereisen. Ab Kairo fahren täglich Busse vor allem nach Sharm el-Sheikh, Nuweiba, Dahab und natürlich auch zum Katharinenkloster. Luxusresorts gibt es an der Sinai-Westküste nicht, aber Hotels, die bei Windsurfern beliebt sind. Denn hier herrschen ideale Bedingungen für diesen Sport.

ÜBERNACHTEN

► Komfortabel

Moon Beach Resort
Ras Sudr, Tel. (069) 340 15 00
www.moonbeachholidays.com
Das vor kurzem renovierte Resort ist beliebt bei in Kairo lebenden Ausländern, die sich am Wochenende gern am Meer entspannen wollen. Geräteverleih für Surfer

Paradise Ras Sudr Resort
Ras Matarma Bay, Ras Sudr
Tel. (069) 387 01 00
www.paradiserassudr.com
Aufmerksames und freundliches Personal, Swimmingpool, Tennisplatz und Golfkart-Shuttleservice zur nächsten Surfstation.

Royal Beach Resort
Ras Sudr
Tel. (069) 340 01 01
www.royalbeachresort.com
Familienfreundliche, hübsch begrünte Anlage mit feinem Sandstrand, Pool und großen Zimmern.

Typisch Sharm el-Sheikh: gepflegte Hotelsandstrände

bis zu Fünf-Sterne-Hotels mit eigenen Stränden, sowie jede Menge Tauchschulen und Geräteverleihstationen. In allen Badeorten werden Tagesausflüge ins Hinterland des Sinai angeboten, vor allem zum Katharinenkloster oder zum Coloured Canyon (s. u.). Wer etwas Zeit mitbringt, sollte die herrliche Landschaft im Rahmen eines ein- oder mehrtägigen Kamelrittes erkunden. Angebote für solche Kamelausflüge gibt es in jedem Touristenort, besonders zu empfehlen ist als Ausgangspunkt Nuweiba.

✶ Sharm el-Sheikh und Umgebung

Bade- und Tauchzentrum

In keinem anderen Ort auf dem Sinai ist der Tourismus-Boom so spürbar wie in Sharm el-Sheikh. Mit einem Flughafen und einem Seehafen, der die Stadt mit ►Hurghada verbindet, bringt Sharm el-Sheikh neben seinen Stränden und vor allem seinen herrlichen Tauchgründen die besten Voraussetzungen für eine solche Entwicklung mit. In den letzten 20 Jahren hat der Ort an der Südspitze der Wüstenhalbinsel seine Besucherzahlen vervielfacht, und ein Ende ist noch nicht abzusehen. Die Hotelanlagen ziehen sich mittlerweile mehrere Buchten weit in Richtung Norden bis zum Ras Nusrani, zur Nabq Bay. Oberhalb der Hafenbucht liegt Downtown Sharm el-Sheikh, die ursprüngliche Siedlung aus den Zeiten der israelisch-ägyptischen Auseinandersetzungen. Neben einigen Hotels findet man hier den alten Markt mit Telefonzentrale, Souvenir- und Lebensmittelgeschäften, Restaurants (z. T. günstig) und Cafés.

◄ Terroranschläge 2005

Im Juli 2005 kamen über 80 Menschen bei Terroranschlägen in der Stadt sowie in der nahen Naama Bay ums Leben. Über 200 Menschen wurden durch die Sprengstoffexplosionen erheblich verletzt.

SHARM EL-SHEIKH ERLEBEN

AUSKUNFT

Government-Building
Tel. (069) 376 27 04
Sa. – Do. 8.00–13.00 Uhr
www.sharmelsheikh.com

Tourist Police
Naama Bay, Tel. (069) 366 03 11
Marina Sharm, Tel. (069) 366 06 75

VERKEHR

Flugverkehr
Der Sharm el-Sheikh International Airport wird von etlichen Charterfluggesellschaften aus Mitteleuropa bedient. Egypt Air bietet tgl. Flüge nach Kairo und mehrmals wöchentlich nach Luxor an. Infos: Egypt Air, El Hadaba Office (in der Nähe des Alten Marktes), Tel. (069) 366 50 61/2

Busse
Mehrmals tgl. fahren komfortable SuperJet-Busse nach Kairo. Informationen: Tel. (069) 360 16 22
Die weniger gemütlichen Busse des National Bus Service fahren Richtung Kairo im Stundentakt. Informationen: Tel. (069) 360 06 00.

Taxis
Taxifahrten auf dem Sinai sind teuer; in Sharm el-Sheikh bezahlt man für kurze Strecken selten weniger als 10 £E. Minibusse und Sammeltaxis fahren in alle Richtungen.

Mietwagen
Mietwagenpreise in Sharm el-Sheikh sind hoch. Anbieter haben Agenten in allen großen Hotels. One-Way-Anmietungen meist nur gegen Aufpreis von mindestens 150 US$.

Fähre
Zwischen Sharm el-Sheikh und Hurghada verkehrt ein Linienschnellboot. Außerdem gibt es eine Fähre ins jordanische Aqaba. Infos, Tickets: Travco, Tel. (069) 366 07 64
Fahrpläne: www.jordansinaihotels.com/transptrips.htm

EINKAUFEN

Die meisten Geschäfte finden sich rund um die Fußgängerzone der Naama Bay. Im »Naama Center« gibt es Souvenirs, Handarbeiten von Beduinen, handgeknüpfte Teppiche, Figuren und Statuen, Schnitzereien, Gewürze, dazu in den Shops rund um die Fußgängerzone Markenkleidung, Schmuck, Sportbedarf. Wichtigster Tipp: Folgen Sie nie den Neppern und Schleppern, die Sie in eine Fabrik mitnehmen wollen.

AUSGEHEN

Pangaea Night Club
Soho Square, Sharks Bay
Tel. (069) 360 25 00
Tgl.ab 22.00 Uhr; internationale DJs, manchmal Livemusik.

Sharm el-Sheikh: Blick in das moderne Touristenzentrum Naama Bay

Pacha Sharm/Bus Stop
Sanafir Hotel, Naama Bay
Tel. (069) 360 01 97
Tgl. ab 23.00, Bus Stop Pub bereits ab 12.00 Uhr. Der populärste Danceclub am Ort ist bekannt für seiner spektakulären House Parties.

Hard Rock Café
Marina Street, Naama Bay
Tel. (069) 360 26 64
Tgl. ab 16.00 Uhr bis morgens
Zu lauter Disco-Musik kann man den Lieblingsdrink seines Idols schlürfen, z. B. einen Mel-Gibson-Cocktail.

Little Buddha Sharm
beim Naama Bay Hotel
Tel. (069) 360 10 30
Tgl. ab 19.00 Uhr. Chillout- und Trance-Musik, perfekter Einstieg in die Party-Nacht. Japanisch-französisch-pazifische Fusionküche sowie Sushi-Bar; teuer

The Echo Temple – Desert Stage
Tel. (069) 360 01 97
Open-Air-Disco in der Wüste, 4 km von der Naama Bay entfernt
Hier gibt es Platz für Tausende Tänzer.

ESSEN

► Fein & teuer

Il Frantoio
im Four Seasons Resort
Tel. (069) 360 35 55
Einer der besten Italiener des Landes serviert feine Gerichte in fast schon herrschaftlichem Ambiente.

Fish Restaurant
Hilton Fayrouz Hotel
Strandpromenade
Tel. (069) 360 01 36
Man wählt den Fisch aus, bestimmt die Art der Zubereitung, der Maître hilft mit kompetentem Ratschlag.

Sala Thai
Hyatt Regency
Tel. (0 69) 3 60 12 34
Klassische Thai-Küche im stilvollen Ambiente.

Baedeker-Empfehlung

El Fanar
Ras Umm Sid
Tel. (069) 366 22 18
Tolles italienisches Restaurant mit Beach-Lounge, dessen Strand jeden Mittwoch zur Openair-Partyzone wird.

► Erschwinglich

La Folie Lounge & Bar
Iberotel Lido
Tel. (0 69) 3 60 26 03 16
Ruhige Lounge auf großer Terrasse mit schönem Blick auf die Naama Bay; vorzügliche Speisen

Rangoli
im Sofitel Coralia Resort
Tel. (069) 360 00 81
Das Auge isst mit: Der Blick von der Terrasse über die Naama Bay beeindruckt genauso wie die indische Küche. Unbedingt vorher reservieren!

Abou El-Sid
über dem Hard Rock Café an der Naama Bay, Tel. (069) 360 39 10
Ableger des gleichnamigen Kairoer Szenelokals; Klassiker der ägyptischen Küche, z. B. Molokhiyya.

► Preiswert

Andrea
gegenüber Hard Rock Café an der Naama Bay
Tel. (069) 360 09 72
Sehr gute Grillgerichte, dazu eine reiche Auswahl an ägyptischen Vorspeisen.

ÜBERNACHTEN

► Luxus

Four Seasons
Tel. (069) 360 35 55, Fax 360 35 50
www.fourseasons.com/sharmelsheikh
Eins der luxuriösesten Hotels Ägyptens, edel möblierte Zimmer mit spektakulärem Blick über die Straße von Tiran.

The Ritz Carlton
Tel. (069) 366 19 19, Fax 366 19 20
www.ritzcarlton.com/resorts/sharm_el_sheikh
Spa-Kuren mit Ölbädern à la Kleopatra, vor der Tür ein 18-Loch-Golfplatz, im Winter geheizter Pool.

Hyatt Regency
Tel. (069) 360 12 34, Fax 360 36 00
www.sharm.hyatt.com
Eines der schönsten und modernsten Hotels von Sharm, weitläufige Anlage, große, komfortable Zimmer, Riesenpool mit Strömungsanlage.

Sharm El-Sheikh Jolie Ville Resort
Tel. (069) 360 01 00, Fax 360 01 15
www.jolieville-hotels.com
Weitläufiges Feriendorf; sehr kleiner, enger Strand an der Naama Bay. Die Bungalows sind liebevoll eingerichtet. Restaurants mit guter Küche, zwei Bars, Diskothek, Pools sowie Tennis- und Squashanlagen. Gut ausgestattetes Tauchcenter.

Hilton Fayrouz
Tel. (069) 360 01 37, Fax 360 10 43
www.hilton.de/fayrouz
Idyllische Gartenanlage; geräumige Bungalows mit Terrassen.

► Komfortabel

Camel Hotel
Tel. & Fax (0 69) 3 60 07 00
www.cameldive.com
Familiäre Atmosphäre, behindertengerechte Zimmer, gute Tauchschule.

Cataract Layalina
Tel. (069) 360 02 80, Fax 360 18 29 82
www.cataracthotels.com
An der Fußgängerzone, nett ausgestattete Zimmer, kleiner Privatstrand.

► Günstig

Shark's Bay Beduin Home
Tel. (069) 360 34 70, Fax 360 09 44
www.sharksbay.com
Hüttendorf-Treff für junge Leute und Alternative zu den teuren Häusern; eigene Tauchschule.

Pigeon's House
Tel. (069) 360 09 96, Fax 360 09 55
pigeon@access.com.eg
Einfaches Haus, viele Jugendgruppen

Youth Hostel
Tel. (069) 366 03 17
Auf einem Hügel nahe beim Aida Beach Hotel

✶ Naama Bay

Das Touristenzentrum von Sharm el-Sheikh liegt an der weiten Bucht namens Naama Bay, etwa 10 km nördlich vom Zentrum der Stadt. Hier gibt es eine kleine Fußgängerzone mit Basar, unzählige Tauchschulen, Cafés, Imbissketten, Restaurants und Diskotheken. Viele Hotels in Naama Bay liegen, nur durch die Uferpromenade getrennt, direkt hinter dem gepflegten Strand. Nicht-Hotelgäste müssen für den Strandzugang bezahlen. Hervorragend geeignet zum Schnorcheln und Tauchen ist auch die Shark Bay ca. 6 km nördlich von Naama Bay, da hier das Riff sehr nah am Strand abfällt.

Shark Bay ►

★ **Ras Mohamed Marine National Park**

1991 wurde der Ras Mohamed Marine National Park als erster ägyptischer Nationalpark eröffnet. Das insgesamt etwa 400 km² große Naturschutzgebiet ist für Taucher und Schnorchler besonders interessant. Die unter strengem Schutz stehenden Korallenriffs gelten als die artenreichsten an der Sinaiostküste. Rund 140 km markierte Wege wurden angelegt, entlang der Küste gibt es **Naturpfade** (Nature Trails), von denen man die Korallenbänke, die nur etwa 0,5 m unter der Wasseroberfläche liegen, sehen kann. Tauchen, Schnorcheln und Baden ist an bestimmten Abschnitten erlaubt, Angeln jedoch nur 500 m außerhalb des Riffs. Boote müssen an Ankerbojen festmachen. Reisebüros und Hotels in Sharm el-Sheikh bieten **Eintagesausflüge** in den Nationalpark an. Mit öffentlichen Verkehrsmitteln ist er nicht zu erreichen, Taxis dorthin sind teuer.

Von Sharm el-Sheikh nach Taba

Oase Nabq

Die Piste, die parallel zur Küste verläuft, führt zu der Oase Nabq, rund 10 km nördlich von Ras Nusrani. Die Mangrovensümpfe bei dieser Oase wurden zum Nationalpark erklärt, dem zweiten nach Ras Mohamed.

Dahab

Die Fahrt von Sharm el-Sheikh nach Norden führt nicht an der Küste entlang, sondern zunächst etwas landeinwärts durch eine herrliche Berglandschaft. Ihren Namen erhielt die Ortschaft 90 km nördlich von Sharm el-Sheikh von dem goldgelben Strand – Gold heißt auf arabisch Dahab. Die teureren Hotels liegen im Touristenzentrum an der südlichen Bucht. Die Travellerszene dagegen trifft sich im Beduinendorf Assalah, wo sich an der langen Uferpromenade Billighotels, Camps, Restaurants und Cafés im Beduinenstil, Tauchschulen und Geschäfte aneinander reihen. Die gesamte Infrastruktur des Beduinendorfs war ursprünglich auf junges Publikum mit schmalem Geldbeutel eingestellt, das auf Komfort keinen gesteigerten Wert legt. Heute machen viele in Dahab Urlaub, denen der Trubel Sharms unerträglich geworden ist. Wenig attraktiv ist dagegen der schmale und nicht sehr saubere Strand im Beduinendorf – sowohl zum Baden als auch zum Schnorcheln gibt es weitaus bessere Plätze in der Nähe.

! *Baedeker* TIPP

Tauchen in Dahab

Das Saumriff entlang der Küste vor Dahab ist ein beliebtes Ziel für Taucher aller Erfahrungsstufen. Erfahrenes Tauchzentrum (mit eigenem Hotel) ist das Inmo Divers Home, Tel. (0 69) 3 64 03 70, Fax 3 64 03 72, www.inmodivers.de. Viele Informationen bzw. Auskünfte über Unterkünfte und Tauchkurse findet man auch auf www.dahab.net.

★ **Blue Hole**

Unter Tauchern bekannt ist das Blue Hole rund 10 km nördlich vom Beduinendorf. Es handelt sich um ein etwa 80 m breites Loch im Riff, das einerseits sehr reizvoll, aber auch **nicht ganz ungefährlich** ist – nur erfahrenen Tauchern zu empfehlen.

SINAI-OSTKÜSTE ERLEBEN

AUSKUNFT

Dahab
Keine Touristen-Information
Touristenpolizei Tel. (069) 364 01 88

Nuweiba
Touristenpolizei
Tel. (069) 350 04 01 (City)
Tel. (069) 350 02 31 (Elaria Resort)

VERKEHR

Flugverkehr
Zielflughafen für Dahab und Nuweiba ist der Sharm el-Sheikh International Airport, für Taba der Taba International Airport. Beide Flughäfen werden von Egypt Air, Air Sinai sowie etlichen Charterfluggesellschaften aus Mitteleuropa bedient.
Fluginfos Sharm el-Sheikh: s. S. 508
Fluginfos Taba: Egypt Air,
Tel. 353 03 67 (Flughafen),
Tel. (069) 353 00 11 (Hilton Hotel)
Air Sinai, Tel. (062) 353 00 10/11
(Hilton Hotel)

Fähren
Zwei Fähren (tgl. 11.00 u. 18.00 Uhr) verbinden Nuweiba mit der jordanischen Hafenstadt Aqaba. Tickets gibt es direkt am Ablegeplatz. Die Fähren laufen jedoch oft mit mehrstündigen Verspätungen aus.

Taxis
Mehrmals tgl. fahren Sammeltaxis und Service-Taxis von Taba, Nuweiba und Dahab nach Sharm el-Sheikh und weiter in Richtung Kairo bzw. Nildelta.

Busse
Mehrmals tgl. fahren Busse von Taba, Nuweiba und Dahab nach Sharm el-Sheikh und weiter nach Kairo bzw. ins Nildelta. Busfahrpläne erfragt man in den Hotels.
Bus-Info Dahab: Tel. (069) 364 02 50
Bus-Info Nuweiba: Tel. (069) 352 03 71
Bus-Info Taba: Tel. (069) 353 02 50

Mietwagen
In Nuweiba:
Europcar, Tel. (069) 352 03 20 (Hilton Coral Hotel)

In Taba:
Europcar, Tel. (069) 353 03 01 (Taba Hilton)
Max Rent Car & Transport
(Mietwagen und Shuttle-Busse),
Tel. (069) 353 03 33 (Taba),
Tel. (069) 358 02 34 (Taba Heights)

ESSEN

► Fein & teuer

Casa Taba
Taba, Tel. (069) 353 01 40
Am Strand des Taba Hilton findet man diesen exzellenten Italiener. Pasta, Fleisch oder Fisch – die Auswahl ist beachtlich; sehr gute Importweine.

Baedeker-Empfehlung

► Erschwinglich

Nesima
Dahab, im Nesima Hotel
Tel. (069) 364 03 20, Fax 364 03 21
www.nesima-resort.com
Sehr gutes Restaurant, tgl. leckere Fischgerichte.

► Preiswert

Lakhbatita
Dahab, Tel. (069) 364 13 06
Witziges Café vollgestopft mit Antiquitäten, möbliert mit Durcheinander (arabisch: Lakhbatita). Jenseits der Promenade isst man im Restaurant Snacks, Fisch.

Han Kang
Nuweiba, gegenüber Elaria Beach Resort. Hier gibt es koreanische Küche als willkommene Abwechslung vom Hotel-Speiseplan.

Dr. Shishkebab
Nuweiba, Tel. (069) 350 02 73
Ägyptische Vorspeisen und viele Grillgerichte.

ÜBERNACHTEN

► Luxus

Hilton Coral Hotel
Nuweiba
Tel. (069) 352 03 20, Fax 352 03 27
www.hilton.com
Eine Hotelanlage grün wie eine Oase, exzellenter Strand, hervorragende Büffets, attraktive All-inclusive-Angebote.

Elaria Beach Resort
Nuweiba
Tel. (069) 352 06 03, Fax 352 06 10
www.elariaresort.com
Die schön gelegene und komplett renovierte Anlage hat einen herrlichen Strand und eine Tauchschule.

Hyatt Regency Taba Heights
Taba
Tel. (069) 358 02 34, Fax 358 02 35
www.taba.regency.hyatt.com
Am schönsten sind die Chalets rund um die künstliche Lagune. Auf dem großen Hotelgelände finden sich mehrere Pools. Das Hotel wird vor allem zu jüdischen Feiertagen von israelischen Reisegruppen vereinnahmt; frühzeitige Reservierung ist immer anzuraten.

Sofitel Taba Heights
Taba
Tel. (069) 358 08 00, Fax 358 08 08
www.sofitel.com
Von allen Zimmer Blick über den Golf von Aqaba, sehr flach abfallender schöner Strand.

Marriott Taba Heights
Taba
Tel. (069) 358 01 00, Fax 358 01 09
www.marriott.com
Gleiche Fünf-Sterne-Klasse wie das Hyatt, aber architektonisch eine nicht ganz so ansprechende Anlage.

Hilton Taba Hotel
Taba
Tel. (069) 353 01 40
www.hilton.com
Berühmt geworden als häufiger Tagungsort israelisch-palästinensischer Friedensunterhändler; schöner Pool, gepflegter Strand und exzellentes italienisches Restaurant.

Im Taba Hilton verhandeln gelegentlich Israelis und Palästinenser miteinander.

► Komfortabel

Inmo
Dahab, Mashraba, am Golf
Tel. (069) 364 03 70, Fax 364 03 72
www.inmodivers.de
Das Resort im maurischen Kuppelstil gehört zu den beliebtesten in Dahab; Pool, exzellente Tauchschule.

Nesima Resort
Dahab, Tel. (069) 364 03 20
www.nesima-resort.com
Charmante Unterkunft; Zimmer mit orientalischen Kuppeln, sehr schöner Pool, dazu im Haus das beste Restaurant von Dahab (frühzeitig reservieren!)

Bawaki
Nuweiba, 22 km nördlich
Tel. (069) 350 04 70, Fax 350 04 71
www.bawaki.com
Das kleine und recht einfache Resort liegt sehr ruhig am Strand; regelmäßig Yoga-Workshops.

Salah El Din Hotel
Taba, Tel. (069) 353 03 40
www.misrsinaitours.com/taba.html
Gegenüber Pharaoneninsel, passable Zimmer.

► Günstig

Neptune Hotel Red Sea Relax
Dahab, Tel. (069) 364 13 09
www.red-sea-relax.com
Sehr schönes und sauberes Hotel an der Fußgängerbrücke der Bucht.

Ali Baba Hotel
Dahab, Tel. (069) 364 05 04
www.alibabahotel.net
Gemütliche Herberge mit geräumigen Zimmern

La Sirène
Nuweiba, Tel. (069) 350 07 01
www.nuweiba-lasirene.com
Nettes Hotel mit Sandstrand; viel gelobtes deutsches Tauchcenter.

El Waha Tourism Village
Nuweiba, Tel. (069) 350 04 20
www.elwahavillage.com
Noble Chalets am schönen Sandstrand, aber auch einfachere Bungalows und Campingplätze

Basata Village
Taba, Tel. (069) 350 04 80
www.basata.com
Eco-Lodge mit Strohhütten, gute Bucht zum Schorcheln.

Katharinenkloster ►dort

Nuweiba Zwischen Dahab und Nuweiba, das 70 km nördlich ebenfalls an der Küste liegt, gräbt sich die Straße in einem Bogen durch die eindrucksvolle Berglandschaft. Als Standort für Ausflüge in diese Berglandschaft, sei es auf dem Rücken eines Kamels oder mit einem Jeep, ist Nuweiba unübertroffen, denn die interessantesten Plätze, darunter der bereits viel besuchte Coloured Canyon (s. u.), liegen in diesem Teil des Sinai. In der trostlosen »City« von Nuweiba findet man Geschäfte, Restaurants, eine Post und Geldwechselmöglichkeiten, die größeren (und teuereren) Hotels mit wundervollen Stränden liegen südlich der eigentlichen Siedlung. Noch ist Nuweiba ein vergleichsweise ruhiger Ferienort mit einer herrlichen Bergkulisse im Rücken, einigen guten Hotels und vielen einfachen Unterkünften direkt am

Strand. Nördlich Nuweibas findet man Dutzende Clubs, Hotels und vor allem sog. Hüttencamps für Publikum mit kleinerem Geldbeutel, das zunehmend dem Massentourismus à la Sharm el-Sheikh zu entfliehen sucht. Vom Hafen von Nuweiba fahren täglich Fähren nach Aqaba.

★★ Coloured Canyon

Die Fahrt ins Wadi Watir und weiter in den Coloured Canyon ist einer der schönsten Ausflüge auf dem Sinai – man sollte sich das Naturschauspiel keinesfalls entgehen lassen! Die Canyonlandschaft erstreckt sich etwa 30 km nordwestlich von Nuweiba. Da die letzten 10 km Piste sind, braucht man für diesen Ausflug unbedingt ein Auto mit Allradantrieb. Die Piste endet auf einem Plateau, von dem man in die Canyonlandschaft hinabsteigt – gutes Schuhwerk kann bei dieser ansonsten nicht sehr anspruchsvollen, ca. eineinhalbstündigen Wanderung nicht schaden. An der tiefsten Stelle verengt sich der Canyon zu einer schmalen, von meterhohen Felswänden gefassten Klamm – das Ergebnis eines jahrtausendelangen Prozesses der Naturkräfte. Der rötliche Sandstein weist hier zum Teil **wunderschöne Zeichnungen** auf. Am Endpunkt der Wanderung wartet ein Beduinenstand mit Erfrischungsgetränken.

Taba

Der Grenzposten zu Israel, 230 km nördlich von Sharm el-Sheikh, ist dabei, sich zu einer Ortschaft zu mausern. Lange bestand Taba, das nur 7 km vom israelischen Badeort Eilat entfernt liegt und jahrelanger Zankapfel zwischen Israel und Ägypten war, eigentlich nur aus

Der Coloured Canyon erinnert an amerikanische Canyonlandschaften.

dem Hilton-Hotel. Die schön gelegene Nobelunterkunft wurde von den Israelis gebaut und dann von Ägypten aufgekauft, nachdem man sich 1989 auf die Rückgabe Tabas geeinigt hatte. Vor allem edle Hotels (u.a. Hyatt) haben sich zum Hoteldorf **Taba Heights** zusammengeschlossen, ein Schwesterprojekt von El Gouna.

Pharaoneninsel

Als Ausflugsziel von Taba bietet sich die direkt vor der Küste liegende Pharaoneninsel (Geziret Faraun) an. Die mächtigen Mauern auf dem Grat des lang gestreckten Eilands stammen von der Burg, die Saladin ab 1170 errichtet hatte.

El-Arisch

Größte Stadt der Halbinsel

El-Arisch, die Hauptstadt des Gouvernorats North Sinai, mit 50 000 Einwohnern die größte Stadt der Halbinsel, liegt umgeben von Dattelhainen und fruchtbaren Oasengärten an der Mündung des gleichnamigen Wadi ins Mittelmeer. Das Wadi El-Arisch ist der größte, zeitweise trockene Wasserlauf des Sinai. Am augenfälligsten im Weichbild der Stadt sind die vielen **Dattelpalmen**, die man hier in einer ganz speziellen Technik anbaut: In das Flusstal werden Vertiefungen bis hinab ins feuchte Erdreich gegraben. In die schützenden Mulden werden die Palmenstecklinge gesetzt und der Aushub mit Steinen befestigt. Nach Jahren, wenn Flugsand die Pflanzlöcher gefüllt hat, sind die jungen Palmen kräftig genug, den rauhen Wüstenbedingungen standzuhalten.

EL-ARISCH ERLEBEN

AUSKUNFT

Tourist Information
Fouad Abou Zekry St.
Tel. (069) 334 05 69
tgl. außer Fr. 10.00–16.00 Uhr

Tourist Police
Tel. (069) 336 10 16.

VERKEHR

Bus: Mehrmals täglich nach Port Said, Kairo und in den Süden des Sinai, Tel. (069) 3 32 59 31.

Servicetaxis: Tagsüber mindestens stündlich in alle Richtungen.
Flug: Egypt Air, Info-Tel. (069) 335 60 91

EINKAUFEN

Donnerstag findet der mittlerweile sehr touristische Beduinenmarkt statt. Beduinenfrauen verkaufen handgefertigte Kleidung mit feinen Stickereien, für die der Nord-Sinai bekannt ist.

ÜBERNACHTEN

► Komfortabel

Semiramis
Fouad Abou Zekry St.
Tel. (069) 336 41 68, Fax 336 41 67
Nettes Mittelklassehotel, Strandnähe.

Sinai Beach Hotel
Fouad Abou Zekry St.
Tel. & Fax (069) 336 17 13
Nettes Haus, komfortable Zimmer mit Meerblick, gutes Restaurant.

Der Name El-Arisch heißt im Arabischen so viel wie Hütte, was auf eine Legende zurückgeht, derzufolge der Erzvater Jakob hier vorübergehend in einer selbst gefertigten Hütte gelebt haben soll, als er sich von Kanaan nach Ägypten begab.

Geschichte

Die Stadt soll als Verbannungsort von ägyptischen Pharaonen gegründet worden sein und hieß zur Ptolemäerzeit Rhinocorura oder Rhinocolura (= abgeschnittene Nase), möglicherweise weil man den Gefangenen die Nase abschnitt, um sie als Sträflinge zu kennzeichnen. Wegen seiner ergiebigen Brunnen war der Ort schon im Altertum eine wichtige Station an der **Via Maris**, der Handels- und Heerstraße zwischen Palästina und Ägypten. Im 11. Jh. war er überwiegend von Juden bewohnt, die ihn Hazor nannten. Napoleon eroberte die Stadt 1799, musste sie jedoch aufgrund der Konvention von El-Arisch vom 24. Januar 1800 wieder aufgeben. Die 1956 und 1967 israelisch besetzte Stadt kam im Zuge der ägyptisch-israelischen Friedensvereinbarungen von Camp David 1980 an Ägypten zurück. Seit dem endgültigen Rückzug der Israelis aus dem Sinai 1982 verläuft die ägyptisch-israelische Grenze rund 40 km östlich von El-Arisch.

*** Strand**

El-Arisch besitzt keine touristischen Sehenswürdigkeiten und wird daher von ausländischen Gästen kaum besucht. Bei einheimischen Besuchern hat es sehr an Beliebtheit eingebüßt, seit die Feriensiedlungen westlich von Alexandria/El-Alamein den Betrieb aufnahmen.

Burg El-Arisch

Südwestlich außerhalb der Stadt erhebt sich auf einem Hügel die Burg El-Arisch, die im Jahre 1560 über den Resten einer Festung der Pharaonenzeit erbaut wurde.

✶ Siwa (Oase)

B 16

Gouvernorat: Nordwestregion (Matruh) **Einwohnerzahl:** ca. 22 000

Rund 1000 km² umfasst die Oase Siwa, die in einer Senkungszone liegt und von steilen Rändern umschlossen ist. In dieser grünen, fruchtbaren Senke, die von einem stets wolkenlosen Himmel überspannt wird, gibt es mehrere hundert Quellen, von denen die meisten 24–30 °C warm sind.

Wirtschaftliche Bedeutung

Die große Oase Siwa liegt im Nordwesten Ägyptens in der ► Westlichen Wüste, nicht weit entfernt von der ägyptisch-libyschen Grenze. Es handelt sich jedoch nicht nur um eine einzige Oase, sondern um eine ganze Gruppe von Oasen, die in einer bis 17 m unter den Meeresspiegel reichenden Senkungszone liegen.

Schon im Altertum wurden in der Oase bis zu 2000 Brunnen und die dazugehörigen Bewässerungssysteme instand gehalten. Man legte

Palmenhaine, Wein- und Obstgärten und auch Getreidefelder an. Ständig musste jedoch gegen die zunehmende Versalzung der Böden vorgegangen werden, so dass im Lauf der Jahrhunderte immer wieder neue **Brunnenanlagen** und Kanalsysteme entstanden. Aufgrund von Tiefbohrungen in den vergangenen Jahren weiß man, dass genug Wasser vorhanden ist, um die weltberühmten Siwa-Dattelpalmen, Olivenbäume, Orangenbäume, Wintergemüse, Getreide und viele andere Pflanzen kultivieren zu können. Inzwischen hat man damit begonnen, Kanäle nach Westen und Süden zu bauen, durch die überschüssiges Oasenwasser in die Wüste geleitet wird. Auf diese Weise hofft man, neues Kulturland schaffen zu können. Es ist sogar daran gedacht, ein Feriendorf mit Golfplatz, Wellness-Hotel, Swimmingpools und einem richtigen Flughafen aufzubauen. Das Ende der Abgeschiedenheit Siwas ist beschlossen.

Bewohner In der westlichsten der ägyptischen Oasen haben sich, bedingt durch die isolierte Lage, bis heute sehr viele Traditionen erhalten. Die meisten Oasenbewohner sind Nachfahren von Berbern, die sich im Laufe der Geschichte mit Beduinen und sudanesischen Sklaven vermischt haben. Sie sprechen neben dem Arabischen einen eigenen berberischen Dialekt. In jüngerer Zeit sind jedoch zahlreiche Neusiedler aus dem Niltal in die Oase Siwa gekommen, vor allem Baufachleute, Techniker, Beamte und Lehrer.

Geschichte Im alten Ägypten befand sich in der Oase Siwa eine bedeutende und zugleich auch sehr geheimnisumwehte Orakelstätte des Gottes Amun und später des Zeus-Ammon. Im 6. Jh. v. Chr. weissagten die Priester dem persischen Herrscher Kambyses Tod und Verderben. Dieser sandte daraufhin seine Armee in die Westliche Wüste, um alles Leben in der Oase Siwa zu vernichten. Doch die vorrückenden Perser wurden alsbald von einem heftigen Sandsturm überrascht und kamen ums Leben. Seither glauben die Oasenbewohner an die vom Gott Amun gewollte Einmaligkeit dieses fruchtbaren Landstrichs in der östlichen Sahara.

Um 450 v. Chr. bereiste **Herodot** die Westliche Wüste und besuchte auch die Oase Siwa. Ihm sind die ersten Überlieferungen zu verdanken. Alexander der Große machte sich 331 v. Chr. als Eroberer Ägyptens auf den Weg in die Oase Siwa. Er ließ sich hier vom Orakel als Sohn des Zeus-Amun empfangen und als Gottkönig bestätigen. Die Oasenbewohner behielten auch in römischer und frühchristlicher Zeit den pharaonischen Ammon-Kult bei. Die weitere Geschichte der Oase vom 7. Jh. bis in die 1960er-Jahre ist im so genannten Siwan-Manuskript festgehalten, das auch über einzelne Sippen sowie Sitten und Gebräuche berichtet. Erst im 20. Jh. rückte die Oase wieder in das Blickfeld der Weltöffentlichkeit. Generalfeldmarschall Er-

Markt in Siwa, der westlichsten Oase in der Libyschen Wüste. →
Im Hintergrund die malerische Altstadt Shali mit ihren Lehmhäusern.

win Rommel wollte sie 1942 als Ausgangspunkt für eine Großoffensive nutzen. Noch heute künden davon einige verrostete Fahrzeuge der Deutschen Wehrmacht. Strategische Bedeutung hat die Oase erneut seit 1977, als der ägyptische Präsident Sadat hier einen Luftwaffenstützpunkt einrichtete, um Terroristen-Stützpunkte im benachbarten Libyen angreifen zu können. Damals wurde auch in aller Eile die Straße von Kairo über ►Mersa Matruh nach Siwa asphaltiert.

Sehenswertes in der Oase Siwa

Ort Siwa Hauptort der Oase ist der gleichnamige, auf einer felsigen Anhöhe gelegene Ort. Erst seit den 1920er-Jahren, als in der Oase ägyptische Soldaten stationiert wurden, konnte auch außerhalb der Stadtmauer gebaut werden. Damals wurde auf Geheiß des ägyptischen Königs Fuad auch eine große Moschee errichtet. Heute platzt die Stadt aus allen Nähten, und viele Betonhäuser ersetzen nach und nach die vom Salz angegriffenen Lehmziegelbauten.

✶ Shali ► Morbiden Charme verströmt der allmählich verfallende Altstadtbezirk Shali mit seinen Lehmziegelbauten, die wie Schuhschachteln übereinander getürmt sind. Die hohe Stadtmauer schützte einstmals gegen Übergriffe von Beduinen.

Siwa-Museum ► Ganz in der Nähe des Touristenbüros kann man ein zum Museum umgestaltetes, traditionelles Lehmziegelhaus besichtigen. Hier werden u. a. alte Trachten und wunderschöne Volkskunst, darunter auch Silberschmuck, gezeigt.

Gebel el-Mawta Nördlich vor der Stadt erhebt sich der Gebel el-Mawta, wo schon im Altertum Tote in Grabkammern bestattet wurden – ähnlich der Bestattungsweise im Niltal. Sehenswert sind die Felsengräber des Karit el-Musabberin aus der Zeit der 26. bis 30. Dynastie mit eigenartigen Bilddarstellungen. Aus ptolemäischer Zeit gibt es ein sog. Krokodilgrab. Dies zeigt, dass die Bewohner der Oase Siwa und die der weiter im Osten in der Nähe des Niltals gelegenen Oase ►El-Faijum miteinander in Kontakt standen.

Siwa-Salzsee, Fatnis-Insel Etwa 6 km westlich der Stadt breitet sich der Siwa-Salzsee (Birket Siwa) aus. Ein wunderschöner Platz zum Erholen ist hier die kleine, von Palmen und üppigem Grün bestandene Fatnis-Insel mit einem Quellteich, in dem man auch baden kann.

Aghurmi Die antike Oasenhauptstadt befand sich wohl 4 km östlich an der Stelle des heutigen Aghurmi. Auch diese burgartige Lehmziegelsiedlung, die bis ins frühe 20. Jh. besiedelt war, ist heute dem Verfall preisgegeben. Gut erhalten ist allein der Orakeltempel, der zur Zeit von Pharao Amasis (26. Dynastie) erbaut wurde. Sein Orakel hat Alexander der Große 331 v. Chr. aufgesucht, als er sich hier als Sohn des Zeus-Ammon und als Gottkönig bestätigen ließ.

SIWA ERLEBEN

AUSKUNFT

Tourist Information
Matrouh St.
Tel. (046) 460 13 38

ANREISE

Südwestlich von ►Mersa Matruh zweigt eine gut ausgebaute Wüstenstraße von der an der Mittelmeerküste entlang führenden Hauptstraße 55 ab. Nach knapp 300 km erreicht man die Oase Siwa.

VERKEHR

Busse: tgl. sehr anstrengende Fahrt in Durchschüttelbussen über Mersa Matruh von/nach Alexandria und Kairo.
Servicetaxis sind Mangelware in Siwa. In Siwa kann man nur Fahrräder mieten. Für Touren in die Umgebung unbedingt mit *Auto* anreisen.
Ein Flughafen ist geplant, aber noch in weiter Ferne.

VERANSTALTUNG

Oktober: Vollmondfest, ein drei Tage dauerndes farbenprächtiges Friedensfest, dessen Tradition ins 13. Jh. zurückreicht. In einer Vollmondnacht im Oktober schlossen seinerzeit mehrere miteinander verfeindete Clans nach sehr verlustreichen Kämpfen Frieden miteinander.

ÜBERNACHTEN

► Luxus

Adrere Amellal
Maraki Village
Tel. (046) 460 12 99, mobil (010) 166 27 29, Fax 460 17 99
Luxus-Ecolodge mit wunderbarem Ausblick auf die Weißen Berge, die der Lodge den Namen gaben. Ein Refugium in der Wüste, wie man in Ägypten kein zweites finden wird.

► Komfortabel

Siwa Paradise
Tel. (046) 460 12 90, Fax 460 15 92
www.siwaparadise.com
Luxuriöse Zimmer, aber auch einfache Hütten inmitten von Palmenhainen gelegen, mit kleinem natürlichem Pool.

► Günstig

Taziry
Tel. (010) 644 58 81 – Charmantes Hotel mit großzügigen Räumen, gemanagt von einem engagierten Paar aus Alexandria, welches das Taziry im Stil der Oase Siwa eingerichet hat.

Cleopatra Hotel
Tel. (046) 460 04 21, Fax 460 04 21
www.cleopatra-siwa.net
Passable bis gute Zimmer; sehr freundliches Personal.

Umm el-Ebeida

Unweit südlich trifft man auf die spärlichen, aber dennoch beeindruckenden Reste des Ammon-Tempels von Umm el-Ebeida. Dieser zur Zeit von Pharao Nektanebos II. entstandene Sakralbau fiel 1811 einem Erdbeben zum Opfer und wurde obendrein von einem bauwütigen hohen Regierungsbeamten als Steinbruch genutzt. Der Tempel soll mit dem zuvor beschriebenen Orakeltempel durch einen unterirdischen Gang verbunden gewesen sein. Mitarbeiter des Deutschen Archäologischen Instituts in Kairo rekonstruieren seit einiger Zeit das gesamte Ammon-Heiligtum.

Kleopatras Bad Weiter südlich kommt man zur berühmtesten Quelle der Oase Siwa, in der nicht nur die schöne Königin Kleopatra, sondern zuvor schon Alexander der Große gebadet haben soll.

Gebel Dakrur 3 km südlich von Aghurmi erhebt sich der Gebel Dakrur, von dessen Anhöhe sich ein prächtiger Ausblick über die Westliche Wüste bietet.

Sharm el-Sheikh

►Sinai

Sohag (Sohâg)

K 11

Landesteil: Oberägypten **Gouvernorat:** Sohag
Einwohnerzahl: 220 000

Bekannt ist Sohag durch seine koptische Kathedrale, die zu Beginn des 20. Jh.s erbaut wurde, sowie durch archäologische Funde aus der Zeit Ramses' II. am gegenüberliegenden Nilufer. Die Stadt ist ein guter Stützpunkt für Ausflüge zum Weißen und Roten Kloster.

Provinzhauptstadt Sohag liegt 470 km südlich von ►Kairo am linken Ufer des Nils, der hier von einer Brücke überspannt wird. In der Stadt, die Sitz eines koptischen Metropoliten ist, werden die Rohstoffe aus dem fruchtbaren Umland – Getreide, Zuckerrohr, Baumwolle – weiterverarbeitet.

Athribis Etwa 7 km südwestlich von Sohag erforschen Archäologen unter Leitung des Tübinger Professors Leitz Athribis, die bereits seit frühdynastischer Zeit belegte **Stadt der Löwengöttin Repit**. Freigelegt wird derzeit eine spätptolemäische Tempelanlage.

★ Weißes Kloster (Deir el-Abjad) Ca. 3 km nördlich vom Grabungsplatz Athribis liegt das altchristliche Weiße Kloster (Deir el-Abjad). Es ist benannt nach dem Abt Schenute (Deir Amba Schenuda). Das Kloster mit seiner um 440 erbauten Kirche wirkt von weitem wie eine Festung. Die Mauer und das Eingangstor an der Südseite sind mit Hohlkehlen versehen, wie man sie von klassischen ägyptischen Tempeln kennt. Das Gotteshaus war ursprünglich eine dreischiffige Basilika mit einem kleeblattförmigen Heiligtum, das aus einem quadratischen, von einer Kuppel überwölbten Mittelraum und drei Apsiden mit Halbkuppeln bestand (Trikonchensanktuar). Hier sind antike Säulen verbaut, die aus den Ruinen der

SOHAG

AUSKUNFT

im Gouvernoratsgebäude
Tel. (083) 460 49 13
Touristenpolizei: Tel. 460 48 00

nahen Siedlung Athribis (s. S. 522) stammen. Einige Deckengemälde sind gut erhalten. Westlich der Basilika befindet sich ein zweiter Narthex mit Apsis auf der Nordseite.

Rotes Kloster (Deir el-Ahmar)

Etwa 6 km westlich vom Weißen Kloster befindet sich das Rote Kloster (Deir el-Ahmar; auch Deir Abu Bschoi), das jetzt auf zwei Seiten von neueren Bauten eingefasst wird. Die Kirche entstand gleichzeitig mit der des Weißen Klosters und war ursprünglich eine dreischiffige Basilika mit kunstvollen Kapitellen. Im Altarraum gibt es einige Deckenbilder, die allerdings schlecht erhalten sind.

Achmim

Die Kleinstadt Achmim liegt 5 km östlich von Sohag am rechten Ufer des Nils, der hier eine weite Schleife bildet. Der Ort besitzt mehrere Webereien und einen angenehmen Basar. Für die koptischen Christen ist Achmim ein bedeutender Ort. Achmim steht an der Stelle des antiken Chemmis oder Panopolis und war einst Hauptort eines besonderen Gaus. Die alten Ägypter nannten ihn Epu oder – nach ihrem Stadtgott, dem ithyphallischen Erntegott Min – Chente-Min. Hieraus entwickelte sich der koptische Name »Schmin«, der später zum arabischen »Achmim« wurde. Herodot rühmte die Bürger von Chemmis als die einzigen Ägypter, die griechische Sitten pflegten und Perseus, dem sie einen Tempel errichtet hätten, mit hellenistischen Gebräuchen dienten. Auch unter römischer Herrschaft stand die Stadt in Blüte. Ihr Tempel wurde im zwölften Jahre der Regierung Kaiser Trajans (109 n. Chr.) ausgebaut. In christlicher Zeit reihte sich in der Gegend von Panopolis Kloster an Kloster.

✶ ◄ Monumentalstatuen

Von der einst bedeutenden alten Stadt waren bis in die jüngste Vergangenheit nur geringe Reste sichtbar. In den 1980er- und 1990er-Jahren gab es einige sensationelle Funde, u. a. die ca. 10 m hohe Kolossalfigur einer Königin, Teile eines rund 2000 m² großen Tempels, mehrere Monumentalstatuen von Ramses II. und einer seiner Töchter sowie die Marmorstatue der griechischen Göttin Aphrodite.

Sues (El-Suweis)

M 5

Landesteil: Unterägypten **Gouvernorat:** Sues
Einwohnerzahl: 650 000

Die Provinzhauptstadt liegt reizvoll am Südende des Sueskanals, der sich hier in die flache Nordbucht des Golfs von Sues vorschiebt. Im Mittelalter bestand an dieser Stelle die ummauerte Hafenstadt Qulzum, die als Umschlagplatz für Gewürze und auch als Durchgangslager für Mekkapilger Bedeutung hatte.

Am Sueskanal

Die ca. 140 km östlich von ►Kairo gelegene Hafenstadt ist per Auto, Taxi, Bus und Eisenbahn problemlos erreichbar. Mit dem Bau des

SUES ERLEBEN

AUSKUNFT

Tourist Information
Al Marwa St., Port Tawfik
Tel. (062) 333 15 43
tgl. außer Fr. 9.00–14.00 Uhr

Tourist Police
Tel. (062) 333 35 43

VERKEHR

Bahn: Mehrmals tgl. nach Ismailija; dort Anschluss nach Kairo und ins Nildelta und nach Port Said.
Busse: Tagsüber stündlich Busse ab Sh. Faars zum Sinai, nach Port Said und via Ismailija nach Kairo sowie ins Nildelta, ferner entlang der Küste des Roten Meeres. Infos: Tel. (062) 366 42 58 (Richtung Kairo, Rotes Meer), Tel. (0 62) 3 56 48 53 (Nildelta).
Sammeltaxis: mehrmals tgl. in alle Richtungen.

ESSEN

► Erschwinglich

Fish Restaurant
Salem St.
Der frische Fisch wird nach Gewicht verkauft.

Seaside Restaurant
Saad Zaghloul St.
Tel. (062) 322 32 54
tgl. 18.00–23.00 Uhr
Auf der Speisekarte stehen auch gegrilltes Huhn und Kebab.

ÜBERNACHTEN

► Komfortabel

Bonita Village
Kabrite
Tel. (062) 327 22 66
Fax 360 06 74
Nette Bungalows.

Red Sea Hotel
3, Riad St., Port Tawfiq
Tel. (062) 333 43 02
Fax 333 43 01
Freundliches Haus in angenehmer Umgebung mit gutem Blick auf die Einfahrt in den Sueskanal; relativ teuer

Summer Palace Hotel
Port Tawfiq
Tel. (062) 322 44 75
Fax 332 19 44
Teure Zimmer mit Blick auf den Golf; Swimming Pool.

Sueskanals erlangte die Stadt größte Bedeutung als Durchgangshafen für den Warenverkehr im Ostasienhandel und auch für den Passagierverkehr (► Baedeker Special S. 346). Während der Auseinandersetzungen mit Israel in den Jahren 1967 und 1973 wurde die Hafen- und Industriestadt zu fast 80% zerstört. Obwohl Sues nur wenig Sehenswertes zu bieten hat, sieht man hier relativ viele Touristen. Die meisten von ihnen befinden sich auf der Durchreise.

Sehenswertes in Sues und Umgebung

Museum Das Altertümermuseum von Sues, in dem Funde aus der Umgebung des Sueskanals ausgestellt waren, ist im ägyptisch-israelischen Kriege von 1967 zerstört worden. Sein Wiederaufbau ist geplant.

Süßwasserkanal

Weiter nördlich mündet der Süßwasserkanal in die Bucht. Sein Wasserspiegel liegt 2 m höher als der des Roten Meeres und muss mit einem Schleusenwerk reguliert werden; zu beiden Seiten dieses Kanals erstrecken sich fruchtbare Gärten.

Ahmed-Hamdi-Tunnel

Als erste Landverbindung zwischen dem Nildelta und der Halbinsel Sinai wurde 1980 der 12 km nördlich der Stadt Sues entstandene Ahmed-Hamdi-Tunnel eröffnet. Der knapp 3 km lange Straßen- und Versorgungstunnel unter dem Kanal ist benannt nach einem im Oktoberkrieg 1973 gefallenen ägyptischen General.

Südlich von Sues öffnet sich die durch das Ras el-Adabija begrenzte **Adabija-Bucht** mit den neuen Hafenanlagen von Sues. 11 km südöstlich von Sues liegen am Ostufer der Bucht die **Mosesquellen** (Aïn Musa), unterschiedlich temperierte und mineralisierte Quellen (21 bis 29 °C), die hier eine kleine fruchtbare Oase bilden. Nach der Legende soll Moses in die bitteren Quellen einen Zweig geworfen und sie damit versüßt haben. Lohnend ist der Blick von dieser Seite der Bucht auf das Meer und das im Westen aufragende Ataka-Gebirge.

? WUSSTEN SIE SCHON ...?

- ... dass Mose die Israeliten im Bereich der Adabija-Bucht durchs Rote Meer geführt haben könnte? Möglicherweise gab es nach einem Grabenbruch einen Tsunami, bei dem sich das Meer zunächst zurückzog und Stunden später mit voller Wucht zurückkam. Während des kurzzeitigen Trockenfallens einer untermeerischen Schwelle konnten die Israeliten ins Gelobte Land gelangen.

Sueskanal

►Ismailija

✶ Tanis

K 3

Landesteil: Unterägypten **Gouvernorat:** Scharkija

Tanis war Residenz der Könige der 21. und 22. Dynastie, die als »Taniten« in die Geschichtsbücher eingingen. Später wurde es Hauptort des 14. unterägyptischen Gaues. Heute ist die Ruinenstätte noch teilweise unter einem mächtigen, aus der Ebene des hier versteppten Mansala-Sees aufragenden Hügelrücken begraben.

Geschichte

Die Ruinenstätte von Tanis liegt im nordöstlichen Nildelta bei der Fischersiedlung Sân el-Hagar. Die Stadt, am rechten Ufer des tanitischen Nilarmes, am Rande der Sümpfe des damals noch weiter nach Süden reichenden Mansala-Sees gelegen, geht vermutlich bis auf die 6. Dynastie zurück. Die Könige der 21. und 22. Dynastie machten sie zur Residenz, nachdem die Ramessiden und mit ihnen die Residenz Pi-Ramesse untergegangen waren. Unter den freigelegten Gebäudefragmenten sind Stücke aus nahezu allen Epochen der ägyptischen

Geschichte ausgegraben worden. Am häufigsten allerdings fanden sich Bauteile aus der von Ramses II. gegründeten Ramessidenresidenz, was Montet zu der Annahme führte, es handle sich bei den Trümmerhügeln von Sân el-Hagar eigentlich um die Ramses-Stadt. Heute kann als gesichert angenommen werden, dass Tanis nach der Erhebung zur Residenz großzügig erweitert und ausgebaut wurde. Dabei verwendete man vorzugsweise an anderer Stelle – besonders in den nahe gelegenen Residenzen Pi-Ramesse und Auaris – abgetragene und herbeigebrachte Steinblöcke und Architekturteile. Trotz verschiedener Grabungskampganen seit den 1820er-Jahren sind bei weitem nicht alle Teile des 30 ha großen Ruinenfeldes erforscht.

? WUSSTEN SIE SCHON ...?

- ... dass der Hildesheimer Archäologe Dr. Edgar Pusch seit über einem Vierteljahrhundert im versandeten Nildelta gräbt und dabei Reste eines goldenen Fußbodens, eine Kartusche und ein Wappen Ramses' II. entdeckt hat?

Tempelbezirk

Überblick Von der Straße nach San el-Hagar führt ein Weg aufwärts zu den Gebäuden der Ausgrabungsleitung. Von hier bietet sich ein guter Überblick über den Tempelbezirk und die übrigen Trümmerhügel.

Tempelanlage Am auffallendsten ist ein Ziegelwall, 15 m dick und ursprünglich wohl 10 m hoch. Er umschloss ein etwa 430 m langes und 370 m breites Areal. Dieses umgab einen zweiten kleineren ummauerten Bezirk, den Psusennes I. anlegen ließ. An der Westseite der hier übereinander liegenden Umfassungsmauern erkennt man ein monumentales Tor Scheschonks III. In diesem inneren Mauerring lag der von Ramses II. erbaute und von Psusennes I. erneuerte Große Tempel des Amun, der heute zerstört ist. Die bedeutendsten Architekturteile wurden nach Kairo ins Ägyptische Museum gebracht.

Osttempel Der kleine, ebenfalls gänzlich zerstörte Osttempel war ganz aus schwarzem Granit erbaut. Die schönen monolithischen Säulen stammen aus dem Alten Reich, tragen jedoch die Kartuschen von Ramses II. und Osorkon II.

Horustempel Weiter südlich, innerhalb der Südostecke der äußeren Umfassungsmauer, befinden sich die Reste eines Horustempels der 30. Dynastie (Nektanebos II. und Ptolemaios II. Philadelphos).

✶ Königsnekropole In der Südwestecke der inneren Umfassungsmauer entdeckte Montet in den Jahren 1939/1940 eine Königsnekropole der 21. und 22. Dynastie. Die Gräber waren nahezu unversehrt und bargen eine Fülle an Schmuck, Goldmasken und Gefäßen. Allerdings wurde der **sensationelle Fund** auf Grund der Wirren des Zweiten Weltkrieges von der Öffentlichkeit kaum wahr genommen. Als unterirdische Gewölbe an-

Tanis *Orientierung*

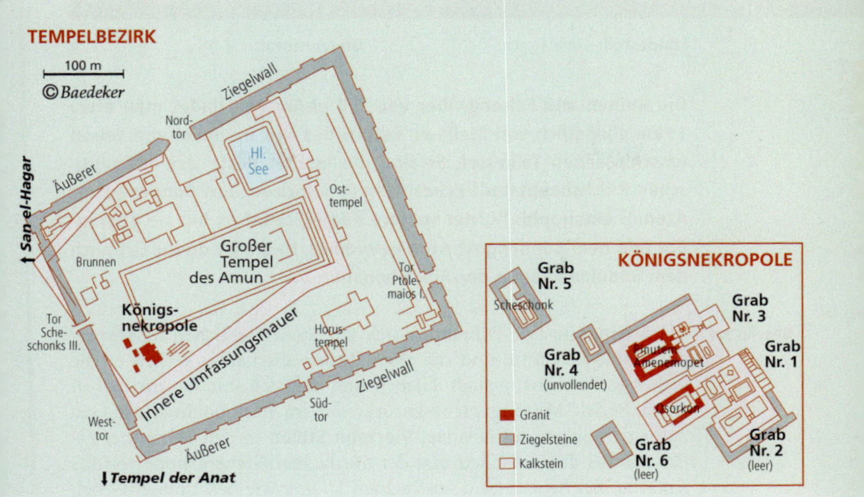

gelegt und von verhältnismäßig geringer Ausdehnung, können diese Gräber dennoch nicht mit den früheren Königsgräbern konkurrieren. Die beiden wichtigsten Anlagen sind die Gräber von Osorkon II. und Psusennes I., die jedoch nicht immer zugänglich sind.

Grab des Osorkon II.

Das Grab Nr. 1 ist das Grab von Osorkon II. (oder III.). Es besitzt eine mit Granit und vier mit Kalkstein ausgekleidete Kammern. Die Wände sind mit ehemals bunten Reliefs in versenkter Technik bedeckt. Sie zeigen Darstellungen im Stil der thebanischen Königsgräber. In einem Sandsteinsarkophag des Mittleren Reiches fand man die Mumie von Takelot II. Die Mumie Osorkons III. war in einem Granitsarkophag beigesetzt. Ein weiterer Sarg barg die Mumie eines Prinzen.

Grab des Psusennes I.

Das Grab Nr. 3, das Grab des Psusennes I. (21. Dyn.), ist das am besten erhaltene der Nekropole. Die vier Begräbnisplätze wurden unversehrt aufgefunden und lieferten eine große Zahl an künstlerisch hervorragenden Dokumenten. In der Vorkammer stand der Silbersarg des Hekachepere-Scheschonk, der sich heute im Ägyptischen Museum von Kairo befindet.
In der nördlichen, mit Granit ausgekleideten Grabkammer befand sich die Mumie des Pinutem in dem usurpierten Sarkophag des Merenptah. In der südlichen, ebenfalls mit Granit ausgekleideten Grabkammer war Amenemopet (Amenophtis) bestattet. Als Grabbeigaben fand man kostbaren Schmuck, darunter Halskragen, Armbänder, Pektorale sowie goldene Mumienmasken.

★ Tell el-Amarna

H 9

Landesteil: Mittelägypten **Gouvernorat:** El-Minija

Die Ruinen und Felsengräber von Tell el-Amarna findet man etwa 15 km südöstlich von Mallawi, östlich des Nils in einem von Felsen umschlossenen Talkessel. Es sind die letzten Reste der altägyptischen Reichshauptstadt Echet-Aton (= »Horizont des Sonnengottes Aton«). Amenophis IV., der spätere König Echnaton, hat sie gegründet und dem Sonnengott Aton gewidmet. Heute ist dieser Ort nach dem Beduinenstamm der Amra benannt.

Geschichte

Als Amenophis IV. (Echnaton) sich zur ausschließlichen Verehrung der Sonne bekannte und die alten Götter abschaffte, verließ er die bisherige Reichshauptstadt Theben und zog sich mit seinem Hof in einen Bezirk Mittelägyptens zurück, der im hermopolitischen Gau zu beiden Seiten des Nils lag. **Vierzehn Stelen** in den Felsen bei El-Hauata, bei der südlichen und der nördlichen Gräbergruppe von El-Amarna, bei Schech Said am rechten Ufer sowie bei Tuna el-Gebel, Dirua und Gilda am linken Ufer lassen noch heute seine Grenze erkennen.

Die neue Residenz in dem östlichen Seitental des Nils entwickelte sich prächtig, Tempel und Paläste entstanden. Im östlichen Gebirge wurden für den König und seine Günstlinge stattliche Gräber angelegt. Als nach dem Tode Echnatons die alte Religion ihre Bedeutung zurückerlangte, wurde die Residenz von Tutanchamun, seinem zwei-

Zu den Überresten der Königsresidenz gehören auch die Felsgräber.

ten Nachfolger, nach Theben zurückverlegt. Die Stadt Echnatons verfiel danach schnell. Nach maximal 30-jährigem Bestand ist Echet-Aton nicht wieder besiedelt worden. Aus diesem Grund sind die alten Straßenzüge noch relativ gut erhalten.
Zugleich mit der religiösen fand unter dem Einfluss Echnatons und seiner Gattin Nofretete eine künstlerische Umwälzung statt, die auch über seine Nachfolger Semenchkare, Tutanchamun und Eje hinaus wirkte und gemeinhin als »Amarna-Stil« bezeichnet wird. Die Künstler fühlten sich unter dem Eindruck der neuen Glaubenslehre gegenüber den alten Traditionen freier. Die symbolhaft stilisierte Darstellung machte einem künstlerischen Realismus und Idealismus Platz, der zuweilen auch – insbesondere bei der Wiedergabe des hageren Königs – in Übertreibung verfiel. Charakteristisch für diese Epoche sind die zahlreichen Darstellungen aus der Natur, die in Echnatons monotheistischer und universalistischer Religionslehre bzw. Philosophie göttliche Verehrung erfuhr. Die Reliefs der Gräber von El-Amarna sind die besten Zeugnisse dieser kunstgeschichtlich wichtigen Entwicklung.

Sehenswertes in Tell el-Amarna

Königspalast

Von der Bootsanlegestelle am Nil erreicht man in etwa einer Stunde das große Ruinenfeld von Echet-Aton bzw. die bei El-Tell gelegenen Ruinen von Echnatons Palast, dessen schöne Stuckfußböden 1912 gewaltsam zerstört wurden. Bruchstücke davon liegen heute im Ägyptischen Museum von Kairo. Südlich vom Palast erkennt man die Reste von zahlreichen Ziegelpfeilern, die vielleicht zu den Weingärten des Königspalastes gehörten.

Archiv

Östlich vom Palast lag das Archiv, in dem 1888 zahlreiche Tontafeln mit babylonischer Keilschrift gefunden wurden. Sie sind heute in den ägyptischen Sammlungen der auf diesem Gebiet bedeutsamen Museen von Kairo, London und Berlin zu sehen. Es sind historisch bedeutsame Briefe babylonischer und anderer vorderasiatischer Könige sowie syrischer und phönizischer Vasallen an die Könige Amenophis III. und IV. (Echnaton).

Palastbrauerei

Im Bereich des Archivs wurde in jüngerer Zeit bei Grabungsarbeiten die Palastbrauerei entdeckt. Zum Vorschein kamen tönerne Gärbottiche, Trockenöfen sowie bestens erhaltene Brauzutaten wie Malz, Getreide und Datteln.

Nordpalast

Nördlich von El-Tell lag der sogenannte Nordpalast vom Ende der Regierungszeit Amenophis' IV. (Echnaton).

Alte Stadt

Auf dem von El-Tell südlich nach El-Hag Kandil führenden Weg, dem sogenannten Sikket el-Sultan, gelangt man zu den freigelegten Teilen der alten Stadt, die von drei in nordsüdlicher Richtung verlaufenden Hauptstraßen und mehreren Querstraßen durchzogen war. Die Grundrisse vieler Häuser kann man noch einigermaßen erkennen. Beachtung verdienen das Haus des Wesirs Nacht sowie das Haus des Hohenpriesters Pewoh. Letzteres gilt sozusagen als Prototyp eines Wohnhauses eines höheren Beamten. Bemerkenswert ist ferner das Haus des Bildhauers Thutmose mit den Werkstätten der Arbeiter. Hier hat man zahlreiche wundervolle Skulpturen gefunden, die sich heute in den Ägyptischen Museen von Kairo und Berlin befinden.

Aus Tell el-Amarna stammt auch die berühmte **Kalksteinbüste der Nofretete**, der schönen Gemahlin von König Echnaton, die heute zu den Glanzstücken im Ägyptischen Museum von Berlin gehört.

Sommerpalast Etwa 2 km südwestlich von El-Hag Kandil, bei El-Hauata, trifft man auf die Ruinen des Maru-Aton. Diesen Sommerpalast hat sich Echnaton errichten lassen.

✶ Nördliche Gräbergruppe

Felsengräber Von den Ruinen des großen Königspalastes gelangt man in einer knappen Stunde nordostwärts zur Nördlichen Gräbergruppe. Die Anlage der Felsengräber entspricht jener von Abd el-Kurna im westlichen Theben: Vor jedem Grab liegt zunächst ein Vorplatz, der wohl meist von einer Ziegelmauer eingefasst war. Durch das breite Tor betritt man einen oft von Säulen getragenen Saal. Von diesem führt eine Tür oder ein Gang häufig erst zu einem schmalen Gemach und weiter in eine Kammer mit der Statue des Verstorbenen. Viele Gräber sind infolge der Rückverlegung der Residenz nach Theben unvollendet geblieben.

Grab des Huje Im Grab Nr. 1 ist Huje, der Vorsteher des königlichen Harems bestattet, der auch Haushofmeisters der Königin-Mutter Teje war. In der Eingangstür sieht man den betenden Verstorbenen. Der Säulensaal besaß zwei Bündelsäulen, deren linke noch steht.

Reliefs ► Die Reliefs an der rechten Eingangswand zeigen den König und die Königin vor Speisetischen sitzend. Unter der Königin sitzen zwei Prinzessinnen einander gegenüber, rechts Wachen und andere Gestalten. Über dem Königspaar, wie in allen Darstellungen der Gräber von El-Amarna, leuchtet die Sonne, deren Strahlen in Händen enden. Unten sind musizierende Mädchen, der Speisetisch, sich verneigende Diener, Soldaten u.a. dargestellt. Die rechte Schmalwand zeigt den Sonnentempel mit dem großen Altar im Säulenhof und Statuen. Rechts führt der König die Königin-Mutter zum Totentempel der Königseltern Amenophis III. und Teje, Wachen begleiten sie, und darüber strahlt die Sonne mit ihren Strahlenhänden. Auf der Rückwand rechts und links der Tür sind zwei einander entsprechende, allerdings stark beschädigte Darstellungen zu erkennen, die Amenophis III. und Amenophis IV. (Echnaton) mit ihren Gemahlinnen

zeigen. Auf der linken Schmalwand wird der König auf einem Thronsessel zu einer Empfangshalle (rechts) getragen, um die Tribute der unterworfenen Völker entgegenzunehmen. Ein großes Gefolge begleitet ihn. Die linke Eingangswand zeigt eine ähnliche Darstellung wie die rechte. Auf den beiden Wänden der zum nächsten Raum führenden Tür ist der Verstorbene betend dargestellt.
Im folgenden allerdings unvollendeten Raum befindet sich der Mumienschacht. In der letzten Kammer, dem Kultraum, gibt es eine Nische mit der überlebensgroßen Sitzstatue des Grabherrn (das Gesicht ist zerschlagen). An den Wänden sind Begräbnisszenen, Klageweiber, Männer mit Opfergaben, ein Wagen und vieles mehr abgebildet.

Tell el-Amarna *Orientierung*

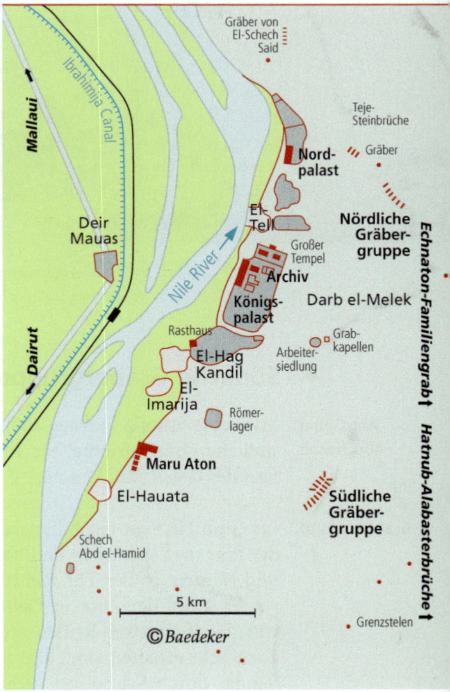

Grab des Merire II.

Im Grab Nr. 2 ist Merire II. bestattet, der ebenfalls als Vorsteher des königlichen Harems gewirkt hat. Es wurde unter Semenchkare, dem Nachfolger und Schwiegersohn von Amenophis IV. (Echnaton), weiterbearbeitet und ist daher von besonderem Interesse. Vollendet ist jedoch nur der von zwei Säulen getragene vordere Saal. An der linken Eingangswand sitzt der König unter einem Baldachin, die Königin gießt Wasser in eine Schale, die er hält, daneben drei Prinzessinnen. An der rechten Eingangswand überreicht das Königspaar dem Verstorbenen vom Balkon des Palastes herab goldenen Schmuck. Im Vorhof des Palastes (rechts) sieht man Wagen und die Fächerträger des Königs, Schreiber und Diener des Merire. Unten sind die Rückkehr des Merire und die Begrüßung in seinem Haus dargestellt. Auf der rechten Schmalwand sitzt das Königspaar unter einem erhöhten Baldachin auf einem freien Platz und empfängt die Tribute der unterworfenen asiatischen (links) und schwarzafrikanischen Völker (rechts); andere Gefangene beten den Herrscher an.

Grab des Merire I.

Weitere Gräber liegen südöstlich. Interessant ist das Grab des Merire I. (Nr. 4) mit seinen leider stark nachgedunkelten Reliefs, die den König und seine Gattin zeigen.

In Tell el-Amarna gründete Amenophis IV. eine neue Hauptstadt. Zu sehen sind u.a. noch die Mauerreste des einstigen Königspalastes.

✶ Südliche Gräbergruppe

Am Gebel Abu Hasah Etwa eine Stunde Fußweg südlich der nördlichen Nekropole liegt die südliche Gräbergruppe. Sie erstreckt sich in den niedrigen Ausläufern des Gebel Abu Hasah.

Grab des Tutu Im Grab Nr. 8 ist ein Edler namens Tutu beigesetzt. An den Pfosten des Eingangs sieht man den betenden Grabherrn, darüber seine Titel und Namen. In der Tür rechts opfert das Königspaar der Sonne, darunter kniet der Tote in Gebetshaltung. Der Saal wurde einstmals von zwölf in zwei Reihen stehenden Säulen getragen, von denen noch acht erhalten sind. Die Säulen der hinteren Reihe sind mit einander durch Schranken verbunden. Zwischen dem mittleren Säulenpaar öffnet sich ein Halbtor, wie man es sonst nur aus Bauten der Ptolemäerzeit kennt. Links führt eine Treppe zur Sargkammer. In den beiden seitlichen Schmalwänden liegen kleine, z. T. unvollendete Nischen mit Statuen. An der rechten Eingangswand sieht das Königspaar vom Fenster des Palastes aus zu, wie Tutu mit goldenen Ketten geschmückt wird. Darunter ist der Tote in Gebetshaltung zu sehen.

Grab des Mahu Gleich daneben liegt das Grab des Mahu, eines Obersten des Heeres (Nr. 9). Zum Eingang führt eine schmale Treppe hinab. In der Eingangstür sieht man links den König, der die Hieroglyphe »Wahrheit« der Sonne entgegenstreckt; ferner erkennt man die Königin und eine Prinzessin. Darunter kniet der Grabherr vor seinem Gebet. An der linken Eingangswand des Saales ist der König am Fenster des Palastes zu sehen. An der linken Schmalwand erkent man einen Grabstein, zu dem zwei Stufen führen. Oben ist das Königspaar, unten der Tote in Gebetshaltung dargestellt. Rechts davon ist ein Bild zu sehen, das sich an der linken Hälfte der Rückwand fortsetzt: Leute vor dem Sonnentempel, in der untersten Reihe vorne der Verstorbene, kniend und für des Königs Güte dankend. Die rechte Hälfte der Rückwand, deren Darstellung sich auf der linken Hälfte der rechten Schmalwand fortsetzt, zeigt oben das Königspaar, das aus dem Palast fährt, um die Befestigungen der Sonnenstadt zu besuchen. Vorläufer eilen dem Wagen voraus. Unten ist die Rückkehr des königlichen Paares zu sehen. In der Mitte der rechten Schmalwand befindet sich ein türförmiger Grabstein. Die rechte Eingangswand zeigt in der untersten Reihe links die Ausfahrt des Mahu, rechts Mahu höchstselbst, wie er Gefangene vor den Wesir führt. In der zweiten Reihe von unten erkennt man links Mahu, auf seinen Stock gestützt, vor ihm seine Untergebenen; rechts Wagen und laufende Soldaten. Die oberen Reihen sind schlecht erhalten. Im zweiten Raum ist an der Rückwand eine Scheintür angebracht, rechts führt eine Wendeltreppe zu einer Kammer, in der sich der Mumienschacht befindet.

Grab des Ramose

Nr. 11 ist das Grab des Ramose. In der Eingangstür sieht man links das Königspaar, begleitet von einer Prinzessin. Es empfängt aus den Strahlenhänden des Gottes Aton das Zeichen »Leben«. In der Nische befinden sich die Sitzbilder des Toten und seiner Gemahlin.

Grab des Maya

Nr. 14 ist das unvollendete Grab des Heerführers Maya, der auch Fächerträger zur Rechten des Königs gewesen ist. Sein Name ist überall sorgfältig getilgt.

Grab des Enej

Im Grab Nr. 23 ist der königliche Schreiber Enej bestattet. Diese Anlage weicht jedoch stark von den übrigen Gräbern ab. Eine Kalksteintreppe führt zu der von einer Hohlkehle bekrönten Eingangstür, vor der noch eine Säulenhalle angelegt werden sollte. Auf dem Türsturz rechts und links sieht man das Königspaar und drei Prinzessinnen, die zur Sonne beten. Im Türdurchgang links betet der Verstorbene, rechts derselbe mit Stab und Blumenstrauß (auf Stuck gemalt). Die Wände des Saales sind mit Stuck beworfen, aber bis auf die Hohlkehle, die sie oben abschließt, unbemalt. In der Nische steht die überlebensgroße Statue des Toten. An der rechten Wand sitzen der Tote und seine Frau, vor ihnen ein Betender. An der linken Wand erkennt man den Toten vor dem Speisetisch. Ein Priester reicht ihm Blumen. Auch diese Darstellungen sind sehr verblasst.

Grab des Eje

Weiter südlich befindet sich das Grab des Eje (Nr. 25), des späteren Königs und Nachfolgers von Tutanchamun. Es ist wie viele andere Gräber nach dem Tode Echnatons unvollendet geblieben, da die Residenz zurück nach Theben verlegt wurde. Dort ließ sich auch Eje ein neues Grab anlegen.

Sonnengesang ► Das Grab des Eje in Amarna ist berühmt geworden durch die ausführliche Fassung des »Sonnengesangs«, die im Eingangsbereich zu entziffern ist. An den Türpfosten rechts und links knien unten Eje und seine Gemahlin. Darüber sieht man Inschriften. Im Eingang links ist das zur Sonne betende Königspaar in Begleitung von Prinzessinnen und Hofstaat dargestellt. Die Sonne streckt ihre Strahlenhände zum Altar aus. Unten sieht man Eje und seine Frau Teje in Gebetshaltung. Im Saal, der von 24 Papyrussäulen mit geschlossenen Kapitellen getragen werden sollte, sind erst 15 Säulen ausgearbeitet und von diesen auch erst vier fertig gestellt. An drei Säulen sieht man den Verstorbenen und seine Gemahlin, wie sie die Namen des Gottes und des Königspaares anbeten. Inmitten der Rückwand eine unvollendete Tür. In der nordöstlichen Ecke sollte eine Treppe zu der noch nicht in Ausführung befindlichen Sargkammer führen. Die **einzige vollendete Darstellung** an der linken Eingangswand verdient Beachtung: Links steht das Königspaar am Fenster des Palastes. Es bedenkt Eje und seine Gemahlin mit Schmuck. Neben der Königin erkennt man ihre drei kleinen Töchter. Die vordere streichelt der Mutter das Kinn. Über der Szenerie strahlt die Sonne. Im Vorhof des Palastes steht das Gefolge und erhebt voller Verehrung die Hände zum Herrscherpaar (man beachte die merkwürdig gekrümmte Haltung der Menschen). Unten springen die Knaben vor Freude. Rechts schreitet Eje aus der Pforte des Palastes und wird von den Seinen beglückwünscht. Das Volk erhebt jubelnd die Hände.

Familiengrab des Echnaton

Grab Nr. 26 In dem arabisch Darb el-Hamsaui oder Darb el-Melek genannten Gebirgstal, das sich zwischen der nördlichen und der südlichen Gräbergruppe ostwärts erstreckt, findet sich etwa 11 km von Tell el-Amarna entfernt außer mehreren unbeschriebenen Felsengräbern ein mit Darstellungen geschmücktes, leider sehr angegriffenes Felsengrab. Es trägt die Nr. 26 und ist das Familiengrab Amenophis' IV. (Echnaton), wobei nach wie vor unklar ist, ob Echnaton und Nofretete tatsächlich hier beigesetzt worden sind. Ihre Mumien sind bis zur Stunde unentdeckt.

Inneres Eine Treppe, die in der Mitte eine Rampe für den Transport des Sarges hat, führt zur Eingangstür und weiter durch einen langen schrägen Korridor zu einer zweiten Treppe, schließlich zu einem Vorraum mit zerstörten Wanddarstellungen und zugeschüttetem Schacht.

Grabkapelle Am Ende des Schachtes liegt die Grabkapelle, in der einst ein Sarkophag stand und deren Pfeiler bis auf einen verschwunden sind. Ihre Wanddarstellungen waren in Stuck eingeschnitten. An der linken Eingangswand beten das königliche Paar und die Prinzessinnen zur Sonne. An der linken Wand sind das Königspaar, eine Prinzessin und Klageweiber an einer Bahre (?) dargestellt.

Nebenräume

Kehrt man von der Grabkapelle zum Eingang zurück, so erreicht man links der Treppe drei mit Darstellungen und Inschriften geschmückte Räume, vielleicht die Grabkapelle der Prinzessin Meketaton. Im ersten Zimmer zeigen die beiden Hauptwände fast die gleichen Darstellungen: Das Königspaar, vier Prinzessinnen und das Gefolge bringen im Tempel ihre Gebete und Opfer der aufgehenden Sonne dar, die sich hinter dem Tempel über den Bergen erhebt. Links davon (an der linken Eingangswand bzw. an der Rückwand zwischen beiden Türen) huldigen verschiedene Personen dem göttlichen Gestirn. An der rechten Eingangswand sieht man in der unteren Reihe die tote Prinzessin auf der Bahre, an der das Königspaar und Klageweiber stehen. In der oberen Reihe erkennt man das Königspaar, die Amme mit der kleinen Prinzessin und Klageweiber. Das zweite Zimmer ist ohne Darstellungen. Im dritten Zimmer sieht man an der Rückwand links die tote Prinzessin unter einem Baldachin stehend. Vor ihr klagen die königliche Familie und das Gefolge. Diese Darstellung setzt sich an der rechten Wand fort. An der linken Wand liegt die Mumie unter demselben Baldachin. Vor ihr klagt die königliche Familie.

Steinbrüche

In den Hügeln, die den weiten Talkessel von Tell el-Amarna umschließen, gibt es zahlreiche Kalkstein- und Alabasterbrüche. Die bedeutendsten sind die etwa fünf Stunden (zu Fuß) entfernten Alabasterbrüche von Hatnub, zu denen ein südlich der Gräbergruppe nach Osten gerichteter Weg führt. Sie wurden, wie Inschriften belegen, im Alten und im beginnenden Mittleren Reich ausgebeutet.

★★ Theben (West)

M 13

Landesteil: Oberägypten **Gouvernorat:** Kena

Zusammen mit den Tempelanlagen von ► Luxor und ► Karnak auf der östlichen Nilseite gehören die Felsgräber und Kultstätten von Theben-West zu den eindrucksvollsten Beispielen altägyptischer Kultur und gleichzeitig zu den meistbesuchten Sehenswürdigkeiten des Landes.

Nekropole der ehemaligen Hauptstadt

Theben war im Mittleren und Neuen Reich Hauptstadt und religiöses Zentrum Ägyptens, eine blühende Metropole, die sich auf dem Gebiet des heutigen Luxor am Ufer des Nils ausbreitete. Der Stadt gegenüber, am westlichen Nilufer, lag die Totenstadt, Theben-West genannt, die mehr als drei Jahrtausende genutzt wurde. In der gewaltigen Nekropole wurden mit Ausnahme von Amenophis IV. alle Pharaonen des Neuen Reiches bestattet, u. a. auch Tutanchamun, dessen Grab Howard Carter 1922 in unversehrtem Zustand entdeckte. In Theben-West wurden erstmals Gräber und Totentempel voneinander getrennt. Die Toten bestattete man in bis zu 300 m langen Felsgräbern, die sich in den Tälern der Westlichen Wüste verstecken, die Tempel zu Ehren der Toten baute man am Übergang vom fruchtbaren Flachland zur Wüste. Zu den Tempeln gehörten auch Priesterwohnungen, Bibliotheken und Schulen. Haine und Seen, Speicher, Stallungen für die Herden, Kasernen der wachhabenden Mannschaften, Gefängnisse schlossen sich an. In den nahen Dörfern und Gehöften wohnten die zahlreichen Arbeiter, die ihr Brot in der Nekropole verdienten – Steinmetzen, Maler, Bauarbeiter, vor allem aber Balsamierer, denen die Versorgung der Leichen oblag. Auf diese Weise war hier allmählich eine Stadt entstanden, ähnlich dem Quartier bei den Mameluckengräbern in Kairo. Ihre Verwaltung lag im Neuen Reich in der Hand eines Beamten, »des Fürsten des Westens und des Obersten der Nekropolensöldner«.

NICHT VERSÄUMEN

- Für eine eingehende Besichtigung von Theben-West benötigt man mehrere Tage; wer nur wenig Zeit mitbringt, sollte zumindest das Tal der Könige, den Tempel der Hatschepsut und das Ramesseum besuchen.

Öffnungszeiten: im Sommer täglich 6.30–18.00, im Winter täglich 6.30–17.00 Uhr.

Neu-Kurna

Auf der Strecke zwischen der Luxor-Brücke und den Tempeln am Rand der Wüste kommt man in das Dorf Neu-Kurna. Auch wenn man es dem Ort heute nicht mehr ansieht: Neu-Kurna ist eine Reißbrettsiedlung, die in den 1940er-Jahren nach Plänen des ägyptischen Architekten Hassan Fathy gebaut worden war, als man unter den Häusern von Alt-Kurna Gräber vermutete. Auch die traditionelle Lehmziegelbauweise der Häuser änderte nichts daran, dass die Bewohner von Kurna anfangs nicht umziehen wollten. In vielen der bunt bemalten Häuser sind Alabasterwerkstätten und -geschäfte eingerichtet.

Geschichte

Altes Reich

Das Schicksal Thebens zur Zeit des Alten Reiches liegt völlig im Dunkeln. Der ägyptische Name Thebens war Waset (Ueset) oder auch Niut (= die Stadt), woraus die biblischen Namen No oder No-Amun (= Stadt des Amun) entstanden sind. Das Westufer wurde als »der Westen von Ueset« bezeichnet. Warum die Griechen der Stadt den Namen Thebai gaben, ist nicht bekannt; sie bzw. die Römer nannten sie auch Diospolis (= Stadt des Zeus-Amun). Ueset war Hauptstadt eines Gaus und wurde von eigenen Fürsten beherrscht.

Mittleres und Neues Reich

Erst als thebanische Fürsten im Mittleren Reich die Königswürde erlangt hatten, erlebte Theben einen größeren Aufschwung; zugleich trat der bis dahin wenig beachtete Gott Amun von Karnak in den Vordergrund der Verehrung. Von Theben war der Kampf gegen die

Hyksos und die Einigung des Reiches ausgegangen, und Theben blieb von nun an für lange Jahrhunderte die **vornehmste Residenz der Pharaonen**. Ihr flossen die unermesslichen Schätze zu, die als Beute und Tribut von den eroberten Ländern nach Ägypten kamen. Die prächtigen Tempel des Amun stammen aus jener Zeit. In Karnak wurde das schon früh vorhandene Heiligtum erweitert, in Luxor der Tempel Ipetresjet (= das südliche Frauenhaus) errichtet. Die Großen des Reiches rühmten sich, zu den Priestern des Amun zu gehören; die Tempelschulen blühten, und die Könige opferten keinem anderen Gott reichlicher.

Weltstadt

Theben war jetzt eine orientalische Weltstadt, über die Homer in der »Ilias« schrieb: »Theben, Ägyptos' Stadt, wo reich sind die Häuser an Schätzen; Hundert hat sie der Tore, es ziehen aus jedem zweihundert rüstige Männer zum Streit mit Rossen daher und Geschirren.« Auch bei späteren Erwähnungen wird Theben wegen seiner ungeheuren Ausdehnung **»hunderttorig«** genannt. Die Verfolgung des Gottes Amun durch Amenophis IV. (Echnaton), und die zeitweilige Verlegung der Residenz nach ► Tell el-Amarna konnte dem Glanz der Stadt wenig anhaben. Unter Haremhab, Sethos I. und Ramses II. wurden die zerstörten Bilder und Inschriften wiederhergestellt und der Reichtum der Tempel noch vermehrt. Es wird berichtet, dass un-

Hinter den bunt bemalten Häuserfassaden in Kurna verstecken sich meist Alabasterwerkstätten.

ter Ramses III. von den Ländereien, welche die Tempel in Ägypten besaßen, mehr als zwei Drittel dem Amun gehörten, dass von den Weihegaben, die der König den ägyptischen Göttern spendete, drei Viertel dem Amun zufielen und dass z. B. von den 113 433 geschenkten Sklaven der thebanische Gott allein 86 486 erhielt. Die Oberpriester des Amun fühlten sich daher immer mehr als die Ersten im Staat und rissen zeitweise auch die Königswürde an sich.
Als zur Zeit der 21. Dynastie die Residenz des Reiches ins Nildelta verlegt wurde, verlor die Stadt an Bedeutung. Doch bildete Theben mit einem großen Teil Oberägyptens noch lange Zeit eine besondere staatliche Gemeinschaft, die von den Hohepriestern des Amun geleitet wurde und von den im Norden residierenden Königen nahezu unabhängig war.

Spätzeit Im 7. Jh. v. Chr. plünderten assyrische Heere Theben. Die Äthiopier schlugen hier ihren Herrschersitz auf und ehrten Amun mit Bauten und Inschriften, während die Fürsten der 26. Dynastie der Stadt Saïs ihre Gunst zuwandten. Die Heere des Kambyses, die bis nach Oberägypten vordrangen, scheinen in Theben nur wenig oder gar nichts zerstört zu haben. Zur Zeit Alexanders d. Gr. und der Ptolemäer-Könige war Thebens Bedeutung im Rückgang. Auch wenn manche Bauten ihr Ansehen zur Ptolemäerzeit noch heute bezeugen, so erwuchs der Metropole doch in dem von Alexander dem Großen gegründeten Alexandria eine gefährliche Konkurrenz.

Ptolemäerzeit Als unter Epiphanes in Oberägypten ein Aufstand gegen die makedonische Herrschaft ausbrach, errang das politisch und wirtschaftlich stark geschädigte Theben noch einmal unter einheimischen Fürsten Selbstständigkeit. Der Aufstand wurde aber bald niedergeworfen und Theben wieder in den Rang einer Provinzialstadt zurückgedrängt, die sich allmählich in Dörfer auflöste. Eine nochmalige Empörung unter Ptolemaios IX. Soter II. endete nach dreijähriger Belagerung mit der Eroberung und ein letzter, durch die hohen römischen Steuern veranlasster Aufstand, der von dem Statthalter Cornelius Gallus niedergeworfen wurde, mit der völligen Zerstörung der Stadt. Schon Strabo, der in den Jahren 24 bis 20 v. Chr. Ägypten bereiste, fand an ihrer Stelle nur einzelne Ortschaften.

Spätantike bis Neuzeit Nach der Einführung des Christentums wurden einige der heidnischen Bildwerk gestürzt und so manche Inschrift vernichtet. Der Nil, der den Tempel von Karnak alljährlich erreichte, und die Salzausschwitzung des Bodens wirkten schädigend, viele Gräber wurden in Wohnungen, Tempelräume in christliche Kirchen und Klöster umgewandelt.

Hinweis Alle am linken Ufer des Nils gelegenen Tempel sind mit ihren schmalen Eingangsseiten dem Strom zugewandt. Ihre Längsachsen laufen von Südosten nach Nordwesten. In der folgenden Beschrei-

THEBEN ERLEBEN

AUSKUNFT

Tourist Police
West-Bank, neben Ticket Office
Tel. (0 95) 2 31 16 22

ANREISE

Mit dem Auto
10–15 Autominuten südlich Luxors gibt es eine Brücke zur Westbank-Seite des Nils.

Fähre
Auf die Westseite des Nils kann man auch ab ca. 5 £E mit einem der Motorboote übersetzen, die an der Corniche liegen (z. B. vor dem Old Winter Palace). Die öffentlichen Fähren kosten 1 £E.

BESICHTIGUNG

Die Verkaufsstelle für Eintrittskarten zu allen Denkmälern in Theben-West befindet sich beim Inspektorat nahe der Memnonkolosse, Karten für das Tal der Könige, das Tal der Königinnen, den Hatschepsut-Tempel und die Nekropole von Asasif werden an den jeweiligen Zugängen verkauft.
Das Grab der Nefertari ist auf unbestimmte Zeit geschlossen.

ESSEN & ÜBERNACHTEN

►Luxor

bung werden jedoch der Einfachheit halber die Schmalseiten als Ost- bzw. Westseite, die Langseiten hingegen als Nord- bzw. Südseite bezeichnet.

✶ Grabtempel von Sethos I. von Kurna

Am Rande des Fruchtlandes liegt der Grabtempel von Sethos I. von Kurna. Er war dem Amun geweiht und gleichzeitig für den Kultus des Vaters des Erbauers, Ramses I., bestimmt. Ramses II. erneuerte den unvollendet gebliebenen Bau, schmückte ihn mit Reliefs und Inschriften, deren Schönheit an die gleichzeitig entstandenen Reliefs in ►Abydos erinnert. Erhalten blieb nur das eigentliche Heiligtum mit seinen Sälen und Zimmern, während von den Höfen und Pylonen kaum noch etwas steht.

Vorhalle

Die Vorhalle, deren Decke von neun (ursprünglich zehn) Papyrusbündelsäulen mit geschlossenem Kapitell getragen wird, zeigt am Architrav die Weihinschrift Ramses' II. und an der Rückwand unten zu beiden Seiten der Mitteltür Weihegaben darbringende Männer und Frauen, die links der Tür die Landschaften Oberägyptens, mit Lilien auf dem Kopf, rechts diejenigen Unterägyptens, mit Papyrus auf dem Kopf, darstellen; darüber links der König, der vor der von Priestern getragenen Amunbarke räuchert, rechts der König vor verschiedenen Göttern.

Im Tal der Könige: Um Grabräuber zu täuschen, ließen die ägyptischen Herrscher ihre Gräber in einem abgelegenen Tal anlegen.

Säulensaal Durch die Mitteltür gelangt man in den Säulensaal mit sechs Papyrussäulen. Auf den Deckenplatten des Mittelganges sieht man die geflügelte Sonne, fliegende Geier und die von Schlangen eingefassten Namen Sethos' I. zwischen zwei Schriftzeilen. Die flachen Reliefs an den Wänden zeigen Sethos I. und Ramses II. vor verschiedenen Göttern opfernd; links Mut, rechts Hathor von Dendera, die Sethos die Brust reicht.

Seitenkammern Von den sechs Seitenkammern ist nur eine zerstört. Die in schönem Relief ausgeführten Darstellungen zeigen Sethos I. beim Götteropfer oder bei heiligen Handlungen. Bemerkenswert in der hinteren Kammer links auf der linken Wand ist die Darstellung von Thot vor der heiligen Barke des Königs, auf der rechten Wand links der König vor dem Speisetisch, hinter ihm die Göttin des Tempels, rechts der König im Priesterornat. Auf der Rückwand sieht man den König als Gott Osiris in einer Kapelle sitzend, links von den Göttern von Theben (Amun und Mut), rechts von den Göttern von Memphis (Ptah und Sechmet) umgeben. Die vordere Kammer rechts schmücken vertiefte Reliefs, die Ramses II. mit Göttern zeigen: Rechts ist der König wiedergegeben, wie er vor Amun, Chons und Mut den Tempel abschreitet, das linke Relief zeigt den König beim Götteropfer.

Allerheiligstes An den Säulensaal schließt sich in der Längsachse des Tempels ein erhöhter Querraum an, zu dem sich fünf Kammern öffnen. Die mittlere mit dem Untersatz für die heilige Amunbarke ist das Allerheiligste. Die Wandreliefs zeigen Sethos I. vor der Barke räuchernd. Ihm folgt ein von vier Pfeilern getragener Raum, von Flachreliefs Sethos' I. ausgeschmückt.

Der sehr verfallene rechte Teil des Tempels besteht aus einem langen Hof mit Altar (Saal Ramses' II.) und mehreren zerstörten Nebenräumen. Die vertieften Reliefs stehen hinter denen im Mittelbau und im linken Teil des Heiligtums zurück.

Hof

Vom Säulensaal aus betritt man zunächst den Kultraum Ramses' I. An der rechten und linken Wand befinden sich Flachreliefs, die rechts den König vor Amun, Chons und dem vergöttlichten Sethos kniend, hinter ihm die Göttin Mut, zeigen. An diesen Raum schließen sich drei Kammern an. Die mittlere zeigt auf der rechten und linken Wand Sethos I., vor der Amunbarke räuchernd und die Statue seines Vaters Ramses I. mit dem Finger salbend. An der Rückwand eine doppelte Scheintür für Ramses I. mit Darstellung des Osirissarges des Königs, auf dem Isis als Falke sitzt. Die Kammern zu beiden Seiten wurden von Ramses II. angelegt, ihre Reliefs sind roh.

Kultraum Ramses' I., Kammern

Durch eine Seitentür gelangt man von dem Kultraum Ramses' I. in einen schmalen Korridor, dessen linke Wand bis auf die unteren Blöcke zerstört ist, und weiter rechts in einen Raum mit Reliefs, die aus der Zeit von Ramses II. stammen und diesen sowie seinen Vater Sethos beim Götteropfer bzw. heiligen Handlungen darstellen.

Korridor

Nekropole von Dra Abu el-Naga

Vom Sethos-Tempel führt eine Straße in westlicher Richtung zu dem an den Vorhügeln der Wüstenberge gelegenen Dorf und der Nekropole von Dra Abu el-Naga. Die Felsengräber gehören der Zeit des Neuen Reiches an. Wir empfehlen den Besuch folgender Gräber:

Dra Abu el-Naga

Nr. 17 ist das Grab des königlichen Arztes Neb-Amun aus der 18. Dynastie. An der Rückwand der Vorhalle sieht man Darstellungen von Asiaten, außerdem reizvolle Deckenmuster.

Grab Nr. 17

Nr. 115 ist das Grab des Antef (18. Dyn.). Man betritt zunächst die von einer Schutzhütte bedeckte, einst offene und von sieben Pfeilern getragene Vorhalle. An der Rückwand blieben Reste farbiger Stuckbilder erhalten: Links empfängt der Verstorbene, von seiner Frau begleitet, allerlei Gaben; rechts Traubenernte, Weinkelter, Weinpresse, Ablieferung der gefüllten Weinkrüge; darüber ganz rechts der Rest eines Jagdbildes (mit Nilpferd). An der rechten Schmalwand sind Reste der Stele erhalten. Die inneren Räume sind weitgehend zerstört.

Grab Nr. 115

In etwas höherer Lage befindet sich das Grab des Roj (Nr. 225), das von Carter ausgegraben wurde. Roj war **königlicher Schreiber und Gutsverwalter**. An der linken Eingangswand sind verschiedene Feldarbeiten dargestellt. Die linke, südliche Längswand zeigt oben den Verstorbenen bzw. einen seiner Verwandten mit je einer Frau, wie sie zu verschiedenen Göttern beten; der Verstorbene und seine Schwes-

Grab Nr. 225

ter werden von dem falkenköpfigen Horus zur Waage geführt, auf der ihre beiden Herzen gewogen werden; Harsiësis führt beide vor Osiris; unten das Begräbnis.

Ziegelpyramiden Im Süden der Nekropole von Dra Abu el-Naga wurden auch die Reste der Ziegelpyramiden der Hohepriester Bakenchons und Tjanefer sowie zwölf teilweise ausgeschmückte Felsengräber aus der Ramessidenzeit (13./12. Jh. v. Chr.) freigelegt und untersucht.

✶✶ Tal der Könige (Biban el-Muluk)

Prunkvolle Felsengräber Vom Totentempel Sethos' I. führt eine Straße etwa 5 km nordwestlich ins Tal der Könige (Biban el-Muluk), das von einer natürlichen Felspyramide beherrscht wird. Es ist so benannt nach den 62 prunkvoll ausgestatteten Felsengräbern, die sich die Könige der 18., 19. und 20. Dynastie hier anlegen ließen. Im Gegensatz zu den bisherigen Pyramidengräbern wurden sie als Gänge in den Felsen gehauen und waren nur für die Aufnahme des Sarges bestimmt, während man die dem Kult der Toten geweihten Tempel in der Ebene baute. Vom Eingang führen gewöhnlich hintereinander drei Korridore in die Tiefe. An dem ersten liegen zuweilen kleine Nebenkammern; in dem zweiten und dritten befinden sich Nischen zur Aufnahme von Totengerät. Durch den Vorsaal gelangt man weiter in den häufig von Pfeilern getragenen Hauptsaal, in dem in einer Vertiefung im Boden der große Granitsarg Platz fand. Nebenräume schließen sich an. Da der verstorbene König dem damaligen Glauben nach mit dem Sonnengott in der Nacht auf einer Barke durch die Unterwelt fährt, setzte man mit Vorliebe Texte und Bilder auf die Wände, die diese Reise schildern und dem Toten die notwendige Anleitung dazu geben sollen.

Ägyptische Totenbücher als Vorlagen Die Schilderungen und Texte an den Wänden der Gräber sind hauptsächlich zwei miteinander verwandten Büchern entnommen. Das eine ist das »Buch von dem, was in der Unterwelt ist«. Entsprechend den zwölf Nachtstunden der Unterwelt (Duat) ist auch das Buch in zwölf Abschnitte eingeteilt. In jedem ist in der Mitte der Fluss dargestellt, auf dem der widderköpfige Sonnengott, von Gefolge umgeben, auf der Sonnenbarke fährt und auf kurze Zeit ringsum Licht und Leben spendet. Die Ufer oben und unten sind von Geistern, Dämonen und Ungeheuern bevölkert, die den Sonnengott auf seiner Fahrt begrüßen und Feinde von ihm abwehren. Das zweite Buch wird »Buch der Pforten« genannt. Auch in ihm ist die nächtliche Fahrt der Sonne durch die zwölf Teile der Unterwelt dargestellt. Befestigte Tore, von Riesenschlangen bewacht, deren Namen der Tote wissen muss, erheben sich zwischen den einzelnen Teilen. Zwei Götter und zwei feuerspeiende Schlangen schützen den Zugang und begrüßen den Sonnengott. Im übrigen gleicht die Darstellung der Unterwelt derjenigen des ersten Buches. Außerdem sind zur Ausschmückung der Wände noch die »Lobpreisung des Re« und das »Buch vom Öffnen des Mundes« verwendet worden. Das erste, das in den beiden ersten Korridoren seinen Platz gefunden hat, enthält einen Hymnus auf den Sonnengott, der von dem Toten am Abend beim Eintritt der Sonne in die Unterwelt mit 75 Namen angerufen werden muss. Das zweite Werk lehrt die Zeremonien, die vor der Statue des verstorbenen Königs zu vollziehen sind, damit er die Speisen und Getränke im Grab genießen kann.

Tal der Könige Orientierung

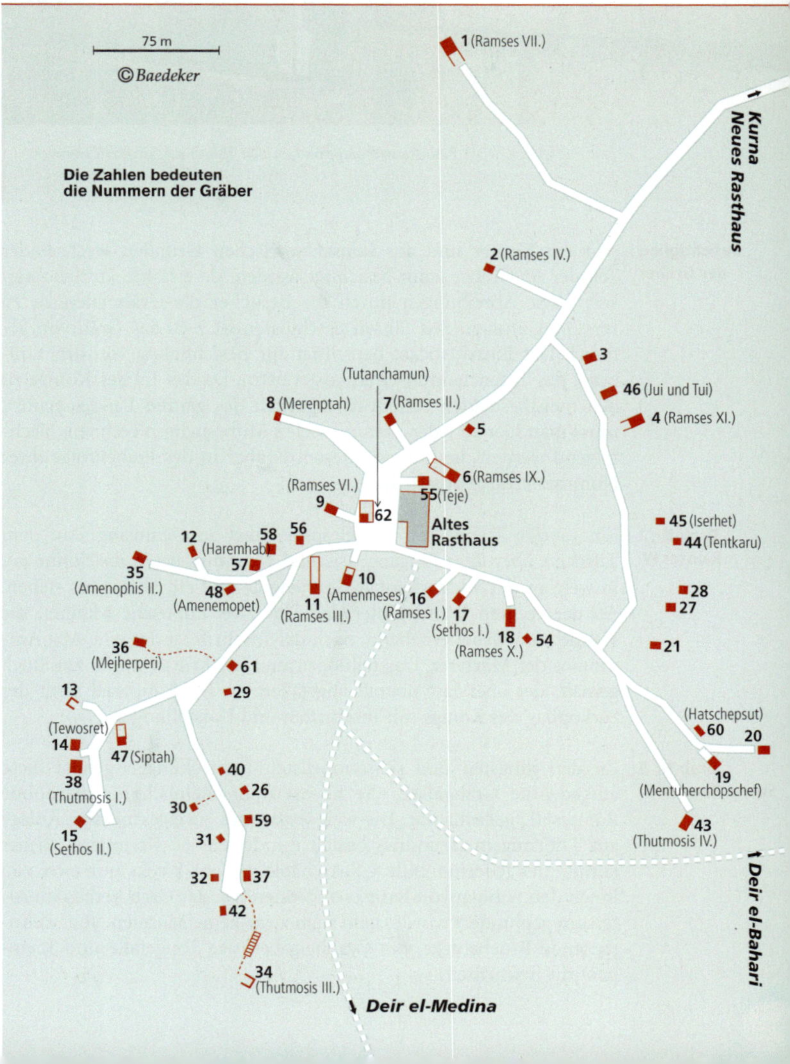

Besucherströme gefährden den Erhalt der Grabzeichnungen – hier im Grab Ramses' IV.

Besichtigung der Gräber Nur ein kleiner und aus konservatorischen Gründen wechselnder Teil der 62 Gräber kann besichtigt werden, da erhöhte Luftfeuchtigkeit sowie Abreibungen durch die Besucher die Grabmalereien zu zerstören drohen. Seit Jahren geschlossen ist z. B. das Grab von Sethos I. Das Eintrittsticket berechtigt zur Besichtigung von drei Gräbern; das Tutanchamun-Grab kostet extra. Da das Tal der Könige zu den meistbesuchten Sehenswürdigkeiten des ganzen Landes gehört, muss man hier zu jeder Zeit mit vielen Mitbesuchern rechnen. Nachfolgend werden die interessantesten Gräber in der Reihenfolge ihrer Nummerierung vorgestellt.

Grab Nr. 2 Ramses IV. Eine antike Treppe mit Mittelrampe führt zum Eingang. Auf dem Türsturz über dem Eingang: Isis und Nephthys beten die Sonne an, in welcher der widderköpfige Sonnengott und ein Skarabäus stehen. An der rechten Wand hinter der Tür: zwei koptische Männer, die Hände zum Gebet erhebend; nach der Inschrift ist der eine Apa Ammonios der Märtyrer. Darstellungen und Inschriften waren auf Stuck gemalt, der aber fast überall abgefallen ist. Im Hauptsaal steht der Sarkophag des Königs mit Inschriften und Darstellungen.

Grab Nr. 5 Söhne Ramses' II. Zu den jüngsten und sensationellsten Entdeckungen gehört diese ausgedehnte Grabanlage, die höchst wahrscheinlich für die Söhne Ramses' II. gedacht war. Die weit verzweigte, zweigeschossige Anlage auf T-förmigem Grundriss besitzt mindestens 67 Kammern. Bisher konnte der federführende US-Archäologe Kent Weeks nur zwei von ihnen den Söhnen von Ramses zuordnen. Da das Grab bereits im Altertum geplündert wurde, fand man zwar keine Mumien, aber Zehntausende Bruchstücke von Grabbeigaben wie Tongefäße und Kanopen mit Inschriften.

★ **Grab Nr. 6 Ramses IX.**

Zum Eingang des Grabes führt eine Treppe mit Mittelrampe. Die rechte Treppenwange trägt eine unvollendete Inschrift des Königs. Auf dem Türsturz des Eingangs ist die Sonne dargestellt, die vom König und Isis (links) bzw. Nephthys (rechts) angebetet wird.

◄ Erster Korridor

Am ersten Korridor links vorne eine Kapelle, neben welcher der König vor den Göttern Harachte und Osiris steht. Weiter, über den Türen der Nebenkammern ein Text aus der »Lobpreisung des Re«. Dann bei der zweiten Kammer links ein Text aus dem 125. Kapitel des Totenbuches, das ein Bekenntnis des Toten von seiner Sündlosigkeit enthält; darunter der als Gott Hor-Enmetef gekleidete Priester, der dem als Osiris gekleideten König die Hieroglyphen »Leben«, »Beständigkeit« und »Reichtum« spendet. Die rechte Wand gegenüber der genannten Kapelle zeigt den König in einer Kapelle vor Amun und der Totengöttin Meretseger. Über den Türen der Nebenkammern Darstellungen von Schlangen, Geistern mit Hunde- und Stierköpfen; der Text enthält den Anfang der »Höllenfahrt des Sonnengottes«.

◄ Zweiter Korridor

An der linken Wand des zweiten Korridors gleich links eine aufrecht stehende Schlange; rechts davon und in der Nische Bilder von Göttern (aus der »Lobpreisung des Re«), unter der Nische der König, dem die Göttin Hathor folgt. Weiterhin links Totenbuchtexte; dann der König, über dem ein Falke schwebt, vor dem falkenköpfigen Chons-Neferhotep. Auf der rechten Wand eine aufrecht stehende Schlange; jenseits der Nische Darstellungen von Dämonen und Geistern. Die Decke zeigt Sternbilder.

◄ Dritter Korridor

An der linken Wand des dritten Korridors die Fahrt der Sonne in der zweiten Nachtstunde und der Anfang der Fahrt in der dritten Stunde. Auf der rechten Wand bringt der König dem Ptah, vor dem noch die Göttin Maat steht, ein Bild der Maat dar. Daneben befindet sich ein Bild der Auferstehung: Die Mumie des Königs liegt schräg in einem Berg, die Arme sind über dem Kopf ausgestreckt (der Phallus weggehackt), über der Mumie ein Skarabäus und die Sonne. Weiterhin drei Reihen von Dämonen: in der oberen Reihe acht Sonnen, in jeder ein auf dem Kopf stehender, schwarzer Mann; in der mittleren Reihe Schlangen, die von Pfeilen getroffen sind; um Erhörung betende Frauen; der Skarabäus in einer Barke, die beiderseits in Schlangenköpfe endet; in der unteren Reihe Dämonen auf Schlangen, ferner vier zurückgebeugte Männer, die aus dem Munde einen Skarabäus speien.

Im ersten Saal an der Stirnseite: je ein Priester mit Pantherfell und Seitenlocke, vor einer Standarte opfernd. Vom zweiten Saal führt ein kurzer Gang hinab zur Sargkammer, in welcher der Sarkophag stand. An der Wand Bilder von Göttern und Geistern. Die gewölbte Decke zeigt die Himmelsgöttin, den Morgen- und Abendhimmel darstellend, und unter ihrem Leib Sternbilder und Sternbarken.

Grab Nr. 7 Ramses II.

Das Grab wurde im Altertum ausgeraubt, die Mumie des Königs später bei Deir el-Bahari geborgen. Im Eingangskorridor rechts und links in erhöhten Hieroglyphen die Texte der »Lobpreisung des Re«;

links der König vor dem Sonnengott Re-Harachte und das Bild der Sonne mit dem widderköpfigen Sonnengott und dem Skarabäus. Die im Flachrelief ausgeführten Darstellungen und Inschriften sind stark beschädigt.

✶ **Grab Nr. 8 Merenptah**

Über dem Eingang Isis und Nephthys, die Sonne anbetend, in der ein Skarabäus und der widderköpfige Sonnengott stehen. Eingangskorridore, die mit Texten aus der »Lobpreisung des Re«, Götterfiguren und Bildern des Totenreiches geschmückt sind, führen ziemlich steil in die Tiefe zu einem Vorzimmer, in dem der Granitdeckel des äußeren Sarges steht, und weiter auf Stufen in den dreischiffigen Pfeilersaal. Das Mittelschiff ist tonnengewölbt, die Decken der Seitenschiffe sind flach. Hier ist der Deckel des Königssarges aufgestellt; auf ihm ruht wie auf einem Polster die Gestalt des Herrschers. Der Deckel, der wie üblich die Form einer Königskartusche hat, ist aus Rosengranit wundervoll gearbeitet; von großer Wirkung ist das Gesicht.

✶ **Grab Nr. 9 Ramses VI.**

Schon von den alten Römern wurde dieses Grab das Grab des Memnon genannt, da Ramses VI. denselben Vornamen wie der von den Griechen Memnon genannte Amenophis III. führte. Das ursprünglich für Ramses V. begonnene Grab zeichnet sich durch eine hervorragende Erhaltung der farbigen vertieften Reliefs aus. Durch drei Korridore gelangt man in einen Vorsaal und weiter in den ersten Pfeilersaal, mit dem die ursprüngliche Anlage Ramses' V. abschloss. Die linken Wände dieser Räume zeigen die Fahrt der Sonne durch das Totenreich nach dem »Buch der Pforten«. Auf den Wänden zur Rechten andere auf das Jenseits bezogene Texte und Bilder. Auf drei Pfeilern des Pfeilersaales sieht man den König vor den Totengöttern opfernd; an der Decke Sterntafeln.
Zwei Korridore, auf deren Wänden die unterirdische Fahrt des Sonnengottes nach dem »Buch von dem, was in der Unterwelt ist« dargestellt ist, führen zu einem zweiten Vorsaal, dessen Wände mit Texten und Bildern aus dem Totenbuch beschriftet sind. Es folgt der zweite Pfeilersaal, in dem noch Trümmer des großen Granitsarkophages liegen. An den Wänden befinden sich Texte über die Unterwelt. An der gewölbten Decke sieht man den Tag- und Nachthimmel, als Göttinnen dargestellt, mit den Stunden. Das Grab enthält viele griechische und koptische Einritzungen.

✶✶ **Grab Nr. 11 Ramses III.**

Das Grab Ramses' III. wird aufgrund einer Darstellung in einer kleinen Seitennische auch das **Harfnergrab** genannt und an Größe nur von den Gräbern Nr. 17 und 14 übertroffen. Die Anlage rührt bis zum dritten Raum noch von Ramses' Vater Setnacht her, dessen Name an mehreren Stellen unter dem abgefallenen Stuck zutage tritt. Eigentümlich sind bei diesem Grab die Seitenkammern rechts und links der beiden Korridore. Die vertieften Darstellungen sind zwar nicht besonders gut ausgeführt, aber außerordentlich mannigfaltig und in den Farben gut erhalten.

Der Eingang wird rechts und links von je zwei mit Kuhköpfen verzierten Pilastern gerahmt. Auf dem Türsturz des Eingangs sind Isis und Nephthys dargestellt, die den widderköpfigen Sonnengott und den Skarabäus in der Mitte der Sonnenscheibe anbeten.

◄ Erster Korridor

Im ersten Korridor rechts und links vom Eingang die Göttin Maat kniend und mit ihren Flügeln den Eintretenden schützend. An der linken Wand der König vor Harachte; weiterhin das Titelbild der »Lobpreisung des Re«, die Sonne zwischen Schlange, Krokodil und zwei Gazellenköpfen. Es folgt der Text der »Lobpreisung«, der sich auf der rechten Wand fortsetzt. In der ersten Seitenkammer links Darstellungen von Bäckern, Köchen und Schlachtern. In der zweiten Seitenkammer rechts in zwei Reihen Schiffe, in der oberen mit gespannten, in der unteren mit gerafften Segeln.

Der **zweite Korridor** zeigt auf beiden Seiten die Fortsetzung der »Lobpreisung« und die zugehörigen Götterfiguren, die links auf Isis, rechts auf Nephthys zuschreiten. In der dritten Seitenkammer links, obere Reihe, links vom Eingang beginnend: ein kniender Nilgott, der seine Gaben sieben Göttern der Fruchtbarkeit (Ähren auf dem Kopf) überreicht; rechts vom Eingang ein Nilgott vor der schlangenköpfigen Göttin Napret, fünf Königsschlangen, die mit Schurz bekleidet sind, und zwei Götter der Fruchtbarkeit. In der unteren Reihe links: Der Nilgott von Oberägypten bringt seine Gaben zehn angekleideten Königsschlangen; rechts der Nilgott von Unterägypten vor Napret und drei Königsschlangen.

Die vierte Seitenkammer (rechts) ist die Waffenkammer des Königs. Von den beiden Eingangswänden zeigt die linke den heiligen schwarzen Stier Meri auf dem »südlichen See«, die rechte die schwarze Kuh Hesi auf dem »nördlichen See«. Auf der linken Wand oben Standarten mit Bildern von heiligen Tieren sowie Köpfen der Göttin Hathor. Auf der Rückwand oben Pfeile, Bogen, Köcher. Auf der

Grab Nr. 11 Ramses III.

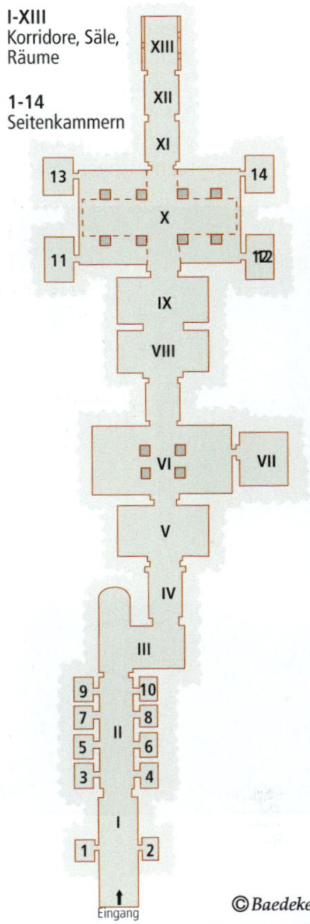

rechten Wand oben Standarten mit Götterköpfen. In der fünften Seitenkammer (links) bringen in der oberen Reihe verschiedene Ortsgottheiten Opfergaben herbei; in der unteren Reihe sind kniende Nilgötter dargestellt. Die sechste Seitenkammer (rechts) ist das Schatzhaus des Königs und zeigt an den Wänden Vasen, Krüge, Flaschen, darunter so genannte Bügelkannen, wie sie von den griechischen Inseln nach Ägypten eingeführt wurden, Elefantenzähne, Halsbänder, Betten mit Kopfstütze und eine Treppe zum Aufsteigen. In der siebten Seitenkammer (links) ist auf der Eingangswand rechts und links der Schutzgeist des Königs verewigt, in der Hand einen Stab, auf dem ein Königskopf sitzt. Die übrigen Wände zeigen in zwei Reihen (die untere zerstört) Ruder mit Schlangen, heilige Stiere und Kühe. In der achten Seitenkammer (rechts) ein heiliges Gefilde mit Feldarbeiten wie Pflügen, Säen, Ernten; auf einem Kanal fährt der König in einer Barke. Die neunte Seitenkammer (links) zeigt links einen Harfenspieler, der vor den Göttern Enhuret und dem falkenköpfigen Harachte singt; rechts eine entsprechende, aber weitgehend zerstörte Darstellung. Die zehnte Seitenkammer (rechts) enthält die Bilder von zwölf verschiedenen Osirisfiguren.

Der dritte Saal wurde, da er in gerader Richtung auf das benachbarte Grab Nr. 10 stieß, seitlich weitergeführt. Auf der Rückwand erhebt eine Göttin als Repräsentantin des Südens einen Wasserkrug. Auf den übrigen Wänden bringt der König Götteropfer.

Innenaufnahme aus dem Grab 14 im Tal der Könige, dem unvollendeten Grab des Heerführers Maya

Im vierten Korridor ist auf der linken Wand die Fahrt der Sonne in der vierten Nachtstunde, auf der rechten Wand die Fahrt in der fünften Stunde dargestellt. Im fünften Saal befinden sich Götterfiguren. Der sechste Raum ist ein abschüssiger Gang mit Seitengalerien, die von vier Pfeilern getragen werden. Auf den Pfeilern der König vor verschiedenen Göttern. Die Wände zur Linken zeigen (bei der Eingangswand beginnend) die Fahrt der Sonne durch den vierten Teil der Unterwelt; man beachte in der unteren Reihe die Vertreter der vier den alten Ägyptern bekannten Hauptvölker. An den Wänden zur Rechten die Fahrt der Sonne durch den fünften Teil der Unterwelt. Auf der Rückwand rechts und links der König vor Osiris. Im siebten Saal, an der rechten Eingangswand, der König von Thot und dem falkenköpfigen Harchentechtai geleitet; an der linken Eingangswand der König, der dem Osiris ein Bild der Wahrheit darbringt. An den übrigen Wänden Darstellungen aus dem »Buch von dem, was in der Unterwelt ist«.

◄ Vierter Korridor

Die übrigen Räume sind größtenteils zerstört. Im zehnten Pfeilersaal stand der Sarkophag des Königs; seine Mumie wurde in Deir el-Bahari gefunden und ist jetzt im Ägyptischen Museum von Kairo.

★ Grab Nr. 16 Ramses I.

Hinter der Eingangstür führen ein abschüssiger Korridor und eine zweite, steile Treppe zur Sargkammer, in deren Mitte der offene Sarg des Königs aus rotem Granit mit gelb aufgemalten Darstellungen und Texten steht. Auch die Wände der Kammer sind mit bunten Darstellungen und Inschriften bedeckt. An der Eingangswand links: Maat und Ramses I. vor Ptah, hinter dem der Pfeiler des Osiris steht; rechts Maat und der König, dem Nefertem Wein opfernd, hinter dem Gott das Zeichen der Isis (Knoten). An der linken Wand, links der Tür zu einer kleinen Nebenkammer, Ramses I., von dem hundsköpfigen Anubis und dem falkenköpfigen Hariësis geleitet. Rechts der Tür und darüber der 3. Abschnitt des »Buches der Pforten«: Zunächst das von der Schlange Zetbi bewachte Tor, gefolgt von der Fahrt durch den dritten Teil der Unterwelt. Im Mittelfeld wird die Barke von vier Männern zu einer lang gestreckten Kapelle hingezogen, in der die Mumien von neun Göttern liegen; zwei durch eine Schlange getrennte Gruppen von je sechs Göttinnen, welche die Stunden der Nacht darstellen, gehen einen Berg hinauf, unter dem sich, durch Zickzacklinien angedeutet, ein Wasserbecken befindet.
In der Rückwand öffnet sich eine kleine Kammer, an deren hinterer Wand Osiris zwischen einem widderköpfigen Gott und einer heiligen Schlange dargestellt ist. Über der Tür hunds- und falkenköpfige Dämonen (die Seelen von Pe und Nechen); weiter rechts an der Rückwand: Ramses I. weiht vor dem käferköpfigen Sonnengott Amun-Re-Chepre vier Pakete; Harsiësis, Atum und Neith geleiten den König vor den Thron des Osiris.

★★ Grab Nr. 17

Das Grab Sethos' I. wird nach seinem Entdecker auch **»Belzonis Grab«** genannt. Es ist wie die Gräber Nr. 11 und 14 insgesamt 100 m lang. Die Reliefs lassen an Schönheit und guter Erhaltung alle anderen im Tal der Könige weit zurück und können an Feinheit wohl mit denen von ►Abydos verglichen werden.

Im ersten Korridor ist auf der linken Wand der König vor dem falkenköpfigen Sonnengott Harachte dargestellt. Weiter folgt das Titelbild der »Lobpreisung des Re«: die Sonne mit Skarabäus und dem widderköpfigen Sonnengott zwischen einer Schlange, einem Krokodil und zwei Kuhköpfen. Die folgenden Texte enthalten die »Lobpreisung des Re«, die sich auf der rechten Wand fortsetzt. Die Decke ist mit schwebenden Geiern geschmückt.

Im zweiten Korridor (mit Treppe) ist auf der linken Wand oben in der Nische der Sonnengott in 37 verschiedenen Formen abgebildet (nach der »Lobpreisung des Re«), unter der Nische Texte aus dem »Buch von dem, was in der Unterwelt ist«; ebenso auf der rechten Wand. Links und rechts der Treppe Isis und Nephthys.

Im dritten Korridor ist auf der linken Wand die Fahrt der Sonne in der fünften Nachtstunde dargestellt. Die rechte Wand zeigt wieder das Totenreich, und zwar die Fahrt der Sonne in der vierten Nachtstunde. Im Vorsaal der König vor verschiedenen Göttern.

Erster Pfeilersaal ►

Der erste Pfeilersaal enthält Darstellungen des Totenreiches. Auf den Wänden zur Linken ist die Fahrt der Sonne durch den vierten Teil der Unterwelt dargestellt. Vorn das vierte, von der Schlange Tekehor bewachte Tor. In der mittleren Reihe die Barke des Sonnengottes, von vier Männern gezogen; vor ihr Geister mit einer sich ringelnden Schlange, drei ibisköpfige und neun andere Götter; rechts ein Gott mit Zepter. In der oberen Reihe Männer, die den Gott begrüßen, andere halten einen gewundenen Strick. In der unteren Reihe links Horus; vor ihm die Vertreter der vier den Ägyptern bekannten Hauptvölker der Erde, und zwar vier »Menschen« (= Ägypter), vier Asiaten mit spitzen Bärten und buntem Schurz, vier Schwarze (= Kuschiten) und vier Libyer, die an den Federn auf dem Kopf und an ihren Tätowierungen erkennbar sind. Weiterhin u. a. Genien mit einer Schlange, auf der die Hieroglyphen des Wortes »Zeit« stehen.

An den Wänden zur Rechten ist die Fahrt der Sonne durch den fünften Teil der Unterwelt dargestellt. In der Mitte die Sonnenbarke, von vier Männern gezogen; vor ihr schreiten Dämonen. Oben zwölf Götter mit gabelförmigen Stöcken, zwölf Götter mit einer Schlange, aus der Menschenköpfe hervorragen, zwölf Götter mit einem gewundenen Strick, der an einer Mumie befestigt ist. Unten ein Gott, der sich auf einen Stab stützt; zwölf Mumien auf einer Bahre, die von einer Schlange gebildet wird u.a. In der Mitte der Rückwand Osiris auf einem Thron, hinter ihm Hathor, vor ihm der König, von dem falkenköpfigen Horus geleitet. Die Darstellungen der Pfeiler zeigen den König vor verschiedenen Gottheiten.

Zweiter Pfeilersaal ►

Eine kleine Treppe führt in einen zweiten Pfeilersaal, dessen Darstellungen und Inschriften auf Stuck mit Rötel vorgezeichnet und schwarz nachgezogen sind. Auf den zwei Pfeilern der König vor verschiedenen Gottheiten.

An der linken Eingangswand und der linken Wand die Fahrt der Sonne in der neunten Nachtstunde. In der Mitte die Sonnenbarke; vor ihr zwölf Sterngötter mit Rudern; drei heilige Tiere (Kuh, Widder, Vogel mit Menschenkopf); eine stehende Mumie, die Schutzgottheit der Opfer. Oben zwölf Genien, auf eigentümlichen Gestellen hockend, und zwölf Frauen. Unten (z. T. zerstört) Flammen speiende Schlangen, Männer mit Stöcken und eine Mumie. Die Darstellungen der Rückwand, die sich auf einem Teil der rechten Wand fortsetzen, zeigen die Fahrt der Sonne in der zehnten Nachtstunde. In der Mitte die Sonnenbarke; vor ihr verschiedene Gottheiten, u. a. ein Falke auf einer zweiköpfigen, vierbeinigen Schlange; vier Geister mit Pfeilen, die an der Stelle des Kopfes eine Sonne tragen, vier Geister mit Lanzen, vier andere mit Bogen. Oben: ein Gott mit Zepter; ein Skarabäus, mit den Vorderbeinen die Hieroglyphe »Land« vor sich haltend; die Schutzgöttinnen von Ober- und Unterägypten sitzen neben zwei aufrecht stehenden Schlangen, welche die Sonne tragen; zwei Göttinnen neben der Hieroglyphe »Gott«, auf der die Sonne ruht; löwenköpfige und menschenköpfige Göttinnen und anderes mehr. Unten Horus, der sich auf seinen Stab stützt und zusieht, wie zwölf Verdammte in dem unterirdischen Gewässer schwimmen.

Die Darstellungen der rechten Eingangswand, die sich auf der rechten Wand fortsetzen, zeigen die Fahrt der Sonne in der elften Nachtstunde. In der Mitte die Sonnenbarke; vor ihr zwölf Männer, die eine Schlange tragen; zwei Schlangen, deren Rücken die bei-

Grab Nr. 17 Sethos I.

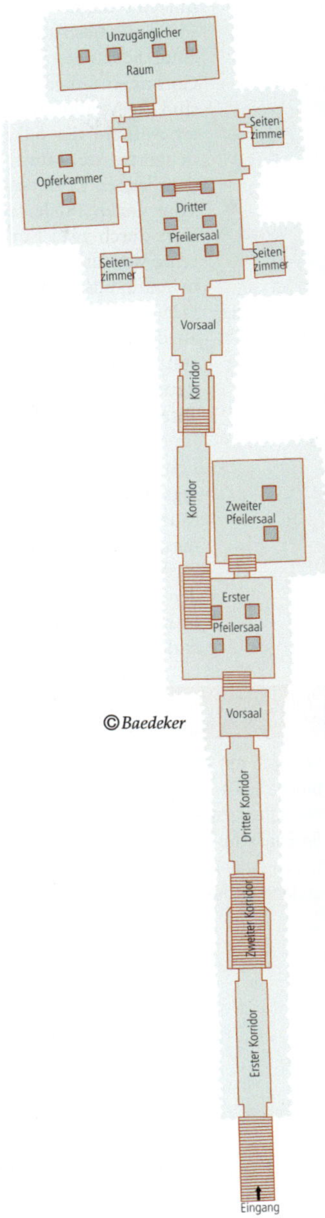

den ägyptischen Kronen tragen, aus denen Köpfe hervorgehen; vier Göttinnen. Oben: ein zweiköpfiger Gott; Schlange (der Gott Atum) mit vier Beinen und zwei Flügeln, die ein dahinter stehender Gott (die Seele des Atum) hält; das Sternbild der »Schildkröte« in Gestalt einer Schlange, auf der ein Gott sitzt; ein zweiköpfiger Gott; vier Göttinnen auf je zwei Schlangen sitzend und anderes mehr. Unten sind die Verdammten zu sehen. In eigentümlichen Öfen werden unter Aufsicht des falkenköpfigen Horus (rechts) die Feinde des Sonnengottes verbrannt; daneben stehen Göttinnen mit Schwertern; in dem letzten Ofen vier Tote, auf dem Kopf stehend.

✶ Vorsaal ► Vom ersten Pfeilersaal führen links 18 Stufen hinab, dann gelangt man durch zwei Korridore mit Darstellungen der Mundöffnungszeremonie zum Vorsaal, worin der König vor verschiedenen Totengottheiten in ausgezeichneten Reliefbildern dargestellt ist.

Dritter Pfeilersaal ► Der anschließende dritte Pfeilersaal, in dem eine Rampe mit Stufen an der Seite in den Schacht führt, gliedert sich in einen vorderen, von Pfeilern getragenen und in einen tiefer gelegenen, hinteren Raum mit gewölbter Decke. Im Pfeilerraum sind Darstellungen des Totenreiches erkennbar.

Im hinteren Teil des Saales stand der Alabastersarg des Königs, der sich jetzt im Soane-Museum in London befindet. Die Mumie des Königs wurde nach ihrer Auffindung in Deir el-Bahari ins Ägyptische Museum von Kairo gebracht. An der linken Wand des hinteren Raumes, über der Tür zum linken Seitenraum, opfert der König Harachte Wein. Weiterhin sieht man in vier Reihen übereinander die Fahrt der Sonne in der ersten Nachtstunde. In den zwei mittleren Reihen: oben die Sonnenbarke, in der der widderköpfige Sonnengott, sieben andere Götter und die »Herrin der Barke« stehen; mehrere Gottheiten schreiten ihr voran; darunter fährt in einer Barke der Sonnengott als Skarabäus, von zwei Osiris angebetet; vor ihm drei Schlangen und mehrere Gottheiten.

i Archäologie aktuell

- Wer sich mit dem Tal der Könige ausführlich beschäftigen will, sollte unbedingt die Seite www.thebanmappingproject.com besuchen (in Englisch). Hier gibt es aktuelle Informationen zu den Grabungen, interaktive Karten, umfangreiches Bildmaterial und vieles mehr.

Die Rückwand zeigt die Sonnenfahrt in der zweiten Nachtstunde: in der Mitte die Sonnenbarke, auf der außer dem Sonnengott noch andere Gottheiten, u. a. Isis und Nephthys in Gestalt zweier Uräusschlangen, stehen; vor ihr fahren vier kleine Barken, in der ersten drei Gottheiten ohne Arme, in der zweiten ein Krokodil mit Menschenkopf auf dem Rücken, in der dritten ein Sistrum, zwei Göttinnen und ein Skarabäus, in der vierten ein Gott, der eine große Straußenfeder, das Zeichen der Gerechtigkeit, hält, und der Mond auf einem Gestell. Oben und unten verschiedene Geister und Dämonen, die den Sonnengott schützen.

Die rechte Wand zeigt die Fahrt der Sonne in der dritten Nachtstunde. In der Mitte die Sonnenbarke, vor der noch drei kleinere Nachen fahren; vier Götter kommen ihnen entgegen. Oben und unten begrüßen verschiedenartige Geister den Zug (u. a. ein Widder mit Schwert). Die gewölbte Decke ist mit den Sternbildern und anderen astronomischen Darstellungen bemalt.

◄ Rechtes und linkes Seitenzimmer

Im linken Seitenzimmer des vorderen Saalteiles sind die Pforte und die Sonnenfahrt im dritten Teil der Unterwelt dargestellt. Texte im rechten Seitenzimmer schildern eine uralte Göttersage von der Empörung der Menschen gegen den Sonnengott, ihrer Bestrafung und der endgültigen Rettung der letzten Menschen; die Rückwand zeigt ein Bild dazu: die Himmelskuh, die von dem Gott Schu und anderen Geistern gestützt wird und auf deren Leib zwei Sonnenschiffe fahren.

◄ Hinteres Seitenzimmer

Das Seitenzimmer des hinteren, oberen Saalteiles, die Opferkammer, enthält zwei Pfeiler; auf dem linken der König vor dem Gott Ptah sowie Osiris. Um die drei Hauptwände läuft eine mit Hohlkehle geschmückte Bank, die von kleinen Pfeilern gestützt wurde und mit Darstellungen verziert war.

Die linke Eingangswand und die linke Wand zeigen die Fahrt der Sonne in der siebten Nachtstunde. In der Mittelreihe: der Sonnengott in der Sonnenbarke, an deren Vorderteil Isis ist; sie vertreibt durch Zaubersprüche die bösen Geister; vor der Barke haben die Göttin Selket und ein Gott eine große Schlange bezwungen; weiterhin zwei Göttinnen mit Schwertern und die mit Menschenköpfen geschmückten Gräber der Götter Amun, Chepre, Re und Osiris. Oben: Geister und Dämonen; eine Schlange mit Menschenkopf; ein Gott, der auf einem Thron unter einer Schlange sitzt; drei von einem löwenköpfigen Gott enthauptete Feinde des Osiris; ein Gott, der drei auf dem Boden liegende Gegner an einem Strick hält; drei Vögel mit gekrönten Menschenköpfen; ein von einer Schlange getragener Gott. Unten: Horus, vor den zwölf Sterngötter treten, welche die Sonne in der Nacht geleiten; zwölf Sterngöttinnen, die zu dem Grab des Osiris, auf dem ein Krokodil ruht, schreiten. Aus dem Grabhügel steckt der Gott seinen Kopf hervor.

Rückwand: die Fahrt der Sonne in der achten Nachtstunde. In der Mitte: die Sonnenbarke, von acht Männern gezogen; vor ihnen neun Gefolgsleute des Re. Den Zug eröffnen vier Widder, Gestalten des Gottes Tatenen.

Rechte Eingangswand und rechte Wand: die Fahrt der Sonne in der sechsten Nachtstunde. In der Mitte: die Sonnenbarke; vor ihr thronen Thot (mit dem Kopf des Pavians, seines heiligen Tieres), der in der Hand einen Ibis, gleichfalls ein heiliges Tier, hält, und eine Göttin, welche die Augäpfel des Horus hält. Der übrige Teil wird eingenommen durch 16 Geister und den Gott Chepre, die von einer fünfköpfigen Schlange umgeben sind; von diesen Geistern stellen vier die Könige von Oberägypten, vier die von Unterägypten dar, die Übrigen acht sind in Mumienform. Oben und unten sind Geister dargestellt; man beachte unten die Schlange, auf deren Rücken die Köpfe der vier Totengenien sitzen, ferner neun Feuer speiende Schlangen mit Schwertern; sie alle sollen die Gegner des Sonnengottes vernichten.

Grab Nr. 20 Hatschepsut Das Grab der Königin Hatschepsut blieb ohne Inschriften und Darstellungen; die Gänge und Korridore dieses Grabes erreichen eine Länge von 213 m und reichen bis zu 97 m in die Tiefe hinab. Die in der Sargkammer gefundenen Sarkophage der Königin und ihres Vaters Thutmosis I. befinden sich im Ägyptischen Museum von Kairo.

✶ **Grab Nr. 34 Thutmosis III.** Das Grab liegt in einer engen Felsenschlucht, ein abschüssiger Korridor führt in die Tiefe zu einer Treppe, mit breiten Nischen rechts und links, und durch einen weiteren Korridor zu einer viereckigen, 5–6 m tiefen Schachtöffnung, die wohl zum Fernhalten von Regenwasser bestimmt war und jetzt mit einem Steg überbrückt wird. Die Decke zeigt einen Sternenhimmel.

Pfeilersaal ► Jenseits des Schachtes betritt man einen von zwei schmucklosen Pfeilern getragenen Saal; die Decke ist mit Sternen bedeckt; an den Wänden stehen Listen von 741 verschiedenen Gottheiten und Dämonen. In der linken Ecke der Hinterwand führt eine Treppe in die eigentliche Sargkammer, welche die Form eines ovalen Königsringes hat. Zwei viereckige Pfeiler tragen die mit gelben Sternen auf blauem Grund verzierte Decke.

Die Wände sind mit sehr gut erhaltenen Texten und Bildern aus dem »Buch von dem, was in der Unterwelt ist« bedeckt. Besonderes Interesse erwecken die Abbildungen an den Pfeilern. Am ersten Pfeiler sind oben Thutmosis III. und die Königin-Mutter Eset in einer Barke dargestellt, unten der König, der von seiner Mutter Eset in Gestalt eines Baumes gestillt wird, sowie noch einmal der König, dem seine Frauen folgen. Der Sarg ist aus rotem Sandstein gearbeitet, seine Inschriften und Darstellungen sind rot ausgemalt; er war bei der Öffnung des Grabes leer, doch wurde die Mumie inzwischen in Deir el-Bahari gefunden. Die Grabbeigaben aus den anstoßenden vier kleinen Gemächern sind jetzt im Ägyptischen Museum von Kairo.

✶ **Grab Nr. 35 Amenophis II.** Das Grab Amenophis' II. liegt etwa 150 m westlich vom Grab Ramses' III. Vom Eingang führen steile Treppen und abschüssige Korridore zu einem Schacht, in dessen Tiefe sich eine Kammer öffnet, und weiter zu einem ersten Saal mit zwei Pfeilern und Wänden ohne Schmuck. In der linken Ecke der Hinterwand führt eine Treppe zu einem schrägen Korridor und zu einem von sechs Pfeilern getragenen zweiten Saal, in dessen hinteren Teil eine vertiefte Krypta angelegt ist. An den Pfeilern der König vor den Totengöttern. Die Wände zeigen in schöner Schrift auf gelbem, Papyrus nachahmenden Grund Texte und Bilder des »Buches von dem, was in der Unterwelt ist«.

In der Krypta steht der Sarkophag des Königs aus Sandstein, in dem die intakte Mumie Amenophis' II., sogar mit einem Strauß und Girlanden geschmückt, vorgefunden wurde. In den zwei Kammern zu beiden Seiten befanden sich zahlreiche weitere Königsmumien, darunter die von Thutmosis IV. und Amenophis III. sowie die von Siptah und Sethos II. Man hatte sie wohl zum Schutz vor Grabräubern hierher gebracht.

Grab Nr. 38 Thutmosis I.

Das Grab Thutmosis' I., das älteste Königsgrab im Tal der Könige, liegt in der steil abfallenden Rückwand des Talkessels zwischen den Gräbern Nr. 15 und Nr. 14. Auf einer steilen Treppe steigt man in einen Vorraum hinab, von wo eine zweite Treppe zu der roh ausgehauenen Sargkammer führt. Ihre Decke wurde ursprünglich von einer Säule gestützt, die Wände waren einst mit Stuck überzogen und bemalt. Der schöne Sarg aus rotem Sandstein trägt Bilder der Isis (am Fußende), der Nephthys (Kopfende), verschiedener Totengötter (an den Seiten) und der Himmelsgöttin Nut (im Inneren).

Grab Nr. 57 Haremhab

Das Grab des Haremhab enthält einige vortreffliche Wandbilder, vor allem aber besticht es durch seine bunten großfigurigen Reliefs auf rauchblauem Grund. Der König opfert vor verschiedenen Göttern. Neu im Gestaltungsprogramm der Königsgräber erscheint hier erstmals das sog. Pfortenbuch, das die Unterwelt als verschiedene, durch Pforten verschlossene Gebiete vorstellt. Eine weitere Neuerung ist die Abbildung des Totengerichts, das heißt, auch ein Herrscher muss sich für seine Taten vor der letzten Instanz rechtfertigen. In der Sargkammer steht noch der Sarkophag.

✶ Grab Nr. 62 Tutanchamun

Das Grab von Tutanchamun, des im Alter von 19 Jahren verstorbenen Sohnes von Amenophis IV. (Echnaton, ► S. 57), wurde am 4. November 1922 von dem britischen Forscher Howard Carter aufgefunden und am 26. November 1922 von ihm und dem Earl of Carnarvon geöffnet. Obwohl bald nach der Beisetzung des Königs aufgebrochen, war es doch mit seinem reichen Inhalt fast unversehrt, so dass dieser königliche Grabfund (jetzt größtenteils im Ägyptischen Museum von Kairo) der vollständigste und wertvollste ist, der je in Ägypten gemacht wurde und den besten Begriff von der Pracht gibt, mit der man einen Pharao bestattete. Von der Talsohle führt von Osten eine 16-stufige Treppe in die Tiefe. Am Ende eines schmalen, 7,50 m langen Ganges öffnet sich eine zweite Tür in die 8 m lange Vorkammer, den größten Raum des Grabes. Sie war bei der Graböffnung mit Beigaben aller Art überfüllt. Die Nordwand, an deren Tür zwei lebensgroße hölzerne Königsstatuen standen, ist jetzt niedergelegt und wird von einem Gerüst eingenommen, von dem aus man die Sargkammer überblickt: In ihrer Mitte steht der Sarkophag aus gelblichem kristallinen Sandstein; seine Seiten sind mit religiösen

Grab Nr. 62 Tutanchamun

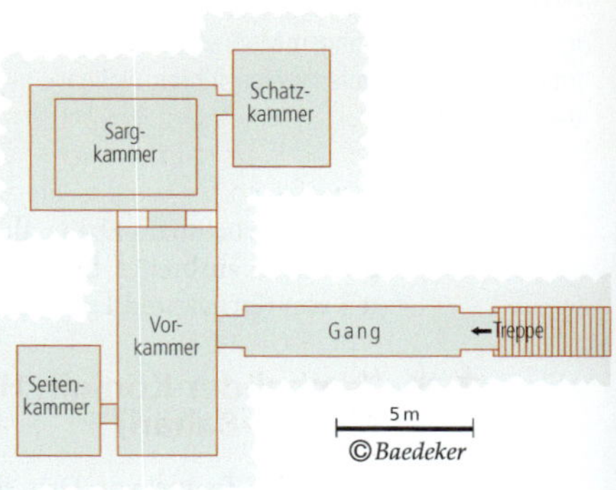

? WUSSTEN SIE SCHON ...?

- 2005 wurde die Mumie des Tutanchamun mit Computertomografen untersucht – als Ergebnis konnte ein immer wieder vermuteter unnatürlicher Tod, sprich Mord, ausgeschlossen werden. Am Kopf fanden sich keine Zeichen eines tödlichen Traumas. Knochensplitterungen rührten von unsachgemäßer Behandlung der Mumie her.

Bildern und Texten bedeckt, an den Ecken vier im Relief gearbeitete Göttinnen, die mit ihren Flügeln den Toten schützen.

In dem Sarkophag lag die in drei reich geschmückte Holzsärge gebettete Mumie des Königs. Die inneren Teile des Sarges wurden in das Ägyptische Museum von Kairo gebracht, zu dessen kostbarsten Schaustücken sie gehören. Die Mumie kann in einer klimatisierten Vitrine betrachtet werden. Auch die vier hölzernen, vergoldeten Kapellen, die den Steinsarkophag umgaben, stehen heute im Museum von Kairo. Von der Sargkammer zweigt östlich ein kleiner Magazinraum ab. Die Wände der Sargkammer tragen aufgemalte, flüchtig gearbeitete Darstellungen: auf der Ostwand Begräbnisszenen; an der Nordwand vollzieht König Eje, der Nachfolger Tutanchamuns, an der Mumie die Zeremonie der Mundöffnung.

✶✶ **Bergpfad zum Deir el-Bahari**

Empfehlenswert ist die Rückkehr in die Ebene auf dem Bergpfad, der das Tal der Könige mit Deir el-Bahari direkt verbindet. Er ist ziemlich anstrengend (festes Schuhwerk erforderlich), jedoch ungefährlich und in etwa 45 Min. zu bewältigen – also möglichst am Vormittag unternehmen. Die Aussicht ist großartig: Zuerst blickt man hinab in das öde Tal der Königsgräber; dann, vom Kamm des Gebirges aus sowie beim Abstieg in den Kessel von Deir el-Bahari, sieht man auf die Vorhügel des steil abfallenden Gebirges mit seinen Grabhängen und den alten und neuen Bauten. Schließlich reicht der Blick über die fruchtbare Ebene, die sich zu beiden Seiten des Nils in saftigem Grün ausbreitet, bis hinüber zu den monumentalen Tempelbauten von Karnak und Luxor am östlichen Ufer.

! *Baedeker* TIPP

Nicht vom Weg abbringen lassen!

Ignorieren Sie die jungen Männer, die Sie zu irgendwelchen Mumienhöhlen führen wollen – das ist Humbug!

✶✶ Tempel der Königin Hatschepsut (Deir el-Bahari)

Dem Amun geweiht

Der große Tempel von Deir el-Bahari liegt äußerst malerisch am Fuß einer steilen Felswand des Wüstengebirges, vor deren goldgelben bis hellbraunen Gesteinsmassen sich die Tempelbauten aus fast weißem Kalk weithin sichtbar abheben. Der Tempel war dem Amun von Theben geweiht, neben ihm besaßen hier auch die Göttin Hathor und der Totengott Anubis eigene Kapellen. Ferner waren für den Totenkult der Königin, deren Grab im Tal der Könige in der Tempelachse lag, sowie für ihre Eltern Räume bestimmt. Zum Verständnis der Wandmalereien und Reliefs sei erwähnt, dass Hatschepsut in ihrer Eigenschaft als ägyptische Königin überall mit den üblichen Attributen der Königswürde, d. h. kurzem Schurz und Bart, dargestellt ist.

Baugeschichte

Die Tempelanlage entstand zu Beginn des Neuen Reiches unter der Königin Hatschepsut, der Stiefmutter und Mitregentin Thutmosis' III. Der Tempel nimmt bauliche Elemente des unmittelbar südlich liegenden, in Terrassen erbauten und mit Statuen, Inschriften und Reliefs reichlich ausgeschmückten Heiligtums der 11. Dynastie wieder auf. Der Bau, der einen Teil des Hofes dieses älteren Tempels einnimmt, teilte die wechselnden Geschicke seiner Erbauerin.
Nachdem der Gemahl der Hatschepsut, Thutmosis II., nach nur dreijähriger Herrschaft verstarb, übernahm sie – vorerst nur als Mitregentin – die Regierungsgeschäfte für ihren noch minderjährigen Stiefsohn Thutmosis III. und behauptete sich über 20 Jahre. Nach ihrem Tod ließ Thutmosis III. ihre Denkmäler zerstören oder usurpierte sie, indem er ihre Namen durch den seinigen ersetzte. Unter Amenophis IV. (Echnaton) wurden auch die Bilder und Namen des Amun ausgemeißelt und erst später durch Ramses II. schlecht wiederhergestellt.
In den folgenden Jahrhunderten blieb der Tempel unverändert. Kleine Ausbesserungen und Neubauten, die Ptolemaios VIII. Euergetes II. Physkon ausführen ließ, berührten die ursprüngliche Anlage nicht. Nach der Einführung des Christentums ließen sich hier Mönche nieder und gründeten ein Kloster, das später von der arabisierten Bevölkerung Deir el-Bahari (= Nordkloster) genannt wurde.

Gesamtanlage

Der Bau erhebt sich von der Ebene aus in drei Terrassen, die durch Rampen verbunden und durch diese in eine nördliche und eine südliche Hälfte geteilt sind. Erhöhte Hallen schließen die Terrassen nach Westen ab. Die Absätze dieses Stufenbaus wurden aus dem Abhang des Gebirges herausgearbeitet und die Außen- und Hinterwände durch Quadermauern aus feinstem Kalkstein gestützt. Auch die Kulträume sind in den Fels geschlagen.

Zugang

Von einem heute verschwundenen Taltempel führte eine Sphingenreihe aus der Ebene zum Heiligtum hinauf und endete an einem jetzt bis auf wenige Spuren ebenfalls zerstörten Torbau, der den Eingang zum Tempelbezirk bildete. Vor dem Tor standen in gemauerten viereckigen Behältnissen zwei Perseabäume, deren Stümpfe erhalten sind.

Unterer Hof und Rampe

Man betritt zunächst den unteren Hof, auf dessen Westseite eine Rampe zu einer mit zwei Hallen geschmückten Terrasse führt. Die Rampe ist beiderseits von einer Balustrade eingefasst; links ein sitzender Löwe. Vor der Rampe sind zwei Höhlungen erkennbar, in denen Papyrus gepflanzt war; außerdem befanden sich hier runde Löcher für Blumen.

Hallen Jede der beiden Hallen wurde von zweimal elf Pfeilern getragen, die in der hinteren Reihe sechzehnkantig, in der vorderen vierkantig und oben mit Falken, Geiern und Schlangen geschmückt waren. Von den Inschriften und Reliefs ist wenig erhalten: Auf der Rückwand der nördlichen Halle Reste der Darstellung eines Teiches, auf dem Sumpfvögel mit dem Netz gefangen werden. An der Rückwand der südlichen Halle (von rechts nach links) ist zu sehen, wie die Königin (Figur abgemeißelt) dem ithyphallischen Amun opfert; weiterhin die Entstehung und Weihe der Tempelobelisken sowie Schiffe und Soldaten, die zu einem Fest ziehen; Schiffe, die zwei Obelisken aus den Steinbrüchen von Assuan nach Theben transportieren.

Mittlerer Hof Auf der Rampe steigt man weiter zum mittleren Hof hinauf, der wieder auf seiner Westseite von einer Terrasse mit Hallen abgeschlossen ist; rechts die Geburtshalle, links die Punthalle.

Geburtshalle Die elf Pfeiler, die das Dach der Geburtshalle tragen, zeigen an allen vier Seiten die gleichen Darstellungen: Amun legt der Königin (ihr Bild stets getilgt) oder Thutmosis III. segnend die Hände auf die Schulter. Die Inschriften und Darstellungen auf den Wänden beziehen sich auf die Zeugung und Geburt der Königin; man beachte die beiden schönen Figuren der Königin-Mutter Ahmes, die einmal in schwangerem Zustand von dem widderköpfigen Chnum und der froschköpfigen Heket geführt wird, das andere Mal dem ibisköpfigen Thot gegenübersteht. Zwei Stufen führen nördlich abwärts in eine Vorhalle mit zwölf Säulen und schönen Wandreliefs. In der südlichen Wand der Vorhalle öffnet sich eine kleine Nische mit Darstellungen der Königin (Bild wurde weggemeißelt) vor verschiedenen Gottheiten; darüber die Königin (ebenfalls weggemeißelt) vor Osiris.

Links der Nische: Anubis, hinter dem die Königin stand; rechts Nechbet und Harachte, zwischen denen die Namen der Königin angebracht waren. Über der Nische der nördlichen Wand: Thutmosis III., dem falkenköpfigen Totengott Soker Wein opfernd. Rechts der Nische Anubis und die Königin (getilgt), links die Königin (getilgt), die in einer Kapelle vor dem Fetisch des Emeuet steht. In der Rückwand (westlich) links die Königin (getilgt), dem Amun opfernd (vor dem Gott sind die Opfergaben aufgehäuft); rechts ähnliche Darstellungen vor Anubis.

Anubiskapelle Drei Stufen führen zu der Kapelle des Anubis, die aus drei Kammern besteht. Die Darstellungen an den Wänden sind in den Farben vorzüglich erhalten. Sie zeigen die Königin, deren Figur jedoch überall weggemeißelt ist, vor verschiedenen Göttern, meist vor Anubis. An der Ostwand der zweiten Kammer ist Thutmosis III. zu erkennen, der vor Soker Wasser spendet. Die Säulenhalle, die die Nordseite der Terrasse abschließt, blieb unvollendet. Sie besaß 15 Säulen und vier (heute vermauerte) Kammern.

Deir el-Bahari Orientierung

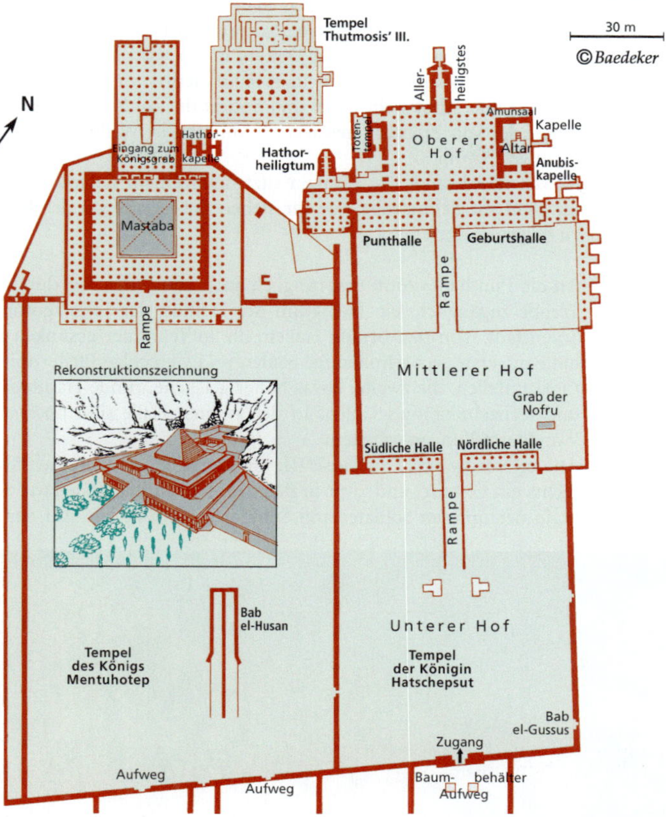

Auf der Südseite der Rampe liegt die Punthalle, deren Anlage jener der Geburtshalle genau entspricht. Die Wandbilder, die leider zum Teil zerstört sind, schildern eine unter der Regierung der Königin Hatschepsut unternommene **Handelsexpedition** in das Land Punt (afrikanische Somaliküste).

★ **Punthalle**

Auf der Südwand sieht man ein Dorf in Punt (heute Somalia); die bienenkorbförmigen Hütten sind zwischen Palmen und Weihrauchbäumen am Wasser erbaut; Leitern führen zu den Eingängen empor; in der unteren Reihe rechts wird der ägyptische Gesandte nebst Gefolge vom Fürsten von Punt begrüßt; darüber der Gesandte, der vor seinem Zelt die vielen aufgehäuften Gaben betrachtet.

Die Westwand zeigt links die Landung der ägyptischen Schiffe in Punt; rechts die Rückfahrt; oben die Puntier und Ägypter mit ihren Gaben, Verehrung der Königin; weiterhin weiht die Königin (ihr Bild

entfernt), von ihrem Schutzgeist begleitet, die heimgebrachten Kostbarkeiten dem Amun; Gold und andere Edelmetalle werden gewogen, von der Göttin Seschet registriert; Horus bedient die Waage, hinter ihm der nubische Gott Dedun; unten wird der Weihrauch in Scheffeln gemessen, daneben in Kübeln sieben mitgebrachte Weihrauchbäume, Thot steht dabei und notiert die Zahlen; Thutmosis III. opfert der von Priestern getragenen Amunbarke Weihrauch; die Königin vor Amun.
An der Nordwand: Die Königin sitzt unter einem Baldachin; hinter ihr steht ihr Schutzgeist; vor ihr stehen die Mächtigen des Reiches, zu denen sie spricht.

Hathorheiligtum

An die Punthalle stößt, ursprünglich auch von unten her durch eine Treppe zugänglich, ein Heiligtum der Hathor, der Schutzgöttin der Totenstadt. Von den beiden Hallen, die in Trümmer gesunken sind, hatte die erste sechzehnkantige Säulen und viereckige Pfeiler mit Hathorkapitellen, die zweite, etwas höher gelegene, runde Hathorsäulen und sechzehnkantige Säulen. In der zweiten Halle sind noch einige Wanddarstellungen erhalten.
An der Nordwand: Thutmosis III. mit einem Ruder vor einer Göttin; rechts ein Festzug, und zwar in den drei oberen Reihen je zwei Schiffe, in der unteren Soldaten mit Standarten und Beilen. Auf der gro-

Der Hatschepsut-Tempel liegt in einer flachen Talmulde vor einer steilen Felswand.

ßenteils zerstörten Südwand eine Opferszene und die in einer Barke stehende Hathor-Kuh, an deren Euter Hatschepsut trinkt. Auf der Westwand rechts: Thutmosis II. (anstelle der Königin; von Amenophis IV. getilgt) mit Ruder und Winkelmaß vor Hathor schreitend, und der König, dem die Hathor-Kuh die Hand leckt; links ähnliche Darstellungen.

Hathorkapelle

Aus der zweiten Halle führen zwei Stufen zu der in den Fels gearbeiteten Kapelle hinauf, die aus drei je um eine Stufe erhöhten Räumen hintereinander besteht. Der erste Raum besitzt zwei Säulen, die eine blaue Sternendecke tragen. Die Wandreliefs zeigen die Königin (getilgt) oder Thutmosis III. vor verschiedenen Gottheiten. Der zweite Raum enthält Wandreliefs von außergewöhnlicher Schönheit: Die Königin, deren Figur entfernt wurde, opfert der Hathor-Kuh, die in einer Barke unter einem Baldachin steht und an deren Euter die Königin trinkt. Vor der Königin steht nackt der kleine Ihi, der Sohn der Hathor, mit dem Sistrum. Der dritte Raum besitzt als Decke ein Parabelgewölbe und an den Seitenwänden zwei identische, vortreffliche Darstellungen der Hatschepsut, die am Euter der Hathor-Kuh trinkt, vor der Kuh Amun in kleiner Gestalt. An der Rückwand sieht man die Königin zwischen Hathor und Amun, der ihr das Schriftzeichen »Leben« vor die Nase hält; über den Nischen Hatschepsut und Thutmosis III., die der Hathor Milch und Wein bringen.

Räume um den Oberen Hof

Durch ein Granittor gelangt man zum oberen Hof. Der Zutritt zu diesem Hof und den angrenzenden Gebäuden, u. a. zu der Totenkapelle der Hatschepsut und zum Amunsaal, ist nicht gestattet.

✶ Totentempel des Königs Mentuhotep

Ältester Tempel in Theben

Unmittelbar südlich an den Tempel der Hatschepsut grenzt der Totentempel des Mentuhotep II., der trotz seiner erheblichen Zerstörung ein bedeutendes Denkmal vom Beginn des Mittleren Reiches ist. Das Heiligtum wurde als Terrasse mit Pfeilerhalle und Pyramide über den Gräbern des Königs und seiner Familie angelegt und erfuhr während der langen Regierungszeit Mentuhoteps mehrere Erweiterungen und Veränderungen. Es ist der älteste thebanische Tempelbau, der bisher bekannt ist.

Vom Fruchtland, wo die Trümmer eines Tempels der Ramessidenzeit und der zum Grabe eines Scheschonk gehörende Ziegelbau liegen, führte eine breite Straße zu dem großen Tempelvorplatz, auf dem ein Baumgarten angelegt war. Die Löcher für die Bäume sind noch sichtbar.

Hof

Der Tempel selbst war terrassenförmig angelegt. Vor dem Hof, der auf der Westseite durch zwei Hallen mit viereckigen Pfeilern abgeschlossen wird, führt eine Rampe zu einer höheren Terrasse, auf der der eigentliche Totentempel mit der Pyramide stand.

Hauptraum Hinter einer fast ganz verschwundenen Vorhalle lag der Hauptraum, ein großer, von 140 achtkantigen Pfeilern gebildeter Umgang, der den mit schönen Kalksteinplatten verkleideten Unterbau der Königspyramide umgab. In der Westwand des Umganges lagen die Grabkapellen der königlichen Favoritinnen. Nach Westen folgt ein von Pfeilerhallen umgebener Hof, in dessen Pflaster sich der Eingang zu einem 150 m langen Gang öffnet, der zu der unterirdischen Grabkammer des Königs führte; auch die Öffnungen der Schachtgräber der Favoritinnen liegen auf der Ostseite des Hofes.

Farbig gefasstes Relief im Hatschepsut-Tempel

Ein großer **Pfeilersaal**, von dessen achtkantigen Pfeilern nur die Basen erhalten sind, und ein im Felsen angelegtes Allerheiligstes bildeten den Abschluss des Tempels.

Nördlich vom Tempel des Mentuhotep lag ein von Thutmosis III. erbautes, jetzt zerstörtes **Heiligtum der Hathor**. Sein im Felsen angelegtes Allerheiligstes, in dem das Götterbild stand, befindet sich jetzt im Ägyptischen Museum von Kairo.

Bab el-Husan Auf dem Vorplatz des Mentuhotep-Tempels liegt das unterirdische Scheingrab des Mentuhotep I. Nebhepetre (11. Dyn.; arabisch Bab el-Husan genannt), das Howard Carter 1900 entdeckte. In ihm fand sich die imposante Sitzstatue des Königs mit schwarzer Hautfarbe als Zeichen der Fruchtbarkeit (Ägyptisches Museum in Kairo).

Gräber Im Talkessel von Deir el-Bahari wurden ferner sehr wichtige Funde gemacht. So im Jahre 1881 in einem Schacht, der in einem kleinen Tal südlich vom großen Tempel liegt, die Mumien mehrerer Könige, u. a. die von Amosis I., Thutmosis III., Sethos I., Ramses II. und von anderen, die man zur Zeit der 21. Dynastie zum Schutz vor Grabschändern hierher verlegte. Im Jahre 1891 stieß man unmittelbar nördlich vom unteren Hof auf ein Massengrab thebanischer Priesterfamilien (Funde in den Museen von Kairo und Alexandria).

Nekropole von El-Asasif

Talsenke Wendet man sich von Deir el-Bahari nach Osten, so kommt man in die El-Asasif genannte Talsenke. Hier liegt eine große Nekropole, deren Gräber zum größten Teil zu Beginn der saïtischen Zeit angelegt wurden. Unter den Resten von Ziegelbauten fällt ein zu dem Grab des thebanischen Fürsten Mentemhet gehöriger Torbau auf. Die Gräber bestehen aus einem von Ziegelmauern umschlossenen Oberbau, der im Osten einen Eingangspylon hatte, und den unterirdischen Grabräumen, zu denen man von Norden her durch ein Tor hinabstieg.

★ **Grab des Pabasa**

Ein sehenswertes Beispiel für eine Grabanlage der Saitenzeit ist das Grab des Pabasa (Nr. 279), des Haushofmeisters der Nitokris, der Tochter Psammetichs I. (um 610 v. Chr.). Sein Oberbau ist stark zerstört. Zu den unterirdischen Räumen führten im Norden eine von Ziegelmauern eingefasste Rampe und eine steile Treppe zunächst in eine Vorkammer, die mit Darstellungen und Inschriften im Relief geschmückt ist. An der linken (westlichen) Schmalwand und der Rückwand (südlich): der Tote am Speisetisch sitzend, vor ihm sein Sohn bzw. ein Priester; darunter Szenen der Totenfahrt nach Abydos. Es folgt ein offener Opferhof. Er liegt am Fuß eines 14 m tiefen Schachtes, dessen Wände oben mit Ziegelmauern abgefüttert, unten aus dem harten Fels herausgearbeitet sind.
An der West- und Ostseite wird der Hof je von einer schmalen, von vier Pfeilern getragenen Halle begrenzt. Die Inschriften auf den Architraven nennen die ausführliche Titulatur des Pabasa. An den Wänden finden sich versenkte Reliefs, vor allem Opferszenen und der Tote am Speisetisch. An einigen Pfeilern gibt es außer den üblichen Bildern des Totenopfers auch Darstellungen der Weinbereitung, der Fischerei, der Bienenzucht. Die reizvollen Deckenmuster sind gut erhalten. An der Südwand, rechts der Tür in den nächsten Saal: Nitokris, von Pabasa begleitet, opfert Wein vor Osiris, Isis und Horus; links: Psammetich, dem Nitokris (mit Klappern) und Pabasa folgen, bringt dem Re-Harachte Milch dar. Die Bilder und Inschriften des von acht Pfeilern getragenen Saales sind sehr beschädigt; an ihm liegen mehrere Kammern mit Grabschächten.

Grab des Ibi

Erwähnung verdient auch das Grab des Ibi (Nr. 36), eines Beamten der Nitokris, mit Reliefs, die Vorbilder des Alten Reiches nachahmen. Eine Treppe führt zum Vorraum, in dem der Verstorbene vor dem Opfertisch sitzend und Opfergaben empfangend dargestellt ist. In dem rechts anstoßenden Saal entdeckt man hübsche Reliefs von Handwerkern und Tänzen. Zum Schluss kommt man in einen ursprünglich offenen Hof mit Seitenhallen; unter den Wandreliefs (Opferszenen) eine Jagd.

Weitere Gräber

Von den übrigen Gräbern aus derselben Zeit lohnen sich: Nr. 34, das Grab des Mentemhet, eines thebanischen Fürsten zur Zeit des Taharka, und Nr. 38, das Grab des Pedeamenope, eines hohen Beamten aus der 26. Dynastie, das mit einer Länge von 263 m und einer Gesamtfläche von 2264 m² selbst die Königsgrüfte vom Tal der Könige übertrifft. Die Inschriften und Reliefs, die sich fast ausnahmslos auf das Leben nach dem Tod beziehen, sind sorgfältig gearbeitet.

★★ Ramesseum

Obwohl nur etwa die Hälfte des großen, dem Gott Amun geweihten Totentempels von Ramses II. erhalten ist, sind die Baulichkeiten höchst eindrucksvoll. Das Ramesseum, wie das Heiligtum genannt wird, liegt etwa 1,5 km südlich von Deir el-Bahari. Es wird Stück um Stück wiederhergestellt.

Pylon Den Osteingang bildet ein großer Pylon von 67 m Breite, der jedoch an der Außenseite stark verfallen ist. Auf der Innenseite, nach dem Hof zu, sind die Darstellungen gut erhalten und vor allem bei Nachmittagsbeleuchtung deutlich erkennbar. Sie beziehen sich auf die syrischen Feldzüge von Ramses II., besonders auf den in seinem fünften Regierungsjahr gegen die Hethiter unternommenen Krieg.

Nördlicher Turm Der nördliche Turm zeigt ganz links die Bilder syrischer Festungen (von einst 18 sind 13 noch gut zu erkennen), die Ramses II. in seinem achten Regierungsjahr zerstört hat. In jeder Festung steht der Name; die Gefangenen werden fortgeführt. In der Mitte sieht man Szenen aus dem Krieg der Hethiter, die sich auf dem südlichen Turm fortsetzen; unten den Marsch des ägyptischen Heeres. Darüber, von Schilden eingefasst, das ägyptische Lager, in langen Reihen stehen die Kriegswagen, die Pferde sind abgeschirrt; neben schweren Lastkarren die Zugtiere, vor ihnen der Löwe des Königs, Esel freuen sich der Ruhe; die Soldaten unterhalten sich, einer trinkt aus dem Schlauch; auch an Streit und Schlägereien fehlt es nicht; rechts oben brechen die Hethiter herein. Rechts hält der König mit den Fürsten Kriegsrat; unten werden Gefangene geprügelt.

Südlicher Turm Auf dem südlichen Turm wird die gesamte linke Hälfte von der **Schlacht bei Kadesch** eingenommen: Auf einem Streitwagen sprengt Ramses gegen die Hethiter, die von seinen Pfeilen getötet werden oder in wilder Flucht davoneilen und in die Fluten des Orontes stürzen; hinter dem König andere Wagenkämpfer; rechts hält der Fürst der Hethiter; oben in ihre Festung flüchtende Feinde, kaum erkennbar. Die rechte Hälfte zeigt die bekannte Darstellung des Königs, der die Feinde beim Schopf fasst und erschlägt.

Portal Auf den Innenwänden des Portals finden sich die gewohnten Darstellungen von Ramses, der den Göttern opfert. Auf den beiden Pfosten oben erkennt man Ramses, wie er bei der Tempelgründung den heiligen Bezirk abschreitet.

★ Erster Hof, Kolossalstatue von Ramses II. Der erste Hof ist bis auf Stücke der Westmauer, vor der die Trümmer eines gewaltigen Kolosses Ramses' II. liegen, zerstört. Der Name steht in wohl erhaltenen **Hieroglyphen** an beiden Oberarmen und am Sitz der Statue. Die erhaltenen Teile zeugen von der Sorgfalt, mit der das Riesendenkmal hergestellt und poliert worden ist. Die Ausmaße sind

Rameseum *Orientierung*

1 Koloss Ramses' II.
2 Osirispfeiler
3, 4 Statuen Ramses' II.
5 Relief »Erstürmung der Festung Depur«
6 Erster kleiner Säulensaal
7 Zweiter kleiner Säulensaal

gigantomanisch, allein das Ohr ist 1 m lang, und an der Schulter beträgt die Breite rund 7 m. Die Gesamthöhe betrug wohl 17,5 m, sein Gewicht mehr als 1000 t. Der Kopf einer anderen Kolossalstatue des Königs wurde 1816 gefunden und ins Londoner British Museum gebracht. Es ist beschlossen, die Statue komplett wiederherzustellen.

Säulenhalle, Zweiter Hof Auf der Südseite des Hofes lag eine jetzt völlig zerstörte Säulenhalle, welche die Front eines bis auf geringe Reste verschwundenen Königspalastes gebildet hat.

Der zweite Hof, der besser erhalten ist als der erste, war rechts und links von doppelten, jetzt fast ganz zerstörten Säulengängen umgeben. An der Vorderseite standen viereckige Pfeiler mit Osirisstatuen, an der Rückseite eine erhöhte Terrasse mit Osirispfeilern und Säulen. Von den Osirispfeilern stehen vorn und hinten noch je vier, ebenso wie die Säulenschäfte mit Darstellungen des opfernden Ramses auf den Seiten; auch die Osirisfiguren, deren Köpfe meist abgeschlagen sind, stellen Ramses II. dar.

Reliefs Auf dem erhaltenen Teil der Vorderwand sind bemerkenswerte Reliefs (mit Farbspuren) durch das Fernglas gut zu erkennen: Die untere Reihe verherrlicht die Schlacht bei Kadesch: links der König, nach Größe alle Kämpfer überragend, auf seinem Streitwagen, die Hethiter von seinen Pfeilen erlegt oder von Rossen zertreten, viele in das

Stark verfallen, aber immer noch eindrucksvoll: das Ramesseum

Wasser des Orontes gestürzt; weiter rechts, vom Strom umgeben, die mit Zinnen gekrönte Festung Kadesch; jenseits des Flusses stehen noch Truppen der Hethiter, einige reichen ihren ertrinkenden Kameraden die Hand.
Die obere Reihe schildert das Fest des Erntegottes Min, das bei der Thronbesteigung des Königs gefeiert wurde.

Vorhalle

Zu der auf einer Terrasse liegenden Vorhalle führten drei Treppen, deren nördliche sehr gut erhalten ist. Von der Rückwand ist nur der südliche Teil noch vorhanden. Auf den drei Reihen Darstellungen: unten die elf Söhne des Königs; in der Mitte der König, in den Tempel geführt von Atum und dem falkenköpfigen Mont, der ihm das Schriftzeichen »Leben« an die Nase hält, rechts der König vor den drei thebanischen Hauptgöttern kniend, hinter ihm Thot, der den Namen des Königs in einen Palmzweig schreibt; oben der König, links dem Ptah opfernd, rechts vor dem ithyphallischen Min und einer Göttin räuchernd.

Großer Säulensaal

An die Vorhalle schließt sich der große Säulensaal an, der wie der entsprechende Raum in Karnak in ein höheres Mittelschiff und sechs niedrigere Seitenschiffe gegliedert ist. Das Mittelschiff, dessen Decke zum Teil erhalten ist, hat 12 höhere Säulen mit offenen Kapitellen und die Seitenschiffe 12 niedrigere Säulen mit geschlossenen Kapitellen sowie aufgesetzter Pfeilerwand mit Fensteröffnungen zum Ausgleich des Höhenunterschiedes; elf Säulen von jeder Art stehen noch. Die Seitenschiffe enthielten Säulen mit geschlossenen Kapitellen, von denen im linken Seitenschiff sechs nebst einem Stück Decke noch vorhanden sind. Auf den Säulenschäften ist Ramses II. den Göttern opfernd dargestellt.
Von den Wandreliefs beachte man links vom Eingang unten die Erstürmung der hethitischen Festung Dapur. Links die bekannte Gestalt des Königs auf seinem Streitwagen, die Feinde entfliehen zu Fuß, zu Roß und auf dem Wagen.

Erster kleiner Säulensaal

In dem folgenden ersten kleinen Säulensaal tragen acht Säulen mit geschlossenen Kapitellen die gut erhaltene Decke, die mit astronomischen Darstellungen und Bildern des Königs vor den Göttern geschmückt ist. Die Wanddarstellungen sind nicht ohne Interesse. Auf der Ostwand: Priester tragen die heiligen Barken des Amun, der Mut und des Chons, jede mit dem Kopf des Gottes geschmückt. Auf dem nördlichen Teil der Westwand sitzt der König unter dem heiligen Baum von Heliopolis, in dessen Blätter Atum (links auf dem Thron sitzend), die Göttin Sechet und Thot (rechts) den Namen des Königs einschreiben.

Zweiter kleiner Säulensaal

Vom zweiten kleinen Säulensaal ist nur die rechte (nördliche) Hälfte mit vier Säulen erhalten. Die Opferdarstellungen auf den Wänden bieten wenig Bemerkenswertes.

Nordwestlich hinter dem Haupttempel liegen ausgedehnte Reste von Ziegelbauten, die zum Teil, wie die Stempel der Ziegel zeigen, zur Zeit Ramses' II. angelegt worden sind.

Totentempel Thutmosis' III.

Etwa 500 m nordöstlich vom Ramesseum liegt innerhalb einer modernen Umwallung der Totentempel Thutmosis' III.; seine antiken Umfassungsmauern sind teilweise aus dem Felsen geschnitten und z. T. auch aus Luftziegeln aufgemauert. Die inneren Räume sind weitgehend zerstört; zu erkennen sind noch Reste von Säulensälen und Ziegelkammern. Viele Ziegel zeigen die Namen des königlichen Bauherrn.

Weitere Totentempel

Zwischen Ramesseum und dem Heiligtum Thutmosis' III. lagen die Totentempel Amenophis' II. (18. Dyn.) und des Siptah (19. Dyn.), deren spärliche Reste im Jahre 1896 von Flinders Petrie entdeckt wurden. Weiter nordöstlich, unweit von Kurna, befinden sich die Trümmer des Totentempels von Amenophis I. An das Ramesseum schlossen sich südlich die Totentempel des Prinzen Wadjmose (18. Dyn.), des Königs Thutmosis IV., der Königin Tawosret, der Gemahlin des Siptah, und des Königs Merenptah an, die alle ebenfalls von Flinders Petrie untersucht wurden, jedoch nur in unbedeutenden Spuren zu erkennen sind.

✶✶ Schech Abd el-Kurna · Felsengräber

Privatgräber

Die Felsengräber von Schech Abd el-Kurna, dem Hügel nördlich des Ramesseums, bilden zusammen mit den östlich davon gelegenen Gräbern von El-Chocha den wichtigsten und größten Bezirk der thebanischen Privatgräber, die in den Vorbergen des westlichen Randgebirges von den Großwürdenträgern, den hohen und niederen Beamten und Priestern des Neuen Reiches angelegt wurden. Der südliche Bezirk umfasst die Gräber in dem Hügel von Kurnet Murai und im Tal von Deir el-Medina, der nördliche die in dem ausgedehnten Abhang von Dra Abu el-Naga gelegenen Gräber. Die Zahl der Gräber, die bislang entdeckt und gesichert wurden, liegt mittlerweile bei rund 450.

Anlage der Gräber

Die Grabanlagen bestehen in der Regel aus drei Räumen, einem Vorhof, einer breiten Halle, deren Decke häufig von Säulen oder Pfeilern getragen wird, und einem anschließenden Korridor, hinten mit einer Nische für die Statuen des Verstorbenen und seiner Lieblingsverwandten, zum Teil auch an den Seiten mit je einer kleinen Kammer. Auf dem Platz vor dem Grab wurden Totenopfer dargebracht. Die Darstellungen im Inneren, die wegen der schlechten Beschaffenheit des Kalkgesteins meist nicht eingemeißelt, sondern auf die mit Nilschlamm geglätteten und geweißten Wände bunt aufgemalt sind, bieten vielfach die kostbarsten Werke ägyptischer Malerei und sind für die Kenntnis des Lebens im Neuen Reich von besonderer Wichtigkeit.

Die Schmalwände der Halle ahmen große Grabsteine nach. Auf dem einen stehen gewöhnlich Gebete für die Toten, auf dem anderen seine Lebensgeschichte. Die Langwände zeigen den Verstorbenen bei der Bewältigung seiner irdischen Pflichten. Im Korridor werden die Zeremonien des Begräbnisses geschildert.

Gräbergruppen

Die Gräber von Schech Abd el-Kurna gliedern sich in vier räumlich getrennte Bezirke. Den ersten bilden die im Ost- und Nordhang des Hügels gelegenen Gräber, die von einer niedrigen Steinmauer, der sog. Oberen Umwallung, umschlossen sind, westlich der Straße vom Ramesseum nach Deir el-Bahari. Die Mauer hat zwei Eingänge, einen südlichen bei Grab Nr. 100 und einen nördlichen bei Grab Nr. 68. Die zweite Gruppe umfasst die in der Ebene zwischen dem Ramesseum und der Oberen Umwallung gelegenen Gräber, die dritte die Gräber der so genannten Unteren Umwallung, die zwischen der Nordostseite des Hügels von Schech Abd el-Kurna und dem Hügel von El-Chocha, östlich der Straße vom Ramesseum nach Deir el-Bahari liegen. Ihr Zugang ist gegenüber dem nördlichen Eingang der Oberen Umwallung. Die vierte Gruppe bilden die Gräber von El-Chocha, die nordöstlich der Unteren Umwallung liegen.

Gräber innerhalb der Oberen Umwallung

Zugang

Man wendet sich vom Ramesseum in nördlicher Richtung der Ostseite des Gräberberges zu und betritt die Obere Umwallung durch das südliche Tor, von dem aus Wege zu den Gräbern führen.

Grab des Rechmire

Gegenüber dem Eingang befindet sich das Grab des Rechmire (Nr. 100), der als Wesir unter Thutmosis III. und Amenophis II. gelebt hat. Es besteht aus einem Vorplatz und einem breiten Saal, aus dem ein langer Korridor von beträchtlicher, nach innen zunehmender Höhe in den Felsen führt. An seinem Ende, etwa 5 m über dem Boden, eine kleine, ursprünglich durch eine Scheintür geschlossene Nische (Serdab), in der eine Statue des Verstorbenen stand.

Im Saal auf der linken Eingangswand sitzt rechter Hand Rechmire in seiner Audienzhalle und empfängt Bittsteller; weiter links Leute mit Abgaben. Auf der Rückwand empfängt Rechmire die Geschenke fremder Völker, die von oben in fünf Reihen dargestellt sind: 1. die Leute von Punt; 2. die Fürsten von Keftiu (Kreta) und den Inseln des ägäischen Meeres, die Prachtgefäße bringen; 3. Nubier mit Panther, Pavian, Giraffe, Gold und Fellen; 4. Syrer mit Wagen, Pferden, einem Elefanten und Bär sowie Prachtgefäßen; 5. Leute aus dem Süden, Männer, Frauen, Kinder.

Kopf einer Ramses-Statue

✶ Unterirdische Kammern des Sennufer

Vom Grab des Rechmire geht es bergauf zu Nr. 96B, den unterirdischen Kammern des Sennufer, der unter Amenophis II. Fürst in Theben und Verwalter der Gärten des Amuntempels war. Die Anlage zeichnet sich durch die **bewundernswerte Frische der Bilder** aus; die oberen Grabräume sind allerdings ohne Interesse. Eine steile Treppe führt zu einem Vorzimmer und einem Saal mit vier Pfeilern hinunter. Die Wandbilder sind durchweg religiösen Inhalts.

Vorraum ► Die Decke im Vorraum ist als Weinlaube mit Ranken und dunklen Trauben bemalt. An der linken Wand sitzt Sennufer, dem seine Tochter und zehn Priester Opfer darbringen. An der rechten Wand bringen ihm Diener die Grabausrüstung, hinter ihm seine Tochter.

Pfeilersaal ► Die Decke des Pfeilersaales ist zum Teil mit Weinranken, zum Teil mit Flechtmustern bemalt. Über der Tür zwei liegende Hunde (Anubis), darunter und auf den Pfosten die üblichen Totengebete. Auf der linken Eingangswand der Verstorbene und seine Schwester Merit beim Heraustreten aus dem Grab; dahinter beide auf einer Bank sitzend. Auf der linken Wand sind das Leichenbegräbnis und die dazugehörigen Zeremonien dargestellt; diesen sieht der Verstorbene (links) zu. An der Rückwand sitzen der Verstorbene und seine Schwester beim Mahl, Priester vollziehen die Totenopfer; weiter rechts sieht man die Schiffe, die den Leichnam nach Abydos und zurück zum Grab fahren. An der rechten Wand beten der Tote und seine Schwester unter einer Weinlaube zu Osiris und Anubis; weiterhin religiöse Bilder und Texte, in der Mitte Anubis an der Bahre des Osiris; ein Priester gießt das Reinigungswasser über den Verstorbenen und seine Gemahlin aus.

Grab des Kenamun

Auf Stufen gelangt man weiter bergauf zum Grab des Kenamun (Nr. 93), des Oberhaushofmeisters von Amenophis II. Es gehört zu den größten und schönsten Anlagen des Friedhofes, ist aber stark verfallen, und von den ausgezeichneten, auf gelbem Grund gemalten Stuckbildern ist leider nur wenig erhalten.

Von dem weiten Vorplatz betritt man den Saal. Auf der rechten Eingangswand war der Grabherr (sein Bild und Name ist überall getilgt) dargestellt, der hier die Viehsteuer entgegennimmt. Auf der linken Eingangswand Bilder des Leichenbegängnisses. Auf der Rückwand rechts der König auf dem Schoß seiner Amme, vor ihm Musikantinnen; links Amenophis II., unter einem Baldachin thronend, dem von dem Verstorbenen die Neujahrsgeschenke vorgeführt werden.

Grab des Amenemhab

Geht man nach rechts, folgt das Grab des Amenemhab (Nr. 85), der unter Thutmosis III. Offizier war. Im Pfeilersaal links vom Eingang: Der Grabherr leitet die Austeilung des Proviants an die Truppen. An den Pfeilern Bilder Amenemhabs und seiner Frau Bek. Auf der Rückseite über den beiden mittleren Pfeilern: Jagd auf eine Hyäne. Beachtenswert sind die Deckenmuster. Auf der rechten Rückwand war der König unter einem Baldachin sitzend dargestellt, vor ihm Amenemhab, der in einer langen, blau auf weiß gemalten Inschrift seinen Anteil an den Feldzügen Thutmosis' III. in Asien schildert. Unter diesem Text sieht man rechts Tribut bringende Syrer in ihren eigentümlichen weißen, farbig gesäumten Gewändern.

◄ Korridor

Im Korridor, an der linken Wand, empfängt Amenemhab vom König als Grabausrüstung Vasen, Kästchen, Sandalen, Schilde und andere Geschenke. Im hinteren Teil des Korridors links Begräbnis- und Opferszenen, rechts der Garten Amenemhabs mit einem Fischteich in der Mitte; links werden dem Verstorbenen, der mit seiner Frau auf einem Stuhl sitzt, Blumen dargebracht. In der linken Seitenkammer finden sich Begräbnisszenen und dergleichen.

Grab des Amenemhet

Weiter geht es bergan zu Nr. 82, dem Grab des Amenemhet, des Kornzählers, Schreibers und Hausvorstehers des Wesirs User, aus der Zeit Thutmosis' III. Beachtenswert sind die Reste der Darstellung eines Gastmahls mit Musikanten, an der linken Rückwand; darunter ein Stierkampf. Im Korridor, an der linken Wand: Begräbnisfeier und Totenfahrt nach Abydos; rechte Wand: Totenmahl mit Musikanten und Opferträgern.

Noch viele Jahre werden die Renovierungsarbeiten dauern.

Es folgt Nr. 81, das **Grab des Enene**, eines Fürsten und Vorstehers der Amunspeicher, der am Anfang des Neuen Reiches lebte und auch Bauleiter am Grabe Thutmosis' I. war. Die Anlage dieses Grabes weicht von denen anderer Gräber ab. Die Halle ist vorn offen und nur durch Pfeiler begrenzt. Die Darstellungen schildern das Leben des Verstorbenen.
An den Pfeilern des **Eingangs**, von links nach rechts: Fischerei; Ernte (eine Frau liest Ähren, drei Männer mähen das Getreide), Feldbau; Enene vor dem Speisetisch; Garten des Enene. Unten seine Besitzung, Haus und Speicher, die von einer Mauer umgeben sind; Jagdszene; eine Hyäne ist von einem Pfeil ins Maul getroffen und bäumt sich auf, ein Hund springt auf sie zu; Hase, Steinböcke und Gazellen.
In der **Halle**, an der Rückwand zu beiden Seiten der Tür: Rechts bringen die Bauern Abgaben, daneben jagt Enene in den Sümpfen und sticht nach Fischen; links empfängt Enene Tributabgaben (in der oberen Reihe Nubier, darunter zwei Frauen, die ihre Kinder in Körben auf dem Rücken tragen); Enene empfängt die Abgaben der Bauern; Enene nimmt Tribute in Empfang; nur die beiden unteren Reihen sind erhalten, in der einen sind Halsketten abgebildet, in der anderen wird Weihrauch abgewogen.
Vom Grab des Enene steigt man den Hügel zur obersten Gräberreihe hinauf. Die Aussicht von der Höhe nach dem Ramesseum und den

! Baedeker TIPP

Alabaster

Ob Vase, Teller, Aschenbecher oder kleine Statuen – die beste Auswahl an Waren aus Alabaster hat man in den Dörfern bei Theben-West.

Memnonkolossen bis jenseits des Nils zu den Bauten von Luxor und Karnak ist höchst eindrucksvoll; links das Gebirge, vor dem sich der Tempel von Deir el-Bahari ausbreitet.

Grab des Haremhab

In der obersten Reihe befindet sich das Grab des Haremhab (Nr. 78), eines Generals unter Thutmosis IV. Im ersten Quersaal, an den Wänden rechts und links vom Eingang, ist ein Gastmahl mit Lautenspielerinnen dargestellt. An der linken Rückwand übergibt Haremhab dem König die Abgaben der Bauern; oben Aushebung der Soldaten; auf der rechten Rückwand werden die Tribute der Syrer und Kuschiten vor den König gebracht. Im Korridor auf der linken Wand der Leichenzug, in dem kostbare Beigaben einhergetragen werden, die in ihrer Vielfalt an den Grabschatz des Tutanchamun erinnern, ferner die Totenfahrt nach Abydos. An der rechten Wand: rechts Bilder der Leichenfeier; links Jagd in den Sümpfen, darunter Vogelfang mit dem Schlagnetz. Im Quersaal und im Korridor schöne Deckenmuster. Der Korridor führt zu einem breiten Pfeilersaal, der unvollendet ist.

Grab des Amenhotep

Im Grab des Amenhotep (Nr. 75), des zweiten Propheten des Amun zur Zeit Thutmosis' IV., sieht man an der Wand links vom Eingang Handwerker, die für den Tempel arbeiten, und Feldmesser; an der Wand gegenüber verschiedene, dem Amuntempel gemachte Geschenke und Stiftungen; an der Wand rechts vom Eingang ein Totenmahl. An der gegenüberliegenden Wand geht der Tote mit Begleitung zum Amuntempel von Karnak, dessen Fassade rechts abgebildet ist, und wird von Priesterinnen des Amun begrüßt.

★ Grab des Menna

Beim Nordtor der Oberen Umwallung befindet sich Nr. 69, das Grab des Menna, des Ackervorstehers und Vorstehers der Feldmarken in der 18. Dynastie. Auf der rechten Eingangswand des ersten Raumes sind der Verstorbene und seine Frau dargestellt, wie sie Opfergaben empfangen; Verwandte tragen Blumen und Speisen herbei. Auf der linken Eingangswand wird der Verstorbene gezeigt, wie er Feldarbeiten beaufsichtigt; oben wird das Feld mit dem Strick vermessen. Auf der rechten Rückwand sind der Tote und seine Verwandten beim Mahl zu sehen, auf der linken Schmalwand zu Osiris betend. Im zweiten Raum sind auf der linken Wand das Begräbnis und das Totengericht vor Osiris dargestellt; auf der rechten Wand bemerkenswerte Bilder, die den Verstorbenen auf der Jagd in den Sümpfen, die Totenfahrt nach Abydos und die Zeremonien vor der Mumie zeigen. Bemerkenswert sind die gut erhaltenen Deckenmuster.

Gräber in der Ebene

In der Wüstenebene inmitten der Schutthügel zwischen dem Ramesseum und der Oberen Umwallung, westlich der Straße nach Deir el-Bahari, liegt eine Anzahl von Gräbern, die zu den sehenswertesten des gesamten Friedhofes gehören.

*
Grab des Ramose

Das größte und auch historisch sowie kunstgeschichtlich wichtigste ist Nr. 55, das Grab des Ramose, des Vorstehers der Hauptstadt und Wesirs unter Amenophis IV. Es ist zu Beginn der Regierung des »Ketzerkönigs« entstanden und eines der wenigen Denkmäler, die der Zeit des Übergangs von der alten Religion zu der ausschließlichen Verehrung des Sonnengestirns angehören. Infolge der Verlegung des Hofes von Theben nach El-Amarna blieb es unvollendet. Von den Darstellungen, die zum Teil in feinem Flachrelief ausgeführt sind, zeigen die meisten noch den alten Stil der Zeit Amenophis' III. Neben ihnen stehen aber schon mehrere in den neuen Formen der Amarnakunst.

◄ Säulensaal

Von dem offenen Hof betritt man den großen Säulensaal. Auf der linken (nördlichen) Hälfte der Ostwand feine, im Stil Amenophis' III. gehaltene Reliefs. Von rechts nach links: Ramose und seine Frau, von mehreren Beamten gefolgt, bringen Opfergaben; oben der Tote, hinter ihm seine Frau Meritptah, vor ihm seine drei Töchter; unten wird über den Toten das Reinigungswasser ausgegossen; Ramose und seine Frau sowie ein anderes Paar empfangen von Dienern allerlei Opfergaben; unten Ramose und seine Frau sowie der Oberhausvorsteher des Königs im Gau von Memphis, Amenhotep und seine Frau sitzen am Speisetisch, ein Priester mit Pantherfell zelebriert vor ihnen.

In der Ecke führt ein schräger Schacht in die Sargkammer. Auf der linken Hälfte der Westwand sitzt Amenophis IV., der noch auf die alte konventionelle Weise als gesunder Mann dargestellt ist, mit der Wahrheitsgöttin Maat unter einem Baldachin, vor dem zweimal der Wesir Ramose steht. Auf der rechten Hälfte (im Amarnastil) stehen der König, hier in naturgetreuer Darstellung, und seine Gemahlin auf dem Balkon des Palastes und sehen zu, wie Ramose mit der goldenen Kette, die sie ihm zugeworfen haben, geschmückt wird; hinter ihnen die königliche Leibwache; weiter rechts verlässt Ramose dekoriert den Palast und wird draußen beglückwünscht.

◄ Durchgang und Tiefer Saal

In dem Durchgang zu dem tiefen Saal sind links Ramose und seine Frau (nur zum Teil erhalten) betend dargestellt; rechts Ramose und seine Frau in das Grab schreitend. Der von acht Papyrusbündelsäulen getragene, tiefe Saal ist unvollendet und ohne Schmuck.

✶ **Grab des Userhet**

Südlich neben dem Grab des Ramose liegt Nr. 56, das Grab des Userhet, aus der Zeit Amenophis' II., mit sehr guten Wandbildern und hübschen Deckenmustern. Auf der rechten Hälfte der Rückwand bringt der Verstorbene dem König Gaben dar; links davon die Vorratsräume mit Broten aller Art; links unten Barbiere bei der Arbeit. Die linke Wand des Korridors zeigt den Verstorbenen auf seinem Wagen bei der Jagd auf Gazellen und in den Sümpfen; unten Fischfang und Weinbereitung. Auf der rechten Wand Begräbnisszenen.

✶ **Grab des Neferhotep**

Etwas östlich, dicht an der Straße, liegen an einem Hof vier Gräber. Im Süden Nr. 50, das Grab des Neferhotep, eines Priesters unter König Haremhab, das aus dem Anfang der 19. Dynastie stammt und in seinen versenkten Reliefs bereits die Lebendigkeit der Grabbilder der 18. Dynastie vermissen lässt. In dem ersten breiten Raum sind sehr schöne Deckenbilder erhalten. An der linken Schmalwand wird der Verstorbene in Gegenwart des Königs mit Ehrenketten geschmückt. An der Rückwand sieht man oben den Toten und seine Familie, denen ein Sohn Speisen darbringt; unten links ein Harfenist.

✶✶ **Grab des Nacht**

Am nördlichsten, unweit des nördlichen Tores der Oberen Umwallung, liegt Nr. 52, das Grab des Nacht, eines Beamten und Amunpriesters der 18. Dynastie. Nur das erste Zimmer ist mit vortrefflich erhaltenen **Wandgemälden** geschmückt. Der Name des Amun wurde unter Amenophis IV. überall getilgt.

An der Eingangswand links unten sieht Nacht den Feldarbeiten zu, dem Pflügen, Aufhacken des Bodens und Säen. Zwei Männer zerklopfen mit Hämmern die harten Schollen; links trinkt ein Arbeiter aus einem Schlauch, der an einem Baum hängt; ein Mann fällt einen Baum; oben sieht Nacht den Erntearbeiten zu, die in drei Reihen dargestellt sind. Unten sicheln drei Männer das Getreide ab, hinter ihnen liest eine Frau die Ähren, zwei Männer packen die Ähren in einen Korb, zwei Frauen reißen Flachs aus. In der Mitte wird das gedroschene Getreide gemessen; oben Reinigen des Getreides. Links bringen der Tote und seine Frau ein Opfer. In der linken schmalen Wand eine Scheintür, granitartig bemalt; im oberen Feld: der Tote und seine Frau beim Mahle; neben der Tür Diener mit Opfergaben; unter der Tür ein Haufen von Opfergaben, neben dem zwei Baumgöttinnen und zwei Diener stehen. An der linken Stirnwand: rechts unten sitzen der Verstorbene und seine Frau vor dem Speisetisch auf einer Bank, unter der eine Katze einen Fisch verzehrt; ihr Sohn bringt ihnen Blumen und Gänse, drei Frauen musizieren; links sitzen in zwei Reihen Verwandte; oben ist nur die linke Hälfte erhalten: ein blinder Harfenspieler, Frauen sitzen am Boden und unterhalten sich. An der rechten Stirnwand: unten sitzen der Verstorbene und seine Frau in einer Laube, Diener bringen ihnen Blumen, Weintrauben, Geflügel, Fische; rechts werden Vögel im Netz gefangen und gerupft; darüber: Weinernte und Weinpresse; oben links sitzen der Verstorbene und seine Frau; rechts der Grabherr beim Fischestechen und auf der Vogeljagd. An der rechten Schmalwand (unvollendet): Nacht und seine Frau sitzen vor dem Speisetisch, Verwandte bringen ihnen Opfergaben. An der rechten Eingangswand bringen der Verstorbene und seine Frau, denen drei Reihen von Dienern folgen, ein Opfer.

Gräber innerhalb der Unteren Umwallung

Zugang

In diesem Bezirk, den man am besten vom Grab des Nacht oder vom Grab des Menna her besucht, liegen interessante Gräber.

Grab des Amenemopet

Nr. 41 ist das Grab des Amenemopet, Oberhausvorsteher des Amun am Anfang der 19. Dynastie. An den Pfeilern des ersten Saales Statuen des Verstorbenen; an den Wänden Denkinschriften und religiöse Bilder.

Grab des Amenmose

Sehenswert ist auch Nr. 42, das Grab des Amenmose, Vorsteher der nördlichen Fremdländer (18. Dyn.). Auf der linken Rückwand und der linken Schmalwand des ersten Pfeilersaales führt der Verstorbene dem König die Tribute der asiatischen Völker vor.

Grab des Tjaj

In das Grab des Tjaj (Nr. 23), eines Archivbeamten unter der Regierung des Merenptah (19. Dyn.), führt eine Treppe, vor der oben noch eine Halle lag. Sie mündet in den offenen Hof, der von Hallen umgeben war. Es folgt der Quersaal, dessen Wanddarstellungen meist Opferszenen zeigen. An der rechten Eingangswand wird Tjaj von dem thronenden König mit goldenen Ehrenketten geschmückt. An der Rückwand stehen in Nischen zwei lebensgroße Halbstatuen des Verstorbenen. Im Korridor an der linken Wand ein Leichenbegängnis und Totengericht (teilweise zerstört); an der rechten Wand Opferszenen; der Verstorbene, mehrfach von seiner Frau begleitet, betet zu den Totengöttern. In der folgenden Kammer steht der Granitsarg; in der Nische der Rückwand Halbstatuen von Osiris, Isis und Horus.

Grab des Djeserkereseneb

Die Nr. 38 ist das Grab des Djeserkereseneb, des Kornzählers des Amun unter Thutmosis IV. Auf der rechten Rückwand des ersten Raumes vorzügliche Darstellung eines Mahles, Musikantinnen und Tänzerinnen vor dem Toten und seiner Schwester.

Gräber von El-Chocha

Auswahl

Von den Gräbern, die südlich vom Hügel El-Chocha oder in diesem selbst liegen, verdienen insbesondere die folgenden einen Besuch.

Grab des Neferronpet

Die gut erhaltenen Wandbilder und Deckenornamente der Kammern im Grab des Neferronpet (Nr. 178), eines Beamten der Schatzverwaltung des Amun-Re unter Ramses II., sind charakteristische Beispiele für die Kunst der Ramessidenzeit. In der ersten Kammer Begräbnisszenen; an der Rückwand der zweiten Kammer vier Statuen.

Grab des Surer Etwas östlich von Grab Nr. 178 liegt das Grab des Surer (Nr. 48), mit vollem Namen Amenemhet. Es handelt sich um eine großartige, dem Ramose-Grab ähnliche Anlage aus der Zeit Amenophis' III. mit wundervollen Reliefs im besten Stil dieser Periode. An den offenen Hof schließt sich ein Quersaal mit kannelierten Säulen; an der rechten Rückwand ist der König thronend dargestellt. Weiter rechts werden Statuen gezogen. Die von Papyrussäulen getragene, im Felsen angelegte Halle ist unvollendet und stark zerstört.

Grab des Nebamun und des Ipuki Am Südabhang von El-Chocha liegt Nr. 181, das Grab des Nebamun und Ipuki, zweier Bildhauer aus dem Ende der 18. Dynastie. Die Grablege besitzt farblich ausgezeichnet erhaltene Wandbilder. An der linken Eingangswand (westliche Hälfte der Südwand) des Querraumes: Nebamun und seine Mutter opfernd; Gastmahl; unten empfangen Ipuki und seine Frau die Opfergaben ihrer Verwandten.
Rechte Eingangswand (östliche Hälfte): der Tote betet zu dem vergöttlichten König Amenophis I. und der Königin Nofretete; unten beaufsichtigt er sitzend die Arbeiten seiner Handwerker. An der rechten Schmalwand: der Tote betet zu Osiris und den vier Osirissöhnen; unten zwei sitzende Paare. Auf der linken Hälfte der Rückwand und der linken Schmalwand Szenen des Begräbnisses und der Leichenfeier.

✶ Tempel von Deir el-Medina

Tempel der Göttin Hathor Etwa 1 km westlich vom Ramesseum, am Weg zu den Königinnengräbern, liegt in einer kahlen Schlucht der kleine Tempel von Deir el-Medina. Er ist von einer hohen Ziegelmauer umschlossen, durch deren südöstliche Steinpforte man das Heiligtum erreicht. Der Tempel wurde von Ptolemaios IV. Philopator begonnen, unter Philometor und Euergetes II. vollendet und war hauptsächlich der Totengöttin Hathor und der Göttin der Wahrheit, Maat, geweiht.
Der zierliche Bau ist aus Quadern ausgeführt, die glatte Fassade, mit vielen griechischen und koptischen Einritzungen, von einer Hohlkehle bekrönt. In christlicher Zeit lebten hier Mönche, wobei die Inschriften und Reliefbilder mancherlei Verstümmelungen erlitten haben. Links schließt sich ein Bogengang aus Ziegeln an.

Vorraum, Kleiner Vorsaal Man betritt durch einen Vorraum, dessen Decke einst auf zwei Blumensäulen ruhte, den kleinen Vorsaal, der vom Vorraum durch zwei Säulen mit reichen Pflanzenkapitellen und zwei Pfeilern mit Hathorköpfen abgegrenzt ist. Zwischen den Säulen, die mit Bildern des vergöttlichten Weisen Amenhotep und des Gottes Imhotep geschmückt sind, befand sich eine Halbtür. Von den Schranken zwischen den Säulen und Pfeilern ist nur die linke vorhanden. Auf den Wänden vertiefte Reliefs, die den König vor verschiedenen Göttern opfernd zeigen, oben in der linken Wand ein hübsches Fenster, das einer Treppe Licht gab. An der Rückwand über der Hohlkehle der Tür zur Mittelkapelle sieben Hathormasken. Drei Türen führen in die Kapellen.

Szenen aus dem Alltag im alten Ägypten im Grab des Sennedjem

Kapellen

In der mittleren Kapelle sieht man Philopator, bisweilen mit seiner Schwester Arsinoë, vor verschiedenen Göttern opfernd; an den Eingangspfosten vier stierköpfige Götter.

◀ Linke Kapelle

Die linke Kapelle enthält in gut ausgeführten Reliefs an der linken Wand das Totengericht, rechts thront Osiris, vor ihm der Fetisch des Emeuet, die vier Totengenien auf einer Lotosblume, der »Fresser der Unterwelt« in Nilpferdgestalt und Harpokrates, auf einem Krummstab sitzend; der ibisköpfige Thot schreibt das Urteil; weiter links wiegen Anubis und Horus das Herz des Toten; zwei Wahrheitsgöttinnen, die Feder auf dem Kopf, führen den Toten in die Gerichtshalle; oben betet dieser zu den 42 Totenrichtern.
An der Rückwand räuchert Philopator vor Osiris und Isis. Auf der rechten Wand: links die heilige Barke des Soker-Osiris auf einem Untersatz, daneben u. a. Standarten; rechts räuchert der König vor Anubis, der eine Scheibe hält, und vor dem ithyphallischen Min. Auf dem Türsturz ein vierköpfiger Widder, der Gott der Winde, über dem ein Geier fliegt, von vier Göttinnen angebetet. Auf den Türpfosten der König und je drei falken- und hundsköpfige Genien.
Die Reliefs der rechten Kapelle zeigen den König vor Göttern.

Friedhof von Deir el-Medina

Felsengräber

Südlich vom Tempel liegen in dem Tal zwischen den Westbergen und dem Hügel Kurnet Murai die **Trümmer einer Siedlung** des Neuen Reiches, die von den Künstlern und Arbeitern der Königs- und Privatgräber bewohnt war. Im Westberg findet sich der Friedhof von Deir el-Medina, mit zahlreichen Felsengräbern, meist von Nekropolenbeamten aus der Zeit der 19. und 20. Dynastie; einige stammen auch aus der 18. Dynastie. Vermutlich waren alle diese Gräber einst mit einer kleinen Ziegelpyramide bekrönt, die heute teilweise rekonstruiert wurde. In den Gräbern der Ramessidenzeit sind die Darstellungen aus dem täglichen Leben, die den Reiz der Gräber der 18. Dynastie ausmachen, fast ganz verschwunden und durch konventionelle Opferszenen, Wiedergabe des Begräbnisses und durch die Bilder aus dem Totenbuch ersetzt.

✶✶ Grab des Sennedjem

Von der Talsohle steigt man den Abhang hinauf zum Grab des Sennedjem (Nr. 1), aus der Ramessidenzeit, mit überwölbter Sargkammer und reizvollen Wandmalereien sowie Bildern religiösen Inhalts. Außerdem enthält das Grab eine interessante Darstellung des Totenmahles. Besonders schön ist die Darstellung des »Gefildes der Seligen«, des ägyptischen Paradieses, das durchzogen ist mit breiten Wasserkanälen, an deren Ufer die Natur besonders üppig gedeiht. Der Grabherr und seine Frau pflügen die Erde und ernten Korn und Flachs. Selbst die Decke ist bemalt – eine interessante Szene zeigt die Wasser und Nahrung spendende Baumgöttin. Die reiche Ausstattung des 1886 entdeckten Grabes befindet sich im Ägyptischen Museum von Kairo.

Familiengräber des Amennacht, Nebenmaat und Chaemtore

Neben dem Grab des Sennedjem liegen die Familiengräber des Amennacht, Nebenmaat und Chaemtore aus der Ramessidenzeit (Nr. 218 bis Nr. 220). Eine Treppe führt zu einer Kammer mit gewölbter Decke und religiösen Darstellungen; über dem Eingang die Hathorkuh. Weiter geht es zu einer Vorkammer ohne Bildschmuck und links auf Stufen zur Kammer des Nebenmaat; an der rechten Wand Anubis an der Bahre; an der Rückwand die Leichenfeier am Grabe; hinter der Pyramide reicht eine Göttin die Sonne aus dem Berg; an der linken Wand beten der Verstorbene und seine Schwester zu Osiris, dem vergöttlichten Amenophis I. und der Königin Nofretere. An der Vorkammer liegt rechts die Kammer des Chaemtore mit zerstörten Wandbildern. Eine zweite Treppe führt in die Kammer des Amennacht mit Darstellungen und Texten aus dem Totenbuch, darunter der Tote und seine Schwester in den Gefilden der Seligen sowie, an der linken Schmalwand, Anubis an der Bahre.

Grab des Nefrabet

Hinter dem Tempel von Deir el-Medina liegt das Grab des Nefrabet, auch aus der Ramessidenzeit (Nr. 5). Eine Treppe führt in eine überwölbte Kammer, an deren Wänden der Verstorbene und seine Verwandten dargestellt sind, wie sie die aus dem Berg heraustretende Hathor-Kuh (rechts) und den Horusfalken (links) anbeten. Weiter auf Stufen in eine zweite Kammer mit religiösen Bildern: Horus und Thot gießen das Reinigungswasser über den Toten aus; Amenophis I. betet zu der schlangenköpfigen Totengöttin Meretseger und zu Hathor; die von zwei Löwen getragene Sonne. An der schmalen Rückwand sind oberhalb der Schachtöffnung die Mumien des Verstorbenen und seiner Frau abgebildet.

Grab des Cha

Südwärts in die Höhe steigend erreicht man das Grab des Cha (Nr. 8) aus der Zeit Amenophis' II. Die überwölbte Kammer zeigt hübsche Deckenmuster. Das Grab ist bemerkenswert, weil es bei seiner Entdeckung noch die überaus reiche Grabausrüstung enthielt.

✶ **Grab des Peschedu**

Weiter südlich befindet sich das Grab des Peschedu (Ramessidenzeit; Nr. 3). Eine steile Treppe führt in die Tiefe zu mehreren Kammern und schließlich durch einen niedrigen überwölbten Durchgang, an dem rechts und links die Kapelle mit dem liegenden Anubis-Schakal dargestellt ist, in den Sargraum. An der rechten Eingangswand der Verstorbene unter einer Palme im Gebet am Boden liegend. Rechte Längswand oben: der Tote (in kleiner Gestalt) zu Osiris und anderen Totengöttern betend; unten derselbe und seine kleine Tochter vor Re-Harachte, Atum, Chepre, Ptah und dem heiligen Osirispfahl. An der Rückwand stand der aus Kalksteinblöcken aufgemauerte Sarg; darüber Osiris und der Totenberg. An der linken Längswand und sich auf der linken Eingangswand fortsetzend: oben Osiris und sein Götterkreis; unten Totenbuchtexte; der Verstorbene und seine Familie, an deren Spitze sein weißhaariger Vater, beten den Horusfalken an.

✶ **Grab des Ipuj**

In den obersten Gräberreihen liegt Nr. 227, das Grab des Ipuj, eines Bildhauers aus der 19. Dynastie. An der rechten Schmalwand sehr hübsche Darstellungen der Anfertigung der Grabausrüstung (zwei Kapellen werden gezimmert). An der rechten Eingangswand Bilder aus dem täglichen Leben: eine Weinpresse, Handwerker bei der Arbeit, Fischfang.

✶ Tal der Königinnen (Biban el-Harim)

Fußweg von Deir el-Medina

Ein Fußweg von Deir el-Medina (1,5 km) führt über eine Anhöhe an mehreren Denkinschriften vorbei ins Tal der Königinnen. Auf der ersten ist Ramses III. vor den Göttern Amun und Ptah dargestellt; auf der folgenden Ramses III., dem die Göttin des Westens, Meretseger, die Brust reicht, dahinter der Sonnengott Re-Harachte; rechts der König, dem Amun das Sichelschwert reicht; die Inschrift bezieht sich auf die Feldzüge des Königs. Dann geht es weiter aufwärts durch ein Gebirgstal, in dessen malerische Kalksteinwand Gebete an die Gottheiten der Totenwelt eingemeißelt sind. Hier trifft der Pfad auf den heute gebräuchlichen, von Medinet Habu kommenden Weg. Beide Wege münden in einen Talkessel, der sich zwar an Großartigkeit nicht mit dem Tal der Könige messen kann, aber auch von **großer landschaftlicher Schönheit** ist.

Tal der Königinnen Orientierung

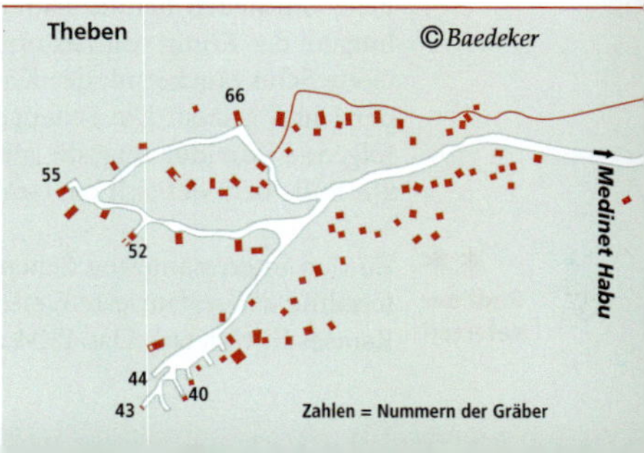

Geschichte

Die Gräber im Tal der Königinnen gehören meist der 19. und 20. Dynastie an. Insgesamt kennt man heute nahezu 80 Gräber, von denen die meisten durch die archäologische Mission der Italiener unter E. Schiaparelli (1903–1905) untersucht worden sind. Viele sind unvollendet oder ganz ohne Ausschmückung geblieben und gleichen einfachen Felsenkellern. In Stein gehauene Darstellungen finden sich selten; sofern Wandschmuck vorhanden, sind es Malereien auf Stuck.

Grab des Prinzen Sethherchopschef

Nr. 43 ist das Grab des Prinzen Sethherchopschef, eines Sohnes von Ramses III. Zwei schmale Korridore führen zu einer etwas breiteren Kammer, an die sich noch ein kleinerer Raum anschließt. Die Reliefs, die einst bunt waren, jetzt aber geschwärzt sind, zeigen den Verstorbenen und den König vor verschiedenen Göttern betend und heilige Handlungen verrichtend.

Grab der Königin Titi

Das Grab der Königin Titi (Nr. 52) besteht aus einem Vorraum, einem langen Gang und einer größeren Kapelle, an die sich beiderseits und hinten je ein Gemach anschließt. Aus dem Vorraum tritt man in den langen Gang, an dem vorne rechts und links die Göttin Maat den Eintretenden mit ihren Flügeln schützt. An den Wänden sieht man links die Königin vor Ptah, Re-Harachte (Morgensonne), den beiden Totengenien Amset und Duemutef sowie der Göttin Isis, rechts vor Thot, Atum (Abendsonne), den beiden Totengenien Hapi und Kebehsenuf sowie Nephthys, der Schwester der Isis. Am Ausgang die Göttin Selket (mit dem Skorpion auf dem Kopf) sowie die Neith, die große Herrin von Saïs. In der Kapelle Bilder von Göttern und Dämonen. In dem südlichen Seitenraum, auf der Rückwand links, die Totengöttin Hathor in Kuhgestalt in einer Gebirgslandschaft, vor ihr eine Sykomore, aus der Hathor (in menschlicher Gestalt) der Königin Nilwasser zur Erquickung ausgießt. Im hinteren Gemach auf der Rückwand der thronende Osiris, vor ihm Neith und Selket, hinter ihm Nephthys und Isis (nebeneinander) sowie Thot; an den Wänden Totengenien und Götter vor Speisetischen.

*** Grab des Prinzen Amenherchopschef**

Eine gut erhaltene Farbigkeit zeichnet das Grab des Prinzen Amenherchopschef (Nr. 55), eines Sohnes von Ramses III., aus. Im ersten Saal ist der König dargestellt, der Isis umarmt; weiterhin Ramses III., vom Prinzen begleitet, vor Ptah räuchernd; der König, den verschiedene Gottheiten bei der Hand fassen. Rechts entsprechende Darstellungen: der König von Isis umarmt; der König mit dem Prinzen dem Gotte Schu räuchernd; der König, von Kebehsenuf, Hapi und Isis bei der Hand gefasst. Die Seitengemächer sind ohne Darstellungen. Der folgende Korridor zeigt die gleichen Bilder wie jener im Grab Nr. 44; am Ende befindet sich die Grabkammer mit dem Granitsarkophag.

**** Grab der Nefertari**

Zu den interessantesten Sehenswürdigkeiten in Theben gehört zweifelsohne das restaurierte Grab der Nefertari, der Hauptgemahlin von Ramses II. (Nr. 66). Das 1904 entdeckte Grab weicht in seiner Anlage

von den übrigen Königinnengräbern ab. Es ist momentan auf unbestimmte Zeit geschlossen und soll erst nach Einbau einer neuen Abluftanlage wieder für Besucher geöffnet werden.
Auf einer Treppe steigt man hinab zu dem ersten Raum, an dessen Wänden links eine Bank verläuft, die für die Opfergaben bestimmt war. Die Inschriften enthalten die religiösen Texte des 17. Kapitels aus dem Totenbuch. Die sie begleitenden Darstellungen zeigen die Königin, unter einem Baldachin sitzend, beim Brettspiel; die Seele der Königin erscheint als Vogel mit Menschenkopf; die Königin, die kniend die von zwei Löwen getragene Sonne anbetet; den Gott Thot als Ibis; die Mumie auf dem Totenbett; Gottheiten. Die wundervollen Darstellungen sind im feinsten Relief auf Stuck ausgeführt und bemalt; besonders bemerkenswert sind die Bilder der Königin. Auf den Wänden der rechten Seite betet die Königin vor Osiris zu dem Sonnengott Harachte und zur Göttin des Westens; ganz rechts hinten eine ähnliche Darstellung der Königin, der Isis folgt, vor dem skarabäenköpfigen Chepre; auf der gegenüberliegenden Seite die Göttin Selket. Die Darstellungen der Seitenkammer zeigen (von rechts nach links) den Gott Chnum, von Isis und Nephthys begleitet; die Königin, den heiligen Stier und sieben heilige Kühe anbetend; dieselbe vor Atum und weiterhin vor Osiris; die Königin bringt dem Thot ein Schreibgerät und opfert vor Ptah. Auf den Seitenwänden der vom ersten Raum ausgehenden Treppe ist oben links und rechts die Königin vor verschiedenen Gottheiten dargestellt; unten sieht man Isis und Nephthys kniend und schützend. Auf dem Architrav der Tür eine Darstellung der Göttin Maat mit ausgebreiteten Flügeln. Der nun folgende Pfeilersaal war für den Sarg der Königin bestimmt. Die Wandreliefs hier und in den Seitenkammern sind weitgehend zerstört.

Medinet Habu

Südlichste Tempelgruppe am Westufer

Südöstlich vom Tal der Königinnen liegt in der Ebene, vor der Kulisse der Wüstenberge, die südlichste Tempelgruppe des thebanischen Westufers, Medinet Habu (= »Stadt des Habu«). Die Anlage besteht aus einem kleinen, älteren Tempel der 18. Dynastie, der in der Spätzeit erweitert wurde, und dem großen Haupttempel Ramses' III. Der Bezirk des Ramses-Tempels war von einer 4 m hohen Umfassungsmauer umgeben und mit einem königlichen Palast verbunden.

? WUSSTEN SIE SCHON ...?

- ... dass sich der Name »Medinet Habu« von einer heute verlassenen christlichen Ortschaft herleitet? Diese war im 5. Jahrhundert innerhalb des antiken Heiligtums entstanden.

Durch das Tor in der Außenmauer, das beiderseits von kleinen Wächterhäusern eingefasst ist, gelangt man zunächst an das **Hohe Tor**, ein burgartiges Gebäude, das die Gestalt eines großen Festungstores hat und hier statt der sonst üblichen Pylonen und Steinportale den Eingang bildete. Es lag im Verlauf einer großen inneren Ziegelmauer, die im Rechteck sämtliche Tempelanlagen umschloss und mit dem Palast des Königs in Verbindung stand. So bildete das Hohe Tor einen Teil des entfernt gelegenen Königspalastes. Seine inneren Gemächer dienten zeitweilig als Aufenthaltsort des Pharaos und seines Harems und waren auch dementsprechend dekoriert. Zwei hohe Türme mit un-

Medinet Habu Orientierung

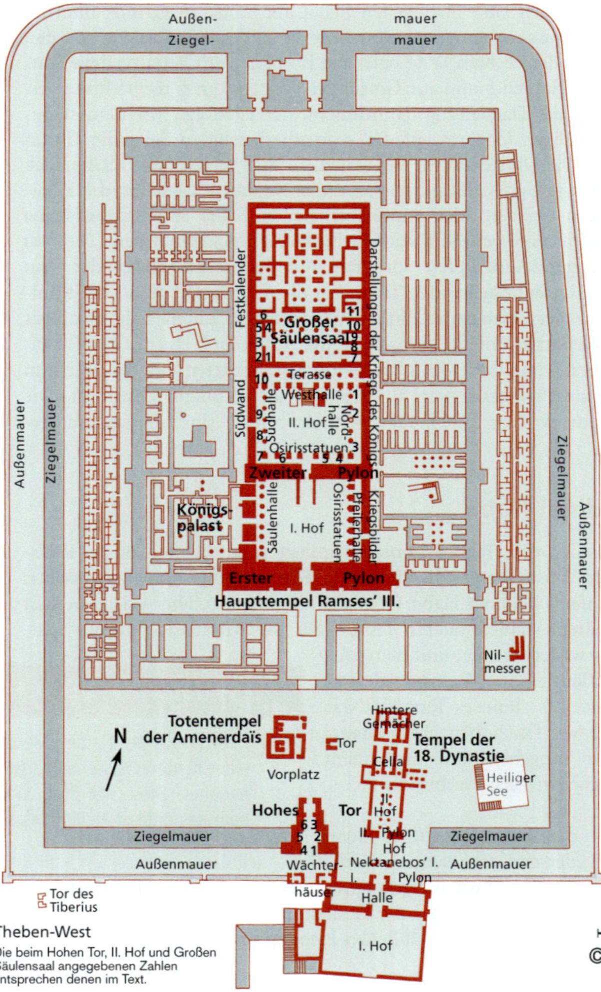

Theben-West

Die beim Hohen Tor, II. Hof und Großen Säulensaal angegebenen Zahlen entsprechen denen im Text.

merklich geneigten Wänden, die östlich auf einer geböschten Grundmauer ruhen, fassen einen schmalen, sich allmählich verengenden Hof ein; hinten sind sie durch einen Torbau verbunden.
Die Reliefs an den Vorderseiten der Türme zeigen rechts den König, der vor Re-Harachte die Feinde erschlägt, und darunter sieben gefesselte Fürsten besiegter Völker, links den König, der vor Amun-Re die feindlichen Nubier und Libyer erschlägt.

Hof

In dem Hof zwischen den beiden Türmen, wo zwei Sitzbilder der löwenköpfigen Göttin Sechmet ais Granit stehen, fallen zwischen dem ersten und zweiten Stockwerk eigentümliche Konsolen auf, die mit vier Büsten von Kriegsgefangenen geschmückt sind und einst Statuen des Königs trugen. Die Wandreliefs illustrieren meist Opferhandlungen: 1. Der König opfert vor dem Gott Seth (getilgt) und Nut; darunter führt der König dem Amun zwei Reihen Gefangener vor. 2. Oben der König, dem Atum und einer Göttin Wein darbringend, unten dem Enhuret und einer Göttin Blumen überreichend. 3. Die Götter Mont (zerstört) und Atum führen den König vor Amun. 4. Oben überreicht der König dem Harachte und der Maat ein Bild des Amun; unten führt Ramses dem Amun zwei Reihen gebundener Gefangener vor (man beachte den von vorn dargestellten Libyer in der unteren Reihe). 5. Oben räuchert der König vor dem Mondgott und der Seschet, unten bringt er dem Ptah und der Sechmet ein Bild der Maat; im zweiten Stockwerk Muster im Fenstersturz. 6. Der König vor Amun, hinter ihm stehen Mut und Thot.

Torweg

In dem zum Vorplatz führenden Torweg sieht man links den König, der dem Amun zwei Reihen Gefangener zuführt, rechts, wie er eine Schar Feinde beim Schopfe fasst und erschlägt.

✶ Gemächer

Eine moderne Treppe am südlichen Turm führt zu zwei im Mittelbau übereinander gelegenen Gemächern. Während die Wandreliefs des unteren Raumes zerstört sind, kann man die des oberen, die den König mit Frauen kosend zeigen, noch gut erkennen. Durch die Fenster öffnet sich ein schöner Blick auf die Tempelgebäude und Stadtruinen im Westen sowie auf die Ebene im Osten. Auch in den unzugänglichen anderen Gemächern ist der familiäre Umgang des Königs mit seinen Favoritinnen und Kindern dargestellt. Bemerkenswert ist der eigentümliche Kopfputz der Haremsdamen. Einzelne dieser Reliefbilder sind auch von unten zu sehen, so vom Eingang aus an der Westwand eines Zimmers im obersten Stockwerk des Nordflügels: der König auf einem Stuhl sitzend, von fünf stehenden Mädchen umgeben.
Ferner von der Nordostecke des Vorplatzes aus im oberen Stockwerk des Nordflügels links und rechts von zwei Fenstern: der König, ebenfalls von Mädchen umgeben (rechts streichelt er einem das Kinn). Weiter rechts neben einer Mauerlücke: der König, vor dem ein Mädchen steht; von einer knienden und einer stehenden Frau links sind

nur die unteren Hälften erhalten. Darunter ein schmales Fenster, über dem mit Blumen geschmückte Gefäße abgebildet sind, während rechts der König musizierenden Mädchen zuhört. An dieser Seite des Nordflügels kann man im Mauerwerk noch die Löcher sehen, in denen die Balken für die Fußböden der beiden oberen Stockwerke angebracht waren.

Totentempel der Amenerdaïs

Zwischen dem Hohen Tor und dem Haupttempel liegt ein weiter Vorplatz. Beachtung verdienen die Reliefs an der Rückseite des Tores. Sie zeigen den König als Sieger über seine Feinde. In der Mitte des Vorplatzes steht ein von Nektanebos I. erbautes kleines Tor. Zur Rechten liegt der Tempel der 18. Dynastie, zur Linken der Totentempel der Amenerdaïs, die als »Gottesgemahlin« von Theben unter den letzten Kuschitenkönigen und unter Psammetich I. regierte.
Auf dem Portal ist oben links und rechts Amenerdaïs dargestellt, wie sie dem Amun opfert, unten links dieselbe mit zwei Sistren vor Amun und Mut, rechts einer Göttin opfernd.
Durch den Vorhof, der rechts und links mit einer von je zwei Säulen getragenen Halle geschmückt war, gelangt man in das gewölbte Allerheiligste, das ringsum von einem Korridor umgeben ist. Rechts schließen sich drei Kapellen an, die der Nitokris, der Tochter Psammetichs I., und der Schepenupet, der Tochter des Kuschitenkönigs Pianchi, sowie der Mehtuesechet, der Gemahlin Psammetichs I., gewidmet waren. In der letzten Kapelle sieht man in einen unter dem jetzt fehlenden Pflaster liegenden, mit Inschriften bedeckten Kellerraum (Krypta).

Der Tempel Medinet Habu am Westufer des Nils gehört zum Pflichtprogramm.

✶ Haupttempel Ramses' III.

Anlage

Der Haupttempel Ramses' III. ist exakt nach dem Vorbild des Ramesseums ausgeführt und war wie dieses dem Amun und dem Totenkult des verstorbenen Königs geweiht.

Der große erste Pylon bildet den Eingang. Auf den Vorderseiten beider Türme werden die kriegerischen Erfolge des Königs verherrlicht; am rechten Turm fasst der König vor Amun-Re-Harachte seine Feinde beim Schopf und erschlägt sie mit der Keule, der falkenköpfige Gott überreicht ihm das Sichelschwert und führt ihm an Stricken die eroberten Länder zu, die in der bekannten Weise mit ihren Namen dargestellt sind; darunter noch zwei Reihen Ländernamen; weiter links zwischen zwei Rillen für die Flaggenmasten eine ähnliche, aber viel kleinere Darstellung und darunter eine lange Inschrift, die den Sieg schildert, den Ramses III. in seinem elften Regierungsjahr über die Libyer errang; ganz unten sitzt links Amun, hinter ihm steht Ptah, der in den Palmzweig die Jahre des Königs schreibt; vor Amun kniet der König unter dem heiligen Baum und empfängt von dem Gott an einem Palmzweig die Symbole langdauernder Herrschaft; Thot schreibt den Namen des Königs in die Blätter des Baumes, daneben steht die Göttin Sechet; rechts vom Portal unten eine türförmige Gedenkinschrift aus dem zwölften Regierungsjahr Ramses' III. auf die dem Gott Ptah gemachten Geschenke, eine Wiederholung der Inschrift Ramses' II. in ►Abu Simbel. Am linken Turm ähnliche Darstellungen Ramses' III. vor Amun-Re.

Erster Hof

Durch das Mittelportal, das innen und außen mit Darstellungen des Königs geschmückt ist, tritt man in den ersten Hof, einen schönen, annähernd quadratischen Raum von etwa 35 m Seitenlänge.

Erster Pylon

Die Darstellungen auf der Rückseite des ersten Pylonen beziehen sich wieder auf den libyschen Krieg: südlich eine Schlacht, auf Seiten der Ägypter u. a. Söldner vom Volke der Schardana (Sardinier), an horngeschmückten runden Helmen erkennbar; nördlich die Gefangenen vor dem König und eine Inschrift.

✶ Hallen, Osirisstatuen

Rechts und links schließen zwei Hallen den Hof ab, die Decke der rechten Halle wird von sieben Pfeilern getragen, an die sich kolossale Osirisstatuen des Königs lehnen; die linke (südliche) enthält acht Papyrussäulen mit offenen Kapitellen. Letztere bildete die Fassade des königlichen Palastes, der sich im Süden an den Tempel anschloss und mit dem ersten Hof durch drei Türen und ein großes Altanfenster in Verbindung stand. Rechts und links vom Fenster ist der König dargestellt, der seine Feinde erschlägt, bzw. wie er auf einem Gesims steht und die Köpfe seiner Feinde hält. Unter diesem Fenster Bilder von Tanzenden und Singenden, die gleichsam den am Fenster erscheinenden König in ausgelassener Freude begrüßen.

Zweiter Pylon Die Inschriften und Bilder am zweiten Pylonen sind noch interessanter. Auf dem rechten Turm rühmt eine große Inschrift den Sieg, den der König in seinem achten Regierungsjahr über eine Vereinigung von Mittelmeervölkern errang, die auf Schiffen und zu Lande von Syrien aus Ägypten bedrohten. Auf dem linken Turm führt der König drei Reihen Gefangener, als Vertreter der auf diesem Feldzug besiegten Völker, vor Amun und Mut; sie sind bartlos und tragen eigentümliche Kappen, die mit Federn geschmückt sind. Zu dem Tor des Pylonen aus Granit führt eine Rampe hinauf.

Zweiter Hof Der zweite Hof, der in der Anlage und zum Teil auch in der Ausschmückung dem zweiten Hof des Ramesseums entspricht, aber besser erhalten ist als dieser, ist auf allen vier Seiten von Kolonnadenhallen umgeben: im Norden und Süden Säulen mit geschlossenen Kapitellen, im Osten eine Pfeilerreihe mit Osirisstatuen, im Westen auf einer erhöhten Terrasse vorn acht Osirispfeiler, hinten ebenso viele Säulen; auf Säulen und Pfeilern ist der König den Göttern opfernd dargestellt. Der Hof war in christlicher Zeit als Kirche eingerichtet, deren Reste jetzt größtenteils entfernt sind. Bemerkenswert sind die Reliefs an den Wänden der Hallen, die Ereignisse aus dem Leben des Herrschers, vor allem große Feste und Kriegstaten, schildern.

✶ Nordhalle und Osthalle, Fest des Min In der Nordhalle und dem anstoßenden Teil der Osthalle oben an der Rückwand ist das Fest des Erntegottes Min, das zugleich als Krönungsfest gefeiert wurde, dargestellt. 1. Der König wird unter einem Baldachin auf einem reich geschmückten Sessel von Prinzen aus dem Palast getragen, Hofleute folgen ihm, Priester mit Räuchergefäßen, der Vorlesepriester und Soldaten schreiten voran (man beachte in der oberen Reihe den Trompeter und Paukenschläger, in der unteren die Leute mit den Kastagnetten). 2. Der König opfert und räuchert vor dem Bild des Min. 3. Am Betrachter zieht eine heilige Prozession vorbei; auf einer Bahre wird das Bild des Min von Priestern getragen, Fächerträger gehen ihm zur Seite, Priester mit heiligen Schreinen folgen, voran schreiten der König und vor ihm ein weißer Stier, das heilige Tier des Gottes, die Königin und ein langer Zug von Priestern mit Standarten, Tempelgeräten und den Bildern des Königs und seiner Vorgänger; rechts erwartet der König die Prozession, vor ihm sind zwei Embleme aufgestellt, Priester lassen vier Brieftauben fliegen. 4. Der König zerschneidet mit der Sichel die ihm von einem Priester gereichte Garbe (wie im Ramesseum), der Vorlesepriester rezitiert einen Hymnus auf den Min, ein anderer Priester bringt die Garbe dem Gott dar, auch die Königin (oben) wohnt dieser Zeremonie bei, vor dem Pharao abermals der weiße Stier und unter diesem eine Reihe von Ahnenbildern. 5. Der König bringt dem unter einem Baldachin stehenden Gott Min ein Räucheropfer.

Südhalle Im südlichen Teil der Osthalle und in der Südhalle sieht man oben Szenen vom Fest des Ptah-Soker: 6. Eine Prozession von Priestern,

Medinet Habu, der Tempel Ramses' III.

welche heilige Barken, Götterbilder, Standarten, Tempelgeräte tragen, hinter ihnen der König und seine Großen. 7. Das heilige Emblem des Gottes Nefertem, des Sohnes des Ptah, von 18 Priestern getragen. 8. Der König hält eine Schnur, die 16 hohe Persönlichkeiten ziehen; vor dem König räuchern zwei Priester. 9. Sechzehn Priester tragen die Barke des Soker, gefolgt vom König. 10. Der König opfert vor der Barke des Soker; der König vor Chnum und zwei anderen Göttern sowie vor dem falkenköpfigen Soker-Osiris, dem er einen Teller mit Brot darbringt.
Unten Kriegsbilder: 6. Von rechts nach links: Der König sprengt mit seinen Wagenkämpfern gegen die Libyer und erlegt mit dem Bogen die Feinde, die Fußtruppen kämpfen in wildem Durcheinander; es folgt die Rückkehr des Königs aus der Schlacht, er fährt auf seinem Wagen und führt drei Reihen gefesselter Libyer vor sich, zwei Fächerträger folgen ihm; der König bringt die Gefangenen vor Amun und Mut. 7. Auf der südlichen Wand: Der König, rückwärts auf seinem Wagen sitzend, empfängt libysche Gefangene (mit blassroter Hautfarbe), die ihm durch die Prinzen und andere Würdenträger zugeführt werden; vor den Gefangenen werden die abgeschnittenen Hände und Phalli der Getöteten gezählt. Der größte Teil der Wand wird von einem 75-zeiligen Kriegsbericht eingenommen.

Westhalle

Die Rückwand der Westhalle, auf der Terrasse, ist mit drei Reihen von Darstellungen geschmückt; in der oberen Ramses III. vor den Göttern; in der unteren sind (wie an der gleichen Stelle des Ramesseums) Prinzen und Prinzessinnen dargestellt.

Großer Säulensaal Von den folgenden Räumen sind nur die unteren Teile der Mauern und Säulen erhalten. Man tritt zunächst in den Großen Säulensaal, dessen Decke einst von 24 Säulen getragen wurde. Auf den Wänden ist der König vor verschiedenen Göttern dargestellt; beachtenswert an der Südwand die goldenen Prachtgefäße, die Ramses III. Amun, Mut und Chons dargebracht hat.

Die in der Mittelachse anschließenden kleineren Säle bieten nichts Außergewöhnliches; im zweiten stehen zwei Statuen aus rotem Granit: die linke stellt Amun und Maat, die rechte den König und den ibisköpfigen Thot dar. Die übrigen Hinterräume waren verschiedenen Göttern geweiht, die links vom Pfeilersaal dem Osiris, darunter einer mit gewölbter Decke, die mit astronomischen Darstellungen geschmückt ist. Auch im Obergeschoss lagen noch Gemächer, zu denen im ersten Säulensaal eine Treppe führte.

Seitenkammern Von den zu beiden Seiten des großen Säulensaales gelegenen Kammern dienten die linken zur Aufbewahrung der Tempelschätze, wie die Darstellungen an den Wänden zeigen. Ramses bringt Amun Papyrusbehälter dar, kostbare Gefäße, Kästen, Schmuckstücke, Gold und Silber.

In der vorletzten Kammer rechts eine Kolossalstatue des Ptah aus Alabaster (ohne Kopf) aus der Zeit Amenophis' III.

Königspalast Südlich vom Tempel liegen die Trümmer des Königspalastes; in dem ehemaligen Thronsaal steht noch der Hochsitz für den Thron, zu dem drei flache Stufen emporführen. Seine Decke ruhte auf zwei Säulen und zwei in die rückwärtige Ziegelmauer eingebauten Pfeilern. Links ein zweiter Hochsitz, rechts ein großes Badezimmer. Westlich ein dritter Hochsitz (vielleicht das Throngemach für die Königin) mit anschließendem Waschraum.

Außenwände des Tempels Westlich vom Palast befindet sich ein Brunnen, zu dem eine Treppe hinabführt. Zum Schluss besichtige man an den Außenwänden des Tempels die umfangreichen historischen Reliefs, die hauptsächlich die Kriegstaten Ramses' III. zeigen.

★ Südwand ► Die Südwand zeigt am ersten Pylonen einige sehr schöne Jagdszenen. Oben erlegt der König Steinböcke und wilde Esel sowie unten in einem von Fischen und Wasservögeln belebten Sumpfgelände wilde Stiere. Auf dem westlichen Teil der Südwand ist ein langer Festkalender eingegraben, der ein Verzeichnis der vorgeschriebenen Festopfer für die Zeit vom 26. Pachons (Tag der Thronbesteigung Ramses' III.) bis zum 19. Tybi enthält. Darunter eine Prozession von Priestern, die verschiedene Brote und Speisen tragen. Rechts und links von dem Altanfenster des Palastes, zu dem eine Treppe hinaufführt, ist der König dargestellt, gefangene Feinde erschlagend. In der Fensterleibung: Der König geht mit seinem Gefolge zum Altanfenster.

Westwand ► Die Westwand enthält die Bilder von einem Krieg gegen die Kuschiten (Schwarze) und den Anfang der Bilderreihe vom Libyerkrieg.

Die Nordwand setzt im westlichen Teil in zehn Bildern die Kriege gegen die Libyer fort und verherrlicht ferner einen Sieg über die nördlichen Völker, im östlichen Teil die Kriege in Syrien. Ramses zieht in den Krieg, flankiert von einem Löwen. In den Schlachten sieht man Ramses auf dem Streitwagen, auch vom Nilufer aus mit dem Bogen auf feindliche Schiffe schießen. Östlicher Teil der Nordwand. Der König erstürmt eine syrische Festung, ersticht mit der Lanze einen Feind und führt Gefangene nach Ägypten.

◄ Westliche Nordwand

◄ Östliche Nordwand

Am ersten Pylonen oben stürmt der König eine von den Hethitern verteidigte Festung; unten: Schlacht gegen die Libyer; der König ist von seinem Wagen gestiegen und bindet zwei gefangene Libyer.

◄ Erster Pylon

Tempel der 18. Dynastie

Anlage

Den Vorplatz zwischen dem Hohen Tor und dem Haupttempel begrenzt nördlich der älteste Teil der ganzen Tempelgruppe, der zierliche kleine Tempel der 18. Dynastie, eine Peripteros-Anlage, die unter der Regierung der Königin Hatschepsut und Thutmosis' III. begonnen, aber erst zur Zeit der Alleinherrschaft des letzteren vollendet wurde. Auch hier sind in den älteren Räumen die Bilder und Inschriften der Königin weggemeißelt oder durch andere ersetzt worden. Die von Amenophis IV. zerstörten Götterbilder und Namen wurden unter Haremhab und Sethos I. wiederhergestellt.

Nördlich vom Hohen Tor führt ein Tor in den zweiten Hof, von dem aus man links das Heiligtum betritt. Der Tempel umfasst eine Cella mit ringsum laufender Halle aus der Zeit Thutmosis' III. und sechs hintere Gemächer, den ältesten Teil des Gebäudes. Die Halle wird von einer Brüstung abgeschlossen, auf der sich viereckige Pfeiler erheben, welche die Decke tragen. Die sechzehnkantigen Säulen im Innern wurden später eingefügt, um den Einsturz der Decke zu verhindern. Die Darstellungen zeigen Thutmosis III. (in den hinteren Kammern auch Thutmosis I. und II. anstelle der ursprünglichen Hatschepsut), vor verschiedenen Göttern opfernd oder andere heilige Handlungen verrichtend. An den Pfeilern rechts und links vom Eingang Inschriften Haremhabs, Sethos' I. und Pinutems über ihre Erneuerungsbauten. Die Cella, deren Reliefs später wiederhergestellt sind, hatte an den beiden Schmalseiten Türen.

? WUSSTEN SIE SCHON ...?

- ... dass sich der Eingang ursprünglich an der Ostseite befand? Doch haben hier unter den späteren Pharaonen, z. B. unter Ramses III., und zur Ptolemäer- und Römerzeit so starke Um- und Anbauten stattgefunden, dass von der alten Anlage wenig zu erkennen ist.

Zweiter Hof

Der zweite Hof stammt aus saïtischer Zeit, das nördliche Granittor aus dem Anfang der 26. Dynastie. Östlich begrenzt ihn der zweite Pylon, ein Bau des Äthiopers Sabakon, später von Ptolemaios IX. Soter II. wiederhergestellt, mit Reliefdarstellung des Taharka, der seine Feinde beim Schopf fasst und erschlägt.

Die Memnonkolosse sind das Wahrzeichen von Theben.

Hof Nektanebos' I. Der anschließende Hof Nektanebos' I. war auf den Langseiten von je vier durch Schranken verbundenen Bündelsäulen mit geschlossenem Kapitell (zwei davon wiederhergestellt), an der Ostseite von einem Portal begrenzt.

Erster Pylon Etwa 4 m östlich vom letzteren erhebt sich der große erste Pylon, ein Bau der Ptolemäerzeit, zu dem viele ältere Blöcke (besonders vom Ramesseum) verwendet wurden. An seinem Mittelportal sind Ptolemaios IX. Soter II. und Ptolemaios XII. Neos Dionysos in Anbetung vor den Göttern dargestellt.

Erster Hof Der Ostseite des Pylonen war nach dem ersten Hof zu eine Säulenhalle mit reichen Pflanzenkapitellen und hohen Schranken vorgebaut, von der nur die beiden mittleren Säulen erhalten sind. Vor einer der Schranken steht eine im Pflaster des ersten Pylonen gefundene Scheintür Thutmosis' III. aus rotem Granit. Die Türen der Hofeinfriedung sind jetzt vermauert; an der südlichen eine Inschrift des Kaisers Antoninus Pius.

Heiliger See In der Nordostecke der großen Umfassungsmauer liegt unweit des kleinen Tempels der Heilige See, ein Wasserbecken von ca. 18 m², mit zwei Treppenanlagen.

Nilmesser Gut 40 m nordwestlich vom Heiligen See befindet sich ein Nilmesser. Durch eine Tür, die den Namen Nektanebos' I. trägt, kommt man in eine Kammer und weiter in einen Korridor, aus dem die Treppe des Nilmessers in eine Tiefe von 20 m abwärts führt.

Kleines Tor Zwischen dem Totentempel der Amenerdaïs und dem Nilmesser steht ein kleines Tor mit Inschriften des Kaisers Domitian; es ist an dieser Stelle (der ursprüngliche Standort ist unbekannt) aus Blöcken wiederaufgebaut, die in einem koptischen Gebäude vermauert gewesen waren.

Umgebung von Medinet Habu

Tempel des Thot

Etwa 200 Schritte südlich vom Hohen Tor steht noch ein kleiner Tempel des Thot aus der Ptolemäerzeit, jetzt Kasr el-Agus genannt. Er war einer Sonderform des Thot namens Tep-Hibis geweiht, blieb aber unvollendet. An einen breiten Vorraum schließen sich hintereinander drei Zimmer an. Im zweiten Zimmer opfert an der linken Eingangswand der König dem Thot, dem Imhotep und dem zum Gott erhobenen Weisen Amenhotep, doch ist hier nur die untere Reliefreihe ausgeführt, das andere erst vorgezeichnet.

Königsstadt Amenophis' III.

Etwa 1 km südöstlich von Medinet Habu liegen die Trümmer einer Königsstadt von Amenophis III., die auch einen großen, »das Haus der Freude« genannten Palast dieses Herrschers umschloss. Er enthielt die Wohn- und Empfangsräume des Königs, Höflingswohnungen, den Harem, die Wohnung der Königin Teje, eine große Festhalle, die der Feier des zweiten Regierungsjubiläums des Königs gewidmet war, Werkstätten und anderes mehr.

✶ Memnonkolosse

Wahrzeichen Thebens

Sie sind das Wahrzeichen des thebanischen Westufers – die beiden monumentalen Sitzfiguren auf einem Feldstück direkt an der Straße von Medinet Habu zum Nil. Beide Statuen stellen Amenophis III. auf dem Thron dar. Der Tempel des Amenophis, dessen Eingang sie schmückten, ist bis auf geringe Reste verschwunden. Memnonkolosse nennt man die Figuren seit der römischen Kaiserzeit, als man sie für Statuen des Memnon hielt. Memnon war der Sohn der Eos und des Tithonos, der im Trojanischen Krieg von Achill getötet wurde. Die Skulpturen sind aus einem sehr harten, gelbbraunen Kieselsandstein gearbeitet, der sich in den Sandsteingebirgen oberhalb von Edfu eingelagert findet.

Südlicher Koloss

Der südliche (linke) Koloss ist besser erhalten als der nördliche. Die insgesamt 19,5 m hohe Skulptur hatte ursprünglich wohl eine Größe von 21 m, wenn man die nicht mehr vorhandene Krone mit einbezieht. Am südlichen Koloss steht zur Linken des Königs seine Mutter Mutemwija, zur Rechten seine Gemahlin Teje; eine dritte Figur zwischen den Beinen ist zerstört. Zur Seite des Sitzes waren in vertieftem Relief je zwei Nilgötter angebracht, welche die Wappenpflanzen Ober- und Unterägyptens (Lotos und Papyrus) um das Schriftzeichen »vereinigen« schlingen, als Symbol für die Vereinigung der beiden Reiche.

Nördlicher Koloss

Bei dem nördlichen Memnonkoloss handelt es sich höchstwahrscheinlich um die einst berühmte »klingende Memnonsäule«, das Ziel vieler Reisender in der römischen Kaiserzeit. Man hatte nämlich an dem zerbrochenen Koloss beim Aufgang der Sonne einen eigentümlichen Klang beobachtet und glaubte, dass Memnon mit sanftem

Klageton seine Mutter Eos begrüße, deren Tränen dann auf das geliebte Kind herabfielen. Blieb er aus, so nahm man an, der Gott zürne. Seit Kaiser Septimius Severus, der möglicherweise zur Besänftigung des Gottes den oberen Teil der Statue wiederherstellen ließ, verschwand der Ton vollständig. Zahlreiche Inschriften in griechischer und lateinischer Sprache, in prosaischer und poetischer Form, ziehen sich um die Beine des nördlichen Kolosses. Sie bestätigen die Annahme, dass nur von dieser Statue der unerklärliche Klang ausging. Die älteste Inschrift stammt aus dem elften Regierungsjahr des römischen Kaisers Nero, die jüngsten wurden unter Septimius Severus und Caracalla, die meisten (27) unter Hadrian eingemeißelt. Der Kaiser selbst weilte 130 n. Chr. mit seiner Frau Sabina und großem Gefolge mehrere Tage vor der Statue, um ihren Klang zu vernehmen. 2002 entdeckten deutsche Archäologen im Schlamm einen bisher unbekannten Koloss, nicht kleiner als die beiden bekannten. Er diente offenbar als Torwächter.

? WUSSTEN SIE SCHON ...?

- ... dass die Kolosse 2002 durch die deutsche Firma Kärcher aufwändig gereinigt wurden? Mit einer Spezialpistole hat man jahrtausendealte Verschmutzungen aus Wüstenflugsand, Nilschlamm, Abgasen und Ruß entfernt.

Wadi el-Sebua

M 17

Landesteil: Oberägypten **Gouvernorat:** Assuan

Etwa 4 km westlich seines ursprünglichen Standortes im Wadi el-Sebua (= Tal der Löwen) erreicht man den gut erhaltenen Tempel von Sebua. Er wurde von Ramses II. nach demselben Plan errichtet wie der heute im Nasser-See versunkene Tempel von Gerf Husen und war dem Amun und dem Sonnengott Re-Harachte geweiht.

✶ Tempel von Sebua

Vorhöfe Das Tempelareal (abends beleuchtet) umschließt eine teilweise zerstörte Ziegelmauer. Ein Steinportal mit je einer Statue Ramses' II. und einer Königssphinx rechts und links führt in den ersten Vorhof. Seinen Mittelweg flankieren Löwensphingen mit der Doppelkrone.

Durch einen zerstörten Ziegelpylonen gelangt man in den zweiten Vorhof mit vier falkenköpfigen Sphingen. Es sind Bilder des Sonnengottes Re-Harachte. Links von diesem Hof findet man noch einen kleinen Ziegeltempel. In dessen Hauptraum steht ein Altar, der dem Amun-Re und dem Re-Harachte geweiht ist.

Tempelhaus Auf einer Treppe steigt man hinauf zu einer Terrasse, auf der sich das eigentliche Tempelhaus erhebt. Den Eingang des Tempels bildet ein

20 m hoher und 24,5 m breiter Steinpylon, vor dem vier Kolossalstatuen des Königs standen. Die linke steht noch aufrecht und hält eine Stange mit Widderkopf, das Symbol des Amun-Re. Eine zweite, am Boden liegende, hält eine Stange mit Falkenkopf, dem Symbol des Re-Harachte. Die verwitterten Reliefs an den Türmen zeigen den König, der vor Re-Harachte und vor Amun-Re Feinde erschlägt. Durch das Mittelportal – hier sieht man Reliefs des Königs, der den Göttern opfert – tritt man in den Hof. Er wird rechts und links von Pfeilerhallen begrenzt, an die sich Kolossalstatuen Ramses' II. lehnen. Links vom Hof liegt ein Schlachthof mit durchlöcherten Steinen zum Anbinden der Opfertiere.

Halle

Vom Hof führt eine Treppe auf eine schmale Terrasse. Hier betritt man durch eine in christlicher Zeit in das alte Portal eingebaute Doppeltür die große Halle (12,4 m lang, 15,7 m breit, 5,9 m hoch). Sie ist zum Teil schon im Felsen angelegt. Ihre Decke wird von sechs Pfeilern mit jetzt zerstörten Königsstatuen und sechs ganz einfachen Pfeilern getragen. Die sich nach Westen öffnende Apsis und der davor stehende Altar sind noch erhalten. Die Reliefs wurden von den Christen vielfach überdeckt.

Quersaal

Auf die Halle folgt im Felsen ein Quersaal, an dem rechts und links Kammern liegen. Seine Wandreliefs zeigen Ramses II. vor verschiedenen Göttern, auch vor seinem eigenen Bilde opfernd.

Allerheiligstes

In der Rückwand des Quersaales öffnen sich drei Kapellen, deren mittlere das Allerheiligste bildet. Auf der rechten Wand bringt der König der mit Falkenköpfen verzierten Barke des Re-Harachte Blumen dar. Auf der linken Wand opfert er vor der mit Widderköpfen geschmückten Amunbarke. Die Rückwand zeigt oben die Sonnenbarke mit dem unter einem Baldachin sitzenden, widderköpfigen Sonnengott Re-Harachte, der links vom König, rechts von drei Affen angebetet wird. In der Nische darunter die abgeschlagenen Statuen der drei im Tempel verehrten Gottheiten Amun, König Ramses, Re-Harachte. Rechts und links bringt der König Blumen dar.

Tempel von Dakka

Ebenfalls nach Neu-Sebua versetzt wurde der Tempel von Dakka, der ursprünglich etwa 40 km weiter nördlich stand. Er war dem Gott Thot der nubischen Stadt Pnubs geweiht. Der älteste Teil stammt aus der Zeit des nubischen Königs Ergamenes und dessen Zeitgenossen Ptolemaios IV. Philopator. Euergetes II. fügte eine Vorhalle hinzu. Unter den römischen Kaisern erhielt der Tempel durch den Bau des Allerheiligsten und des Pylonen seine jetzige Gestalt.

Pylon

Den Eingang bildet ein in der äußersten Umfassungsmauer gelegener, gut erhaltener Pylon. Jeder der beiden Tortürme ist mit einer

Rille für die Flaggenstange versehen. Darüber hinaus tragen sie an der Vorderseite vereinzelte Reliefs sowie zahlreiche griechische und auch einige demotische und meroitische Inschriften. Im Durchgang des Portals ist links der König dargestellt. Oben opfert er dem Thot, der Tefnut und der Hathor, unten der Isis. In jedem Pylonenturm führt eine Treppe, an der sich unten ein Wächterraum und höher noch drei übereinander liegende Räume befinden, auf die Plattform. Am westlichen Turm, von dem aus man auf das Dach gelangen kann, sind Inschriften eingemeißelt.

Die **Vorhalle** ist nach vorn durch zwei Pflanzensäulen abgeschlossen, die mit den Seitenwänden durch Schranken verbunden waren. Die Wandreliefs zeigen den Pharao vor den verschiedenen in Dakka verehrten Gottheiten. Beachtenswert ist eine **Darstellung an der Ostwand**. Hier überreicht der Pharao dem Gott Thot eine Palette, die von Isis und Nephthys getragen wird und wohl ein Sinnbild des Osiris ist. An der Rückwand sind links oben Bilder eines nubischen Königs zu sehen. Die Vorhalle ist später in eine Kirche verwandelt und mit religiösen Bildern geschmückt worden, von denen aber nur noch Reste zu sehen sind. Die Tür in der Rückwand bildete ursprünglich das Hauptportal des älteren Heiligtums.

Quersaal In dem folgenden Quersaal führt rechts eine in der Kaiserzeit angelegte Treppe auf das Dach des Tempels. Am oberen Ende der Treppe ist eine Krypta in der Mauer ausgespart.

Ergamenes-Saal Es folgt der Ergamenes-Saal. An der rechten Wand ist ein Relief bemerkenswert, das den König zeigt, der einem »Pharao von Senmet (Bigga)« genannten Gott und der Göttin Anuket Wein opfert. In der östlichen Wand führt eine Tür zu zwei Kammern. An der Rückwand der zweiten Kammer sieht man zwei einander gegenübersitzende Löwen, darüber betet ein Pavian (Thot) eine Löwin (Tefnut) an. Über allem schweben zwei Ibisse.

Allerheiligstes Das Allerheiligste, in dem die Kapelle aus Granit steht, ist mit einfachen Reliefs geschmückt, die einen römischen Kaiser als Pharao vor verschiedenen Göttern zeigen. Beachtenswert ist eine Darstellung von Nilgöttern, die sich dem heiligen Feigenbaum nähern, unter dem der Gott Thot als Pavian sitzt. In der Rückwand gibt es zwei Fenster, über denen die geflügelte Sonne schwebt, und eine später durchgebrochene Tür. Außen war eine große Nische in Türform angelegt, in der Thot von Pnubs im Relief dargestellt war.

WADI EL-SEBUA

ANREISE

Rund 140 km südlich von Assuan gelegen, Anreise per Schiff. Von ►Assuan aus fahren Kreuzfahrtschiffe ►(S. 295) auf dem Nasser-Stausee nach Wadi el-Sebua, Amada und ►Abu Simbel.

Reliefs aus Kasr Ibrim

Weiter südlich, nur 50 km von ► Abu Simbel entfernt, thronte einst die Festung Kasr Ibrim auf einem schroffen Felsen am Nil. Die Feste wurde bereits in römischer Zeit an einem der wichtigsten strategischen Punkte Nubiens angelegt und ging unter dem Namen Primis in die Geschichtsbücher ein. Seit dem 16. Jh. war die inzwischen zur Burg ausgebaute Feste von bosnischen Söldnern besetzt, die der osmanische Sultan Selim I. zur Eroberung Nubiens ausgesandt hatte. 1812 wurde sie von den fliehenden Mamelucken eingenommen, aber noch im selben Jahr vom osmanischen Großwesir Ibrahim Pascha zurückerobert und zerstört. Die Ruinen von Kasr Ibrim sind heute vom Nasser-Stausee überflutet. Allein die Reliefs der in den steilen Westabhang des Burgberges gehauenen Gedächtnisnischen aus dem Neuen Reich wurden aus dem Felsen geschnitten und ebenfalls nach Neu-Sebua verbracht.

Tempel von Maharraka

Ebenfalls ins Wadi el-Sebua versetzt wurde der ursprünglich etwa 50 km weiter nördlich bei den heute versunkenen Ortschaften Ofeduina und Birba gelegene kleine Tempel von Maharraka, der auch als Tempel von Ofeduina bekannt ist. Er stand an der Stelle von Hierasykaminos, der »Stadt der heiligen Sykomore«, in deren Nähe unter den Ptolemäern und römischen Kaisern die Grenze des ägyptischen Reiches verlief. Das dem Sarapis geweihte Heiligtum wurde in römischer Zeit erbaut, aber nie vollendet.

★ Wadi Natrun (Wâdi el-Natrûn)

G 4

Landesteil: Unterägypten **Gouvernorat:** Nordwestregion (Matruh)
Einwohnerzahl: 25 000

In der Senke des Wadi Natrun reihen sich zehn Salzseen aneinander, die von Dezember bis Mai mit Wasser gefüllt sind. Das Wasser, das sich hier sammelt, ist zumeist Regenwasser, das während der winterlichen Stürme niedergeht. In der übrigen Zeit des Jahres fallen die Seen trocken. Zurück bleiben Ablagerungen – Soda, Kochsalz und Glaubersalz –, die seit dem Altertum abgebaut werden.

Bedeutung

Das Wadi Natrun (= Natrontal) erstreckt sich etwa auf halbem Wege zwischen ► Kairo und ► Alexandria westlich des Nildeltas. Die ca. 50 km lange und bis 6 km breite Senke am Nordostrand der ► Westlichen Wüste reicht bis 24 m unter den Meeresspiegel. In pharaonischer Zeit wurden hier die Rohstoffe für die Mumifizierung abgebaut, später auch zum Bleichen von Tuchen und zur Herstellung von

Seifen. Die Römer gewannen im Wadi Natrun Silikate für die **Glasproduktion**. Seit den 1950er-Jahren wird das Wadi Natrun für die Landwirtschaft erschlossen. Künstliche Bewässerung ermöglicht den Anbau von Zitrusfrüchten, Oliven und Getreide. Am Ostrand der Senke ist die neue Stadt Sadat City (Medinat as-Sadat) aus dem Boden gestampft worden.

Klostertradition

Berühmt geworden ist das Wadi Natrun durch seine Einsiedeleien und Klöster, die hier seit dem 4. Jh. entstanden. Wie die anderen Wüstenklöster (Antoniuskloster, Pauluskloster, Katharinenkloster) hatten auch sie einen nachhaltigen Einfluss auf die Entwicklung des Christentums. Besonders im 9. Jh. wurden sie wiederholt geplündert und zerstört, so dass von den einst rund 50 koptischen Klöstern heute nur noch vier von Mönchen bewohnt sind. Keines dieser vier Klöster hat sein ursprüngliches Aussehen bewahrt, ja es sind kaum noch Spuren aus der Gründerzeit zu erkennen. Alle sind von Festungsmauern umschlossen und besitzen einen Wehrturm (Kasr), in dem die Mönche Schutz bei Überfällen fanden. Um die Abgeschiedenheit zu sichern, war bis vor wenigen Jahren nur das Deir Amba Bschoi zur Besichtigung freigegeben, heute können die Klöster auf Wunsch besichtigt werden.

Wüstenklöster im Wadi Natrun

★ Deir el-Surijan (Syrerkloster)

Das düster wirkende Deir el-Surijan (Kloster der Syrer) wurde im 6. Jh. gegründet und im 8. Jh. von dem reichen syrischen Kaufmann Tekrit für Mönche aus seiner Heimat erworben. Wie die anderen Klöster des Wadi Natrun wurde es im 9. Jh. mehrfach verwüstet und im 14. Jh. von einer Pestepidemie heimgesucht. Im 16. Jh. ging das nahezu verwaiste Kloster an koptische Mönche über, die es seither bewirtschaften (geöffnet tgl. außer an hohen religiösen Feiertagen 9.00–15.00 Uhr, im Sommer auch länger).

Kasr ▸

Man betritt das Kloster durch den Vorhof des festungsartigen Kasr mit Mönchszellen, Speicher- und Lagerräumen sowie mit einer Küche. Vom Wehrturm bietet sich ein großartiger Ausblick über das Natrontal.

Koptisches Kloster Deir el-Surijan Orientierung

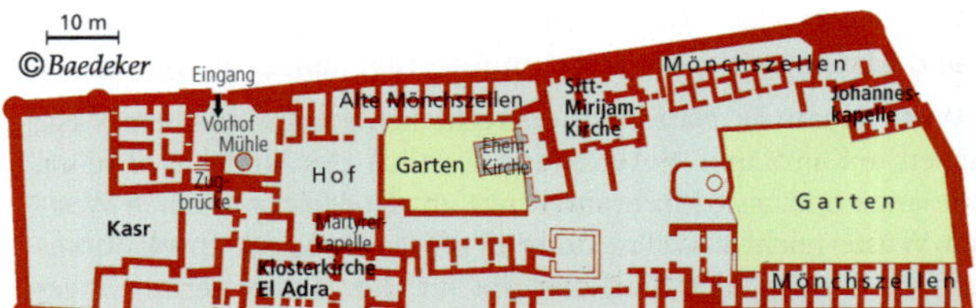

Koptischer Mönch

Das Kloster besitzt zwei Kirchen und eine Kapelle. Die große Klosterkirche **El-Adra** (südlich vom Kasr) stammt teilweise noch aus dem 10. Jahrhundert. Die schönen Fresken im Chor, eine holzgeschnitzte Chorschranke sowie einige Stuckreliefs zeigen Technik und Ornamentik, wie sie für die mittelalterliche orientalische Kunst, auch die des Islam, typisch ist. Die Kirche besitzt ferner viele Ikonen, die Heilige des Natrontals darstellen, eine wunderschöne Ikonostase sowie ein Portal mit Elfenbein-Inkrustationen.
In der östlich vom Kasr gelegenen **Marienkirche** befinden sich interessante Ikonen. Die einst bedeutende Bibliothek des Klosters, die u. a. frühe syrische Handschriften sowie arabische und koptische Manuskripte aufbewahrte, wurde Mitte des 19. Jh.s nach England, in den Vatikan und nach Kairo gebracht.

Deir Amba Bschoi (Bschoikloster)

Etwa 1 km südöstlich vom Deir el-Surijan liegt das Deir Amba Bschoi (Kloster des hl. Bschoi). Es wurde am Ende des 4. Jh.s von einem Eremiten namens Bschoi gegründet. Wie die anderen Wüstenklöster ist das Bschoi-Kloster von einem hohen Mauerring umgeben und schließt Klosterkirche, Mönchszellen, Wirtschaftsgebäude und den Klostergarten ein. Heute wird es von etwa drei Dutzend Mönchen bewohnt und bewirtschaftet (Öffnungszeiten: tgl. außer an hohen Feiertagen 9.00–17.00 Uhr).

Deir Amba Baramus (Baramuskloster)

Etwa 10 km nordwestlich vom Deir el-Surijan liegt das Deir Amba Baramus (Kloster des hl. Baramus) in vollkommener Abgeschiedenheit. Es soll nach der Überlieferung von Maximus und Domitius, den beiden Söhnen des römischen Kaisers Valentinian (364–375), gegründet worden sein. Innerhalb der im 9. Jh. nach der Zerstörung durch die Berber angelegten Wehrmauer liegen vier Kirchen. In der großen Marienkirche befindet sich eine schöne bemalte Ikonostase. Die kleinere Makarioskirche birgt eine Kanzel aus dem 13. Jahrhundert. Im Übrigen besitzt auch dieses Kloster einen Kasr, Wirtschaftsräume sowie einen Klostergarten (Öffnungszeiten: tgl. außer an hohen Feiertagen 9.00–15.00 Uhr).

Deir Abu Makar (Makarioskloster)

Etwa 7 km südöstlich vom Bschoikloster, im äußersten Südosten des Wadi Natrun, findet man das Deir Abu Makar (Kloster des hl. Makarios). Es wurde im 4. Jh. durch Makarios d. Gr., den Ägypter (um 300 bis um 380/390), gegründet und spielte im 6. Jh. eine besondere Rolle als Fluchtort des Patriarchen Theodosius I. Die Klosteranlage ist, von den drei Kirchen und dem Kasr abgesehen, modernisiert. Die Patronatskirche St. Makarios ist die älteste des Klosters. Teile der Ikonostase reichen bis ins 4. und 5. Jh. zurück. Großartig sind die im

WADI NATRUN ERLEBEN

ÜBERNACHTEN

Ausschließlich Männer haben die Möglichkeit, in einem der Klöster zu übernachten. Nötig ist dafür die rechtzeitige Anmeldung bei der jeweils zuständigen Klosterverwaltung in Kairo.

Deir Amba Baramus
Tel. (02) 25 92 27 75

Deir Amba Bschoi
Tel. (02) 25 91 44 48

Deir el-Surijan
Tel. (02) 25 92 96 58

10. und 11. Jh. entstandenen Fresken. Der ehemalige Kasr ist in übereinander liegende Kapellen umgestaltet worden, die der Jungfrau Maria, dem hl. Antonius und dem Erzengel Michael geweiht sind. Die Fresken stammen aus dem 14. Jh. (Öffnungszeiten: tgl. außer an hohen Feiertagen 9.00–17.00 Uhr).

✶ Westliche Wüste

B/C 17–19

Gouvernorate: Nordwestregion (Matruh) und Neues Tal

Als Westliche Wüste bezeichnet man den nordöstlichen Teil der Sahara, der sich vom westlichen Nachbarland Libyen bis zum Niltal erstreckt. Trotz seiner extremen Unwirtlichkeit gab es hier seit jeher Karawanenwege für den Handel mit Menschen und Gütern und Verbindungen zwischen den Oasen und dem Niltal.

Faszinierende Wüstenlandschaft

Mit rund 690 000 km² nimmt das Gebiet etwa zwei Drittel des ägyptischen Staates ein. Bislang leben in den Oasen nur wenige Hunderttausend Menschen, doch das soll sich künftig ändern, sofern es tatsächlich gelingt, die Westliche Wüste als Siedlungsraum für Zuwanderer aus dem übervölkerten Niltal zu gewinnen (►Baedeker Special S. 422). Mit Hilfe von verdunstungsarmen Bewässerungs- und Ausschwemmungsverfahren möchte man die Talregion zwischen den Oasen Kharga, Dachla, Farafra und Baharija als **Neues Tal** (New Valley) urbar machen und besiedeln. Wenngleich die ersten Ergebnisse dieses Programmes ermutigend sind, so scheinen ihm doch durch die beschränkten Grundwasserreserven natürliche Grenzen gesetzt zu sein. Auch die Tatsache, dass man hier auf beachtliche Erdöl- und Erdgasvorkommen stieß und andere wertvolle Bodenschätze noch vermutet werden, ließ dieser Region in jüngster Zeit verstärkte Beachtung zuteil werden.

Reisen in die Westliche Wüste

Ägyptens Westliche Wüste gehört trotz ihrer fruchtbaren Oasen nach wie vor zu den Landschaften, die als ausgesprochen **lebensfeindlich** bekannt sind. Ausflüge in die Wüste sollten deshalb gut vorbereitet sein, da man unter anderem mit extremen Temperaturschwankungen zwischen + 52 °C am Tage und – 5 °C in der Nacht und heftigen, oft mehrere Tage dauernden Staub- und Sandstürmen rechnen muss. Am wenigsten riskant ist die Teilnahme an einer organisierten Tour mit geländegängigen 4WD-Fahrzeugen. Solche Fahrten können schon vor der Reise im Reisebüro oder in den Touristenorten des Landes am Nil gebucht werden. Eine Rundfahrt durch die Westliche Wüste, zu der man am besten von Kairo aus startet, berührt auch die großen Oasen ►Baharija, ►Farafra, ►Dachla und ►Kharga. Die Straßen sind gut ausgebaut, allerdings kann die Orientierung durch Sandverwehungen erschwert werden. Unterwegs lohnen Abstecher zu landschaftlichen »Highlights« wie der Weißen Wüste (zwischen Baharija und Farafra) und zu bislang wenig bekannten Fossilienfundplätzen, an denen versteinertes Holz, Korallenkalk und Skelette diverser Meerestiere auf ihre Entdeckung warten. Wer auf eigene Faust in die Westliche Wüste reist, sollte dies niemals allein tun, sondern sich am besten einem von Sicherheitskräften begleiteten Konvoi anschließen. Das Fahrzeug muss sich in gutem Zustand befinden, außerdem sollte man ausreichende Vorräte an Wasser und Treibstoff, Ersatzräder und einen gut bestückten Werkzeugkasten mitführen. Besonders gewarnt sei vor dem Flugsand, der in jeden Winkel des Fahrzeugs eindringt und auch vor dem Motorraum nicht Halt macht. Die Mitnahme von Ersatz-Luftfiltern ist daher dringend angeraten. Grundsätzlich ist es ratsam, sein Reisevorhaben bei der Polizei zu melden. Für viele Strecken und Gebiete – viele davon sind militärisches Sperrgebiet –, selbst für eine Fahrt ins Neue Tal sowie in die Oasen Kharga, Dachla und Farafra muss man eine **gebührenpflichtige Reiseerlaubnis** des ägyptischen Innenministeriums einholen und eventuell noch eine zusätzliche Straßenbenutzungsgebühr bezahlen. In jedem Fall muss man den Reisepass mit Visum, Fotokopien der ersten drei Seiten des Passes sowie zwei Passfotos vorlegen können.

Naturraum

Westlich des Niltales bildet das flachwellige Libysche Plateau mit der Kattara-Senke, mit den Oasen und mit dem Großen Sandmeer eine breite lebensfeindliche Zone. Bizarre Felsformen, grobes Geröll, Kiesfelder und Sand, so weit das Auge reicht, prägen das Bild dieser Landschaft, die im Laufe von rund 600 Mio. Jahren entstanden ist. Abwechselnd wurden hier Meeresablagerungen (z. B. Kalk) und festländische Sedimente, z. B. Sand, durch Hebung und Senkung dieses Teils der Afrikanischen Landmasse übereinander geschichtet. In die Sedimentschichten sind z. T. große Wasserpolster eingelagert, die als Quellen austreten und den Anbau von Kulturpflanzen möglich machen. An einigen tiefen Stellen, so etwa in der Kattara-Senke (s. u.) und auch in der Oase ►Siwa, bilden sich infolge der hohen Verdunstung Salzseen und Salzsümpfe.

Klima-schwankungen Reiche Fossilienfunde und Spuren prähistorischer Kulturen zeigen, dass die Westliche Wüste im Verlauf der Erdgeschichte schon einige niederschlagsreiche Perioden erlebt hat, zuletzt während des Eiszeitalters. Wo sich heute Sand, Geröll und nackter Fels ausbreiten, lebte damals eine artenreiche Pflanzen- und Tierwelt. Vor rund 20 000 Jahren ging diese letzte Feuchtperiode allmählich zu Ende. Die Landschaft trocknete aus, das Leben wurde immer spärlicher und zog sich in die Flusstäler bzw. Oasen zurück.

Besiedlung Grabungsfunde belegen, dass die Oasen seit der Altsteinzeit besiedelt sind. Auf den fruchtbaren Flecken wurde einfachster Ackerbau betrieben. Doch die natürlichen Wasseraustritte erschöpften sich schon bald, so dass die Bevölkerung rasch abnahm. Die Oasen besaßen hinfort nur noch Bedeutung als Bollwerk gegen die ins Niltal drängenden Wüstenvölker. Seit Ramses II. wurde gegen diese auch der Wüstenstreifen entlang dem Mittelmeer durch Festungen gesichert. Wegen ihrer abgeschiedenen Lage waren die Oasen damals ein Refugium Verfolgter und Verbannungsort für politische Gegner. Erst die Perser brachten im 6. Jh. v. Chr. neue **Brunnenbautechniken** nach Ägypten, welche die Erschließung von Grundwasser in größeren Tiefen erlaubten. In griechisch-römischer Zeit erlebten die Oasen ihre höchste Blüte, im Mittelalter verkamen sie zur Bedeutungslosigkeit. Die Brunnen versiegten, die Zahl der Bevölkerung schrumpfte. Heute steht den Oasen der Westlichen Wüste möglicherweise eine neue Blütezeit bevor: Bodenschätze wurden entdeckt und ein ambitioniertes landwirtschaftliches Erschließungsprogramm angekurbelt.

Sand, so weit das Auge reicht: das Große Sandmeer

Interessante Plätze in der Westlichen Wüste

Kattara-Senke (Qattâra) Die Kattara-Senke (Qattâra-Senke), die nördlichste und größte der ägyptischen Oasendepressionen, liegt etwa im Dreieck zwischen El-Alamein, Mersa Matruh und der Oase Siwa als tiefer und weiter Talgraben in der Westlichen Wüste. Mit ihrem steil abfallenden und äußerst unwegsamen Nord- und Nordwestrand galt sie schon immer als unüberwindliches natürliches Hindernis und spielte als solches während des Zweiten Weltkrieges eine entscheidende Rolle. Die etwa 280 km lange und bis zu 140 km breite, von unwegsamen Salzsümpfen (Sebcha) erfüllte Niederung erstreckt sich über eine Fläche von ca. 18 000 km². Ihre tiefste Stelle befindet sich 134 m unter dem Meeresspiegel. Ihre Entstehung verdankt sie in erster Linie der Winderosion, die das Gebiet stellenweise bis auf das Grundwasser ausgeweht hat.

✶ **Oase Kara**

Die bewohnte Oase Kara liegt an der Westseite der Niederung. In der auf einem malerischen Burgfelsen thronenden Siedlung leben rund 150 Menschen. Wichtigster Erwerbszweig ist der Anbau von Dattelpalmen. Kara wurde schon von Alexander dem Großen auf dem Rückweg von der Oase ► Siwa als Rastplatz gewählt. Im Mittelalter war die Oase ein wichtiger Stützpunkt von Sklavenhändlern.

✶ **Großes Sandmeer**

Von den Oasen Siwa, Farafra und Dachla erstreckt sich das Große Sandmeer rund 800 km weit nach Süden bis zum Gilf-Kebir-Plateau und westwärts bis weit nach Libyen hinein. Mit seinen unermesslich weiten Sanddünenfeldern ist dieser extrem lebensfeindliche Naturraum noch kaum erforscht. Die Temperaturen steigen hier nicht selten über 50 °C, nachts wird es jedoch empfindlich kalt, und ständig weht der Wind.
Der Wind weht den Sand zu **Dünen** mit ganz unterschiedlichen Formen auf. Sie lassen sich nach Menge und Qualität des mitgeführten Materials, nach Windrichtung, Jahreszeit, Untergrund und eventuell doch vorhandener spärlicher Vegetation unterscheiden. Eine Strichdüne entsteht, wenn ein Fels oder ein Strauch den Wind hemmt und zum Abladen von Sand veranlasst. Besonders starker Wind formt sehr lange und sehr schmale Dünen mit scharfen Graten. Die Kämme solcher Längs- und Strichdünen können 100 m und höher werden und sich über Hunderte Kilometer erstrecken. Bei wechselnden Winden entstehen so genannte Sterndünen, die aus der Vogelperspektive wie riesige Seesterne aussehen. Die Arme einer Sterndüne gehen von einem zentralen Gipfel aus und sind oftmals sichelförmig gebogen. Die am weitesten verbreitete Form ist die Sicheldüne. Der Wind häuft ganze Felder von kleinen Sandbögen auf, deren konvexe Seiten gegen den Wind gerichtet sind.

Südwestliche Wüste

Landschaftlich und vor allem kulturgeschichtlich hochinteressant ist die südwestliche Wüste mit dem bis 1082 m aufragenden Plateau des Gilf Kebir und dem von tiefen Wadis zerschnittenen Abu Ras Plateau. Hier, genauer gesagt im Wadi Surah, hat man vor noch nicht sehr langer Zeit **Felszeichnungen aus prähistorischer Zeit** entdeckt. Südlich vom Abu Ras Plateau sind zwei Felsen weithin sichtbare Landmarken, die sinnigerweise die Namen »Peter« und »Paul« tragen. In der Südwestecke Ägyptens, wo das Land der Pharaonen an Libyen und den Sudan grenzt, erhebt sich der mächtige Gebirgsstock Gebel Uweinat fast 2000 m hoch. Auch hier hat man in den letzten Jahren Dutzende von Felszeichnungen in Höhlen und unter Felsüberhängen entdeckt, die auf eine frühe Besiedlung hinweisen.

GLOSSAR

Abakus Obere Abschlussplatte eines Säulenkapitells.
Ach Teil der Persönlichkeit des Menschen
Achet Zeit der Nilschwelle; galt als erste der Jahreszeiten im ägyptischen Jahr.
Aha Horusname des zweiten Königs der 1. Dynastie, vielleicht des sagenhaften Menes.
Amenti Reich der Toten; im Gegensatz zu ►Duat der westliche Teil der Unterwelt.
Amulett Gegenstand, der Schutz vor Bösem bzw. Glück und Erfolg bringen soll. Die im Alten Ägypten am meisten gebrauchten Amulette waren ►Skarabäus, ►Anch, ►Horbehuted und ►Lotos.
Anch Eigentlich ein Sandalenriemen. »Henkelkreuz«, »Lebensschleife« oder »Lebensschlüssel«, Symbol des Lebens, wohl auch des Weiterlebens nach dem Tode. Als Amulett aus verschiedensten Materialien gefertigt, sollte es seinem Träger Glück und ein langes Leben bescheren.
Ancham Lebenskraft spendendes Blumengebinde, das dem Verstorbenen in den Sarg beigegeben wurde.
Apophis Dämonisches Schlangenwesen, Gegner des Re und der Toten auf ihrer gemeinsamen Reise im Jenseits.
Architrav Auf Säulen oder Mauern aufliegender steinerner Quersturz, Träger des Oberbaus oder der Dachkonstruktion.
Atef ►Kronen
Ba Teil der Persönlichkeit, unserer Vorstellung von »Seele« vergleichbar.
Bankgrab ►Mastaba
Barke, Heilige Schiff für die Fahrt der Götterstatuen.
Blemyer (Blemmyer) Nomaden, die im Altertum die südliche Arabische Wüste durchzogen und wiederholt in Oberägypten und Nubien einfielen.
Chamsin Heißer Wüstenwind, besonders im Frühjahr (►Klima, S. 184)
Dat ►Duat
Demotisch Von griechisch »demotiká grámmata« = »Schrift des Volkes«: Aus dem Hieratischen weiterentwickelte Schrift. Sie entstand im 7. Jh. v. Chr. in Unterägypten und wurde in der Spätzeit und griechisch-römischen Zeit in ganz Ägypten zur Umgangsschrift; verschwand etwa Mitte des 5. Jh.s n. Chr. (►Hieroglyphen, S. 101)
Djed Fetisch in Pfeilerform, dessen Ursprung noch ungeklärt ist. Der Djed ist dem Osiris beigegeben und sorgt, als Amulett getragen, für Beständigkeit und Ausdauer.
Duat (Dat) Unterwelt, in welche die Sonne des Abends hinabsinkt, um sie bis zum Morgen zu durchreisen.
Dynastie »Herrschergeschlecht«: Nach Manetho regierten bis zum Einmarsch Alexanders des Großen in Ägypten insgesamt 31 Dynastien nacheinander, bisweilen auch nebeneinander, über Ägypten.
Elektron Eine Gold-Silber-Legierung (85% Gold, 15% Silber), mit welcher die Spitze von ►Obelisken (►Pyramidion) verkleidet war und die bei Sonnenauf- und -untergang weithin strahlte.
Enneade ►Neunheit

Flügelsonne ►Horbehuted

Gau Ägypt. »Sepat«, griech. »Nomos«: Verwaltungsbezirk im alten Ägypten. Gaue haben sich aus vor- und frühdynastischen selbständigen Fürstentümern entwickelt. Ihre Zahl und Größe variiert im Lauf der Geschichte. In Zeiten großer Zentralmacht ist ihre Bedeutung eingeschränkt, doch gewinnen sie an Macht und Selbständigkeit in Zeiten innerer Unruhe und Schwäche.

Heb-sed Sed-Fest: Königsjubiläum nach 30 Jahren Regierungszeit, danach alle drei Jahre wiederholt.

Hemhemet ►Kronen

Hethiter Seit dem 2. vorchristlichen Jahrtausend im östlichen Kleinasien (Kappadokien) siedelndes indogermanisches Volk.

Hieratisch Von griech. »hieros« = »heilig« abgeleitet: In allen Zeiten der altägyptischen Geschichte verwendete Schrift, die in der Spätzeit allein religiösen Texten vorbehalten war (►Hieroglyphen, S. 101)

Hohepriester Oberster der lokalen Priesterschaft

Hohlkehle Von einer halbrunden, of reich reliefierten Einwölbung getragenes Gesims als Abschluss von Mauern, Toren, Stelen u. a. Den unteren Abschluss der Hohlkehle bildet ein Rundstab.

Horbehuted Flügelsonne: Sonnengöttin, die den Gott Re auf seiner Himmelsreise begleitet. Horbehuted ist an Tempeltoren und Pylonen dargestellt, die sie vor dem Einsturz bewahren soll.

Horusname Erster Name in der Titelfolge des Königs; er soll diesen als legitimen Nachfolger des Horus (►Ältägyptisches Pantheon, S. 90 ff.) ausweisen.

Hydraeum Befestigte Wasserstation in der Wüste.

Hyksos »Fürsten der Fremdländer«: Ein von Nordosten nach Ägypten eingedrungenes churritisch-semitisches Mischvolk, das zwischen 1650 und 1551 v. Chr. die Macht am Nil an sich reißen konnte (►Geschichte, S. 55)

Hypostyl Säulenhalle.

Ichneumon Pharaonsratte, Mungo (Herpestes ichneumon): Ein als Schlangenjäger geschätztes und göttlich verehrtes Kleinraubtier; seit der Spätantike in großer Zahl mumifiziert und in besonderen Grabanlagen beigesetzt.

Isisknoten Amulett in Form eines Henkelkreuzes mit herabgeklappten Seitenarmen.

Ithyphallisch Mit erhobenem Phallus als Sinnbild der Fruchtbarkeit.

Ka Das Unsterbliche im Menschen bzw. die ihm innewohnende Lebenskraft, die ihn als sein Schattenwesen stets begleitet und ihn beschützt. Im Jenseits vereinigt sich der Verstorbene mit seinem Ka. Dargestellt als Abbild oder Statue des Lebenden, jedoch durch die Hieroglyphe »Ka« gekennzeichnet udn mit zwei erhobenen Armen über dem Kopf.

Kanopen Gefäße, in denen die Eingeweide eines Verstorbenen beigesetzt wurden. Sie standen unter dem Schutz der vier Horuskinder, dargestellt als Mensch, Pavian, Hund und Falke.

Kapitell Meist kunstvoll ausgearbeiteter oberer Säulenschlussstein (►Kunst im alten Ägypten, S. 106)

Kartusche Ovale Schleife mit Namen und Titel des Königs; entstanden aus der Sonnenscheibe über dem Horizont (Beispiele S. 53, 56, 58, 60).

Katarakt Stromschnellen des Nils zwischen Khartum (Sudan) und Assuan. Von den insgesamt sieben Nilkatarakten (1.–6. Katarakt und Dal-Katarakt) bilden sechs in verschiedenen Epochen der ägyptischen Geschichte die Grenzen des Landes.

Kenotaph Leergrab oder Scheingrab als Kult- oder Gedenkstätte.

Kibla Im Islam die Gebetsrichtung, die sich heute gegen Mekka wendet. Ursprünglich hatte Mohammed unter dem Eindruck religiöser und politischer Vorstellungen des Judentums Jerusalem als »Kibla« bestimmt, dies aber 624 geändert.

Kiosk Kleiner offener Tempelbau, in dem bei Festen die Götterstatue aufgestellt wurde.

Kolonnade Flach gedeckter Säulengang.

Konche Von griech. »Muschel«: Halbkugel der Apsis.

Kopten Von arab. »Qubt«, aus griech. »Aigyptos«: Christliche Nachkommen der alten Ägypter. Mit einem Anteil von etwa 10% an der Gesamtbevölkerung gehören sie im Wesentlichen dem sozialen Mittelstand (Handwerker, Kaufleute, Ärzte, Lehrer u. a.) an.

Kronen Die Kronen und Kopfbedeckungen von Königen und Göttern im alten Ägypten lassen sich auf drei Grundformen zurückführen: Es sind die rote Krone Unterägpytens, die weiße Krone Oberägyptens und die Doppelfederkrone der Götter Amun und Min. Durch Kombination, Veränderung und Erweiterung dieser Grundformen entstand eine unüberschaubare Vielfalt an verschiedenen Kronen, deren Bedeutung und Symbolwert noch unzureichend aufgeklärt sind. Aus der Vereinigung von roter und weißer Krone entstand die Doppelkrone Pschent des ägyptischen PharaonentumAtef ist die aus der Verbindung von roter Krone und Doppelfederkrone entstandene Kopfbedeckung des Osiris.
Die seit der 18. Dynastie in Erscheinung tretende und irrtümlich auch als »Kriegshelm der Pharaonen« bezeichnete blaue Krone kann als Umgestaltung der Doppelkrone gedeutet werden. Hemhemet ist eine dreifache Atef-Krone auf Widderhörnern mit Uräusschlangen und Sonnenscheibe.

Krypta Unterirdische Kammer.

Lotos Wahrzeichen des pharaonischen Ägypten; sollte, als Amulett getragen, ewige Jugend schenken.

Mamelucken (Mameluken) Von arab. »Mamlûk« = »Sklave«: Ehemalige türkische und tscherkessische Sklaven, die sich zur Herrschaft über Ägpten aufschwingen konnten (►Geschichte, S. 64).

Mammisi Geburtshaus: Von Jean-François Champollion (►Berühmte Persönlichkeiten) geprägte Bezeichnung für kleine, spätzeitlichen Tempeln angefügte Nebengebäude, in denen das Mysterium der alljährlichen Wiedergeburt des Lokalgottes oder des Sohnes der Lokalgöttin gefeiert wurde.

Mastaba Von arab. »Bank«: Bezeichnung für Privatgräber der frühdynastischen Zeit und des Alten ReichDer freistehende Oberbau von quadratischem bis rechteckigem Grundriss bestand aus leich abgeschrägten Ziegel- oder Steinmauern und war oben durch ein flaches Dach abgeschlossen. Durch

Übereinanderfügen mehrerer Mastabas entstanden Stufenpyramiden und echte Pyramiden.

Medrese Koranschule oder islamische theologische Lehranstalt im Range einer Universität. Die erste Medrese entstand im Jahr 1067 in Bagdad (►Islamische Architektur, S. 131).

Menit Der Göttin Hathor geweihtes Kultgerät; ein Halskragen, der durch ein reich verziertes Gegengewicht eng anliegend gehalten wurde.

Minbar Treppenkanzel in Moscheen.

Mihrâb Gebetsnische in Moscheen; ist stets gen Mekka gerichtet.

Minarett Von arab. »Leuchtturm«: Moscheeturm, von dem der Muezzin die Gläubigen zum Gebet ruft (►Islamische Architektur, S. 133).

Monolith Einzelner Steinblock (aus einem Stück).

Moschee Islamisches Gotteshaus.

Mumie Der durch Einbalsamierung geschützte Leichnam.

Herodot hat das in Ägypten angewendete Verfahren sehr eingehend geschildert. Danach wurde dem Verstorbenen zunächst mittels eines in die Nase eingeführten Hakens das Gehirn entfernt. Durch einen Seitenschnitt am Körper entnahm man die Eingeweide, die in Kanopenkrügen gesondert beigesetzt wurden. Die entstandenen Höhlungen füllte man mit Natron sowie allerlei Gewürzen. Den wieder zugenähten Leichnam ließ man 70 Tage lang in einem Natronbad ruhen; danach war ihm alle Feuchtigkeit entzogen. Der Tote wurde gereinigt und in feine, mit Duftstoffen und Ölen getränkte Binden gewickelt. Je nach Vermögensverhältnissen konnten die Verwandten eines Verstorbenen unter verschiedenen Einbalsamierungsarten wählen. So erklärt es sich, dass die Mumien von Königen viel besser erhalten sind als die einfacher Leute.

Mundöffung Rituelle Handlung insbesondere an Mumien, aber auch an Statuen. Sie sollte dem Verstorbenen im Jenseits den Gebrauch seines Mundes für Essen, Trinken und Atmen sichern.

Naos Kleine Kapelle oder Schrein für die Götterstatue.

Narthex Zum Kultraum hin geöffnete Vorhalle in altchristlichen und byzantinischen Basiliken.

Nekropole Totenstadt; eine über mehrere Epochen hindurch benutzte ausgedehnte Begräbnisstätte. Nekropolen umschließen im Allgemeinen mehrere Friedhöfe.

Neunheit Enneade (ägypt. »Pesedjet« = »Gemeinschaft der Neun«): Vereinigung von neun (3 x 3) Gottheiten, welche für die Urkräfte des Alls stehen. Am bekanntesten war die große Neunheit von Heliopolis, an deren Spitze der Schöpfergott Atum stand. Im nachgeordnet waren seine Kinder Schu (Luft) und Tefnut (Feuchtigkeit, Tau), seine Enkel Geb (Erde) und Nut (Himmel) sowie deren Kinder, die Götterpaare Isis mit Osiris und Nephthys mit Seth. Wurden mehr als neun Götter verehrt, so fügte man eine kleine Neunheit hinzu oder man erweiterte die bestehende Götterfamilie stillschweigend, ohne die Bezeichnung »Neunheit« aufzugeben.

Nilometer Nilmesser: Wasserstandsmesser des Nil; besteht aus einem tiefen Schacht, in den Treppen hinabführen. Während der Nilschwelle füllt sich der Schacht teilweise mit Wasser. Der Wasserstand kann dann an Markierungen der Schachtwand oder Stufen abgelesen werden. Die Höhe des jährlichen Wasserstandes bestimmte auch die Höhe der zu entrichtenden Steuern.

Nomos ►Gau

Obelisk Von griech. »kleiner Spieß, Bratspieß«: Vierseitiger, monolithischer, sich nach oben verjüngender und in einer vergoldeten Spitze (►Pyramidion) auslaufender Steinpfeiler, meist aus rosa Assuangranit, auf allen Seiten mit Hieroglyphen bedeckt.
Die ältesten Obelisken der 5. und 6. Dynastie waren kultischer Mittelpunkt der großen Sonnenheiligtümer. Ihre glänzende Spitze sollte der aufgehenden Sonne erster Ruhepunkt sein. Später wurden Obelisken aus großen Anlässen (Jubiläen, Siege u. a.) gestiftet und meist paarweise vor Tempeleingängen (Luxor, Karnak) aufgestellt. In römischer Zeit und im 19. Jh. gelangten mehrere altägyptischen Obelisken nach Europa (Rom, Paris, London), einer sogar nach Nordamerika (New York, Central Park).

Ostrakon Tonscherbe oder Plättchen aus Kalkstein, das anstelle des teureren Papyrus als billiges Schreibmaterial diente. Ostraka aus allen Epochen der ägyptischen Geschichte wurden in großer Zahl gefunden.

Papyrus Aus den Stengeln der Papyrusstaude durch schichtweises Übereinanderlegen und Pressen gefertigter papierartiger Stoff. Auch die beschrifteten Rollen, Blätter oder Bücher aus diesem Material werden »Papyri« genannt. Als Schreibmaterial ist Papyrus seit dem 3. Jahrtausend v. Chr. in Ägypten bekannt.

Papyrusstab Zepter der Göttinnen.

Pendentif Sphärisches Dreieck zur Ecküberleitung vom kubischen Raum zur Kuppel.

Peristyl Von Säulenarkaden umstandener offener Hof.

Perseabaum Heiliger Baum des ägyptischen Altertums.

Pesedjet ►Neunheit

Pfeiler ►Kunst im alten Ägypten, S. 106

Pharaonsratte ►Ichneumon

Pilaster Mit der Wand fest verbundene, pfeilerförmige Stütze, Pfeiler zur Mauerverstärkung, Raumgliederung oder als Decken- und Gewölbeträger.

Portikus Säulengetragener Vorbau mit geschlossener Rückwand.

Pronaos Dem Allerheiligsten vorgelagerter, gelegentlich von Säulen getragener Raum.

Propyton Einem Pylonen vorgesetztes Tor.

Protodorische Säule In der ägyptischen Architektur viel verwendeter sechzehnkantiger, kannelierter Pfeiler auf runder Basis (►Kunst im alten Ägypten, S. 106).

Pschent ►Kronen

Ptolemäer gemeinschaftlicher Name der makedonisch-griechischen Herrscher im Alten Ägypten während der Spätzeit, als eigene Dynastie angesehen.

Pylon Von griech. »Portal«: Monumentale, von zwei turmartigen und mit Flaggen geschmückten Gebäuden flankierte Eingangs- und Frontseite der altägyptischen Tempel. Die Fassade wird oben von einer Hohlkehle bekrönt und an den Seiten von Rundstäben begrenzt. Große Tempelanlagen besitzen mehrere hintereinandergereihte Pylonen.

Pyramide Oben spitz zulaufendes Bauwerk auf quadratischem Grundriss, das von der 3. bis zur 17. Dynastie sowie später von den Kuschiten (25. Dyn.) als Königsgrabmal angelegt wurde. Ursprung des Pyramidenbaus sind wohl die Grabhügel der vordynastischen Zeit, die in der Frühzeit zu Mastabas umgebaut wurden. Durch das Übereinandersetzen mehrerer Mastabas entstand die Stufenpyramide des Djoser in Sakkara; diese ist keine eigentliche Pyramide, da sie noch den rechteckigen Grundriss der Mastaba besitzt.
Durch Auffüllen der Stufen erreichte man seit der 4. Dynastie echte Pyramiden mit geraden Seiten. Höhepunkt des Pyramidenbaus bilden die drei gewaltigen Grabanlagen der Könige Cheops, Chephren und Mykerinos in Giseh, die alle aus der Zeit der 4. Dynastie stammen. Sie sind ganz aus Sandsteinblöcken geschichtet und besaßen eine Verkleidung aus feinem Turakalk. Die späteren Pyramiden waren zumeist aus weniger haltbaren Materialien.
Alle Pyramiden lagen am Rande der Wüste hoch über dem Niltal. Vom Taltempel am Rand der Ebene führte ein gerader, in späterer Zeit überdeckter Aufweg zum Totentempel auf der Ostseite der Pyramide. Fast alle Pyramiden besaßen ihren Zugang an der Nordseite. Bis zur frühen 4. Dynastie lag die Grabkammer im Fels, danach im Inneren der Pyramide. Die Zugänge waren durch Steinplatten verschlossen, der Eingang vermauert. Kleinere Nebenpyramiden wurden für die weiblichen Mitglieder des Königshauses errichtet.

Pyramidion Mit Elektron (Gold-Silber-Legierung) verkleidete pyramidenförmige Spitze eines ►Obelisken. Ebenso der meist aus einem besonders harten Material (Granit) bestehende Schlussstein einer Pyramide.

Relief In einen festen Hintergrund eingeschlagene halbplastische Darstellung. Die bevorzugte Technik des Alten und Mittleren Reichs war das Flachrelief, bei dem entweder nur die Konturen herausgeschlagen oder zudem die Gestalten ausmodelliert waren. Eine Sonderform der ägyptischen Kunst ist das versenkte Relief, bei dem die Figuren vertieft in die Wand eingeschlagen werden.

Rundstab Halbrunder Wulst als Kantenabschluss bei ►Pylonen, ►Stelen und anderen Architekturteilen.

Saff-Grab Von arab. »Reihe«: Privatgrab der frühen 11. Dynastie, dem aus dem Fels gehauene Kolonnaden vorgelagert sind.

Sanktuar Das Allerheiligste, der Altarraum, in Ägypten auch der Raum für die Aufbewahrung der Götterbarke.

Sarkophag Steinsarg.

Säulen ►Kunst im alten Ägypten, S. 106

Schauabti ►Uschebti

Sebbach (Sabbach) Als Dünger ausgebauter und verwendeter Trümmerschutt antiker Städte und Ortschaften. Insbesondere zerkleinertes Nilschlammziegelmauerwerk liefert einen sehr fruchtbaren Boden.

Sed-Fest ►Heb-sed

Sepat ►Gau

Serdab Zugemauerte Kammer für die Totenstatue.

Sistrum Heiliges Musikinstrument der Göttin Hathor, eine Rassel oder Klapper. Über einem Handgriff mit Hathorkopf befindet sich ein Metallbügel, in den Metallplättchen lose eingelegt sind.

Skarabäus Der heilige Pillendreher, ein anthrazitfarbener, in Ägypten weit verbereiteter Käfer, galt den alten Ägyptern als Sinnbild der aufgehenden Sonne. Als Amulett aus Stein oder Keramik sollte der Skarabäus dem Träger Glück und ein langes Leben bringen. Ein Skarabäus, der auf der Unterseite mit dem 30. Kapitel aus dem »Buch der Toten« beschrieben war, wurde der Mumie an die Stelle des Herzens eingesetzt.

Souk kommerzielles Viertel in einer arabischen Stadt

Speos Höhle, Höhlenheiligtum

Sphinx Doppelwesen mit dem Leib eines Löwen und dem Kopf eines Königs, seltener einer Königin.

Stele Freistehende, meist auch mit Inschriften oder Reliefs versehene Säule.

Talatat Eigentlich eine Maßeinheit in der islamischen Architektur. Bezeichnung für bemalte oder reliefierte Steinblöcke aus altägyptischen Bauwerken.

Totenbuch Spruchsammlung, z. T. aus den alten Pyramiden- und Sargtexten entstanden. Seit dem Neuen Reich wurde dem Toten eine Auswahl solcher auf Papyrus geschriebener Sprüche ins Grab beigegeben.

Trias (Triade) Götterdreiheit: Vater, Mutter und Sohn. Am berühmtesten wurden die thebanische Trias (Amun, Mut und Chons), die memphitische Trias (Ptah, Sechmet und Nefertem) sowie die Trias von Edfu (Horus, Hathor und Harsomtus). ►Altägyptisches Pantheon, S. 90 ff.

Udjat ►Usat

Uräus Vom König getragene goldene Stirnschlange, das heilige Tier der Uto; als feuriges Auge des Re verehrt.

Usat Das heilige Auge des Gottes HoruAls Amulett um das Handgelenk oder den Arm getragen, sollte es vor Übel bewahren, insbesondere vor Schlangenbissen bzw. vor Fluch oder Krankheit.

Uschebti (Schauabti) Kleine mumienförmige Figuren, die als Stellvertreter der Dienerschaft dem Verstorbenen ins Grab mitgegeben wurden.

REGISTER

a

b

c

d

e

l

m

n

BILDNACHWEIS

Archiv für Kunst und Geschichte: 73 • Associated Press: 76, 423 • Baumgarten: 128 • Bilderberg/Wolfgang Kunz: 14 oben, 371 unten links, 371 oben rechts, 372 • Birkeneder: 31, 39, 61, 80, 153, 209 oben rechts, 219 unten rechts, 222 oben rechts, 226 unten links, 316, 419 • dpa: 145, 147, 149 • El Khadrawy: 338 • Fieselmann: 291, 569 • DuMont Bildarchiv: 284, 309, 323, 566 • DuMont Bildarchiv/Emmler: 5 unten, 10/11, 12, 21, 26, 40, 45, 46, 50, 55, 71, 85, 100, 137, 152/153, 163, 165, 168, 186, 198, 202, 206/207, 209 oben links, 212 unten, 215 unten rechts, 217 oben links, 222 oben links, 226 oben links, 226 oben rechts, 227 oben links, 229 oben links, 238, 240, 246, 255, 257, 261, 276, 289, 302, 312, 317 unten rechts, 320, 326, 341 unten links, 341 oben links, 345, 350, 353, 358, 371 unten rechts, 375, 377, 382, 408, 414, 424, 429, 434, 452, 458, 461, 487, 544, 571, 572, 584 • Heil: 252 • Hipp-Foto: 142 • Hoefer: 88 • Holzbachová/Benet: 19, 105, 122, 396, 400, 537, 560 • Huber/J. Huber: 78 • Huber/R. Schmid: 318 • IFA: 16, 69, 342 • Ihlow: 23, 333, 343, 361, 391, 403, 407, 418, 426 • Interfoto/Rauch: 272 • Jackwerth: 597, 600 • Janicke: 62, 125, 217 oben rechts, 227 oben rechts, 231, 243, 346, 381, 411, 466, 562, 587 • Koptisch-Orthodoxes Zentrum: 278 • Lahr: 281 • laif/Elleringmann: 341 unten Mitte, 341 oben rechts • laif/Emmler: 217 unten, 230/231, 235, 239 oben rechts, 264, 370, 371 oben links • laif/K. Hoffmann: 209 unten • laif/IML Image Group: 263 oben links • laif/Krause: 25, 108, 113, 119, 130, 164, 169, 215 oben, 215 unten links, 227 unten, 229 unten links, 248, 266, 296, 306, 310, 317 oben rechts, 364, 367, 385, 420, 455, 493, 503, 519 • Mielke: 4, 5, 6, 7 oben, 13 oben, 13 Mitte, 13 unten, 14 Mitte, 14 unten, 15, 27, 160, 211, 212 Mitte links, 212 Mitte rechts, 212 oben, 219 unten links, 222 unten links, 222 unten rechts, 239 unten, 286, 357, 474, 475, 476, 477, 478, 505, 507, 508, 513, 515, 540, 548, 590 • Nowak: 219 oben, 224 • Otto: 82, 444 • picture alliance/akg-image: 263 unten links, 263 oben rechts, 263 unten rechts, 271 • picture alliance/dpa: 146, 151 • picture alliance/Godong: 365 • Reitz: 244 • Roth: 32, 43, 48, 65, 229 unten rechts, 303 • Schapowalow: 116 • Schliebitz: 449, 451 • Stadler/Silvestris: 1, 11, 110, 440 • Szerelmy: 47, 81, 141, 229 oben rechts, 299, 315, 317 unten links, 317 oben links, 335, 336, 373, 388, 528, 532 • Wurth: 9, 29, 36 • ZEFA: 239 oben links, 577 •
Titelbild: picture alliance/imagestate/Spectrum/Carolyn Clarke
Hintere Umschlagklappe: DuMont Bildarchiv/Emmler

VERZEICHNIS DER KARTEN & GRAFISCHEN DARSTELLUNGEN

IMPRESSUM

Ausstattung:
255 Abbildungen, 77 Karten und grafische Darstellungen, eine große Reisekarte
Text:
Monika und Dr. Peter Baumgarten, Karim El-Gawhary, Frank Gesemann, Prof. Dr. Wolfgang Hassenpflug, Georges Khalil, Angelika Lauchert, Helmut Linde, Wolfgang Liebermann, Hedwig Nosbers, Michel Rauch, Jochen Renger, Anja Schliebitz, Andrea Wurth
Fortführung:
Michel Rauch, Jürgen Stryjak
Bearbeitung:
Baedeker Redaktion
(Helmut Linde)
Kartografie:
Franz Huber, München; MAIRDUMONT GmbH & Co. KG, Ostfildern (Reisekarte)
3D-Illustrationen:
jangled nerves, Stuttgart
Gestalterisches Konzept:
independent Medien-Design, München
(Kathrin Schemel)

Sprachführer in Zusammenarbeit mit Ernst Klett Sprachen GmbH, Stuttgart, Redaktion PONS Wörterbücher

Chefredaktion:
Rainer Eisenschmid,
Baedeker Ostfildern

12. Auflage 2010

Urheberschaft: Karl Baedeker Verlag, Ostfildern

Nutzungsrecht: MAIRDUMONT GmbH & Co. KG, Ostfildern

Anzeigenvermarktung:
MAIRDUMONT MEDIA
Tel. 0049 711 4502 333
Fax 0049 711 4502 1012
media@mairdumont.com
http://media.mairdumont.com

Printed in China
Gedruckt auf 100% chlorfrei gebleichtem Papier

BAEDEKER VERLAGSPROGRAMM

- Ägypten
- Algarve
- Allgäu
- Amsterdam
- Andalusien
- Argentinien
- Athen
- Australien
- Australien • Osten
- Bali
- Baltikum
- Barcelona
- Bayerischer Wald
- Belgien
- Berlin • Potsdam
- Bodensee
- Brasilien
- Bretagne
- Brüssel
- Budapest
- Bulgarien
- Burgund
- Chicago • Große Seen
- China
- Costa Blanca
- Costa Brava
- Dänemark
- Deutsche Nordseeküste
- Deutschland
- Deutschland • Osten
- Djerba • Südtunesien
- Dominik. Republik
- Dresden
- Dubai • VAE
- Elba
- Elsass • Vogesen
- Finnland
- Florenz
- Florida
- Franken
- Frankfurt am Main
- Frankreich
- Fuerteventura
- Gardasee
- Golf von Neapel
- Gomera
- Gran Canaria
- Griechenland
- Griechische Inseln
- Großbritannien
- Hamburg
- Harz
- Hongkong • Macao
- Indien
- Irland
- Island
- Israel
- Istanbul
- Istrien • Kvarner Bucht
- Italien
- Italien • Norden
- Italien • Süden
- Italienische Adria
- Italienische Riviera
- Japan
- Jordanien
- Kalifornien
- Kanada • Osten
- Kanada • Westen
- Kanalinseln
- Kapstadt • Garden Route
- Kenia
- Köln
- Kopenhagen
- Korfu • Ionische Inseln
- Korsika
- Kos
- Kreta
- Kroatische Adriaküste • Dalmatien
- Kuba
- La Palma
- Lanzarote
- Leipzig • Halle
- Lissabon
- Loire
- London
- Madeira
- Madrid
- Malediven
- Mallorca
- Malta • Gozo • Comino
- Marokko
- Mecklenburg-Vorpommern
- Menorca
- Mexiko
- Moskau
- München
- Namibia

- Neuseeland
- New York
- Niederlande
- Norwegen
- Oberbayern
- Oberital. Seen • Lombardei • Mailand
- Österreich
- Paris
- Peking
- Piemont
- Polen
- Polnische Ostseeküste • Danzig • Masuren
- Portugal
- Prag
- Provence • Côte d'Azur
- Rhodos
- Rom
- Rügen • Hiddensee
- Ruhrgebiet
- Rumänien
- Russland (Europäischer Teil)
- Sachsen
- Salzburger Land
- St. Petersburg
- Sardinien
- Schottland
- Schwäbische Alb
- Schwarzwald
- Schweden
- Schweiz
- Sizilien
- Skandinavien
- Slowenien
- Spanien
- Spanien • Norden • Jakobsweg
- Sri Lanka
- Stuttgart
- Südafrika
- Südengland
- Südtirol
- Sylt
- Teneriffa
- Tessin
- Thailand
- Thüringen
- Toskana
- Tschechien
- Tunesien
- Türkei
- Türkische Mittelmeerküste
- Umbrien
- Ungarn
- USA
- USA • Nordosten
- USA • Nordwesten
- USA • Südwesten
- Usedom
- Venedig
- Vietnam
- Weimar
- Wien
- Zypern

BAEDEKER ENGLISH

- Andalusia
- Austria
- Bali
- Barcelona
- Berlin
- Brazil
- Budapest
- Cape Town • Garden Route
- China
- Cologne
- Dresden
- Dubai
- Egypt
- Florence
- Florida
- France
- Gran Canaria
- Greece
- Iceland
- India
- Ireland
- Italy
- Japan
- London
- Mexico
- Morocco
- New York
- Norway
- Paris
- Portugal
- Prague
- Rome
- South Africa
- Spain
- Thailand
- Tuscany
- Venice
- Vienna
- Vietnam

LIEBE LESERINNEN, LIEBE LESER,

ein herzliches Dankeschön, dass Sie sich für einen Baedeker Allianz Reiseführer entschieden haben. Er wird Sie zuverlässig auf Ihrer Reise begleiten und Sie nicht im Stich lassen.
Natürlich beschreibt er die wichtigen Sehenswürdigkeiten, aber er empfiehlt auch die nettesten Kneipen und Bars, dazu Hotels für den großen und kleinen Geldbeutel, gibt Tipps für Restaurants, Shopping und für vieles mehr, was eine Reise zum Erlebnis macht. Dafür haben unsere Autoren und die Redaktion Sorge getragen. Sie sind für Sie regelmäßig nach Ägypten gereist und haben all ihre Erfahrungen und Kenntnisse in diesen Reiseführer gepackt.

Trotzdem: Die Erfahrung zeigt, dass Fehler und Änderungen nach Drucklegung, für die der Verlag keine Haftung übernehmen kann, nicht ausgeschlossen werden können. Für Kritik, Berichtigungen und Verbesserungsvorschläge sind wir Ihnen außerordentlich dankbar. Schreiben Sie uns, mailen Sie uns oder rufen Sie an:

► **Verlag Karl Baedeker GmbH**
Redaktion
Postfach 3162
D-73751 Ostfildern
Tel. (0711) 4502-262, Fax -343
E-Mail: info@baedeker.com

Besuchen Sie uns auch im Internet unter www. baedeker.com. Hier finden Sie jeden Monat den aktuellen Reisetipp der Redaktion und das gesamte Verlagsprogramm. Hier können Sie auch lesen, wer Karl Baedeker war und wie er seinen ersten Reiseführer geschrieben hat. Mit seinen über 180 Jahren ist der Karl Baedeker Verlag der älteste Reiseführer-Verlag der Welt.

www.baedeker.com

ZU GEWINNEN: STADTREISE NACH LONDON

Unter allen Einsendungen verlost der Verlag am Jahresende – unter Ausschluss des Rechtswegs – eine Städtekurzreise für zwei Personen nach London.
Freuen Sie sich auf ein spannendes Wochenende in London. Natürlich ist ein Baedeker Allianz Reiseführer London auch dabei!